修訂四版

行政法總言

Administrative Law

林騰鷂　著

三民書局

四版自序

憲政異化下的病態行政法

　　行憲至今己72年，在過去國民黨黨國時期，黨政仍有一定的分際，黨主席提名的行政院長依「憲法」仍應經立法院之同意，才能任命。但1997年修憲後，行政院長均可由總統隨意任免，而行政院長的部會首長任免權，也多受制於總統，造成總統有權無責，行政院長有責無權、部會首長也有責無權，責任政治淪於虛無之憲政異化現象！

　　在此憲政異化下，**行政組織法**日益病態化。特別是為了精簡政府人事，符合中央政府機關總員額法所定總員額上限之要求，雖然裁併了一些行政機關，但卻變態的以公費設立許多公設財團法人、公設社團法人及行政法人之行政組織，造成行政組織惡性腫大之癌變現象。此外，2016年民進黨再次執政後，恣意設立許多非「中央行政機關組織基準法」的組織，任用了許多民進黨要酬庸、要布建維續政權的政務人員。如2018年6月13日修正公布之「駐外機構組織通則」，增列「公使（常任副代表）得以特任任用」，酬庸性質過高，有打壓常任文官，造成公務員法之破毀現象。

　　在行政行為法方面，2019年4月10日制定公布之「財政紀律法」第2條第1款規定：「對於政府支出成長之節制、預算歲入歲出差短之降低、公共債務之控制及相關財源籌措，不受政治、選舉因素影響，俾促使政府與政黨重視財政責任與國家利益之相關規範」等落實財政紀律行為的要求，該法第6條第1項又規定：「中央政府各級機關所提稅式支出法規，應確認未構成有害租稅慣例，並盤點運用業務主管政策工具之情形及執行結果，審慎評估延續或新增租稅優惠之必要性」，但行政院在「財政紀律

法」公布至今，仍未依該法第 6 條第 3 項授權，訂定「稅式支出評估作業辦法」，以致交通部宣布，10 月起將免徵遊覽車汽燃費 1 年，使政府將短收 4.35 億元，以及財政部宣布停課印花稅，將短收 130 億元等作為，違反「納稅者權利保護法」第 6 條：「租稅優惠之擬訂，應舉行公聽會並提出稅式支出評估」之規定，並造成政府財政紀律行為的敗壞。另外，胡亂的委辦、委託行政，顯示行政無能，也無端浪費人民血汗納稅錢。立法院預算中心在 2019 年 9 月所提的「一〇九年度中央政府總預算案整體評估報告」，就分別指出：「中央政府各機關近年委辦費均以相當比率成長，難謂已撙節編列，且部分機關委辦業務之檢討亦有待精進」；「部分機關近年『行政及政策類』委託研究計畫建議事項之參採比率偏低，研究主題選定嚴謹度有待提昇」；「行政院所屬各機關年度『科學及技術類』委託研究中歸屬應用研究及技術發展計畫者，辦理成果多以報告及論文方式呈現，應用面成效容有待加強」；「部分機關推動委外業務未依規定組成專案小組，或專案小組未適切發揮其應有之機制，恐影響委外資源配置之妥適性」；「各機關推動委外業務普遍缺乏課責觀念，委外業務監督機制未臻落實」；「經常性辦理之委託辦理計畫多循往例辦理，預算編列與實際執行成效未能適當連結，有待檢討改進」。更值得學者關注的是，2019 年 6 月 5 日制定公布之「文化基本法」第 26 條第 2 項規定：「法人或團體接受政府機關（構）、公立學校及公營事業補助辦理藝文採購，不適用政府採購法」，這種政府機關（構）、公立學校及公營事業辦理藝文採購行政，可以遁入私法法人或團體之弊害，將使行政行為法日益虛空。

　　在行政救濟法方面，2019 年 1 月 4 日修正「司法院大法官審理案件法」，改名為「憲法訴訟法」之第三章第三節「人民聲請法規範憲法審查及裁判憲法審查」中，在第 59 條規定：「人民就其依法定程序用盡審級救濟之案件，對於受不利確定終局裁判所適用之法規範或該裁判，認有牴觸憲法者，得聲請憲法法庭為宣告違憲之判決」，又在第 61 條規定：「本節案件於具憲法重要性，或為貫徹聲請人基本權利所必要者，受理之」。此外，在第 84 條規定：「人民就其依法定程序用盡審級救濟之案件，對於受

不利確定終局裁判適用法規範所表示之見解，認與不同審判權終審法院之確定終局裁判適用同一法規範已表示之見解有異，得聲請憲法法庭為統一見解之判決」，這些規定雖然提昇了人民的行政救濟權，但在憲政異化下，行政機關有權無責的訂定違憲、違法的行政規章和行政規則，所加諸於人民的傷害，卻不能及時有效的被制止。例如，對人民的損害補償，均應有法律依據，如「二二八事件處理及補償條例」（今稱「二二八事件處理及賠償條例」）、「戒嚴時期不當叛亂暨匪諜審判案件補償條例」等是，但政府公布之「核廢料蘭嶼貯存場使用原住民保留地損失補償要點」，提供25.5億元「回溯補償金」及每3年2.2億元「土地配套補償金」，是公然違反中央法規標準法第5條，關於人民之權利、義務，應以法律定之，以及同法第6條，應以法律規定之事項，不得以行政規則類的行政命令定之的規定，而依憲法第172條，是屬於無效之命令。但人民對行政機關未制定法律，濫行發布行政規則，給予特定人民大量金錢，違反大法官釋字第443、614、730等號解釋所示「給付行政亦應有法律依據」意旨之「核廢料蘭嶼貯存場使用原住民保留地損失補償要點」，竟無司法救濟途徑，也使行政救濟法無法充分保護社會公益及平等保障人民權益。

　　作為一本提供初學者與研究生研習的行政法教科書，不只要形式的舖陳與建構行政法學理論體系，也不能忽略各類行政法在實際社會生活中的真實應用情況。本書第四版即立意在此，採理論與實用並行，警示在移植國外行政法學時「橘逾淮則枳」的病態現象，並為行政法學本土化提供歷史的印記，及指出仍待努力的方向！

附記：

東海大學法律系蔡燿州、陳美蘭、林芳瑜、曾禾里、東海大學法學博士張哲瑋等在資料蒐集，以及三民書局編輯部之校稿、編印，在此一併致謝！

林　騰　鷂　謹　誌

二〇一九年　十二月

三版自序

　　行政法學之法典化，在中央行政機關組織基準法、中央政府機關總員額法、政府資訊公開法、行政罰法、規費法、行政法人法等相繼公布施行後，又大大的向前跨了好幾大步，使行政組織制度、行政透明制度、行政處罰制度以及行政收費制度更有法律依據，有助於行政法學之講授，也更有利於初學者之認識與學習。本書三版為針對這上述新頒的法律加以分析介述，配合法制的演進及學者的評論與實例解說，大幅度的更新。

　　又行政法人、行政契約與行政私法行為理論在合作國家 (Kooperatier Staat) 之理念、行政組織之私法化、行政決策之民主化，以及行政任務之民營化等要求之趨動下，大量的成為我國行政法制之重要環節，並在行政實務上加以試煉。不過，因為行政道德之缺乏以及公務人員對行政法制之生疏與怠忽，也釀成不少事端。所幸，透過司法系統之檢視，才逐漸扼阻了行政胡亂所對社會之禍害。就此，最高行政法院 95 年度判字第 01239 號有關「民間參與高速公路電子收費系統建置及營運案」，即 ETC 案之判決，扮演了非常重要的司法審查與把關工作，迫使行政機關在訂立行政契約，從事行政私法行為時要更加的合乎行政程序法第四條所規定之依法行政與一般法律原則之要求。本書三版也針對上述行政權與司法權之動態發展情況，也非常重視，並多加引註相關論文，以供學者學習與參加國家考試之參考。

　　行政法與人民之生存、生計有直接、密切與持續影響的關係。行政人員每天適用行政法，製作公文書，並非只是在紙面上作業而已，行政人員的所作所為，其實在敏感的人皮上作業，深深的影響人民之生命、健康、尊嚴與福祉法益。因此，提供一清晰明白，體系完整，素材豐富的實例教材資訊，以供行政人員之查閱學習，亦是本書三版修訂之重要方向之一，

希望能有助於依法行政理念之具體落實。

　　東海大學法律系蔡燿州、陳美蘭、林芳瑜、曾禾里等助教以及東海大學法學博士張哲瑋等在資料蒐集，以及三民書局編輯人員之校稿、編印，在此一併致謝！

林　騰　鷂　謹誌

二○一二年　三月

二版自序

　　行政程序法之頒行，行政執行法之大幅修正以及行政爭訟新制之實施，對於行政法學之開展甚有助益。又公元二○○○年政黨輪替後，行政機關依法行政之實踐作為，雖距法治國家理想境界，仍甚遙遠，但卻已宣告「依黨行政」時代的結束，行政人員依黨意辦事，將很難逃脫法律與行政責任之制裁，這使得行政法學不再是束之高閣，作為形式法治國門面之學門，而是落實行政透明、公開、公正、效能運作，解決社會公益矛盾，保障人民權益之顯學。

　　有鑑於此，二版乃針對最新本土行政法學發展，特別是台灣行政法學會自成立以來，於一九九九至二○○一三年來所舉辦之學術研討會及發表之論文，即刊行於〈行政救濟、行政處罰、地方立法〉、〈行政命令、行政處罰及行政爭訟之比較研究〉、〈行政契約與新行政法〉等三冊論文集之論文加以篩選引介，使行政法學初學者可以瞭解本土行政法學之最新動態。

　　又近年來，立法院所通過之強化安全、秩序之法律如國防法、全民防衛動員準備法、災害防救法、土壤及地下水污染整治法、海洋污染防治法、藥害救濟法等以及調整經濟、社會、文化結構之法律如離島建設條例、共同管道法、促進醫療業發展條例、菸酒管理法、石油管理法、基隆河域整治特別條例、原住民族教育法、原住民族工作權保障法、職業災害勞工保護法、敬老福利生活津貼暫行條例、教育基本法、科學技術基本法、圖書館法等對於行政法學理論之開展，增益不少，也在二版中加以節引、對應說明。

　　又坊間出版之《月旦法學雜誌》、《台灣本土法學雜誌》、《神州法學講座》已有甚多有關行政法之實例題演作，對行政法學之生活化、實務化，貢獻甚大且有助於初學者對行政法學理論之認知與瞭解，故在二版中，亦

多所引介。

　　誠如德國行政法學者 Otto Bachof 所說：「行政法學者沒有如民、刑法學者能享有的安寧時刻——即使是相對的安寧時刻——。這是行政法學者的負擔，也是樂趣所在。」(Nie wird der Verwaltungsrechtler ähnliche Ruhelagen—und handele es sich auch nur um eine relative Ruhe—vorfinden wie der Zivilist oder wie der Strafrechtler. Das ist unsere Last, aber auch der Reiz unseres Faches.)❶

　　本書之撰述，希望能有助於我國之法學新秀，在透過研習行政法學，獲得樂趣與人生幸福以外，也能承擔行政法學門之負擔，共同來實踐憲政、法治國之理想，積極、奮起保障弱勢人民之權益。

林　騰　鷂　謹誌

二〇〇二年　九月

---

❶　Otto Bachof, VVDSt RL 30 (1972), 193, 238.

自 序

　　行政法之產生、茁壯、繁衍為近數百年之事，而與民、刑法之有數千年之發展歷史，不可同日而語，但因憲政民主之開展、人權理念之宏揚、都市社會之形成、工商經濟之繁榮、環境生態之變異、物種資源之耗竭、科學技術之進展、世界交往之頻繁以及國際連帶之密切，使行政法之發展日新月異，超越了民、刑法之發展，而成為今日法學之顯學且為日常生活中一日不可或缺者。

　　我國行政法學自民初繼承歐、日行政法學以來，因國家實施軍政、訓政及動員戡亂行憲之影響，多強調公權力之維繫與方便運作而少著重人民權益之維護與保障，故行政機關公權力之運作不常是依「法」行政，卻常是依「情」行政、依「意」行政、依「利」行政、依「慾」行政、依「力」行政，甚或違法亂紀、侵害人民，而司法機關在訴願制度、行政訴訟審級殘缺落後，人員操守、法學素質不良之情形下，判決內容不是簡單草率，就是時有矛盾，加以判決時程冗長，以致人民權益之保障，未能妥善周全。

　　所幸自民國七十年代以來，經濟繁榮，政治解禁、社會開放、知識普及，致使行政法學在日常生活中顯得更加重要，行政法學之研究也在日益深化的大學法律教育，不斷充實累積。而更重要的是，在學者之呼籲努力下，數十年來司法官、律師考試不科考行政法之落後制度被破除了。高考、司法官特考之加試行政法類科，更加奠立行政法學迅速蓬勃發展之基礎。

　　在上述時、空、環境背景下，行政法學之著作由少而多，從早期之譯介傳述外國行政法著作到現時研析比較行政法學，重視國內行政法律、司法實務案例，進而促成我國重大行政法律之修正與創生。尤其是民國八十

七年十月以來陸續修正公布之訴願法、行政訴訟法、行政執行法、行政程序法、地方制度法及行政法院組織法等，對於我國行政法學之建構與促長，將有深遠之影響。

為使初學者容易認識、瞭解行政法學，本書多以白話語句、實際法律、生活事例來敘述行政法之基本學理與原則，並就行政組織法、公物法、公務員法、行政作用法、行政爭訟法及國家責任法分篇加以研析，希有助於初學者對整個行政法學輪廓之掌握與清晰認知。

林　騰　鷂　謹誌

行政法總論

目　次

第一篇　緒　論

第二篇　行政法之基本理念與原則

第三篇　行政組織法

第四篇　公物法

第五篇　公務員法

第六篇　行政作用法

第七篇　行政爭訟法

第八篇　國家責任法

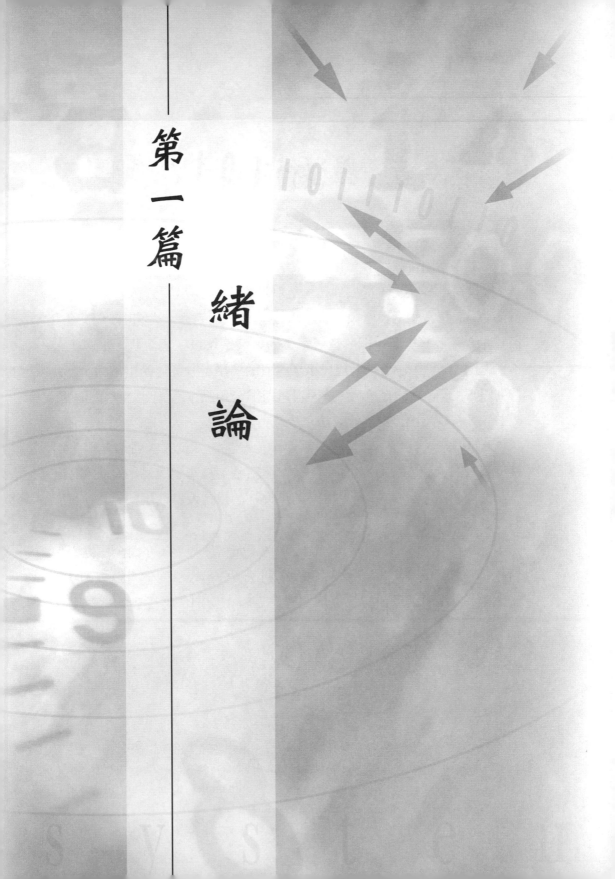

第一篇　緒　論

第一章 學習行政法之必要性

人生離不開行政法。

行政法影響人生，從生到死，至為深廣且久遠。

我們的日常生活與行政法密不可分。舉例而言，一早起床，開燈用電，洗臉用水、排水，開收音機聽廣播，清倒垃圾、廢棄物，開車上公路，碰上紅綠燈，送小孩入國民小學、國民中學，上班時使用電話、投遞郵件，使用政府檢驗之電梯、技術器具與辦公用品，到公園散步等都與行政法有關係❶，也都受到行政法之規範與限制。

又如畢業、就業、參加職業訓練、從事生產、營業、提供信用、勞務，擔任公職，也與學位授予法、就業服務法、職業訓練法、促進產業升級條例、公平交易法、銀行法、勞動基準法、公務人員任用法、公務員服務法發生密切關係。

再如生病就醫、車禍殘障、年老退休、死亡埋葬等，亦與全民健康保險法、身心障礙者權益保護法、老人福利法、公務人員退休資遣撫卹法、勞工退休金條例以及殯葬管理條例等法令有密切關係並受到這些法令之規範。

由上述可知，行政法管天、管地，也管人；管過去、管現在，也管未來，可以說是無所不管，包羅萬象，對我們的食、衣、住、行、育、樂、

---

❶ 這些生活事項與我們之公營事業法令如下水道法、廣播電視法、廢棄物清理法、交通法令、國民教育法、郵電法令、檢驗法令、公園法令均發生密切關係。Dieter Schmalz/Harald Hofmann, *Allgemeines Verwaltungsrecht Teil 1*, Deutscher Gemeindeverlag, Verlag W. Kohlhammer Köln, Stuttgart, Berlin, Hannover, Kiel, Mainz, München, 1998, S. 1.

生、老、病、死均有深切的影響。學習行政法乃成為我們擁有美好人生，做好生涯規劃，就業、創業及為社會服務之必要條件了。至於行政法是學校必修科目，是高普考、司法官特考之必考科目，則是學習行政法之次要考慮目的。

第二章　如何學習行政法

　　在大學講授行政法，學生常提的問題是行政法很難學，不知要如何學習？學生們常感於行政法之浩繁與種類繁多，而不知如何下手。學生們對民法、刑法之學習，因有成文之民法典、刑法典在手，感覺上比較容易。而行政法與民、刑法不同，因它不是制定法名稱，而只是一法學領域名稱，學生甚難捉摸。尤其是，我國有民法、刑法之制定，但至今並無一部稱為「行政法」之成文法典❶，造成學生們不能像學習民、刑法那樣有體系的學習行政法。所幸自民國 90 年 1 月 1 日施行之行政程序法，除了將行政主體、行政機關及其管轄權限加以明確定義，並將重要的行政行為加以定型化，使行政法之初學者，可以有較以往更為明確易懂的學習方向與目標。此外，民國 90 年 1 月 1 日施行之行政執行法，對於行政強制執行組織與程序有非常完整詳細的規範，使行政法之學習者對於行政強制執行制度得以更有體系地認知與學習。再者，行政罰法也使行政法之學習者，可以較以往更容易地學習行政處罰制度。又政府資訊公開法亦有助於學習行政資訊公開制度。

　　為了要迅速有效的學習行政法，可充分掌握下列幾個學習資訊管道，即：

　　第一，先找到最近出版的行政法教科書來看。教科書是前人智慧的結晶，是前輩學者將人類數千年來在地球上所累積的知識與經驗，以文字的方式，就一特定專科科目，有系統的整理成一本書，以供教學之用。因此，學習行政法的人，必先找一些重要的、比較新近的教科書來看看。如

---

❶　參閱李震山，《行政法導論》，三民書局，2005 年 10 月修訂六版一刷，頁 9、
　　15。

此，對於行政法這一學科，將可以很快的入門。

　　第二，雖非行政法教科書，但在行政法之研究相當重要的是有關憲法、行政法等公法論文集。這些論文集在我國行政法學之發展上，具有重要意義，值得後來學者之參考。

　　第三，除了教科書與論文集外，行政法學之專論也是研究行政法之重要資料。它們通常針對某一行政法學之子題，作深入、專精之研究，而與一般教科書只是框架式、全盤體系性之介述，頗有不同。

　　第四，教科書、論文集、專論之撰著、編輯與發行，耗時均長，對於變動迅速的行政法制，每每不能適時掌握。因此，必須再注意重要的法學期刊上有關行政法之論著，才能瞭解行政法制較新近的變動情形。法學期刊通常每個星期、每個月、每一季或每年發行一次。現時較重要的，時常有行政法論文出現的法學期刊有《司法周刊》、《稅務旬刊》、《法令月刊》、《法律評論》、《全國律師月刊》、《月旦法學雜誌》、《法學叢刊》、《臺大法學論叢》、《政大法學評論》、《輔仁法學》、《中興法學》、《東吳法律學報》、《中原財經法學》、《東海大學法學研究》、《警政學報》、《法官協會雜誌》、《臺灣法學雜誌》、《神州法學講座》、《律師雜誌》、《經社法制論叢》等。由於期刊論文數量繁多，因此，東吳大學曾編有《法律論文分類索引》，而臺灣大學圖書館亦曾編有《中華民國期刊論文分類索引》，這些都是尋找重要行政法論文的指南。現時國家圖書館對近年來重要期刊論文加以整理歸納、分類，非常有助於學者之研習。詳可查參臺灣期刊論文索引系統(http://readopac.ncl.edu.tw/nclJournal/)。

　　第五，各大報紙的社論與學者專論亦常針對即時的行政事件，就法的觀點加以探討，而成為研究行政法學最動態的素材。特別是專業的記者常編製圖、表、提供調查、統計數字，具體分析問題，這些可以使後學者就行政法學與社會生活的接連點，獲得最新動態的資訊、評論，可以事半功倍的學習行政法。政治大學圖書館編印發行之《中華民國報紙論文分類索引》，以及中文報紙論文索引光碟資料庫，如漢珍資訊公司之「中文報紙論文索引光碟」等，甚有助於對報紙上法律論文之查索。

第六，除了上述幾個資訊管道外，學習行政法必須要有充分詳實之法典。目前市面上銷售之六法全書以陶百川、王澤鑑、劉宗榮、葛克昌編纂，三民書局出版之《最新綜合六法全書》與以林紀東、蔡墩銘、鄭玉波、古登美編纂，五南圖書出版公司印行之《新編六法全書》較為詳實完整，因兩者除了有重要的行政法律、規章外，尚有條文要旨、判解要旨、立法理由、修正理由、最高法院重要裁判要旨、司法院大法官解釋、要旨等之收錄，有助於學者之查考與理解。王澤鑑教授主編之《學林綜合大六法》對重要法律尚有導讀，對學者甚有助益。再者，元照出版公司亦發行《月旦六法全書》，均使學者能很快的找到法令。另外，華欣文化事業中心發行之《中華民國現行法規彙編》一套四十一冊，為目前國內較完整之法律、命令彙編。如在上述三民書局、五南圖書出版公司發行之六法全書找不到所要找的行政法律，則可翻閱此一法規彙編。

第七，如果在上述法規彙編仍找不到所要找的行政法律、命令，那可能是要找的法律或命令是相當的新，尚未編入該法規彙編，這時就要找政府公報來看。目前最重要的公報，當屬總統府公報了，因為所有的法律都必須由總統公布，而這都是透過總統府公報來公布的。此外，行政院及其所屬之內政、外交、國防、經濟、財政、教育、法務、交通及各個委員會也都有發行公報，刊載重要的法律、命令及行政函文、解釋，是研究行政法學非常重要的參考資料。因為，行政法律、命令在現實生活中，通常除了行政機關自己施行適用外，也透過行政函文、解釋去指揮下屬機關適用各類之行政法律與命令，而這些只能在各機關發行之公報或專業之法令彙編，如《證券法令彙編》、《商業法令彙編》、《農林法令彙編》才容易找得到。又透過總統府、立法院、司法院及其他行政機關之網址（如總統府網址：http://www.president.gov.tw；立法院網址：http://www.ly.gov.tw 及司法院法學資訊網址：http://www.judicial.gov.tw 等）可更容易的找到法令最新變動資料。另外，植根雜誌社有限公司發行之植根大法律資料庫，耗資上億元，也隨時更新，是國內最重要之光碟法律資料庫，值得參用。詳可查閱網址：http://www.root.com.tw。

　　第八，在過去，行政法院就人民與行政機關之間所生行政訴訟之裁判也曾編有《行政法院裁判書彙編》及《行政法院判例要旨彙編》，均甚有助於研習行政法學者對於處理行政爭議事件之瞭解。 行政訴訟新制實施後，司法院行政訴訟及懲戒廳每年編有《行政訴訟制度相關論文彙編》，最高行政法院每年編有《最高行政法院裁判書彙編》，更有助於行政法學之研究。

　　第九，近年來，大法官針對各類行政事件作了很多的解釋。有些解釋引進了許多行政法學之學理、原則，建立了一些新的行政法理論，對我國行政法學之發展，有相當深遠的影響，值得研習行政法學者之特別注意。坊間出版公司如三民書局印行《大法官解釋彙編》，可供參考。另外，前大法官劉鐵錚亦撰有《大法官會議不同意見書之理論與實際》，可讓人一窺大法官釋憲之真面貌。

　　第十，法律辭典、社會科學百科全書、行政院國科會獎助社會科學學者之研究報告、行政院經建會、研考會等委託學者之研究報告以及教育部編印之博、碩士論文❷亦常有許多可供行政法學研究查參之資料。

---

❷　可參閱，漢珍資訊公司自民國 45 年起所蒐集之中文博碩士論文索引光碟。

第三章　行政法之研究領域

　　在行政法學上常將行政法分為兩個領域來研究。第一個領域是以行政法之一般原理原則、公物、行政組織、公務員、行政作用、行政爭訟、行政賠償、行政補償等通則性部分為研究範疇。以此範疇為研究、探討之內涵者，學者稱之為行政法總論❶，或行政法通論，或行政法導論❷。第二個研究領域則是以各個行政領域之法，如警察、交通、建築、環保、營業、財稅、經濟、社會、教育、文化、土地、水利、公務人員、公營事業、地方自治⋯⋯等行政法令為研究範疇，學者稱之為行政法各論❸。在

❶　城仲模先生謂：「行政法總論⋯⋯乃是以傳輸公法諸種基本理念，介紹歷史淵源、解析行政法總論性建制架構、法理依據及共通適用的原理原則為目的的法學論著。」參閱城仲模，〈廿一世紀行政法學發展的新趨勢〉，臺灣行政法學會主編，《行政命令、行政處罰及行政爭訟之比較研究》，翰蘆圖書出版公司，頁 58，另頁 41 參照。

❷　李震山，《行政法導論》，頁 15。

❸　城仲模先生謂：「行政法各論，除了公權力性特強的侵害行政及規制行政：諸如地方自治團體行政、法務行政、財稅投資行政、公用負擔行政、國防兵役行政、警察行政、外交僑務行政、經濟行政、公害行政、交通行政、建築行政、環境行政、農工勞動行政、科技資訊行政等之外，非權力性的給付行政及助長行政：譬如公營事業行政、社會保障行政、國宅住屋行政、資金借貸、各式研發及土地利用行政、都市區域計畫、文化教育行政、醫療厚生行政等。」參閱城仲模，上揭文，頁 59；另日本行政法學者和田英夫建議行政法各論應為如次安排：「第一篇『侵害行政』，含租稅行政法、公共負擔法（公共設施法）；第二篇『規制行政』，含警察權、經濟行政法、環境行政法；第三篇『給付行政』，含公企業法、社會保障行政法、資金助成行政法；第四篇『助長行政』，含開發行政法、都市計畫法、文化教育行政法等。遠

此類研究領域中，由於研究專精化之需要，在內涵上每再細分為總論與特論。例如，在警察行政法中即有警察組織法、警察人員法、警察作用法等稱之為警察法總論，而對專門、個別之警察公安法令如社會秩序維護法、集會遊行法、國家安全法……等則可稱之為警察法特論❹。

　　本書係以第一個研究領域為研究對象，主要研析探討行政法之基本概念，一般原理、原則，行政組織法原理，公務員法制，公物法制，行政立法，行政處分，行政計劃，行政契約，行政程序，行政指導，行政處罰，行政強制執行，行政私法行為，訴願制度，行政訴訟，國家賠償與行政補償等通則性部分作為研究對象。至於第二個研究領域則將以行政法各論之書，另行研究。

　　藤博也教授於其《行政法 II（各論）》（昭和五十二年）作了如次的安排：「第一篇『行政組織法』，含國家行政組織法、地方自治法、機能的行政組織法、公務員法；第二篇『生活行政法』，含警察法、公企業法、經濟行政法、社會保障法；第三篇「生活環境行政法」，含公共設施法、都市計畫法、開發行政法、環境保全法。」引自城仲模，上揭文，頁 42。另參閱，黃異，《行政法總論》，三民書局，2017 年 3 月修訂八版一刷，頁 11–14。

❹　李震山，上揭書，頁 16。

第二篇　行政法之基本理念與原則

第一章 行政法之基本概念

第一節 行政之意義

　　行政法是行政之法，行政是行政法之核心概念❶。因此，行政是什麼乃是研習行政法首先要釐清的概念。行政之意義，有從政治的觀點去瞭解的，有從管理的觀點加以探討的。

　　從政治的觀點去瞭解行政之意義的，認為行政應就國家統治權之劃分與政府分工情形來解釋。因此，認為行政乃國家統治權中，除了立法、司法以外之政務的總稱。此一觀點的學者認為，行政與政治不同。如古德諾 (F. J. Goodnow) 認為「政治是國家意志的表現；行政是國家意志的執行」。換言之，「政治就是人民經過其所組成的政黨或政團，對決定影響政府政策的活動與指導」，而「行政則是政府官員推行政府功能時的活動」❷。

　　從管理的觀點去探討行政之意義的，認為「行政是為完成某種目的時，對許多人所做的指揮、協調與控制」。此一觀點的學者又認為：「行政就是由一些人以協調的努力，使政府的工作得以做成。」著名的行政學學者狄馬克夫婦，更認為：「行政是在研究人民期望政府做些什麼事情及如何使這些事情做得成功。行政特別著重於管理方法的程序與具體部分，所以，行政是在研究政府作些什麼事及如何作法」❸。另一學者費堯

---

❶　另參閱，李建良，〈行政的概念與特徵〉，《月旦法學教室》，試刊號，2002 年 10 月，頁 42–49。

❷　張潤書，《行政學》，三民書局，民國 91 年 3 月修訂二版四刷，頁 4。

(Henri Fayol) 則認為行政就是計劃 (To Plan)，組織 (To Organize)，領導 (To Command)，協調 (To Coordinate) 及考核 (To Control) 等五大項目所構成的功能表現。而學者古立克 (L. Gulick) 更創造了一個 "POSDCORB" 的字來說明行政，認為行政就是在釐訂切實可行的計劃 (P)，建立合理的組織 (O)，選拔及有管理組織的人員 (S)，對人員施以正確的領導 (D)，協調 (CO) 各人員及各單位間的意見與行動，定期的向有關單位、人員及公眾作報告 (R) 以使之瞭解情況，並有效的運用金錢與經費 (B)❹。

　　由上所述可知行政可從政治的觀點來看，也可從管理的觀點來看。從管理的觀點來看是比較從行政學的觀點去看待行政之意義，從政治的觀點來看是比較從法學的觀點來看待行政之意義。本書為行政法學之論著，宜採用政治、法學的觀點來看待行政之意義。因此，行政之意義乃是指國家統治權力中之行政機能❺。不包括立法機能，也不包括司法之機能。這種行政之意義是從形式的方式來界定行政之意義，至於從實質的方式來界定行政之意義❻，則是認為凡是合乎行政特徵❼之國家行為，均屬於行政。故有人認為行政乃在已發展成國家之政治社會中，為實現各種公共生活目

---

❸　張潤書，上揭書，頁 5。

❹　同上註，頁 5–6。

❺　但德國學者 Ernst Forsthoff，認為「行政是無法定義，而只能描述」。另一德國學者 Hartmut Maurer，「欲對行政加以定義，幾乎是不可能的」，參閱李震山，《行政法導論》，頁 1。不過，德國學者之說法有過時現象，不如美國學者之定義明確，較為初學者所理解。

❻　參閱，陳慈陽，《行政法總論》，翰蘆圖書出版有限公司，2005 年 10 月二版，頁 11。

❼　德國學者 H. Maurer，認為行政有如下特徵：1.行政是社會共同生活之形成物，2.行政是以公益為取向，3.行政是主動積極性，置重於未來，4.行政係以具體措施處理個案為主。參閱李震山，上揭書，頁 3、4。另德國學者 I. von Münch 也以四項特徵描述行政，即：1.行政之作用係與公共利益有關，2.行政須經由依公法組織之主體而運作，3.既有行為之自由，也受相當之監督，4.行政作用有不同之方式。參閱吳庚，《行政法之理論與實用》，自刊本，民國 94 年 8 月增訂九版，頁 6。

的之工具❽。

綜合而言，本書認為，行政乃是公眾生活之管理，也就是以憲法上所定行政權能，擬定、決定政策、執行基本國策、落實基本人權、周全完善對人民生、老、病、死、傷殘、失業、災難之生存照護，以及提供人民食、衣、住、行、育、樂等充分美好生活給付之種種行為❾。

第二節　行政之種類

行政之種類❿，可從不同的觀點加以分類：

一、行政作為對象

從行政作為對象的觀點來看，可分為對外行政（外部行政）與對內行政（內部行政）⓫。對外行政是指行政作為對象，主要是一般人民，而非行政機關內部之工作人員；對內行政則是指行政作為對象只及於行政機關內部工作人員，而不及於一般人民。

二、行政範圍的層次

從行政範圍的層次來看，可分為國家行政與地方（自治）行政。國家行政是指行政之範圍及於全國領域者；地方（自治）行政則是指行政之範圍只及於某一地方領域，如臺中市這一地方領域，或自治事項領域，如教育事項領域方面之行政。值得注意的是，行政範圍已不僅限於國家行政與地方行政之分。民國 104 年 12 月 16 日增訂「原住民族基本法」第 2 條之

---

❽　如德國學者 F. Mayer 及 F. Kopp 即採此看法，引自吳庚，上揭書，頁 7。

❾　翁岳生氏認行政並非僅是單純的執行法律，更應包含政策擬定與決定的成分。詳情請參閱氏著，〈行政的概念與種類〉，翁岳生編，《行政法二〇〇〇年》，頁 10。

❿　參閱，李建良，〈行政的種類與型態〉，《月旦法學教室》，第 2 期，2002 年 12 月，頁 41–52。

⓫　內部行政已逐漸趨於法制化。詳請參閱翁岳生，〈行政的意義與種類〉，翁岳生編，《行政法二〇〇〇年》，頁 30。

1，規定：「部落經中央原住民族主管機關核定者，為公法人。」可透過部落會議進行部落自治行政事務。

三、行政的作用

從行政的作用觀點來看，可分為積極行政與消極行政。積極行政是指行政之作用著重於扶助、獎勵、供給等積極幫助人民獲得生活給養與自由、人格獲得發展之行政；消極行政則是指行政之作用著重於規範、限制人民權利或課加人民遵守行政秩序義務之行政。

四、行政受法律拘束之程度

從行政受法律拘束之程度，可分為羈束行政與裁量行政。羈束行政是指行政應嚴格依法律規定而為之行政；裁量行政則是指可以在法律規定之限度範圍內，可以衡量行政事項，適當裁處之行政。

五、行政是否使用公權力

從行政是否使用公權力與否，可分為高權行政與國庫行政。高權行政是指使用國家統治性公權力以屈迫人民服從之行政，如徵兵、徵稅，行政處罰之行政。國庫行政則指國家非使用統治性公權力，而是與私人立於平等地位，獲得行政所需人力、物力資源，達成行政目的之行政，如採購行政是。

六、行政時期

從行政時期的觀點來看，可分為平時行政與戰時行政。平時行政是指在無戰爭或非常事項時之行政。此一平時行政之特色著重在：1.人民權利之保障，2.行政機關之自由裁量權較小，3.行政行為受立法機關之控制；戰時行政則是指在有戰爭或非常事項時之行政，其特色是側重：1.國權鞏固，2.立法機關之控制權縮小，3.行政機關之自由裁量權較大。

七、行政之功能目的

從行政之功能目的觀點來看，可分為秩序行政、給付行政、計劃行政、保護行政、公需行政及經營行政。此一分類為目前德國最主要之行政法教科書，即 Hans J. Wolff/Otto Bachof/Rolf Stober 三位教授聯名編著之教科書❷所為分類較值參用。可再分述於下：

1.秩序行政 (Die ordenende Verwaltung)——秩序行政是指行政之目的在於創造良好公共秩序，其所採用之手段多係以命令、禁令，限制人民或剝奪人民自由、財產權益者。一般也稱之為干預行政 (Eingriffsverwaltung) 或規制行政。秩序行政表現的形式又可分為：

(1)監控行政 (Überwachungsverwaltung)——即為保障公共安全與秩序之監控危害、防止危害之行政，如警察行政、軍事行政、消防行政等是。

(2)徵稅、徵費 (Abgabenverwaltung)——即以徵收金錢 （包括各種租稅、關稅、規費、特別捐） 以供公共團體執行任務之用的行政。依軍事徵用法徵收人民之房屋、服裝、糧食、牛馬、土地、醫院、工廠等物之徵用行政，與此分類近似。

(3)規導行政 (Lenkungsverwaltung)——即為追求特定行政政策目標在個別的行政領域內所進行之規劃、管制與引導之行政，如貨幣行政、金融行政❸、物價督導行政、配給、配額行政等是。

(4)監督行政 (Aufsichtsverwaltung)——即上級行政機關對下級行政機關，中央政府對縣 （市） 地方政府所為之法律上、專業上或自治事項之監督。

2.給付行政 (Die leistende Verwaltung)——給付行政❹是指行政之目的在於創造、提供、分配良好之生存、生活資源與條件，以保障、照顧人民食、衣、住、行能免於匱乏，並在人民有生、老、病、死、殘障、失業事項時，提供基本之社會安全保障與給付。此外，提供充足的資訊、指導與育樂設施、園地，以助長人民之事業與人格發展，亦是重要的給付行

---

❷ Hans J. Wolff/Otto Bachof/Rolf Stober, *Verwaltungsrecht I*, 10. Auflage, C. H. Beck, München, 1999, §3 Rn. 5–11.

❸ 參閱，胡博硯、關銘富、黃相博、周佳宥、林國彬、王志誠、游進發、曾有田，〈經濟管制與人民經濟生活——金融管制與國家責任〉，《台灣法學雜誌》，第 262 期，2014 年 12 月 15 日，頁 97–124。

❹ 參閱，陳春生，〈給付行政〉，《月旦法學教室》，第 4 期，2003 年 2 月，頁 38–40。

政。給付行政表現的形式主要可分為：

(1)提供基礎設施之行政 (Infrastrukturverwaltung)——提供滿足人民食、衣、住、行、育、樂等生活需要之基本設施如水、電、公路、鐵路、機場、港口、學校、美術館、音樂廳、博物館、國家公園等，即是提供基本設施之行政。此一行政多為照料、照顧人民在工業、技術社會中所必要之生活設施，故又稱為照料行政 (Vorsorgeverwaltung)。

(2)提供社會給付之行政 (Sozialverwaltung)——意指以社會保險、社會照料、社會救助對人民之生、老、病、死、殘障、失業加以照料、給付之行政。

(3)促進行政 (Förderungsverwaltung)——意指透過金錢補貼 (Subvention)，優利貸款 (Zinsgünstige Darlehen)，政府保證、擔保 (Garantien、Bürgschaften)，實物補貼 (Naturalsubvention)，優先公共採購 (Bevorzugung bei der öffentlichenAuftragsvergabe)，減價供應物質 (Verbilligungen)，使用優惠 (Benutzervorteile)，減免租稅 (Steuervergünstigungen)，減免規費 (Gebühreuvergünstigungen)，減免分攤費用 (Beitragsvergünstigungen) 等方式[15]以促進經濟、文化、社會、環境等個別生活領域上政策目標之行政。德國學者 Rolf Stober 將之稱為激勵行政 (Anreizverwaltung)[16]。

(4)資訊行政 (Informationsverwaltung)——意指在現時的資訊社會 (Informationsgesellschaft) 中，提供資訊使人民更有可能，更加容易作成決定之行政。例如為貫徹直轄市市民、縣（市）人民資訊權之落實，直轄市、縣（市）政府公開其本身資訊之行政。又如民國 94 年 12 月 28 日制定之政府資訊公開法以及檔案法[17]之公布實

[15] Rolf Stober, *Wirtschaftsverwaltungsrecht*, 10. Auflage, W. Kohlhammer, Stuttgart, Berlin, Köln, 1996, §31 und §50.

[16] Wolff/Bachof/Stober, a.a.O., Rn. 6.

[17] 民國 88 年 12 月 15 日總統令制定公布全文共 30 條，目的在健全政府機關檔

施，都是資訊行政之範疇。

3.計劃行政 (Die planende Verwaltung)──計劃行政乃是行政機關對於其政策構想，現時及未來經濟、社會生活情況、發展趨勢預為構思、評估、設計並提出整體、統合之對應方案、措施或行為框架 (Rahmenbedingung) 而可按部就班、有步驟地加以實施之行政。例如，依我國區域計劃法第 5 條規定辦理之區域計劃；依都市計劃法第 9 條辦理之市（鎮）計劃，鄉街計劃，特定區計劃，依農地重劃條例第 6 條擬訂之農地重劃計劃書，依住宅法第 2 條擬定之全國性住宅計畫，依商港法第 6 條擬訂之國際商港之規劃與建計劃，依農業發展條例第 23 條訂定之全國農業產銷方案、計劃，依農產品市場交易法第 4 條訂定之全國農產品產銷及國際貿易計劃，依野生動物保育法第 10 條擬訂之野生動物保育計劃，依空氣污染防制法第 7 條訂定之空氣汙染防制方案，依預算法第 32 條擬訂之施政計劃，依大眾捷運法第 10 條辦理之大眾捷運系統規劃，依鐵路法第 10 條擬訂之全國鐵路網計劃等❶❽。

4.保護行政 (Die bewahrende Verwaltung)──保護行政與傳統的防止危害行政不同，其主要的重點在於對重要的現代生活法益如環境、文化、資源、消費者等法益提供預防性及管制性之保護❶❾，故又被稱為保育行政 (Pflegende Verwaltung)。如依據空氣污染防制法、噪音管制法、水污染防治法、飲用水管理條例、廢棄物清理法、土壤及地下水污染整治法、海洋污染防治法、環境用藥管理法、毒性及關注化學物質管理法、動物用藥品管理法等環境保護行政 (Umweltvorsorgeverwaltung)；或依文化資產保存

案管理、促進檔案開放與運用、發揮檔案功能。

❶❽ 德國學者 Rolf Stober 將類此之種種計劃行政分類為四種，即：一為國土開發計劃、區域計劃行政 (Raumordnungsverwaltung)；二為都市計劃行政 (Bauleitplanungsverwaltung)；三為部門計劃行政 (Fachplanungsverwaltung)──如工業、農業、交通部門之計劃行政；四為環境計劃行政 (Umweltplanungsverwaltung)，請參閱 Wolff/Bachof/Stober, a.a.O., Rn. 7.

❶❾ 參閱，關銘富，〈行政介入請求權與危險管理責任〉，《台灣法學雜誌》，第 302 期，2016 年 8 月 28 日，頁 7–22。

法所為之文化保護行政 (Kulturvorsorgeverwaltung)；或依野生動物保育法、森林法、水利法、山坡地保育利用條例所為之資源保育行政 (Ressorcevorsorgeverwaltung)；或依消費者保護法、消費者債務清理條例所為保護消費者之行政；或依金融消費者保護法之金融監督行政❷⓿。

5.公需行政 (Die Bedarfsverwaltung)──公需行政乃是為達成公共目的而籌措執行公共事務所必需之人力與物力資源之行政，合稱為總務行政 (Intendanturverwaltung)，其各別表現的形式為：

(1)機關管理行政 (Behördenleitung)。

(2)預算、出納行政 (Haushalts-und Kassenverwaltung)。

(3)人事行政 (Personalverwaltung)。

(4)採購行政 (Beschaffungsverwaltung)❷⓵。

(5)財產管理行政 (Vermögensverwaltung)。

(6)公有營造物行政 (Anstaltungsverwaltung)。

(7)資訊及文書資料處理行政 (Informations- und Datenverwaltung)。

6.經營行政 (Die wirtschaftende Verwaltung)──經營行政乃是行政機關本身以營利為目的參與經濟生活活動之行政。其表現的形態主要為從事農、工、商、交通、金融等產業之生產、服務、投資等活動 (Erwerbswirtschaftliche Tätigkeit) 或交通、金融、生產、保險、電力等公營事業之管理 (Verwaltung öffentliche Unternehmen)。

對行政加以分類之目的在於方便初學者之瞭解，但因行政事務相當多元、繁瑣，且常涉及第三人權益，故難以周全分劃。因此，上述各個類別中每有相互交叉重疊之情形發生，例如秩序行政中之干預、徵收作用中，

---

❷⓿　相關論文請參閱，吳庚，〈金融監管事務之依法行政問題〉，《台灣法學雜誌》，第 247 期，2014 年 5 月 1 日，頁 41–51。

❷⓵　有關採購行政之規範，民國 87 年 5 月 27 日公布政府採購法，並自公布後 1 年實施。最新修正為民國 108 年 5 月 22 日。值得注意的是，民國 108 年 6 月 5 日公布施行之文化基本法第 26 條第 2 項規定：「法人或團體接受政府機關（構）、公立學校及公營事業補助辦理藝文採購，不適用政府採購法之規定。但應受補助者之監督。」

有時亦夾有給付之作用，典型的事例是稅務行政中之退稅，即有給付及再分配之作用。又如警察行政為典型的干預行政，但其「危害防止」作用，間接亦可達成「增進人民福祉」之目的。相反的，在給付行政中，亦不乏有強制、干預行政之成分，例如公營造物使用人或接受、獲得行政補助者如違規或破產時，將會受到行政機關之強制或干預。

第三節　行政法之概念

由上述行政的意義、行政的種類可以看出行政的範圍、內容與性質差異甚大。因此，規範行政之法律，亦即行政法這個概念❷，究竟有些什麼意涵，各國學者看法不一。由於各國法律體系、制度之不同，故外國學者與我國學者對行政法的概念，有不同的解說，茲臚列於次❷：

一、大陸法系學者之定義

1. 法國學者歐克 (Aucoc) 謂：「行政法即規律行政及行政權對於人民關係之法規的總稱。」

2. 德國之喬治・梅葉 (George Meyer) 謂：「行政法乃對於行政關係法規根本規定之總概念。」

3. 德國學者波特 (Port) 謂：「行政法乃關於行政權之組織及其作用之法。」

4. 日本學者美濃部達吉謂：「行政法為國內公法之一部，乃規定行政權之組織，及行政權主體之國家及公共團體與其所屬人民間關係之法。」

5. 日本學者田中二郎謂：「行政法乃關於行政權之組織與作用的國內

---

❷　參閱，李建良，〈行政法的概念與體系〉，《月旦法學教室》，第 18 期，2004 年 4 月，頁 41–50。

❷　涂懷瑩，《行政法原理》，五南圖書出版公司，民國 75 年 3 月修訂三版，頁 3–4；另參閱黃錦堂，〈行政法的概念、性質、起源與發展〉，翁岳生編，《行政法》，翰蘆圖書出版公司，民國 89 年，頁 34–36。

公法之總稱。」

二、英美法系學者之定義

　　1.英國學者簡寧斯 (Jennings) 謂：「行政法為關於行政的法律，規定行政機關的組織、權力及義務。」

　　2.美國學者古德諾 (F. J. Goodnow) 謂：「行政法乃公法之一部分，所以規範國家行政機關之組織及權限，並指示人民於權益遭受侵害時的救濟方法。」

　　3.美國學者戴維斯 (K. C. Davis) 謂：「行政法乃關於行政機關權力與程序之法，並包含對行政措施作司法審查的法律在內。」

　　4.美國學者史瓦茲 (B. Schwartz) 謂：「行政法乃國家法律的一個支系，用以管制政府的行政業務、規範行政機關權力、設定行政權力行使的原則，並對人民提供行政救濟的途徑。」

三、我國學者之定義

　　我國學者對行政法的定義有受大陸法系影響者，有受英美法系影響者，因此看法不一，茲臚列於次：

　　㈠早期學者之定義

　　1.史尚寬先生謂：「行政法者，規律國家及自治團體之行政組織及其作用之法也。」

　　2.林紀東先生謂：「行政法者，關於行政權之組織及其作用之國內公法之總稱也。」

　　3.管歐先生謂：「行政法者，乃國內公法，規定行政組織及其職權與作用之法規之總稱也。」

　　4.馬君碩先生謂：「行政法者，乃關於行政組織、行政行為及行政救濟之法也。」

　　5.涂懷瑩先生謂：「行政法者，規範行政權之國內公法也。」

　　㈡近期學者之定義

　　1.吳庚先生謂：「行政法顧名思義乃關於行政之法，申言之，係有關行政之組織、職權、任務、程序以及國家暨其他行政主體與人民間之權利

義務關係的法規， 例外情形尚包括人民相互間之權利義務關係的公法法規。」❷❹

2.陳新民先生謂：「國家行為中，除立法及司法（及監察）行為外之行為，皆屬於實質的公行政範疇之內。規範這個公行政的法規，吾人皆可稱之為行政法。」❷❺

3.黃異先生謂：「『行政法一詞』，僅是法學中的一個工具；我們能便捷地利用行政法一詞，來指稱一些特定的法律規範。行政法係指一般行政法與特別行政法所涵蓋的各種法律規範。」❷❻

4.李震山先生謂：「行政法充其量是學理上之名稱，是所謂『行政之法』，舉凡涉及前述行政之成文或不成文法規範之總稱。」❷❼

5.張家洋先生謂：「行政法乃國內公法性質，以國家行政權（亦即行政機關）為對象，規範行政組織、職權、作用、業務、爭訟等法規及人民在行政權下之權利義務的各種有關法規之總稱。」❷❽

6.黃錦堂先生謂：「行政法係對行政加以規定之法。」❷❾

7.李惠宗先生謂：「行政法係規範實質行政之法規總稱。」❸❶

8.城仲模先生謂：「行政法學是與政治靠近的法律學，是法治主義的設計師、人權維護的行動者和人民生活幸福的供應站。」❸❶

---

❷❹　吳庚，《行政法之理論與實用》，頁 24。

❷❺　陳新民，《行政法學總論》，自刊本，民國 89 年 8 月修訂七版，頁 55。

❷❻　黃異，《行政法總論》，三民書局，2006 年 3 月增訂五版一刷，頁 11。

❷❼　李震山，《行政法導論》，頁 9。

❷❽　張家洋，《行政法》，三民書局，民國 80 年，頁 5。

❷❾　黃錦堂，〈行政法的概念、性質、起源與發展〉，翁岳生編，《行政法》，翰蘆圖書出版公司，民國 89 年，頁 34。

❸❶　李惠宗，《行政法要義》，五南圖書出版公司，2005 年 10 月二版四刷，頁 15。

❸❶　城仲模，〈廿一世紀行政法學發展的新趨勢〉，刊於台灣行政法學會主編，《行政命令、行政處罰及行政爭訟之比較研究》，翰蘆圖書出版公司，2001 年 12 月，頁 71。

　　由上各國及我國學者對行政法之定義，可知行政法是一規整性概念 (ein Ordnungsbegriff)，為教科書、法庭判決與考試科目用語，用以總括有關行政組織、行政行為之公法上成文或不成文規範 ❸❷。由於各國學者研究、強調之重點不同，因此，大體可說，在大陸法系國家比較著重於行政組織與行政行為作用規範之研究，而在英美法系國家則比較著重在行政立法、行政行為程序、行政責任、司法審查與人民救濟規範之研究 ❸❸。

　　簡而言之，筆者認為，行政法者，公共生活之規範也。就行政機關而言，行政法是管理公共生活之依據；就人民而言，行政法是安排公共生活之工具，也是控制行政機關之利器。

---

❸❷　參照 Hans Peter Bull, *Allgemeines Verwaltungsrecht*, 3. überarbeitete Auflage, C. F. Müller, 1991, S. 22; Hans-UWe Erichsen (Hrsg.), *Allgemeines Verwaltungsrecht*, 10. neubearbeitete Auflage, Walter de Gruyter, Berlin, New York, 1995, S. 27.

❸❸　羅豪才（主編）、湛中原（副主編），《行政法學》，北京大學出版社，1996 年 12 月第一版，頁 44。

第二章　行政法之性質

　　行政法是公法領域之規範，與民商法等私法不同，也與同為公法領域之憲法、刑法、訴訟法等規範之對象不同，因此，行政法之屬性為何❶，可進一步加以分析。

第一節　行政法為公法

　　將法律區分為公法與私法，為自古羅馬時代重要的法律分類方法，雖有若干學者持不同的「法律一元論」和「法律三元論」之看法，但現代許多國家仍以此種傳統性區分公法、私法之「法律二元論」學說，作為規整其法律秩序的基礎❷。公法、私法之區分在我國實務上，也因牽涉行政救濟管轄及國家賠償認定問題，被學者認為有必要❸另在法律教學上將法律區分為公法、私法，也將較有助於初學者之理解。然而，公法與私法如何區分，學說上又有利益說、意思說、主體說、目的說、應用說、資格說、生活說、權力說等多種❹，但以主體說的涵義較為具體明確，容易瞭解使用。主體說以公法為規範上下秩序關係之法，而規範人民平等間之關係之

---

❶　李惠宗認行政法尚有行為規範、裁判規範、強制性規範、技術性與合目的性規範之特質，詳請參閱氏著，《行政法要義》，頁 22–23。

❷　張家洋，《行政法》，頁 8、9。

❸　陳春生，《行政法之學理與體系㈠——行政行為形式論》，三民書局，民國 85 年 8 月初版，頁 38。

❹　陳春生，上揭書，頁 11–16。

法為私法。此一學說乃以 19 世紀干涉行政之觀念為根本，將行政限於防止危險與干預人民自由、財產之理念上❺，自 20 世紀給付行政日益盛行後而受到修正。

如上所述，主體說在 20 世紀給付行政盛行後而被修正乃因現代國家政府職能擴充，由「最好的政府為最少干預的政府」到「最好的政府為最大服務的政府」理念之改變，使國家常要經營公營企業、從事經濟活動以給付人民生活必要之物資與勞務，滿足人民食、衣、住、行、育、樂之需求。在此情形下，國家事務已非全是運用公權力規範上下秩序關係而已，相反的，而是常與人民形成私法上的法律關係。因此，主體說已經不能對此提供周全的解釋。同樣的，在現時社會裡，國家為便利特定業務的執行常授權私人或委託私人行使公權力。在此種情形下，主體說更是不能自圓其說，提供適當的解釋。因此，公私法區別❻的標準已由側重在靜態組織上之公權力主體而移置到以著重動態的公權力行使作用之「修正主體說」(Modifizierte Subjektionstheorie)，成為現行德國、日本學界之通說，也為我國學者所廣泛使用❼。而行政程序法公布後，也採行了「修正主體說」之見解。如該法第 2 條第 2 項規定：「本法所稱行政機關，係指代表國家、地方自治團體或其他行政主體表示意思，從事公共事務，具有單獨法定地位之組織。」而第 2 條第 3 項更規定：「受託行使公權力之個人或團體，於委託範圍內，視為行政機關。」

由上所述，可知行政法是規範國家行政組織或等同國家行政組織地位之私人所為行政行為之公法，而與純私法關係有所不同。

---

❺　李建良、林三欽、林合民、陳春生、陳愛娥、黃啟禎合著，《行政法入門》，臺北，元照出版公司，2004 年 5 月二版第一刷，頁 28–29。

❻　參閱，李建良，〈公法與私法的區別 （上）〉，《月旦法學教室》，第 5 期，2003 年 3 月，頁 38–49；李建良，〈公法與私法的區別（下）〉，《月旦法學教室》，第 6 期，2003 年 4 月，頁 47–55。

❼　參閱李建良等合著，上揭書，頁 28–39；吳庚，《行政法之理論與實用》，頁 29–34。

第二節　行政法為國內法

　　國內法與國際法乃法學傳統上之重要分類。國內法是指規範一國領土主權範圍之內，國家與公共團體、私人之間或私人與私人間的權利義務關係之法律，而國際法則是指規範國際社會中，國家與國家之間權利義務關係的法律，個人不得為國際法關係的主體。行政法因係規定國家行政組織之間以及國家與公共團體、私人間之權利義務關係，故性質為國內法。

　　由於交通科技之發達，國際公約之盛行以及經濟全球化之趨勢，行政法思潮已由 20 世紀初期之社會連帶思想演化至 20 世紀末期之國際連帶思想。一國之行政法也常受國際公約之影響，不全然是國內法，而有國際法之傾向。雖然，國際行政法的發展趨勢自第二次世界大戰以來愈來愈明顯而有法律全球化 (Legal Globalization)、司法全球化 (Judicial Globalization) 之現象 ❽，但大體而言，行政法仍然是規範國內事務之國內法也 ❾。

---

❽　有關國際行政法的意涵及趨勢，請參閱涂懷瑩，《行政法原理》，頁 16–17。美國學者 Charles H. Koch, Jr. 對此即曾指出，「經濟全球化需要法律全球化」(Economic globalization requires "leqal globalization.")，參閱氏著，Introduction: Globalization of Administrative and Regulatory Practice, *Administrative Law Review* (54: 1 2002), p. 409.

❾　我國學者黃異教授認為：「國際行政法雖然冠以『國際』兩字，但國際行政法並非國際法，而是國內法。因為，國際行政法是國家立法機關依立法程序所制定之規定，而非由國際法主體所產生的。」參閱，黃異，前揭書，頁 15。

第三節　行政法為行政權之法

　　行政法雖為公法，但與同為公法體系之憲法不同。因為憲法是規定國家統治權組織運作基本原則與人民基本權利義務之規範，其條文多為大綱性及原則性之指示文字。而行政法則為行政權實現人民權利保障、義務履行之具體規範，也是國家統治權行使之詳實規範。憲法若無行政法則無法落實、實現。因此，有些德國學者乃用下列文字，即「行政法作為具體化之憲法」(Verwaltungsrecht als konkretisiertes Verfassungsrecht)、「行政法作為活的憲法」 (Verwaltungsrecht als gelebtes Verfassungsrecht) 來表明行政法與憲法之關係❿。

　　又行政法僅為規範行政權之法，此與憲法之不只規定行政權，尚且規範立法權、司法權、考試權、監察權以及國民大會、總統之職權，也有重大區別。

　　行政法規範之行政權，並不以國家行政機關為限，自治行政機關⓫如地方自治行政機關、經濟自治行政機關、大學自治行政機關、宗教自治行政機關、職業自治行政機關如律師公會、醫師公會等所行使公權力之權限⓬，亦為行政法規範之對象。

　　此外，立法機關制定法律以外之其他職權如預算案、大赦案、宣戰案、媾和案等之審議，是否為行政作用而屬於行政法規範之對象？關於此一問題，雖有政治學者薩孟武先生主張屬於行政事務，但大法官吳庚先生

❿　吳庚，上揭書，頁 36。

⓫　自治行政機關在一般概念上多係指地方自治行政機關而言，其實在現代社會中，自治行政機關尚應包括經濟自治、宗教自治、大學自治、部落自治等行政機關在內。

⓬　如大法官在釋字第 380 號解釋確認大學擁有大學法第 1 條第 2 項之自治權，並於釋字第 382 號解釋、釋字第 462 號解釋認大學對學生之懲戒與大學對教師升等之評審，均為公權力之行使。

則認屬於立法機關傳統上之固有權限，應視其為立法事項之特殊形態。至於同意權、質詢權、命令之審查、審計及決算審查等，吳庚大法官卻認為均非狹義之立法權範圍❸，而有行政權運作之屬性。

又法院處理審判以外之事務，如公證、提存、法人及夫妻財產制之登記、失蹤人之財產管理、法人之監督維護、監護及收養、繼承等非訟事件之處理，仍屬實質意義行政事件之處理，也應有行政權規範之行政法之適用❹。至於適用刑法第 77 條第 1 項及監獄行刑法第 81 條第 1 項所規定之假釋，依大法官釋字第 691 號解釋之理由書，認為：「行政機關不予假釋之決定具有行政行為之性質，依照行政訴訟法第二條以下有關規定，此類爭議由行政法院審理。」不過，為了避免重大司法制度衝擊，該號解釋文乃作出緩衝性的主文，謂：「受刑人不服行政機關不予假釋之決定者，其救濟有待立法為通盤考量決定之。 在相關法律修正前 ， 由行政法院審理。」由此可知，若干人民以為是刑事事務之行政權作用，亦有行政法之適用。

---

❸ 吳庚，上揭書，頁 9，註 21。

❹ 吳庚，上揭書，頁 9。

第三章　行政法之演進

　　行政法之產生、茁壯、繁衍為近數百年之事，而與民、刑法之有數千年之發展歷史，不可同日而語，但因憲政民主之開展、人權理念之宏揚、都市社會之形成、工商經濟之繁榮、環境生態之變異、物種資源之耗竭、科學技術之進展、世界交往之頻繁以及國際連帶之密切❶，使行政法之發展，日新月異，超越了民、刑法之發展，而成為今日法學之顯學而為日常生活中一日不可或缺，且有必要持續加以改革者❷。

　　關於行政法之演進，有就其內涵分為實質上之演進及形式上之演進者❸，有就其歷史發展分為封建國家，警察國家，法治國家，給付國家❹、擔保國家❺等分類方式，加以研析者。由於行政法與時代政治，社會經濟背景❻息息相關。因此依歷史演化時期解析行政法之演進，乃成為

---

❶　18、19 世紀個人主義、自由思想之瀰延泛濫，導致貧富對立、社會失衡不安，乃有二十世紀初，團體監護主義、社會連帶思想之產生。但時至 20 世紀末，由於地球村之觀念，社會連帶已不能完全描述今日現況。故筆者認為應再有國際連帶之觀念才是。舉例而言，如中東戰爭引發世界能源危機，蘇聯境內核廠災變影響歐洲農業，印尼霾害影響東南亞觀光旅遊業，亞洲、拉丁美洲之金融危機影響全球經濟等，均為國際間互為連帶之適例。

❷　參閱，Wolfgang Hoffmann-Riem，〈行政法持續改革的必要性——以德國為例〉 (Zur Notwendigkeit einer ständigen Reform des Verwaltungsrechts — am Beispiel Deutschlands)，《臺北大學法學論叢》，第 90 期，2014 年 6 月，頁 211–234。

❸　陳鑑波，〈論行政法的演進〉，《法律評論》，第 50 卷第 10 期，頁 6–10。

❹　城仲模，〈四十年來之行政法〉，《法令月刊》，第 41 卷第 10 期，頁 64–81。

❺　參閱，蔡宗珍，〈從給付國家到擔保國家——以國家對電信基礎需求之責任為中心〉，《台灣法學雜誌》，第 122 期，2009 年 2 月，頁 33–36。

學界之共識❼。一般基於行政法在歐洲各國發展不一之情形❽，大致上分為封建國家時期，君主專制警察國時期，資產市民法治國時期，社會福利法治國時期等四個時期。本文以 1970 年代末期後行政法之演進趨向與上述四個時期已有重大不同，因此加列一個時期，名為國際統合法治國時期，一併研析於次，並突顯行政法之新趨勢❾。至於我國行政法之發展趨勢則可參閱翁岳生所著〈臺灣近年來行政法之發展〉、及城仲模所著〈廿一世紀行政法學發展的新趨勢〉❿。另行政法在我國之歷年發展，亦可參閱重要法學期刊之相關論文⓫。

❻　有謂「行政法就像是一團（綜合）政治、社會、經濟及法學纖維、糾纏不清的蜘蛛網狀物 (administnatiwe law is a tangled web of political, social, econonic and legal strands)」，引自城仲模，上揭文，頁 72。

❼　參閱 Hartmut Maurer, Allgemeines Verwaltungsrecht, 8. Auflage, C. H. Beck, München 1992, S. 13 ff.; Hans Peter Bull, Allgemeines Verwaltungsreckt, 3., überabeitete Auflage, C. F. Müller, Heidelberg, 1991, S. 33 ff.; Norbert Achterberg, Allgemeines Verwaltungsrecht, Schaeffers Grundriss Verlag R. v. DECKER & C. F. Müller, Heidelberg 1988, S. 17 ff.; Hans J. Wolff/Otto Bachof/Rolf Stober, Verwaltungsrecht I, 10. Auflage, C. H. Beck, München, S. 66 ff.; Ernst Forsthoff, Lehrbuch des Verwaltungsrechts, Band 1, Allgemeiner Teil, 10., neubearbeitete Auflage, C. H. Beck, München 1973, S. 18 ff. 德國法律史，另請參閱 Ulrich Eisenhardt, Deutsche Rechtsgeschichte, C. H. Beck, München 1984.

❽　歐洲各國行政法發展史，請參閱下列兩本著作，Erk Volkmar Heyen (Hrsg.) Geschichte der Verwaltungsrechtswissenschaft in Europa, Frankfurt/M, 1982; J. Schwarze, Europäisches Verwaltungsrecht, 2 Bände, Baden-Baden 1989.

❾　林春元，〈全球行政的發展、功能與侷限──以氣候變化綱要公約體制為例〉，《月旦法學雜誌》，第 283 期，2018 年 12 月，頁 152–163。

❿　這兩篇文章分別刊載於臺灣行政法學會主編，《行政命令、行政處罰及行政爭訟之比較研究》，翰蘆圖書出版有限公司，2001 年 12 月，頁 3–19、21–72。

⓫　如林明昕，〈2017 年行政法發展回顧〉，《國立臺灣大學法學論叢》，第 47 卷特刊，2018 年 11 月，頁 1732–1754；徐婉寧，〈勞動法發展專題回顧：勞動

第一節　封建國家時期

　　現代行政法之理念源自於歐洲，因此，行政法之演進，首先要從歐洲中世紀以來，行政法之萌芽談起。

　　中世紀，由於蠻族入侵，羅馬帝國中央政府之體系逐漸瓦解，歐洲各地布滿了蠻族所分建的許多封建國家。如在今日法國、德國境內的法蘭克王國，在義大利半島上的侖巴和東哥德王國，在西班牙的西哥德王國，在北非的汪達爾王國以及在不列顛群島上的盎格魯撒克遜諸小邦。在這些封建國家之體制內，建構了國王、教會主教或佈道院院長、諸侯、貴族、自由領主、因賞賜而取得采邑之官吏等由上而下之金字塔結構統治階層，構成了行使行政權之行政組織體系 ❷。

　　在此封建國家體系內，行政權之運作多在確保公共安全及維持合乎與宗教人心、善良風俗有關之社會秩序，諸如對外防禦、衛生保健、財稅徵收、賭博取締、奢華限制、處罰通姦、暴利禁止、度量衡規範、日用品管理、防疫防火、營業、建築、進出口、市場秩序之維持等是 ❸。

　　此時，行政權之運作多以國王令狀之命令權、禁止權或以國王所派地方行政長官在當地所為的判斷、決定或處置為之。此雖有今日行政法學上行政命令、行政處分之外在形貌，但並沒有今日行政命令、行政處分內在實質上所蘊含主權在民、立法至上之意涵。此時行使權力、處理公共事務之人員，均為國王或諸侯的忠實僕人，而非今日之有職位保障、職權法

　　法上之勞工與雇主概念的實務發展〉，《國立臺灣大學法學論叢》，第 47 卷特刊，2018 年 11 月，頁 1963–1994。

❷　黃錦堂，〈行政法的概念、性質、起源與發展〉，翁岳生編，《行政法》，頁55；李惠宗，《行政法要義》，五南圖書出版公司，民國 89 年 11 月，頁 17–19。

❸　黃錦堂，上揭文，頁 56。

定，為人民公僕之永業文官❶❹。

綜觀此時，只有君意之行政與人治、形式意義之行政法，而無民主之行政與法治、實質意涵之行政法。

第二節　君主專制警察國時期

此一時期約在 17 世紀中期至 19 世紀中期神聖羅馬帝國各諸侯國紛紛頒訂憲法實施君主立憲制為止。因此，在憲法學上，此一時期普遍被稱為「立憲主義前階段」(vorkonstitutionell) 之君主專制國家，在行政法發展史上，則被稱為警察國家❶❺。

在此一時期，各諸侯國逐步擺脫原先所受神聖羅馬帝國之束縛，取得了各式各樣之立法或租稅課徵權力，管轄了所有的社會生活與宗教生活。此一時期的行政法仍未法典化，行政係以警察法與依其概括條款之廣泛授權而制頒之行政命令為之。警察一詞係包括所有之行政機關，而非係指今日之警察局而已。又自 15 世紀以來出現的有關法律與秩序的法律，即是所謂的警察法，其制定與否，正如其他任何一種法律一樣，完全取決於統治者的隨心所欲。而此種警察法是一種對什麼事都可以管理之法。換言之，根據此種警察法，國家可以從事土地開發、礦石開採、營業規制、手工業管理、稅金收取、工作強制、外銷鼓勵等非今日所謂治安警察管轄之事❶❻。

君主專制警察國時，一國君主之統治權與行政權之行使與上述封建國家時期一樣，仍未受到憲法之拘束。此時尚沒有今日所謂之法律保留原則。相反的，侯國君主仍然有法律之創設權。不過，此時因自然法思想之誕生，美國獨立，法國大革命以來之人權保障理念以及各邦侯國之立憲運

---

❶❹　黃錦堂，上揭文，頁 56。
❶❺　黃錦堂，上揭文，頁 58。
❶❻　黃錦堂，上揭文，頁 58。

動，君權神授觀念日益衰微，各邦侯國君主之行政權之行使，日漸受到自然法、人權理念、各國立憲草案所揭示人民主權、自由主義與人權保障理念之限制。特別是 1794 年普魯士普通法 (Allgemeines Landrecht für preussischen Staaten) 更確立了法律統治 (dominance of Law) 原則，成為調整統治者與被統治者之間關係的新基礎。根據此一原則，君王除了依照法律權限，不得課任何人以任何義務。此外普魯士普通法還承認並且保護個人對國家的一些請求權，例如國家因公共福利致迫使個人犧牲自己的權利與利益時，應承擔賠償的義務。雖然，普魯士普通法並不能完全消除警察國時期之君主專制，但此種法律統治原則及對人民提供部分法律保護之國家補償責任規定，卻成為通往自由主義法治國之重要過渡橋樑❶。

另外，在行政救濟法制方面，君主專制警察國時期，在神聖羅馬帝國與地方邦侯國內也曾建立了一些機構，以提供反制不斷擴張行政行為之法律救濟。例如在帝國內於 1495 年設於法蘭克福以及 1498 年設於維也納之兩個最高法院，都享有受理控訴行政機關案件的一般管轄權。不過，這兩個最高法院的裁判權卻受到統治者享有特權之嚴厲排斥❶。換言之，人民自由、權利如受到中、低行政官員之侵犯時，可向邦法院 (Landesgerichte, Kammern) 提起控訴，但如涉及君主個人事務時，人民之權利則享受不到保護；而在地方邦侯國內，統治者雖也在行政官署成立了警察法院 (Polizeigerichte) 及司法代表 (Justizdeputationen)，來處理國庫行政以及與公共利益有關之爭執，但這些組織的主要目的是為了監督行政效能，而不是對個人提供反抗行政機關違法行為的救濟。

在此值得一提的是，君主專制警察國時期，從地方至中央逐步建立了統一的官僚行政組織體系❶，並在 19 世紀時依拿破崙一世所建構之模式，

---

❶　黃錦堂，上揭文，頁 59；M. P. 賽夫著，周偉譯，《德國行政法》，五南圖書出版公司，民國 80 年 2 月初版一刷，頁 27。

❶　M. P. 賽夫著，周偉譯，上揭書，頁 27。

❶　普魯士國王腓特烈二世自西元 1740 年主政以後，對內樹立法治，並打破以往歐洲的階級觀念，將高級文官的職位，由以往貴族、地主階級子弟包辦的

在德國建立了專業的部會組織作為中央行政組織，且有獨任特性，並有中、下層隸屬行政組織。永業的文官體制也在此時建立。

第三節　資產市民法治國時期

　　美國與法國約在 18 世紀末時，德國約在 19 世紀中期時，進入資產市民法治國時期。由於受到法國大革命以來自由主義政治思想的影響❷，德國的中產階層資產市民，日益排斥被君主及其臣僚所人格化了的專制警察國，他們要求國家在影響私人事務的活動時要遵從法律。國家之行政作為要有可預測性，以免使人民的權益受到不測的侵害❷。侯國君主對於這些因都會地區、工商繁榮所產生中產階級之要求，為了保持王位以及避免類似法國大革命的血腥異變，甚多採納了君民妥協式的君主立憲政體。而自西元 1813 年起，不少德意志境內之君侯國，為了鼓勵人民抵抗法國拿破崙之入侵，也承諾制定憲法，因此至西元 1836 年為止，在德意志境內就有 21 個君侯國制定了憲法。君主立憲體制、權力分立理論、行政權受到立法權約制、人民權利受到法律保留原則之保障，構成了此一時期行政法之特色❷。

　　在此一時期，對於法治國之理念，學者也紛紛出書闡揚，如 Otto

成規，開放給一般人民，是重要開端。參見陳新民，《行政法學總論》，頁 7–8。

❷　參閱陳新民，〈德國行政法學的先驅者——談德國 19 世紀行政法學的發展〉，《行政法學研究》，1998 年第 1 期，頁 31 以下；又行政法在法國產生的經過，請參閱涂懷瑩，《行政法專題研究》，五南圖書出版公司，民國 87 年 12 月初版一刷，頁 108 以下；另法國行政法學之發展，請參閱王名揚，《法國行政法》，北京，中國政法大學出版社，1998 年第一版，1997 年 5 月二刷，頁 31–33。

❷　M. P. 賽夫著，周偉譯，上揭書，頁 28。

❷　請參閱，Forsthoff, a.a.O., S. 43.

Baehr 在 1864 年出版的《法治國構想》；Rudolf von Gneist 在 1872 年出版的《德國的法治國及行政法院》；Heinrich Maurus 在 1878 年出版的《評現代憲政國為法治國》等，大致將法治國的內涵勾勒為：權力分立、法律優越、法律保留、依法行政、依法審判、依法國家賠償、行政行為公開化等❷❸。

　　如上所述，由於受到 18、19 世紀自由主義、個人主義與資本主義思潮之影響，國家之行政作用多限於維持社會安全與防止危險，故行政僅具消極意義，在行政機關受法律保留原則之束縛下，甚或造成「無法律、無行政」❷❹之偏頗現象，以致不能應付 20 世紀以來之勞資對立，世界大戰與經濟恐慌等所生之種種危害人民生存、生計之問題。這種資產市民法治國之體制遂受到嚴厲挑戰而逐漸往社會福利法治國之體制移動。

　　在行政救濟體制方面，普魯士在西元 1872 年至 1875 年間創立了一種獨立的三級行政法院體系。初級法院為縣委員會 (Kreisaussüsse)，由專業公務員與 6 個非專業法官 (Layjudges) 所組成；中級法院為區委員會 (Bezirkausschüsse)，由該區政府的主席和其他 6 個成員組成；高級法院為普魯士最高行政法院 (Preussisches Oberverwaltungsgericht)，由院長 1 人，上議院議長和各邦議員組成。其中 2 分之 1 的邦的議員來自於高級行政機關，其餘的則為具有被任命為法官資格的人員。這一個行政法院體系自 1874 年至 1924 年間逐漸在整個德國領域內相繼建立❷❺。大體而言，普魯士最高行政法院具有充分的獨立性並與行政機關相分離，而初級行政法院則不具備高級行政法院那樣的獨立性，也沒有與行政機關相分離❷❻。

　　又此一行政法院體系之管轄權係採列舉方式。除在警察事務方面，行政法院可以享有一般的管轄權之外，在其他事務方面，則要具體的立法委

---

❷❸　黃錦堂，上揭文，頁 62、63。

❷❹　李建良等合著，《行政法入門》，頁 50；林紀東，《行政法》，三民書局，民國 77 年 3 月修訂三版，頁 49。

❷❺　M. P. 賽夫著，周偉譯，上揭書，頁 30。

❷❻　同上註。

託 (legislative assignment)。行政法院的裁判權並未被局限於審查行政行為的合法性，它尚可審查行政行為的合目的性 (Zweckmässigkeit)㉗。

總合此一時期之行政法著作，較早的是 F. F. Mayer 在 1857 年出版的 *Grundzüge des Verwaltungsrecht und Rechtsverfahrens* 以及 Sarwey 在 1884 年出版之 *Allgemeines Verwaltungsrecht* ，而最出名之行政法代表著作為 Otto Mayer (1846–1924) 在 1895、1896 年出版之 《德意志行政法》 (*Deutsches Verwaltungsrecht*) 第一版，並於 1923 年出版第三版。此上下 2 冊近乎 800 頁之篇幅，建構了法治國家之行政法總論，內容除談及法律保留、依法審判之外，並討論人民之公法上權利、國家之警察高權 (包括證照、命令、行政秩序罰、行政刑罰、行政強制執行)、財政高權 (包括稅課有關之命令、強制、刑罰、人民之納稅義務)、公物法、公共負擔法、公營造法、國家賠償與補償、行政組織法 (包括公法人、公營造物、鄉鎮、公法上之合作社) 等㉘。

Otto Mayer 在其著作中創設了「行政處分」的概念並將之銜接到行政救濟上。換言之，人民對國家之行政處分行為得提起救濟。此一新創之「行政處分理論」 得到學者普遍回響，並於 1931 年德國符騰堡 (Württenberg) 邦行政法典草案第 61 條中加以規定。Otto Mayer 也奠定了其在德國行政法學界之地位而被尊稱為德國行政法學之父㉙，並深深影響日本明治時代之美濃部達吉教授㉚。

第四節　社會福利法治國時期

自 19 世紀末、20 世紀初，建構於個人主義、自由主義、資本主義思

㉗　M. P. 賽夫著，周偉譯，上揭書，頁 31。

㉘　黃錦堂，上揭文，頁 63、64；另參閱 Maurer, a.a.O., S. 18.

㉙　黃錦堂，上揭文，頁 63、65。

㉚　陳新民，《公法學劄記》，民國 84 年 1 月修訂二版，頁 17。

潮，以警察、課稅等干涉行政為主，以及以 Otto Mayer 教授所創設之「行政處分理論」為核心之行政法學，受到激烈的衝擊。

隨著戰爭、工業化、通貨膨脹、人口增長、集中都市以及無產階級大量化所產生的經濟、社會危機日益加深。人民由於受到工業化、都市化之影響，已漸與往日之農地、家族等可提供「生活資源」之根基相隔離；而可掌握的「有效生活空間」也日益狹窄，造成人民對都市、對社會、對國家之依賴，日益加深，一日不可或缺。國家之行政權力也隨之日益膨脹。國家之功能定位，不再侷限於以干涉行政為核心之「治安國」，更進一步的是要為人民提供「生存照顧」(Daseinvorge)，舉凡人民日常生活、生存所必須之水、電、瓦斯、郵政、電話、交通工具、醫療設備、糧食物品等需透過國家及社會團體力量，才能獲得合理價位，無匱乏之供應。這種國家對人民生存照顧的義務，在 20 世紀憲法標竿的威瑪憲法首先表現出來。威瑪憲法的經濟、社會憲章，確認了個人欲得到生存保障，惟有靠社會團體之力量，並將生存照顧之原由人民個人自行負責，轉為社會集體負責，再轉成為國家之政治責任[31]。

在社會法治國時代，由於國家應負擔生存照顧之各式各樣任務，而與傳統自由法治國時代，國家任務限於課稅、安全秩序之維持頗有不同。因此在行政作用方面，過去因國家任務之單純性所產生之行政行為單樣化──即以行政處分為國家主要行政行為之方式，已不能符合時代需要。在社會法治國時代，因國家行政任務之多樣化，除了治安秩序維持之外，尚須朝向危險防止、徵稅、提供服務及引導等四個方向。傳統自由法治國時代作為行政行為主要方式之行政處分，已逐漸喪失其絕對核心地位[32]，代之而起的是「引導行政」、「促進行政」所慣有的公布計劃方案以及「費率協議」之公告周知或是對產業提供貸款、補助、租稅優惠、政府優先承購等行政作用方式[33]。由此可見，行政法的核心體系已由「干涉行政」邁

---

[31]　陳新民，上揭書，頁 62。

[32]　M. P. 賽夫著，周偉譯，上揭書，頁 33。

[33]　陳新民，上揭書，頁 126、127；另參閱城仲模，〈廿一世紀行政法學發展的

向「引導行政」、「服務行政」、「促進行政」、「計劃行政」等。此由二十世紀中之行政法學著作如 Fritz Fleiner 在 1911 年出版的《行政法體系》；Walter Jellinek 在 1931 年出版的《行政法》；Arnold Köttgen 在 1936 年出版的《德國行政》；Ernst Forsthoff 在 1938 年發表之《作為服務主體的行政》；以及 G. Dürig 在 1953 年發表之《福利國家的憲法及行政法》等書籍、論文中得到此一轉變趨勢❸❹。

在行政救濟制度方面，第二次世界大戰結束後不久，即 1946 年 10 月 10 日，德國全境仍在美、英、法、蘇占領情況下，行政法院體系首先在當時的西德境內被恢復了。1952 年 9 月 23 日並依 1949 年頒布之「德意志聯邦共和國基本法」規定建立一個聯邦行政法院，而 1960 年 1 月 21 日之行政法院法並規定在各邦建立一個統一的行政法院制度。值得注意的是邦行政法院的管轄權不再遵循前普魯士邦模式的列舉管轄權，而是採取符騰堡 (Württenberg) 邦模式的一般管轄權❸❺。

綜觀此社會福利法治國時期之行政法，可以發現其與資產市民法治國時期之行政法有許多不同。依林紀東教授就兩者思想與經濟之原因之分析，可列表對照說明於下❸❻：

資產市民法治國時期	社會福利法治國時期
一、個人主義（小我之發見）	一、團體主義（大我之發見）
二、自由主義	二、干涉主義（社會福利主義）
三、民主政治（間接民主、局部民主）	三、民主政治（直接民主、全部民主）
四、法治政治（消極之法治、機械之法治）	四、法治政治（積極之法治、機動之法治）
五、權力分立	五、諸權協力
六、立法至上	六、行政權之擴大

新趨勢〉，頁 43–44。

❸❹　陳新民，上揭書，頁 103、124、125。

❸❺　M. P. 賽夫著，周偉譯，上揭書，頁 31、32。

❸❻　詳請參閱林紀東，上揭書，頁 38–65。

第五節　國際統合法治國時期

　　自西元 1970 年代末期以來，第二次世界大戰後經濟不斷成長之迷思幻滅了，經濟成長極限論日漸風行。又原先大力推動社會福利之北歐、英、德等國家倍感財政包袱沉重壓力，加上消費者保護浪潮❸❼、環境保育呼聲、綠色和平運動以及多國籍企業之繁生、資訊網絡社會之形成，均對國際經濟社會造成重大衝擊。特別是，1990 年代以後國際間投資、物品、資金，大量、快速交流所造成之經濟全球化以及普遍使用核能發電、高速電腦、網際網路、生物科技、化學藥品所造成之社會高風險化，均對行政法學之發展，產生重大影響。

　　現代社會與 18、19 世紀的手工業、輕工業之社會不同，也與 20 世紀 70 年代以前的工業社會不同。現代社會自西元 1980 年代以後已漸漸成為資訊社會、風險社會、後工業社會、後物資主義社會以及資本主義邁向全球開發、生產與服務的社會❸❽。在這樣社會裡的行政法與自由法治國、社會法治國之行政法也不同。德國學者 Heiko Faber 在 1992 年出版之《行政法》教科書中，闡述了後工業社會行政法總論之調適原則，即：1.公行政遁入私法 (Flucht in das Privatrecht)，2.自由於議會之外公行政之民主化 (die Demokratisierung der parlamentsfreien Verwaltung)，3.行政合法性之新確認 (Neubestimmung des Prinzips der Gesetzmäßigkeit)，4.行政法上法律關係之核心性 (Das Verwaltungsrecht als ein System von Verwaltungsrechtsverhältnissen)，5.非制式行政行為之重視 (Berücksichtigung des informalen Verwaltungshandelns)❸❾。

---

❸❼　相關論文請參閱，王展星、王服清、林三欽、簡慧娟、劉清芳、郭麗珍、姚志明、吳小燕，〈行政法學與消費者保護法制〉，《月旦法學雜誌》，第 287 期，2019 年 4 月，頁 63–78。

❸❽　參閱黃錦堂，上揭文，頁 75、76。

　　德國、日本學者在 1990 年代以後對行政法主要建構如行政組織、依法行政、行政訴訟、行政補償制度以及行政法功能定位之調整如朝向機動、靈活、效率效能、事前參與、善用民間社會力、強調不同團體間之溝通整合等均有甚多的反省、檢討與新主張❹，大致可歸納敘述如次：

一、行政法之國際化

　　自西元 1991 年 12 月 9、10 日歐洲各國在馬斯垂克所達成之歐洲聯盟條約 (Vertrag über die europäische Union)，確立並加深了歐洲地區自西元 1951 年以來行政法國際化之趨勢。此一歐洲聯盟條約除了保留在 1951 年所簽署之歐洲煤鋼共同體，1957 年之歐洲經濟共同體與歐洲原子能共同體等三個共同體條約外，並新增了共同外交與安全政策、司法及內政領域之共同合作以及有關教育、文化、健康、消費者保護、跨歐洲之網路系統和援外等方面之合作，使歐洲自第二次世界大戰以後，利用歐洲煤鋼共同體、歐洲經濟共同體、歐洲原子能共同體將原本建立在解除貨物流通、人員流通、資本流通、勞務流通等方面限制之經濟事務為核心之整合聯盟，進一步擴大為金融、貨幣聯盟與政治聯盟，使會員國之行政權、立法權與司法權受到歐洲聯盟條約之約制 ❹ ，而歐洲行政法 (Europäisches

---

❸　Heiko Faber, *Verwaltungsrecht*, 3. überarbeitete Auflage, J. C. B. Mohr. Tübingen, 1992, S. 37 ff.

❹　陳春生，〈行政法之學理及其更新〉，《行政法之學理與體系㈠——行政行為形式論》，頁三至四七；黃錦堂，上揭文，頁 71–76；另請參閱 Rainer Pitschas, *Zur Reform des Allgemeinen Verwaltungsrechts in der Bundesrepublik Deutschland*，黃鉦堤譯，〈論德國行政法總論之改革〉，刊於《憲政時代》，第 24 卷第 1 期，民國 87 年 7 月，頁 141–187；山本隆司著，劉宗德譯，〈日本公私協力之動向與課題〉，《月旦法學雜誌》，第 172 期，2009 年 9 月，頁 202–217；米丸恒治著，劉宗德譯，〈公私協力與私人行使權力——私人行使行政權限及其法之統制〉，《月旦法學雜誌》，第 173 期，2009 年 10 月，頁 241–252；詹鎮榮，〈從德國憲法與行政法觀點論公私協力——挑戰與發展〉，《月旦法學雜誌》，第 180 期，2010 年 5 月，頁 220–236；劉建宏，〈公私協力合作模式紛爭解決機制之困境〉，《月旦法學雜誌》，第 234 期，2014 年 11 月，頁 108–118。

Verwaltungsrecht) 之發展也變成重要的潮流趨勢❷。特別是在 1995 年 12 月確認歐元 (Euro) 為區域內單一貨幣之名稱外，各國之金融行政法制也因歐洲中央銀行於 1998 年 7 月正式成立而日益國際化❸。

　　除此以外，第二次世界大戰以後，各國在貨幣、金融方面之合作公約如國際貨幣基金 (IMF)、國際復興暨發展銀行❹；在經濟領域方面之合作公約如關稅及貿易總協定 (GATT)❺、世界貿易組織 (WTO)；在環保方面之合作公約如 1997 年在日本京都達成之環境議定書、1998 年在阿根廷布宜諾斯艾利斯聯合國氣候會議所擬訂之氣候變化綱要公約❻等，對國際行政法之發展均有助長之作用。

二、行政決策之民主化

　　隨著人口之增長、污染源之增加、都會地區之開發、環境保護之需求以及教育程度之提升，使得行政決策程序有日益脫離議會立法束縛之趨勢。這種新形式之決策程序又被稱為自由於議會之外行政的民主化 (die Demokratisierung der parlamentsfreien Verwaltung)，特別適用於關係人範圍不可量透及高度問題壓力 (ein überschaubarer Kreis von Betroffenen und hoher Problemdruck) 之事件，如都市開發、環境污染、核廢棄置及教育事件等。這種不是由立法機關詳加規範或在立法機關放手授權行政機關處理特定行政事務之範圍內，由民眾直接參與行政事務之風潮運動，已成為行政法學之新嫩芽 (der Keim eines neuen Verwaltungsrechts)。透過民眾直接

---

❹　相關論文請參閱，吳建輝，〈國際投資法對內國管制權限之規範：公法取向的貢獻？〉，《月旦法學雜誌》，第 287 期，2019 年 4 月，頁 192–209。

❷　黃錦堂，上揭文，頁 74、75；Frank Emmert, *Europarecht*, München, 1996, S. 17, 69.

❸　請參閱鄭雅綺，〈歐盟貨幣整合之影響〉，《自由中國之工業》，第 88 卷第 10 期，民國 87 年 10 月，頁 61 以下及頁 79 之附表一。

❹　請參閱顏慶章、蔡英文主編，《國際經濟法規彙編（上冊）》，頁 345–568。

❺　顏慶章、蔡英文主編，上揭書，頁 1–344。

❻　請參閱〈防止環境污染惡化必須與時間賽跑〉，《中國時報》，民國 87 年 11 月 8 日，第三版，「社論」。

參與行政，可使行政機關有更周延、寬廣之決策依據而使未來之執行不致
遭受巨大抗拒而變得較容易 ❹。

　　不過，這種在環境法、技術法領域發展出來之官民合作機制 ❹，以及
在都市開發法制領域所發展出來的以官民協商為主的開發許可制，如果沒
有地方社區、公正人士及非營利公益組織之參與，則將很可能成為政府部
門技術菁英獨斷或與私益法人、財團利益交換或勾結圖利之便門，而損害
了社會整體之利益。有鑒於此，美國最高法院近年來即曾建立了兩個著名
的判例，即 Nollan v. California Coastal Commission (1987) 以及 Dolan v.
City of Tigard (1994)，加州州政府也制訂了 66030 法案 (California
Government Code Sections 66030–66037)，以防範其弊端，也表現了政府
立法部門及司法單位對此行政法民主化新領域之介入 ❹。

　　在我國，行政決策民主化之趨勢，也日漸明顯 ❺。自民國 70 年代以
來，行政決策民主化之機制，逐漸在各類影響多數民眾權益或保護少數特
殊、弱勢族群之法律上出現。例如：

　　1.醫療法第 100 條規定之醫事審議委員會，其委員至少應有 3 分之 1
以上為法律專家及社會人士。

　　2.公害糾紛處理法第 5 條規定之公害糾紛調處委員會之委員由有關

---

❹ Heiko Faber, *Verwaltungsrecht*, S. 39.

❹ 參閱 Michael Klöpfer/Thomas Elsner, *Selbstregulierung im Umweltund
Technikrecht*, Perspektiven einer kooperativen Normsetzung, DVBL, 1996, S.
964 ff.; Hans-Heinrich Trute, *Die Verwaltung und das Verwaltungsrecht
zwischen gesellschaftlicher Selbstregulierung und staatlicher Steuerung*, DVBL,
1996, S. 950 ff. 另在勞工保險條例第 51 條第 3 項規定：「保險人為審核第一
項診療費用，應聘請各科醫藥專家組織診療費用審查委員會審核之。」另民
國 84 年增修之同條例第 5 條第 1 項亦顯現了行政組織民主化趨勢。

❹ 參閱，徐世榮，〈都市規劃的民主願景〉，《中國時報》，時論廣場，1998 年
11 月 12 日，15 版。

❺ 相關論文請參閱，葉俊榮，〈台灣行政法學的發展與挑戰〉，《月旦法學教
室》，第 100 期，2011 年 2 月，頁 70–71。

機關代表、環境保護、法律、醫學等相關學者、專家及社會公正人士共同組成。學者專家及社會公正人士之人員，不得少於全體委員之 3 分之 2。

3.身心障礙者權益保障法第 10 條規定，主管機關應遴聘（派）身心障礙者或其監護人代表、身心障礙福利學者或專家、民意代表與民間相關機構、團體代表及各目的事業主管機關代表辦理身心障礙者權益保障事項；其中遴聘身心障礙者或其監護人代表及民間相關機構、團體代表之比例不得少於 3 分之 1。

4.教育基本法第 10 條規定，直轄市及縣（市）政府應設立教育審議委員會，……成員應包含教育學者專家、家長會、教師會、教師、社區、弱勢族群、教育及學校行政人員等代表。

5.藥害救濟法第 15 條規定，主管機關……應設藥害救濟審議委員會，……置委員 11 人至 17 人，由主管機關遴聘醫學、藥學、法學專家及社會公正人士擔任之，其中法學專家及社會公正人士人數不得少於 3 分之 1。

6.職業災害勞工保護法第 14 條規定，中央主管機關……應設職業疾病鑑定委員會，置委員 13 人至 17 人，其中，中央主管機關代表 2 人、行政院衛生署代表 1 人，職業疾病專門醫師 8 人至 12 人、職業安全衛生專家 1 人、法律專家 1 人。

7.資源回收再利用法第 5 條規定，中央主管機關應設再生資源回收再利用促進委員會……置主任委員 1 人，由行政院環境保護署署長擔任；委員任期 2 年，由相關政府機關、學者專家及環境保護團體代表組成。其中學者專家及環境保護團體代表不得少於委員會人數 2 分之 1。

8.環境基本法第 29 條規定，行政院應設置國家永續發展委員會，……委員會由政府部門、學者專家及社會團體各 3 分之 1 組成。

9.癌症防治法第 6 條規定，行政院……應設中央癌症防治會報。中央癌症防治會報置召集人一人……委員若干人，由行政院院長就政務委員、有關機關首長及具有癌症防治經驗之專家學者派兼或聘兼之。

10.性別平等教育法第 7 條規定，中央主管機關之性別平等教育委員會，置委員 17 人至 23 人，……以教育部部長為主任委員，其中女性委員

應占委員總數 2 分之 1 以上；性別平等教育相關領域之專家學者、民間團體代表及實務工作者之委員合計，應占委員總數 3 分之 2 以上。

11.性騷擾防治法第 6 條規定，直轄市、縣（市）政府應設性騷擾防治委員會，……前項性騷擾防治委員會置主任委員 1 人……有關機關高級職員、社會公正人士、民間團體代表、學者、專家為委員；其中社會公正人士、民間團體代表、學者、專家人數不得少於 2 分之 1；其中女性代表不得少於 2 分之 1。

12.低放射性廢棄物最終處置設施場址設置條例第 5 條規定，主辦機關應自本條例施行之日起 3 個月內，設處置設施場址選擇小組。前項選址小組成員人數 17 人至 21 人，由相關機關代表、專家學者組成，其中專家學者人數不得少於 5 分之 3。

13.食品安全衛生管理法第 4 條規定，主管機關採行食品安全衛生管理措施之風險評估，中央主管機關應召集食品安全、毒理與風險評估等專家學者及民間團體組成食品風險評估諮議會為之，其成員單一性別不得少於 3 分之 1。另食品安全衛生管理措施之諮議體系，行政機關應就食品安全與營養、基因改造食品、食品廣告標示、食品檢驗方法亦應成立諮議會，召集食品安全、營養學、醫學、毒理、風險管理、農業、法律、人文社會領域相關具有專精學者組成之。其成員單一性別不得少於 3 分之 1❺❶。

14.原住民族傳統智慧創作保護條例第 5 條規定，主管機關得遴聘（派）有關機關人員、專家學者及原住民代表，辦理智慧創作之認定及其他法令規定事項，其中原住民代表不得少於 2 分之 1。

15.財團法人原住民族文化事業基金會設置條例第 9 條規定，董事、監察人人選之遴聘由立法院推舉 11 至 13 名原住民族代表及社會公正人士組成董事、監察人審查委員會，由行政院提名董事、監察人候選人，提交審查委員會以 3 分之 2 以上之多數同意後，送請行政院院長聘任之。審查

---

❺❶　相關論文請參閱，倪貴榮、王郁霖、蔡嘉晏，〈食品安全治理中科學基礎與民主參與的平衡〉，《政大法學評論》，第 155 期，2018 年 12 月，頁 131–218。

委員會中原住民族代表，不得少於審查會人數之 2 分之 1。

三、行政行為之非制式化

經過百年來之發展，行政行為之法律形式學說 (Die Lehre von den Rechtsformen des Verwaltungshandelns)，成為德國行政法學之核心所在。行政行為之法律形式逐漸被定型化、類型化，主要的有行政處分 (Verwaltungsakt)、行政契約 (Verwaltungsvertrg)、法規命令 (Rechtsverordnung)、行政規則 (Verwaltungsvorschrift)、行政計劃 (Verwaltungsplannung)、自治規章 (Satzung) 及行政內部之職務命令 (Weisung)，但這些定型化、制式化的行政行為卻因在法律之明文規定下，日漸成為行政行為自由運作之限制與拘束，以致不易處理繁複膨脹之行政任務❷。

行政機關為了迴避制式化、定型化行政行為所受日漸增加的法律拘束，避免制式化行政行為之僵硬、無彈性以及適時、妥當的解決行政實務，廣泛的採用了所謂未制式化之行政行為，如非書面之協議 (formlose Absprachen)、公布 (Verlautbarungen)、建議 (Empfehlungen)、指點 (Hinweisen)、警告 (Warnungen)、或行政機關有意的容忍 (Bewußten Duldungen)❸。

未制式化行政行為在德國實務上之廣泛運用，引起德國行政法學界之注意與探討❹。一般認為，未制式化之行政行為在某些情形下，對達成行

---

❷ 參閱林明鏘，〈論型式化之行政行為與未型式化之行政行為〉，收於《當代公法理論——翁岳生教授祝壽論文集》，月旦出版公司，民國 82 年 5 月，頁 340–361。

❸ 黃俊凱，〈協商性行政活動之類型化與法治國之挑戰及因應（上）——以環境行政為例〉，《台灣本土法學雜誌》，第 24 期，2001 年 7 月，頁 115–133；（下），2001 年 8 月，頁 129–147。

❹ 類似此種法規範之外的行政行為 (Verwaltungshandeln außerhalb des Rechts)，早在 19 世紀即曾被使用過，但引起學界重視及研析則為 1980 年代以後之事。相關文獻如 Bohne, *Der informale Rechtsstaat*, 1981, S. 49 ff.; Schmidt-Assmann, *Die Lehre von den Rechtsformen des Verwaltungshandelns*, DVBL,

政目的，是較適當的手段，因為它們具有新的動能 (neue Beweglichkeit)、彈性 (Flexibilität) 及創意 (Kreativität) 之功能，與制式化之行政行為，反而較能節省時間、勞力、費用與金錢⑤，且可避免與相關人民之緊張對立、減少抗爭、獲得合作、協力，進而迅速達成行政目的⑥。

　　然而，行政機關經常規避不用法律明定類型，制式性之行政行為，亦將使行政行為無預測可能性，人民權利保障不周及法律紀律與制度遭受破壞之情形，對法治國家形成一種威脅，因此德國行政法學界便不斷嘗試將非制式化之行政行為加以類型化、規範化，使行政機關在行使行政行為形式選擇自由時所產生的負面效果，降低到最小的程度⑦。

四、行政任務之民營化⑧

　　隨著社會之工業化、都市化、國際化、專業化與多元化，行政任務日

1989, S. 504 ff.; 請參閱 Heiko Faber, *Verwaltungsrecht*, 3. Aufl., S. 44 ff.; 另請參照 Bohne, *Informales Verwaltungsund Regierungshandeln als Instrument des Umweltschutzes*, Verw Arch. Bd75, 1984, S. 343 ff.; Becker, *Informales Verwaltungshandeln zur Steuerung Wirtschaftlicher Prozesse im Zeichen der Deregulierung*, DÖV 1985, S. 1003 ff.

⑤　林明鏘，上揭文，頁 353。非制式行政行為之優點，另參考陳春生，《行政法之學理與體系㈠──行政行為形式論》，頁 32–34。

⑥　相關論文請參閱，程明修，〈公私協力行為對建構「行政合作法」之影響──以 ETC 案為契機，《月旦法學雜誌》，第 135 期，2006 年 8 月，頁 5–13；程明修，〈公私法協力契約相對人之選任爭議──以最高法院九十五年判字第一二三九號判決 （ETC 案） 之若干爭點為中心〉，《月旦法學雜誌》，第 138 期，2006 年，頁 28–37；程明修，〈德國加速公私協力法上 「競爭對話 (Wettbewerblicher Dialog)」 制度於政府採購上之運用〉，《法學叢刊》，第 59 卷第 4 期，2014 年 10 月，頁 63–99；陳清秀，〈公私協力法制合理化方向〉，《台灣法學雜誌》，第 279 期，2015 年 9 月 14 日，頁 64–72。

⑦　林明鏘，上揭文，頁 355–357。

⑧　相關論文請參閱，詹鎮榮，〈論民營化類型中之「公私協力」〉，《月旦法學雜誌》，第 102 期，2003 年 11 月，頁 8–93；周志宏，〈教育事務民營化之法律問題〉；林昱梅，〈警察任務民營化理論初探〉；李玉君，〈社會福利民營化法律觀點之探討〉；王毓正，〈論市立醫院委託經營契約於公、私法屬性判斷上

漸增多繁複，行政機關無法全部親自處理，每每將非核心之行政事務委託民間經營❺❾、處理，本身則集中全力應付核心之行政事務。此不只在給付行政方面有如此現象，即使在規制行政方面，也是如此。例如在建築執照之核發上，商業登記證照，汽機車行車執照之檢驗核發上，日漸改由民間公會或業者簽證、核發❻⓿，又如在公園設施之維護提供❻❶，國民住宅之興建❻❷，老舊眷村之改建❻❸，交通設施之興建❻❹或殯葬設施之經營❻❺等給付行政方面，都有獎勵民間或委託民間辦理之情形。教育基本法第 7 條第 2 項更規定，「政府為鼓勵私人興學，得將公立學校委託私人辦理。」營造業法第 43 條也規定：「中央主管機關對綜合營造業及認有必要之專業營造業得就其工程實績、施工品質、組織規模、管理能力、專業技術研究發展及財務狀況等，定期予以評鑑，……前項評鑑作業，中央主管機關……得委託經中央主管機關認可之相關機關（構）、公會團體辦理。」充分顯現行政任務民營化❻❻之趨勢。

之爭議──以高雄高等行政法院九十六年度訴字第三五九號裁定為中心〉，《月旦法學雜誌》，第 155 期，2008 年 4 月，頁 229–238。

❺❾　參閱，陳愛娥，〈「政府業務委託民間辦理」的法律規制──公私部門合作法制的建構〉，《月旦法學教室》，第 8 期，2003 年 8 月，頁 57–67。

❻⓿　如臺中市政府宣示，針對建造及雜項執照的申領，將擴大實施專業簽證，把專業技術審查部分回歸由建築師自行簽證負責，見《中國時報》，民國 87 年 11 月 17 日，第二十版。

❻❶　著名全臺臺中公園之整頓，即接洽民間公司認養，見《中國時報》，民國 87 年 11 月 22 日，第十七版。

❻❷　如國民住宅條例第 30 條至第 37 條之規定。

❻❸　如國軍老舊眷村改建條例第 11 條之規定。

❻❹　如獎勵民間參與交通建設條例第 8 條之規定。相關論文請參閱，林明鏘，〈促進民間參與公共建設法制與檢討──從地方自治團體有效管制觀點出發〉，《月旦法學雜誌》，第 234 期，2014 年 11 月，頁 48–72；許登科，〈面對促參法與推動促參案的幾個基本法理初探──以相關法院見解為中心的交互呈現與分析〉，《月旦法學雜誌》，第 234 期，2014 年 11 月，頁 119–138。

❻❺　如殯葬管理條例第 20 條之規定。

　　這種行政任務民營化、私營化之趨勢，造成相當多的浪費，也不利於行政經驗與公務員專業的培育。尤其在地方政府中，小到辦活動，大到擬定都市區域、城鄉風貌計劃，全部都委由民間辦理，委外辦理之費用可以有數千萬，甚至近億元，引發議員之批判❻。又在中央政府方面也不遑多讓，即以建國百年慶典耗費 32 億餘元中，即有 2 億 1 千萬餘元委由財團法人建國百年基金會辦理「夢想家歌劇」兩個晚上，導致當時文建會主委盛治仁之下臺，並引發輿論之強烈批判❻。又教育任務之私營化，也因教育行政監督之全面潰散，而造成教育公權力之淪喪及教育結構之扭曲❻，漸成臺灣衰敗之重要原因。

五、行政組織之私法化

　　將私法當作行政法之補充物 (Das Privatrecht als Verwaltungsrechtsersatz) 以處理行政問題為傳統行政私法之重要領域，雖曾被學界譏為公行政遁入私法 (Flucht in das Privatrecht) 而受質疑❼，但時至今日，在行政實務上，私法之適用並非是輔助、臨時或例外性的，而是重要、長久與經常的被適用。行政機關常因新行政事務不斷產生而須利用私法之組織形式，故有行政組織私法化之趨向❼。

---

❻　參閱，陳愛娥，〈行政任務取向的行政組織法〉，《月旦法學教室》，第 5 期，2003 年 3 月，頁 63–73。

❻　參閱，《自由時報電子報》，〈公務事動輒委外，議員斥台中市府成委辦中心〉，(2011–11–27，http://www.libertytimes.com.tw/2011/new/nov/27/today-center5.htm)

❻　參閱，邱坤良，〈政府「瘋」活動，容易本末倒置〉，《中國時報》，時論廣場，2011 年 11 月 2 日，A14 版。

❻　參閱，林騰鷂，〈教育行政監督的全面潰散〉，《蘋果日報》，蘋論陣線，2018 年 12 月 27 日，A13 版；Lin, Terng-yaw, *Ministry failing supervisory role*, Taipei Times, Jan 3, 2019, p. 8.

❼　參閱，林騰鷂，〈行政遁入私法，肥貓橫行〉，《中國時報》，時論廣場，2009 年 10 月 8 日，A14 版。

❼　陳春生，上揭書，頁 17。

　　例如，早在 1960 年代，當時之西德總理艾德諾，即藉助依私法設立的德國電視公司 (Deutschland-Fernsehen-GmbH)，掌握了最重要的大眾傳播媒介，從事新聞、文化給付行政工作；另由聯邦政府、聯邦鐵路局、拜耳邦政府及慕尼黑市政府於 1965 年聯合設立了私法人之慕尼黑地道線路公司 (Münchener Tunnel-Gesellsehaft)，以處理交通行政問題。又德國聯邦郵政總署依 1989 年 6 月 8 日生效之郵政結構法 (Poststrukturgesetz)，分枝為三個組織與經濟上均各別獨立之公營企業，命名為德國聯邦郵政 (Deutsche Bundespost)、郵遞服務公司 (Postdienst)、德國聯邦郵政銀行 (Deutsche Bundespost Postbank) 及德國聯邦郵政電信公司 (Deutsche Bundespost Telekom)❼❷。

　　又如在基礎設施行政方面 (Im Bereich der Infrastrukturbeschaffung)，行政機關亦開始將個別、孤立的利益組織設立起來，成為有權能的行政夥伴 (der kompetente Partner)，使相關問題在未顯現、惡化時，就能及時解決。這種行政機關建立與自己對立組織的最有名例子，即是慕尼黑論壇 (Münchner Forum)，乃因 1966 年時，慕尼黑之建設計劃 (Bebaungsplan) 規定了卡爾王子皇宮 (Prinz-Carl-Palais) 地下管路這個交通政策優先於古蹟保護之建設項目，隨即引發激烈的民眾抗爭活動，震驚了市政當局。市議會與市政府乃承諾改善計劃程序，也因此組織了慕尼黑發展論壇協會 (Münchner Diskussionsforum für Entwicklungen e. V.) 的私法社團，包含經濟界、新聞界與技術界（特別是建築師）等人士，強化對都市建設專業知識之考量❼❸。

　　在我國，學者認為，行政組織私法化之現象也不少，例如財團法人中小企業信用保證基金，財團法人中央存款保險公司，財團法人工業技術研究院，財團法人中華經濟研究院等❼❹。但此類組織常受其原創設行政母體機關之掌握，且對相關行政事項領域政策之形成有決定性影響❼❺。故其屬

---

❼❷　Heiko Faber, *Verwaltungsrecht*, S. 38.

❼❸　Faber, a.a.O., S. 39.

❼❹　陳敏，《行政法總論》，上揭書，頁 962–963。

性，學者認為已接近德國行政法學上所謂之公法財團❼⑥。特別在財團法人法公布實施後，這些財團法人都屬於「政府捐助之財團法人」。

六、行政法關係之多面化

由於社會之異變、國家功能之轉換、人權理念之增廣，現代行政法之法律關係已從傳統國家與人民間之雙面法律關係，再擴展至複數生活利益衝突、對立、互補、均衡之多面法律關係。

在傳統上，以行政處分為主幹，行使國家公權力，形成行政機關與人民間法律關係之產生、變動與消滅。但時至今日，除了這些類之兩面法律關係之外，尚有許多因人權種類之增加❼❼，群體利益之重視與子孫未來生活基礎之保障要求❼❽，需要第三人、社會公益團體參與各類之行政程序❼❾，而形成多面之行政法法律關係。

多面之行政法法律關係通常呈現複雜之事實、複雜之利益與多數之當事人。具有下列之特徵❽⓪：

1. 多面法律關係與技術、經濟、生態、社會、政治事實有關，它們常具有預測因素與評價因素。

2. 多面法律關係存在著複數利益主體，反映於各種非常不同之利益競

---

❼⑤ 黃錦堂，〈行政組織法之基本問題〉，翁岳生編，《行政法》，翰蘆圖書出版有限公司總經銷，1998 年，頁 289–296。黃錦堂，《行政組織法論》，翰蘆圖書出版有限公司，2005 年 5 月初版，頁 150–151。

❼⑥ 陳敏，上揭書，頁 963；陳新民，《行政法學總論》，自刊本，民國 86 年 5 月修訂六版，頁 109–111。

❼❼ 1948 年聯合國人權宣言增加了環境權、健康權、休閒權、文化權等前所未見之新人權。1986 年聯合國又通過了「發展權宣言」，使發展權成為人權的新指標。參閱，林騰鷂，《中華民國憲法》，國立空中大學印行，民國 94 年 12 月初版，頁 206–207。

❼❽ 如空氣、水源、環境、景觀、物種與自然資源等是。

❼❾ 如德國 1976 年之行政手續法第 58 條、第 73 條以及美國 1946 年行政程序法第 552、553 條均有第三人、關係人、社會團體參與行政契約、行政計劃、行政法規制定之參與規定。

❽⓪ 陳春生，上揭書，頁 23、24。

爭、利益衝突上。

　　3.多面法律關係常牽涉複數機關及其他部會。

　　4.多面法律關係之行為，根據法律上之規定，它通常由開放概念、不確定法律概念與衡量條款表示，因此包含明顯之形成、裁量、比較之餘地，因此須有補充能力及補充必要。

行政法之兩面關係

　　5.多面法律關係，經由相關連之措施以達利益平衡，依不同之規範內容，如採附條件或條件保留。

　　6.多面法律關係非著眼於定點或只一次之規範，而是形成效果行為之基礎，且其效果常擴及其他生活領域。

　　為了突顯行政法上雙面法律關係與多面法律關係，乃圖示於次。

行政法之多面法律關係

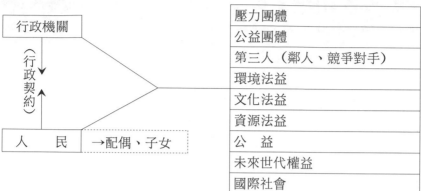

行政機關	壓力團體
	公益團體
（行政契約）	第三人（鄰人、競爭對手）
	環境法益
	文化法益
	資源法益
人　民　→配偶、子女	公　益
	未來世代權益
	國際社會

　　有國家，就有行政，有行政，就有行政法，就有行政法學 (Wo Staat, da Verwaltung, wo Verwaltung, da Verwaltungsrecht und damit auch Verwaltungsrechtswissenschaft)[81]，因此，行政法之演進與國家以及行政之演化有密切關連，且均為歷史發展之產物 (das Produkt einer historischen Entwicklung)[82]。數百年來，從有君意、無民意之封建行政，到民意為先、主權在民之法治行政；從開明專制、君主恩賞之福祉行政，到社會國家，依法給付之福利行政，國家之角色，功能不斷之異變、衍生，也促成了行政法之蓬勃發展。面對 21 世紀經濟全球化，人權國際化，生物、資訊科技時代以及風險社會之來臨，行政法必將有新的挑戰與調適。藉助行政法演進以研析過往公行政與行政法之形成，推展與變遷，對現時行政法之瞭解甚有必要 (die Ausbreitung der historischen Entwicklung sei für das Verständnis des gegenwärtigen Verwaltungsrechts notwendig)[83]。也將有助於在未來，順應不可知之變局中，避免人類在過去所發生的失敗與錯誤之行政法制實驗。

---

[81]　Forsthoff, a.a.O., S. 41.

[82]　Wolff/Bachof/Stober, a.a.O., S. 66.

[83]　Wolff/Bachof/Stober, a.a.O., S. 67.

第四章　行政法之法源

　　行政法之法源乃行政行為之合法根源、合法依據也。換言之，行政行為不可恣意為之，而必須有所準據，此因行政法之產生係基於法治國家依法行政之理念，行政機關必須根據成文法之規定，處理眾人社會生活事務，原則上不許引據習慣法、條理，故有所謂行政法之成文法主義之理念，但自 20 世紀以後，行政法亦如一般民法，因行政事務繁雜、行政對象廣泛、迅速變化等因素，而非成文法所能包含規範，有改以不成文之條理為主要法源之趨勢❶。民國 90 年 1 月 1 日行政程序法實施後，因第 4 條明定：「行政行為應受法律及一般法律原則之拘束」，致原為不成文法法源之一般法律原則，因行政程序法第 5 條至第 10 條等將明確性原則、平等原則、比例原則、誠信原則、信賴保護原則、禁止恣意原則、合法裁量原則等加以成文化，變成行政機關為行政行為之重要準據。茲就一般學界分類，將行政法之法源區分為成文法法源與不成文法法源兩大部分❷於本章分項析述之。至於行政法之一般法律原則則於第五章中分析之。

第一節　行政法之成文法源

　　行政法之成文法源是指行政法之法源中具有法條成文形式之法源，主

---

❶　林紀東，《行政法》，頁 79–80；另參閱蔡茂寅，〈行政法法源之意義與機能〉，《月旦法學教室③公法學篇》，2002 年 2 月，頁 110–111。

❷　學者陳慈陽之論述可資參考。參閱，氏著，《行政法總論——基本原理、行政程序及行政行為》，翰蘆圖書出版有限公司，2005 年 10 月二版，頁 185–215。

要的有憲法、法律、條約（公約或協定）、命令、公法上自治規章等五種，
茲分述於次：

第一項　憲　法

憲法為規定國家根本組織及基本作用之法，為一切行政法規之法源。
以我國現時情況而言，民國 36 年 12 月 25 日施行之中華民國憲法及民國
94 年 6 月 10 日修正公布之中華民國憲法增修條文即有許多構成行政法
之直接法源者，例如：

1.憲法第 53 條規定，行政院為國家最高行政機關。憲法第 54 條規定
行政院設院長、副院長各 1 人，各部會首長若干人，及不管部會之政務委
員若干人。憲法第 61 條規定行政院之組織，以法律定之。這些都是我國
行政組織產生之直接法源。憲法第十一章關於地方制度，以及憲法增修條
文第九條有關省、縣地方制度之規定，亦為地方自治行政組織之法源。憲
法增修條文第 2 條第 3 項、第 4 項關於國家機關之職權、設立程序及總員
額之規定，成為行政機關組織、編制、員額之法源。

2.憲法第十章關於中央與地方之權限及憲法增修條文第 9 條關於省、
縣權限規定，則為對行政職權作用之法源規定。

3.憲法第十三章以及憲法增修條文第 10 條關於基本國策之規定也是
對行政權之作用設定範圍之法源規定。

4.憲法第二章中之第 16 條規定人民有訴願及訴訟之權則為行政救濟
法制之法源規定。

第二項　法　律

法律依中央法規標準法第 2 條之規定，係指由總統公布之法、律、條
例及通則而言❸。除了這四種名稱之法律以外，大法官吳庚認海關進口稅

---

❸　這四種名稱之用法依行政院所頒「行政機關法制作業應注意事項」之規定有
　　如下之分際： 1.法：屬於全國性、一般性或長期性事項之規定者稱之。 2.
　　律：屬於戰時軍事機關之特殊事項之規定者稱之。 3.條例：屬於地區性、專

則，在形式及實質上均為法律❹。相關法律，可以成為行政法之法源者，可舉例簡示於次：

　　1.行政組織部分──如中央行政機關組織基準法、中央政府機關總員額法、行政院組織法、交通部組織法、經濟部工業局組織條例、財政部各地區國稅局組織通則、經濟部國際貿易局所屬各辦事處組織通則❺。

　　2.行政作用部分──如森林法、水利法、土地法、所得稅法、兵役法、公務人員交代條例、公文程式條例、產業創新條例、行政程序法、強迫入學條例、管理外匯條例、行政罰法、行政執行法。

　　3.行政救濟部分──如訴願法、行政訴訟法、國家賠償法、公務人員保障法等是。

第三項　條約（公約或協定）

　　條約是否能為行政法之法源，學理上有否定、肯定兩說。舊日學者多採否定說❻，但晚近學者則多採肯定說，各國憲法亦不乏明文承認條約為國內法之法源者，如 1946 年法國第四共和憲法第 26 條規定：「正式批准並公布之外交條約，雖違反法國國內法律，仍有法律之效力。其適用，除確保批准所必要之立法行為外，不須其他立法行為」；西德 1949 年基本法

　　門性、特殊性或臨時性事項之規定者稱之。 4.通則：屬於同一類事項共通適用之原則或組織之規定者稱之。由於「戰時軍律」已於民國 91 年 12 月 25 日由總統公布廢止，故現時法律名稱中已無使用「律」者。

❹　吳庚，《行政法之理論與實用》，頁 40，註 3。

❺　過去使用「通則」為法律名稱者甚少，現已日漸增多，又如財政部各地區支付處組織通則；經濟部加工出口區管理處所屬各分處組織通則；內政部警政署保安警察總隊組織通則；後備軍人會組織通則；交通部中央氣象局附屬氣象測報機構組織通則；經濟部商品檢驗局所屬各分局組織通則；國家公園管理處組織通則；行政院新聞局駐外新聞機構組織通則；行政院農業委員會農糧署各分署組織通則；各省市警察學校組織通則等是。

❻　現時我國學者黃異教授認國際法亦非（行政法的）法源，經過轉換的國際法才是（行政法的）法源。參照黃異，《行政法總論》，頁 57、63。

第 25 條亦規定：「國際法之一般規則，構成為聯邦法之一部分。此等一般規則之效力，在聯邦法律之上，並對聯邦境內之住民，直接發生權利義務」❼。又美國憲法第 6 條第 2 項、英國普通法均將國際法之原則視為國內法並承認其法源效力❽。

我國方面，大法官釋字第 329 號解釋明白宣示條約之名稱及法源效力。該號解釋稱：「憲法所稱之條約係指中華民國與其他國家或國際組織所締結之國際書面協定，包括用條約或公約之名稱，或用協定等名稱而其內容直接涉及國家重要事項或人民之權利義務且具有法律上效力者而言。其中名稱為條約或公約或用協定等名稱而附有批准條款者，當然應送立法院審議，其餘國際書面協定，除經法律授權或事先經立法院同意簽訂，或其內容與國內法律相同者外，亦應送立法院審議。」由此可知，經立法院審議通過之條約❾、公約與其相關意見與解釋❿、國際書面協定等名稱者，均可為行政法之法源。至於功能與條約近似的「行政協定」，如政府部會（外交部、經濟部）與外國政府所簽訂之協定，是否有行政法之法源效力？學者認為僅有拘束行政機關之效力而不能拘束一般人民及法院。但司法實務卻不認為如此。行政法院 79 年裁字第 940 號裁定則以中美菸酒協議書為中華民國北美事務協調委員會與美國在臺協會代表中美雙方所簽訂之契約、人民權利可受到本協議內容之拘

---

❼　引自林紀東，上揭書，頁 81、82。

❽　參見陳新民，《行政法學總論》，頁 92，註 5。

❾　例如立法院於民國 92 年 10 月 1 日所通過之「中華民國與巴拿馬共和國自由貿易協定」。

❿　我國雖已退出聯合國，但立法院於民國 91 年 12 月 31 日第 5 屆第 2 會期第 15 次會議中通過了聯合國之「公民與政治權利國際公約」及「經濟、社會、文化權利國際公約」，使兩者仍成為我國行政法之法源。另民國 94 年 1 月 14 日立法院也通過了「世界衛生組織菸草控制框架公約」。又《住宅法》第 53 條規定，居住基本人權內涵，應參照《經濟社會文化權利國際公約》、《公民與政治權利國際公約》，及經濟社會和文化權利委員會與人權事務委員會所作之相關意見與解釋。

束⓫。蓋以北美事務協調委員會乃是實質的駐外機構，迫於外交情勢，而以私法名稱建構組織並為行政作用之緣故⓬。現時以此種方式簽立之協定甚多，例如：1.中華民國審計部與尼加拉瓜共和國審計總署合作協定；2.臺北經濟部與布宜諾斯艾利斯經濟暨公共工程與服務部關於投資促進及保護協定；3.駐美國臺北經濟文化代表處與美國在臺協會間航空運輸協定；4.臺灣、澎湖、金門及馬祖個別關稅領域加入馬拉喀什設立世界貿易組織協定之議定書；5.中華民國（臺灣）與尼加拉瓜共和國自由貿易協定；6.「美洲熱帶鮪魚委員會」之美洲熱帶鮪魚委員會公約（安地瓜公約）暨捕魚實體參與文書；7.「南太平洋公海漁業資源養護與管理公約」及「捕魚實體參與文書」等。

第四項　命　令

命令係指由行政機關依憲法，或依法律，或依職權，就抽象、預想之事項所定而發生一定法律效果之單方行政行為。廣義之命令包括憲法上之命令，行政機關依法律授權所為之法規命令，行政機關依職權所發布之行政規則以及行政機關基於特別法律關係對於相對人課以義務之特別命令。狹義之命令則指行政機關所為之法規命令、行政規則與特別命令，但不包括總統依憲法規定所發布之緊急命令與其他命令。以下再就廣義之命令分述之：

一、憲法上命令

憲法上命令係指總統依據憲法規定所發布之命令⓭。依我國憲法及憲法增修條文之規定主要的有緊急命令、任免文武官員、大赦、締結條約、宣戰、媾和、授予榮典及任命行政院長、副院長、部長、大法官、考試委員、監察委員等之命令等是。其中，值得特別說明的是緊急命令。緊急命令原規定在於憲法第 43 條，但因不合行憲後之憲政情勢，而由動員戡亂

⓫　陳新民，上揭書，頁 93，註 7。

⓬　黃錦堂，〈行政組織法之基本問題〉，翁岳生編，《行政法》，頁 29。

⓭　陳新民，《中華民國憲法釋論》，自刊本，民國 86 年 9 月，頁 432。

時期臨時條款之緊急處分取代之。民國 90 年 5 月 1 日動員戡亂時期臨時條款廢止後，因臺灣海峽兩岸對峙關係仍然存在，且國家除可能遭遇天災、癘疫或財、經變故以外，尚可能發生其他變故而有必要由總統採取緊急處置者。因此，憲法增修條文第 2 條第 3 項乃融合憲法第 43 條緊急命令及動員戡亂時期臨時條款第一款緊急處分制度之精神，重新建構了緊急命令制度。緊急命令為應付國家緊急事態而由總統依憲法增修條文第 2 條第 3 項規定所為之命令，在效力上尚可超越法律❶❹。

二、法規命令

法規命令依行政程序法第 150 條之規定，係指行政機關基於法律授權，對多數不特定人民就一般事項所作抽象之對外發生法律效果之規定。我國甚多法律在最後數條內之條文中，常有「本法施行細則由某某（行政）機關定之」，此種概括性授權甚可能導致行政機關侵及人民權利或違反授權之母法。因此，為避免發生此類情況，中央法規標準法第 7 條乃規定，應視其性質分別下達或發布，並即送立法院，以備審查。立法院職權行使法第 62 條第 1 項更明確規定，若有發現牴觸法律時，應如何處理❶❺。

法規命令之名稱，依中央法規標準法第 3 條之規定為規程、規則、細則、辦法、綱要、標準或準則。這些名稱之用法依據行政院所頒發之「行政機關法制作業應注意事項」之規定有如下之分際，即：

1.規程──屬於規定機關組織、處務準據者稱之。例如「中央選舉委員會組織規程」；「臺灣省各縣市議會組織規程」。

2.規則──屬於規定應行遵守或應行照辦之事項者稱之。例如「律師

---

❶❹　林騰鷂，《中華民國憲法》，三民書局，民國 86 年 9 月，頁 214–216。

❶❺　該項規定，若立法院發現法規命令與法律牴觸時，應通知原制定機關「更正」或「廢止」法規命令。另參閱李建良，〈失去證明的運將──法規命令與法律保留原則〉，《月旦法學教室③公法學篇》，頁 114–115；李建良，〈行政命令與國會監督〉，《台灣本土法學雜誌》，第 6 期，2000 年 1 月，頁 159–162。

登錄規則」；「土地登記規則」。

　　3.細則──屬於規定法規之施行事項或就法規另作補充解釋者稱之。例如「戶籍法施行細則」；「貿易法施行細則」。

　　4.辦法──屬於規定辦理事務之方法、時限或權責者稱之。例如「增繳地價稅抵繳土地增值稅辦法」；「道路交通案件處理辦法」；「機關公文傳真作業辦法」。

　　5.綱要──屬於規定一定原則或要項者稱之。例如「臺北市各級組織及實施地方自治綱要」；「高雄市各級組織及實施地方自治綱要」。

　　6.標準──屬於規定一定程度、規格或條件者稱之。例如「有限公司及股份有限公司最低資本標準」；「法院訴訟當事人在途期間標準」。

　　7.準則──屬於規定作為之準據、範式或程序者稱之。例如「票據掛失止付處理準則」；「會計師辦理公開發行公司財務報告查核簽證核准準則」。

　　值得注意的是，關於命令的名稱，大法官釋字第 374 號解釋特別指出：「所稱命令，並不以形式意義之命令或使用法定名稱（如中央法規標準法第 3 條之規定）者為限，凡中央或地方機關依其職權所發布之規章或對法規適用所表示之見解（如主管機關就法規所為之函釋），雖對於獨立審判之法官並無法律上之拘束力，若經法官於確定終局裁判所引用者，即屬前開法條（即司法院大法官審理案件法第 5 條第 1 項第 2 款）所指之命令，得為違憲審查之對象。」由此可見，大法官對命令之意義係採實質意義之命令，而不以形式意義之命令或使用法定名稱者為限。

　　法規命令是基於權力分立原則，由憲法或法律授權政府或行政機關就特定事項所為之規範，故又稱委任立法⓰。其既是經由憲法及法律授權，則必須注意下列之限制：

　　1.法規命令不得牴觸法律──此即法律優先原則。立法機關──即立

⓰　大法官釋字第 313、346、360、491 等解釋，一再的肯認委任立法之合憲性，認為屬於細節性、技術性者，法律自得授權主管機關以命令定之，俾便法律之實施。

法院，雖透過法律授權行政機關制定法規命令，但並不意味立法院毫無保留的將立法權移轉給行政機關。因此，行政機關所訂之子法——法規命令，如有違背母法——法律，則立法院可依據立法院議事規則第 8 條之規定，通知原制定機關「更正」或「廢止」法規命令。司法機關對違背母法之法規命令亦可宣告其無效。例如，大法官釋字第 380 號解釋謂：「……大學法施行細則第二十二條第三項規定：『各大學共同必修科目，由教育部邀集各大學相關人員共同研訂之。』惟大學法並未授權教育部邀集各大學共同研訂共同必修科目，大學法施行細則所定內容即不得增加大學法所未規定之限制。又同條第一項後段『各大學共同必修科目不及格者不得畢業』之規定，涉及對畢業條件之限制，致使各大學共同必修科目之訂定實質上發生限制畢業之效果，而依大學法第二十三條、第二十五條及學位授予法第二條、第三條規定，畢業之條件，係屬大學自治權範疇。是大學法施行細則第二十二條第一項後段逾越大學法規定，同條第三項未經大學法授權，均與上開憲法意旨不符，應自本解釋公布之日起，至遲於屆滿一年時，失其效力。」此號解釋明白顯示大法官對法規命令不得牴觸法律之法律優先原則的堅持。

2. 法律授權明確性——依通說，國會雖可移轉法規制定權予行政機關，授權其依一定程序發布法規命令，但此授權須符合法律授權明確性原則。所謂授權明確性係指為授權時，不得為概括之授權，而是授權之「目的」、「內容」與「範圍」必須具體明確，使人民得所預見。大法官對此法律授權明確性之要求日益增多，例如，釋字第 390 號解釋謂：「對於人民設立工廠而有違反行政法上義務之行為，予以停工或勒令歇業之處分，涉及人民權利之限制，依憲法第二十三條及中央法規標準法第五條第二款規定，應以法律定之；若法律授權以命令為補充規定者，授權之目的、內容及範圍，應具體明確，始得據以發布命令。」又如，釋字第 394 號解釋也稱：「建築法第十五條第二項規定：『營造業之管理規則，由內政部定之』，概括授權訂定營造業管理規則。此項授權條款雖未就授權之內容與範圍為明確之規定，惟依法律整體解釋，應可推知立

法者有意授權主管機關，就營造業登記之要件、營造業及其從業人員之行為準則、主管機關之考核管理等事項，依其行政專業之考量，訂定法規命令，以資規範。至於對營造業者所為裁罰性之行政處分，固與上開事項有關，但究涉及人民權利之限制，其處罰之構成要件與法律效果，應由法律定之；法律若授權行政機關訂定法規命令予以規範，亦須為具體明確之規定，始符憲法第二十三條法律保留原則之意旨。」再如，釋字第 491 號解釋更謂：「關於限制憲法第十八條所定人民服公職之權利，法律固得授權主管機關發布命令為補充規定，其授權之目的、範圍及內容則應具體明確而後可。」再如司法院大法官釋字第 432、521、535、545 號解釋均有法律授權明確性之要求。值得注意的是，大法官釋字第 672 號解釋在解釋文上雖認財政部中華民國 92 年 3 月 21 日台財融（五）字第 0925000075 號令，關於攜帶外幣出入國境須報明登記，違反者應予沒入之規定，與……法律明確性原則，尚無牴觸，但卻在解釋理由書中表示：「惟上開財政部令，既未以辦法之名稱與法條形式，復未履行法規命令應遵循之預告程序，亦未會銜中央銀行發布，且其內容僅規定超過等值壹萬美元者應報明海關登記之意旨，對於申報之程序、方式等事項則未規定，與管理外匯條例第十一條之授權意旨……等規定不符，……。」此解釋文與解釋理由書不相符合之情形，甚為少見，乃引發學者之評論。❶❼

　　3.法規命令不得規定人身自由之處罰——此即法律不得就人身自由之刑事處罰授權法規命令規定。蓋因憲法對人身自由之保障採直接保障主義，且大法官釋字第 384 號解釋亦明白宣示憲法第 8 條第 1 項規定之意旨，謂：「……凡限制人民身體自由之處置，不問其是否屬於刑事被告之身分，國家機關所依據之程序，須以法律規定，其內容更須實質正當，並符合憲法第二十三條所定相關之條件。檢肅流氓條例第六條及第七條授權警察機關得逕行強制人民到案，無須踐行必要之司法程序……均逾越必要

---

❶❼　參閱，湯德宗，〈未依法訂定之法規命令得否作為裁判依據——大法官釋字第 672 號解釋〉，《法令月刊》，第 61 卷 5 期，2010 年 5 月，頁 4–24。

程度，欠缺實質正當，與首開憲法意旨不符。」由此，可知以法規命令規定人身自由之處罰是違憲的。

4.法規命令再授權之禁止——法律雖可授權行政機關制定法規命令，但被授權之行政機關不得再於該法規命令，無限制的輾轉，再度授權更下級之行政機關制定更細節之規定， 此即學理上所謂再授權之禁止⓳。司法院大法官釋字第 524 號解釋也明確指出：「倘法律並無轉委任之授權，該機關即不得委由其所屬機關逕行發布相關規章。」由此可知如法律無轉委任之授權，被授權之行政機關，不得授權更下級的行政機關制定法規命令。不過，保險法第 177 條授權主管機關金融監督管理委員會制定之「保險業務員管理規則」第 18 條第 1 項卻規定：「業務員所屬公司對業務員之招攬行為應訂定獎懲辦法」，等於授權公司制定獎懲性之行政命令，顯有違反「法規命令再授權之禁止」。因被授權之行政機關不得在自己訂定的法規命令，授權自己的所屬機關發布規章，當然更不能授權自己監督的保險公司制定涉及剝奪工作權、財產權之業務員獎懲辦法⓴。

三、行政規則

行政規則乃是中央法規標準法第 7 條所稱之「依職權訂定之命令」，又稱職權命令，意指行政機關基於處理內部行政事務需要，未有法律授權，而是依其法定職權所公布對內生效⓴之抽象規範。民國 88 年 2 月 3 日公布之行政程序法第 159 條更明確規定，行政規則係指上級機關對下級機關或長官對屬官，依其權限或職權為規範機關內部秩序及運作所為，非直接對外發生規範效力之一般抽象之規定。

⓳ 李惠宗等合著，《行政法入門》，月旦出版社股份有限公司，1998 年 1 月初版，頁 61。

⓴ 此一「保險業務員管理規則」之胡亂授權，造成保險公司與其所屬業務員發生上百起訴訟行為，並因行政法院與民事法院之見解歧異，引發大法官作成釋字第 740 號解釋。不過，此之解釋之模棱兩可，也受到法界的很多批判。

⓴ 另行政規則之外部效力問題研究， 請參閱陳春生，《行政法之學理與體系㈠——行政行為形式論》，頁 97–133。

行政規則之分類有將之分為四類者❷，即：

　　1.組織性行政規則──如各機關學校團體駐衛警察設置管理辦法；內政部警政署空中警察隊組織規程。

　　2.作業性行政規則──如不良幫派組合調查處理實施要點；水上警察勤務使用警艇規定；臺灣省各機關處理人民申請案件作業規定。

　　3.裁量性行政規則──如沒入物品處分規則；外國人收容管理要點。

　　4.解釋性行政規則❷──如技術人員任職國內外公民營機構認定標準；職組暨職系名稱一覽表。

又有依德國學者之分類，將行政規則分為三大類❷，即：1.組織規則，2.指導行政行為之行政規則❷，3.行政主體間的行政規則。其中指導行政行為之行政規則又細分為：⑴行政釋示，⑵裁量性指示，⑶簡化性指示，⑷對行政機關內部作業訂定標準等之行政規則。又有德國學者將行政規則分為四類，即：1.組織與職務之行政規則，2.法律解釋或規範解釋之行政規則❷，3.裁量基準之行政規則，4.代替法律之行政規則❷。

行政規則一般認為其效力❷只限於行政內部領域而不及於國家與人

---

❷　吳庚，上揭書，頁 47–48。

❷　參閱，陳清雲，〈稅法解釋函令與違憲審查（上）──司法院大法官釋字第 496 號解釋評析──〉，《台灣本土法學雜誌》，第 62 期，2004 年 9 月，頁 55–66；陳清雲，〈稅法解釋函令與違憲審查（下）──司法院大法官釋字第 496 號解釋評析──〉，《台灣本土法學雜誌》，第 63 期，2004 年 10 月，頁 79–91。

❷　李惠宗等合著，上揭書，頁 61–62。

❷　在我國如行政院公平交易委員會行政指導處理原則。

❷　我國實務請參閱，傅玲靜，〈罪大惡極的繞流排放──解釋性行政規則與規範具體化行政規則之區分〉，《月旦法學教室》，第 190 期，2018 年 8 月，頁 10–13。

❷　陳春生，上揭書，頁 100；另參閱洪家殷，〈行政規則之違反與裁量權之濫用〉，《台灣本土法學雜誌》，第 5 期，1999 年 12 月，頁 118–122。

❷　相關論文請參閱，王珍玲，〈行政規則之效力〉，《台灣法學雜誌》，第 166 期，2010 年 12 月，頁 131–136。

民間所生具外部直接法拘束力之關係❷。但德國學界主張行政規則具直接外部效力之聲，日漸增大。德國聯邦行政法院 1985 年之 Wyhl 判決❷亦承認行政規則之外部效力。我國大法官於民國 83 年 8 月 29 日發布之釋字第 363 號解釋亦默認臺北市政府依其職權發布之臺北市政府獎勵投資興建零售市場須知有外部效力，謂：「地方行政機關為執行法律，得依其職權發布命令為必要之補充規定，惟不得與法律牴觸。」不過，地方制度法於民國 88 年 1 月 25 日制定公布實施後，各地方政府須依地方制度法第 25 條至第 32 條之規定訂定、發布自治條例與自治規則，始能有效拘束各地方政府內之人民。

　　行政規則在我國之數量非常繁多，一般都以須知、要點、應行注意事項、表、方案、解釋函（令）❸、釋示、原則等形式出現❸，其是否有外部效力，及何者宜具有外部效力❸，成為學者關注之問題❸。

四、特別命令

　　特別命令 (Die Sonderverordnungen) 是國家或地方團體或營造物為規

---

❷　行政規則之效力，傳統理論認有三點特色，即： 1.不具外部效力， 2.不需法律授權， 3.不需公告。參引陳春生，上揭書，頁 103、131。

❷　參閱陳春生，上揭書，頁 115–116。

❸　相關實例請參閱，林三欽，〈教師升等案──解釋函令之拘束力及其變更後之適用問題──〉，《台灣本土法學雜誌》，第 44 期，2003 年 3 月，頁 123–130。

❸　例如強制執行須知；民事保全程序事件處理要點；法院辦理刑事訴訟案件應行注意事項；年齡換算表等。

❸　參閱陳春生，上揭書，頁 97–133。例如行政院衛生署訂定公告之瘦身美容業管理規範、瘦身美容業廣告規範，即寓有外部效力；實例請參閱，李震山，〈從釋字第 570 號解釋談大法官釋憲闡明之責──兼論以職權命令或組織法作為限制基本權利依據之合憲性──〉，《台灣本土法學雜誌》，第 59 期，2004 年 6 月，頁 161–172。

❸　詳請參閱陳春生，〈行政命令論──中華民國行政規則之法效力研究〉，刊於台灣行政法學會主編，《行政命令、行政處罰及行政爭訟之比較研究》，翰蘆圖書出版有限公司，2001 年 12 月，頁 75–113。

範上述法源所未規定的非法人組織性行政法上特別關係
(verwaltungsrechtlicher Sonderverhältnisse)，行使公權力所發布之單方、抽
象、一般之命令❸❹。

　　國內學者以此種特別命令係指在傳統特別權力關係範圍內所訂定之
規章，例如學校規範學生之校規；軍隊規範軍人之營規；行政機關規範公
務員之服務規章以及營造物規範前來使用人之規章等是❸❺。換言之，特別
命令係國家或地方自治團體，基於特別法律關係，對於相對人，在一定的
範圍內，運用概括的支配權或強制命令權，課以一定義務所頒布之命
令❸❻。而這些命令是針對隸於特別法律關係（舊稱特別權力關係）下之自
然人，而非針對法人或非法人團體者。

　　特別命令是否可以成為法源?有認為特別命令如係就特別權力關係相
對人之基礎關係有所規定，須有法律之授權，始具有法源之效力；若僅係
就經營關係為規定，則不須有法律之授權，亦具有法源之效力。此種區別
基礎關係與經營關係❸❼之目的，乃是特別命令涉及相對人與行政機關間之
基本關係時，若無法律授權，則此一特別命令，將如同未有法律授權之法
規命令一樣，如有損害人民，人民可以提起行政爭訟程序❸❽。至若特別命
令僅涉及行政機關內部運作或經營關係，則縱無法律授權，行政機關亦得
為之，且當事人不得提起行政爭訟❸❾。大法官釋字第 243 號解釋，釋字第
382 號解釋，釋字第 430 號解釋乃各別針對公務員、學生、軍人與其隸屬

---

❸❹　Wolff/Bachof/Stober, a.a.O., S. 282–283. 所謂非法人組織性行政法上特別關係
　　之 規 範 (Zur Regelung nichtkörperschaftlicher Verwaltungsrechtlicher
　　Sonderverhältnisse) 係指對自然人性行政法上特別關係之規範。

❸❺　陳清秀，〈行政法的法源〉，翁岳生編，《行政法》，頁 106。

❸❻　李惠宗等合著，上揭書，頁 62–63。

❸❼　基礎關係與經營關係之分類，請參閱翁岳生，《行政法與現代法治國家》，臺
　　大法學叢書，月旦出版公司，民國 78 年，頁 143。

❸❽　實例請參閱，吳志光，〈職務命令（指令）之法律性質〉，《月旦法學教室》，
　　第 8 期，2003 年 6 月，頁 18–19。

❸❾　翁岳生，上揭書，頁 143。

行政機關間之基本關係與經營關係為區分，決定當事人是否有行政爭訟之權❹。值得注意的是對學生之行政爭訟權，大法官似已揚棄此一區分見解。釋字第 684 號解釋變更了釋字第 382 號解釋，認為：「大學……對學生所為行政處分或其他公權力措施，如侵害學生受教育權或其他基本權利，即使非屬退學或類此之處分，……仍應許權利受侵害之學生提起行政爭訟，無特別限制之必要。」

第五項　公法上自治規章

在德國行政法學著作上，公法上自治規章與私法上自治規章則不同，乃是指立於國家之下，獨立的社團法人，特別是直轄市、縣、市、鄉鎮地方自治團體，原住民部落，合作社，大學❹及公會，為了規範其本身（即非屬國家直接行政）事務，在被賦予之自治權限內，所制定而對其隸屬成員生效之規章。公法上營造物、基金會合議制機關所制定之內部組織權限劃分規章，亦屬於此之自治規章❹。關於地方自治團體制定公法上自治規章已有地方制度法可資依循。至於其他社團法人、大學、公會制定公法上自治規章，則可準用行政程序法第 150 條至第 161 條之規定辦理之。

公法上自治規章之作用在於：1.減輕立法者對各別事、地之規範負擔，2.對變遷情事之迅速調整，3.活化社會力，使其負責處理本身事務，4.專業知識之利用，5.縮小規範制定者與受規範者間之距離❹。

公法上自治規章是基於自治理念所為之法規範，故只要有概括之自治授權依據，即可對本身任務之執行，自訂規章而為規範，但如侵及自治成員個人之基本權時，則有國會保留原則 (der Grundsatz des

---

❹　另大法官釋字第 266 號解釋明示因改變公務員身分關係（即基本關係者）得許提起行政訴訟，至於未改變公務員身分之其他考績結果，如有不服，仍不許提起行政訴訟請求救濟。

❹　例如各大學所訂定之〇〇大學學則。

❹　Wolff/Bachof/Stober, a.a.O., S. 285.

❹　A.a.O., S. 286.

Parlamentsvorbehaltes) 之適用，而仍須有法律之特別授權依據❹。德國聯邦憲法法院認對涉及專科醫師之身分規定（如專科醫師之認定要件、專科科目、最低訓練時數、認定程序及撤回認定理由），應由立法者自行制定❺。

公法上自治規章多需要監督性之核可 (aufsichtlicher Genehmigung)。我國地方制度法第 32 條第 3 項即有如此之規定。該項規定：「自治法規，委辦規則須經上級政府或委辦機關核定者，核定機關應於一個月內為核定與否之決定；逾期視為核定，由函報機關逕行公布或發布。」核可只是生效要件，自治規章之瑕疵並不因核可而痊癒。核可之給予或拒絕，對自治規章制定者而言，是一種行政處分。有些自治規章不以核可方式為之，而是以報告義務或提示義務 (eine Anzeige-oder Vorlagepflicht) 為之❻。

我國行政法學者多將自治規章限於地方公共團體立法機關所訂定具有抽象及一般性拘束力之規章❼，這是因為對於自治理念之瞭解過於狹隘之緣故。其實，自治不限於地方團體之自治，宗教團體、政治團體、經濟團體、大學、部落在憲法或法律之授權下，亦有自治權能。大學法第 1 條第 2 項明文規定：「大學應受學術自由之保障，並在法律規定範圍內，享有自治權」，大法官釋字第 380 號解釋並據以引申大學「自治權之範圍，應包含直接涉及研究與教學之學術重要事項。大學課程如何訂定，大學法未定有明文，然因直接與教學、學習自由相關，亦屬學術之重要事項，為

---

❹　A.a.O., S. 287.

❺　BVerfGE 33, 125, 163.

❻　Wolff/Bachof/Stober, a.a.O., S. 288. 在我國之適例如律師法第 15 條第 2 項規定，全國律師公會聯合會應訂立律師倫理規範，提經會員代表大會通過後，報請法務部備查。

❼　詳請參閱吳庚，上揭書，頁 50；陳清秀，上揭文，頁 106–107；李惠宗等合著，上揭書，頁 64–66。相關論文請參閱，蔡宗珍，〈地方法院之概念與體系化〉，《月旦法學雜誌》，第 132 期，2006 年 5 月，頁 128–149；蔡宗珍，〈地方法規之形成與效力之研究〉，《月旦法學雜誌》，第 133 期，2006 年 6 月，頁 147–177。

大學自治之範圍」。由此可知，大學依其民主建制之組織、制頒之大學學則與課程規章，亦屬此之自治規章。而大學所訂之自治規章之效力，大法官釋字第 563 號解釋明確指出：「立法機關不得任意以法律強制……，行政機關亦不得以命令干預……立法及行政措施之規範密度，於大學自治範圍內，均應受適度之限制。」同樣的，經濟團體如農田水利會、工業會、商業會、農會、漁會及職業團體如律師公會、醫師公會、會計師公會等在自治權限內制定之規章，亦屬於此所謂之自治規章，在其合法自治範圍內，有受國家尊重之效力。

第二節　行政法之不成文法源

行政法之不成文法源是指習慣法、行政先例、司法解釋、行政法院判例以及行政法之一般原則而言。此類法源並非均無文字之記載，嚴格的說，僅是一些未組織化或法典化之法源[48]。今為了瞭解容易、對照方便起見，而依多數行政法教科書之通例[49]加以援用說明。其中行政法之一般原則，日漸衍生發展，篇幅較多，將在下一章中敘述。本節僅就習慣法、行政先例、司法解釋與行政法院裁判與決議分項說明之。

第一項　習慣法

習慣法在行政法學理上是否可以成為法源，曾有爭論，但戰後德國學者多承認習慣法之法源地位。我國學說，亦無不同意見[50]。依德國學者 Fritz Ossenbühl 之看法，習慣法的產生要件有三[51]，即：

---

[48]　參引吳庚，上揭書，頁 51。

[49]　同上註；另 Wolff/Bachof/Stober, a.a.O., S. 248 ff.

[50]　吳庚，上揭書，頁 51–53。

[51]　Fritz Ossenbühl, in Erichsen, *Allgemeines Verwaltungsrecht*, 10. Aufl., Berlin; New York: de Gruyter, 1995, §6 VIII 1 Rn. 73；另一德國學者亦有類似見解，

1.客觀要件，即有持續及一般的慣行存在 (Consuetudo)。

2.主觀要件，即當事人確信慣行的合法性 (Opinio iuris)。

3.形式要件，即慣行之內容可被確定為規範。

　　習慣法之效力範圍為何❷？學說上有爭論。多數學者主張習慣法效力僅及於法律所未規定之範圍❸。換言之，習慣法只有補充及漏洞填補之功能 (ergänzende und lückenfüllende Funktion)，但也有學者認為在例外情形下可以牴觸法律 (Contra legem)，也可依「慣行廢止法律」(consuetudo abrogatoria) 之法諺而被優先適用❹。值得注意的是，民法第 757 條修正時規定：「物權除依法律或習慣外，不得創設。」於此，似又將習慣之效力提昇與法律類同。

　　由於各類行政法律日漸制定且廣被於各項行政事務，習慣法之適用領域日益縮減，但在行政法總則或一般行政法典如行政程序法法典化以前，一些行之有年的習慣法如對人民遭受公權力侵害之特別犧牲，給予補償之習慣❺，行政機關對違法行政處分撤銷的自由裁量❻，行政官署之內規 (das behördliche Hausrecht)❼，公法上不當得利之返還❽等，均可作為行

参閱，Hartmut Maurer, Allgemeines Verwaltungsrecht, 15. Auflage, C. H. Beck München 2004, §4 Rn. 25.

❷ 相關論文請參閱，吳庚，〈行政規則與行政慣例的拘束力問題〉，《月旦法學雜誌》，第 156 期，2008 年 5 月；黃錦堂，〈行政法之行政慣例與習慣法——以特別費為觀察〉，《月旦法學雜誌》，第 157 期，2008 年 6 月，頁 5–17。

❸ 我國法律如水利法第 1 條即採此說，謂「水利行政之處理及水利事業之興辦，依本法之規定。但地方習慣與本法不相牴觸者，得從其習慣。」

❹ 「慣行廢止法律」，吳庚教授舉出實施耕者有其田條例第 13 條規定（該條例已廢止），附帶徵收定著物價值併入地價內補償之，但依習慣於耕地買賣時不另計算者，從其習慣。參閱吳庚，上揭書，頁 52。

❺ 即德國法上之特別犧牲補償原則 (Aufopferungsgrundsatz)。

❻ 在德國法上稱為違法行政處分自由撤銷原則 (Grundsatz der freien Rücknahme rechtswidriger Verwaltungsakte)，現已被規定在德國行政程序法第 48 條及我國行政程序法第 117 條。

❼ Ossenbühl, a.a.O., Rn. 74.

政法之補充法源 (Ersatz-Rechtsquelle)❺❾。

習慣法經由法律明文承認，如土地法第 111 條規定，「耕地地租，承租人得依習慣以農作物代繳」❻⓪，又如水利法第 1 條：「水利行政之處理及水利事業之興辦，依本法之規定。但地方習慣與本法不相牴觸者，得從其習慣」❻❶，固得適用，但如無法律明文承認適用，則通常經由法院認定適用，故德國學者乃有「習慣法不過是法官法」(Das Gewohnheitsrecht ist nichts anderes als Richterrecht) 之說法❻❷。

第二項　行政先例

行政先例，係行政機關處理行政事務之慣行，在法規不完備或法規複雜性導致適用困難時，實務上常為公務員所引用❻❸。

行政先例得否成為行政法之法源，在行政法院 48 年判字第 55 號判例採肯定見解，謂：「行政先例原為行政法法源之一，如非與當時有效施行之成文法明文有違背，自得據為行政措施之依據。」又行政法院 77 年判字第 245 號判決亦為肯定表示，謂：「既有依重劃前原登記面積徵收發放補償費之行政先例，本件與該行政先例，並無相異，理應一併援引適用，以示公允。」但亦有不承認行政先例為行政法之法源者，如行政法院 54 年判字第 162 號判例稱：「查行政執行法中，並無關於停業處分之規定，而所謂『施行慣例』，尤不能作為限制人民自由之處分之依據。」❻❹

---

❺❽　陳清秀，上揭文，頁 110。

❺❾　另參閱，陳清秀，〈行政規則與行政習慣法〉，《月旦法學雜誌》，第 156 期，2008 年 5 月，頁 23–46。

❻⓪　另同法第 46 條之 2、第 110 條、第 112 條亦有關於習慣之規定。

❻❶　又如森林法第 15 條規定：「森林位於原住民族傳統領域土地者，原住民族得依其生活慣俗需要，採取森林產物，其採取之區域、種類、時期、無償、有償及其他應遵行事項之管理規則，由中央主管機關會同中央原住民族主管機關定之。」

❻❷　Ossenbühl, a.a.O., Rn. 76.

❻❸　參照吳庚，上揭書，頁 53；陳清秀，上揭文，頁 110–111。

　　由上述行政法院之判例與判決，可知行政先例如不牴觸法律，則可作為行政法法源，但如涉及人民自由之限制，則不得作為行政法之法源。又有學者認行政先例不得背於公序良俗，始得作為法源❻，要屬法理上當然解釋。

　　另學者指出，行政機關在個案上，一旦有所決定，且已形成行政慣例時，除非有重大事由，其後即受到該決定之拘束❻。此種被稱為「行政自我約束」原則，目的在使行政機關於時間上、空間上維持處理對外事務的一致性，也為法院審查行政機關的「內部領域」搭起一座便橋，使在理論上未具有對外效力而原不應視為行政法法源的行政慣例，經由「行政自我約束」原則之法理，而有行政法法源之地位。德國學者 Aldag 對此行政慣例效力之描述甚為適切，謂：「對鄰人許可之事，不可獨對我不許；對昨日之我許可之事，不可對今日之我不許。」而著名之公法學者 Jellinek 也以警察不可隨便逾越自己所定的裁量界限 (Überschreitung der von der Polizei sich selbst gesetzten Schranken) 來彰顯行政慣例的效力❻。

　　在司法審判實務上，有以行政先例之拘束力，乃是著眼於法安定性之要求，並維持人民對行政作為一貫性之信賴❻。換言之，「作為法源之行政先例，係指對於人民發生效力者而言，……僅對內發生效力，與……行政先例不同」❻。又「行政先例必須是合法的，乃行政自我拘束的前提要件。」❼由此可知，行政先例在相關前提要件下，是可以成為法源的。

---

❻　吳庚，上揭書，頁 53–54。

❻　李惠宗等合著，上揭書，頁 67。另參閱，黃俊杰，《行政法》，三民書局，2005 年 9 月初版一刷，頁 34。

❻　參閱，馬秀如、董保城，〈從會計內控與行政慣例探討首長特別費〉，《月旦法學雜誌》，第 156 期，2008 年 5 月，頁 47–58。

❻　參引李惠宗，《行政法要義》，五南圖書出版公司，頁 101。

❻　參閱臺北高等行政法院 91 訴 4342 號判決。

❻　參閱最高行政法院 93 判 412 號判決。

❼　參閱最高行政法院 94 判 362 號判決；另同院 93 判 308；93 判 459；94 判

第三項　司法解釋

司法解釋係指司法院大法官依據憲法第 78 條規定所為之解釋憲法以及統一解釋法令。根據大法官釋字第 2 號解釋意旨，憲法解釋與法律及命令之統一解釋，兩者意義顯有不同，聲請方式亦不同，但其效力，依大法官釋字第 185 號解釋及釋字第 188 號解釋均有拘束全國各機關及人民之效力❼，故我國學者均認其有行政法法源效力❼。又大法官釋字第 177 號解釋及第 183 號解釋均明白表示「本院依人民聲請所為之解釋，對聲請人據以聲請之案件，亦有效力」。由此可見，司法院大法官之解釋，具有法源之效力。大法官釋字第 193 號解釋更認對於聲請人以同一法令牴觸憲法疑義而已聲明解釋之各案件，亦有法源效力。

再依大法官釋字第 174 號解釋，謂司法院解釋，「其所依據之法令內容變更者，在未經變更解釋前，若新舊法令之立法本旨一致，法理相同，解釋之事項尚存或解釋之內容有補充新法之功用者，仍有其效力。」由此可見，司法院大法官解釋，可為行政法法源效力之深廣。

綜合上述大法官之解釋意旨，民國 82 年 2 月 3 日修正「司法院大法官會議法」，並將之改名為「司法院大法官審理案件法」時，在該法第 17 條第 2 項明確突顯了大法官解釋之法源效力。該項規定：「大法官所為之解釋，得諭知有關機關執行，並得確定執行之種類及方法。」

民國 108 年 1 月 4 日再度修正「司法院大法官審理案件法」，並改名為「憲法訴訟法」，該法第 38 條第 1 項明示規定，憲法法庭判決，有拘束各機關及人民之效力；各機關並有實現判決內容之義務。

295，亦有相同見解。

❼　相關實例論文請參閱，吳信華，〈大法官解釋的一般拘束力〉，《月旦法學教室》，第 47 期，2006 年 9 月，頁 8–9。

❼　吳庚，上揭書，頁 55；陳清秀，上揭文，頁 111；李惠宗等合著，上揭書，頁 69。

第四項　行政法院裁判與決議

　　我國雖屬大陸法系國家，但對行政法院判決、或已形成判例者，在過去幾十年中，多承認其有相當大的拘束力。行政法院 62 年判字第 610 號判例，即認判例具有法規的性質，自屬法源。又司法院大法官會議釋字第 154 號解釋理由書謂：「最高法院及行政法院判例在未變更前具有拘束力，可為各級法院裁判之依據，如有違憲情形，自應有司法院大法官會議法第 4 條第 1 項第 2 款❼❸之適用，始足以維護人民之權利」❼❹。由此可見，行政法院之判例有相當大的拘束力而供處理事務之法源。

　　我國行政法學者對行政法院裁判之有法源效力，多採肯定看法❼❺，且得到實務界及大法官解釋之認同，但學者陳新民教授則指出行政法院實務上不乏作出與行政法院判決前例相互牴觸之判決者，而認行政法院判決前例及判例的拘束力，顯有疑問❼❻。

　　除了判決、判例之外，行政法院庭長、評事聯席會議決議，是否有法源之效力，亦值得探討。大法官吳庚認此些決議原本僅有整合其內部法律見解之作用，但因此類決議之制作有法令依據，且一經對外刊行❼❼，常為下級法院、行政機關或人民所引用，故不容否認其拘束力。大法官釋字第 374 號解釋認為其與命令相當，得作為違憲審查之對象。又大法官釋字第 420 號解釋亦對行政法院 81 年 10 月 14 日庭長、評事聯席會議所為決議，進行是否違憲之審查，亦即納入規範審查範圍，故學者認為，行政法院類此之決議，事實上應亦具法源之功能❼❽。

---

❼❸　「司法院大法官會議法」於民國 82 年修正時名稱改為「司法院大法官審理案件法」，本項規定改列為新法之第 5 條第 1 項第 2 款。

❼❹　參引李惠宗等合著，上揭書，頁 69。

❼❺　陳清秀，上揭文，頁 112–114；吳庚，上揭書，頁 55–57；李惠宗等合著，上揭書，頁 69–70。

❼❻　陳新民，上揭書，頁 80–81。

❼❼　如最高行政法院庭長法官聯席會議決議可在下列網址。參閱：http://law.judicial.gov.tw/default_AD.aspx

　　不過，在立法院於民國 107 年 12 月 7 日三讀通過大法庭新制，修正了法院組織法、行政法院組織法以後，最高行政法院之判例、決議制度已一併被廢除，而過往選編之判例，除非有裁判全文可查參考者，應停止適用。至於有裁判全文可資查考而未被停止適用之判例，其效力與未經選編為判例之最高行政法院一般裁判相同，其效力已遠不如從前。

　　再者，先前選編之判例有裁判全文可資查考者，只有一般裁判之拘束力，往後若欲變更見解，則一律將由最高法院之民事大法庭、刑事大法庭及最高行政法院大法庭，依其提案程序為之。

⓻⓼　參閱吳庚，上揭書，頁 57；陳清秀，上揭文，頁 114。

第五章 行政法之一般法律原則

第一節 概 說

行政法的一般法律原則 (Allgemeine Rechtsgrundsätze des Verwaltungsrechts) 是指適用於行政法所有領域的法律原則❶。此在行政程序法第 4 條已明文規定：「行政行為應受法律及一般法律原則之拘束。」不過，什麼是一般法律原則，由於學者各自使用本身喜好的概念，缺乏一致性的用語，以致行政法的一般法律原則究為那些，甚難描述❷。我國學界有稱之為行政法之基本原理與法則❸；有稱之為行政法的基本原則❹；有稱之為行政法之一般原則❺；有稱之為一般法律原則者❻。而各個學者

---

❶ 行政法之一般法律原則有一般性、倫理性、抽象性、補充性、開放性等之特點，詳請參閱陳恩儀，〈論行政法上之公益原則〉，城仲模主編，《行政法之一般法律原則㈡》，三民書局，民國 86 年，頁 165。

❷ Ossenbühl, a.a.O., Rn. 87. 更為困擾的是，「何者才是所稱該等原則，其範圍究宜輻射到何種程度，各原則的含意內容有無各界客觀認識論上的大致共同觀點，個案援引後之法律效果，需救濟時雙方當事人將持何樣理由等，以及諸原則間彼此的競合衝突矛盾或實務援用上若發生不妥適不穩定狀況、優先順序誰屬仍無把握時，究將如何解決？」詳閱城仲模，〈廿一世紀行政法學發展的新趨勢〉，頁 62。

❸ 林紀東，《行政法》，頁 66–76；林明鏘，〈行政法上之原理原則〉，《月旦法學教室③公法學篇》，頁 112–113。

❹ 陳新民，《行政法學總論》，頁 51–62；陳慈陽，《行政法總論》，頁 111–183。

對行政法一般法律原則之種類多寡亦有不同看法❼ 。 城仲模教授主編的《行政法之一般法律原則》二冊，共列二十幾項原則❽，範圍廣泛，內容詳細，值得研參，但對初學者，恐不相宜。初學者似可特別注意行政程序法第 5 條至第 10 條所規定之行政行為內容明確原則、禁止差別待遇原則、比例原則、誠實信用原則、禁止偏頗原則、禁止濫用裁量原則等。又有學者將行政行為必須遵循之首要原則❾，依法行政原則，但卻列在行政之羈束性與自由性❿或行政之法律拘束與形式自由⓫專章中說明，而與行政法之一般法律原則分開敘述，此在體系上容易造成初學者，在對行政法一般法律原則之認識上，形成分歧割裂的印象。因此，本書擬一併併合在本章中敘述所有行政法之一般法律原則。計有依法行政原則；尊重與保護人性尊嚴原則；平等原則；公益原則；效能原則；明確原則；機宜原則；比例原則；誠實信用原則；信賴保護原則；情事變更原則；禁止恣意原則等，分節說明於次。

　　行政法一般法律原則之適用範圍為何？由於行政程序法規定：「行政行為應受……一般法律原則之拘束。」而行政程序法第 4 條所指之行政行為不僅指是行政處分行為，因行政程序法第 2 條第 1 項之規定，還包括訂

❺ 吳庚，《行政法之理論與實用》，頁 57–72；李惠宗等合著，《行政法入門》，頁 70–88；黃俊杰，《行政法》，頁 36–73。

❻ 陳清秀，〈行政法的法源〉，翁岳生編，《行政法》，頁 114–132。

❼ 相關論文請參閱，程明修，〈行政法上之預防原則 (Vorsorgeprinzip)──食品安全風險管理手段之擴張〉，《月旦法學雜誌》，第 167 期，2009 年 4 月，頁 127–136；程明修，〈行政法上之風險評估與管理〉，《台灣法學雜誌》，第 142 期，2009 年 12 月，頁 102–118；林昱梅，〈放牛吃草？狂牛症之風險預防與牛肉產銷履歷標示制度〉，《台灣法學雜誌》，第 142 期，2009 年 12 月，頁 89–101。

❽ 城仲模主編，《行政法之一般法律原則(一)》，三民書局，民國八十三年初版；城仲模主編，《行政法之一般法律原則(二)》，三民書局，民國八十六年初版。

❾ 吳庚，上揭書，頁 81。

❿ 吳庚，上揭書，頁 77–140。

⓫ 陳敏，《行政法總論》，頁 153–211。

定法規命令、行政規則之行為。是以，行政法一般法律原則亦適用於法規命令。大法官釋字第 525 號解釋對此亦有明白宣示。

另司法實務近年來對行政法之一般法律原則之解釋與判決甚多❷，也將在下列各原則之分析中，加以參引敘述。

第二節　依法行政原則

依法行政原則 (Der Grundsatz der Gesetzmässigkeit der Verwaltung)，為一切行政行為必須遵循之首要原則❸。所有行政機關均應依法行政，不可依意行政，依慾行政，依利行政，依力行政或依情行政。所有憑依意、慾、利、力、情的行政都可能造成偏私不正，損害私權或公益。然則，何為依法行政原則❹呢？依行政法學之分類，向來區分為法律優先原則 (Grundsatz des Vorrang des Gesetzes) 及法律保留原則 (Grundsatz des Vorbehalts des Gesetzes)❺。法律優先原則又被稱為消極之依法行政原則，法律保留原則又被稱為積極之依法行政原則，茲再分述於次。

---

❷　詳參李惠宗，〈行政法院對「一般法律原則」適用之研究——行政程序法施行後的檢討〉，刊於台灣行政法學會主編，《行政契約與新行政法》，頁 387–408；陳愛娥，〈法律原則的具體化與權限分配秩序——評最高行政法院九十五年判字第一二三九號決〉，《月旦法學雜誌》，第 138 期，2006 年 11 月，頁 5–16。

❸　吳庚，上揭書，頁 81。此一原則依德文應譯為「依法律行政」為行政法學早期重要用語。近幾十年來，則常使用 (Rechtsmäßigkeit der Verwaltung)，依德文原意為（依法行政）。詳閱城仲模，〈廿一世紀行政法學發展的新趨勢〉，頁 52、53、60。比較法制論文請參閱，高田敏，〈依法行政理論之發展與轉換——德、奧、日之法治行政論〉，《憲政時代》，第 42 卷第 4 期，2017 年 4 月，頁 345–362。

❹　相關實例請參閱，李建良，〈稅捐稽徵、協力義務與依法行政原則〉，《台灣本土法學雜誌》，第 69 期，2005 年 4 月，頁 243–248。

❺　陳敏，《行政法總論》，頁 153–175。

第一項　法律優先原則

憲政國家的基本理念為主權在民而不是主權在君、主權在神。然而，人民那麼多，如何行使其主權呢？法國第五共和憲法第 3 條第 1 項即規定：「人民通過其代表及依人民投票行使主權」；德國基本法第 20 條第 2 項規定：「一切國權均來自國民，國權由國民以選舉及人民投票，並由立法、行政及司法機關個別行使之。」我國憲法第 2 條規定，中華民國之主權屬於國民全體，至於主權之行使則於憲法第 62 條規定，由立法院代表人民行使立法權❶，而立法院代表人民行使立法權之結果就是制定與修正法律，表彰了公民全體之意志。因此，國家行政作為均不能與代表公民主權化身之憲法與法律相牴觸，法學上也建構了法律位階理論與法律優先原則。如德國行政法學先驅 Otto Mayer 即曾說：「法律為國家意思中法律效力最強者」，「以法律形式表現之國家意思，優先於任何其他國家意思表示」❶。我國憲法第 171 條第 1 項規定：「法律與憲法牴觸者無效」，第 172 條規定：「命令與憲法或法律牴觸者無效」，明白接納了「法律位階理論」❶與「法律優先原則」，間接表明了代表人民行使主權之立法機關所制定之法律，優先於行政機關所發布之行政命令。但此仍未如德國基本法第 20 條第 3 項後段所規定的那麼直接肯定，不只及於行政權，並及於司法權。該項規定謂：「行政權與司法權應受法律與法的拘束」❶。

法律優先原則所謂的行政權應受法律之拘束，意所何指？德國學者 Christoph Gusy 認為行政應受有效法律之拘束，不得採取違反法律之措施。換言之，對現行有效之法律，行政必須遵守強制適用原則 (Anwendungsgebot)，予以適用外，也應遵守禁止偏離之原則

---

❶　林騰鷂，《中華民國憲法》，2005 年 8 月修訂四版一刷，頁 40。

❶　陳敏，上揭書，頁 154。

❶　此一法律位階理論更明確詳細的規定於中央法規標準法第 11 條及地方制度法第 30 條。

❶　陳清秀，〈依法行政與法律的適用〉，翁岳生編，《行政法》，頁 138。

(Abweichungsverbot)，遵循法律規定，正確適用，不得偏離，且無例外或限制的適用❷⓪。

　　又行政違反法律優先原則時，效力如何呢？基於法律安定及行政功能之維護，原則上，並不當然無效，而是僅為可撤銷或可廢棄之訴爭標的，這是與私法行為違反法律，依民法第 71、73 條規定之原則上無效，略有不同。

　　關於法律優先原則，大法官釋字第 371 號解釋明確指出：「憲法為國家最高規範，法律牴觸憲法者無效，……憲法之效力既高於法律，法官有遵守之義務。」又大法官釋字第 388 號解釋理由書也指出：「依憲法優於法律之法則，現職總統依法競選連任時，除犯內亂或外患罪外，非經罷免或解職，並不得適用刑法及總統副總統選舉罷免法等有關刑罰之規定予以訴究，以符憲法第五十二條之意旨。」另外，大法官釋字第 598 號解釋亦以「下位法不得抵觸上位法」之法理，宣示土地登記規則第 122 條第 2 項規定抵觸了土地法第 69 條之規定，有違憲法第 172 條法律優位原則，宣告其自該解釋公布之日起，至遲於屆滿 1 年時，失其效力。

第二項　法律保留原則

第一目　概　說

　　法律優先原則為消極之依法行政原則，只要求行政機關之行政行為不要牴觸法律而已，尚不禁止行政機關為行政行為。但法律保留原則則為依法行政原則之積極面，要求行政機關要有法律依據，始能作成行政行為。

　　法律保留原則是指憲法將某些行政事務保留給立法機關❷①，須由立法

---

❷⓪　Christoph Gusy, *Der Vorrang des Gesetzes*, Jus 1983, S. 189 ff.；參引自陳敏，
　　　上揭書，頁 153–154。

❷①　如憲法及憲法增修條文對各治權機關之組織、中央與地方權限、國家賠償、
　　　戒嚴、緊急命令、選舉、罷免、創制、複決、社會安全、文化教育、兩岸關
　　　係等事項上均有「以法律定之」之類似規定。

機關以法律規定後，行政機關才得從事某些行政事務。因此，法律保留原則 ❷，實際上就是保留給法律原則，用白話來說，就是保留給法律去規定的原則。有德國學者認為法律保留原則之於行政法，有如罪刑法定主義之於刑法那麼重要 ❸。因此，有必要就其沿革意涵、理論依據、範圍理論分別說明之。

第二目　沿革意涵

法律保留原則起源於 18 世紀立憲主義所建立的權力分立制度，認為國家權力應劃分為立法、行政、司法三權，而行政權非經立法機關通過法律，不得侵犯人民之自由及財產權益。

於此所謂之法律，究何所指？有認為無論就「法律優先原則」或「法律保留原則」而言，在一定範圍，仍須將「法」限定於狹義之制定法 (Gesetz)❷，但亦有依德國基本法第 20 條第 3 項之規定對法之理解，傾向於由狹義之「法律」(Gesetz) 轉變為包括憲法理念、行政命令、法理等實質意義的法規範等廣義之法 (Recht)❷。

其實，依法行政之法的意涵應分開而論。就依法行政之消極原則，即法律優先原則所指涉之法律，應嚴格解釋為狹義的、形式意義之法律，以避免破壞法律位階理論，混淆法律與較低位階規範之區分 ❷；但就依法行政之積極原則，即法律保留原則所指涉之法律，則可採較廣義的法之概

---

❷　法律保留原則係由德文 (Gesetzesvorbehalt) 直接翻譯而成，不易為初學者理解。其實質含義就是本書所說的將行政生活事務保留給法律去規定的意思。

❸　Häfelin/Müller, *Grundriss des Allgemeinen Verwaltungsrechts*, Zürich 1990, S. 298；參引自吳庚，上揭書，頁 84，註 13。

❷　陳敏，上揭書，頁 155。

❷　城仲模，《行政法之基礎理論》，三民書局，民國 80 年，頁 3–16；陳新民，上揭書，頁 56 以下；另城仲模，〈廿一世紀行政法學發展的新趨勢〉，頁 52–53；劉建宏，〈我國現行道路交通法規架構之檢討——法律保留原則之檢視——〉，《台灣本土法學雜誌》，第 63 期，2004 年 10 月，頁 134–144。

❷　吳庚，上揭書，頁 82，註 8。

念，即除包括狹義的法律之外，基於法律具體、明確授權之法規命令❷❼、或地方自治團體依憲法及法律授權所制定之自治規章亦應含括在內，合乎法律保留原則，可以限制人民之自由權利❷❽。

第三目　理論依據

法律保留原則乃是 18 世紀歐陸民主憲政思潮，打破君主壟斷立法、司法、行政三權，奠立三權權力分立制度後之產物❷❾，其主要理論依據❸⓪就是：

　　1. 主張依法行政的法治國思想❸❶。
　　2. 主張議會支配的民主思想。
　　3. 主張基本人權應受保障的人權優先思想❸❷。

法律保留原則原是因應君主（行政權）與人民（議會立法權）間實際政治權力的衝突與對立而生，但時至今日，由於一切國家權力均來自人民，不僅議會，即行使行政權之政府已不再是君主，而是與議會一樣享有民主的正當性基礎，故有一派學者認為過去之所以產生法律保留，乃因代表行政權的君主缺乏民主正當性基礎所致，進而懷疑法律保留原則的存在

---

❷❼　大法官釋字第 444 號解釋認民國 84 年 6 月 7 日修正發布之臺灣省非都市土地容許使用執行要點……，為具體明確之例示規定……，與憲法第 15 條保障人民財產權之意旨及第 23 條法律保留原則尚無牴觸。

❷❽　陳敏，上揭書，頁 155。

❷❾　另參閱，城仲模，〈「法律保留」之現代意涵〉，《月旦法學雜誌》，第 98 期，2003 年 7 月，頁 10–13。

❸⓪　詳閱許宗力，〈論法律保留原則〉，《法與國家權力》，臺大法學叢書，月旦出版公司，民國 81 年，頁 13 以下。參閱，Hartmut Maurer, Allgemeines Verwaltungsrecht, 15. Auflage, C. H. Beck, München 2004, §6 Rn. 4–8.

❸❶　參閱，許育典，〈法治國〉，《月旦法學教室》，第 7 期，2003 年 5 月，頁 40–44。

❸❷　相關論文請參閱，廖元豪，〈法律保留與基本權之脫鉤——評司法院大法官釋字第 563 號解釋——〉，《台灣本土法學雜誌》，第 55 期，2004 年 2 月，頁 17–35。

價值❸。雖然如此，主張法律支配以保護人權的法治國思想以及主張議會支配的民主思想仍然為時代主流而支配著人們對法律保留的看法❸。

除此之外，我國學者陳敏、陳清秀以憲法上規定之基本人權規定為法律保留之理論依據，認為「基本權利限制之法律保留，實為法律保留之核心」❸。

第四目　範圍理論

法律保留的名稱與範圍為何？學說理論甚多，茲分述於次❸：

一、侵害保留說

意指法律保留原則之適用範圍僅限於干涉行政，只在行政權侵害人民之權利自由或對於人民課賦義務負擔等情形下，始須要有法律依據，至於其他行政作用，因在現代立憲國家，行政權也有民主正當性，故可依據憲法或在不違反法律之情形下，自由運作。

二、全部保留說

意指法律保留原則之適用範圍應及於一切行政行為，包括干涉行政、給付行政等。因為依據憲法上之民主原則及主權在民思想，國家之干涉或給付行為，都應受人民所授與立法權行使者意思之支配、引導與規範；而依憲法上法治國原則，國家之干涉行為或為遂行社會、經濟、文化政策所為之財產、勞務給付，亦應由法律規定，使社會資源之分配於個案情形具有拘束力與可預見性，確保人民分享資源給付之權利❸；再依憲法上社會

---

❸　許宗力，上揭書，頁 128–129。

❸　M. Kloepfer, JZ 1984, S. 685 f.

❸　陳敏，上揭書，頁 160；陳清秀，上揭文，頁 143。

❸　參閱陳清秀，上揭文，頁 144–149；許宗力，上揭書，頁 147–179；陳敏，上揭書，頁 163–175；有關法律保留的名稱，學者列有 10 種之多，即 1.列舉立法事項保留，2.侵害保留說，3.權力作用保留說，4.全部保留說，5.完全全部保留說，6.國會保留，7.一般法律保留，8.特別法律保留，9.社會權保留說，10.重要性理論說等。參閱城仲模，〈廿一世紀行政法學發展的新趨勢〉，頁 52；另在頁 62 亦列有較詳之原則。

國原則，人民自由權及其他基本人權，不只有不受國家任意侵犯，尚且有積極受益保障之必要，否則人民無法生存於社會中，自由於社會中。就此，大法官釋字第 614 號解釋明確表示：「憲法上之法律保留原則乃現代法治國原則之具體表現，不僅規範國家與人民之關係，亦涉及行政、立法兩權之權限分配。給付行政措施如未限制人民之自由權利，固尚難謂與憲法第二十三條規定之限制人民基本權利之法律保留原則有違，惟如涉及公共利益或實現人民基本權利之保障等重大事項者，原則上仍應有法律或法律明確之授權為依據，主管機關始得據以訂定法規命令。」此一解釋，似受此一學說之影響。

三、折衷說

此說學者批評全部保留說過分強調議會領導地位而忽略行政權在今日憲政國家之民主正當性。此外，立法者如欲貫徹全部保留，勢須大量使用概括授權條款，而在價值多元、分歧、迅速變遷的現代社會，任何對概括授權條款的解釋，均將無法服眾，且有混淆立法與行政責任分際的危險。因此，德國學者 Ossenbühl 主張「擴張的傳統保留」(erweiterter Klassischer Vorbehalt)，即在國家之干涉行政上要有法律保留，但在國家之給付行政上則不一定要，以免妨害行政權的積極、主動性，但如授益與侵益具有不可分離關係的國家給付行政行為，如其所課賦受益人的負擔，非可單純視為授益行為之內容者，仍須要有法律依據。另一學者 Siegfried Magiera 主張「限縮的全面保留」(eingesehränkter Totalvorbehalt)，認為全面保留說的原則性要求仍具意義，但只要把它限縮於「必要」與「可能」的範圍即可。換言之，也就是另一學者 Hartmut Maurer 所主張的，在國家之給付行政上，法律保留原則只限於常態的、長期的、受益人廣泛的給付行政，至於突發的緊急狀態（天災、經濟危機）而亟需國家給付者，則

---

❸ 相關論文請參閱，詹鎮榮，〈給付行政之法律保留密度再思考——以軍公教退休人員優惠存款為例〉，《月旦法學雜誌》，第 157 期，2008 年 6 月，頁 18-23；李震山，〈憲法保障後世代人嗎？一年軍公教退休金優惠存款與代際正義〉，《月旦法學教室》，第 40 期，2006 年 2 月，頁 6-7。

非法律保留範圍，而應屬於行政保留之緊急權限事項❸。

四、重要事項說

此說為德國聯邦憲法法院自 1970 年代以來一連串所謂 「重要性判決」❹ 所建立的法學理論。認為不僅干涉行政應有法律保留原則的適用，而在給付行政方面，凡涉及人民基本權利之實現與行使，以及涉及公共利益，影響共同生活之「重要的基本決定」，仍應由具有直接民主基礎之國會，以法律規定之，至於不屬於此之非重要事項，則可委諸行政為之。例如，在教育行政上，教育內容、教育目標、學科範圍、學校組織的基本構造（如學校種類、家長與學生的共同參與）、學生的法律地位（入學、退學、考試與升級）以及懲戒措施等，均屬重要事項，須有法律依據，至於一星期上課五天制或對考試決定無直接影響的考試方式則不屬於重要事項，不須有法律依據，亦即非法律保留之範圍。

五、國會保留說

此說要求立法者就特定事務應親自以法律規定，不得授權行政機關為之。故國會保留是屬於法律保留中禁止授權部分❹，為法律保留的核心而與可授權之法律保留，屬於一定的階層關係 (Stufenverhältnis)。換言之，重要事務應適用法律保留，而更重要事務，則應適用更嚴格要求的國會保留❹。我國學者許宗力更介紹德國聯邦憲法法院所採取的重要性階層理論 (Stufentheorie)❹，將行政事務依其對基本人權與公共事務之重要性按「不

---

❸ 請參閱許宗力，上揭書，頁 155–158；Hartmut Maurer, a.a.O., §6 Rn 15.

❹ 該些判決介紹，請看許宗力，上揭書，頁 158–160。

❹ 例如臺灣地區與大陸地區人民關係條例第 95 條即規定：「主管機關於實施臺灣地區與大陸地區直接通商、通航及大陸地區人民進入臺灣地區工作前，應經立法院決議。」

❹ 陳清秀，上揭文，頁 147。

❹ 許宗力，上揭書，頁 199–200。此一理論在大法官釋字第 443 號解釋理由書中有詳細敘述，該號解釋理由書謂：「至何種事項應以法律直接規範或得委由命令予以規定，與所謂規範密度有關，應視規範對象、內容或法益本身及其所受限制之輕重而容許合理之差異：諸如剝奪人民生命或限制人民身體自

重要」、「重要」與「更重要」加以區分：1.凡事務屬於行政固有權限、毋須法律授權、行政權得自行以命令決定者，屬於「不重要」階層；2.事務不屬行政固有權限，但准許在法律授權的前提下，委由行政權以命令決定者，屬於「重要」階層而適用法律保留者；3.凡事務屬不可移轉的、專屬的國會權限、無論如何均要求立法者親自以法律決定者，屬於「更重要」階層，適用國會保留者。由於何種事務為「不重要」、「重要」或「更重要」，學者尚難建立積極衡量標準❸，因此，下列的消極衡量因素，乃成為界定國會保留範圍的標準，即：

　　1.憲法上不屬於國會權限範圍事務，例如憲法第 70 條規定，立法院對於行政院所提預算案不得為增加支出之提議❹。即明確表示此非屬於立法院權限範圍。

> 由者，必須遵守罪刑法定主義，以制定法律之方式為之；涉及人民其他自由權利之限制者，亦應由法律加以規定，如以法律授權主管機關發布命令為補充規定時，其授權應符合具體明確之原則；若僅屬與執行法律之細節性、技術性次要事項，則得由主管機關發布命令為必要之規範，雖因而對人民產生不便或輕微影響，尚非憲法所不許。又關於給付行政措施，其受法律規範之密度，自較限制人民權益者寬鬆，倘涉及公共利益之重大事項者，應有法律或法律授權之命令為依據之必要，乃屬當然……。」吳庚大法官更就此一解釋意旨，舉例將層級化的法律保留體系，用圖形加以表示為：

> | 憲法保留事項 |
> | 絕對的法律保留事項 |
> | 相對的法律保留事項 |
> | 非屬法律保留範圍的次要事項 |

> 參閱，氏著，《憲法的解釋與適用》，自刊本，2004 年 6 月第 3 版，頁 59–60。

❸　不過，德國學者表示，事務重要性之概念標準並非固定性概念而是連動的概念。換言之，對個人基本權之干預愈強大、愈持續；事務對公眾之影響愈重大以及問題在公眾中愈有爭議，則事務愈加重要，須要更詳細、精確的法律規範。參閱，Hartmut Maurer, a.a.O., §6 Rn. 11b.

❹　另參照大法官釋字第 264 號解釋。

2.須作彈性反應事務，如關於金錢給付數額，如遇激烈通貨膨脹，則隨物價指數彈性反應調整。

3.發展、變遷中的事務，如涉及科學、技術仍在發展、變遷之事務。

4.依事務本質具固有自主規律性者，如生活教育的輔導、成績考查的辦理，須由教育專業的觀點出發，立法者不宜介入。

5.試驗性事務。

6.因地制宜需要的事務。

7.施行或細節性事務。

8.憲法上自治保留事務❹，如地方自治❹、大學自治❹等是。

德國學者 Hartmut Maurer 在其行政法教科書上將法律保留 (Gesetzesvorbehalt)、國會保留 (Parlamentsvorbehalt) 及法令保留 (Rechtssatzvorbehalt) 等概念加以區分。他認為法律保留是指依特別立法程序、以法律形式所作之國會決定。要求法律保留之目的，不只考量國會之權限，也要確保國會立法程序之遂行、其他憲法機關之參與以及法律特別形式之擔保。國會保留相反的只要求要有一個國會決定，這個國會決定可以用法律的形式，也可用一個單純的國會決議 (durch einfachen Parlamentsbeschluß) 之形式。至於法令保留則是要求法拘束力之規範以作為行政行為之基礎；它可以使用法律的形式，也可以使用其他形式，如法規命令或自治規章。依過去之見解對法律保留之要求，只要法規命令有法律之授權，並由法律明確規定授權之內容、目的及範圍者，則此法規命令即符合法律保留原則之要求。現在的見解對法律保留原則之要求則較嚴格一些，要看所要規範事務的重要性而定。有的要求一定要有法律的形式，有的則只要有法規命令的形式就可以❹，Maurer 教授這一見解為另一德

---

❹　實例請參閱，蕭文生，〈法律保留原則與自治條例〉，《月旦法學教室》，第 6 期，2003 年 4 月，頁 22–23。

❹　Hans D. Jarass, Grundgesstz für die Bundesrepublik Deutschland, 6. Auflage, C. H. Beck, München 2002, §1 Rn. 1–16;

❹　Hartmut Maurer, Staatsrecht I, 4 Auflage, C. H. Beck München 2005, §6 Rn. 4.

國學者 Steffen Detterbeck 所認同。不過，他也指出，國會保留源於民主原則，並受權力分立原則之限制，亦即憲法所賦予行政與司法之權限，國會不得干預，亦非保留給國會去行使❹。

　　法律保留原則在我國法律如中央法規標準法第 5 條關於人民權利、義務事項以及國家各機關之組織事項等有明文規定，並在司法實務上運用甚廣❺。大法官之相關解釋❺如釋字第 276 號解釋關於解散合作社之要件及程序；釋字第 289 號解釋關於法院裁定罰鍰之程序；釋字第 324 號解釋關於海關得停止受理申報進儲業務之最長期間；釋字第 390 號解釋關於對工廠之停工或勒令歇業處分；釋字第 409 號解釋關於徵收土地之要件及程序；釋字第 313、394、402 號解釋關於裁罰性行政處分之構成要件及效果；釋字第 559 號解釋關於人身自由或財產權之限制；釋字第 581 號解釋關於限制申請自耕能力證明；釋字第 586 號解釋關於資訊自主權與財產權之限制；釋字第 602 號解釋關於人民退出多層次傳銷計劃或組織之權利義務事項；釋字第 609 號解釋關於勞保死亡給付限傷病發生於投保期間之限制，均應受法律保留原則之規範。就此，釋字第 614 號解釋更有明確的釐清，謂：「憲法上之法律保留原則乃現代法治國原則之具體表現，不僅規範國家與人民之關係，亦涉及行政、立法兩權之權限分配。給付行政措施如未限制人民之自由權利，固尚難謂與憲法第二十三條規定之限制人民基本權利之法律保留原則有違，惟如涉及公共利益或實現人民基本權利之保障等重大事項者，原則上仍應有法律或法律明確之授權為依據❺，主管機

---

❹　Hartmut Maurer, a.a.O., §6 Rn. 8. 中文翻譯請參閱，高家偉譯，《行政法學總論》，元照出版公司，2002 年 9 月初版一刷，頁 103–104。中文譯文缺漏甚多，甚或未完全正確。

❹　Steffen Detterbeck, Allgemeines Verwaltungsrecht, 3. Auflage, C. H. Beck München 2005, §7 Rn. 272 ff.

❺　參閱，林錫堯，〈法律保留原則之理論與實踐〉，《法學叢刊》，第 200 期，頁 1–21。

❺　參閱評論請參閱，廖元豪，〈走自己的路──大法官「法律保留本土化」之路──〉，《台灣本土法學雜誌》，第 58 期，2004 年 5 月，頁 21–40。

關始得據以訂定法規命令（本院釋字第 443 號解釋理由書參照）。」

第三節　尊重與保護人性尊嚴原則

尊重與保護人性尊嚴原則，源自於德國基本法第 1 條第 1 項規定：「人性的尊嚴是不可侵犯的。一切的國家權力均有義務及保護人性的尊嚴。」❸我國學者對此之論述漸多❹，且將之列為行政法之一般法律原則❺。

人性尊嚴 (Die Menschenwürde) 乃行政法發生、存續及發展之基礎，故有學者謂：「行政法，乃人性尊嚴之具體化」，主張現代之行政法、行政法學及行政實務，均必須以人性尊嚴為最高規範❻，蓋因人性尊嚴之理念，不只在行政組織法❼，尚且在行政程序法、行政救濟法有其適用❽。

---

❺ 實務論文參閱，蔡維音，〈全民健保特約違約罰之法律保留〉，《月旦法學教室》，第 190 期，2018 年 8 月，頁 6–9。

❸ Hans D. Jarass, Grundgesetz für die Bundesrepublik Deutschland, 6. Auflage, C. H. Beck München 2002, §1 Rn. 1–16; Hartmut Maurer, Staatsrecht I, 4. Auflage, C. H. Beck München 2005, §6 Rn. 4.

❹ 參閱陳清秀，〈憲法上人性尊嚴〉，《現代國家與憲法——李鴻禧教授六秩華誕祝賀論文集》，月旦出版公司，民國 86 年，頁 94；李震山，〈人性尊嚴之憲法意義〉，《中國比較法學會學報》，第 13 輯，民國 81 年 11 月，頁 32；許志雄，〈憲法上個人尊嚴原理〉，《中國比較法學會學報》，第 13 輯，頁 61；法治斌、董保城編著，《中華民國憲法》，民國 85 年，頁 146；黃桂興，〈淺論行政法上的人性尊嚴理念〉，城仲模主編，《行政法之一般法律原則(一)》，頁 1–27。

❺ 陳清秀，〈行政法的法源〉，翁岳生編，《行政法》，頁 116–119；另中國比較法學會 81 年研討會第 3 專題即為「人性尊嚴與行政法」，詳請參閱《中國比較法學會學報》，第 13 輯，頁 147–282。

❻ 蔡志方，〈從人性尊嚴之具體化，論行政程序法及行政救濟法之應有取向〉，《中國比較法學會年報》，第 13 輯，頁 147、149、202。

　　人性尊嚴之意義為何？學者之闡釋是：「每一個人（類）本身，即為目的，而非只係他人用以實現一定目的之手段；每一個人（類）本身，即為價值，甚至為完全或最高價值，其價值之形成及完成，乃緣於自律，而非他人所給與。」「價值之成全及維護，尊嚴存焉」。就人民與國家間之關係而言，「國家為人民而存在，非人民為國家而存在」(Der Staat ist des Menschen wegen und nicht－umgekehrt－der Mensch des Staates wegen da)，「人民不得只作為國家統治客體，否則即牴觸人性尊嚴」❺❾。具體的說，人性尊嚴乃是「本於人性希望獲得社會大眾認同與尊重的尊榮欲求；此種受社會尊重之尊榮感之獲得，乃人之本能欲求，故以人性尊嚴名之」。德國學者從正面積極的方式，則將人性尊嚴描繪為：「之所以形成人格者」、「人的固有價值、獨立性、木性、本質」、「人的人格之核心」等，其中學者 Günter Dürig 更認為：「人性尊嚴與時間及空間均無關係，而是應在法律上被實現的東西。它的存立基礎在於：人之所以為人乃在於其心智，這種心智使其有能力自非人的本質脫離，並基於自我的決定去意識自我，決定自我，形成自我」❻⓪。這種意識自我，決定自我，形成自我之能力乃是人性尊嚴之核心❻❶，故德國聯邦憲法法院認為：「當一具體的個人，被貶抑為物體，僅是手段或可代替之數值時，人性尊嚴已受傷害」❻❷。

　　基於上述人性尊嚴的定義，則行政法上尊重與保護人性尊嚴原則則應具體實現下列事項❻❸：

---

❺❼　黃桂興，上揭文，頁 17–19。

❺❽　蔡志方，上揭文，頁 169–202。

❺❾　蔡志方，上揭文，頁 155。Hartmut Maurer, a.a.O., §1 Rn. 4.

❻⓪　Dürig in: Maunz/Dürig/Herzig/Scholz, *Grundgesetz Kommentar*, Art. 1, Rd. 46, München, C. H. Beck, 1987；引自蔡維音，〈德國基本法第一條人性尊嚴規定之探討〉，《憲政時代》，第 18 卷第 1 期，頁 39。

❻❶　黃桂興，上揭文，頁 10。

❻❷　這是德國聯邦憲法法院採用的「物體公式」(Objektformel) 名稱，用反面消極的方式，對人性尊嚴之定義。參閱黃桂興，上揭文，頁 11。

❻❸　詳請參閱陳清秀，上揭文，頁 118–119。

1.尊重人類作為個人人格的獨立價值，禁止非人道的或殘忍的處理。

2.尊重個人對於一身專屬性事務的自主決定。

3.尊重隱私及私人生活之領域。

4.維護個人享有生存、健康、文化最低限度尊嚴的生活。

5.尊重個人之自治與自決。

大法官在釋字第 372 號即肯認人性尊嚴為憲法上之基本理念，謂：「維護人格尊嚴與確保人身安全，為我國憲法保障人民自由權利之基本理念」，且進一步指出：「夫妻之一方……若受他方虐待已逾越夫妻通常所得忍受之程度而有侵害人格尊嚴與人身安全者」，是其顯採有上述德國聯邦憲法法院「物體公式」之見解。另外，在大法官釋字第 399 號解釋表示：「姓名權為人格權之一種，人之姓名為其人格之表現……應為憲法第二十二條所保障」。不過，吳庚認為人格權與人性尊嚴或人格尊嚴不只應同等看待，並應作為人身自由與生存權的前提保障❻❹。而在大法官釋字第 587 號解釋則稱：「子女獲知其血統來源，確定其真實父子身分關係，攸關子女之人格權，應受憲法保障。」又在大法官釋字第 603 號解釋更清楚的表示：「維護人性尊嚴與尊重人格自由發展，乃自由民主憲政秩序之核心價值。隱私權雖非憲法明文列舉之權利，惟基於人性尊嚴與個人主體性之維護及人格發展之完整，並為保障個人生活私密領域免於他人侵擾及個人資料之自主控制，隱私權乃為不可或缺之基本權利而受憲法……之保障。」

第四節　平等原則

平等原則之起源甚早，1776 年美國獨立宣言及 1789 年法國大革命之人權宣言，並將之提升發展為憲政上之平等權。我國憲法亦在第 5 條、第 7 條、第 129 條、第 159 條及憲法增修條文第 10 條第 5 項分別規定了民族、男女、宗教、種族、階級、黨派、選舉、受教育機會及兩性地位之平

---

❻❹　吳庚，《憲法的解釋與適用》，自刊本，2004 年 6 月第三版，頁 305–306。

等原則❻❺。

　　平等原則又稱禁止差別待遇原則，在行政法上，意指行政權的行使，不論在實體上或程序上，對於相同事件應為相同處理，對於不相同的事件，不得為同一的處理，且除非有合理、正當的理由，不得為差別待遇❻❻。就此，行政程序法第 6 條已有明文規定。大法官釋字第 624 號解釋也表示：「冤獄賠償法第一條規定，……未包括軍事機關依軍事審判法令受理案件所致該等自由、權利受同等損害之人民，係對上開自由、權利遭受同等損害，應享有冤獄賠償請求權之人民，未具正當理由而為差別待遇，若仍令依軍事審判法令受理案件遭受上開冤獄之受害人，不能依冤獄賠償法行使賠償請求權，足以延續該等人民在法律上之不平等，自與憲法第七條之本旨有所牴觸。」

　　平等原則為行政法之一般法律原則為我國學界通說。大法官對平等原則之解釋也非常多，其中對平等原則意義之闡述，以釋字第 412 號之解釋理由書最為明白，即「憲法第七條所定之平等原則，係為保障人民在法律上地位之實質平等，亦即法律得依事物之性質，就事實情況之差異及立法之目的，而為不同之規範。法律就其所定事實上之差異，亦得授權行政機關發布施行細則為合理必要之規定」❻❼。

　　大法官上述解釋之實質平等為平等原則之核心，究應如何判定？標準如何？德國、日本之學界與實務有不少之探討❻❽。我國司法實務亦發展出

---

❻❺　平等原則亦適用於經濟給付行政領域上。相關論文請參閱，蕭文生，〈平等原則與國家經濟輔助措施〉，《月旦法學雜誌》，第 172 期，2009 年 9 月，頁 24–39。

❻❻　平等原則不只是行政法上原則，且是憲法上明定之原則，可以同時拘束國家在行政、立法、司法三大領域權力之行使。參閱邱基峻、邱銘堂，〈論行政法上之平等原則〉，城仲模主編，《行政法之一般法律原則㈡》，頁 101–149。

❻❼　大法官釋字第 205 號解釋，釋字第 211 號解釋，釋字第 340 號解釋，釋字第 438 號解釋，釋字第 460 號解釋，釋字第 565 號解釋，釋字第 596 號解釋亦有類同之闡述。

❻❽　參閱邱基峻、邱銘堂，上揭文，頁 123–132。

數項判斷之基準，即差別待遇應合理、合目的性、合乎事物本質，及沒有不必要，始符合平等原則，即實質平等之意涵❻❾。最高行政法院 94 年度判字第 1530 號判決也特別指出：「平等原則，乃指相同之事情應為相同之處理，不同之事情，應為不同之處理。建立此原則無非係為禁止恣意行為，而非全然要求不得為差別處理。苟行為非屬恣意，而係依法行為，則無違反平等原則之可言。」❼❶另外，對於「不法之平等」，最高行政法院 92 年度判字第 275 號判決認非屬於平等原則之內涵。該號判決指出：「行政行為，非有正當理由，不得為差別待遇，行政程序法第六條定有明文，此即行政法上之平等原則。然行政機關若怠於行使權限，致使人民因個案違法狀態未排除而獲得利益時，該利益並非法律所應保護之利益。因此，其他人民不能要求行政機關比照該違法案例授予利益，亦即人民不得主張『不法之平等』」❼❶。

第五節　公益原則

純粹法學派創始人漢斯‧克爾森 (Hans Kelsen)❼❷曾說：「整個法制度不過是公益之明文規定」❼❸，故「國家或其他公權力行為應重視公益，已成為行政法上重要原則，且具有憲法層次之效力。國家或其他公法人之機

---

❻❾　邱基峻、邱銘堂，上揭文，頁 132–134。另參閱大法官釋字第 485、490 號解釋。

❼❶　參閱，《最高行政法院裁判要旨彙編》，第 25 輯，司法院印行，民國 95 年 6 月，頁 1132。

❼❶　《最高行政法院裁判要旨彙編》，第 23 輯，民國 93 年 12 月，頁 1340。

❼❷　純粹法學之理念，請參閱張宏生、谷春德主編，吳博文整理，《西洋法律思想史》，漢興書局，民國 82 年，頁 437–453；Edgar Bodenheimer 著，范建得、吳博文譯，《法理學》，漢興書局，1997 年 6 月初版，頁 147–154。

❼❸　引自陳恩儀，〈論行政法上之公益原則〉，城仲模主編，《行政法之一般法律原則㈡》，頁 160。

關所為之行為，不論以公法方式或私法方式為之，必須以達成公益為目的」❼❹。另外，吳庚大法官也指出公益 (Gemeinwohl; allgemeine öffentliche Interesse) 為行政法中重要之概念，行政機關之作為受兩大因素支配：一係法律，二係公益。而一切行政作為原則上均須遵守法律之規定，於例外情形，如在行政自由裁量之情形，或可不受法律之拘束，但無法免於公益之考慮❼❺。

　　公益是一個不確定的法律概念，法律上之用語，相類似的有公共利益、公共福利、人民福利、社會福利、社會福祉、社會公益、國家利益等❼❻，意指最大多數人最高標準之利益而言。德國學者 Walter Klein 在其1969 年之博士論文《論公益之概念》中，即提出，形成公益的價值標準是「量」最「廣」(Maximalc)，且「質」最「高」(Optimale)❼❼。是以公益的尋求、認定，可以用此兩項基準，把它具體化。又公益判斷是否正確，吳庚大法官認為「不能任憑國家機關之主觀，而應以客觀公正避免錯誤之認知為之，在多元社會必要時尚須透過公開討論俾能形成共識。」是以，「戰前德國行政官署常以公益優先於私益為理由，未予個人權益應有之保障，今天已無存在之餘地。目前公法學者對於公權力措施須符合公益，在概念結構上係指公益關連性……：強調行政機關之行為應為公益而服務，而非所謂公益優先於私益，蓋公益與私益並非全然對立之命題，保障私益亦屬維護公益之一部分。」❼❽

　　公益原則之效用一般用以限制人民之自由、權利或作為容許法律溯及既往適用之理由，不僅有憲法位階之效力❼❾，且在行政法上成為重要的法律原則。我國司法實務運用得相當多，如大法官釋字第 451 號解釋謂：

---

❼❹　引自林錫堯，《行政法要義》，自刊本，民國 87 年 9 月增修版，頁 56。

❼❺　參引，吳庚，《行政法之理論與實用》，自刊本，民國 94 年 8 月增訂九版，頁 67。

❼❻　陳恩儀，上揭文，頁 155。

❼❼　陳恩儀，上揭文，頁 159、161。

❼❽　引自吳庚，上揭書，頁 68。

❼❾　陳恩儀，上揭文，頁 163–164。

「時效制度係為公益而設 ， 依取得時效制度取得之財產權應為憲法所保障。」另大法官釋字第 474 號解釋理由書也謂：「時效制度……與公益有關，須逕由法律明定，自不得授權行政機關衡情以命令訂定或由行政機關依職權以命令訂之……」又如釋字第 444 號解釋謂：「區域計劃法係為促進土地及天然資源之保育利用、改善生活環境、增進公共利益而制定」，再如釋字第 414 號解釋謂：「藥物廣告係為獲得財產而從事之經濟活動，涉及財產權之保障，並具商業上意見表達之性質，惟因與國民健康有重大關係，基於公共利益之維護，應受較嚴格之規範」，均在表明公益之重要性，並得以之作為限制人民自由權利或規範生活秩序之理由。其他如大法官釋字第 383、359、356、345、336、324、317、302、301、281、222、215、200 號等也多援引公益原則作為審查行政行為是否違憲之解釋[80]。又在行政法院之判決中，使用公益原則亦不在少數[81]。由此可見，公益原則已成我國司法實務上[82]，通用之行政法上一般法律原則。

第六節　效能原則

效能原則 (Das Gebot der Effizienz staatlichen Handelns) 是指行政機關在執行公共任務時要確實發揮其效能，使人民的權利與公共利益，有實效性的確保。近年來，在行政革新與政府再造的浪潮下，日益受到重視[83]。德國學者甚至撰寫《效能作為對行政法之挑戰》，來分析此一浪潮趨勢[84]。

---

[80]　陳恩儀，上揭文，頁 184。

[81]　陳恩儀，上揭文，頁 185–187。

[82]　請參閱，林明鏘，〈ETC 判決與公益原則──評台北高等行政法院九十四年訴字第七五二號判決及九十四年停字第一二二號裁定〉，《月旦法學雜誌》，第 134 期，2006 年 7 月，頁 5–25。

[83]　陳清秀，上揭文，頁 129。

[84]　參閱 W. Hoffmann-Riem/E. Schmidt-Aßmann (Hg.), Effizienz als Herausforderung an das Verwaltungsrecht, 1998. 另陳愛娥，〈行政行為形式──

效能概念較效率概念的層次為高。效率係指國家行為（含設定組織或進行任何程序）必須節約，合於經濟計算；效能係指行政行為方向與手段間之正確，其規模與層級高於效率。又效率一般指在目的已決定下，時間、人員、財務等方面之節約；效能則尚涉及政策目標與政策手段之選定❽❺。

效能原則，在法治國家中，固然不能取代或凌駕行政行為所必要的法律依據❽❻，但在現代社會中，效能作為國家價值之一，應內化於法治國依法行政原則中。換言之，在依法行政所追求之合法性與合目的性中，特別是在行政行為之合目的性中，包含了行為之效率、行為之經濟性與節約性之要求。此在國家支出日益龐大、財政日益困難的時代，行政業務、行政組織、行政行為之效率、效能提升，已成為重要潮流趨勢❽❼。例如在行政程序法之設計中，除了要求聽證、調查證據程序之合法性外，亦需注意行政成本；又如在國家行政機關、層級、數量或公務員之考選、任用方面，亦多有成本觀念與提升國家在世界經濟競爭中確保競爭力之考量。因此，德國學者，已漸將行政學上所重視之效能，作為一項法律原則❽❽。德國行政法學教授 Norbert Achterberg 也在其《行政法總論》中明白指出，效率、透明與參與是任何政治行為所必須遵守的標準，也是行政機關從事行政行為時之基本原則❽❾。司法院翁岳生院長在〈臺灣近年來行政法之發展〉一

行政任務——行政調控，德國行政法總論改革的軌跡〉，《月旦法學雜誌》(No.120)，2005 年 5 月，頁 17。

❽❺　參引黃錦堂，〈行政法的概念、性質、起源與發展〉，翁岳生編，《行政法》，頁 39。

❽❻　陳清秀，上揭文，頁 129。

❽❼　黃錦堂，〈「行政法總論之改革：基本問題」要義與評論〉，《憲政時代》，第二十九卷第二期，頁 253–254 之註 6；陳愛娥，〈行政任務取向的行政組織法〉，《月旦法學教室》，第 5 期，2003 年 3 月，頁 65。

❽❽　Leisner, Effizienz als Rechtsprinzip, Recht und Staat, 1971, Heft 402/403, zitiert nach Helmut Lecheler, *Verwaltungslehre*, Kurzlehrbuch, Stuttgart, 1998, S. 234；引自黃錦堂，上揭文，頁 40，註❿。

文中，對於行政效能不可忽視，謂：「行政法固然應具有保障人民權利的功能，但行政效率與效能的提高，亦不容忽視。就此部分，行政法學必須向行政學取經，尤其是提高行政效能與達成行政目的等相關理論，應構成行政法學研究的一環。總之，像是『解除管制』、『組織再造』、『政府瘦身』等與行政合理性有關的問題，將是臺灣行政法學往後發展所不容忽略的議題。」**❾⓿**

第七節　明確原則

　　明確原則 (Bestimmtsgrundsatz)，溯源於罪刑法定主義之法律如果明文規定，就沒有犯罪與刑罰之理念，以及第二次世界大戰後，德國基本法第 80 條第 1 項規定之「授權明確性之要求」(Bestimmtheitsgebot) **❾❶**。明確原則近年來日受重視，成為行政法之一般法律原則 **❾❷**。

　　明確原則是指明白、確定之原則，具有可瞭解性、可預見性、可審查性之要素 **❾❸**，其在行政法學領域中之意涵有三，即：

　　1.在法規範上——要求法規範之制定，於程序上必須公開審議、依法公布、使人民得以知悉；而於內容上必須其構成要件及法律效果之規定明

---

❽❾　Norbert Achterberg, *Allgemeines Verwaltungsrecht*, Heidelberg, 1982, S. 279 f.；參引黃錦堂，上揭文，頁 40 及註**❶❶**。

❾⓿　翁岳生，〈台灣近年來行政法之發展〉，頁 17。

❾❶　該項規定：「法律得授權聯邦政府、聯邦閣員或邦政府發布法規命令。法律應規定此項授權之內容、目的、與範圍。所發布之法規命令，應引證授權之法律根據。如法律規定授權得再移轉，授權之移轉需要以法規命令為之。」

❾❷　詳閱姜悌文，〈行政法上之明確原則〉，城仲模主編，《行政法之一般法律原則(二)》，頁 419 以下；陳清秀，上揭文，頁 121；另參閱李震山，〈行政法意義下之法律明確性原則〉，《月旦法學教室③公法學篇》，頁 120–121。

❾❸　參閱，謝榮堂，〈行政行為明確性原則與信賴保護之實例探討〉，《台灣本土法學雜誌》，第 64 期，2004 年 11 月，頁 147–155。

白、清楚，使行政機關及人民均能瞭解法規範所保障之價值，法規範所強制或禁止之內容❾❹。

2.在授權行為上──要求法律在授權行政機關訂定行政命令時，必須就授權之內容、目的、範圍，具體明確規定❾❺。

3.在行政行為上──要求行政機關做成之行政行為，其方式及內容應具體明確，不能籠統含混。換言之，行政行為應具體、明白、確定而具備預見可能性 (Vorhersehbar)、可測性 (Meßbar)、衡量可能性 (Wägbar) 及審查可能性 (Kontrollierbar)❾❻。

明確原則在我國司法實務上適用日漸增多，例如大法官釋字第 445 號解釋謂：「以法律限制集會、遊行之權利，必須符合明確性原則」；又大法官釋字第 432 號解釋更清楚的表示：「專門職業人員違背其職業上應遵守之義務，而依法應受懲戒處分者，必須使其能預見其何種作為或不作為構成義務之違反及所應受之懲戒為何，方符法律明確性原則。對於懲戒處分之構成要件，法律雖以抽象概念表示，不論其為不確定概念或概括條款，均須無違明確性之要求。法律明確性之要求，非僅指法律文義具體詳盡之體例而言，立法者於立法定制時，仍得衡酌法律所規範生活事實之複雜性及適用於個案之妥當性，從立法上適當運用不確定法律概念或概括條款而為相應之規定。」再如大法官釋字第 402 號解釋謂：「法律雖得授權以命令為補充規定，惟授權之目的、範圍及內容必須具體明確」等均是明確原則之具體適用。

明確性原則於我國之適用，依學者研究結果，於實定法上，行政法上大致符合要求；而於委任立法方面，由於授權母法大都未明白指示授權之

---

❾❹　吳庚，《行政法之理論與實用》，頁 70；陳慈陽，《行政法總論》，頁 139–142；李惠宗，《行政法要義》，五南圖書出版公司，2005 年 10 月二版四刷，頁 103–107。

❾❺　吳子毅，〈「授權明確性原則」的再思考──以大法官解釋為中心〉，《憲政時代》，第 39 卷第 3 期，2014 年 1 月，頁 109–161。

❾❻　以上參引姜悌文，上揭文，頁 434–436。另參閱，吳庚，上揭書，頁 70–71。

內容、目的、範圍應符合具體明確之要求，以致大法官釋字第 313、345、346、360、367、390、394、402、423、426、432、443、488、491、495、503、505、510、514、524、538、540、545、559、564、568、570、593、602 及 612 號解釋均有對明確性原則 ❾ 之說明；至於行政行為應明確之要求方面，過去在我國實定法上沒有明白規定，而在實務上也少有案例 ❾ 。不過，因為行政程序法第五條明定：「行政行為之內容應明確」以及近年來行政法院之裁判對行政行為應明確之要求日益增多。例如，行政法院 85 年判字第 284 號判決即謂：「系爭金額之差異既關係對原告違章行為之量罰，自應明確予以認定，被告未予認定即欠允洽」 ❾ 。又如中央健保局以某醫療機構虛偽申報醫療費用為由科處罰鍰，惟並未記載醫療費用之金額，僅謂「其金額由本局核算。另案通知」，則此罰鍰處分之行為內容即有欠明確，而被最高行政法院 92 年判字第 1291 號判決所撤銷 ❿ 。

第八節　機宜原則

機宜原則 (Opportunitätsprinzip)，有稱為便宜原則，又稱權變原則或是隨機應變原則 ⓫，本是指刑事追訴者於特定之要件下，得不受追訴犯罪法定原則之拘束，擺脫機械、僵硬的適用法律方式，而基於追求公益、衡

---

❾ 相關評釋請參閱，陳愛娥，〈如何明確適用「法律明確性原則」？——評大法官釋字第 545 號解釋〉，《月旦法學雜誌》，第 88 期，2002 年 9 月，頁 249–258。

❾ 姜悌文，上揭文，頁 453–455。

❾ 參閱司法院行政訴訟及懲戒廳編輯，《行政法院裁判要旨彙編》，第 16 輯，民國 87 年 6 月出版，頁 1405。

❿ 李建良、林合民、陳愛娥、林三欽、陳春生、黃啟禎等合著，《行政法入門》，元照出版公司，2004 年 5 月二版一刷，頁 88–89。

⓫ 羅名威，〈論行政法上之便宜原則〉，城仲模主編，《行政法之一般法律原則㈡》，頁 459。

平及追訴行為之合目的性，享有起訴與否之裁量空間而言❿，後來在德國警察行政法、秩序違反處罰法及行政程序法上被廣泛的應用。德國行政法學名著，由 Rolf Stober 編寫之《行政法 I》之教科書中表明：「行政機關之裁量，如同其形成自由是行政上一般結構原則之機宜原則的結果」(Das Ermessen der Verwaltungsbehörden ist wie ihre Gestaltungsfreiheit Ausfluß des sog. Opportunitätsprinzips als eines allgemeinen Strukturprinzips der Verwaltung)❿，充分顯示了機宜原則與行政之密切關係及在行政法上之地位❿。

機宜原則在過去曾廣泛適用於以警察為中心之秩序行政上，在現時國家任務之多樣化及基於追求公益的需要，兼顧考量行政資源之有限性與行政效能之重視，機宜原則不僅在傳統之干涉行政領域有其適用，並且在給付行政、計劃行政上，均有其適用❿，而成為行政法上重要的一般原則。

民國 88 年 2 月 3 日總統令制定公布之行政程序法第 34 條，並未參仿德國行政程序法第 22 條規定，將機宜原則明文列為開始行政程序之重要原則。不過，因法條有「行政程序之開始，由行政機關依職權定之。」而所謂「依職權定之」，依德國學者之見解，可再分為依職權採機宜裁量 (behördliche Handlungsermessen) 及依職權之行為義務 (behördliche Handlungspflicht) 兩種開始行政程序之作為❿。故我國對行政程序之開始，亦應有德國法學學理上機宜原則之適用。

---

❿　羅名威，上揭文，頁 466。

❿　Wolff/Bachof/Stober, *Verwaltungsrecht I*, 10. Aufl., 1996, §31 Rdnr. 31.

❿　羅名威，上揭文，頁 459。

❿　羅名威，上揭文，頁 487–491。

❿　Steffen Detterbeck, Allgemeines Verwaltungsrecht, §18 Rn. 939; Hartmut Maurer, Allgemeines Verwaltungsrecht, §19 Rn. 16.

第九節　比例原則

比例原則 (der Grundsatz der Verhältnismäßigkeit) 源於警察國家時代，為了公共安全與秩序之目的，對人民基本權利採取限制手段，而此目的與手段之間的調和原則，即是德國行政法學理上之比例原則 [107]，意指國家在干預人民自由、權利時，不可為達目的而不擇手段，換言之，不可有如德國學者 F. Fleiner 所說的名言：「警察不可以用大砲轟擊麻雀」(Die Polizei soll nicht mit Kanonen auf Spatzen schießen)，或如 Otto Mayer 所說的「將雜草與小麥一起拔掉」(Unkraut mit dem Weizen ausraufen) 等不必要之情形 [108]。我國名諺：「殺雞不用牛刀」，正是比例原則之最好描述。

比例原則有廣、狹二義。廣義的比例原則包含三個檢視部分，即妥當性 (Geeignetheit)、必要性 (Erforderlichkeit) 及合宜性 (Verhältnismäßigkeit)，而其中之合宜性則被稱為狹義之比例原則 (Verhältnismäßigkeit im engeren Sinne)，茲舉例分述於次：

1.妥當性——意指國家所採取之行政措施對行政目的 [109] 之達成是適當、正確的。例如警察機關要求兇狗占有人，攜狗外出時，要在狗身上掛帶警鈴，即不是妥當性之措施，因為了防止兇狗咬人，妥當的措施，還是為狗戴上口罩 [110]。

---

[107] 謝世憲，〈論公法上之比例原則〉，城仲模主編，《行政法之一般法律原則(一)》，頁 120–122；另參閱蔡茂寅，〈比例原則的界限與問題性〉，《月旦法學教室③公法學篇》，頁 116–117；蔡茂寅，〈比例原則在授益行政領域之適用〉，《月旦法學教室③公法學篇》，頁 118–119。

[108] 張國勳，〈必要性原則之研究〉，城仲模主編，《行政法之一般法律原則(一)》，頁 147。

[109] 決定行政目的是否適當，學者指合乎憲法第 23 條規定之防止妨害他人自由；避免緊急危難、維持社會秩序、增進公共利益，即為具有合憲而適當之目的。參閱李惠宗等合著，《行政法入門》，頁 77–78。

2.必要性──意指如有許多措施均可達成行政目的，則必須要選擇那最有必要的，而所謂最有必要就是選擇對公眾不會造成損害或損害最少的。例如為了防止危屋發生公共危險，對危屋可採拆除與維修的手段時，則以採維修的手段為必要❶❶❶。

3.合宜性──意指行政機關所採措施所生之害處，不可超過所採措施所帶來的害處。例如消防機關要求對一易燃的，但未駐留人員、價值一萬馬克之穀倉，裝設價值一萬五千馬克之滅火設備，即是不合宜的。但此情形只在經濟上價值為唯一衡量標準時，有其適用。若是經濟上之價值，不可能衡量或不是唯一標準則不能適用。例如上述穀倉位於住宅區位而將可能危及居民之生命、身體安全時，則要求裝設稍微貴之滅火設備，仍屬合宜，因在此情況下，經濟財務之觀點，無關緊要，重要的是人身安全與生命價值❶❶❷。

比例原則在德國為有憲法位階上原則，廣泛適用於警察法與其他社會秩序法規上❶❶❸，而在我國也是被廣泛使用，除行政法院之判決、大法官之釋憲解釋如釋字第 105、160、179、194、223、288、321、327、336、339、356、384、400、409、425、439、452、462、465、471、476、487、499、507、523、525、528、534、551、554、558、564、567、573、577、588、593、603、612、以及各類行政法律如警械使用條例第 6 條、土地法第 208 條、集會遊行法第 26 條、社會秩序維護法第 22 條第 3 項但書及行政程序法第 7 條均有規範❶❶❹。

對於行政行為是否符合比例原則❶❶❺之審查，德國學者 Detterbeck 認為

---

❶❶⓪　Elmar Giemulla/Nikolaus Jaworsky/Rolf Müller-Uri, *Verwaltungsrecht: ein Basisbuch*, 4. erw. und überarb. Aufl., Köln; Berlin; Bonn; München, Carl Heymann1991, Buch II Rn. 742.

❶❶❶　A.a.O., Buch II Rn. 744.

❶❶❷　A.a.O., Buch II, Rn. 745–749.

❶❶❸　A.a.O., Buch II, Rn. 741.

❶❶❹　謝世憲，上揭文，頁 128–136；我國實務上對比例原則之實踐請參閱李惠宗等合著，上揭書，頁 80–82。

❶❶❺　實例請參閱，林昱梅，〈行政裁量與比例原則〉，《月旦法學教室》，第 20 期，

最要緊的是要審查行政行為目的與行政行為方法之比例性。他提出 4 個審查步驟。第 1 步是目的審查 (Zweckprüfung)，意指審查行政行為之目的，換言之行政行為之目的是否合憲、合法？行政機關只可執行法律所規定之目的，但若執行其他目的，則有違比例原則。第 2 步是妥當性審查、第 3 步是必要性審查、第 4 步是合宜性審查❶❶❻。這四個審查步驟或可作為適用行政程序法第 7 條規定之參考。

第十節　誠實信用原則

　　誠實信用原則本為私法上之帝王條款，不僅在私法債之關係有其適用，而且在私法一切權利之行使與義務之履行也有其適用❶❶❼。然而，誠實信用原則能否適用於行政法，學者間曾存有若干疑慮。有認為，若直接適用，則誠實信用原則將有如刀之兩刃，如漫無標準，則有可能流為用法者主觀專擅之工具，破壞法律之安定性，但若為避免流弊而刻意不用，則又將喪失維護實質正義公平之功能❶❶❽。此一疑慮現已消失，因在我國行政法院判決、大法官之解釋、各國行政程序法及學界通說上，均明確肯認誠實信用原則為行政法上一般法律原則後，現在又明文規定在行政程序法第 8 條上。該條規定：「行政行為，應以誠實信用之方法為之，並應保護人民正當合理之信賴。」而同法第 4 條又明定行政行為均受此一誠實信用原則之拘束。

　　　2004 年 6 月，頁 24–25。

❶❻　Steffen Detterbeck, a.a.O., Rn. 230–245.

❶❼　參閱蔡章麟，〈論誠實信用的原則〉，《社會科學論叢》，第 1 輯，頁 4；何孝元，《誠實信用原則與衡平法》，三民書局，民國 73 年 9 月重印修訂初版，頁 12 以下。另參閱民法第 148 條第 2 項、第 219 條。

❶❽　謝孟瑤，〈行政法學上之誠實信用原則〉，城仲模主編，《行政法之一般法律原則(二)》，頁 193 以下；另參閱林紀東，〈行政法與誠實信用之原則〉，《行政法論文集》，民國 62 年，頁 93 以下。

　　何謂誠實信用原則？白話的說，就是說一是一，講話算話的原則。換言之，行政機關在行使公權力的時候要講話算話，說一是一，不可出爾反爾的意思。

　　誠實信用原則可否適用於行政法領域上，在德國自第一次世界大戰後成為學界討論焦點後，在今日已成為該國行政法上判決之根本原理，而在日本行政法制上，現也受到廣泛重視與適用，不僅在私人公法行為上，如為公法上之意思表示、申請或撤回上有其適用，即行政機關在公權力之行使；自由裁量；瑕疵行政處分的撤銷、廢止、治癒、轉換；行政指導；行政契約上，均有其適用[119]。同樣的，在我國法制上亦同。因如上所述，行政程序法第 4 條亦明文規定，誠實信用原則亦適用所有的一切行為，包括行政處分、法規命令、行政規則、行政契約、行政指導、行政計劃等行政行為上。

　　在我國行政法制上，誠實信用原則不只已明文規定在消費者保護法第12 條第 1 項，證券交易法第 92 條、第 110 條第 1 項第 3 款，貿易法第 26條，建築師法第 20 條，個人資料保護法第 5 條，行政程序法第 8 條等行政法律上，並且在我國司法實務上獲得普遍適用，如行政法院 52 年判字第 345 號判例，52 年判字第 361 號判例，68 年判字第 417 號判決，70 年判字第 975 號判決，75 年判字第 185 號判決，79 年判字第 2095 號判決，79 年判字第 1217 號判決，79 年判字第 1385 號判決，80 年判字第 1374號判決等是。又大法官釋字第 348 號解釋認，行政機關基於法定職權與人民約定成立之行政契約關係，雙方當事人自應本誠信原則履行契約上義務，亦為誠實信用原則在我國司法實務上之具體適用[120]。另大法官釋字第525 號解釋更明白表示：「信賴保護原則攸關憲法上人民權利之保障、公

---

[119]　謝孟瑤，上揭文，頁 216 以下；洪家殷，〈信賴保護及誠信原則〉，台灣行政法學會主編，《行政法爭議問題研究》，五南圖書出版公司，2000 年 12 月，頁 132–137；廖義男，〈衡平判斷與民法上之誠信原則、情事變更、違約金酌減之運用〉，《月旦法學雜誌》，第 287 期，2019 年 4 月，頁 79–99。

[120]　謝孟瑤，上揭文，頁 232 以下。

權力行使涉及人民信賴利益而有保護之必要者，不限於授益行政處分之撤銷或廢止，即行政法規之廢止或變更亦有其適用。」而釋字第 529 號解釋及釋字第 589 號解釋也都有類似之宣示。

當事人違反誠實信用原則之法律效果，在稅法上造成稽徵機關不得出爾反爾而為違反承諾表示之課稅處理 ⑫，而人民違反誠實信用原則，阻止條件的成就，即應視為條件已成就為處理。另公法上權利人長時期不行使其權利，而在此長時期內，其有某種行為，令人信賴其將不行使權利時，則權利人將喪失其權利 ⑫，亦為誠實信用原則適用之法律效果。

第十一節　信賴保護原則

信賴保護原則 (Der Grundsatz des Vertrauensschutz) 源於德國，在第一次世界大戰後逐漸在各邦之行政法院判決上出現。學說之形成與討論風氣則為第二次世界大戰之後，而在立法上，則在 1976 年行政手續法第 48 條對違法行政處分之撤銷，第 49 條對合法行政處分之廢止，均有信賴保護原則之規定 ⑫。另於德國租稅通則第 176 條，聯邦建設計劃法第 40 條上也有信賴保護原則之規定 ⑫。

信賴保護原則之思想依據，有認為係「誠實信用原則」者，有認為係「法律安定原則」者，亦有係源於社會國家原則或基本權利保護之思想者 ⑫。信賴保護原則不僅為行政法上之一般原則，德國學界通說甚至認為

---

⑫　陳清秀，上揭文，頁 122；又參照陳清秀，〈稅法上誠實信用原則〉，《稅法之基本原理》，頁 183 以下；另參閱，黃俊杰，《行政法》，頁 49。

⑫　同上註；又陳敏，上揭書，頁 89–91。

⑫　翁岳生，《行政法與現代法治國家》，頁 278–280；吳坤城，〈公法上信賴保護原則初探〉，城仲模主編，《行政法之一般法律原則(二)》，頁 238。

⑫　吳坤城，上揭文，頁 238。

⑫　陳敏，上揭書，頁 90；吳坤城，上揭文，頁 242–249；另參閱，林起衛，〈信賴保護原則的捨繁取簡——理論基礎的反省與要件重構〉，《中研院法學期

是憲法原則，對行政及立法均有其適用 ㉖。

信賴保護原則之適用 ㉗依訴願法第 80 條或行政程序法第 117、119、120、126 條等之規定有三個要件 ㉘，即：

1.要有信賴基礎——信賴保護原則適用之前提為國家之行政行為如行政處分、行政計劃、承諾之表示等為人民所信賴，並確信國家不會任意改變 ㉙。信賴基礎不限於行政處分等國家具體行為，即「抽象」的行為如法律、行政命令變更等行為，亦可為信賴基礎。

2.要有信賴表現——信賴表現是指人民因信賴國家行政行為而為一定、具體的處分行為（包括作為與不作為），亦即信賴表現與上述之信賴基礎，兩者間須有因果關係 ㉚。

3.要有正當的信賴——信賴之值得保護是因為信賴的正當。而所謂正當，是指人民對國家之行政行為或法律狀態深信不疑，且對信賴基礎之成立為善意並無過失 ㉛，若信賴之成立如有下列情事則信賴即非正當而不值得保護，即：

⑴信賴基礎基於當事人惡意詐欺、脅迫或不正當方法而獲得；

⑵當事人對重要事項為不正確或不完全之說明 ㉜；

刊》，第 16 期，2015 年 3 月，頁 211–284。

㉖　吳坤城，上揭文，頁 238，註 8；陳敏，上揭書，頁 78。

㉗　參閱，方文宗，〈交通事故適用信賴保護原則思維〉，《法令月刊》，第 65 卷第 10 期，2014 年 10 月，頁 65–84。

㉘　參閱吳坤城，上揭文，頁 239–241。

㉙　參閱，謝榮堂，〈行政行為明確性原則與信賴保護之實例探討〉，《台灣本土法學雜誌》，第 64 期，2004 年 11 月，頁 147–155。

㉚　如行政機關同意補助企業購買環保設備，該企業接獲同意補助之文件後，乃出資購置環保設備。

㉛　參閱行政法院 85 年 8 月 30 日判字第 2064 號判決，刊於 《行政法院裁判要旨彙編》，第 16 輯，民國 87 年 6 月出版，頁 1468–1470。行政程序法第 119 條對此已明文規定。

㉜　參閱行政法院 85 年 7 月 19 日判字第 1650 號判決，刊於 《行政法院裁判要旨彙編》， 第 16 輯 ， 頁 1459–1462 ； 另行政法院 85 年 10 月 30 日判字第

(3)當事人明知或因重大過失而不知信賴基礎違法者；

(4)顯然錯誤之信賴基礎者。

信賴保護原則在行政法上適用類型有行政處分之職權撤銷，行政處分之廢止，法令不溯既往，計劃擔保，行政承諾，權利失效等❸，其在我國已由司法實務之適用❹，大法官釋字第 379 號解釋之承認以及新修正與新訂定的行政法律如訴願法第 80 條，行政程序法第 8 條等均有信賴保護原則之規定❺。另大法官釋字第 525、529、589 號解釋，也一再強調信賴保護原則在行政法規之廢止或變更上❻，有其適用。是以，我國大致上已繼受了德國法制關於信賴保護原則之適用要件與適用範圍❼。

第十二節　情事變更原則

情事變更原則本屬民法及民事訴訟法所規定之原則❽，意指法律關係成立後，為法律關係之基礎或環境之情事，於該當法律效果完了前，因不可歸責於當事人之事由，致情事變更，非當時所得預料，而依其原有效果

2630 號判決亦有類似的宣示。參閱本註所揭《彙編》，頁 1482–1485。

❸　吳坤城，上揭文，頁 251–268；洪家殷，〈信賴保護及誠信原則〉，上揭書，頁 120–132；吳志光，〈菸品標示與賴保護原則〉，《台灣法學雜誌》，第 92 期，2007 年 3 月，頁 44–56。

❹　如行政法院 83 年判字第 1223 號判決，83 年判字第 151 號判決，詳請參照李惠宗等合著，上揭書，頁 83–84。

❺　訴願法是於民國 87 年 10 月 28 日修正公布，行政程序法是民國 88 年 2 月 3 日制定公布。

❻　相關論文請參閱，林三欽，〈行政法令變遷與信賴保護——論行政機關處理新舊法秩序交替問題之原則〉，《東吳法律學報》，第 16 卷 1 期，2004 年 8 月，頁 131 以下；陳愛娥，〈信賴保護原則的具體化——兼評司法院大法官相關解釋〉，《台灣法學雜誌》，第 98 期，2007 年 9 月，頁 159–193。

❼　詳請參閱，黃俊杰，《行政法》，頁 49–57。

❽　參看民法第 265、418、424、457、472 等條文及民事訴訟法第 397 條。

對當事人將顯失公平者，則應適當變更原定法律效果（如變更給付，標的，解除契約等）之原則 ❾。

　　情事變更原則可否為行政法一般原則？在德國因 1976 年行政手續法第 60 條明文規定公法契約因情事變更後可為契約之調整與解除 ❿，已無爭議。我國早期在公法上因無規定，有認為情事變更原則在性質上為誠實信用原則之下位概念，如將之適用於公法或稅法上，不無疑慮 ❶。不過因司法實務之肯定 ❷ 及大法官之多項解釋 ❸ 之明白宣示，已為我學界承認可為公法上之一般原則 ❹。行政訴訟法第 203 條更明白規定情事變更原則，謂：「公法上契約成立後，情事變更，非當時所得預料，而依其原有效果顯失公平者，行政法院得依當事人聲請，為增、減給付或變更、消滅其他原有效果之判決。」

　　情事變更原則在公法上適用之要件，學界認為有五 ❺，即：

　1.須有法律關係基礎事實之變動；

　2.基礎事實之變動須在規範有效存續期間；

　3.須變動具有不可預測性；

　4.其變動不可歸責於當事人；

　5.變動後若仍貫徹法律效果將導致公益危害或誠信違反。

---

❿　參閱，鄭玉波，《民法債編總論》，三民書局，民國 64 年 9 月，頁 396–400。

❿　翁岳生，上揭書，頁 282–283。

❶　鄧德倩，〈情事變更原則在稅法上的適用〉，城仲模主編，《行政法之一般法律原則㈠》，頁 326。

❷　如行政法院 79 年判字第 1851 號判決稱：「在商標評定之爭訟程序未終結前，法律或事實有所變更時，應依變更後法律或事實處理。」又行政法院 78 年判字第 1120 號判決亦有類似之意旨。

❸　如大法官釋字第 196、242、311、475 號解釋。

❹　彭鳳至著，《情事變更原則之研究》，五南圖書出版公司，民國 75 年 1 月初版，頁 6。

❺　詳請參閱，曾昭愷，〈由法安定性論公法上情事變更原則〉，城仲模主編，《行政法之一般法律原則㈠》，頁 286；鄧德倩，上揭文，頁 328–330。

　　由於經濟全球化與科技之應用，社會、經濟情勢變化迅速，因此，情事變更原則日漸成為行政法上之重要原則，而因行政程序法第四條之規定，故在行政契約、行政計劃、行政處分之廢止、行政裁量、行政訴訟及情況裁決制度上，均有其適用❿。

第十三節　禁止恣意原則

　　禁止恣意原則 (Grundsatz des Willkürverbots) 意指行政機關之行為不能任性，毫無標準之專斷，也不能隨執行官員個人好惡去決定，而是應依事物本質❿、正義理念及合乎憲法基本精神去從事行政行為❿，不得為不當聯結，將與法律或事實上不相干的要素聯結考慮❿。最高行政法院 89 年度判字第 539 號判決即宣示：「所謂禁止恣意原則」，係在禁止行政機關之行為欠缺合理充分之實質理由，且禁止任何客觀上違反憲法基本精神及事物本質之行為。❿因此，行政機關為行政行為時，如故意或疏忽漏未斟

---

❿　曾昭愷，上揭文，頁 287–292。另請參閱集會遊行法第 15 條第 1 項，香港澳門關係條例第 35 條第 1 項。

❿　德國學者將之稱為禁止偏離事物本質的衡量 (Verbot Sachfremder Erwägungen)，參閱，Steffen Detterbeck, a.a.O., Rn. 246.

❿　張錕盛，〈析論禁止恣意原則〉，城仲模主編，《行政法之一般法律原則(一)》，頁 203–204；陳清秀，上揭文，頁 120–121。

❿　此在學理上稱之為不當聯結禁止 (Kopplungsverbot)。相關實例請參閱，李惠宗，〈三次翹課，死當！──不當聯結禁止原則在學業成績評量上的應用〉，《台灣本土法學雜誌》，第 56 期，2004 年 3 月，頁 151–158。李惠宗，〈都是離職證明書惹的禍？──道德義務與不當聯結禁止原則〉，《台灣本土法學雜誌》，第 61 期，2004 年 8 月，頁 137–153；李建良，〈行政法上不當聯結禁止原則〉，《月旦法學雜誌》，第 82 期，2002 年 3 月，頁 20–21；李建良，〈都市計劃與營業管理的不當聯結──評台北高等行政法院九十五年度訴字第二五三號判決〉，《月旦法學雜誌》，第 147 期，2007 年 8 月，頁 243–258。

❿　司法院印行，《最高行政法院裁判要旨彙編》，第 20 輯，民國 91 年 6 月，頁

酌當事人有利或不利的重要事證，或於行政程序中，對不知法律而將遭大不利的人民，依法律有防止或減少不利程序的可能，卻未予告知提示，使其避免蒙受重大不利益，均屬恣意行為。又如主考人對於應考人有明顯偏見，卻仍然主持考試，也屬於恣意的行為❶。又單單強制交通違規者上道路交通安全教育，只因該教育課程尚有空位者，亦屬恣意的行政行為❷。

　　由於行政機關擁有充分的武器、毒物、機械用具並掌握租稅、土地、公物及其他社會資源之籌集、管理與分配權力，如任其恣意而為，則人民之生命、身體、財產權益，必將受到侵害。因此，除了應有依法行政原則以控制行政之恣意性外，法學上更進一步肯認禁止恣意原則在行政行為之適用，並將之擴大適用於國家之立法行為與司法行為，要求國家之立法行為與司法行為，不得恣意為之❸。

　　大法官釋字第 423 號解釋理由書亦明確提示行政機關應避免於個案裁決時之恣意行為。該號解釋謂：「法律既明定罰鍰之額度，又授權行政機關於該範圍內訂定裁罰標準，其目的當非僅止於單純的法適用功能，而係尊重行政機關專業上判斷之正確性與合理性，就交通工具排放空氣污染物不符排放標準者，視違規情節，依客觀、合理之認定，訂定合目的性之裁罰標準，並可避免於個案裁決時因恣意而產生不公平之結果。」同樣的大法官釋字第 511 號解釋亦提示交通主管機關對違反道路交通管理事件行為人未依規定自動繳納罰鍰或未依規定到案聽候裁決者之科處罰鍰，不得恣意為不同之裁罰。

　　1514。

❶　陳清秀，上揭文，頁 121。

❷　Detterbeck, a.a.O., Rn. 246.

❸　張錕盛，上揭文，頁 212–216。

第十四節　利益衡平原則

行政程序法第九條規定：「行政機關就該管行政程序，應於當事人有利及不利之情形，一律注意。」此即利益衡平原則之規定。學者有稱之為「注意當事人利益原則」 ❿ 。 或 「依職權注意當事人有利與不利情形」❿。由於行政程序法之明文規定，因此在司法實務上日漸受到重視與適用。例如臺北高等行政法院 90 訴 6771 號判決即宣示：「行政機關為處分或其他行政行為前，自應於當事人有利及不利之情形，一律注意，並斟酌其全部陳述與調查事實及證據之結果，依論理及經驗法則認定事實，如為當事人不利之處分，應將其得心證之理由完整告知當事人，始符合行政程序法所揭示之公正、公開與民主原則及增進人民對行政之信賴之立法目的」❿。

又違反此利益衡平原則 ， 法律效果為何 ？ 臺北高等行政法院 92 簡 448 號判決，認係屬違法。學者認係屬於行政程序法第 33 條所規定，行政機關執行職務有偏頗之虞，當事人可申請執行職務人官員迴避。而若行政機關違反此利益衡平原則為實體決定時，學者認可依行政程序法第 174 條規定，即對行政機關於行政程序中之決定或處置不服，得於對實體決定聲明不服時一併聲明之❿。

❿　黃俊杰，《行政法》，頁 57。
❿　陳慈陽，《行政法總論》，頁 182–183。
❿　黃俊杰，上揭書，頁 57。
❿　陳慈陽，上揭書，頁 183。

第十五節　合法適當裁量原則

　　行政程序法第 10 條規定：「行政機關行使裁量權，不得逾越法定之裁量範圍，並應符合法規授權之目的。」此一法律原則，學者有稱之為「合法裁量原則」者❶❺❽，似嫌狹隘。因為，行政程序法第 10 條之規定乃係參仿德國行政程序法第 40 條之規定而來。德國學者認此條之意旨乃在宣示行政機關沒有完全自由或任意的裁量權 (kein freies oder belebiges Ermessen)。行政機關必須注意法定界限，換言之，行政機關只有合義務性裁量 (Pflichtgemäßes Ermessen)❶❺❾，也就是合乎法律、合乎其行政義務之合法適當裁量。

　　有關此一合法適當裁量原則之詳細內涵，可參閱本書第六章第三節第四項關於行政裁量之說明。

---

❶❺❽　黃俊杰，上揭書，頁 58–60。

❶❺❾　Steffen Detterbeck, a.a.O., Rn. 325.; Hans Joachim Knack/Jost-Dietrich Busch/Hans-Günter Henneke, Verwaltungsverfahrensgesetz, 6., neubearbeitete und erweiterte Auflage, Carl Heymanns Verlag, Köln; Berlin; Bonn; München, 1998, §40 Rn. 9.4.

第六章　行政法之解釋與適用

第一節　概　說

　　行政法為眾多生活事務之規範，通常多為一般、抽象、概括而具有層次相依、邏輯連貫之文字概念組合。因此，如何適當的解釋、辨明法條上文字概念之意旨，具體適用到日常生活事務之規範，為行政法學上重大課題，多數教科書對此也都加以研析❶。

　　行政法之解釋，係以文字概念為對象，藉以明白確定其意涵，是為行政法適用之先前步驟及不可缺的一環❷。除此之外，行政法之適用尚涉及行政法規範間之位階次序、行政判斷❸、行政裁量等問題，茲分節敘述於次。

第二節　行政法之解釋

　　如上所述，行政法充滿著一般、抽象概括之文字概念，除少數可認為

❶　參閱吳庚，《行政法之理論與實用》，增訂五版，民國 88 年 6 月，頁 141–153；陳清秀，〈依法行政與法律的適用〉，翁岳生編，《行政法》，頁 154–179、182–207；陳敏，《行政法總論》，頁 109–127；李惠宗，《行政法要義》，頁 139–179。

❷　吳庚，上揭書，頁 142。

❸　林騰鷂，〈你是外國人嗎？ ——行政解釋與判斷〉，《本土法學雜誌》 第 77 期，2005 年 12 月，頁 197–202。

明確者之確定概念外❹，多為不甚明確或具有多重含義之不確定概念❺，難以直接用為生活之規範，故自 19 世紀以來，學者乃援用憲法學及民法學的解釋方法❻，用以解釋行政法而為生活之規範❼。其主要的方法除民法學解釋通用之文義解釋、論理解釋及體系解釋、歷史及起源解釋、目的論解釋等四類解釋外，尚有一由德國聯邦憲法法學所建立的合憲性解釋，茲簡要說明於次：

一、文義解釋

係指行政法的解釋，應以法條條文的文字意義為出發點所為之解釋，例如大法官釋字第 332 號解釋即謂：「學校教職員退休條例第六條所稱『繼續服務』，係指學校之教員或校長，於辦理退休時之職務，與其連續任職二十年之資歷相銜接而無間斷之情形而言。」

二、論理解釋及體系解釋

論理解釋是以行政法上概念關連性的比較並借助論理、推理法則所作成之解釋。如大法官釋字第 3 號所援引拉丁法諺：「省略規定之事項應認為有意省略」、「明示規定其一者應認為排除其他」而作成之解釋；體系解釋則是論理解釋之更進一步，從法條的功能及在整個法制體系中的地位著

---

❹ 如「三十天內」、「駕駛人」、「雨天」等是。

❺ 如「情節重大」、「公共利益」、「必要時」、「國家經濟發展需要之條件」等是。實例請參閱李建良，〈不雅的名字──「不確定法律概念」之解釋適用與司法審查〉，《月旦法學教室③公法學篇》，元照出版公司，2002 年 2 月，頁 126–127。

❻ 民法學的解釋方法，請參閱，黃茂榮，《法學方法與現代民法》，國立臺灣大學法學叢書（三二），2006 年 4 月增訂五版，第五章，〈法律解釋〉，頁 441–546。

❼ 吳庚，上揭書，頁 145。值得注意的是，不只援用憲法及民法學的解釋方法，借鏡社會學理論之跨領域法律解釋適用，也日益受到重視。請參閱，梁志鳴，〈論跨領域法律解釋適用之原則與挑戰──以美國在地慣習與全國水準之辯證及我國醫療常規與醫療水準之論戰為例〉，《中研院法學期刊》，第 24 期，2019 年 3 月，頁 255–361。

眼，用以解決法條相互間矛盾所生規範衝突之解釋方法，如大法官釋字第247 號解釋是❽。體系解釋，學者認係文義解釋的放大，又將之細分為當然解釋、反面解釋、擴張解釋及限縮解釋等❾。

三、歷史及起源解釋

　　歷史解釋是以法律的歷史發展為解釋基礎；而起源解釋則以法律制定過程為解釋基礎，以探求客觀的法律本旨。歷史及起源解釋多在憲法解釋中運用，如大法官釋字第 14 號關於各級民意代表非監察權行使對象，釋字第 15 號限制監察委員兼任國大代表以及釋字第 75 號認可國大代表可兼任官吏等之解釋。在法律方面之解釋，大法官釋字第 268 號解釋中也曾使用此歷史及起源解釋之方法❿。

四、目的論解釋

　　目的論解釋在德國被視為與起源解釋或主觀主義相反的解釋方法，為以考慮法之客觀目的、歷史變遷及法規範對相關者利益的評價為其取向之解釋方法。如大法官釋字第 208 號解釋斷然不顧文義上之不一致將耕地承租人解釋為承租耕地，實際自任耕作之自然人及合作農場，而不及於資力優越之法人，用以符合憲法上扶植自耕農、保障農民生活的基本國策條款，完全符合目的論解釋方法以位階更高的原則為依據，考慮規範目的及相關者利益評價為要素之解釋方法⓫。

五、合憲性解釋

　　是指把憲法論點直接用於法律解釋的情形，也就是楊仁壽所說的：「以憲法規範之意旨，而為解釋位階較低法規之方法。」⓬或是吳庚所說的：「一項法律條文的解釋，如果有多種結果，只要其中有一種結果可以避免宣告該項法律違憲時，便應選擇其作為裁判的結論，而不採納其他可

---

❽　吳庚，上揭書，頁 148。

❾　李惠宗，《行政法要義》，頁 141–146。

❿　參照吳庚，上揭書，頁 147。

⓫　吳庚，上揭書，頁 150–151；李惠宗，《行政法要義》，頁 147–149。

⓬　楊仁壽，《闡釋法律之方法論》，民國 74 年，頁 51–52。

能導致『違憲的法律解釋』❸。」這種解釋方法日漸為國內學者所重視❹，並為司法實務所常用，如大法官釋字第 272 號解釋在審查「動員戡亂時期國家安全法」第 9 條第 2 款前段規定，「戒嚴時期戒嚴地域內經軍事審判機關審判之非現役軍人刑事案件已確定者，於解嚴後不得向該管法院上訴或抗告」，是否與戒嚴法第 10 條牴觸，從而違反憲法第 9 條非現役軍人不受軍事審判的規定時，使用扭轉法條通常涵義之方法，以該條規定係「基於此次戒嚴與解嚴時間相隔三十餘年之特殊情況，並謀裁判之安定而設」，故與憲法尚無牴觸❺。合憲性解釋之樣態甚多❻，也有利用價值，但學者認為合憲性方法如過度使用，司法機關無異放棄規範審查之職責，恐非妥適❼。不過，大法官最近卻常使用此種方法來解釋憲法，尤其大法官釋字第 471 號解釋及釋字第 477 號解釋甚至有侵犯立法權、破壞權力分立體制之嫌的指明四種遭受違法羈押情形，在該解釋發布 2 年內可請求國家賠償，有以解釋造法之效用。

第三節　行政法之適用

第一項　概　說

　　行政法之適用為行政機關與法院日常事務，對人民權益產生重大影響，而人民對行政法是否適用、如何使用，也因在現時憲政社會受益權之

---

❸　吳庚，上揭書，頁 151。

❹　詳請參照蘇永欽，〈合憲法律解釋原則——從功能法上考量其運用界限與效力問題〉，《憲政時代》，第 19 卷第 3 期，頁 50–84。

❺　蘇永欽，上揭文，頁 53。

❻　蘇永欽教授認至少包含六種，即：1.憲法引導的法律解釋，2.憲法引導的法律再造，3.避免違憲的法律解釋，4.避免違憲的法律再造，5.趨近憲法的法律解釋，6.趨近憲法的法律再造。參見蘇永欽，上揭文，頁 57。

❼　吳庚，上揭書，頁 152–153。

增多，而扮演積極要求的角色。故行政法之適用，不僅是行政機關或法院，並且是人民所應關切之事。

行政法適用之一般順序有三❶，即：1.對某一生活事實決定適用法律時，應先釐清法規範之位階秩序，而決定是否適用或應適用那一法規範。2.決定適用某一法規範時，再就該規範條文所規定之構成要件事實概念，加以解釋、判斷與確定，此即涉及行政解釋及行政判斷之問題。3.法規範之構成要件事實確定後，法律效果為何？如為多種法律效果，究應採行那一法律效果，此則涉及行政裁量問題。至於行政法之適用應合憲、依法並遵守行政法一般法律原則，則在此所述一般順序之第一階段，即法規範位階秩序及適用決定上已經處理，故未如其他學者，將之列為第四順序❶。又構成要件事實概念之解釋，已在上節行政法之解釋中加以說明，故本節再就行政法規範之選用、行政判斷與行政裁量分別說明之。

第二項　行政法規範之選用

一個生活事件發生後，是否與法律有關，或與那一個法律有關，行政機關必須有所決定。由於行政法律之種類繁多、發生衝突、競合之情形不少❷，且因涉及人權之限制與保障，因此，行政機關宜依一定法理順序，選取適當之法規適用，始不致損害人民權益。

行政法規之選用順序，是以成文法法源為優先，次及於不成文法法

---

❶ 學者將之稱為法律適用三段論法之基本模式。詳閱李惠宗，《行政法要義》，頁 174–175。相關實例請參閱，黃俊杰，〈課稅期間計算與法規適用〉，《台灣本土法學雜誌》，第 73 期，2005 年 8 月，頁 122–126。

❶ 李震山，《行政法導論》，修訂四版，民國 90 年 9 月，頁 65。

❷ 學者在 2000 年時即曾憂心的指出：「我國在近三年間，於立法院提出及待審的法律議案合計一千四百零六件，……若國會的立法政策、法制技術一旦失當甚或失靈，彼此間之矛盾衝突、重疊競合或顯然錯誤、繼受模仿或東湊西拼的法律發生水土不服等情況，則執行或適用法律的人必然無所適從，全民更將為此立法瑕疵承受多重的損傷。」參閱城仲模，〈廿一世紀行政法學發展的新趨勢〉，頁 59。

源，而成文法法源間又以其是否屬於同一法源位階或非同一法源位階而有所不同，應依憲法及中央法規標準法之規定為行政法規之選用。除此之外，學者在法律適用與法規位階上又有效力優先 (Geltungsvorrang) 與適用優先 (Anwendungsvorrang) 概念之區分❷，可作為行政法規選用之準據。茲再分目說明之。

第一目　效力優先標準之法源選用

一、不同法源位階間之選用次序 (Geltungsvorrang bei Normen unterschiedlicher Rangstufe)

依憲法第 171 條、第 172 條所規定之法源位階理論，不同法源位階間之選用，應注意遵守憲法至上、法律優先原則，凡「法律與憲法牴觸者無效」，及「命令與憲法或法律牴觸者無效」均不得選用，但在下述特殊情形下則有例外❷，即：

1.法律或命令之規定雖被司法院大法官解釋為違憲，但容許其在一定期間內仍具有效力者，則該法律或命令仍在該一定期間內可被適用。例如大法官於 86 年 3 月 21 日所作之釋字第 423 號解釋，雖認交通工具排放空氣污染物罰鍰標準第 5 條規定違憲，但卻容許其自該解釋公布之日起，至遲於屆滿 6 個月時失其效力。因此其在此 6 個月內，仍有適用空間。

2.若上下法源位階間不相牴觸或無不相容之情形，則先適用下位位階規範，此因上下位階規定既無牴觸或不相容，則拘束力相同，無所謂高低、強弱之分，故適用下位位階規範即可。

3.又依憲法第 116 條及第 125 條規定，省法規、縣（市）規章與鄉（鎮、市）公約形成一由上而下之規範位階體系，下位之鄉（鎮、市）公約不得牴觸上位之縣（市）規章及其上之省法規。而地方民意機關依法議

---

❷　吳庚，《行政法之理論與實用》，增訂五版，頁 144；Giemulla/Jaworsky/Müller-Uri, Verwaltungsrecht, 6. Auflage, Rn. 46, 47–52.

❷　參閱李震山，上揭書，頁 66；另參閱蔡茂寅，〈行政法之適用問題〉，《月旦法學教室③公法學篇》，元照出版公司，2002 年 2 月，頁 136–137。

決之法規範事項，亦不得牴觸中央法律或命令，如有牴觸，即不得加以適用。

二、相同法源位階規定不同時之選用次序 (Geltungsvorrang bei widersprechenden Normen gleicher Rangstufe)

相同法源位階是指同為立法院所通過之法律或條約而言。此時，法律與條約，何者先適用❷？或法律之通過有先後，此時後法與前法，何者先適用？或法律有為一般法者，有為特別法者，此時先適用一般法或先適用特別法？此即應其是否為同一規範或不同一規範而有所區分❷。如在相同法源位階但為不同一規範時，則依下列原則處理法律之適用，即：

　　1.特別法優先於普通法。

　　2.後法優先於前法。

　　3.條約優先於法律。

另在相同法源位階但為不同一規範之法規命令層次方面，則以下列原則處理法規之適用次序，即：

　　1.上級法規命令優先於下級法規命令。

　　2.緊急命令優先於法規命令。

　　3.具外部效力之法規命令優先於具內部效力之行政規則。

至於相同法源位階而又為同一法規範，則其適用之先後次序，依下列原則處理：

　　1.列舉規定優先於概括規定，具體規定優先於抽象規定。

　　2.但書、例外規定從嚴優先適用。

　　3.明示規定其一者，應認排除其他未明示者之適用。

　　4.同一規範如前後有變更時，則適用「不溯既往原則」及「從新從優原則」。

---

❷　相關實例請參閱，李惠宗，〈走味的酒香──法律變更後輕重之比較及其適用〉，《台灣本土法學雜誌》，第 70 期，2005 年 5 月，頁 139–144。

❷　參閱李震山，上揭書，頁 67–73。

第二目　適用優先標準之法源適用

與第一目效力優先標準之法源選用不同的是適用優先標準的法源選用。效力優先標準之法源選用順序為憲法、法律、命令或中央法規、縣（市）、鄉鎮（市）法規，但適用優先標準的法源選用順序與法源位階上下次序恰好相反。換言之，法源位階最低者反而最先適用。學者舉例說明謂：「例如營業稅法、營業稅法施行細則及『法院、海關及其他機關拍賣或變賣貨物課徵營業稅作業要點』三種法規中，細則係營業稅法授權訂定，而要點則係財政部依職權發布以補充細則之不足，由上而下效力優先之順序至為明顯，惟位階愈低者其內容愈具體，與個案關係最直接，亦最便於解決問題，故海關等有關機關，適用之際必然先引要點為據，再及於細則，法律之規定反置諸腦後。在相關法規之間並無明顯牴觸之前提下，適用法規機關又無權審查法律或上級機關命令之情形時，殆為必然之操作程序」❷⑤。

第三項　行政判斷

經依上述程序選用某一法規範時，即會碰到一個問題，即會在法規範上發現有不同類型之法條❷⑥，有為完全法條者，有為不完全法條者，而不完全法條又有說明性法條、限制性法條、擬制性法條之分❷⑦。其中完全法條是指某一法條兼備「構成要件」與「法律效果」二個部分，而不完全法條則是指那些不具備「法律效果」之法條。行政判斷，即就構成要件中之

---

❷⑤　吳庚，上揭書，增訂五版，頁 144。另參閱，Giemulla/Jaworsky/Müller-Uri, a.a.O., Rn. 46.

❷⑥　鄭玉波教授曾將法條分為 12 型，即基本型、括弧型、拆配型、定義型、列舉排斥型、例示概括型、註解型、但書型、除外型、準用適用型、視為型、推定型等，詳請參閱鄭玉波譯解，《法諺㈠》，民國 73 年 8 月初版，三民書局，頁 151–211。

❷⑦　詳請參閱黃茂榮，《法學方法與現代民法》，臺大法學叢書（三二），2006 年 4 月增訂五版，頁 222–302。

概念與不確定概念，加以判斷、認定 ㉘其是否與涉案之行政法律事實相當 ㉙，其與行政裁量不同 ㉚。因行政裁量是在構成要件與涉案法律事實經行政判斷為相符時，才能開始的行政行為。

行政判斷主要分不確定法律概念之判斷 ㉛及事實之客觀確認 ㉜。不確定法律概念，如公益、危害、情節重大等法律概念，必須借助個案之具體事實適用，才能使其內涵具體外，而在此之前，這些法律概念意涵無法確定。將法條上不確定概念，透過涵攝 (Subsumtion) ㉝、解釋予以具體化之過程，即為行政判斷，其判斷結果原則上接受司法審查 ㉞。例外的，在行政機關得自由判斷之情形，即有所謂判斷餘地 (Beurteilungsspielraum) ㉟或有判斷授權 (Beurteilungsermächtigung) 時 ㊱，才得限制司法之審查 ㊲。我

㉘ 實務論文請參閱，蕭文生，〈行政機關之認定與 TSSCI 業務——評最高行政法院 105 年度裁字第 692 號裁定〉，《月旦裁判時報》，第 61 期，2017 年 7 月，頁 19–27。

㉙ 相關實例論文請參閱，王文宇，〈行政判斷與 BOT 法制——以 ETC 案及京站案為例〉，《月旦法學雜誌》，第 142 期，2007 年 3 月，頁 5–36；張哲倫，〈判斷進步性應界定通常知識者之學理基礎——最高行政法院 105 年度判字第 503 號判決之啟發暨智慧財產法院之回應〉，《月旦法學雜誌》，第 282 期，2018 年 11 月，頁 149–170。

㉚ 參閱翁岳生，〈不確定法律概念、判斷餘地與獨占事業之認定〉，氏著，《法治國家之行政法與司法》，頁 91–106。另參閱，李惠宗，〈經濟行政法中不確定法律概念之研究〉，《東吳公法論叢》，第 7 期，2014 年 7 月，頁 3–46。

㉛ 相關論文請參閱，王珍玲，〈不確定法律概念與判斷餘地〉，《台灣法學雜誌》，第 151 期，2010 年 5 月，頁 110–114。

㉜ 此即學理上所謂「法律事實的認定」。詳閱，黃茂榮，上揭書，頁 337–439。

㉝ 參照吳庚，《行政法之理論與實用》，增訂九版，民國 94 年 8 月，頁 115。

㉞ 論文請參閱，關銘富，〈行政判斷與司法審查〉，《台灣法學雜誌》，第 295 期，2016 年 5 月 14 日，頁 27–43。

㉟ 參閱，范秀羽，〈移民事務之判斷餘地與司法退讓——最高行政法院 105 年判字第 420 號判決〉，《台灣法學雜誌》，第 314 期，2017 年 2 月 28 日，頁 167–169。

㊱ 相關實例論文參閱，李建良，〈行政法第十一講——行政裁量與判斷餘地〉，

國學者即列舉限制司法審查之四種判斷餘地情形，即：1.基於組織法及程序法而產生之判斷餘地。2.政策性之行政上裁決。3.考試、檢定、服務或學習成績之評量。4.有關科技法律之適用等應容許行政機關有判斷餘地❸。

又法條構成要件中事實或描述性（經驗性）法律概念，為可依一般社會通念或經驗以客觀方式加以確認者，與不確定法律概念之被稱為規範性或價值性（即有待價值填補）❸之法律概念不同，可由行政機關依事實及狀況，以論理及經驗法則判斷之。對此種事實概念之認定、判斷，司法有完全審查之權利。

第四項　行政裁量

經過行政判斷認定事實並將法條上不確定概念確定並與所欲處理之法律生活事件涵攝符合時，始生行政裁量問題。早期學者大都認為行政裁量同時存在於法律效果及構成要件中，且未特別強調構成要件之不確定概念與行政裁量的劃分，但最近以德國學說為基礎之學者則主張行政裁量只存在於法律效果之裁量❹，不及於構成要件之裁量❹。構成要件事實之認定、確定是屬於行政判斷之事。

《月旦法學教室》，第 98 期，2010 年 12 月，頁 34–49；另參閱，傅玲靜，〈源自立法者授權之行政機關判斷餘地——臺北高等行政法院 106 年度訴字第 1057 號判決評析〉，《月旦裁判時報》，第 81 期，2019 年 3 月，頁 5–14。

❸ 吳庚，上揭書，頁 120、718–720；另參閱，李震山，上揭書，頁 64–65。

❸ 吳庚，上揭書，頁 719–720；另參閱，李震山，上揭書，頁 75–77。

❸ 實例請參閱，陳春生，〈行政法規解釋適用之漏洞填補〉，《月旦法學教室》，第 8 期，2003 年 6 月，頁 20–21。

❹ 參閱李震山，上揭書，頁 81，註 16；陳春生，〈行政裁量之研究〉，氏著，《行政法之學理與體系㈠——行政行為形式論》，三民書局，民國 85 年 8 月，頁 135 以下；李建良，〈難耐的惡臭——行政裁量與公法權利〉，《月旦法學教室③公法學篇》，元照出版公司，2002 年 2 月，頁 130–131。

❹ 但吳庚舉德國學界說法，認構成要件事實亦有裁量之可能。參閱吳庚，上揭書，頁 116、117，註 57 所引德國學界說法。

　　行政裁量，依通說是指決策與否或多數法律效果之選擇而言❷。行政機關決策與否，即是否作成行政處分，稱為行為裁量或決策裁量 (Entschliessungsermessen)，而就事件符合構成要件後所生不同之法律效果，選擇其一，則稱為選擇裁量 (Auswahlermessen)。茲舉森林法第 40 條第 1 項之規定圖示說明於次：

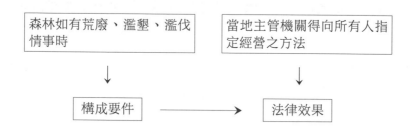

　　依此，森林有無荒廢、濫墾、濫伐情事屬於構成要件，為行政判斷之事，至於主管機關得向所有人指定經營之方法則屬於法律效果，為行政裁量之事。而「得」字即容許行政機關自由決定，屬於行為裁量或決策裁量，至於「指定經營之方法」，因方法未在法條上明定，主管機關可自由選擇，故可視為選擇裁量。

　　行政裁量為行政機關在法律積極明示之授權或消極默許範圍內，基於行政目的，自由斟酌、選擇自己認為正確之行為，而不受法院審查者❸，

---

❷　張劍寒氏認「行政裁量者，謂行政機關或其公務員，在法定明令範圍內，或未加規定之場合，基於立法目的公共利益或行政上之便宜，依其自己之辨別、判斷、自由選擇，遵從其信為適當者而為之，不受法院審查之行為也。」參閱李震山，上揭書，頁 78；另參閱李建良，〈個別裁量與一般裁量〉，《月旦法學教室③公法學篇》，元照出版公司，2002 年 2 月，頁 134–135。

❸　翁岳生，〈論「不確定法律概念」與行政裁量之關係〉，《社會科學論叢》，第 17 輯，頁 6；另參閱李建良，〈「合法」的違章建築？——「不確定法律概念」與「行政裁量」〉，《月旦法學教室③公法學篇》，元照出版公司，2002 年 2 月，頁 122–124；李建良，〈亂丟紙屑的代價——行政裁量與司法審查〉，《月旦法學教室③公法學篇》，元照出版公司，2002 年 2 月，頁 128–129。

但其並非完全之放任 ❹ ，完全之自由 ❺ 而是要合乎行政義務的裁量 (pflichtgemäßes Ermessen) ❻ 。行政裁量如不遵守法律優越原則，違背誠信原則、平等原則、比例原則或違反法律授權之目的或超越法律授權之範圍 ❼ ，即構成行政裁量之瑕疵 (Ermessensfehler)。

行政裁量瑕疵之種類，一般分為：

一、裁量逾越 (Ermessensüberschreitung)

指行政機關之裁量，超出法律授權之範圍，如依醫師法第 28 條之 2 規定，非醫師而使用醫師或專科醫師名稱者，僅能處新臺幣 3 萬元以上 15 萬元以下罰鍰，但衛生主管機關竟科處 50 萬元新臺幣之罰鍰。又如社會秩序維護法第 86 條規定，於政府機關或其他辦公處所，任意喧嘩或兜售物品，不聽禁止者，僅能處新臺幣 3 千元以下罰鍰或申誡，但警察機關卻將兜售物品為沒入之處分等，均為裁量逾越。

---

❹ 此即學者所謂行政裁量之界限，依行政程序法之規定，可分為外部界限與內部界限。詳參閱李惠宗，《行政法要義》，頁 188；林明鏘，〈警察勤務與警械使用——行政裁量權之限制〉，《台灣本土法學雜誌》，第 8 期，2000 年 3 月，頁 117–120；劉宗德，〈行政裁量之司法審查〉，氏著《行政法基本原理》，學林文化事業有限公司出版，1998 年 8 月，頁 127–160。

❺ 學者指出，行政裁量應受行政程序法第 10 條及一般法律原則之拘束，因此，並無所謂「自由裁量」之概念，參閱，吳志光，《行政法》，新學林出版股份有限公司，2006 年 10 月一版一刷，頁 58。

❻ 此又可簡稱為大法官釋字第 520 號解釋所稱之合義務性裁量。也就是說，行政機關即使在可自由裁量的情況下，亦要遵守法律、合乎行政目的與一般法律原則的裁量。例如，學校在聘任教師申訴評議委員會委員時，雖可自由聘任兩位律師代表社會公正人士，但不可聘同一法律事務所之律師二人，而是應聘不同事務所之律師二人，以免包攬偏頗，特別是在教師申訴評議委員會之決議多採 3 分之 2 多數決之情況下。

❼ 參閱，林三欽，〈裁量基準與裁量瑕疵——兼評最高行政法院 102 年度 3 月份第 2 次庭長法官聯席會議決議〉，《法令月刊》，第 67 卷第 1 期，2016 年 1 月，頁 28–42。

二、裁量濫用 (Ermessenmissbrauch)

指行政機關之裁量，違反法律授權目的❹，或參雜與授權目的不相關之考量。如依上述違反社會秩序維護法第 86 條規定，為維持公務機關之肅靜，對任意喧嘩者，加以禁止即可，但警察機關卻直接科處 3 千元之最高罰鍰，即屬違反法律授權目的之裁量濫用。又如該任意喧嘩者恰為執行勤務警察最討厭之鄰居，故特加最重之處罰，即屬參雜與授權目的不相關考量之裁量濫用。裁量濫用之類型，學者將之區分為下列數種❹，佐以實例，頗值參考：

1.違反比例原則之裁量濫用❺。

2.違反平等原則之裁量濫用。

3.違反誠信原則及信賴保護原則之裁量濫用。

4.違反充分衡量原則之裁量濫用。

三、裁 量 怠 惰 (Ermessensunterlassung, Nichtgebrauch des Ermessens)

指行政機關因故意或過失而消極的不行使依法擁有之裁量權。如公路主管機關下令所屬就汽車駕駛人違反速限者，不分青紅皂白，一律依道路交通管理處罰條例第 40 條規定，科處法定最高之 2 千 4 百元罰鍰，即為剝奪下屬之行政裁量權，而為裁量怠惰❺。裁量怠惰，有學者又將之區分為決定裁量怠惰與選擇裁量怠惰兩種，頗值參閱❺。

❹ 大法官釋字第 423 號解釋認交通工具排放空氣污染物罰鍰標準第 5 條，僅以當事人到案之時間為標準，提高罰鍰下限額度，與母法授權之目的未盡相符，而將之審查為違憲。

❹ 李惠宗，《行政法要義》，頁 166–168；另參閱李建良，〈狂牛風暴——行政裁量與比例原則〉，《月旦法學教室③公法學篇》，元照出版公司，2002 年 2 月初版第一刷，頁 132–133。

❺ 實例請參閱，林昱梅，〈當事人陳述意見及裁量權濫用禁止原則〉，《月旦法學教室》，第 13 期，2003 年 11 月，頁 22–23；林清汶，〈論警察執法行政裁量與比例原則之運用〉，《警專論壇》，第 17 期，2015 年 12 月，頁 108–118。

❺ 李震山，上揭書，頁 84。

　　另行政裁量在特殊情況下，被限縮到只能作成某一決定，而該決定也才會被認為是沒有裁量瑕疵之決定 (ermessensfehlerfreie Entscheidung)。此時，行政機關之裁量權已被減縮到零 (Ermessensreduzierung auf Null)，如德國聯邦行政法院在 1960 年 8 月 18 日之一判決中，認人民對於行政機關有請求取締鏈鋸噪音之權，若該噪音危害人體健康已甚顯著，則行政機關取締與否之決策裁量權已減縮至零❸。在我國如飲用水管理條例第 24 條規定：「飲用水水質違反第十一條第一項規定者，處新臺幣六萬元以上六十萬元以下罰鍰，並通知限期改善，屆期仍未完成改善者，按日連續處罰；情節重大者，禁止供飲用。」在此所謂「情節重大者」，行政機關之裁量權已減縮至零而剩下唯一的 「禁止供飲用」。 對此 ， 大法官釋字第 469 號解釋更明確的指出標準，謂：「法律規定之內容非僅屬授予國家機關推行公共事務之權限 ， 而其目的係為保護人民生命、 身體及財產等法益，且法律對主管機關應執行職務行使公權力之事項規定明確，該管機關公務員依此規定對可得特定之人所負作為義務已無不作為之裁量餘地，猶因故意或過失怠於執行職務，致特定人之自由或權利遭受損害，被害人得依國家賠償法第二條第二項後段，向國家請求損害賠償。」❹

　　最後，關於行政裁量的問題是，上級行政機關可否制定行政規則，作成行政釋示、 個別指令，以限制或剝奪所屬機關基於行政目的，自行斟酌、 選擇之行政裁量權。就此，行政程序法第 159 條第 2 項第 2 款雖規定：「為協助下級機關或屬官統一解釋法令、認定事實❺、及行使裁量權，而訂頒之解釋性規定及裁量基準❻。」顯示上級機關應有訂頒裁量基準之

---

❺　李惠宗，《行政法要義》，頁 168–171。

❸　B VerwGE II, 95, 97, Bandsagen-Urteil v. 18. 8. 1960.

❹　我國司法實務論文參閱，蕭文生，〈裁量萎縮至零與怠於執行職務——最高法院 103 年度台上字第 711 號民事判決〉，《法令月刊》，第 66 卷第 3 期，2015 年 3 月，頁 1–22。

❺　相關實例論文參閱，蔡震榮，〈論事實認定與裁量基準之適用——評最高行政法院 97 年裁字第 00446 號裁定〉，《法令月刊》，第 61 卷第 12 期，2010 年 12 月，頁 4–14。

權。不過，學者認為上級行政機關訂頒裁量基準之利弊互見。「有利之部分，譬如：1.可作為法律不可預測及不易限制裁量權間之緩衝器。2.減少程序錯誤，避免恣意，促使執行一致性。3.係行政自我拘束 (Selbstbindung) 表現。弊之部分如：1.若可制定裁量準則，表示已可作為經常性行使之依據，應可直接由法律明定。2.藉準則之訂定，排除裁量空間，違反立法目的，甚至取代立法。3.剝奪所屬裁量權，等同於裁量不行使，屬於裁量濫用之一種。尤其是以行政規定、方針……等方式行之，不能針對個案履行充分行使裁量義務 (Pflicht zur hinreichenden Ermessensausübung) 顯已有瑕疵。」該學者因此認為：「制定裁量規則，作成行政釋示限制裁量權，確已侵害裁量權之本質，將個案裁量一般化，甚至可一般化為『不能行使裁量權』，除非上述規則或釋示，確係經合義務性『裁量』之結果，且依行政程序法第 160 條第 2 項規定，由首長簽署，並登載於政府公報發布。若引起爭議，訴願與行政訴訟之際，上級機關或法院應積極審查之，否則將扭曲裁量權此一良制」❺❼。此一見解，甚可贊同。

---

❺❻　相關論文參閱，蔡進良，〈行政罰裁罰標準之規制、適用與司法審查〉，《月旦法學教室》，第 141 期，2007 月 2 月，頁 62–79。

❺❼　李震山，上揭書，頁 84–86。

第七章　行政法之效力

第一節　概　說

　　行政法之效力為何？在法理學上有所謂的「法律三度論」，認為每一個別特定法律，均具有三度❶，即：

　　1.時間度——所有法律均存續於一定時間中，都具有時間的屬性。

　　2.空間度——所有的法律，均在一定的領域，或對一定的人民，發生效力，沒有一種法律其效力是普天下的；它的管轄權是毫無限制的。

　　3.事實度——所有法律均與事實有關，……每一法律均統制一定的事件，或一類的情事。不論它是真實的，或是擬制假定的事，均構成法律的一面。

　　平白的說，行政法之效力就是在探討各項行政法法源在時的效力、地的效力與人的效力❷。茲再分節敘述於次。

---

❶ 參閱吳經熊等著，《中國法學論著選集》，臺北，漢林出版社，民國 65 年初版，頁 1–2。

❷ 陳敏，《行政法總論》，民國 93 年 11 月四版，頁 121–131；李建良、林合民、陳愛娥、林三欽、陳春生、黃啟禎，《行政法入門》，元照出版公司，2004 年 5 月二版，頁 90–103；李惠宗，《行政法要義》，五南圖書出版公司，2005 年 10 月二版四刷，頁 24–27。

第二節　時的效力

　　行政法之時的效力，是指行政法之時間效力 (Die zeitliche Geltung)，主要在探討行政法於何時生效，可否暫停法效力，何時失效，可否溯及生效，可否延長生效之問題，茲分項各別舉例說明之。

第一項　何時生效

　　行政法在何時生效是指行政法在什麼時候生效。因規定方式之不同而有區別：

一、法規明定自公布日或發布日施行

　　依中央法規標準法第 13 條規定：「法規明定自公布或發布日施行者，自公布或發布之日起算至第三日起發生效力。」此第 3 日之起算，應將法規公布或發布之當日算入❸，如為星期日、國定紀念日或其他休息日❹，行政法規仍生效，不適用民法第 122 條以休息日之次日代之的規定。

　　至於為行政法重要法源❺之大法官解釋，何時生效，因各解釋不一，未見全然相同❻，但如係對中央或地方機關就其職權上適用同一法律或命令發生見解歧異，而聲請統一解釋時，則司法院大法官所為之解釋，除解

---

❸　大法官釋字第 161 號解釋參照。

❹　其他休息日如週休二日制中每個月之第 2 個、第 4 個星期六。

❺　大法官釋字第 185 號解釋謂：「司法院解釋憲法，並有統一解釋法律及命令之權，為憲法第七十八條所明定，其所為之解釋，自有拘束全國各機關及人民之效力。」

❻　大法官於釋字第 183 號解釋謂：「本院釋字第一七七號解釋文所稱『本院依人民聲請所為之解釋』，係指人民依司法院大法官會議法第四條第一項第二款之規定，聲請所為之解釋而言。至本院就中央或地方機關行使職權適用憲法、法律或命令發生疑義或爭議時，依其聲請所為解釋之效力，係另一問題。」

釋文內另有明定者外，應自公布當日起發生效力❼。

二、法規或命令特定施行日期

中央法規標準法第 14 條規定：「法規特定有施行日期，或以命令特定施行日期者，自該特定日起發生效力。」此處所指之特定施行日期，又因各個法律規定不同而分：

1.確定日生效者，如國家賠償法第 17 條規定：「本法自中華民國七十年七月一日施行。」又如行政程序法第 175 條規定：「本法自中華民國九十年一月一日施行。」

2.公布後 6 個月施行，如積體電路電路布局保護法第 41 條第 1 項規定：「本法自公布後六個月施行。」

3.公布後 1 年施行，如政府採購法第 114 條第 1 項規定：「本法自公布後一年施行。」

4.可得確定之日生效，如民國 86 年修正公布之國民大會組織法第 17 條規定：「本法自第三屆國民大會起施行。」

三、法律授權行政機關決定施行日期

對於複雜、專業、安全或需要準備之事項，立法機關常在行政法之最後條文中，授權行政機關決定施行日期，如期貨交易法第 125 條規定：「本法施行日期，由行政院定之。」又如銀行法第 140 條第 2 項規定：「本法修正條文第四十二條施行日期，由行政院定之。」再如，香港澳門關係條例第 62 條規定：「本條例施行日期，由行政院定之。但行政院得分別情形定其一部或全部之施行日期。」此外，民國 87 年修正之行政訴訟法第 308 條第 2 項甚至規定：「本法修正條文施行日期，由司法院以命令定之。」❽

四、立法機關保留施行日期之決定

涉及重要事項如人民費用負擔事項立法機關甚至保留施行日期之決

---

❼　參照大法官釋字第 188 號解釋。

❽　此種規定方式，引起學者非議。請參閱蘇永欽，〈法制改革，不能再抱殘守缺〉，《中國時報》，民國 88 年 1 月 21 日，第十五版。

定，如勞工保險條例第 43 條第 4 項規定：「第二項及第四十一條第二項之實施日期……，應經立法院審議通過後實施之。」

第二項 暫停法效

行政法規生效後，本應一直有效，但因特殊情況而有暫停生效之情事，如中央法規標準法第 19 條第 1 項規定：「法規因國家遭遇非常事故，一時不能適用者，得暫停適用其一部❾或全部。」如憲法增修條文第 6 條第 3 項規定：「憲法第八十五條有關按省區分別規定名額，分區舉行考試之規定，停止適用。」又如「臺灣地區與大陸地區人民關係條例」第 63 條第 3 項規定：民國 38 年以前在大陸發行尚未清償之外幣債券及民國 38 年黃金短期公債，以及國家行局及收受存款之金融機構在大陸撤退前所有各項債務，在國家統一前不予處理。換言之，即暫停適用民國 23 年六厘英金庚款公債條例，民國 36 年美金公債條例，民國 38 年黃金短期公債條例，民國 38 年整理美金公債條例等法律❿之效力。為此不能獲得還本之民眾還曾聲請大法官解釋，認為此種暫停法效之規定違憲。但大法官釋字第 475 號解釋則以「政府於中華民國三十八年以前在大陸地區發行之國庫債券，係基於當時國家籌措財源之需要，且以包括當時大陸地區之稅收及國家資產為清償之擔保，其金額至鉅。嗣因國家發生重大變故，政府遷臺，此一債券擔保之基礎今已變更，目前由政府立即清償，勢必造成臺灣地區人民稅負之沉重負擔，顯違公平原則」，宣示「臺灣地區與大陸地區人民關係條例」第 63 條第 3 項之暫停法效規定並不違憲。

第三項 何時失效

行政法規施行後，如有下列情形時，失其效力，即：

---

❾　如臺灣省政府功能業務與組織調整暫行條例第 21 條規定：「省縣自治法有關省自治之規定，自中華民國八十七年十二月二十一日起停止適用。」

❿　詳細條文，可參閱葉潛昭主編，《最新實用中央法規彙編》，第 2 冊，彥明出版有限公司，民國 62 年 10 月，頁 3042、3048–3050。

一、法規明定有效期間

中央法規標準法第 23 條規定：「法規定有施行期限者，期滿當然廢止」，亦即不再生效力。如全民健康保險法第八十九條規定：「本法實施滿二年後，行政院應於半年內修正本法，逾期本法失效。」 ⑪ 又如民國 87 年修正公布之中小企業發展條例第 40 條規定：「本條例自公布日施行。但關於第四章稅捐減免部分，應施行至中華民國八十七年六月三十日止。」

二、法規性質上寓有有效期間

如為因應動員戡亂時期所制定之各項法規，例如「動員戡亂時期國家安全法」，「動員戡亂時期檢肅流氓條例」，「戡亂時期郵電抽查條例」，「戡亂時期軍人婚姻條例」等法規性質上即寓有在動員戡亂時期有效之意思，故動員戡亂時期由總統於民國 80 年 5 月 1 日宣告終止，即應終止，但因民國 80 年 4 月 22 日第一屆國民大會第二次臨時會通過之第一階段憲法增修條文第 8 條規定：「動員戡亂時期終止時，原僅適用於動員戡亂時期之法律，其修訂未完成程序者，得繼續適用至中華民國八十一年七月三十一日止。」另第 9 條亦規定國家安全會議及所屬國家安全局及行政院人事行政局之組織法規得繼續適用至中華民國 82 年 12 月 31 日止， 是為特例⑫。

三、法規之明示廢止

依中央法規標準法第 22 條第 1 項之規定：「法律之廢止，應經立法院通過，總統公布。」第 2 項規定：「命令之廢止，由原發布機關為之。」而依前此 2 項程序廢止之法規，得僅公布或發布其名稱及施行日期，並自公布或發布之日起算至第 3 日起失效。

---

⑪　全民健康保險法自民國 84 年施行至民國 88 年 1 月將近 4 年仍未修正，但大法官釋字第 472 號解釋卻認 「尚不發生本法效力存否問題」，引起學者之批評。參閱干學平，〈迎接新世紀，大法官為奴役百姓背書？〉，《中國時報》，民國 88 年 2 月 13 日，第十五版，「時論廣場」。

⑫　陳新民，《中華民國憲法釋論》，頁 853、857–858。

四、法規之定因廢止

法規因一定原因之發生而有失效之情形，如中央法規標準法第 21 條所規定之情形是，意即：

1.機關裁併，有關法規無保留之必要者，如臺灣省政府功能業務與組織調整暫行條例第 20 條第 1 項規定：「臺灣省議會自中華民國八十七年十二月二十一日裁撤，其組織規程由行政院廢止之。」

2.法規規定之事項已執行完畢，或因情勢變遷，無繼續施行之必要者，如某特殊傳染病之防治已執行完畢且無復發可能之情形是。

3.法規因有關法規之廢止或修正致失其依據，而無單獨施行之必要者，如土地稅法第 38 條有關加徵空地稅之規定已刪除，配合該條之土地稅法施行細則第 40 條，即無單獨施行之必要❸。

4.同一事項已定有新法規，並公布或發布施行者❹。

五、經司法院大法官宣告無效

依據憲法第 171、172 條之規定法律與命令與憲法牴觸者無效，而依憲法第 114、116、122、125 條之規定，省（市）自治法，縣自治法，省法規，縣單行規章等不得牴觸憲法、法律或省法規。因此，司法院大法官依憲法規定職權解釋、審查法規，認定法規有違憲、或有下級法規牴觸上級法規時，得將該下級法規宣告為無效。

近年來，大法官之解釋宣告法規違憲者不少，但法規違憲之效力，與民法法律行為違法的自始無效不同，因大法官解釋宣告之方式不一，致有下列不同之情形：

1.法規自解釋公布之日起，應停止適用或失其效力，如大法官釋字第 394、399、400、406、413、415、422、425、430、440、446、451 等號

---

❸　陳敏，《行政法總論》，民國 93 年 11 月四版，頁 124。

❹　但有一例外，即民國 84 年 8 月 9 日公布之總統副總統選舉罷免法第 106 條規定：「本法公布施行後，中華民國第八任總統、副總統之選舉、罷免事項，仍適用中華民國三十六年三月三十一日制定公布之總統副總統選舉罷免法有關規定。」

解釋。

2.法規自特定日失其效力❶，如大法官釋字第 384 號解釋明示，檢肅流氓條例侵犯人民自由及行政爭訟權利之規定違憲，至遲於中華民國 85 年 12 月 31 日失其效力。換言之，離解釋公布日之 84 年 7 月 28 日，尚有 1 年多時間，檢肅流氓條例之相關規定，仍然有效。又如大法官釋字第 613 號解釋宣示國家通訊傳播委員會委員產生方式違憲，但卻宣告失效日是民國 97 年 12 月 31 日，距該號解釋發布日之民國 95 年 7 月 21 日幾達 2 年半，引發輿論之激烈批判❶。

3.法規自解釋公布之日起，至遲於屆滿 6 個月、1 年或 2 年時，失其效力，如大法官釋字第 365、366、367、402、423、443、450、452 號解釋是。

4.法規自解釋公布之日起，應即檢討修正，如大法官釋字第 434 號解釋。此種解釋如行政機關拖延時間檢討修正，則法規仍在生效，對人民權利之保障，仍有未周。

5.法規自解釋公布之日起，應檢討修正，仍應隨時檢討改進或亟待檢討改進者，如大法官釋字第 211、409、417、426、433、436 等號解釋是。此類解釋，如上所述，對人民權利之保障，仍有不周。

6.法規被宣告違憲，但大法官認「釋示有關機關於短期內完成修法程序，有事實上之困難」，而直接宣示四種遭受違法羈押情形，在 2 年內可請求國家賠償；如大法官釋字第 477 號解釋。此一解釋可說取代了法律，被媒體稱為「大法官造法運動」❶，而為人權保障再添新的機制❶。

---

❶　實例論文參閱，蘇永欽，〈誰可以從定期失效解釋得到特別救濟？——簡評釋字第 741 號解釋〉，《月旦裁判時報》，第 57 期，2017 年 3 月，頁 5–14。

❶　參閱，〈大法官豈可「公親變事主」？〉，《中國時報》社論，民國 95 年 7 月 23 日，A2 版；〈違憲但有效〉，《聯合報》黑白集，民國 95 年 7 月 22 日，A2 版；呂啟元，〈NCC 釋憲，讓人困惑〉，《中國時報》，民國 95 年 7 月 22 日，A15 版；周陽山、雷倩，〈NCC 違憲，大法官支持行政獨裁〉，《聯合報》民意論壇，民國 95 年 7 月 22 日，A19 版。

❶　參閱《中國時報》，民國 88 年 2 月 13 日，第八版，記者黃錦嵐之特稿。

第四項　溯及生效

行政法規不溯及既往❶是行政法效力之重要原則❷，藉以維持法律生活之安定，保障人民之既得權益，並維護法律尊嚴。但因行政法所規範之公共生活事件，多樣複雜，影響人民權益甚大。因此，在現代法治國家，為確保公益或維護人民既得權益，常有立法公布例外具有追溯效力之法規。德國學者 Alfred Katz 即將之歸納為下列情形❷：

1.新法規公布前，法規規定不明確、混淆、有漏洞或違反體系不合理，致有違憲之重大疑義，而基於法治國家原則，必須公布一項具有溯及既往且清晰之法規。

2.法規為溯及既往之規定並不造成損害或所造成之損害極為輕微。

3.法規係基於強烈的公益需要而制定，較之信賴保護更具有優越價值，且凌駕法安定性之要求者。

我國亦有多種法律明文規定法規之溯及生效情事❷，如：

---

❶　〈為人權保障的機制再添新頁〉，《中國時報》社論，民國 88 年 2 月 15 日，第三版。

❶　相關論文請參閱，彭鳳至，〈法律不溯既往原則之憲法地位〉，《台灣本土法學雜誌》，第 48 期，2003 年 7 月，頁 3–23。

❷　參閱陳愛娥，〈國小校長的「遴用」或「遴選」——法律溯及既往原則的相關問題〉，《台灣本土法學雜誌》，2001 年 4 月，頁 140–144；李建良，〈法律的溯及既往與信賴保護原則〉，《台灣本土法學雜誌》，2001 年 7 月，頁 79–88；林佳和，〈真正與非真正溯及既往之區辨——臺北高等行政法院 106 年度簡上字第 122 號判決〉，《月旦裁判時報》，第 74 期，2018 年 8 月，頁 44–50。

❷　引自林錫堯，《行政法要義》，頁 62，註 4。其他德國學者亦有類似見解並舉相關德國事例說明。詳請參閱，Giemulla/Jaworsky/Müller-Uri, Verwaltungsrecht, 6. Auflage, Rn. 55; Wolff/Bachof/Stober, Verwaltungsrecht I, 10. Auflage, §27 Rn. 6–11.

❷　相關實例請參閱，張文郁，〈限時法和法律之溯及既往〉，《台灣本土法學雜誌》，第 46 期，2003 年 5 月，頁 155–160；洪家殷，〈違反秩序行為之態樣

1.民國 87 年 1 月 21 日才公布修正之中小企業發展條例第 40 條規定，本條例第 36 條修正條文，溯及自中華民國 87 年 1 月 1 日施行。

2.民國 87 年 1 月 21 日才修正公布之促進產業升級條例第 44 條規定，本條例第 15 條及第 20 條修正條文，溯及自中華民國 87 年 1 月 1 日施行。

3.團體協約法第 30 條規定：「團體協約在本法施行前訂立者，自本法施行之日起適用本法。」

4.民國 74 年 5 月 3 日修正前之公務員懲戒法第 26 條規定：「應受懲戒之行為，雖在本法施行前者，亦得依本法懲戒之。」即為確保公益而為溯及生效之規定。此種對人民過去行為為不利處分之溯及規定，就信賴保護、法安定性本有憲法上疑義，但因人民有不值得保護之法律情勢，是以被例外的許可 ❷❸。

5.民國 91 年 5 月 21 日公布之敬老福利生活津貼暫行條例第 14 條規定：「本條例施行期間，自中華民國九十一年一月一日起，至國民年金開辦前一日止。」此為對人民給付利益之溯及生效。

在司法實務上，司法院大法官亦多次作出與行政法令溯及適用有關的解釋如釋字 574、575、577、580、589、605 等號解釋，其中釋字 605 號解釋文與解釋理由書論証了處理新舊法交替問題所應思考的因素 ，如㈠「新法秩序」是否對個人產生不利之變化。㈡信賴基礎的態樣。㈢人民之信賴表現。㈣當事人之信賴是否值得保護。㈤當事人所已取得之法律地位。㈥「法令溯及適用」對於當事人權利影響之程度。㈦溯及適用所能獲致之公益效應。㈧新法秩序之施行有無過渡期間。等以供行政法令是否溯及適用之準據 ❷❹。

及法規之溯及適用〉，《台灣本土法學雜誌》，第 47 期 ，2003 年 6 月，頁 131–135。

❷❸　Giemulla/Jaworsky/Müller-Uri, a.a.O., Rn. 55.

❷❹　參引，林三欽，〈簡評大法官釋字第 605 號解釋——法令溯及適用之疑義〉，《台灣本土法學雜誌》，第 77 期，2005 年 12 月，頁 287–288。

第五項　延長生效

行政法規定有施行期間者，期滿當然廢止失效，不須立法院通過及總統之公布，但應由主管機關公告之❷❺。如主管機關認為法規需要延長效力者，則須依中央法規標準法第 24 條之規定，辦理延長生效，即：

1.法律定有施行期限者，應於期限屆滿前 1 個月前送立法院審議。但其期限在立法院休會期內屆滿者，則應於立法院休會 1 個月前送立法院。

2.命令定有施行期限者，主管機關應於期限屆滿 1 個月前，由原發布機關發布之。

第三節　地的效力

行政法地的效力是指行政法之空間效力 (Die räumliche Geltung)，或稱地域效力。中央法規標準法第 15 條規定：「法規定有施行區域或授權以命令規定施行區域者，於該特定區域內發生效力。」茲依其規定及有關情形，分別舉例說明之：

1.行政法規適用於全國地區者，如社會秩序維護法第 4 條第 1 項規定：「在中華民國領域內違反本法者，適用本法。」現時由於國家處於分裂狀態，大陸地區雖為法律所定「臺灣地區以外之中華民國領土」❷❻，但實際上為政府統治權所不及者，因此，目前行政法規之地的效力，只及於政府有效統治之臺、澎、金、馬地區及南沙群島之若干島嶼。

2.行政法規適用於中華民國境外之中華民國船艦或航空器，如社會秩序維護法第 4 條第 2 項規定：「在中華民國領域外之中華民國船艦或航空器內違反本法者，以在中華民國領域內違反論。」

3.行政法規適用於特定區域者，此又因規定方式不一，又可分為下列

---

❷❺　參照中央法規標準法第 23 條規定。

❷❻　臺灣地區與大陸地區人民關係條例第 2 條第 2 款規定。

數種情形：

　(1)法規定有特定地區之名稱者，效力僅及於該特定地區，如已廢止之「臺灣省內菸酒專賣暫行條例」，應僅適用於「臺灣省內」，但大法官釋字第 239 號解釋卻宣示：「中華民國四十二年七月七日公布施行之臺灣省內菸酒專賣暫行條例，係以當時包括高雄市在內之臺灣省所屬各縣市為施行區域，……此項法律施行區域並未改變，在未依法定程序變更前，上開仍應繼續適用於改制後之高雄市」，頗有縱容行政機關修法怠惰及疏漏之嫌。

　(2)法規明定特定施行地區者，如已廢止之外國人投資條例第 23 條規定：「本條例施行區域，暫以臺灣地區為限；擴增時由立法院議決之。」

　(3)法律授權行政機關以命令指定施行區域，如耕地三七五減租條例第 30 條規定：「本條例之施行區域，由行政院以命令定之。」

　(4)依法定條件確定施行地區，如戒嚴法第 1 條規定：「戰爭或叛亂發生，對於全國或某一地域應施行戒嚴時，總統得經行政院會議之議決，立法院之通過，依本法宣告戒嚴或使宣告之。」又如傳染病防治法第 10 條規定：「傳染病疫區之決定、宣布及解除，由中央主管機關視實際情況為之。傳染病疫情，由中央主管機關發布之。但第二類、第三類傳染病疫情經報告中央主管機關後，得由地方主管機關發布之。」

第四節　人的效力

　　行政法人的效力 (Die persönliche Geltung) 是指行政法對居住或駐留在其空間效力範圍所及之人以及有「權利標的」存在於此空間效力範圍之人，發生效力者而言，其是本國人或是外國人，在境內有住所或無住所，均在所不問。此一原則如完全貫徹，會發生很多紛擾。因此，各國對行政

法規之對人效力，乃有屬地主義 (Territoritalitätsprinzip) 與屬人主義 (Personalitätsprinzip) 之分。依屬地主義，行政法規乃對在本國內之人適用，不問其是否為本國人；依屬人主義，行政法規乃對本國人適用，不問其是否在國內。各國為免適用單一屬地主義或單一屬人主義所生之困擾，多採折衷主義，即：

1.性質僅適用於本國人之法規如兵役法、選舉罷免法等，不適用於境內之外國人。

2.法規如有特別規定，亦適用於居留在國外之本國國民，如所得稅法第 3 條第 2 項，「營利事業之總機構，在中華民國境內者，應就其中華民國境內外全部營利事業所得，合併課徵營利事業所得稅。」另臺灣地區與大陸地區人民關係條例第 3 條規定：「本條例關於大陸地區人民之規定，於大陸地區人民旅居國外者，適用之」，是為因應臺灣海峽兩岸情勢之特例。

3.外國人之本國對我國人民亦給與相同待遇，如法規明文採用互惠原則者，則該行政法規亦可適用於該外國人，如專利法第 4 條、商標法第 4 條、著作權法第 4 條、土地法第 18 條之規定是。

4.行政法規依世界貿易組織 (World Trade Organization) 採國民待遇原則者，則對其本國參加世界貿易組織之外國人，應與本國人為同一之適用，如律師法第 45 條、會計師法第 76 條之規定是。

第五節　事的效力

行政法事的效力是指行政法適用事項的效力[27]。亦即行政法適用於那些事項的意思。中央法規標準法對此有若干規定值得注意，其中第 5 條規定人民權義、國家機關等 4 大類事項，必須以法律定之，而第 6 條也規

---

[27]　正如民法關於事項的效力。參閱，施啟揚，《民法總則》，自刊本，民國 94 年 6 月 6 版，頁 4–5。

定，應以法律規定之事項，不得以命令定之。

另外，同法第 16 條規定，法規對其他法規所規定之同一事項而為特別之規定者，應優先適用之。其他法規修正後，仍應優先適用。第 17 條又規定，法規對某一事項規定適用或準用其他法規之規定者，其他法規修正後，適用或準用修正後之法規。

又法律亦有規定將某些事務排除適用特定之法律者。例如臺灣地區與大陸地區人民關係條例第 95 條之 3 規定：「依本條例處理臺灣地區與大陸地區人民往來有關之事務，不適用行政程序法之規定。」此因行政程序法中所規定之訂定法規命令、行政規則、作出行政處分、行政計劃等行政行為均涉及公權力行使，在行政機關無法對大陸地區有效行使公權力之情形，自以排除行政程序法之適用為宜。這是一個有趣而特殊的立法條文。

值得特別注意的是，若干法律有同時規定地與事之效力者，如民國 95 年 1 月 27 日公布之「水患治理特別條例」第 3 條規定該條例適用範圍之地點與事項，即：「行政院核定易淹水地區水患治理計劃所明列之縣（市）管河川、區域排水及事業性海堤、農田排水與雨水下水道之治理工程及相關水土保持工程」等事項。同年月日公布之「石門水庫及其集水區整治特別條例」第 3 條也規定該條例適用範圍之地點與事項，「為石門水庫蓄水範圍與集水區整體環境整治、復育及其供水區內之高濁度原水改善設備興建等相關業務」。

第八章　行政法之法律關係

第一節　概　說

　　法律關係 (Rechtsverhältnis) 是指法律所規定的人與人之間的生活關係 (Lebensverhältnis)❶。我國行政法學者多以此民法學上法律關係之意涵為基軸而認行政法之法律關係為二以上之法律主體，就具體事件，依行政法而成立之法律上關係❷。有的甚至認為行政法上法律關係與民法上法律關係具有相同的意義❸。其實，行政法上法律關係與民法上法律關係雖有相似處，但也有很大不同❹。

　　從傳統行政法學的干涉行政來看，行政法法律關係，似與民法上法律關係並無不同，可以存在於公行政與人民之間，行政主體相互之間或人民相互之間❺。然因自 20 世紀始，國家行政已不限於干涉行政，且及於給

---

❶　梅仲協，《法學緒論》，華岡出版社，民國 56 年 10 月新一版，頁 75。

❷　陳敏，《行政法總論》，民國 93 年 11 月四版，頁 238；林錫堯，《行政法要義》，頁 91；李惠宗等合著，《行政法入門》，頁 144；陳春生，《行政法之學理與體系㈠》，三民書局，1996 年，頁 4。

❸　陳清秀，〈行政法上法律關係與特別權力關係〉，翁岳生編，《行政法》，頁 212。

❹　詳見吳庚，《行政法之理論與實用》，民國 94 年 8 月增訂九版，頁 141–163；賴恆盈，《行政法律關係論之研究》，國立政治大學法律系博士論文，民國 91 年 6 月，頁 194–221。

❺　參照 Hans-Uwe Erichsen, *Allgemeines Verwaltungsrecht*, §11 Rn. 5 und §24 Rn.

付行政、計劃行政、公需行政、經營行政以及對現代重要生活法益的環境、文化、民俗、資源等之預防性及管制性保護行政，而這些法律關係發生、變更、消滅原因的生活事實有些是人與人的關係，有些是人與物的關係，有些是人與自然界的關係，有些則是人與現世人類與其後代子孫物質生活與精神生活基礎之關係，此與民法法律關係只存於自然人與自然人，自然人與法人，法人與自然人，法人與法人，以及自然人、法人與物之關係，顯有重大不同❻。因此，民法學研究標的之法律關係理論(Rechtsverhältnistheorie)❼並不能完全套用到行政法學上，而需要有不同的建構❽。本章擬就行政法法律關係之意義、種類、主體、內容、發生、變更、消滅等分節說明於次。

第二節　行政法法律關係之意義

行政法法律關係是指具體的生活事實之具有行政法意義的關係。狹義的來看，行政法法律關係至少須存在於一個行政主體之應為義務上(Verpflichtetsein eines Subjekts)，而通常行政法法律關係只存在於多數行政主體相互之間的權利義務上，特別是與自然人有關的法律關係上。就法技術之意涵 (In rechtstechnischem Sinne)，行政法法律關係亦存在於非自然人之間，如行政官署之間。

9, Fußnote 37, 所舉之人民簽訂具公法效果契約例子。

❻　另參閱，陳慈陽，《行政法總論》，翰蘆圖書出版有限公司，2005 年 10 月二版，頁 415–418；李建良等合著，《行政法入門》，元照出版公司，2004 年 5月，頁 145–146。

❼　法律關係理論之詳細內涵，請參照 Norbert Achterberg, *Allgemeines Verwaltungsrecht*, §20 Rn. 2–33; Wolff Bachof/Stober, Verwaltungsrecht I, C. H. Beck, München 1994, §32 Rn. 33–44.

❽　參閱，張錕盛，〈行政法學另一種典範之期待：法律關係論〉，《月旦法學雜誌》(No. 121) 2005、6，頁 54–87。

行政法法律關係就廣義來看，則尚包括一個人或多數人對直接從屬於他（他們）之物的法律關係，即所謂物權法之法律關係 (sachenrechtliche Rechtsbeziehung)。與民法上物權法相當的，也有行政法上物權法 (Verwaltungsrechtliches Sachenrecht)，意指將物歸屬於公權力主體之法規，使其對物有管有權，而有可能形成私人與物之間的行政法關係而言。行政法上物權法之內容與標的是多樣的，它們存在於因物之情況所生危險之防止領域上（如建築工地、車輛、生病之牲畜、環保法上之設備），也存在於空間規範、空間計劃（如禁航區、行水區、區域計劃、都市計劃）之領域上，也存在於物之公用、保存（如古物、國寶、古蹟、道路、水路、下水道之公用）之領域上 ❾。

由上所述，行政法法律關係不僅只是我國行政法學者通說所認為存在於二個以上行政主體彼此間或與人民間所生之行政法上關連，它尚且存在於單一行政主體對於物、空間、水域之法律關連上。

除此之外，具體與抽象之公益如倫理、秩序、安全、景觀、物種、文化、母語、良俗之維護、保障、促進、獎助等在民法法律關係上，不甚扮演角色，但在行政法法律關係上，則為公行政主體的重要義務，而應為重要環節，值得深入研究。

第三節　行政法法律關係之種類

行政法法律關係依學者觀點之不同而有許多的分類。大體可就行政法法律關係之範圍、性質、關係人、內部效力、外部效力、內容、目的、牽連、時間及所涉義務強弱等不同標準而為分類，茲分述於次：

一、依行政法法律關係之範圍 ❿

1.概括的關係，如國家與公務員之一切關係。

---

❾　Wolff/Bachof/Stober, *Verwaltungsrecht I*, §32 Rn. 33, 34.

❿　涂懷瑩，《行政法原理》，頁 143、144。

2.個別的關係，如某公務員對國家之退休金請求權之關係。

二、依行政法法律關係之性質❶

1.權力服從關係，如國家要求人民當兵、繳稅，如不服從得加以處罰，為強制執行之關係。

2.對等要求關係，如國家與人民訂立行政契約，可相互對等要求他方履行義務之關係。此時，無強制性，與上述之權力服從關係不同。

三、依行政法法律關係所涉關係人為標準

1.單面關係，如行政機關對無主危險動物、細菌之控管，為了未來世代之生存而為太空探險等。

2.雙面關係，如國家對人民行政處分所生之對立支配關係或國家與人民訂立行政契約之對等要求關係。

3.三面關係，如有第三人參加國家與特定人民間之訴願、行政訴訟關係。即參加訴願❷、行政訴訟參加❸。

4.多面關係，如都市更新計劃爭議所生之行政機關、都市更新實施者❹，都市更新地區範圍內公私有土地或建築物之所有權人、管理人或使用人，以及對都市更新有意見而參與公聽會之民眾❺或為都市公益而提起行政訴訟❻等。又如土壤及地下水污染整治法第 54 條第 1 項規定：「公私場所違反本法或依本法授權訂定之相關命令而主管機關疏於執行時，受害人民或公益團體得敘明疏於執行之具體內容，以書面告知主管機關。主管機關於書面告知送達之日起六十日內仍未依法執行者，人民或公益團體得以該主管機關為被告，對其怠於執行職務之行為，直接向行政法院提起訴訟，請求判令其執行。」同樣的，海洋污染防治法第 59 條第 1 項亦規定：

---

❶　涂懷瑩，上揭書，頁 144。

❷　訴願法第 28 條。

❸　行政訴訟法第 41、42 條。

❹　都市更新條例第 3 條。

❺　都市更新條例第 19 條第 2 項。

❻　行政訴訟法第 9 條規定。

「公私場所違反本法或依本法授權訂定之相關命令而主管機關疏於執行時，受害人民或公益團體得敘明疏於執行之具體內容，以書面告知主管機關。主管機關於書面告知送達之日起六十日內仍未依法執行者，受害人民或公益團體得以該主管機關為被告，對其怠於執行職務之行為，直接向行政法院提起訴訟，請求判令其執行。」這些都充分顯現了行政法法律關係之多面性。

四、依行政法法律關係之內部效力 ❶

1.行政組織與行政組織之間的法律關係，如依文化資產保存法第 38 條、第 49 條及第 63 條，發見具有古蹟價值文化遺址時……報請教育部會同內政部處理中。此教育部與內政部之會同關係，即為行政組織與行政組織之間的法律關係。

2.行政機關與其所屬機關或委任、委辦、委託機關之關係，如文化資產保存法第 7 條規定，文化資產之調查、保存、定期巡查及管理維護事項，主管機關得委任、其所屬機關（構）或委託其他機關（構）、文化資產研究相關之民間團體或個人辦理；中央主管機關並得委辦直轄市、縣（市）主管機關辦理。

3.行政組織與其為機關管理者之自然人的法律關係，如行政機關與其內行使管理權之官員之法律關係。

4.機關與機關管理者之法律關係，如行政組織之內部上級機關對下級機關之行政命令、指示，或在學校法律關係中，教師為學校之機關受學校之指示而教導學生之關係。

五、依行政法法律關係之外部效力

1.對人關係，如國家對軍人之關係。

2.對物關係，如國家對河川新生地之管理關係。

3.對公益關係，如對過去檔案之管理、揭露，以供史學之用，對文化景觀和自然地景之指定 ❶。

---

❶　參閱 Achterberg, a.a.O., §20 Rn. 49–67.

❶　參閱文化資產保存法第 61 條、第 79 條。

4.對世關係，如禁止改變或破壞自然保留區**⑲**。

六、依行政法法律關係之內容

1.權力服從、支配關係，如國家對人民課稅，人民依法繳稅之關係。

2.公物使用關係，如人民依法使用公路、河川之關係。

3.公法寄託關係，如行政主體為行政處分、事實行為或與人民簽訂行政契約而收領動產**⑳**。

4.公法無因管理關係，乃指未受委任或無其他法律上原因，而管理他人公法上事務，而產生之法律關係，如行政主體管理他行政主體的事務，例如在臺北縣境內的淡水河堤崩塌，臺北市派員修理**㉑**。

5.公法不當得利關係，如人民溢付稅款或行政主體溢退稅款**㉒**。大法官釋字第 478 號解釋公布後，稅捐機關違憲稽徵而未退之土地增值稅額，即有此不當得利之關係。又如大法官釋字第 515 號解釋亦指出，「工業主管機關課徵工業區開發管理基金之前提要件及目的均已消失，其課徵供作基金款項之法律上原因遂不復存在，成為公法上之不當得利。」

七、依行政法法律關係之目的

1.暫時性之行政法律關係 (vorläufige Verwaltungsrechtsverhältnisse)，如行政契約之預約或暫時行政處分**㉓**。

2.終局之行政法律關係 (endgültige Verwaltungsrechtsverhältnisse)，如一般行政機關所為之處分**㉔**。

八、依行政法法律關係之牽連

如派生行政法律關係 (abgeleitete Verwaltungsrechtsverhältnisse) 係由原始行政法律關係 (ableitende Verwaltungsrechtsverhältnisse) 所衍生。德國

⑲　參閱文化資產保存法第 86 條。

⑳　黃異，《行政法總論》，頁 81。

㉑　黃異，上揭書，頁 82；李建良，〈公法上無因管理與私法上無因管理的區別〉，《月旦法學教室③公法學篇》，2002 年 2 月，頁 196–197。

㉒　黃異，上揭書，頁 82–83。

㉓　陳敏，上揭書，頁 217。

㉔　陳敏，上揭書，頁 217。

學者舉學生與學校間成立「學校法律關係」，而學生之家長與學校成立之「家長法律關係」即由「學校法律關係」所衍生❷。又如公務員與國家成立「公務員法律關係」，因公務員之死亡，其家屬與國家間則成立「遺族法律關係」，後者係由前者所衍生❷。

九、依行政法法律關係之時間❷

　　1.一時之關係，即行政法律關係之權利義務，因一次之實施而終結者，如稅務機關對某人死亡課徵遺產稅是。

　　2.持續之關係，即行政法律關係之權利及義務，持續發生，不因一次之實施而終結者，如學生與學校，公務員與國家之關係是。

十、依行政法法律關係所涉義務強弱

　　1.一般權力關係 (Allgemeines Gewaltverhältnis)，即國家與一般人民所成立之法律關係。

　　2.特別權力關係 (Besonderes Gewaltverhältnis)，即國家與特殊人民如軍人、公務員所成立之法律關係。為德國行政法學於 19 世紀初所創設理論之產物，影響深遠，特在下節中再為研析。

第四節　特別權力關係

第一項　概　說

　　如上所述，特別權力關係為行政法法律關係之一，為德國行政法學重要理論，意指國家為達成其特定目的如國家安全、公務推展、社會防衛、

---

❷　陳敏，上揭書，頁 218；李建良，〈遭留校察看的私校學生──公權力之授與、學校與學生間之法律關係及其行政訴訟〉，《月旦法學教室③公法學篇》，2002 年 2 月，頁 140–143。

❷　陳敏，上揭書，頁 218。

❷　參閱 Achterberg, a.a.O., §20 Rn. 26.

文化傳承、公物管理等，而對軍人、公務員、受刑人、學生或其他特定人民所為較一般人民有更廣泛、嚴格之統治權力之法律關係。即如德國行政法學泰斗 Otto Mayer 所說的：「為有利於行政上特定目的之達成，使加入特別關係之個人，處於更加附屬之地位」❷。這種可追溯到中古時期領主與其家臣之間的關係，自第二次世界大戰以來，已受到嚴厲批判而在德國有不同面目之展現，且深深影響我國之行政法學❷。因此，再就其成因、種類、特徵、修正狀況及在我國沿用情形分項說明之。

第二項　成　因

特別權力關係之成立原因大致有三類❸，即：

一、直接根據法律不需相對人同意之情形

如受刑人進入監獄服刑，役男入營服兵役，學齡兒童入國民中、小學接受教育之情形。

二、依法律也仍需相對人同意之情形

如被任為公務員而同意赴任者，或考取大專聯考被分發至私立東海大學而同意前往註冊入學者，或公職候選人當選後同意宣誓就任者。

三、依特定事實發生而成立之情形

如發生戒嚴事故或因傳染病發生使戒嚴地區人民、疫區人民受限。又如警察機關於發現或接獲通知罹患精神病或疑似罹患精神疾病者，依精神衛生法第 32 條規定對精神病人應採之措施；又如傳染病防治法第 43 條規定，地方主管機關接獲傳染病或疑似傳染病之報告或通知時，應迅速檢驗診斷，調查傳染病來源或採行其他必要之措施，而同法第 44 條又分別規

---

❷　吳庚，《行政法之理論與實用》，頁 217、218；另參閱 Achterberg, a.a.O., §20 Rn. 44.

❷　翁岳生，〈論特別權力關係之新趨勢〉，《行政法與現代法治國家》，頁 131 以下；吳庚，上揭書，頁 216 以下；李建良，〈特別權力關係與行政爭訟〉，《月旦法學教室③公法學篇》，2002 年 2 月，頁 138–139。

❸　張家洋，《行政法》，頁 201–202；吳庚，上揭書，頁 218。

定，對於該法第 3 條所定第一類、第二類、第三類傳染病病人應或得於指定隔離治療機構施行隔離治療。

第三項 種 類

特別權力關係依其義務之強弱可依序分為：1.受刑人關係，2.軍人關係，3.公務員關係，4.義務教育之學生關係，5.非義務教育之高中、大學學生關係，6.封閉性公共營造物之利用關係，7.非封閉性公共營造物之利用關係等[31]。日本及我國學者則將之分為下列數種類型[32]，即：

1.公法上勤務關係，如公務員關係或軍事勤務關係。

2.公法上營造物之利用關係，如公立學校與學生之關係或國立科學博物館與使用人之關係。

3.公法上之特別監督關係，如行政院大陸事務委員會依臺灣地區與大陸地區人民關係條例第 4 條之 3 規定對海峽兩岸交流基金會之指揮監督；又如政府依中華經濟研究院設置條例第 9 條規定對中華經濟研究院之監督；或依漢翔航空工業股份有限公司設置條例第 7 條、第 8 條規定對漢翔航空工業股份有限公司之監督；或依貿易法第 35 條對受推廣貿易基金補助之同業公會或法人之監督。

第四項 特 徵

特別權力關係與一般權力關係不同的是不對所有人，而只是基於社會分工、管理之必要，對一些特定人，課賦較重的義務而已，兩者之間只是公法義務強弱之區分，本質上並非對立[33]。但傳統之特別權力關係理論多以受特別權力關係支配之人的權利，不適用法律保留原則及無法律救濟為特別權力關係之基本特徵，國內學者又將之細分為[34]：

---

[31] Achterberg, a.a.O., §20 Rn. 44.

[32] 陳清秀，上揭文，頁 241、242。

[33] Achterberg, a.a.O., Rn. 44.

[34] 陳敏，上揭書，頁 220–221；吳庚，上揭書，頁 220。

一、當事人地位不對等

二、可制定行政規則限制相對人民之自由權利

在特別權力關係中，行政機關無須法律依據得依本身職權制定所須之行政規則，如各大學學則，公園管理規則，以限制其相對人民之自由權利。

三、相對人民義務之不確定性

由於在特別權力關係中，行政機關得依職權單方面制定行政規則限制相對人民之自由權利，因此造成相對人民義務之不確定性。例如軍隊之駐紮地點與訓練方式由軍事行政機關規定是。

四、對相對人民有懲戒權

行政機關對受特別權力關係支配之人民，有特殊之懲戒權。如行政機關對所屬公務員得為申誡、記過之懲戒，對一般人民則否。

五、相對人民不受司法保護

一般人民之自由權利受行政機關侵犯，得請求司法機關救濟而獲得保護，但在特別權力關係中，為達成國家重要行政目的，常對受特別權力關係支配之人民，不提供訴願、行政訴訟等一般司法救濟之保護。如軍人、公務員被申誡、記過，不得提起訴願、行政訴訟。

上述這五項特別權力關係之特徵，因第二次世界大戰以後，德國行政法學上特別權力關係理論之改變，而有些修正，茲將其修正情形，說明於次。

第五項　修正狀況

由於傳統特別權力關係理論所形成之當事人地位不對等，義務不確定，有特別規則，有懲戒罰及不得爭訟之特徵[35]，極易形成行政機關之專橫及相對人民權益之受非法侵犯，故與第二次世界大戰後，西德基本法上民主、自由的基本秩序及嚴格的法治國要求，不能相容，德國學界與司法

---

[35]　德國學者 L. Wenninger 曾將特別權力關係之特徵列成 12 點，詳請參閱吳庚，上揭書，頁 220，註 20。

實務乃有部分與「特別權力關係」說再見之聲音❸。不過,基於社會群體與行政之運作功能 (die Funktionsfähigkeit des Gemeinwesens und der Verwaltung),有些學者認此特別權力關係制度仍有維持必要,只要特定的法律最低要求能被實現的話。但名稱則改為行政法上的特別關係 (Verwaltungsrechtliche Sonderverhältnisse)❸。此一特別權力關係修正改變方向主要有:

一、特別權力關係範圍之縮小

如在公法上勤務關係,如公務員及軍人勤務關係方面,範圍不變。但在營造物利用關係方面,則僅限於學校關係與監獄對受刑人之刑罰執行關係,至於使用郵政、博物館、圖書館或保育性營造物設施之關係則以係短暫性質之利用及利用者居於一般身分之權利、義務並未受影響,而將之排除於特別權力關係事項之外。至於在特別監護關係方面,則因界定不明,而不將之置於特別權力關係事項之內。

二、涉及基本權利限制者,亦應有法律依據

依傳統理論,行政機關可自訂規則,限制受特別權力關係支配之人民的權利,但自 1972 年以後西德聯邦憲法法院,在關於受刑人及一系列關於學校關係之判決後,在特別權力關係範圍內,對個人權利之限制,認為仍須有法律依據,國會不應放棄制定法律之任務,任由行政機關自由裁量制定規則以限制特別權力關係範圍內之人民,而各種懲戒罰之構成要件與法律效果,亦應由法律定之;法律若授權行政機關訂定法規命令,予以規範,亦須為具體明確之規定❸。近年來大法官之解釋如釋字第 583、611 號解釋也不斷的強調此一要求。

---

❸ Hartmut Maurer, Allgemeines Verwaltungsrecht, 15. Auflage, C. H. Beck München 2004, §8 Rn. 28–30; Hans Peter Bull, Allgemeines Verwaltungsrecht, 3. Auflage, C. F. Müller Heidelberg, 1991, Rn. 340 ff.

❸ Wolff/Bachof/Stober, a.a.O., §32 Rn. 25.

❸ 吳庚,上揭書,頁 222–223 及大法官釋字第 394 號參照。

三、特別權力關係事項部分許可提起行政爭訟

自 1957 年德國學者 Carl Hermann Ule 教授在其論文中，將特別權力關係之內容區分為「基礎關係」(Grundverhältnis) 與「經營關係」(Betriebsverhältnis)，主張凡屬於公務員任命、免職、命令退休、轉任和學生之入學、退學、開除、休學、拒絕授與學位等設定、變更及終結特別權力關係有關連之行為，均為涉及基礎關係之行政處分，相對人民如有不服，得提起行政爭訟❸❾；相反的，凡屬於公務員任務分派，中小學或大專學生之授課或學習安排等單純之管理措施，則非行政處分，相對人民如有不服，尚不得提起行政爭訟❹❶。

Ule 教授上述論文發表後，引起西德學界重視，聯邦行政法院若干判決亦加以引用，但此一學說因基礎關係與經營關係之區分標準並不明顯，學說頗有批評❹❶，現已不為德國聯邦憲法法院所採取，如該法院在 1972 年關於受刑人之判決及其後之判決中，提出「重要性理論」(Wesentlichkeitstheorie)，而不再以是否屬於基礎抑經營關係為判斷依據，而係以相關措施是否產生某種效果，足以影響個人地位為準，而決定是否許可提出行政爭訟。如在官員調職事件中，如職位平調，薪水未減，則不許可提起行政爭訟，但如將主管職位調任為非主管職位，或調職顯有差別對待之情形，則許可提起行政爭訟❹❷。

第六項　我國沿用情形

我國早期學者與司法實務，受日本及德國行政法學之影響，承受了特別權力關係之理論，並將特別權力關係之範圍由一、公法上勤務關係❹❸，

---

❸❾　論文參閱，廖義男，〈公立學校教師及公務人員人事措施之司法救濟〉，《法令月刊》，第 67 卷第 7 期，2016 年 7 月，頁 161–172。

❹❶　C. H. Ule, *Das Besonderes Gewaltverhältnis*, VVDSt RL 15, 1957, S. 133 ff.; 翁岳生，上揭書，頁 143 以下；吳庚，上揭書，頁 199–200。

❹❶　陳敏，上揭書，頁 189。

❹❷　吳庚，上揭書，頁 224。

❹❸　我國實例請參閱，林明昕，〈五花八門的訴訟類型──論行政訴訟法上未規

二、公法上營造物利用關係，三、公法上特別監督關係等三類擴大至舞廳、酒家許可之特種營業管理關係以及對專門職業人員之懲戒關係，引起學界之批評❹。

自民國 55 年起，我國學者對德國特別權力關係理論之新發展，介述日多❺，而司法實務亦自民國 73 年大法官釋字第 187 號解釋後起，日漸接受德國行政法學與司法實務上之基礎關係和經營關係理論，以及重要性理論❻，茲將大法官各號解釋與之相關者，分類於次：

一、有關公法上勤務關係之解釋

(一)公務員之公法上財產請求權

——釋字第 187 號解釋——

民國 73 年 5 月 18 日司法院大法官會議釋字第 187 號解釋，認為：「公務人員依法辦理退休請領退休金，乃行使法律基於憲法規定所賦予之

定之訴訟類型〉，《月旦法學教室》，第 1 期，2002 年 11 月，頁 22–23。

❹ 李惠宗等合著，上揭書，頁 153；陳清秀，上揭文，頁 242；吳庚，上揭書，頁 225、226，註 44。

❺ 吳庚，《行政法院裁判權之比較研究》，臺大碩士論文，民國 55 年，第四章；林紀東，《中華民國憲法逐條釋義(一)》，民國 59 年，頁 63；翁岳生，〈論特別權力關係之新趨勢〉，《臺大社會科學論叢》，第 17 輯，民國 56 年 7 月；楊日然，〈我國特別權力關係理論之檢討〉，《臺大法學論叢》，第 13 卷第 2 期，民國 73 年；陳敏，〈所謂特別權力關係中之行政爭訟權〉，《憲政時代》，第 10 卷第 1 期，民國 73 年 7 月；湯德宗，《公務員之權利保障與身分保障》，臺大碩士論文，民國 70 年 6 月；張劍寒，〈特別權力關係與基本權利之保障〉，《憲政時代》，第 10 卷第 1 期；蔡震榮，《行政法理論與基本人權之保障》，五南圖書出版公司，民國 88 年 5 月二版一刷，第一篇，頁 1–48；黃啟禎，《內部行政行為與行政訴訟》，中國比較法學會，民國八十年年會論文；劉宗德，〈重新釐清特別權力關係〉，《行政法基本原理》，學林文化事業有限公司，1998 年 8 月一版，頁 607–611。

❻ 新發展請參閱，黃錦堂，〈我國特別權力關係的新定向——釋字第 653、654 與 684 號解釋之發展〉，《法令月刊》，第 62 卷第 9 期，2011 年 9 月，頁 1–24。

權利，應受保障。其向原服務機關請求核發服務年資或未領退休金之證明，未獲發給者，在程序上非不得依法提起訴願或行政訴訟。」此一解釋首度肯定，公務人員依法辦理退休請領退休金，係行使法律基於憲法所賦予之權利，應受保障，如有爭議，得依法提起訴願或行政訴訟。

——釋字第 201 號解釋——

司法院大法官會議，民國 75 年 1 月 3 日之釋字第 201 號解釋，認為：「公務人員依法辦理退休請領退休金，非不得提起訴願或行政訴訟，經本院釋字第一八七號解釋予以闡釋在案。行政法院五十三年判字第二二九號判例前段所稱：『公務員以公務員身分受行政處分，純屬行政範圍，非以人民身分因官署處分受損害者可比，不能按照訴願程序提起訴願』等語，涵義過廣，與上開解釋意旨不符部分，於該解釋公布後，當然失其效力。……」。此一解釋進而肯定，公務人員因依法辦理退休請領退休金而受行政處分，應有法律救濟。惟本號解釋並未闡明，公務人員於何時得以公務人員之身分而受行政處分。

——釋字第 266 號解釋——

司法院大法官會議，亦一再肯定，公務員對侵害其公法上財產請求權之行政處分，得請求法律救濟，不以退休金為限。依釋字第 266 號解釋：「公務人員基於已確定之考績結果，依據法令規定為財產上之請求而遭拒絕者，影響人民之財產權……尚非不得依法提起訴願或行政訴訟……。」

——釋字第 312 號解釋——

「公務人員之公法上財產請求權，遭受損害時，得依訴願或行政訴訟程序請求救濟。公務人員退休，依據法令規定請領福利互助金，乃為公法上財產請求權之行使，如有爭執，自應依此意旨辦理。本院釋字第一八七號、第二〇一號及二六六號解釋應予補充。」

——釋字第 466 號解釋——

「國家為提供公務人員生活保障，制定公務人員保險法，由考試院銓敘部委託行政院財政部所屬之中央信託局辦理公務人員保險，並於保險事故發生時予以現金給付。按公務人員保險為社會保險之一種，具公法性

質，關於公務人員保險給付之爭議，自應循行政爭訟程序解決。惟現行法制下，行政訴訟除附帶損害賠償之訴外，並無其他給付類型訴訟，致公務人員保險給付爭議縱經行政救濟確定，該當事人亦非必然即可獲得保險給付。有關機關應儘速完成行政訴訟制度之全盤修正，於相關法制尚未完備以前，為提供人民確實有效之司法救濟途徑，有關給付之部分，經行政救濟程序之結果不能獲得實現時，應許向普通法院提起訴訟謀求救濟，以符首開憲法規定之意旨。」

⑴公務員之懲戒事件

—— 釋字第 243 號解釋 ——

司法院大法官會議釋字第 243 號解釋，認為：「中央或地方機關依公務人員考績❹法或相關法規之規定，對公務員所為之免職處分，直接影響其憲法所保障之服公職權利，受處分之公務員自得行使憲法第十六條訴願及訴訟之權。該公務員已依法向該管機關申請復審及向銓敘機關申請再復審或以類此之程序謀求救濟，相當於業經訴願、再訴願程序，如仍有不服，應許其提起行政訴訟，方符有權利即有救濟之法理。……至公務人員考績法之記大過處分，並未改變公務員之身分關係，不直接影響人民服公職之權利，上開各判例不許其以訴訟請求救濟，與憲法尚無牴觸。行政法院四十年判字第十九號判例，係對公務員服務法第二條及第二十四條之適用，所為之詮釋，此項由上級機關就其監督範圍內所發布之職務命令，並非影響公務員身分關係之不利益處分，公務員自不得訴請救濟。」由此一解釋可知，依司法院大法官會議之見解，干涉公務員服公職權利，影響公務員身分關係之處分，許可請求法律救濟。

—— 釋字第 298 號解釋 ——

釋字第 298 號解釋，表示：「憲法第七十七條規定，公務員之懲戒屬司法院掌理事項。此項懲戒得視其性質於合理範圍內以法律規定由其長官

---

❹ 實務論文請參閱，程明修，〈丙等考績之行政爭訟——最高行 104 年 8 月份第 2 次庭長法官聯席會議㈠〉，《台灣法學雜誌》，第 295 期，2016 年 5 月 14 日，頁 183–185。

為之。但關於足以改變公務員身分或對於公務員有重大影響之懲戒處分，受處分人得向掌理懲戒事項之司法機關聲明不服，由該司法機關就原處分是否違法或不當加以審查，以資救濟。有關法律，應依上述意旨修正之。本院釋字第二四三號解釋應予補充。至該號解釋，許受免職處分之公務員提起行政訴訟，係指受處分人於有關公務員懲戒及考績之法律修正前，得請求司法救濟而言。」因此，公務員得請求法律救濟之事項，除「足以改變公務員身分之懲戒處分」外，並已擴張及「對於公務員有重大影響之懲戒處分」，惟仍未涉及懲戒處分以外之不利處分。至於何謂「對於公務員有重大影響之懲戒處分」，亦不明白。

　　㈢公務員之任用審查事件

　　　　──釋字第 323、338 號解釋──

　　依釋字第 323 號解釋：「各機關擬任之公務人員，經人事主管機關任用審查，認為不合格或降低原擬任之官等者，於其憲法所保障服公職之權利有重大影響，如經依法定程序申請復審，對復審決定仍有不服時，自得依法提起訴願或行政訴訟，以謀求救濟。」補充釋字第 323 號解釋之釋字第 338 號解釋並認為：「……其對審定之級俸如有爭執，依同一意旨，自亦得提起訴願及行政訴訟。」

　　㈣軍人身分存續事件

　　　　──釋字第 430 號解釋──

　　「憲法第十六條規定人民有訴願及訴訟之權，人民之權利或法律上利益遭受損害，不得僅因身分或職業關係，即限制其依法律所定程序提起訴願或訴訟。因公務員身分受有行政處分得否提起行政爭訟，應視其處分內容而定，迭經本院解釋在案。軍人為廣義之公務員，與國家間具有公法上之職務關係，現役軍官依有關規定聲請續服現役未受允准，並核定其退伍，如對之有所爭執，既係影響軍人身分之存續，損及憲法所保障服公職之權利，自得循訴願及行政訴訟程序尋求救濟。」

　　㈤役　男

　　　　──釋字第 459 號解釋──

「兵役體位之判定,係徵兵機關就役男應否服兵役及應服何種兵役所為之決定而對外直接發生法律效果之單方行政行為,此種決定行為,對役男在憲法上之權益有重大影響,應為訴願法及行政訴訟法上之行政處分。受判定之役男,如認其判定有違法或不當情事,自得依法提起訴願及行政訴訟。司法院院字第一八五〇號解釋,與上開意旨不符,應不再援用,以符憲法保障人民訴訟權之意旨 。 至於兵役法施行法第六十九條係規定免役、禁役、緩徵、緩召應先經主管機關之核定及複核,並未限制人民爭訟之權利,與憲法並無牴觸;其對複核結果不服者,仍得依法提起訴願及行政訴訟。」

二、有關公法上營造物利用關係之解釋

㈠公、私立學校與學生之法律關係❹

―― 釋字第 382 號解釋 ――

依行政法院 41 年判字第 6 號判例,學生受學校之處分,並不能按照訴願程序,提起訴願。惟司法院大法官已於民國 84 年 6 月 23 日,以釋字第 382 號解釋明白表示:「各級學校依有關學籍規則或懲處規定,對學生所為退學或類此之處分行為, 足以改變其學生身分並損及其受教育之機會,自屬對人民憲法上受教育之權利有重大影響,此種處分行為應為訴願法及行政訴訟法上之行政處分。受處分之學生於用盡校內申訴途徑,未獲救濟者,自得依法提起訴願及行政訴訟,以符憲法保障人民受教育之權利及訴訟權之意旨。」其理由有如解釋理由書之說明,在於「人民有受教育之權利,為憲法所保障。而憲法上權利遭受不法侵害者,自得行使憲法第十六條訴願及訴訟之權, 於最後請求司法機關救濟, 不因其身分而受影響……」。因此,學生對於學校足以改變其學生身分,並損及其受教育機會之退學處分或類似之處分,於用盡校內申訴途徑而未獲救濟者,得依法提起訴願及行政訴訟❹。惟「如學生所受處分係為維持學校秩序、實現教

---

❹ 相關論文請參閱,張嘉尹,〈大學「在學關係」的法律定位與其憲法基礎的反省〉,《台灣本土法學雜誌》,第 50 期,2003 年 9 月,頁 3–23。

❹ 相關實例請參閱,程明修,〈針對學生退學處分之行政訴訟選擇〉,《月旦法

育目的所必要，且未侵害其受教育之權利者（例如記過、申誡等處分），除循學校內部申訴途徑謀求救濟外，尚無許其提起行政爭訟之餘地」。

又在司法院大法官釋字第 382 號解釋中，論及「人民受教育之憲法上權利」及「私立法校受委託行使公權力」事項。依解釋理由書之說明，「公立學校係各級政府依法令設置實施教育之機構，具有機關之地位，而私立學校係依私立學校法經主管教育行政機關許可設立並製發印信授權使用，在實施教育之範圍內，有錄取學生、確定學籍、獎懲學生、核發畢業或學位證書等權限，係屬由法律在特定範圍內授與行使公權力之教育機構，於處理上述事項時亦具有與機關相當之地位（參照本院釋字第二六九號解釋）。是各級公私立學校依有關學籍規則或懲處規定，對學生所為退學❺⓿或類此之處分行為，足以改變其學生身分及損害其受教育之機會，此種處分應為訴願法及行政訴訟法上之行政處分，並已對人民憲法上受教育之權利有重大影響」❺❶。

—— 釋字第 684 號解釋 ——

「大學為實現研究學術及培育人才之教育目的或維持學校秩序，對學生所為行政處分或其他公權力措施 ， 如侵害學生受教育權或其他基本權利，即使非屬退學或類此之處分，本於憲法第十六條有權利即有救濟之意旨，仍應許權利受侵害之學生提起行政爭訟，無特別限制之必要。在此範圍內，本院釋字第三八二號解釋應予變更。」❺❷

學雜誌》，第 82 期，2002 年 3 月，頁 102–115。

❺⓿　司法實務評析請參閱，李仁淼，〈大學自治與退學處分——評最高行政法院 91 年度判字第 467 號判決〉，《月旦法學雜誌》，第 94 期，2003 年 3 月，頁 238–252。

❺❶　另參閱陳愛娥，〈退學處分、大學自治與法律保留〉，《台灣本土法學雜誌》，第 27 期，2001 年 10 月，頁 81–86；董保城，〈中小學生受教育權權利救濟保障之再省思——臺北高等行政法院 105 年度訴字第 386 號裁定評釋〉，《月旦裁判時報》，第 57 期，2017 年 3 月，頁 23–30。

❺❷　此號解釋引發爭議，相關論文甚多，可參閱，李惠宗，〈校園將永無寧日？——釋字第六八四號解釋評析〉，《月旦法學雜誌》，第 191 期，2011 年 4 月，頁

────釋字第 784 號解釋────

「本於憲法第 16 條保障人民訴訟權之意旨，各級學校學生認其權利因學校之教育或管理等公權力措施而遭受侵害時，即使非屬退學或類此之處分，亦得按相關措施之性質，依法提起相應之行政爭訟程序以為救濟，無特別限制之必要。於此範圍內，本院釋字第 382 號解釋應予變更❸。」

㈡學校重要事項之法律保留

────釋字第 380 號解釋❹────

「憲法第十一條關於講學自由之規定，係對學術自由之制度性保障；就大學教育而言，應包含研究自由、教學自由及學習自由等事項。大學法第一條第二項規定：『大學應受學術自由之保障，並在法律規定範圍內，享有自治權』，其自治權之範圍，應包含直接涉及研究與教學之學術重要事項。大學課程如何訂定，大學法未定有明文，然因直接與教學、學習自

111–128；賴恒盈，〈告別特別權力關係（上）──兼評大法官釋字第六八四號解釋〉，《月旦法學雜誌》，第 197 期，2011 年 10 月，頁 114–133；賴恒盈，〈告別特別權力關係（下）──兼評大法官釋字第六八四號解釋〉，《月旦法學雜誌》，第 198 期，2011 年 11 月，頁 174–190；許育典，〈釋字六八四號下大學與學生的法律關係〉，《月旦法學雜誌》，第 199 期，2011 年 12 月，頁 96–118；李惠宗，〈大學自治權下學籍制度合憲性之探討──後釋字第六八四號的問題〉，《月旦法學教室》，第 105 期，2011 年 7 月，頁 86–94；莊國榮，〈大學學生行政爭訟權的重要突破──評釋字第 684 號解釋〉，《台灣法學雜誌》，第 170 期，2011 年 2 月，頁 62–74；李建良，〈大學生的基本權利與行政爭訟權──釋字第 684 解釋簡評〉，《台灣法學雜誌》，第 171 期，2011 年 3 月，頁 49–57；周志宏，〈告別法治國家的原始森林？──大法官釋字第 684 號解釋初探〉，《台灣法學雜誌》，第 171 期，2011 年 3 月，頁 58–61。

❸ 此號解釋，蔡明誠大法官所提出不同意見書，筆者認為應可贊同。

❹ 陳敏教授認司法院大法官釋字第 380 號解釋已就大學教育之法律關係揭示憲法保障大學自治之精神，較之其他有關特別權力關係之解釋，僅說明人民依憲法享有之訴願及訴訟權，不因身分而受影響，具有進一步之意義。參閱陳敏，上揭書，頁 234。

由相關,亦屬學術之重要事項,為大學自治之範圍。憲法第一六二條固規定:『全國公私立之教育文化機關,依法律受國家監督。』則國家對於大學自治之監督,應於法律規定範圍內為之,並須符合憲法第二十三條規定之法律保留原則。大學之必修課程,除法律有明文規定外,其訂定亦應符合上開大學自治之原則,大學法施行細則第二十二條第三項規定:『各大學共同必修科目,由教育部邀集各大學相關人員共同研訂之。』惟大學法並未授權教育部邀集各大學共同研訂共同必修科目,大學法施行細則所定內容即不得增加大學法所未規定之限制。又同條第一項後段『各大學共同必修科目不及格者不得畢業』之規定,涉及對畢業條件之限制,致使各大學共同必修科目之訂定實質上發生限制畢業之效果,而依大學法第二十三條、第二十五條及學位授予法第二條、第三條規定,畢業之條件係屬大學自治權範疇。是大學法施行細則第二十二條第一項後段逾越大學法規定,同條第三項未經大學法授權,均與上開憲法意旨不符,應自本解釋公布之日起,至遲於屆滿一年時,失其效力。」

——釋字第 450 號解釋——

「大學自治屬於憲法第十一條講學自由之保障範圍,舉凡教學、學習自由有關之重要事項,均屬大學自治之項目❺❺,又國家對大學之監督除應以法律明定外,其訂定亦應符合大學自治之原則,業經本院釋字第三八〇號解釋釋示在案。大學於上開教學研究相關之範圍內,就其內部組織亦應享有相當程度之自主組織權。各大學如依其自主之決策認有提供學生修習軍訓或護理課程之必要者,自得設置與課程相關之單位,並依法聘任適當之教學人員。惟大學法第十一條第一項第六款及同法施行細則第九條第三

---

❺❺　參閱,李建良,〈大學自治與法治國家〉,《月旦法學雜誌》,第 101 期,2003 年 10 月,頁 127–151;黃錦堂、張文哲,〈大學自治與兩種法律保留原則——釋字第 563、626 與 684 號解釋評析〉,《法令月刊》,第 62 卷第 6 期,頁 13–30;石世豪、蔡震榮,〈釋字第 684 號解釋撼動特別權力關係之後——正常化的大學校園法制架構「施工中」〉,《法令月刊》,第 62 卷第 6 期,2011 年 6 月,頁 1–12。

項明定大學應設置軍訓室並配置人員，負責軍訓及護理課程之規劃與教學，此一強制性規定，有違憲法保障大學自治之意旨，應自本解釋公布之日起，至遲於屆滿一年時失其效力。」

—— **釋字第 563 號解釋** ——

「憲法第十一條之講學自由賦予大學教學、研究與學習之自由，並於直接關涉教學、研究之學術事項，享有自治權。國家對於大學之監督，依憲法第一百六十二條規定，應以法律為之，惟仍應符合大學自治之原則。是立法機關不得任意以法律強制大學設置特定之單位，致侵害大學之內部組織自主權；行政機關亦不得以命令干預大學教學之內容及課程之訂定，而妨礙教學、研究之自由，立法及行政措施之規範密度，於大學自治範圍內，均應受適度之限制。」

三、有關公法上特別監督關係之解釋

從事應受主管機關管理監督之專門職業，是否為特別權力關係？行政法院 78 年判字第 2214 號判決❺❻肯定之，但學者有不同意見❺❼。不過，從特別權力關係與一般權力關係之區別僅為義務強弱程度來看，似不宜完全否認國家對專門職業人員之監督、統治還是有一些特別，而與一般人民不同。茲將大法官之相關解釋臚列於下：

㈠對於會計師之懲戒❺❽

—— **釋字第 295 號解釋** ——

「財政部會計師懲戒覆審委員會對會計師所為懲戒處分之覆審決議，實質上相當於最終之訴願決定，不得再對之提起訴願、再訴願。被懲戒人如因該項決議違法，認為損害其權利者，應許其逕行提起行政訴訟，以符憲法保障人民訴訟權之意旨。」

---

❺❻　《行政法院裁判要旨彙編》，頁 1412 以下。

❺❼　陳敏，上揭書，頁 235；吳庚，上揭書，頁 226，註 44。

❺❽　對於建築師之懲戒亦同程序。詳閱林三欽，〈行政爭訟層級的判別——以建築師懲戒覆審為例〉，《台灣本土法學雜誌》，第 34 期，2002 年 5 月，頁 117–122。

㈡對於律師之懲戒

————釋字第 378 號解釋————

「依律師法第四十一條及第四十三條所設之律師懲戒委員會及律師懲戒覆審委員會，性質上相當於設在高等法院及最高法院之初審與終審職業懲戒法庭，與會計師懲戒委員會等其他專門職業人員懲戒組織係隸屬於行政機關者不同。律師懲戒覆審委員會之決議即屬法院之終審裁判，並非行政處分或訴願決定，自不得再行提起行政爭訟，本院釋字第二九五號解釋應予補充。」

㈢關於教師升等事項

————釋字第 462 號解釋————

「各大學校、院、系（所）教師評審委員會關於教師升等評審之權限，係屬法律在特定範圍內授予公權力之行使，其對教師升等通過與否之決定，與教育部學術審議委員會對教師升等資格所為之最後審定，於教師之資格等身分上之權益有重大影響，均應為訴願法及行政訴訟法上之行政處分。受評審之教師於依教師法或訴願法用盡行政救濟途徑後，仍有不服者，自得依法提起行政訴訟，以符憲法保障人民訴訟權之意旨。

大學教師升等資格之審查，關係大學教師素質與大學教學、研究水準，並涉及人民工作權與職業資格之取得，除應有法律規定之依據外，主管機關所訂定之實施程序，尚須保證能對升等申請人專業學術能力及成就作成客觀可信、公平正確之評量，始符合憲法第二十三條之比例原則。且教師升等資格評審程序既為維持學術研究與教學之品質所設，其決定之作成應基於客觀專業知識與學術成就之考量，此亦為憲法保障學術自由真諦之所在。故各大學校、院、系（所）教師評審委員會，本於專業評量之原則，應選任各該專業領域具有充分專業能力之學者專家先行審查，將其結果報請教師評審委員會評議。教師評審委員會除能提出具有專業學術依據之具體理由，動搖該專業審查之可信度與正確性，否則即應尊重其判斷。受理此類事件之行政救濟機關及行政法院自得據以審查其是否遵守相關之程序，或其判斷、評量有無違法或顯然不當之情事。現行有關各大學、

獨立學院及專科學校教師資格及升等評審程序❺❾之規定,應本此解釋意旨通盤檢討修正。」

第五節 行政法法律關係之主體及其能力

行政法上法律關係一如民法上法律關係一樣,係由法律主體 (Rechtssubjekte),就具體生活事件,依行政法規定所成立之享受權利、負擔義務之法律關係。因此,沒有行政主體即無行政法法律關係。一般而言,行政法法律關係之主體,依行政程序法第 2 條第 2 項之規定來看,有國家、地方自治團體或其他行政主體,而學者則認為包括國家、公法人、公權力受託人、自然人、私法人及非法人組織❻⓿。在德國,選舉人團 (eine Wählergemeinschaft) 亦被認為是行政法主體❻❶。而在內部行政法律關係方面,行政法律關係之主體,除國家、公法人及公權力受託人外,亦包括行政機關及其他行政內部組織❻❷。

行政法律關係主體依行政法規得享有權利、負擔義務之資格,即為行政法之權利能力,此一能力為由立法者制定法律所賦予,又可分為完全權利能力及部分權利能力。所謂完全權利能力,係指在一般情形下,得作為權利義務主體,或至少在某一法律領域上,得作為享受權利、負擔義務之資格,而非謂得作為一切權利及義務主體之資格;而所謂部分權利能力則是指在特定範疇或對特定事項,有享受權利或負擔義務之能力。在德國法上,例如非法人團體、聯邦鐵路局、聯邦郵政局就其特別財產或大學中之系院,政黨之議會黨團就其人員代表權上之澄清、保持及實現❻❸。

---

❺❾ 參閱,湯德宗,〈大學教師升等評審的正常程序〉,《月旦法學雜誌》,第 97 期,2003 年 6 月,頁 227–240。

❻⓿ 陳敏,上揭書,頁 239。

❻❶ Wolff/Bachof/Stober, a.a.O., §32 Rn. 4.

❻❷ 陳敏,上揭書,頁 239。

除此之外，在行政程序法上或行政訴訟法上亦承認行政法律關係之主體，有當事人能力 (Beteilungsfähigkeit)❻❹。

又在行為能力方面，行政法之規定與民法規定，並不完全相同，除在行政程序法第 22 條規定行政程序之行為能力外，並在各別的行政法規如兵役法、電信法、公職人員選舉罷免法規定各該行為之行為能力，是為行政法之行為能力❻❺。

第六節　行政法法律關係之內容

第一項　概　說

在現代憲政國家之公共生活領域中，人民之法律地位不再是被動受治之身分而已，他還有消極自由、積極受益和主動參政之身分❻❻，換言之，人民不再只是封建時代的農奴，只有義務之歸屬，相反的他還有公共生活所必要的自由、平等、參政、受益等權利之享有。同樣的，國家也不再屬於高高在上的君主，只有權利，而無義務。國家不再是統治、監管而已，甚且要提供生活必要給付，保障現時人民生存權益，保存未來世代生活基礎，因而負有非常沉重的社會義務。

上述這些人民與國家在現代社會中之種種權利與義務，即構成今日行政法法律關係之內容，茲再分項細述之。

---

❻❸　Wolff/Bachof/Stober, a.a.O., §32 Rn. 7.

❻❹　參閱行政程序法第 20 條、第 21 條，行政訴訟法第 22 條。

❻❺　兵役法第 3 條規定：「男子年滿十八歲之翌年一月一日起役，至屆滿三十六歲之年十二月三十一日除役，稱為役齡男子。」；電信法第 9 條規定：「無行為能力人或限制行為能力人使用電信之行為，對於電信事業，視為有行為能力人。」；公職人員選舉罷免法第 24 條規定：「選舉人年滿二十三歲，得於其行使選舉權之選舉區登記為公職人員候選人。」。

❻❻　林騰鷂，《中華民國憲法》，頁 73–74；陳敏，上揭書，頁 207–209。

第二項　人民之公權利[67]

人民之公權利係由憲法或行政法所授與人民，使其為達成自己之利益或為公益[68]，而要求行政機關或他人為特定行為之法律上力量。換言之，成為人民之公權利要符合下列三個要件，即：

1.須憲法或行政法規定行政機關對人民應為特定行為之義務。如憲法基本國策中，行政機關在國民經濟、社會安全方面所應為或在各類行政法規中對人民所應為之義務規定。

2.須憲法或行政法規範之目的在於達成人民之個別利益或公益。如憲法第二章所規定之人民權利或憲法增修條文第 10 條第 6 項對身心障礙者之保險、就醫權利等或消費者保護法第 7 條至第 10 條規定之保障消費者健康與安全之權益。

3.依憲法、憲法解釋或行政法規，人民可據以對行政機關，貫徹實現憲法或法律上規定其得享有之私益或公益[69]。

行政法學者有將人民之公權利與反射利益區分，認為「設定公行政行為義務之法規範，必須在於保護人民之個人利益，或至少亦在於保護個人之利益者，始得據以產生人民之公權利」[70]。但此一見解已因消費者保護法第 28 條第 8 款，行政訴訟法第 9 條規定[71]，而應有所修正。學界也有

---

[67] 公權利理論之敘述另請參閱，李建良等合著，《行政法入門》，頁 138–145；陳新民，《行政法學總論》，民國 89 年 8 月修訂七版，頁 119–125；陳慈陽，《行政法總論》，頁 422–429。

[68] 如行政訴訟法第 9 條規定：「人民為維護公益，就無關自己權利及法律上利益之事項，對於行政機關之違法行為，得提起行政訴訟。但以法律有特別規定者為限。」

[69] 如依行政程序法第 46 條第 1 項規定，行政程序之當事人或利害關係人有向行政機關申請閱覽、抄寫、複印或攝影有關資料或卷宗之權。

[70] 陳敏，上揭書，頁 260；陳清秀，上揭文，頁 214–216。

[71] 該條規定，人民為維護公益，就無關自己權利及法律上利益之事項，對於行政機關之違法行為，得提起行政訴訟。

檢討，認為公權利與反射利益間之界限，並非絕對截然劃分而是呈流動性與相對性，隨著時代觀念改變，國家任務的擴張以及人民權利意識高漲，有擴大公權利的趨勢❷，特別是在環境、資訊權益與公共計劃之參與方面，已漸有成為公權利之趨勢❸。

　　人民之公權利，學者有就其屬性依學理分別稱為防禦權、給付請求權❹，或將之稱為支配權、請求權、形成權者❺，不易為初學者所明瞭。德國學者有依其憲政體系規範，確認下述人民公權利之方式，比較平白明確且與憲法之人權保障規定相互對映，容易為大眾所瞭解，本書認為較可採，故條列於次：

　　1.人格與人性尊嚴權。

　　2.個人身分權。

　　3.姓名權。

　　4.國籍權。

　　5.人身自由權、思想自由權、宗教自由權、意見自由權、遷徙自由權、居住自由權、通訊自由權、從業自由權、集會自由權、結社自由權及其他行為自由權。

　　6.平等權。

　　7.財產權。

　　8.生命權。

　　9.身體完整權。

---

❷　參閱，Wolfgang Kall 演講文章，林明鏘譯，〈德國與歐盟行政法上權利主觀公法上權利之現況、演變及其展望〉，《臺大法學論叢》，第 40 卷，第 2 期，2011 年 6 月，頁 877–906。

❸　陳清秀，上揭文，頁 216；王和雄，〈公權理論之演變〉，《政大法學評論》，第 43 期，頁 356；陳新民，《行政法學總論》，頁 90。

❹　Maurer, Allg. VWR, §8 Rn. 10–14.

❺　Wolff/Bachof/Stober, VWR I, §43 Rn. 5 ff.；吳庚，《行政法之理論與實用》，民國 94 年 8 月增訂九版，頁 153–154；陳敏，《行政法總論》，民國 93 年 11 月四版，頁 262–263；陳慈陽，《行政法總論》，頁 423。

10.最低經濟生存權。

11.隱私權。

12.環境權。

13.教育權。

14.請願權。

15.受庇護權。

16.婚姻與家庭保護權。

17.行政法上請求權❼❻、參與權與形成權。

18.其他依國際人權公約如聯合國 1948 年「世界人權宣言」，1962 年「關於社會政策之基本目標與標準公約」，1976 年「經濟社會文化權利國際公約」，1976 年「公民及政治權利國際公約」等所規定之居住權❼❼、文化權❼❽、健康權❼❾、休閒權、返國權、離國權、資訊權❽❶等。

另外，在比較法上值得特別注意的有公元 2000 年之「歐洲聯盟基本

---

❼❻ 相關實例請參閱，陳愛娥，〈公法上請求權消滅時效的起算〉，《台灣本土法學雜誌》，第 62 期，2004 年 9 月，頁 145–149；王珍玲，〈公法上請求權時效〉，《台灣法學雜誌》，第 173 期，2011 年 4 月，頁 107–112。

❼❼ 民國 106 年 1 月 11 日修正之住宅法第 53 條規定：「居住為基本人權，其內涵應參照經濟社會文化權利國際公約、公民與政治權利國際公約，及經濟社會文化權利委員會與人權事務委員會所作之相關意見與解釋。」

❼❽ 民國 108 年 6 月 5 日公布施行之文化基本法第 3 條規定：「人民為文化與文化權利之主體，享有創作、表意、參與之自由及自主性。」同法第 5 條又規定：「人民享有參與、欣賞及共享文化之近用權利。」

❼❾ 民國 108 年 11 月 29 日之大法官釋字第 785 號解釋，公務員服務法第 11 條第 2 項、及公務人員週休二日實施辦法第 4 條第 1 項規定，並未就業務性質特殊機關實施輪班、輪休制度，設定任何關於其所屬公務人員服勤時數之合理上限、服勤與休假之頻率、服勤日中連續休息最低時數等攸關公務人員服公職權及健康權保護要求之框架性規範，不符憲法服公職權及健康權之保護要求。

❽❶ 李震山，〈論行政提供資訊——以基因改造食品之資訊為例〉，《月旦法學教室③公法學篇》，頁 194–195。

權利憲章」第 41 條所規定之「享受良好行政之權利」**⑧**、聯合國大會於 1986 年通過的「發展權宣言」中所指之「發展權」**⑧** 以及公元 1999 年瑞士憲法第 12 條所規定之在「憂鬱、苦難時受扶助之權」**⑧**。

第三項　人民之公義務

依憲法及行政法規定，人民在公共生活領域內，對國家、所屬地域團體所應擔負之作為、不作為及容忍等即是人民之公義務**⑧**。除了憲法所具體規定的納稅、服兵役、受國民教育的義務外，尚有服從依憲法第 23 條規定所制定之法律義務**⑧**，而此即為許多行政法律所規定之義務，其主要類型可分為：

一、作為義務——如醫療法第 26 條前段規定，醫療機構應依法令規定或依衛生主管機關之通知，提出報告。

二、不作為義務——如醫療法第 61 條第 1 項規定，醫療機構，不得以不正當方法，招攬病人；又同條第 2 項規定，醫療機構及其人員，不得利用業務上機會，收受商人饋贈或獲取其他不正當利益。

三、容忍義務——如上述醫療法第 26 條後段規定，醫療機構應接受衛生主管機關對其人員配置、構造、設備、醫療收費、醫療作業、衛生安全、診療紀錄等之檢查及資料蒐集。

對人民之作為義務中，給付勞務、工作、實物以及金錢者，學理上有統稱為「公負擔」(öffentliche Lasten) 者。公負擔之以勞務、工作或物之

---

⑧　參閱，廖福特，《歐洲人權法》，學林文化事業有限公司，2003 年 5 月一版，頁 381–435。

⑧　參閱，廖福特，《國際人權法》，元照出版公司，2005 年 4 月初版，頁 331–358。

⑧　參閱，林騰鷂，《中華民國憲法》，國立空中大學，民國 94 年 12 月初版，頁 182。

⑧　參閱，吳志光，《行政法》，新學林出版股份有限公司，2006 年 10 月，頁 76–81。

⑧　陳新民，上揭書，頁 93、94。

給付為內容者，稱為自然負擔 (Naturallasten)[86]，如依廣播電視法第 26 條規定，各公、民營電臺應聯合或分別播送國家通訊傳播委員會指定之新聞及政令宣導節目，又如依同法第 27 條規定，將節目時間表，於事前檢送國家通訊傳播委員會等是。另民國 108 年 6 月 26 日公布施行之電信管理法，將經營電信事業人民之義務區分為一般義務、特別義務和指定義務，分別規定在該法第 8 條至第 13 條，第 14 條至第 21 條，第 22 條至第 26 條。至於公負擔之以金錢給付為內容者，則稱為「公共稅費」(öffentliche Abgaben)，如 1.依各種稅法所課之稅 (Steuern)，2.國家對個別人民為特定給付時向該人民所收取之金錢規費 (Gebühren)[87]，3.國家為公益而設置、建造或維護公共設施時，對因此而享有特別利益人民所強制徵收之受益費 (Beiträge)[88]，4.公法團體成員對其團體財務所負之金錢給付 (Verbandslasten)[89]，5.為配合特定財政收入目的，而對具有某一相同屬性之人所徵收之特別捐 (Sonderabgaben)，如依貿易法第 21 條規定所徵收之推廣貿易服務費。

　　對以人民之容忍或不作為義務為內容之公負擔，學者有稱為「行政法之用役」(Verwaltungsrechtliche Dienstbarkeit)[90]，例如依礦業法第 61 條規定，探礦時所得礦質，非經主管機關許可，不得出售，或如依「去氧核醣核酸採樣條例」第五條規定，性犯罪或重大暴力犯罪案件之被告、嫌疑人應接受去氧核醣核酸之強制採樣。

第四項　公行政主體之權利

　在行政法律關係扮演關鍵性角色之公行政主體 (Subjekte öffentlicher

[86]　陳敏，上揭書，頁 265、266。
[87]　在德國，規費又可分為行政規費 (Verwaltungsgebühren)、使用規費 (Benutzungsgebühren)、特許規費 (Verleihungsgebühren) 等。參閱陳敏，上揭書，頁 268。我國規費法第 6 條則規定：「規費分為行政規費及使用規費。」
[88]　如依財政收支劃分法第 22 條及工程受益費徵收條例所徵收者。
[89]　如漁會會員依漁會法第 40 條規定所繳之入會費、常年會費。
[90]　詳見陳敏，上揭書，頁 265。

Verwaltung)，如國家、省、縣、市、鄉、鎮、其他行政主體或受託行使公權力之個人或團體❾❶，均為公行政權利義務之歸屬主體，其權利大致可分別說明之❾❷：

一、**法規制定權**——公行政主體依法定職權或法律授權，得對人民、所屬公務員或下級行政機關制定法規命令或行政規則，規範其權利義務或行政執行細節。

二、**計劃之擬定、確定、修訂及廢棄權**——即公行政主體為將來一定期限內達成特定之目的或實現一定之構想，事前就達成該目的或實現該構想有關之方法、步驟或措施所為之設計與規劃及其確定、修訂及廢棄等權利❾❸。

三、**行政處分權**——即公行政主體為執行法律，對個別具體事件、命令人民為一定行為、或為一定法律關係之形塑❾❹、或為其他公權力措施而對人民直接發生法律效果之處置權利❾❺，或對公物之設定、變更、廢止或其一般使用所為之決定或措施權❾❻。

四、**行政處罰權**——乃公行政主體對違反行政命令行政處分人民，依法得加以處罰之權利，如罰鍰、沒入、吊扣駕照等。

五、**行政強制權**——乃公行政主體對人民依法律規定或依行政處分有為一定行為義務而卻不履行者，得採取行政強制方法❾❼，以實力強加於該人民身體或財產，促使其履行義務或實現與履行與義務相同狀態之權利。

六、**公法上債權**❾❽——即公行政主體對人民稅捐、規費、受益費等之請求

---

❾❶　參照行政程序法第 2 條第 2 項、第 3 項規定。

❾❷　另請參閱李震山，《行政法導論》，頁 15；涂懷瑩，上揭書，頁 122–125。

❾❸　參閱行政程序法第 163、164 條規定。

❾❹　如准予商標註冊，將公務員免職等是。

❾❺　參閱行政程序法第 92 條第 1 項規定。

❾❻　行政程序法第 92 條第 2 項規定。

❾❼　行政執行法第 28 條、第 32 條及第 36 至 40 條等規定之方法。

❾❽　實例請參閱，陳淑芳，〈公法上債之關係〉，《月旦法學教室》，第 17 期，

給付權。

七、公法上物權——乃公行政主體為公益的需要，依法對特定公物、河川、海域、文物之所有、使用、收益及支配之權利。

八、公法上經營權——即公行政主體依憲法第 144 條及國營事業管理法或其他行政法令得經營公用事業、公有營業機關或公有事業機關❾❾之權利。

九、公股管理權——公行政主體持有之公、私營企業股份，仍為國家重要資產，其管理權對國庫、對經濟發展、社會福利分配之影響甚大，日漸成為社會注目焦點❿ 。

第五項　公行政主體之義務

公行政主體之義務非常廣泛，常不是由明確的或特別的法令所規範，而通常是基於公行政主體依法維護公益之一般應為義務。除此之外，憲法或法律有明文規定之義務，或基於實現、保障人民權利之義務或基於行政法上規定之債務或補償義務，均是公行政主體之行政法上義務❿❶。例如對人民自由、平等權利之保障義務，對人民身體、居家安全之概括保障義務，或對人民提供生存照顧、社會、醫療給付之義務。

第七節　行政法法律關係之發生

行政法法律關係之發生有基於人之行為者，亦有基於自然事實者。前

2004 年 3 月，頁 28–29。

❾❾　參閱會計法第 4 條第 2 項規定。

❿　公股管理權現由財政部國庫署之公股管理小組承辦，因爭議日多，擬成立「國家控股公司」來統籌處理。參閱，《聯合報》，民國 95 年 5 月 11 日，A5 版。

❿❶　Wolff/Bachof/Stober, a.a.O., §41 Rn. 8.

者係公行政主體之行政處分、行政計劃、行政契約、實施行政指導、訂定法規命令與行政規則等之行為或是人民所為行政契約或申請核發證照，同意擔任公務員等之行為等是；後者則係人之出生死亡、河川新生地之形成、水旱災之發生、通貨激烈膨脹、時間之到來、逝去等事故等是。茲再分類舉例說明之：

一、**依法律規定而發生者**，如男性年齡滿 18 歲之翌年 1 月 1 日起役而發生兵役法上義務關係。又有人獲得財物贈與而生贈與稅繳納之義務，或醫師診斷或檢驗法定傳染病之病人時，有應立即消毒並於 24 小時內向該管機關報告之義務，此均為依兵役法、遺產及贈與稅法、醫師法之相關規定所發生之行政法律關係。

二、**依行政處分而發生者**，如農業委員會對偽農藥之沒入；內政部對屬於全國性工會之解散；稅捐稽徵機關依所得稅法第 77 條核准營利事業適用藍色申報書之優惠；縣市政府依水利法第 26 條規定，變更或撤銷私人已登記之水權。

三、**依行政計劃而發生者**，如依區域計畫法第 20 條規定，區域計畫公告實施後，區域內個別事業主管機關，應配合區域計畫及區域建設推行委員會之建議，分別訂定開發或建設進步及編列年度預算，依期辦理之義務關係，又如都市計畫法第 40 條規定，都市經計畫公布實施後，應依建築法規定，實施建築管理等是。

四、**依行政契約而發生者**，如依行政程序法第 140 條第 1 項規定，行政契約依約定內容履行將侵害第三人之權利者 ， 應經該第三人書面之同意，始生效力之法律關係，或依同條第 2 項規定，代替行政處分而締結之行政契約，應經其他有關行政機關之核准、同意或會同辦理，始生效力之法律關係。

五、**因實施行政指導而發生者**，如依行政程序法第 1 及 66 條規定，行政機關為行政指導時，應注意法規規定之目的，不得濫用，如相對人明確拒絕指導時，行政機關應即停止行政指導，並不得據此對相對人為不利之處置等法律關係是。

六、**因訂定法規命令與行政規則而發生者，**如水利中央主管機關為劃一水
權登記程式，得依水利法第 45 條規定，制定水權登記規則，使欲辦
理水權登記之人民均受其拘束；又如行政機關訂定行政規則以約束公
務員兼職行為之法律關係是。

七、**依自然事實而發生者，**如依都市計畫法第 27 條規定，發生戰爭、地
震、水災、風災、火災或其他重大事變，致都市計畫遭受損壞時，當
地直轄市、縣市政府應視實際情況迅行變更都市計畫之法律關係，即
因戰爭、地震、水災、旱災等自然事實而發生者。

第八節　行政法法律關係之變更

行政法之法律關係亦與民法上一樣有法律關係之主體變更，與法律關
係之內容變更問題。主體變更又稱主觀的變更，係指行政法上法律關係之
權利或義務，由原來之主體，移轉至另一新的主體而發生權利義務繼受者
之謂[102]，而內容變更又稱客觀的變更，係指行政法上法律關係之權利或義
務發生數量或性質的變更而言[103]。茲各舉例分別說明之：

一、主體變更

1.公行政主體之變更——公行政主體之權限均係以法規為依據，不得
任意設定或變更，是為管轄恒定原則 (Grundsatz des festen
Zuständigkeitsverteilung)，行政程序法第 11 條第 5 項定有明文，但有時因
法規或事實情況之變更，致產生管轄權之變動者[104]，此即產生公行政主體
之變更。若干行政法律及新制定的行政程序法則將此類情形分別規定之，
即：

---

[102] 學者稱此為「行政法法律關係之繼受」。參閱，陳慈陽，《行政法總論》，頁
429。

[103] 涂懷瑩，上揭書，頁 153。

[104] 吳庚，上揭書，頁 200。

⑴委任——即行政程序法第 15 條第 1 項所規定之行政機關依法將其
　　權限之一部分，委任所屬下級機關執行之。

⑵委託——即行政程序法第 15 條第 2 項及第 16 條第 1 項之行政機
　　關依法規將其權限之一部分委託不相隸屬之行政機關、民間團體或
　　個人辦理或行使。

⑶干預——乃指上級機關直接行使原屬下級機關之權限者，如地方制
　　度法第 76 條之代行處理，或如區域計畫法第 11 條規定之區域計畫
　　上級主管機關代下級都市計畫主管機關擬定或變更市鎮計畫、鄉街
　　計畫、特定區計畫等是。

⑷移轉——指因法規變動或基於原因事實而產生之管轄權變動，如國
　　家通訊傳播委員會組織法第 2 條規定：「自本會成立之日起，通訊
　　傳播相關法規，包括電信法、廣播電視法、有線廣播電視法及衛星
　　廣播電視法，涉及本會職掌，其職權原屬交通部、行政院新聞局、
　　交通部電信總局者，主管機關均變更為本會。」同法第 15 條另規
　　定，交通部郵電司、交通部電信總局及行政院新聞局廣播電視事業
　　處之現職人員隨業務移撥至國家通訊傳播委員會。

　　另有委辦者，與委任、委託不同，實質上並非管轄權權限之變更，而
是行政執行責任者之變更。依地方制度法第 2 條第 3 款規定：「委辦事項，
指地方自治團體依法律，上級法規定或規章規定，在上級政府指揮監督
下，執行上級政府交付辦理之非屬該團體事務，而負其行政執行責任之事
項。」不過，值得注意的是地方制度法第 75 條第 3 項規定：「直轄市政府
辦理委辦事項，違背憲法、法律、中央法令或逾越權限者，由中央各該主
管機關報行政院予以撤銷、變更、廢止或停止其執行。」同條第 5 項則規
定：「縣（市）政府辦理委辦事項違背憲法、法律、中央法令或逾越權限
者，由委辦機關予以撤銷、變更、廢止或停止其執行。」對於鄉（鎮、
市）公所辦理委辦事項如有違憲、違法者，則同於縣（市）政府辦理委辦
事項之後果，由委辦機關予以撤銷、變更、廢止或停止其執行。至於直轄
市政府、縣（市）政府或其所屬機關及鄉（鎮、市）公所依法辦理上級政

府或其所屬機關委辦事件所為之行政處分,為受委辦機關之行政處分,依訴願法第 9 條規定,其訴願之管轄,比照(訴願法)第 4 條之規定,向受委辦機關之直接上級機關提起訴願。

　　2.當事人民之變更——行政法法律關係可否由原當事人民變更由另一人民繼受,除視法律有無明文規定及視其有關之權利義務是否有一身專屬性而定。前者視法律有無明文規定者如水利法第 19 條之 1,水權人可以交換使用全部或一部分引水量者,應由雙方訂定換水契約,變更水權之使用人。或依同法第 22 條規定將原水權人剩餘之水量分配給取得剩餘水量之水權人。後者視其有關之權利義務是否有一身專屬性,可再分別說明於次❿[105]:

　　(1)與人有關且具一身專屬性之法律關係,如學位授與、駕駛許可、參加交通講習義務等,隨著權利人(或義務人)之死亡,同時消滅,不發生當事人民主體變更之問題。

　　(2)與人有關而不具一身專屬性之法律關係,如納稅義務人溢繳稅款或其他公法上負擔而對於行政機關有退稅請求權或公務員溢領俸給的退還溢領款項義務而在權利人或義務人死亡時,行政法之法律關係即移轉變更由其繼承人承受。再如納稅義務人死亡,遺有財產者,其依法應繳納之稅捐,依稅捐稽徵法第 14 條第 1 項之規定,應移轉變更由其遺囑執行人、繼承人、受遺贈人或遺產管理人承受繳納稅捐之行政法法律關係。

二、內容變更[106]

　　此即行政法上法律關係內權利或義務發生數量上或性質上之變動,茲舉例說明之:

　　1.數量的變更——如稅額之減免,免稅期限之延長、縮短,共同取得水權之重行劃定[107]。

---

[105]　參閱陳清秀,上揭文,頁 229–231。

[106]　涂懷瑩,上揭書,頁 153。

[107]　參照水利法第 25 條。

2.性質的變更——如行政執行法第 32 條規定：「經間接強制不能達成執行目的，或因情況急迫，如不及時執行，顯難達成執行目的時，執行機關得依直接強制方法執行之。」

第九節　行政法法律關係之消滅[108]

行政法上法律關係之消滅原因不一，可分別舉述於次[109]：

一、因行政法法律關係主體之死亡或解散而消滅

如公務員死亡，則依公務員法所生之任用、服務法律關係消滅，或如服兵役之役男自殺身亡，其兵役關係消滅，又電器承裝業解散時，其因違反電業法第 59 條第 1 項規定而依同法第 83 條及 84 條規定，被科處停止營業處分之法律關係，亦歸於消滅。又如民用航空法第 61 條規定，民用航空運輸業依法解散時，其許可證及航線證書同時失效等是。

二、因法律關係標的物之滅失而消滅

如依文化資產保存法指定之古物、國寶、古蹟因天災、人禍而滅失或損毀者，其有關之公物法律關係歸於消滅。又如主管機關下令拆除之違建，因風災、震災而倒塌損毀，其有關之拆除法律關係亦因而消滅。

三、因行政處分之作成而消滅

如對公務員之免職處分而消滅公務員法律關係，或開除學籍而消滅學生與學校之法律關係，或依有線廣播電視法第 30 條、第 57 條至第 60 條及第 63 條至第 64 條等規定，撤銷有線電視系統經營者之經營許可而使相關之行政法律關係消滅，或依文化資產保存法第 68 條第 2 項規定廢止古物為國寶或重要國寶之指定而使因國寶所生之法律關係消滅。

---

[108]　學者有稱之為「行政法法律關係之結束」者。參閱，陳慈陽，《行政法總論》，頁 429–431。

[109]　陳敏，上揭書，頁 283–289；陳清秀，上揭文，頁 232–239。

四、因行政上義務之履行而消滅

行政法法律關係以當事人一方或雙方之一次給付為內容者，其法律關係因此義務之履行，即給付之交付提出而消滅，如文化資產保存法第98條第1項第2款規定之私有國寶、重要古物捐獻予政府者，因捐獻義務之履行而使私有國寶、重要古物之所有人依文化資產保存法所生之行政法律關係，隨之消滅。又行政上義務之履行亦可經由抵銷之方式達成，如依稅捐稽徵法第29條之規定將積欠稅捐由應退之稅捐扣抵之❿。

五、因行政上權利之拋棄而消滅

公行政主體或人民之行政法上權利，不論其是一次給付或重覆給付，不論其是全部給付或部分給付 ，或不論其是實體法上權利或程序法上權利，均得由公行政主體或人民以行政處分、行政契約或行政法上意思表示而為「拋棄」(Verzicht) 或「免除」(Erlaß)。而人民對公權利之拋棄，以其對之具有處分權 (Dispositionsbefugnis)，始生效力⓫。舉例而言，如在德國對社會行政機關所提出社會給付之拋棄。 又如當事人民依訴願法第60條或依行政訴訟法第202條表示撤回或捨棄行政救濟的權利。 但行政法上權利如涉公共利益，則不許拋棄。如稅捐稽徵機關對於稅捐債權，不得任意拋棄。

六、因行政契約之締結而消滅

如依行政程序法第135條規定，公法上法律關係依性質或法規規定得締約者，得以契約設定、變更或消滅之。

七、因時間經過而消滅

行政法法律關係，依時間之經過而消滅之情形，為數不少，其中有法定之「除斥期間」(Ausschlußfrist) 者，期間一過，權利即行消滅，亦有消滅時效 (Verjährung)，於請求權在一定期間內不行使且無權利行使障礙事由，致可造成時效中斷、時效不完成之情形下時，則發生權利消滅之效果⓬。

---

❿ Erichsen, in: Erichsen, Allg. VwR, §11 Rn. 49.

⓫ A.a.O., §11 Rn. 50.

　　行政法上除斥期間如異議期間、訴願期間、行政訴訟期間、回復原狀期間、行政執行期間等，茲分述之：

　　1.異議期間——例如道路交通管理處罰條例第 87 條規定，違反道路交通管理處罰條例受處分人得於接到處罰裁決書之翌日起 20 日內聲明異議，或如社會秩序維護法第 55 條第 1 項規定，被處罰人不服警察機關之處分者，得於處分書送達之翌日起 5 日內聲明異議。又如關稅法第 45 條規定，納稅義務人如不服海關對其進口貨物核定之稅則、號別、完稅價格或應補繳稅款或特別關稅者，得於收到海關填發稅款繳納證之日起 30 日內，依規定格式，以書面向海關聲明異議。此 15 日、5 日、30 日之異議期間，即為除斥期間。

　　2.訴願期間——如訴願法第 14 條第 1 項規定，訴願之提起為自行政處分達到或公告期滿之次日起 30 日內為之。同條第二項規定，利害關係人之訴願期間，自知悉有行政處分時起算 30 日，但自行政處分達到或公告期滿後，已逾 3 年者，不得提起。

　　3.行政訴訟期間——如行政訴訟法第 106 條第 1 項提起撤銷訴訟期間，即應於訴願決定書送達後 2 個月之不變期間內為之。但訴願人以外之利害關係人知悉在後者，自知悉時起算。同條第 2 項又規定，撤銷訴訟，自訴願決定書送達後，已逾 3 年者，不得提起行政訴訟。

　　4.回復原狀期間——如訴願法第 15 條第 1 項規定，訴願人因天災或其他不應歸責於己之事由，致遲誤訴願期間者，於其原因消滅後 10 日內，得以書面敘明理由向受理訴願機關申請回復原狀。但遲誤訴願期間已逾 1 年者，不得為之。又如行政訴訟法第 91 條第 1 項規定，因天災或其他不應歸責於己之事由，致遲誤不變期間者，於其原因消滅後 1 個月內，如該不變期間少於一個月者，於相等之日數內，得聲請回復原狀，此項期間即為除斥期間，且不得伸長或縮短之。又遲誤不變期間已逾一年者，不得聲

---

❷　除斥期間與消滅時效之主要區別，請參閱施啟揚，《民法總則》，民國 71 年 9 月，頁 343；另王澤鑑，《民法總則》，民法實例研習叢書第 2 冊，民國 72 年 11 月，頁 400–404。

請回復原狀，又遲誤行政訴訟法第 106 條之起訴期間，已逾 3 年者，亦不得聲請回復原狀。

5.行政執行期間——如行政執行法第 7 條規定，行政執行，自處分、裁定確定之日或其他依法令負有義務經通知限期履行之文書所定期間屆滿之日起，5 年內未經執行者，不再執行。

行政法上之消滅時效，因行政程序法第 131–134 條之規定而有明確規範。故凡公法上之請求權，除法律有特別規定外，因 5 年間不行使而消滅。又行政法上消滅時效完成之效果，因行政程序法第 131 條第 2 項規定，產生公法上請求權當然消滅，此點與我民法消滅時效僅造成義務人得拒絕履行義務、抗辯權之法律效果，有明顯不同❸。

八、因權利失效而消滅

權利失效 (Verwirkung) 與消滅時效之單純以時間經過及權利之不行使為要件而產生權利消滅效果之情形不同。權利失效除須有權利人經過漫長期間且不行使權利之要素外，尚須有受權利行使之相對人根據權利人長久不行使權利之事實及其他有關狀況，相信權利人不會再行使其權利，從而作成相當之安排處置之要素❹。德國聯邦行政法院據此認為，權利失效必須具備三個要件❺，即：

1.權利人長時間有不行使權利之行為，而形成義務人之信賴基礎 (Vertrauensgrundlage)。

2.義務人相信債權人不會主張權利而有信賴事實要件 (Vertrauenstatbestand) 之存在。

3.如權利人於信賴基礎發生後行使其權利，將造成義務人不可預計之損失。

權利失效的效果，有認為限於權利人可以自由處分的權利（法益）為

---

❸ 德國學界通說與我國學者之看法不同情形，請參閱陳清秀，上揭文，頁 236、237。

❹ 陳敏，上揭書，頁 289。

❺ 林錫堯，上揭書，頁 111。

限，有認為基於信賴保護思想，不應以權利人得處分的權利為限，並舉稅捐稽徵機關對於稅捐債權固不得任意處分拋棄，但此稅捐債權仍得為權利失效的標的 ❶❻ 。

又權利失效之法律效果，有認為並未使權利歸於消滅，而僅禁止權利之行使而已，有人則主張公法上債權之消滅時效與權利失效相類似，故應比照公法上消滅時效，使權利歸於消滅。有鑒於行政程序法第 131 條第 2 項已明文規定，公法上請求權因消滅時效完成而當然消滅，則權利失效之法律效果亦應採取使權利消滅之法律效果為佳。

---

❶❻　陳清秀，上揭文，頁 238。

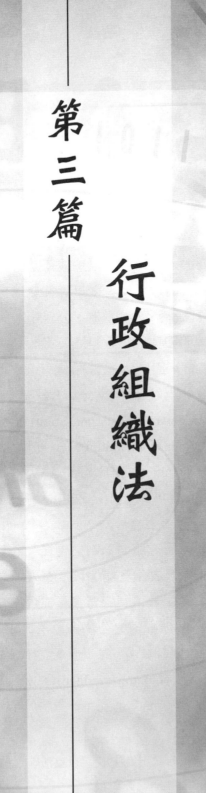

第三篇　行政組織法

第一章 導 論

在日常生活中，行使公權力的組織為何？它的內部結構與對外關係為何？它如何擁有、管理、使用必要的人力、物力以達成憲法所賦予的任務，為行政法學必須探討之問題。國內行政法學者多以專篇❶或專章❷方式，分別研析行政組織法制、公務員法制、公物法制、公營事業與營造物法制。此種分類方式各自分立，不能明顯突出行政組織與資源之關連性及其對下述行政作用之促動、決定機能。因此，本書採納德國敏斯特大學 (Universität Münster) Norbert Achterberg 教授所用之分類方法，來總合概括、來探討行政組織法制 (Recht der Verwaltungsorganisation) 及行政人力資源法制 (Recht der persönlichen Organisationsmittel)──亦即公務員法 (Öffentliches Dienstrecht Organisationsmittel) 以及行政物力資源法制 (Recht der sächlichen Organisationsmittel)，以顯現行政組織與行政資源之密切聯結關係。

在行政組織法制方面❸，將先探討行政組織法制之梗概，然後分別研析各種類型行政組織、管轄、職掌權限及其相互關係以及與人民之關係。

在行政人力資源法制方面，將探討公務人員之意涵、種類、來源及其相關之法律關係，亦即一般行政法學界所探討之公務人員法律關係。

在行政物力資源法制則將探討包括行政財產 (Verwaltungsvermögen)、財政財產 (Finanzvermögen)、公共用物

---

❶ 如陳敏，《行政法總論》採取之方式。

❷ 如李震山，《行政法導論》採取之方式。

❸ 參閱，陳愛娥，〈國家角色變遷下的行政組織法〉，《月旦法學教室》，第 1 期，2002 年 11 月，頁 100–106。

(öffentliche Sachen im Gemeingebrauch) 等廣義公物之法律關係，亦即一般行政法學者所探討之公物法、公營事業法、營造物法等法制。有關公營事業及營造物之名稱，學者有認為不甚妥當者，但仍沿用之❹。本書則認為兩者名稱，應依會計法第 4 條第 2 項之規定，使用法律所用名稱，即用「公有事業機關」代替「營造物」之用語，以及用「公有營業機關」以代「公營事業」，以跳脫行政法學用語襲用外來語之毛病。

　　本篇將分章先行研討行政組織法制，下篇再研析行政物力資源法制，再下篇則研析行政人力法制。

---

❹　陳敏，上揭書，頁 981；另黃錦堂，〈行政組織法之基本問題〉，翁岳生編，《行政法》，頁 261。

第二章　行政組織法制體系

　　行政法學研究之行政組織，著重在行政組織所受規範約束為重心，探討其內部秩序之建立及外部行為之法律效果，而與政治學、社會學、行政學對組織之研究重點，並不相同❶。行政組織，依行政法學者之看法，乃是「以憲法及法規為依據而成立，為管理國家事務之核心，實現國家目標之主要手段，對其他單位或組織體而言，具有監督及協調之功能」❷。簡言之，就是立於國家之下，直接或間接達成行政目的之組織體。這些組織體就行政法學之觀點，可分為：

一、統治組織與非統治組織

　　統治組織是以原本擁有，並得行使公權力為特徵之組織，如國家及各級地方自治團體，非統治組織則是指非本擁有並得行使公權力為特徵之組織，如一般之社會組織、職業團體等，非統治組織原無、也不得行使公權力，但在法律之授權或經統治組織之授權，亦得行使公權力。有高度政治性之政黨對公權力之行使有鉅大影響，是否為有公權力之統治組織，學者認為不是❸，但參以德國政黨法法制以及我國相關法律如不分區立法委員以及總統、副總統候選人之推薦，政黨均擁有法定之推薦權與撤免權，因此，已甚接近統治組織，有仿照德國法制訂定政黨法，對政黨組織之民主

---

❶　政治學、社會學、行政學大都著重在行政組織之效能與背後之政經社文化結構以及在諸多結構變化、變遷下之動態發展。參閱黃錦堂，〈行政組織法之基本問題〉，翁岳生編，《行政法》，頁 259；吳庚，《行政法之理論與實用》，頁 166。

❷　吳庚，上揭書，頁 167。

❸　吳庚，上揭書，頁 167。

性及財產擁有、財務運作行使法定公權力之程序正義性，加以規範❹。筆者此一主張，在 15 年後之民國 106 年 12 月 6 日，才有總統公布「政黨法」，對政黨加以規範，並自公布日施行。

二、法人組織與非法人組織

法人組織係指具有法人資格之行政組織，得為權利義務歸屬之主體，故又稱為有權利能力組織 (rechtsfähige Organisation)，例如地方制度法第 2 條第 1 款規定之直轄市、縣、市、鄉、鎮及縣轄市等地方自治團體均為法人，再如農田水利會組織通則第 1 條第 2 項規定，農田水利會為公法人等是。另外，依中央行政機關組織基準法第 37 條規定設立之行政法人，亦是法人組織；非法人組織則係不具法人資格，且不得為權利義務主體之行政組織，例如各級政府所屬之公有事業機關，即過去學理所稱屬於營造物之學校、博物館、美術館、孔廟等是。

三、公法組織與私法組織

公法組織是指行政組織之設立是以憲法或行政法為依據而其組織目標係以公益之達成為目標，例如國家、各級地方自治團體為公法組織並以公益之達成為其目標；私法組織是指行政組織是以民法、公司法、銀行法等為依據所成立之行政組織，如中國石油公司、臺灣銀行等。學者之間對行政組織中有那些是公法組織，有那些是私法組織有不同的看法。吳庚教授依民法學者之意見認為，職業團體或社會團體等為私法人以及單獨立法或設置之組織體如中央銀行、工業技術研究院等為政府機關、金融事業機構或為財團法人，均不具備公法上之法律人格❺。黃錦堂教授也認各部會所捐助成立之財團法人如財政部所屬之「財團法人農業信用保證基金」、「財團法人華僑貸款信用保證基金」，教育部所屬之「財團法人蔣經國國際學術交流基金會」，農委會所屬之「財團法人豐年社」，衛生署所屬之「財團法人國家衛生研究院」等是以私法組織方式出現之「行政組織」

---

❹　林騰鷂，〈責任政黨何在？催生政黨法規範〉，《聯合報》民意論壇，民國 91年 3 月 4 日，第十五版。

❺　吳庚，上揭書，頁 169–170。

(Privarechtsförmige Verwaltung)❻。陳敏教授也偏向於認定職業公會如商業同業公會、工業同業公會、律師公會、醫師公會等在現制下應係私法人，但隨後又認為律師公會、政黨等行使一定的公權力，與一般人民團體有別❼。但廖義男教授、陳新民教授則認各種職業團體（如商業同業公會、工業同業公會）、聯合團體（如全國商業總會、全國工業總會）、營造物（如中央銀行、中央信託局）及公法上財團（如中小企業信用保證基金）均具有公法人資格❽。筆者則認為上述團體應均為公法組織，因為它們都與重要公益有關，且多強制入會❾，而設立之法律又常賦予其行使公權力或代理公權力之運作，實與一般依民法或商事法成立之私法組織不同。

四、地域團體與身分團體

地域團體是指行政組織之組成係依地理範圍而劃分，如國家及各級地方自治團體等是，其成員之資格取決於法律規定，即所謂強制成員關係；至於身分團體是指行政組織之組成係依身分而定，而非依地域而定，如農田水利會，或以同業會為成員所組成之商業同業公會聯合會、全國各業工業同業公會聯合會、全國商業總會、全國工業總會等之公法人社團❿。

由上所述，可以看出行政組織之形態，種類繁多、名稱各異，有以國家、縣、市形態表現者，有以機關形態表現者，有以社團、財團形態表現者，有以人與物結合形態表現者，亦有以企業經營形態表現者，學理上眾

---

❻ 黃錦堂，上揭文，頁 261；Norbert Achterberg, *Allgemeines Verwaltungsrecht*, C. F. Müller, Heidelberg, 1988, S. 67–68.

❼ 陳敏，《行政法總論》，頁 956–959。

❽ 廖義男，《國家賠償法》，自刊本，民國 82 年增訂版，頁 119；陳新民，《行政法學總論》，頁 107。

❾ 如電業法第 75 條第 1 項規定：「電器承裝業，應向直轄市或縣（市）主管機關登記，並於一個月內加入相關電氣工程工業同業公會，始得營業。」同條第 4 項亦規定：「前項之技師應加入執業所在地之技師公會，始得執行電業設備或用戶用電設備工程之設計或監造等業務。」

❿ 陳敏，上揭書，頁 958–960。

說紛紜，使一般民眾難以理解。本書擬依行政法學理及最新公布之行政程序法與相關行政法律將其體系化，並依其原始與衍生關係分為行政主體、行政機關、公有事業機關、公有營業機關、公法上社團、公法上財團，各立專章分別研討之。

　　其中，國家、縣、市、鄉、鎮各級地方自治團體，學理上稱為原始之行政主體 (originärer Verwaltungsträger)，與行政機關、公有事業機關、公有營業機關、公法上社團、公法上財團之學理上稱為衍生之行政主體 (derivativer Verwaltungsträger) 並不相同❶，我國行政程序法第 2 條第 2 項明示國家、地方自治團體或其他行政主體由行政機關代表為意思表示。行政主體與行政機關有明顯區別，因此沿用德國學理上所謂之原始行政主體與衍生行政主體，似非妥當。筆者建議依照我國現有之行政法律體系，將之改稱為原始之行政組織與衍生之行政組織，而以原始之行政組織表明國家、地方自治團體，以衍生之行政組織表明行政機關、公有事業機關、公有營業機關等，似較容易分別其主從關係而為一般民眾所瞭解。

---

❶　陳敏，上揭書，頁 877。

第三章　行政主體

　　行政主體 (Verwaltungsträger; Rechtsträger der Verwaltung) 乃指行政法上享有權利、負擔義務，具有一定職權且有設置各種機關之自主組織權以實現其行政任務之組織體。在德國行政法學上是以聯邦、各邦、地方自治團體、營造物、自主性之目的財產——如公法上之財團、社會保險機構及受委託行使公權力之企業等為行政主體❶。我國行政程序法第 2 條第 2 項亦使用了行政主體這個名詞，並列舉：1.國家，2.地方自治團體，3.其他行政主體等三者為行政主體。是以除國家與地方自治團體等狹義之行政主體外，又認有其他行政主體之存在，顯採廣義的行政主體說❷，故有公法人地位之行政組織❸如國家、縣、鄉、鎮、不同層級之市、農田水利會、公法上之社團、財團，均可為行政主體❹。

　　行政主體為在行政法關係上，被賦予實現國家目的，具有權利能力，得為行政法上權利義務之歸屬者，有學者認其與行政法律關係中之權利主體 (Verwaltungsrechtssubjekt) 並不相同。而兩者之區別主要在於行政主體

---

❶　Hartmut Maurer, *Allgemeines Verwaltungsrecht*, 8. Auflage, §21 Rdnr. 1 ff.

❷　吳庚，《行政法之理論與實用》，頁 174、175。

❸　重要評論請參閱，吳志光，〈以公法人為主之行政主體——兼論我國法制上的公法人問題〉，載於氏著，《行政法》，新學林出版股份有限公司，2006 年 10 月，頁 85–91。

❹　陳敏，《行政法總論》，頁 731–735。外國法制之公法人可參閱《月旦法學》，第 84 期（2002 年 5 月）企劃之行政組織法變革趨勢中所刊出之三篇論文，即：陳淳文，〈論法國法上之公法人〉，頁 32–42；李建良，〈論公法人在行政組織建制上的地位與功能——以德國公法人概念與法制為借鏡〉，頁 43–59；蔡秀卿，〈日本獨立行政法人制度〉，頁 60–76。

負有行政任務。如私人受託行使公權力,實現行政任務,則為行政主體,但如僅係為遂行法律所保障其個人之權利,則為行政法關係上之權利主體而非行政主體。由此申論行政主體不以組織體為限,個人如受託行使公權力,實現行政任務,亦為行政主體❺。此一說法似將行政主體與行政機關不相區分。因行政程序法第 2 條第 3 項規定:「受託行使公權力之個人或團體,於委託範圍內,視為行政機關。」故本書主張私人(自然人)雖為行政法關係之權利主體,但非此之行政主體,即使受委託行使公權力、實現行政任務,但亦僅可視為行政機關,而不得視為行政主體,此查考新訴願法第 10 條:「依法受中央或地方機關委託行使公權力之團體或個人,以其團體或個人名義所為之行政處分,其訴願之管轄,向原委託機關提起訴願。」之規定,以及國家賠償法第 4 條:「受委託行使公權力之團體,其執行職務之人於行使公權力時,視同委託機關之公務員。受委託行使公權力之個人,於執行職務行使公權力時亦同。」之規定,可知私人受委託行使公權力,僅得視為行政機關而已,並非是責任歸屬之行政主體❻。

　　由上論述,可知行政主體與權利主體不同,其種類依行政程序法第 2 條第 2 項之規定有三種,即:

　　1.國家。

　　2.地方自治團體,包括直轄市、縣、市、鄉、鎮、縣轄市等為地方制度法所明定之地方自治法人。

　　3.其他行政主體。行政程序法未明文表示何者為其他行政主體,惟依學理上來看應是指在組織上、法律上有獨立性,得為權利義務主體者之公法人,如農田水利會❼、臺灣省❽或其他公法上社團、公法

❺　參閱李震山,《行政法導論》,頁 91;又黃錦堂教授認人民也是行政主體,蓋人民得由合同行為而組成公法人,此一說法,亦非妥適。參閱黃錦堂,〈行政組織法之基本問題〉,翁岳生編,《行政法》,頁 265。

❻　行政機關與行政主體的區分,請參閱陳愛娥,〈行政主體、行政機關及公法人〉,刊於《行政法爭議問題研究 (上)》,台灣行政法學會主編,五南圖書出版公司,2000 年 12 月初版一刷,頁 247–261。

❼　大法官釋字第 518 號解釋謂:「農田水利會為公法人,凡在農田水利會事業

上財團、包括依中央行政機關組織基準法第 37 條所設具公法性質
之行政法人 ❾。又依原住民族基本法第 2 條之 1 第 1 項規定，部落
經中央原住民族主管機關核定者，為公法人，亦為行政法學上所謂
之行政主體。

區域內公有、私有耕地之承租人、永佃權人，私有耕地之所有權人、典權人
或公有耕地之管理機關或使用機關之代表人或其他受益人，依農田水利會組
織通則第十四條規定，均為當然之會員，其法律上之性質，與地方自治團體
相當，在法律授權範圍內，享有自治之權限。」

❽ 大法官釋字第 467 號解釋謂：「省為地方制度層級之地位仍未喪失，惟不再
有憲法規定之自治事項，亦不具備自主組織權，自非地方自治團體性質之公
法人。符合上開憲法增修條文意旨制定之各項法律，若未劃歸國家或縣市等
地方自治團體之事項，而屬省之權限且得為權利義務之主體者，於此限度
內，省自得具有公法人資格。」

❾ 行政法人與公法人在概念上的區別請參閱，吳志光，《行政法》，新學林出版
股份有限公司，2006 年 10 月一版一刷，頁 91。

第四章　行政機關

第一節　行政機關之意義

　　如上所述，行政機關與行政主體不同，依行政程序法第 2 條第 2 項規定，行政機關係指代表國家、地方自治團體或其他行政主體表示意思，從事公共事務，具有單獨法定地位之組織。由此可知，行政機關為行政主體之代表機關，代行政主體為意思表示及從事公共事務之機關❶。兩者之區別在於行政主體有法律上之權利能力但無意思能力與行為能力，而行政機關則無法律上之權利能力，但有意思能力及行為能力❷。

　　由上述行政程序法第 2 條第 2 項對行政機關之定義規定，可將行政機關之概念析分如下：

　　1.行政機關係代表行政主體表示意思之組織。

　　2.行政機關係代表行政主體從事公共事務之組織。

　　3.行政機關係有單獨法定地位之組織，得以本身之名義作成決策表示於外，並發生一定之法律效果，其與行政機關內無單獨法定地位之組織體，而僅分擔行政機關一部分職掌；一切對外行為原則上均以機關名義為之，始生效力之內部單位不同❸。不過，在例外的情形下，司法實務亦認若干形式上為內部單位者仍為行政機關。例如民國 94 年 6 月 21 日最高行

---

❶　陳敏，《行政法總論》，頁 882。

❷　陳敏，上揭書，頁 882。

❸　行政組織內部單位現已規定在中央行政機關組織基準法第 22 條至第 28 條。

政法院 94 年 6 月份庭長法官聯席會議決議文也指出：「行政程序法第二條第二項規定：『本法所稱行政機關，係指代表國家、地方自治團體或其他行政主體表示意思，從事公共事務，具有單獨法定地位之組織。』依此規定，行政機關乃國家、地方自治團體或其他行政主體所設置，得代表各行政主體為意思表示之組織。所謂『組織』，須有單獨法定地位，固以具備獨立之人員編制及預算為原則。惟實務上為避免政府財政過度負擔，及基於充分利用現有人力之考量，亦有由相關機關支援其他機關之人員編制，或由相關機關代為編列其他機關預算之情形，尚難因該其他機關之人員編制及預算未完全獨立，而否定其為行政機關。各地方法院及其分院檢察署犯罪被害人補償審議委員會及各高等法院及其分院檢察署犯罪被害人補償覆審委員會之設置，依犯罪被害人保護法第十四條、第十五條、第二十條之規定，具有單獨法定地位，且得代表國家受理被害人補償金之申請及調查，並作成准駁之決定，是該審議委員會及補償覆審委員會自屬行政機關，應有當事人能力。」❹

　　4.行政機關係採廣義說與實質說，並不限於行政院及其所屬各機關，其他具有單獨法定地位之組織，於從事公共事務，行使公權力時，亦屬行政程序法之行政機關❺。

　　又私人、私法人或非法人團體雖非行政機關，但如受託行使公權力，則於委託範圍內，依行政程序法第 2 條第 3 項之規定，視為行政機關，此乃為行政機關之擬制。

---

❹　司法實務對行政機關之認定，採取廣義、實質意義行政機關的見解，而不拘泥於人員編制及預算是否獨立，以避免行政機關利用「白手套」、「多層白手套」或藉由「行政遁入私法」的方式，實際的行使公權力，但卻逃避人民與國會的監督，破壞責任政治、危害憲政法制。參閱，林騰鷂，〈異形的行政機關〉，《台灣本土法學雜誌》第 74 期，2005 年 9 月，頁 100。

❺　參閱，林秀蓮，《行政程序法施行二週年概況》，臺灣行政法學會主編，〈行政程序法之檢討、傳播行政之爭訟〉，2003 年 7 月，頁 14 之註 8。

第二節　行政機關之種類

　　行政機關可從其成立依據，設置主體與職權行使方式之標準為下述之分類：

一、依行政機關之成立依據

　　1.依憲法設置之行政機關，如依憲法增修條文第 2 條第 4 項規定所設之國家安全會議及所屬國家安全局、憲法第 53 條之行政院、第 58 條之行政院會議等是。

　　2.依法律設置之行政機關，如依內政部組織法、外交部組織法設置之內政部、外交部，或依行政院經濟建設委員會、行政院農業委員會組織條例設置之行政院經濟建設委員會、行政院農業委員會。又如依消費者保護法第 40 條規定設立之行政院消費者保護委員會。

　　3.依命令設置之行政機關，如依「地方行政機關組織準則」❻所設置之縣市政府之縣市長、民政局、財政局、教育局等行政機關，或鄉（鎮、市）長、民政課、財政課、建設課、財經課、農業課等行政機關。

二、依行政機關之設置主體

　　1.國家行政機關，又稱中央行政機關。「中央行政機關組織基準法」第 2 條、第 6 條，將中央行政機關分為四級，名稱定為(1)院：一級機關用之。(2)部：二級機關用之。(3)委員會：二級機關❼或獨立機關❽用之。(4)

---

❻　臺北市政府據此訂有臺北市政府組織自治條例。

❼　如促進轉型正義條例第 2 條第 2 項就規定：「促進轉型正義委員會隸屬於行政院，為二級獨立機關。」

❽　相關爭議論文請參閱，劉靜怡，〈有了釋字 613，我們可以怎麼看待獨立行政機關？〉，《台灣本土法學雜誌》，第 87 期，2006 年 10 月，頁 245–248；石世豪，〈通傳管制機關立法實驗喊停：釋字第 613 號解釋待續〉；李念祖，〈司法院大法官釋字第 613 號解釋評論〉；廖元豪，〈釋字 613 後，獨立機關還剩多少空間？〉，此三篇評論請參閱，《台灣本土法學雜誌》，第 87 期，2006 年 10

署、局：三級機關用之。(5)分署、分局：四級機關用之。又依同法第 3 條規定，中央行政機關係就法定事務，有代表國家決定、表示意思，從事國家公共行政事務之推動、執行事項，如設於中央政府所在地之財政部、經濟部、法務部等。又國家行政機關之設置不限於中央政府所在地，亦可在各地方分別設置，如臺北市國稅局、高雄市國稅局、臺灣省中區國稅局或如臺灣省審計處、臺灣省臺中市審計室、臺灣臺中監獄、臺灣臺中看守所等，雖含有地方名稱，但仍非地方行政機關，而是中央行政機關。另依公職人員選舉罷免法第 8 條規定，中央選舉委員會隸屬行政院，而省（市）選舉委員會隸屬中央選舉委員會，縣（市）選舉委員會隸屬省選舉委員會，故臺灣省臺中市選舉委員會是隸屬於中央之行政機關，而非地方行政

月，頁 80–92。有關此議題之討論參閱，李建良等，「解讀釋字第 613 號解釋」，《台灣本土法學雜誌》，第 87 期，2006 年 10 月，頁 93–120；李惠宗，〈國家通訊傳播委員會組織法違憲性的探討——司法院大法官釋字第 613 號解釋評釋——〉，《台灣本土法學雜誌》，第 86 期，2006 年 9 月，頁 58–78；林明鏘，〈正當性與相當性原則下之國家通訊傳播委員會組織法——評大法官釋字第 613 號解釋——〉，《台灣本土法學雜誌》，第 86 期，2006 年 9 月，頁 79–83；蘇永欽，〈沒有方法的解釋只是一個政治決定——簡評司法院第 613 號解釋——〉，《月旦法學雜誌》，第 136 期，2006 年 9 月，頁 6–20；石世豪，〈趕不上歷史腳步的憲法釋義——簡評大法官釋字第 613 號解釋〉，《月旦法學雜誌》，第 136 期，2006 年 9 月，頁 21–27；劉孔中，〈怪哉，以鞏固行政權為職志的 613 號解釋〉，《月旦法學雜誌》，第 136 期，2006 年 9 月，頁 28–32；周志宏，〈釋字第 613 號解釋與獨立機關的未來〉，《月旦法學雜誌》，第 137 期，2006 年 10 月，頁 5–24；劉靜怡，〈釋字第 613 號解釋後的獨立機關：NCC 傳奇簡評〉，《月旦法學雜誌》，第 137 期，2006 年 10 月，頁 25–40；陳淑芳，〈獨立機關之設置及其人事權——評司法院大法官釋字第 613 號解釋〉，《月旦法學雜誌》，第 137 期，2006 年 10 月，頁 41–59；蔡秀卿，〈又是權力鬥爭的犧牲品——試評大法官釋字第 613 號解釋〉，《月旦法學雜誌》，第 137 期，2006 年 10 月，頁 60–74；汪平雲，〈照妖鏡與魔戒傳奇——釋字第 613 號解釋的深度解讀〉，《月旦法學雜誌》，第 137 期，2006 年 10 月，頁 75–87；廖義男，〈夏虫語冰錄（三十八）——獨立行政機關之監督與權力分立〉，《法令月刊》，第 62 卷第 3 期，2011 年 3 月，頁 156–159。

機關。

　　2.地方行政機關 ❾，又稱地方自治行政機關，乃指地方自治團體所設置之行政機關。依地方制度法地方自治團體僅有直轄市如臺北市、高雄市，以及縣、市、鄉、鎮、縣轄市等為地方自治團體，其所設置之行政機關，如縣（市）政府、鄉（鎮、市）公所以及所隸屬之行政機關為地方行政機關 ❿。地方行政機關主要辦理地方自治行政事項，但有時受委託辦理國家間接行政事項時，則具有國家行政機關之地位。至於何者為固有之自治事項，何者為國家間接行政事項而可由國家委託地方機關辦理者，則依憲法第 108 條之規定及行政程序法第 15 條第 2 項之規定辦理之。

三、依行政機關之職權行使方式

　　1.獨任制行政機關 (monokratische Behörde)，又稱首長制行政機關，係指由行政機關首長一人可單獨決策並負成敗責任之行政機關 ⓫。依中央行政機關組織基準法第 6 條之規定，首長制行政機關名稱為院、部、署、局、分署、分局。其決策與負責之首長依同法第 18 條之規定稱為長，即院長、部長、署長、局長、分署長、分局長等。又首長制行政機關依中央行政機關組織基準法第 18 條第 1 項規定，亦有可能稱為主任委員者。

　　2.合議制行政機關 (kollegiale Behörde)⓬，又稱委員制行政機關，係指決策組織是由權限平等之成員組成，通常以多數決方式為決議方式對事務作成決定而共同負責之行政機關。其與獨任制行政機關之不同在於成員之間無從屬關係，相互之間平等而無命令服從關係。一般而言，稱委員會者，多為合議制行政機關。不過，因為委員制行政機關有群龍無首，效率遲緩、責任不明等缺失 ⓭，故現時在我國行政機關中名稱稱為委員會者，

---

❾　地方行政機關組織準則第 2 條對此特別定義為直轄市政府、縣（市）政府、鄉（鎮、市）公所及其所屬機關，但不包括所屬事業經營、公共造產性質機關（構）。

❿　如地方制度法第 5 條第 2 項規定市政府為市之行政機關，縣（市）政府、鄉（鎮、市）公所為縣（市）與鄉（鎮、市）之行政機關。

⓫　Peter Badura, in Erichsen, Allg. Verw R, 10. A., §35 Rn. 2.

⓬　A.a.O.

亦有可能為首長制行政機關者,未必皆為合議制行政機關。如在中央政府組織中,名稱雖為委員會,但依其組織法規來看,就有三種類型,即:

(1)屬合議制之委員會——委員之聘任或為專任或為兼任,委員會之組織法令明文規定政黨席次比例、委員會職掌及決議方式,而委員會之決策必須以合議方式為之 , 此類委員會學理上稱為超然委員會(Bipartizan Board)❹,如依行政院組織法第 9 條所設置之中央二級獨立機關如國家通訊傳播委員會、公平交易委員會、中央選舉委員會。

(2)屬獨任制 (首長制) 之委員會——名稱雖為委員會,但因委員人數眾多,每年僅開會一次,而委員會也無固定職掌,實際事務操於首長名稱為委員長之手者,如行政院僑務委員會、原子能委員會、研究考核發展委員會、國家科學委員會、公共工程委員會。

(3)屬混合型之委員會——指機關之職權部分以合議方式行使,部分歸由首長單獨行使之委員會。此類委員會之組成如由政府相關首長組成者,則委員會之協調或諮詢功能重於決策,如行政院國家建設委員會、國軍退除役官兵輔導委員會;若此類委員會之組成由專業人士組成者,則較有合議制之色彩,如過去之行政院勞工委員會 (民國 99 年行政院組織法已修正為勞動部)。

第三節　行政機關之內部結構

行政程序法第 2 條第 2 項規定之行政機關,應是指預算法第 18 條,

---

❸ 參閱林騰鷂,《美國聯邦交易委員會之研究,經社法規研究報告》,行政院經濟建設委員會健全經社法規工作小組出版,民國 79 年 6 月,頁 161、162;張金鑑,《行政學典範》,民國 67 年 5 月增訂五版,頁 222–225;張潤書,《行政學》,民國 87 年 3 月修訂初版,頁 201–202。

❹ 張金鑑,上揭書,頁 224。

審計法第 6 條及會計法第 4 條所指之公務機關,亦即一般人民所認知的行使公權力, 處理公共事務之政府行政機關。因為中央行政機關組織基準法❶❺之公布施行,行政機關之內部結構,可依照該法及學理分析於次:

一、領導機關或決策機關

　　領導機關在獨任制行政機關即各行政機關之行政首長 (Chief Executives),其稱謂,依中央行政機關組織基準法第 18 條第 1 項規定,首長制機關之首長稱長或主任委員。合議制機關之首長稱主任委員。其職權,依同法第 17 條規定,乃綜理本機關事務,對外代表本機關,並指揮監督所屬機關及人員,亦即對內握有領導、支配全權而對外具有獨立機關法律地位之人員,如總統、院長、部長、署長、局長、市長、縣長、鎮長等是。在合議制行政機關,即在法律上有決策權限、處分權限之委員會,如行政院金融監督管理委員會之委員會對金融事務有制定法規命令或行政處分之決策權。

　　除了機關首長以外,領導機關內亦有副首長者。依中央行政機關組織基準法第 19 條規定:「一級機關置副首長一人,列政務職務。二級機關得置副首長一人至三人,其中一人應列常任職務,其餘列政務職務。三級機關以下得置副首長一人或二人,均列常任職務。」

　　領導機關之產生,依中央行政機關組織基準法第 21 條之規定為:「獨立機關合議制之成員,均應明定其任職期限、任命程序、停職、免職之規定及程序。但相當二級機關獨立機關,其合議制成員中屬專任者,應先經立法院同意後任命之;其他獨立機關合議制成員由一級機關首長任命之。一級機關首長為前項任命時,應指定成員中之一人為首長,一人為副首長。第一項合議制之成員,除有特殊需要外,其人數以五人至十一人為原則,具有同一黨籍者不得超過一定比例。」

二、幕僚機關、事務機關或輔助單位

　　在領導機關或決策機關之下,常有幕僚機關,用以輔助首長,作成行

---

❶❺　相關評論請參閱,李震山,〈中央行政機關組織規制緩和之理論與實務〉,《台灣本土法學雜誌》,第 67 期,2005 年 2 月,頁 171–176。

政決定，完成行政任務。這些幕僚機關在政府職能日益擴張、行政作用日趨複雜、行政組織日漸龐大的情況下，顯然更加顯目重要。幕僚機關之種類非常繁多，大致可分為一般性、輔助性、技術性或資訊性、諮議性、監督性幕僚，例如行政機關中多有主任秘書（大的行政機關尚有秘書長、副秘書長）、秘書處、機要秘書、人事處、會計處、參事室、法制室、技術室、統計處、新聞處、公共關係室、參議、諮議、顧問、督察室、視察室等是 ⓰。這些幕僚機關與下述的業務實作機關不同，就在於幕僚機關是輔助機關而非權力機關，是事務機關而非實作機關，是調劑機關而非管轄機關，是參贊機關而非決定機關。故美國學者費富納曾說：「幕僚機關的工作，除設計、研究、建議外，更在利便實作機關，與實作機關並肩工作，但不侵越後者的權力與責任。」 另一學者懷德 (White) 也說：「幕僚的功用在於： 1.研究有待解決的問題， 2.蒐集文書與資料， 3.設計行動的方案， 4.向首長提供建議，5.傳遞並解說首長的決定與命令，及 6.觀察並報告執行的效果」等 ⓱。理論雖然如此，在實務上我國少數幕僚機關如秘書長、主任秘書、辦公室主任或甚至有機要秘書者，因係屬首長親信而常有逾越幕僚分際，侵犯業務實作機關之權責者。

因此，關於幕僚機關之首長、副首長，中央行政機關組織基準法第20 條乃統一規定：「一級機關置幕僚長稱秘書長，列政務職務；二級以下機關得視需要，置主任秘書或秘書，綜合處理幕僚事務。一級機關得視需要置副幕僚長一人或三人，稱副秘書長；置二人者，其中一人或二人得列政務職務，至少一人應列常任職務。」

而關於「業務單位」，中央行政機關組織基準法第 23 條第 1 款規定，係指執行本機關職掌事項之單位；至於「輔助單位」，中央行政機關組織基準法第 23 條第 2 款之規定，是指「辦理秘書、總務、人事、主計、研考、資訊、法制、政風、公關等支援服務事項之單位。」這些單位之層級與名稱，中央行政機關組織基準法第 25 條第 1 項規定為：「機關之內部單

⓰　張金鑑，上揭書，頁 255–257。

⓱　張金鑑，上揭書，頁 252–254。

位❸層級分為一級、二級，得定名如下：一、一級內部單位：……㈤處、室：各級機關輔助單位用之。二、二級內部單位：科」。

　　除此之外，中央行政機關組織基準法第 27 條又規定，一級機關之行政院、二級機關之各部或各委員會及三級機關之各署、各局，得依法設立掌理調查、審議、訴願等單位。

三、業務機關或實作機關

　　行政機關中負責實際推動機關業務，完成機關任務的為業務機關，或稱實作機關❿。中央行政機關組織基準法第 23 條第 1 款稱之為「業務單位」。業務機關與上述幕僚機關的不同，在它是對外的機關，對社會及人民發生直接關係的如經濟部之工業局、國際貿易局、中小企業處、商品檢驗局、水資源局、或內政部之警政署、消防署、營建署、入出境管理局等是。業務機關之名稱與組織形式，不一定是局、處、署等首長式之機關，它常常也以審查會之名稱出現，並依法行使公權力，如精神衛生法第 15 條第 1 項規定：「精神疾病強制住院、強制社區治療有關事項，由中央主管機關精神疾病強制鑑定、強制社區治療審查會審查。」又如依公害糾紛處理法第 9 條規定，在行政院環境保護署所設之公害糾紛裁決委員會，以裁決經調處或再調處不成立之公害糾紛損害賠償事件。該裁決委員會對外公文除有例外情形下，原則上以行政院環境保護署行之❷。故可視為行政院環保署內之特殊業務機關。

　　中央行政機關組織基準法公布施行後，該法第 25 條對業務單位與輔助單位之層級與名稱之規定如次：「機關之內部單位層級分為一級、二級，得定名如下：一、一級內部單位：㈠處：一級機關、相當二級機關之獨立機關及二級機關委員會之業務單位用之。㈡司：二級機關部之業務單位用

---

❸　實例請參閱，林明鏘，〈行政機關與內部單位之區別〉，《月旦法學教室》，第 19 期，2004 年 5 月，頁 12–13。

❿　張金鑑教授稱實作機關，其子張潤書教授稱業務機關。請參見張金鑑，上揭書，頁 260；張潤書，上揭書，頁 215。

❷　參閱行政院環境保護署公害糾紛裁決委員會組織規程第 11 條。

之。㈢組：三級機關業務單位用之。㈣科：四級機關業務單位用之。㈤處、室：各級機關輔助單位用之。機關內部單位之設立，得因機關性質及業務需求彈性調整，不必逐級設立。但四級機關內部之設立，除機關業務繁重、組織龐大者，得於科以下分股辦事外，以設立一級為限。」

委員會形式之業務機關多隸屬於各主管行政機關內，多以行政機關名義行文，但也有法律特別規定其獨立性；並規定其成員之資格及法律保障，如依公害糾紛處理法第 5 條至第 8 條規定，在省（市）、縣（市）政府內所設之公害糾紛調處委員會，而在該法第 7 條更規定公害糾紛調處委員會委員依法獨立行使職權，於在職期間，非有法定情形，不得於任滿前（任期依第 6 條規定為 3 年 1 任），予以解聘。

業務機關中除了負責一般公務、行使公權力之公務機關以外，亦有以專門供給財物、勞務或其他利益之公有事業機關與公有營業機關，其中公有事業機關就是中央行政機關組織基準法第 16 條所稱之附屬機構。這些附屬機構就是中央各級行政機關於其組織法規規定之權限、職掌範圍內，得設實（試）驗、檢驗、研究、文教、醫療、社福、矯正、收容、訓練等機構，將分別於本篇之第五章、第六章中研析之。

又中央行政機關組織基準法第 28 條規定，中央各級行政機關得視業務需要設任務編組，屬於任務性、臨時性之業務機關。

四、顧問機關

行政機關中，擔任提供專門知識、民間意見之機關，即為顧問機關。在現今行政職能擴張，社會關係複雜，社會利益對立之情形下，及行政內容之專門化、技術化，行政機關不得不借重顧問機關之設置，以諮詢各種職業團體、科學團體、社會團體或學者專家之意見，來溝通政府與人民間的意見，消除隔閡、解決行政問題，達成行政任務。在行政法律上這種顧問機關有越來越多之趨勢，如依野生動物保育法第 5 條規定，在行政院農業委員會內設野生動物保育諮詢委員會。又如依漁業法第 13 條規定，主管機關，得設漁業諮詢委員會，由專家學者、漁業團體、政府有關機關人員組成。再如優生保健法第 3 條第 1 項規定，行政院衛生署為推行優生保

健，諮詢學者專家意見，得設優生保健諮詢委員會等是。

五、派出機關

行政機關為了完成法令所定任務，有時要在各地分設機關，以便就地行使公權力及為人民服務，此一分設之機關，即為派出機關，也就是學理上所稱之場地機關 (Field Service) 或分支機構 (Branches Organization)❷ 。派出機關這一名詞，現已出現在我國行政法律上，如中央行政機關組織基準法第 15 條規定中央二、三級機關派出地方分支機關之權限，亦即這些機關於其組織法律規定之權限、職掌範圍內，基於管轄區域及基層服務需要，得設地方分支機關。

派出機關雖為中央機關在特定地區之分設機關，但與地方政府不同，蓋因地方政府皆是憲法或法律所保障，具有相當自主權或自治權之綜合性統治組織，而派出機關則僅是上級的分派機關，受指揮、受監督之特定功能業務之機關，而無自主、自治性❷ 。如經濟部在國外設 62 處駐外商務機構❷ 就受經濟部之指揮監督，負責連繫與駐在國之經濟貿易相關事宜。

六、臨時性、過渡性機關

行政機關為了因應突發、特殊或新興之重大事務，在過去經常設立一些臨時性、過渡性之機關，但未明定其存續期限，以致造成社會爭議。為避免類似情事繼續發生，不能沒有明文限制與規範。因此，中央行政機關組織基準法第 36 條乃規定：「一級機關（即該法第二條第二項所規定之行政院）為因應突發、特殊或新興之重大事務，得設臨時性、過渡性之機關，其組織以暫行組織規程定之，並應明定其存續期限；二級機關及三級機關得報經一級機關核定後，設立前項臨時性、過渡性之機關。」

七、構成員

行政機關內部結構中，最小之組織單位，在學理上稱為職位，其在組織法上之意義，是指制度上分配給予一個個人之特定、具體之事務範圍，

---

❷　張金鑑，上揭書，頁 266。

❷　張金鑑，上揭書，頁 266。

❷　詳細名稱可查經濟部網址 http://www.moea.gov.tw。

每個職位皆有與其相結合之事務及管轄權，而執行職位事務之人，為職員 (Amtswalter, Amsträger, Amtsinhaber)，即為行政機關內之構成員。如行政院組織法第 12 條第 1 項規定：「行政院置秘書長一人，特任，綜合處理本院幕僚事務；副秘書長二人，其中一人職務比照簡任第十四職等，襄助秘書長處理本院幕僚事務。」同條第 2 項規定：「行政院置發言人一人，特任，處理新聞發布及聯繫事項，得由政務職務人員兼任之。」這裡所稱之秘書長、副秘書長、發言人即為職位，而執行此職位事務之人即為職員或構成員，其職掌權限也經法律明文規定。構成員之法律關係甚為複雜，將於本書之第五篇中詳論之。

第四節　行政機關之組織權

國家為了完成行政任務，依據憲法建構適當規模並具效能之行政組織，即為國家之行政組織權 (Organisationsgewalt der Verwaltung)。此一行政組織權，乃設置、變更或裁撤❷❹行政主體、機關或單位之權限❷❺。在德國學理上更將之區分為❷❻：

1.機關組織權 (Organbildungsbefugnis)，乃由憲法或法律規定應設置何種機關為抽象之規定或準則性之規定，如憲法第 61 條規定，「行政院之組織，以法律定之」，又如憲法增修條文第 2 條第 4 項規定：「總統為決定國家安全有關大政方針，得設國家安全會議及所屬國家安全局，其組織以法律定之。」又如憲法增修條文第 3 條第 3 項規定：「國家機關之職權、

---

❷❹ 實例請參閱，蕭文生，〈裁撤迷你小學——行政組織行為之性質〉，《月旦法學教室》，第 16 期，2004 年 2 月，頁 20–21。

❷❺ Maurer, a.a.O., §21 Rn. 57; 另參閱李建良，〈行政組織行為與行政爭訟〉，《月旦法學教室③公法學篇》，2002 年 2 月，頁 236–237；朱武獻、周志宏，〈行政組織權與設置原則〉，刊於《行政法爭議問題研究（上）》，台灣行政法學會主編，五南圖書出版公司，2000 年 12 月初版一刷，頁 265–303。

❷❻ Wolff/Bachof, Vew R II, §78 S. 123 ff.; Achterberg, Allg. VwR, §13 Rn. 6 ff.

設立程序及總員額，得以法律為準則性之規定。」另如中央行政機關組織基準法第 4 條規定，1 級、2 級、3 級機關與獨立機關之組織以法律定之，其餘機關以命令定之。又這些中央行政機關如以法律定之者，應踐行同法第 11 條之程序，而以命令定之者，則應踐行同法第 12 條之程序並依同法第 4 條第 2 項規定，於機關設立、調整及裁撤命令發布時，應即送立法院。再如地方制度法第 62 條規定，直轄市政府之組織，由內政部擬訂準則，報行政院核定等是。

　　2.機關設立權 (Organerrichtungsbefugnis)，乃具體規定設置已由憲法或法律抽象規定之機關，亦即就其事物管轄及土地管轄、內部組織以及運作程序等事項為具體規定 (die rechtliche Anordnung) 之權❷。如憲法增修條文第 3 條第 4 項則承續第 3 項規定：「各機關之組織、編制及員額，應依前項法律，基於政策或業務需要決定之。」此一決定乃係本於政策或業務需要，對第 3 項所述抽象法律規定之具體決定。就此，中央行政機關組織基準法第三章關於機關設立、調整及裁撤、第四章關於機關權限、職掌及重要職務設置、第五章關於內部單位、第六章關於機關規模與建制標準有詳細規定。又如地方制度法第 18 條第 1 款規定，直轄市組織之設立及行政管理事項為直轄市自治事項，得由直轄市具體以行政規章規定之。

　　3.機關配置權 (Organeinrichtungsbefugnis)，乃對具體規定設置之機關，真實的決定其所在，配置其所須之人員、房舍、設備 (die tatsächliche Bildung und die Ausstattungder Behörde mit Personal und Sachmitteln) 之權❷。如中央行政機關組織基準法第 21 條第 1 項後段規定：「……相當二級機關之獨立機關，其合議制成員中屬專任者，應先經立法院同意後任命之；其他獨立機關合議制成員由一級機關首長任命之。」又如依地方制度法第 58 條，由直轄市市長依法任用區長並命其綜理區政等是。

　　上述機關組織權、機關設立權及機關配置權在德國或我國實務常有全部或部分融合，或由其中之一過渡至其他者❷。

---

❷　Maurer, a.a.O., §21 Rn. 58.
❷　Maurer, a.a.O., §21 Rn. 58.

我國之行政機關組織權，因中央法規標準法第 5 條第 3 項規定，關於國家各機關之組織，應以法律定之，以致國家機關不管其層級為何，除少數有組織通則之機關外❸，均應以法律定之，每為學者所垢病，認為是各國罕見之體制，而這種立法機關對行政組織權之徹底法律保留，除將使立法院不勝負荷外，亦不利於行政效能之發揮❸。為了解決這個問題，乃採取兩種突破之方式，即：

1.由立法機關分別制定一些組織通則，使行政機關在此組織通則之法定架構下，彈性設立及配置行政機關。如近年來，立法院制定了經濟部國際貿易局所屬各辦事處組織通則，財政部各地區國稅局組織通則，交通部中央氣象局附屬氣象測報機構組織通則，內政部警政署保安警察總隊組織通則，經濟部加工出口區管理處所屬各分處組織通則，財政部各地區支付處組織通則以及經濟部標準檢驗局所屬各分局組織通則等是。

2.憲法增修條文第 3 條第 3 項中規定：「國家機關之職權、設立程序及總員額，得以法律為準則性之規定」，而第 4 項又規定：「各機關之組織、編制及員額，應依前項法律，基於政策或業務需要決定之。」這些規定將使行政院或部會等可依上述中央行政機關組織基準法第 11 條、第 12 條之規定對其所屬機關之調整、裁撤或合併，自行擬案，報請行政院轉請立法院審議或由行政院、部會等核定後即可進行，而行政機關也可以依「政府機關總員額法」，彈性調整機關內部之員額。這都將有助於行政組織、員額、職等、職缺之彈性化，使行政機關擁有較大的外部組織權限與內部組織權限❸，不再受制於遲緩的立法程序❸。

❷⁹　Achterberg, a.a.O., §13 Rn. 10; 陳敏，上揭書，頁 772。

❸⁰　如各地區關稅局、各省市警察學校、駐外新聞機構、各區電信管理局、郵局管理局、國家公園管理處乃分別依據財政部關稅總局各地區關稅局組織通則、各省市警察學校組織通則、行政院新聞局駐外新聞機構組織通則、交通部電信總局所屬各地電信管理局組織通則、交通部郵政總局郵局管理局組織通則、國家公園管理處組織通則等由行政機關在通則規範之法定範圍內，彈性為機關配置。

❸¹　參照吳庚，上揭書，頁 190；陳敏，上揭書，頁 922。

至於在地方自治團體之行政組織權方面，學者也指出：「以往所受之限制更多，除各級自治行政機關之組織規程應經民意代表機關之議決外，尚應向上級監督機關呈報，經其核准始生效力。此種制度固有其優點，足以防止由選舉產生之地方首長，為酬庸支持者而任意增設機關或擴大編制，但對於法理上地方自治團體應享有之自主組織權，則有所減損。」❸❹此一現象在地方制度法公布施行後已有改善。該法第 62 條亦仿憲法增修條文第 3 條第 3 項之規定，建立由監督地方自治團體之主管機關，即內政部先擬訂準則(即民國 88 年 8 月 12 日內政部令訂定發布之地方行政機關組織準則)，再由各級地方自治團體自行擬訂自治條例，經各該地方自治團體之議會、代表會同意後，再報行政院、內政部、縣政府等備查。若屬附屬機關或學校之組織規程，則尚可由各該地方自治團體之行政機關自行定之。地方自治團體之行政組織權顯然獲得較多之保障。

第五節　行政機關之管轄權

行政任務究應由那一個行政主體或那一個行政機關處理、執行，乃為行政機關管轄權之問題。茲就管轄權之意義、依據、種類、效力、競合、爭議、變動及喪失等分別研析之。

第一項　管轄權之意義

行政機關之管轄權 (Zuständigkeit) 是指行政機關依法規規定所具有之權限 (Kompetenz)❸❺。換言之，管轄權是行政機關處理行政事務之權

---

❸❷　參閱，吳庚，上揭書，頁 190。

❸❸　黃錦堂，〈行政組織法之基本問題〉，翁岳生編，《行政法》，頁 305 以下。

❸❹　同上註。

❸❺　吳庚教授對管轄權與權限不加區分，但陳敏教授則認管轄權與權限不同。詳見吳庚，上揭書，頁 197；陳敏，上揭書，頁 898。

力，也是對屬於本身任務範圍之事項有處理職責之意思❸。

管轄權之規範在為避免行政機關作業之重複、衝突、推諉有其作用❸，而行政機關為行使管轄權限亦可根據業務需要，編製預算、設置行政人員及必要設備而完成其行政任務。另就人民權益保障之觀點來看，管轄權之規範，使人民能夠辨認何一行政機關為其治辦公務或行政權利之對象，而可及時維護本身權益。

第二項　管轄權之依據

管轄權從何而來？學理上有所謂「管轄法定原則」，亦即行政程序法第 11 條第 1 項所規定之行政機關之管轄權，依其組織法規或其他行政法規定之。又同條第 5 項規定：「管轄權非依法規不得設定或變更」，亦即學理上所謂之「管轄恆定原則」❸。

有關管轄權之法定，可舉例說明之，如文化資產保存法第 4 條第 1 項規定：「……古蹟、歷史建築、聚落、遺址、文化景觀、傳統藝術、民俗有關文物及古物之主管機關：在中央為行政院文化建設委員會；在直轄市為直轄市政府；在縣（市）為縣（市）政府。」同條第 2 項又規定：「……自然地景之主管機關：在中央為行政院農業委員會；在直轄市為直轄市政府；在縣（市）為縣（市）政府。」等是。

又管轄權法定所謂之法不以「組織法」為限，有時亦常規定在「作用法」、「行為法」中，如經濟部標準檢驗局所屬各分局組織通則規定了各分局之職掌事項，但其管轄事務之權限則要依標準法、度量衡法及商品檢驗法等行為法之規定。在此值得一提的是，「行為法」、「作用法」中雖可規

---

❸　吳庚，上揭書，頁 197；另參閱蔡震榮，〈管轄權之意義〉，刊於《行政法爭議問題研究（上）》，台灣行政法學會主編，五南圖書出版公司，2000 年 12 月初版一刷，頁 307–337。

❸　行政程序法第 17 條明定，行政機關對事件管轄權之有無，應依職權調查，此即在避免行政機關之推諉。

❸　陳敏教授區分「管轄法定原則」與「管轄恆定原則」，詳請參陳敏，上揭書，頁 905。

定行政機關之管轄權，但自中央行政機關組織基準法規定後，「行為法」、「作用法」等，即不可規定行政機關之組織。因為該法第 5 條第 3 項明文規定：「本法施行後，除本法及各機關組織法規外，不得以作用法或其他法規規定機關之組織。」

第三項　管轄權之種類

管轄權之種類，依現行法令之規定，約有下列數種情形，即：

1. 事務管轄權 (Die sachliche Zuständigkeit)❸❾——乃行政機關對特定公共事務所得加以監督、管理或執行之權限，如身心障礙者權益保障法第 2 條第 2 項、第 3 項，即就各事務項目（可簡稱為事項）分別規定其管轄機關。

第 2 項規定為概括規定：

本法所定事項，涉及各目的事業主管機關職掌者，由各目的事業主管機關辦理。

第 3 項規定為列舉規定：

前 2 項各級主管機關及各目的事業主管機關權責劃分如下：

(1)主管機關——主管身心障礙者人格維護、經濟安全、照顧支持與獨立生活機會等相關權益之規劃、推動及監督等事項。

(2)衛生主管機關——主管身心障礙者之鑑定、保健醫療、醫療復健與輔助器具之研發等相關權益之規劃、推動及監督等事項。

(3)教育主管機關——主管身心障礙者教育維護、教育資源與設施均衡配置，專業服務人才之培育等相關權益之規劃，推動及監督等事項。

(4)勞工主管機關——主管身心障礙者之職業重建、就業促進與保障、勞動權益與職場安全衛生等相關權益之規劃，推動及監督等事項。

(5)建設、工務、國民住宅主管機關——身心障礙者住宅、公共建築

---

❸❾　吳庚教授將事物管轄分為：1.個別管轄，2.一般管轄，3.總體管轄。詳見吳庚，上揭書，頁 198。

物、公共設施之總體規劃與無障礙生活環境等相關權益之規劃、推動及監督等事項。

(6)交通主管機關——身心障礙者生活通信、大眾運輸工具、交通設施與公共停車場等相關權益之規劃、推動及監督等事項。

(7)財政主管機關——主管身心障礙者、身心障礙福利機構及庇護工場稅捐之減免等相關權益之規劃、推動及監督等事項。

(8)金融主管機關——金融機構對身心障礙者提供金融、商業保險、財產信託等服務之規劃、推動及監督等事項。

(9)法務主管機關——身心障礙者犯罪被害人保護、受刑人更生保護與收容環境改善等相關權益之規劃、推動及監督等事項。

(10)警政主管機關——身心障礙者人身安全保護與失蹤身心障礙者協尋之規劃、推動及監督等事項。

(11)體育主管機關——身心障礙者體育活動、運動場地及設施設備與運動專用輔具之規劃、推動及監督等事項。

(12)文化主管機關——身心障礙者精神生活之充實與藝文活動參與之規劃、推動及監督等事項。

(13)採購法規主管機關——政府採購法有關採購身心障礙者之非營利產品與勞務之規劃、推動及監督等事項。

(14)通訊傳播主管機關——主管身心障礙者無障礙資訊和通訊技術及系統、網路平臺、通訊傳播傳輸內容無歧視等相關事宜之規劃、推動及監督等事項。

(15)科技研究事務主管機關——主管身心障礙者輔助科技研發、技術研究、移轉、應用與推動等事項。

(16)經濟主管機關——主管身心障礙輔具國家標準訂定、產業推動、商品化開發之規劃及推動等事項。

(17)其他身心障礙權益保障措施——由各相關目的事業主管機關依職權規劃辦理。

2. 土地管轄權 (Die örtliche Zuständigkeit)——乃行政機關就其地域範

圍對全部或特定公共事務有政策規劃及行政執行之權限。如地方制度法第
14 條規定：「直轄市、縣（市）、鄉（鎮、市）為地方自治團體，依本法
辦理自治事項，並執行上級政府委辦事項。」即為在特定地方❹地域內，
管轄自治事項及委辦事項之權。再如社會秩序維護法第 35 條規定，警察
局及其分局，就該管區域內之違反社會秩序維護法事件有管轄權，即為土
地管轄權適例。行政程序法第 12 條又明定，如不能依該法第 11 條第 1 項
定土地管轄權時❹，要依下列各款順序來定土地管轄權，即：

(1)關於不動產之事件，依不動產之所在地。

(2)關於企業之經營或其他繼續性事業之事件，依經營企業或從事事業
之處所，或應經營或應從事之處所。

(3)其他事件，關於自然人者，依其住所地，無住所或住所不明者，依
其居所地，無居所或居所不明者，依其最後所在地。關於法人或團
體者，依其主事務所或會址所在地。

(4)不能依前 3 款之規定定其管轄權或有急迫情形者，依事件發生之原
因定之。

　3.層級管轄權 (Die instanzielle Zuständigkeit)──乃行政機關依其層
級構造而分配其對公共事務為管理、執行之權限。如警察法第 4 條至第 8
條，即就各行政機關之層級而對警察事務之管轄權限分配。如：

(1)該法第 4 條規定：「內政部掌理全國警察行政，並指導監督各直轄
市警政、警衛及縣（市）警衛之實施。」

(2)該法第 5 條規定：「內政部設警政署（司），執行全國警察行政事
務，並掌理全國性警察業務。」

(3)該法第 8 條規定：「直轄市政府設市警察局，縣（市）政府設縣
（市）警察局（科），掌理各該管區之警察行政及業務。」

---

❹　地方之劃分，地方制度法第 3 條的規定是，地方劃分為省、直轄市；省則劃
分為縣、市；縣則劃分為鄉、鎮、縣轄市；直轄市及市均劃分為區。

❹　如依營養師法第 2 條規定，主管全國領域之衛生主管機關為衛生福利部，主
管直轄市領域者為直轄市政府，而主管縣（市）領域者為縣（市）政府。

又如公路之規劃、修建、養護等依公路法第 6 條規定，分別由中央公路主管機關、直轄市公路主管機關、縣市公路主管機關管轄。不過，此一分層級管轄，因地方挪用財源，並未能十分發揮功效❷。值得注意的是 Uber（台灣宇博數位服務股份有限公司）未經申請並被核准經營汽車運輸業，在民國 106 年遭交通部公路總局開罰四件共計 1 億元並勒令停業。Uber 不服提起行政訴訟。臺北高等行政法院認為依公路法相關規定，交通部公路總局無管轄權，應由交通部或直轄市政府裁罰，是即認為一種管轄錯誤，而撤銷了對 Uber 的 1 億元裁罰❸。

4.功能管轄權 (Die funktionelle Zuständigkeit)──管轄權之規定，原則上僅涉及行政機關本身之管轄權，而不限定由行政機關內部何一成員行使，但有時法律明定，某項行政事務由機關之特定人員行使，而有學理上所謂權限之機關首長保留 (Behördenleitervorbehalte)，德國學者 Hartmut Maurer 將該情形歸類稱為功能管轄❹。在我國行政法上，似可以行政院會議議事規則第 5 條之規定說明。如該條第 1 項規定：「行政院會議議案以出席人數過半數之同意議決之。」但該條第 2 項則規定：「前項決議如院長或主管部會首長有異議時，由院長決定之」，此可視為決定權限保留給行政首長之功能管轄權❺。功能管轄又可以核准發給核子反應器建廠執照為例。建築法第 2 條規定了各個主管建築機關，但原子能法第 23 條第 1 款則依功能之觀點，將核子反應器建廠執照之核發機關，規定為原子能委員會。

---

❷　參閱，陳怡如，〈公路四級管理，兩級擺爛〉，《聯合報》，2006 年 12 月 20 日，A2 版。

❸　參閱，〈公路總局無管轄權，Uber 免罰一億〉，《臺灣時報》，2019 年 5 月 10 日，第 6 版。

❹　Maurer, a.a.O., §21 Rdnr. 50.

❺　另請參照 Lisken/Mokros, *Richter-und Behördenleitervorbehörde im neuen Polizeirecht*, NVw Z. 1991, 609 ff.

第四項　管轄權之效力

行政機關之管轄權一經法令規定，即發生相當確定之效力，依行政程序法第 11 條第 5 項規定，非依法規，不得變更。

又一行政機關經法令規定有管轄權時，人民及其他行政機關均應尊重其法定之管轄權，而從事公共生活行為。例如電業，不管是公營電業或私營電業，依電業法第 35 條之規定，發電業及輸配電業於其電業設備附近發生各類災害、緊急事故或有前條所定情形時，應依中央主管機關所定應通報事項、時限、方式及程序之標準通報各級主管機關。又如水利法第 8 條規定：「直轄市或縣（市）政府辦理水利事業，其利害涉及二直轄市、縣（市）以上者，應經中央主管機關之核准。」

行政機關對管轄權之有無，應依職權調查，如認為無管轄權，則依行政程序法第 17 條第 1 項規定，發生應尊重其他行政機關管轄權之強制移送並應通知當事人之效力。

第五項　管轄權之競合

對同一生活事件，如數行政機關依法皆有管轄權時，即有學理上所謂之「管轄權競合」(Kompetenzkonkurrenz; Mehrfachzuständigkeit)❹❻。在我國法制上可舉水資源事件來說明管轄權之競合。

1.依水利法第 61 條規定：「因興辦水利事業影響於水源之清潔時，主管機關得限制或禁止之」，而此之主管機關，依水利法第 4 條規定，在中央為經濟部；在直轄市為直轄市政府；在縣（市）為縣（市）政府。

2.依自來水法第 11 條規定：「自來水事業對其水源之保護……得視事實需要，申請主管機關……劃定公布水質水量保護區域，……禁止或限制貽害水質與水量之行為」，而此之主管機關，依自來水法第 2 條之規定，在中央為水利主管機關；在直轄市為直轄市政府；在縣（市）為縣（市）

---

❹❻　林騰鷂，〈誰來管老鼠？——行政機關管轄權——〉，《台灣本土法學雜誌》，第 81 期，2006 年 4 月，頁 190–191。

政府。

3.依飲用水管理條例第 5 條第 1 項規定：「在飲用水水源水質保護區……不得有污染水源水質之行為」，同條第 5 項規定：「……主管機關……認為有污染水源水質者,得通知所有權人或使用人於一定期間內拆除、改善或改變使用」,而此之主管機關,依飲用水管理條例第 2 條之規定,在中央為行政院環境保護署。

4.依水污染防治法第 24 條規定：「事業或污水下水道系統, 其廢（污）水處理及排放之改善,由各目的事業主管機關輔導之；……」,而此之主管機關為各目的事業主管機關,可為經濟部、交通部、環保署等。

由上引條文規定,可知對於水源之保護,經濟部、交通部及行政院環保署均有管轄權而產生管轄權競合之問題。

管轄權之競合問題應如何解決,依行政程序法第 13 條第 1 項規定應依下列原則處理,即：

1.優先原則──由受理在先之行政機關管轄。

2.協議原則──如不能分別受理之先後者,由各該機關協議決定之。

3.共同上級機關指定原則──不能協議或有統一管轄之必要時,由各機關之共同上級機關指定管轄。

4.各機關之各別上級機關協議原則──如各機關無共同上級機關,則由各機關之各別上級機關協議決定之。

第六項　管轄權之爭議

管轄權爭議存在於兩個或兩個以上之行政機關,對於同一事件均認為有管轄權限,或存在於兩個或兩個以上之行政機關都認為沒有管轄權限之情形。前者稱為管轄權之積極衝突❹❼,後者稱管轄權之消極衝突❹❽。

---

❹❼　例如,中央政府與地方政府關於彩券、警政、教育、衛生、里長改選等有關問題之爭議是。參閱董保城,〈教育事項中央與地方權限之劃分與分工〉；蔡秀卿,〈衛生行政法規上權限劃分之現狀與問題點──以廢棄物清理法規為例〉,兩文均刊於臺北市政府法規委員會編印,《地方自治法學論輯（下）》,

　　管轄權之爭議，應如何解決？現因行政程序法之公布而有該法第 14 條所規定之法定的解決方法，即：

　　1.由爭議行政機關之共同上級機關決定之。

　　2.如無共同上級機關時，由各該機關之上級機關協議之。

　　3.行政機關於管轄權有爭議時，人民就其依法申請之事件，得向其共同上級機關申請指定管轄，無共同上級機關者，得向各該上級機關之一為之。

　　管轄權之爭議如涉及中央與省間或省與縣間，應如何處理，依照地方制度法第 77 條之規定，應為如下之處理，即：

　　1.中央與直轄市、縣（市）間，權限遇有爭議時，由立法院院會議決之。

　　2.縣與鄉（鎮、市）間，自治事項遇有爭議時，由內政部會同中央各該主管機關解決之。

　　3.直轄市間、直轄市與縣（市）間，事權發生爭議時，由行政院解決之。

　　4.縣（市）間，事權發生爭議時，由內政部解決之。

　　5.鄉（鎮、市）間，事權發生爭議時，由縣政府解決之。

第七項　管轄權之變動

　　如上所述，管轄權非依法規不得變更，學者稱之為管轄恆定原則，但此一原則，因行政程序法之頒布而在下列之例外情形下不適用，即管轄權

　　民國 88 年 6 月，頁 281–295、309–333。另參閱，林騰鷂，〈誰來管老鼠？──行政機關管轄權──〉，《台灣本土法學雜誌》，第 81 期，2006 年 4 月，頁 192–193。

❹⑧　例如，中部地區發生漢他病毒疫情，如何滅鼠防疫，因老鼠分家鼠、街鼠、野鼠，致衛生局、環保局與農業單位，紛紛「禮讓」主導權，亦即推諉管轄權責情事。詳閱《聯合報》新聞窗，民國 90 年 2 月 1 日，第二十版。又如養殖鱷魚，如何保育？究由漁業署、畜牧處或林務處保育科處理，也曾發生管轄權不明爭議。詳閱，《中國時報》，民國 95 年 7 月 25 日，A7 版。

可發生下列情況之變動：

　　1.委任──行政程序法第 15 條第 1 項規定，行政機關得依法規將其權限之一部分，委任所屬下級機關執行之。故委任係屬於有上下隸屬關係機關間管轄權之變動，此種變動，依行政程序法第 15 條第 3 項規定，應將委任依據公告之，並刊登政府公報或新聞紙。

　　2.委託──與委任不同，係指相互無隸屬關係機關管轄權之變動。依行政程序法之規定，委託有下列參種，即：

　　⑴對不相隸屬行政機關之委託，如行政程序法第 15 條第 2 項規定：「行政機關因業務上之需要，得依法規將其權限之一部分，委託不相隸屬之行政機關執行之。」

　　⑵對民間團體或個人之委託，如依行政程序法第 16 條第 1 項之規定：「行政機關得依法規將其權限之一部分，委託民間團體或個人辦理。」例如經濟部標準檢驗局根據商品檢驗法第四條規定委託民間團體辦理輸入農產製品是否包含「基因大豆」成分之檢驗與証書核發是 ❹ 。 民國 108 年 5 月 31 日公布施行之自殺防治法第 10 條規定：「中央主管機關應設置或委託辦理免付費之二十四小時自殺防治緊急諮詢電話。」因為規定未明確指明委託對象，是以衛生福利部可委託不相隸屬之警察機關，亦可委託個人或民間團體。

上述兩種委託，依行政程序法第 15 條第 3 項及同法第 16 條第 2 項之規定，應將委託事項及法規依據公告之，並刊登政府公報或新聞紙。又對民間團體或個人之委託，所需費用，依同法第 16 條第 3 項規定，除另有約定外，由行政機關支付之。

　　⑶複委託──依法律規定受委託之機構或民間團體，經委託機關同意後，可為複委託。如臺灣地區與大陸地區人民關係條例第 4 條第 4 項即規定：「第一項及第二項之機構或民間團體，經委託機關同意，得複委託前項之其他具公益性質之法人，協助處理臺灣地區與大陸

---

❹　參閱，程明修，〈行政受託人之選任應適用政府採購法或行政程序法？〉，《月旦法學教室》，第 21 期，2004 年 7 月，頁 24–25。

地區人民往來有關之事務。」

　　3.干預——通常在原有管轄權之立法機關或行政機關,因不行使管轄權而影響公益或公務之推動時,由其上級機關代行處理或逕為決定。舉例而言,可有下述法定情形,即:

　　⑴代行處理——依地方制度法第76條規定,直轄市、縣（市）、鄉（鎮、市）依法應作為而不作為,致嚴重危害公益或妨礙地方政務正常運作,其適於代行處理者,得分別由行政院、中央各該主管機關、縣政府命其於一定期間內為之；逾期仍不作為者,得代行處理。但情況急迫時,得逕予代行處理。又行政院、中央各該主管機關、縣政府決定代行處理前,應函知被代行處理之機關及該自治團體相關機關,經權責機關通知代行處理後,該事項即轉移至代行處理機關,直至代行處理完竣,而代行處理所支出之費用,則應由被代行處理之機關負擔。

　　　代行處理是一種行政處分,直轄市、縣（市）、鄉（鎮、市）,如認為有違法時,依行政救濟程序辦理之。

　　⑵行政機關不作為時之逕為辦理——依都市更新條例第7條第1項、第2項規定,直轄市、縣（市）主管機關在因戰爭、地震、火災、水災、風災或其他重大事變遭受損壞或為避免重大災害之發生,或為配合中央或地方之重大建設,應視實際情況,訂定或變更都市更新計劃。更新地區之劃定或都市更新計劃之擬定、變更,上級主管機關得指定直轄市、縣（市）主管機關限期為之,必要時並得逕為辦理。

　　⑶立法機關不作為時之逕為決定——依地方制度法第40條第4項規定:「直轄市、縣（市）、鄉（鎮、市）總預算案在年度開始後三個月內未完成審議,直轄市政府、縣（市）政府、鄉（鎮、市）公所得就原提總預算案未審議完成部分,報請行政院、內政部、縣政府邀集各有關機關協商,於一個月內決定之；逾期未決定者,由邀集協商之機關逕為決定之。」

又同條第 5 項規定:「直轄市、縣(市)、鄉(鎮、市)總預算案經覆議後,仍維持原決議,或依前條第五項重行議決時,如對歲入、歲出之議決違反相關法律、基於法律授權之法規規定或逾越權限,或對維持政府施政所必須之經費、法律規定應負擔之經費及上年度已確定數額之繼續經費之刪除已造成窒礙難行時 ,準用前項之規定。」

4.變更——乃因組織法規變更、機關裁撤或事實變更所產生之管轄權之變動。行政程序法第 11 條對此即規定:

(1)組織法規變更管轄權時,如相關行政法規所定管轄機關尚未一併修正時,原管轄機關得會同組織法規變更後之管轄機關公告或逕由其共同上級機關公告變更管轄之事項 。因組織法規變更管轄權之例子,如民國 70 年 11 月 13 日以前之證券交易管理委員會屬於經濟部,但其後改隸財政部,致造成經濟部、財政部管轄權之更動。又如民國 91 年 5 月 17 日修正之國民大會組織法第 14 條即規定:「本法修正施行後,原國民大會祕書處業務,自民國九十二年五月二十日起,由立法院承受之。」另如國家通訊傳播委員會組織法第 2 條規定:「自本會成立之日起,通訊傳播相關法規,包括電信法、廣播電視法、有線廣播電視法及衛星廣播電視法,涉及本會職掌,其職權原屬交通部、行政院新聞局、交通部電信總局者,主管機關均變更為本會。其他法規涉及本會職掌者,亦同。」

(2)行政機關經裁併時,管轄權變更之公告,得僅由組織法規變更後之管轄機關為之。如原省政府裁併後,由中央接管機關為管轄權變更之公告。

另外,管轄權之變更亦有基於事實變更而產生者,例如水道因自然變更(如黃河在歷史上常有的改道)時,依水利法有水利行政管轄權之行政機關亦有可能發生變更。此時,因事實變更而喪失管轄權之行政機關,依行政程序法第 18 條規定,應將相關案件移送有管轄權之機關,並通知當事人。但經當事人及有管轄權機關之同意,亦得由原管轄機關繼續處理該

案件。

　　管轄權之變更，涉及人民權益，因此於何時生效甚為重要，行政程序法第 11 條第 4 項乃明定，因組織法規變更管轄權及因行政機關裁併變更管轄權者，均應公告，而管轄權變更公告之事項，自公告之日起算至第 3 日起發生移轉管轄權之效力，但公告特定有生效日期者，自該生效日發生移轉管轄權之效力。

　　5.移轉——乃指管轄權之臨時性或個案的變動所產生管轄權之變更，茲各舉一例說明之：

　　⑴臨時性管轄權之移轉，如警察局及其分局就該管區域內違反社會秩序維護法案件原有管轄權，但依社會秩序維護法第 35 條第 3 項規定，鐵路、公路、航空、水上等專業警察，得經內政部之核准，就其該管區域內違反社會秩序維護法案件，行使管轄權。

　　⑵個案所生管轄權之移轉，如依社會秩序維護法第 74 條規定，警察機關對深夜遊蕩、行跡可疑者，本有管轄權，但如該行跡可疑者發生精神衛生法第 32 條所規定之罹患精神疾病或疑似罹患精神疾病者，有傷害他人或自己或有傷害之虞者，應通知當地主管機關，並視需要要求協助處理或共同處理；除法律另有規定外，應即護送前往就近適當醫療機構就醫，而生管轄權之移轉。

第八項　管轄權之喪失

　　依行政程序法第 18 條規定，管轄權之喪失有因法規變更者，亦有因事實變更者，此時喪失管轄權之行政機關，應將案件移送有管轄權之行政機關，並通知當事人，但經當事人及有管轄權機關之同意，亦得由原管轄機關繼續處理該案件。此一規定已採納德國行政程序法第 3 條第 3 項之規定旨趣，而不必如原行政程序法草案第 9 條規定所採之管轄權一律移送之制度❺⓿。就此一條文規定，我國學者有認知上之差異。吳庚大法官認為：「行政程序法第十八條但書……為法務部原案及行政院草案所無，乃立法

---

❺⓿　參見陳敏，上揭書，頁 905。

院審議時所加，於常情法理皆屬違背，因為既是因事實上變更而喪失管轄權，例如原管轄機關因天然災變設施滅失，人員傷亡，已無從行使管轄權，如何仍能繼續處理？若係因法規而喪失管轄權，又豈可由私相授受而繼續行使權限！」❺陳敏教授則持不同看法，認為：「吳氏所舉因事實變更而喪失管轄權之事例，其實僅事實上一時不能行使管轄權，並非行政機關本身之消滅或管轄權之喪失。至於因法規而喪失管轄權時，原管轄機關對原已受理而尚未了結之個案，依該但書之授權而得繼續處理，以利於結案，正是此一制度之作用所在，亦不宜視為私相授受之非常規行為。」❺此二見解，應以陳敏教授之見解為佳。

第六節　行政機關之相互關係

第一項　概　說

由於行政任務之多樣性、專業性及複雜性，各類行政主體常設有種類繁多、專業內涵各異之行政機關，透過分工方式，執行各該行政主體之行政任務。這些行政機關彼此之間的相互關係，在許多行政法律上均有所規範，也構成行政法學之重要研究課題。

一般而言，行政機關之相互關係存在於一行政主體內各行政機關之間，也存在於一行政主體之行政機關與另一行政主體之行政機關之間。這些關係大致可用垂直關係與平行關係來加以說明，茲分項研析於次。

第二項　垂直關係

垂直關係是指行政機關上下層級之間的關係，有稱之為行政機關間之縱向關係❺。大致可分為指揮關係、監督關係、委任關係、委辦關係、授

---

❺　吳庚，上揭書，頁 201，註 52。
❺　陳敏，上揭書，頁 905，註 15。

權關係、代行處理關係、逕為決定關係、派員代理關係等多種，茲各舉實際法律規定說明於次。

一、指揮關係

行政機關與立法、司法機關不同，不全重在諮詢共議、超然獨立，而卻較重在效能、效率，以便迅速、及時、有效的完成保障人民安全、福祉之行政任務，故必須所有行政機關上下一體、同心協力，才能有成❺❹。所謂行政一體的必要性，顯得更加明晰。法律上乃建構了指揮制度，以強化行政機關上下一體，完成行政任務之機能。如地方制度法第 8 條規定，省政府受行政院指揮、辦理監督縣（市）自治事項、執行省政府行政事務，又如同法第 2 條第 3 款規定，地方自治團體……在上級政府指揮監督下，執行委辦事項等是。而所謂指揮，學理上可分為❺❺：

1. 一般指示 (allgemeine Weisungen)，乃上級機關對下級機關，就組織分工、特定事務之處理方式、裁量準則及法令解釋等所為之抽象指示，實務上稱之為「訓令」。

2. 個別指示 (Einzelweisungen)，乃上級機關對於下級機關，就具體事件應如何處理所為之個別指示，實務上稱之為「指令」。

二、監督關係

乃上級機關依法令對下級機關行使職權的合法性、正當性與合目的性為監控督導之意，其方法、名稱在實務上甚多，如認可、核定、備案、備查、視察、視導、審核、撤銷、變更、廢止、停止、強制處理、代行處理、獎懲、爭議解決、管制考核等❺❻。

監督之種類，在學理上可分為❺❼：

❺❸　李震山，《行政法導論》，頁 105 以下。

❺❹　此學理上稱之為行政一體性 (Die Einheit der Verwaltung)，詳請參閱黃錦堂，上揭文，頁 311。

❺❺　Maurer, a.a.O., §22 Rn. 9; §23 Rn. 16, 23; §24 Rn. 1, 22; §25 Rn. 17.

❺❻　李震山，上揭書，頁 105–107；另參閱蕭文生，〈地方自治之監督〉，刊於《行政法爭議問題研究（下）》，台灣行政法學會主編，五南圖書出版公司，民國 89 年，頁 1495 以下。

1. 法律監督 (Rechtsaufsicht)，乃監督審查下級機關行使職權，達成行政任務之合法性，亦即下級機關行為之合法性控制 (Rechtmäßigkeitskontrolle)，如行政院組織法第 10 條第 1 項規定，行政院院長綜理院務，並指揮監督所屬機關及人員。

2. 專業監督 (Fachaufsicht)，乃對下級機關執行專業行政任務是否依法 (rechtmäßige)、合目的 (Zweckmäßige) 的完成 (Erledigung)，如內政部組織法第 2 條規定，內政部對於各地方最高級行政長官，執行本部主管事務，有指揮、監督之責。

3. 勤務監督 (Dienstaufsicht)，乃對下級機關之一般勤務處理 (die allgemeine Geschäftsführung) 與人事事務 (die Personalangelegeneiten) 之監督，如內政部組織法第 10 條規定，民政司掌理地方行政之指導、監督及地方自治人員之訓練、考核、獎懲事項。此所規定之指導、考核、獎懲即涉及對下級行政機關一般勤務及人事事務之監控、督導事宜。又如依地方制度法第 78 條，直轄市長、縣（市）長、鄉（鎮、市）長、村（里）長，有該條第 1 項所列違法情事時，分別由行政院、內政部、縣政府、鄉（鎮、市、區）公所停止其職務，亦為上級機關對下級機關人事事務之監控管理。

上級機關對下級機關監督的方式，地方制度法第 2 條第 4 款、第 5 款明定的有：

⑴核定，指上級政府或主管機關，對於下級政府或機關所陳報之事項，加以審查，作成決定，以完成該事項之法定效力之謂。

⑵備查，指下級政府或機關間就其得全權處理之業務，依法完成法定效力後，陳報上級政府或主管機關知悉之謂。此種方式可使上級機關掌握資訊，有得以提出建議、促請諮商，或甚至採取其他監督方式之機會。

除此之外，學者將國家對地方自治之監督❺❽區分為自治事項之監督與

---

❺❼　Maurer, a.a.O., §22 Rn. 27, 35, 36, 38; §23 Rn. 17, 18 ff.; §24 Rn. 18; §25 Rn. 54.

❺❽　參閱，陳淑芳，〈中央與地方因地方自治監督所生之爭議〉，《月旦法學雜

委辦事項之監督❺❾，這些監督也都在地方制度法上分別明文規定其方法。又有學者就立法權、財政權、執行權與人事權等方面，說明中央對地方之監督關係❻⓪。中央對地方之監督強度，視自治事項或委辦事項而有不同，就此大法官釋字第 498 號及第 553 號解釋有明確區分，可資參照。

三、委任關係

如上所述，行政程序法第 15 條第 1 項已規定行政機關依法規將其權限之一部分，委由所屬下級機關執行之制度，界定為委任關係，與下述之委辦關係，略有不同❻❶。

四、委辦關係

地方制度法第 2 條第 3 款將委辦事項界定為地方自治團體依法律、上級法規或規章規定，在上級政府指揮監督下，執行上級政府交付辦理之非屬該團體事務，而負其行政執行責任之事項。

五、協商關係

學者認為地方自治團體肩負之任務，除了自治事項與委辦事項兩項以外，尚有第三任務類型，即協力義務事項❻❷。就對中央政府協力義務之任務執行，依大法官釋字第 550 號解釋意旨，中央政府與地方自治團體應「協商解決」❻❸。此即產生兩者之協商關係。

誌》，第 98 期，2003 年 7 月，頁 222–237。比較法論文請參閱，黃錦堂，〈地方監督之行政爭訟法問題──德國法之比較〉，《法令月刊》，第 69 卷第 8 期，2018 年 8 月，頁 1–38。

❺❾　陳敏，上揭書，頁 945 以下。大法官釋字第 498 號解釋文稱：「中央政府或其他上級政府對地方自治團體辦理自治事項、委辦事項，依法僅得按事項之性質，為適法或適當與否之監督。地方自治團體在憲法及法律保障之範圍內，享有自主與獨立之地位，國家機關自應予以尊重。」另大法官釋字第 553 號解釋亦有類似意旨。

❻⓪　李震山，《行政法導論》，2005 年 10 月修訂六版，頁 107–108。

❻❶　詳請參閱薄慶玖，《地方政府與自治》，五南圖書出版公司，民國 82 年，頁 138–139；另李震山，上揭書，頁 107–108。

❻❷　參閱，董保城，〈臺北市政府分擔全民健保補助費相關爭議評析〉，《台灣本土法學雜誌》，第 77 期，2005 年 12 月，頁 107–109。

六、授權關係

如依社會秩序維護法第 35 條第 2 項規定,在地域遼闊交通不便地區,得由上級警察機關授權該管警察所、警察分駐所行使其管轄權。

七、代行處理關係

如依地方制度法第 76 條規定,直轄市、縣(市)、鄉(鎮、市)依法應作為而不作為,致嚴重危害公益或妨礙地方政府正常運作,其適於代行處理者,得分別由行政院、中央各主管機關、縣政府命其於一定期限內為之;逾期仍不作為者,得代行處理。但情況急迫時,得逕予代行處理。

八、逕為決定關係

如上述地方制度法第 40 條第 4 項、第 5 項,由行政院、內政部、縣政府等對直轄市、縣(市)、鄉(鎮、市)總預算案之逕為決定。

九、派員代理關係

如地方制度法第 82 條第 1 項規定,直轄市長、縣(市)長、鄉(鎮、市)長及村(里)長辭職、去職、死亡者,直轄市長由行政院派員代理;縣(市)長由內政部報請行政院派員代理;鄉(鎮、市)長由縣政府派員代理;村(里)長由鄉(鎮、市、區)公所派員代理。

第三項　平行關係

平行關係是指不相隸屬行政機關之間的關係,有稱之為行政機關間之橫面關係[64]。主要是因現代行政事務常有就地、及時、彈性處理之必要。有法定管轄權之行政機關對於一時大量性、突發性、緊急性之公共生活事件,常有缺乏人力或不能就地、及時、較經濟處理的困難,而有求助於其他行政機關之必要。為此,行政法律上亦建立了一些不相隸屬行政機關之間的法律關係,即此所謂之平行關係,大致上可分為職務協助關係、職務會同關係、職務委託關係等多種,茲各舉實際法律規定情形說明於次。

---

[63] 參閱,張道義,〈最高行政法院 94 年判字第 1546 號判決評析:從協商到自治〉,《台灣本土法學雜誌》,第 77 期,2005 年 12 月,頁 146–151。

[64] 李震山,上揭書,頁 97。

一、職務協助關係

職務協助關係為德國憲法、行政法學研究所著重。德國基本法第 35 條第 1 項即已規定：「聯邦與各邦之一切機關，應互為法律上及職務上之協助」，其聯邦行政程序法第 4 條至第 8 條，更具體規定職務協助之要件、範圍與程序。我國行政程序法仿之，於第 19 條中明定職務協助制度。此一制度之主要重點為：

1.職務協助之義務與範圍——依行政程序法第 19 條第 1 項規定，行政機關為發揮共同一體之行政機能，應於其權限範圍內互相協助，此明示了行政機關彼此之協助義務，以及其協助之範圍為本身權限範圍內。

2.職務協助之對象——行政程序法第 19 條第 2 項規定，職務協助請求之對象，為無隸屬關係之其他機關，因如有隸屬關係，則可依上述行政機關垂直關係，加以指揮。

3.職務協助之原因——行政程序法第 19 條第 2 項規定了職務協助之原因共有下列六點，即：

(1)因法律上之原因，不能獨自執行職務者。

(2)因人員、設備不足等事實上之原因，不能獨自執行職務者。

(3)執行職務所必要認定之事實，不能獨自調查者。

(4)執行職務所必要之文書或其他資料，為被請求機關所持有者。

(5)由被請求機關協助執行，顯較經濟者。

(6)其他職務上有正當理由須請求協助者。

4.職務協助之方式——行政程序法第 19 條第 3 項規定，職務協助之方式，除緊急情形外，應以書面為之。而其形式，依學者之分類有❻❺：

(1)傳送檔案或文書，以供閱覽及使用。

(2)對所知悉之事實提供資訊。

(3)對人為訊問或實施勘驗，以調查事實。

(4)提供場所、器具或人員。

(5)制作鑑定報告。

---

❻❺　引自陳敏，上揭書，頁 895–898。

⑹實施科學或醫學之研究。

⑺作成行政處分。

5.職務協助之應行拒絕——行政程序法第 19 條第 4 項規定，行政機關如有下列情形之一時，應拒絕為職務協助，即：

⑴協助之行為，非其權限範圍，亦即請求之事項非被請求機關之土地管轄、事務管轄或功能管轄範圍者。

⑵協助之行為乃依法不得為之者，例如，依法律或事件之性質，而不得提供文件、檔案或答覆詢問之情形。

⑶如提供協助行為，將嚴重妨害其本身職務之執行者。

6.職務協助之得為拒絕——行政程序法第 19 條第 5 項規定，被請求機關認有正當理由不能協助者，得拒絕之，如協助不以書面方式提出或認為由第三機關協助，顯然較為簡單或較經濟的情況等是。

7.職務協助爭議之決定——行政程序法第 19 條第 6 項規定，被請求機關認為無提供行政協助之義務或有拒絕之事由時，應將其理由通知請求協助機關。請求協助機關對此有異議時，由其共同上級機關決定之，無共同上級機關時，由被請求機關之上級機關決定之。

8.職務協助費用之負擔——行政程序法第 19 條第 7 項規定，被請求機關得向請求協助機關要求負擔行政協助所需費用。其負擔金額及支付方式，由請求協助機關及被請求機關以協議定之；協議不成時，由其共同上級機關定之。

由上所述，可知行政機關之間的職務協助，具有被動性、臨時性、輔助性、代辦性❻❻之特色。

二、職務會同關係

職務會同關係為行政實務上所常見，是由各自均有管轄權但不相隸屬之行政機關，會同訂定行政命令或會同為行政處分之關係。學者有稱之為聯合關係❻❼者，有稱之為合作關係❻❽者。本書認為以使用法律上用語及行

---

❻❻　李震山，上揭書，頁 100–101。

❻❼　李震山，上揭書，頁 102–103。

政實務被廣泛認識之「會同」來表彰此一關係較為妥當。茲舉法律相關規定為例分別說明於次：

　　1.會同訂定行政命令——如律師法第 52 條規定，本法施行細則，由法務部會同內政部擬訂，報請行政院核定之會同關係以及律師懲戒程序，由法務部擬訂，報請行政院會同司法院核定之會同關係。又如文化資產保存法第 112 條規定，本法施行細則，由文化部會同農委會定之。再如藝術教育法第 25 條第 2 項規定，各級主管教育、文化行政機關應獎助民間籌設基金，以推行社會藝術教育，其辦法由教育部會同中央文化主管機關定之。在此值得注意的是會同訂定行政命令時是由所有會同的行政機關共同發布行政命令。

　　2.會同為行政處分——如依文化資產保存法第 4 條第 2 項規定，所定各類別文化資產得經審查後以系統性或複合型之型式指定或登錄。如涉及不同主管機關管轄者，其文化資產保存之策劃及共同事項之處理，由文化部或農委會會同有關機關決定之。此之決定即有為會同之行政處分。

三、職務委託關係

　　不相隸屬之行政機關間的關係又有一為職務委託關係，學者稱之為行政委託❻❾。現在行政程序法第 15 條第 2 項已明定：「行政機關因業務上之需要，得依法規將其權限之一部分，委託不相隸屬之行政機關執行之」。此種職務委託依同條第 3 項規定，應將委託事項及法規依據公告之，並刊登政府公報或新聞紙。又委託之法律效果，依訴願法第 7 條規定，「無隸屬關係之機關辦理受託事件所為之行政處分，視為委託機關之行政處分，其訴願之管轄，比照第四條之規定，向原委託機關或其直接上級機關提起訴願。」❼⓿

---

❻❽　陳敏，上揭書，頁 891–893。

❻❾　實例請參閱，蔡茂寅，〈行政委託與法律保留原則〉，《月旦法學雜誌》，第 83 期，2002 年 4 月，頁 20–21；張文郁，〈國家考試事務委託其他機關、團體辦理相關法律問題之研究〉，《月旦法學雜誌》，第 175 期，2009 年 12 月，頁 163–181。

第五章　公有事業機關

第一節　公有事業機關之概念

　　公有事業機關係行政組織之另一形態❶，依會計法第 4 條第 2 項之規定，乃是「政府所屬機關專為供給財物、勞務或其他利益而不以營利為目的者。」本書採之以代替一般行政法論著所使用之「營造物」用語。因營造物一詞不是法定用語，而係日本行政法學者譯自德文之 "Öffentlich-rechtliche Anstalt" 而為我國行政法學者所沿用，但因有「營造」兩字，似與建築有關，時常引起誤解而「不易為國內人民、科技官僚或部會首長理解」❷，學者迭有批判，有將之改稱為「特別行政機關」或「特定目的行政機構」者❸，有將之改稱為「公共機構」者❹，亦有建議將之改稱為「公事業」、「公務事業」、「目的事業」、「公事業機構」或「公法事業機構」者❺。亦有雖覺「營造物」用語不甚妥當，但以行政法學界沿用已

⓻　相關實例論文請參閱，程明修，〈權限委託「任」後之管轄權？／最高行九六判例一九一六〉，《台灣法學雜誌》，第 133 期，2009 年 8 月，頁 227–228。

❶　公有事業機關為特殊功能之行政機關，其特色有六，詳請參閱黃錦堂，〈行政組織法之基本問題〉，翁岳生編，《行政法》，頁 274。

❷　黃錦堂，上揭文，頁 261；另參閱陳愛娥，〈公營造物的概念與公營造物的法律關係〉，刊於《行政法爭議問題研究（下）》，台灣行政法學會主編，五南圖書出版公司，2000 年 12 月初版一刷，頁 1307–1323。

❸　黃錦堂，上揭文，頁 261。

❹　陳新民，《行政法學總論》，民國 89 年 8 月修訂七版，頁 147 及註 10。

久，認為尚無可取代之用語，而仍加以採用者❻。

　　本書認為「營造物」一詞不應再使用，而應使用法律上所用之用語「公有事業機關」，因人民與公務員並未學習行政法，無從瞭解我國行政法學上襲自日本學者之翻譯用語，而日本現在也漸不使用「公營造物」而改用「特殊法人」之用語❼，既然法律明定且公示而得由人民與公務員周知，故採用法律上之用語容易為公務員與大眾所瞭解。又採用「公有事業機關」一詞對學者就營造物所作之定義如：「行政主體為達成公共行政上之特定目的，將人與物作功能上之結合，以制定法規作為組織之依據所設置之組織體，與公眾或特定人間發生法律上之利用關係。」❽或如「係行政主體為持續達成特定之目的，集合人及物之手段，在公法上所設置之行政機構」❾。或如「係國家或地方自治團體為持續性履行特定之公共給付目的，結合人與物之組織體，與公眾或特定人間發生法律上之利用關係」❿。等亦能充分表達。因為會計法第 4 條第 2 項對公有事業機關之定義⓫，其概念要素與行政法學上「營造物」之概念要素已能吻合。亦即：

　　1.公有事業機關為行政主體，（即國家、地方自治團體或其機關）在公法上所設立及控制之行政組織。

　　2.公有事業機關係專為供給財物、勞務或其他利益者，亦即政府為達成上述供給目的所設立之行政組織。

　　3.公有事業機關係不以營利為目的而提供財物、勞務或其他利益之行政組織。

　　公有事業機關與下述之公有營業機關雖同是專為供給財物、勞務或其他利益之政府所屬機關，但兩者仍有甚多不同。依學者之分析，約有三

---

❺　陳敏，《行政法總論》，頁 981。

❻　參閱蔡茂寅，〈公營造物法、公企業法〉，翁岳生編，《行政法》，頁 422。

❼　陳新民，上揭書，頁 147，註 10。

❽　吳庚，《行政法之理論與實用》，頁 181–182。

❾　陳敏，上揭書，頁 981。

❿　李震山，《行政法導論》，頁 72。

⓫　參閱張鴻春，《政府會計》，三民書局，民國 86 年 2 月增訂版，頁 123 以下。

點⓬，但筆者認為最重要還是會計法第 4 條第 2 項所定之是否「以營利為目的」這個標準來區分，比較具體明白，凡不以營利為目的的是公有事業機關，而以營利為目的獲取相當之代價者則是公有營業機關。

綜上所述，公有事業機關乃係負擔特定目的之行政機構，其主要特色是⓭：

1.由行政主體之行政機關制定法規為其組織依據⓮而創設及控制。

2.是服務性、給付性之機構而與一般作成決策、執行行政任務之科層式公務行政機關不同。

3.強調提供人與財物、勞務或其他利益結合性服務之特殊行政機構。

4.其與創設之母體機關間之關係，往往有合作與獨立之雙重性格。

5.其使用人不一定以一般人民為限，有時只限定開放給一定條件之人使用，如監獄、精神療養院等是。

6.其與使用人所生爭執，使用之人民得依民事訴訟或行政救濟途徑提起救濟。

第二節　公有事業機關之種類

公有事業機關原為德、日行政法制所稱之營造物，其種類⓯，依德國行政法之父 Otto Mayer 之區分有三，即： 1.以軍隊為類型者。 2.與文化

⓬　蔡茂寅，上揭文，頁 424。

⓭　參閱黃錦堂，上揭文，頁 272–274；陳敏，上揭書，頁 981–983。

⓮　公有事業機關之組織依據，有為法律位階者，如國家圖書館，係依該館條例而設立。亦有可能為依中央法令或地方自治法規、行政處分或行政契約，甚至以民意機關預算同意或行政主體之組織裁量權等為依據。參照，黃俊杰，《行政法》，三民書局，2005 年 9 月初版一刷，頁 226–227。

⓯　德國公營造物之種類，請參閱李建良，〈論公法人在行政組織建制上的地位與功能——以德國公法人概念與法制為借鏡〉，《月旦法學雜誌》，第 84 期，2002 年 5 月，頁 52–54。

任務有關者，如天文臺或學術單位。3.以促進人民個人利益，經由服務之提供，如學校、信用合作社、醫院、郵局、鐵路等。第二次世界大戰以後，Otto Mayer 所建構之營造物法制理論已有重大改變❶，現時依照學理上之分類，「營造物」，即本書主張改稱為公有事業機關之種類，可依下列標準分類說明：

一、依設立任務而分

1.公有文教機關──如學校、圖書館、博物館、美術館、音樂廳、劇院。

2.公有研究機關──如法務部之法醫研究所、經濟部之中央地質調查所、交通部運輸研究所、內政部建築研究所。

3.公有民俗機關──如孔廟、忠烈祠、殯儀館。

4.公有保育機關──如療養院、醫院、榮民之家、勒戒所、流民收留所。

5.公有供應財物機關──如果菜市場、漁市場。

6.公有供應服務機關──如港口、機場。

7.公有供應其他利益機關──如廢水處理場、垃圾焚化掩埋場、屠宰場、公墓。

8.公有休憩機關──如國家公園、植物園、動物園。

二、依公用之性質而分

1.可公用性公有事業機關，即一般民眾可直接加以利用之機關，如博物館、圖書館。

2.不可公用性公有事業機關──如監獄、感化院。

三、依利用之方式而分❷

1.暫時利用之公有事業機關，如博物館、植物園、圖書館、動物園。

---

❶　參閱，黃錦堂，上揭文，頁 272。Otto Mayer 所下的傳統定義乃是，公營造物是公行政主體為能持續達到公法上的特定目的，為人力與物力之結合。Otto Mayer, *Deutsches Verwaltungsrecht*, Bd. II, 3. Aufl., 1924, S. 268, 331.

❷　陳敏，上揭書，頁 986。

2.持續利用之公有事業機關，如學校、養老院、監獄。

3.開放利用之公有事業機關，如博物館、體育館、美術館。

4.封閉利用之公有事業機關，如學校、屠宰場。

5.隔離利用之公有事業機關，如煙毒勒戒所、感化院、監獄。

第三節　公有事業機關之利用關係

第一項　利用關係之依據

公有事業機關利用關係之依據，為公有事業機關之利用規則(Benutzungsordnungen)，以臺北市為例，如臺北市立體育場場地管理要點、臺北市公園管理自治條例、臺北市立托兒所組織規程、臺北市立浩然敬老院入出院管理自治條例、臺北市殯葬管理自治條例等[18]。這些規則，通常由公有事業機關之設置母體機關（即此處之臺北市政府）逕行制定或由公有事業機關依照其成立依據之法規，即學理上所謂之營造物規章(Anstaltsordnung)，亦即本書稱為公有事業機關之組織規章，自行訂定。再以臺北市為例，即如臺北市立動物園組織規程、臺北市立天文科學教育館組織規程、臺北市孔廟管理委員會組織規程、臺北市立國樂團組織規程、臺北市動產質借處組織自治條例、臺北市立交響樂團組織規程、臺北市藝文推廣處組織規程等。

公有事業機關之利用規則，通常依其設立目的，在法規或習慣法所允許之範圍內規定其對外營運之細節，以及與利用者間的權利義務關係[19]。如上引臺北市公園管理自治條例第 15 條規定，於公園內集會、展覽（售）、演說、表演或為其他使用者，除經主管機關核准之藝文活動外，應填具申請書，如屬參加人數超過 5000 人之大型活動，並應檢附交通維持

---

[18]　詳請參閱，臺北市政府法規委員會編，《臺北市單行法規彙編》。

[19]　吳庚，上揭書，頁 183、184。

計畫，向管理機關申請核准。又同條例第 16 條規定，酗酒或鬥毆滋事者、攜帶危險物品者、攜帶未加適當防護措施之寵物或其他牲畜入園者，及其他違反本條例規定之行為者，得停止其使用，這些都是依其設立目的，在法令範圍內所為營運細節規定，並規範了其與利用者間的權利義務關係。

第二項　利用關係之性質

公有事業機關的利用關係究為公法關係或為私法關係 ，不可一概而論[20]。原則上應依上述之公有事業機關之組織規章與使用規則而定，如賦予公有事業機關以強制性權力，並以實現一般公權力行政事務為目的者，則此公有事業機關的利用關係為公法關係。 例如毒品危害防制條例第 20 條規定，犯第 10 條施用第一級、二級毒品之被告或少年，應先裁定令入勒戒處所觀察、勒戒，而勒戒處所依同法第 27 條，可設在行政院衛生署、直轄市或縣（市）政府指定之醫院內附設。這些公有事業機構之醫院，可依觀察勒戒處分執行條例第 7 條至 12 條規定，有強制或限制被告或少年之自由，故其利用關係，為公法關係。

又學者認為，公有事業機關之利用關係，有時亦可能在不同階段分別為公法關係與私法關係，而有所謂「二階段理論」(Zweistufentheorie) 所稱之關係者 ，即核准利用公有事業機關之行為為公法關係，而後訂立契約，依契約為公有事業機關之利用，則為私法關係[21]。舉例而言，如零售市場管理條例第 10 條規定，申請使用公有市場攤（鋪）位，應填具申請書，向設立公有市場之主管機關提出；經核准後，應於簽訂契約之次日起一個月內，加入市場自治組織成為會員後，始得營業。臺北市政府依此條例第 5 條訂定「臺北市零售市場攤（鋪）位設置管理辦法」，其第 4 條所規定，由市場處核准屬公法關係，自收受取得資格通知後簽約，屬私法關係。又如臺北市平價住宅分配及管理自治條例[22]第 8 條規定，經核准借住

---

[20]　蔡茂寅，上揭文，頁 428–430。

[21]　參閱陳敏，上揭書，頁 988 以下。

[22]　此辦法所稱之平價住宅，係指由臺北市政府興建，專供貧戶居住之住宅及其

平價住宅者，應於接到通知後之次日起 1 個月內至社會局辦理借住契約手續。此時，批准某人借住平價住宅之行為為公法關係行為，辦理借住契約而利用平價住宅之行為為私法關係行為。

　　此處所舉例示之二階段理論為德國第二次世界大戰後由學者 Hans-Peter Ipsen 發展出來的，因其缺點疑慮頗多❷❸，近年來在德國學說上改以「一階段法律關係」(einstufige Rechtsverhältnisse) 理論，加以替代者。此替代理論有行政處分說，行政契約說，私法契約說等多種理論❷❹，應可為我國處理相關實務之參考。筆者認為我國公布行政程序法後，公有事業機關之利用關係，以行政契約說為宜。

第三項　利用關係之成立與終止

　　公有事業機關之利用關係，有為一般使用關係 (Gemeinbenutzung)，有為特別利用關係 (Sonderbenutzung) 者。前者如國家公園、美術館之參觀使用，無須特別之許可，可逕依其設置目的而為使用，後者則為須經利用許可 (Zulassung) 之方式，才得利用者，如允許學生入學就讀，允許榮譽國民（榮民）進入榮譽國民之家就養❷❺。由此可知，公有事業機關利用關係之成立，原因甚多，學理上大致將之分為三類，即：

　　1.以行政處分允許、同意或強制人民利用公有事業機關者，如允許使用公園為集會、展覽或強制吸食第一級、第二級毒品者住入指定醫院觀察勒戒❷❻。

　　2.以行政契約使用公有事業機關者，例如依郵政法使用郵局為運送郵件之行為，可認為公法上之運送契約，因交通部郵政總局所屬郵政機關雖

　　公共設施，符合公有事業機關專以提供財物、勞務或其他利益而不以營利為目的之機關意涵。

❷❸　陳敏，上揭書，頁 678–680。

❷❹　陳敏，上揭書，頁 680–681。

❷❺　參閱，國軍退除役官兵輔導條例第 16 條、第 17 條。

❷❻　參閱，觀察勒戒處分執行條例第 7 條至第 12 條。

已更名為中華郵政公司，但仍應屬於會計法第 4 條第 2 項規定之公有事業機關，郵政法第 6 條第 1 項規定：「除中華郵政公司及受其委託者外，無論何人，不得以遞送信函、明信片或其他具有通信性質之文件為營業。」又同法第 15 條規定：「除中華郵政公司外，任何人不得發行、製作與郵票類似，且具有交付郵資證明之票證。」另同法第 16 條第 1 項規定：「郵費之交付，以郵票或其他表示郵資已付符誌證明之。」是以使用郵票、交付郵局運送物件之行為，顯與私法上運送契約有別。

　　3.以私法契約利用公有事業機關者，如公立醫院收容病患而為之醫療行為等，可認為是以私法契約利用公有事業機關。

　　由上所述，可知公有事業機關之利用關係有時是以行政處分方式而為強制利用關係，有時則以公法契約與私法契約而為任意利用關係❷⁷。

　　又利用關係於何時終止，對利用人之法律地位亦生影響。學理上大致將其分為下列數類❷⁸：

　　1.一時性的利用關係，如進入公園、美術館、博物館參觀，退出時，利用完畢，則利用關係即行終止。

　　2.持續性利用關係，如學生入學、傳染病患者入醫院強制治療，則在其利用目的完成時，利用關係方始終止。

　　另利用關係可否由當事人隨時終止，亦應分別而論❷⁹，即：

　　1.在任意利用關係情形，利用人原則上隨時可以己意終止利用關係，但有時應得公有事業機關之同意，如公立大學學生之休學、轉學是。

　　2.在強制利用關係情形，利用人通常無自由終止利用關係的權利，如傳染病防治法第 45 條第 1 項前段規定：「傳染病病人經主管機關通知於指定隔離治療機構施行隔離治療時，應依指示於隔離病房內接受治療，不得任意離開。」

---

❷⁷　蔡茂寅，上揭文，頁 430–431。

❷⁸　蔡茂寅，上揭文，頁 431。

❷⁹　蔡茂寅，上揭文，頁 431。

第四項　利用關係之內容

利用公有事業機關之關係成立後，發生什麼內容？亦即利用人之利用關係有何內容，此可從利用人之權利與義務兩方面來看，即：

1.利用人的權利主要為利用公有事業機關之權以及在利用時發生受損情形，可以請求損害補償之權，茲以利用郵局為例說明於次：

⑴利用公有事業機關之權──人民有利用公有事業機關所供給之財物、勞務及其他利益之權。公有事業機關如無法定、正當理由，不得拒絕人民利用。如郵政法第 19 條規定，中華郵政公司非依法規，不得拒絕郵件之接受及遞送，但禁寄物品或郵件規格不符中華郵政公司公告者，不在此限。

⑵損害補償請求權──即人民利用公有事業機關如受有損害，可以請求補償之權，如郵政法第 29 條規定，各類掛號郵件遺失或被竊時，或掛號包裹、郵件、快捷郵件、報值郵件、保價郵件全部或一部遺失、被竊或毀損時，寄件人得向中華郵政公司請求補償。對此大法官在釋字第 428 號解釋，對補償之原因範圍作了規範，認為郵政法第 29 條各類掛號郵件之補償只限於遺失或被竊，而不及於毀損，旨在維持郵政事業之經營，為增進公共利益所必要，尚未逾越立法權自由形成之範圍。不過，此一大法官解釋，已因郵政法之修改而失其意義。因為郵政法修正後也將郵件之毀損，列為應補償之事項。

2.利用人的義務主要為服從公有事業機關行使管理權的義務以及給付使用費及相關費用之義務，即：

⑴服從公有事業機關行使管理權之義務──公有事業機關之管理權，多規定在公有事業機關之利用規則中，使用人對其管理權之行使，有服從之義務。如臺北市政府所屬各機關場地使用管理辦法第 8 條第 1 項第 12 款規定，申請使用者，在活動期間應負責場地內外秩序、設備、公共安全、交通及環境衛生之維護，並接受場地管理人

員之指導，使用人有服從之義務，否則依同條第 2 項規定，應依法
負其責任。

⑵給付使用費及相關費用之義務——如臺北市政府所屬各機關場地
使用管理辦法第 6 條規定，各場地管理機關依規費法第 10 條規定
訂定場地使用之收費基準。規費法第 8 條亦規定，使用政府所屬機
關之公有設施、設備及場所者，應徵收使用規費。

第四節　公有事業機關之管理

　　公有事業機關依據其組織規章成立以後，須持續以良善之狀態，正常
之功能提供財物、勞務或其他利益供公眾利用。為達成此目的，必須妥善
管理，而為管理的機關、管理的權限、管理的方式，均由公有事業機關的
組織規章與利用規則，加以規定，茲舉例分述之：

一、管理機關

　　如臺北市立動物園組織規程第二條規定，臺北市立動物園置園長，承
教育局長之命綜理園務、指揮監督所屬員工。又如臺北市公園自治條例第
3 條規定，本自治條例之主管機關為臺北市政府，並以下列機關為管理機
關：都市計畫公園、綠地、廣場、兒童遊樂場為市政府工務局公園路燈工
程管理處。運動公園為市政府教育局。配合公共工程興建供公眾遊憩之場
所為該公共工程管理機關。其他依法令設置供公眾遊憩之場所，其管理機
關由主管機關定之。

二、管理權限

　　如國立國父紀念館組織法第 2 條規定其掌理事項，而依國立國父紀念
館網址 (www.yatsen.gov.tw) 所列組織架構各組掌理事項如下：

1.綜合發展組掌理事項如下：

　⑴館務創新發展計畫之研訂。

　⑵中長程計畫、先期作業與重要會議決議事項之追蹤、管制、考核及

評估。

(3)綜合性法規之研擬、訂修與資料之蒐集、彙整、建置、出版及推動。

(4)安全維護、工友（含技工、駕駛）及駐警隊之管理。

(5)文書、檔案、印信、出納、庶務、採購、財產管理。

(6)不屬其他各組、室事項。

2.研究典藏組掌理事項如下：

(1)國父紀念文物史料之蒐集、研究、典藏、維護、管理。

(2)國父事蹟、思想之推廣。

(3)館藏文物與藝文作品之典藏、維護及管理。

(4)孫逸仙博士圖書館之管理、閱覽服務。

(5)學術合作及交流。

(6)其他有關研究典藏事項。

3.展覽企劃組掌理事項如下：

(1)國父紀念文物史料之規劃、展示及執行。

(2)藝文展示業務之規劃及執行。

(3)展覽場地、設施之維護及管理。

(4)服務人員與志工之訓練、調派、管理及考核。

(5)其他有關展覽企劃事項。

4.劇場管理組掌理事項如下：

(1)年度演出計畫之擬定。

(2)節目演出現場舞台監督及觀眾服務。

(3)節目演出之舞台機械、燈光與音響之維護、管理及操作。

(4)表演活動之規劃製作及演出執行。

(5)其他有關劇場管理事項。

5.推廣服務組掌理事項如下：

(1)媒體公關及形象整合行銷。

(2)外賓接待及安排導覽服務。

(3)館際聯誼、交流及合作。

(4)終身學習活動之規劃執行及其場地設施之管理。

(5)中山公園場地之使用管理及執行。

(6)中山公園景觀規劃設計、環境綠美化之管理及維護。

(7)其他有關推廣服務事項。

6.工務機電組掌理事項如下：

(1)營繕工程之規劃、採購、履約管理及績效評估。

(2)大會堂機電、空調設備維護、技術服務及支援。

(3)中山公園機電設備維護及管理。

(4)機電、空調、消防、給水、管路、電信等設備之規劃、維護及管理。

(5)數位服務及維護管理。

(6)節能措施、水電負載之管制、規劃及執行。

(7)其他有關工務機電事項。

　　由此一規定可以看出公有事業機關之管理權限包括「物的管理權」、「事務管理權」，以及學理上所稱之維持公共秩序、掌理安全防護「營造物警察權」。此一營造物警察權與「物的管理權」「事務管理權」時而發生限制人民自由權利，因此須有法律依據，故公有事業機關之組織法令或利用規則常為此類之規定，如上述郵政法第 48 條規定郵政法之主管機關，即同法第 2 條所定之交通部，對於郵件種類、定義、處理程序、交寄、資費之交付、載運、投遞與查詢補償確定之程序、金額與其方法、禁寄物品之種類與其處分方法、受委託遞送郵件者之資格條件、委託程序與責任及其他相關事項之規則，有權擬定報請行政核定之。

三、管理方式

　　依各公有事業機關之利用規則之規定有為事實行為者，有為行政處分者，亦有為契約行為者，茲各舉例說明之：

　　1.事實行為者——如臺北市公園管理自治條例第 8 條規定，公園內樹木及其他設施，管理機關應經常派員巡查，並應隨時補植或修護。

2.行政處分者——如臺北市公園管理自治條例第 13 條規定，公園內不得有之行為態樣，如有違反者，則依同條例第 17 至 20 條為行政處罰。

3.契約行為者——如臺北市零售市場管理規則第 11 條規定，公有市場之攤（舖）位租期以 3 年為限，租約期滿時，原承租攤商有優先承租權。

第六章　公有營業機關

第一節　公有營業機關之概念

公有營業機關與前章所述之公有事業機關,依會計法第4條第2項規定,乃同是專為供給財物、勞務或其他利益之政府所屬機關。兩者最大之不同,是公有事業機關不以營利為目的,而公有營業機關則以營利為目的獲取相當之代價者。

公有營業機關,學者都以日本學界譯自德文之 Öffentliche Unternehmungen,使用了公企業一詞❶。早期學者林紀東先生受日本法影響,將公企業定義為:「為達到特定之社會公益目的,國家或公共團體,自為經營,或基於國家之授權,由私人經營,不以權力之行使,為其本質之事業。」❷管歐先生定義為:「國家或地方政府為本身或公共利益自為經營,不以權力為要素之企業」❸。史尚寬先生則定義為:「國家或公共團體自己直接為社會公共利益所經營之非權力事業」❹。近日學者李震山則定義公營事業為:「各級政府對公眾服務,或提供物質,以收取費用為手段,並以私經濟經營方式所設置之組織體,其通常採取公司之組織形態」❺。吳庚大法官則以公營事業機關簡稱公營事業,認

❶　蔡茂寅,〈公營造物法、公企業法〉,翁岳生編,《行政法》,頁434。
❷　林紀東,《行政法各論》,大中國圖書公司,民國50年初版,頁165。
❸　管歐,《中國行政法總論》,自刊本,民國78年,頁356。
❹　史尚寬,《行政法論》,民國67年9月臺北重刊,頁121。

係指由各級政府設置或控有過半數股份，以從事私經濟活動為目的之組織體❻。

綜上所述，可知學者所稱之公企業或公營事業概念不一、廣狹範圍不同。筆者認為同類組織概念，如法律已有規定，則應使用法律所規定之概念為宜。因此，會計法第 4 條第 2 項規定公有營業機關一詞乃：「凡政府所屬機關，專為供給財物、勞務或其他利益，而以營利為目的，或取相當之代價者」，茲再將其概念要素析分於下：

1.公有營業機關乃政府所屬機關，但與一般公務機關以及上述之公有事業機關不同。

2.公有營業機關之目的乃以營利為主要目的。

3.公有營業機關所採的手段為以收取相當代價、或創造利潤方式，供給財物、勞務或其他利益。

第二節　公有營業機關之法律依據

國家可否設立營業機關以謀利，涉及公有營業機關之合憲性及合法性的問題❼，又公有營業機關經營之業務種類、範圍如何，亦常為公有營業機關設立之準據。我國憲法受德國威瑪憲法之影響，強調國家對人民之生存照顧義務。故於憲法第 13 章基本國策之第 3 節中對國民經濟規定了基本性的原則與國策，其中關於公有營業機關之設立、經營種類、範圍之規範條文有：

1.憲法第 144 條規定，公用事業及其他有獨占性之企業，以公營為原則，其經法律許可者，得由國民經營之。

---

❺　李震山，《行政法導論》，頁 73。

❻　吳庚，《行政法之理論與實用》，頁 179。

❼　蔡茂寅，上揭文，頁 437。

2.憲法第 150 條規定，國家應普設平民金融機構，以救濟失業。

3.憲法第 157 條規定，國家為增進民族健康，應普遍推行衛生保健事業及公醫制度。

除此之外，憲法增修條文第 10 條第 4 項規定，國家對於公營金融機構之管理，應本企業化經營之原則；其管理、人事、預算、決算及審計，得以法律為特別之規定。

根據上述憲法依據，中央政府乃制定了國營事業管理法及公營事業移轉民營條例等兩個主要規範公有營業機關之法律。除此之外，國有財產法、預算法、決算法、會計法、審計法、若干公務員法令亦為公有營業機關須遵守之法律依據❽。

在地方政府方面，地方制度法第 18 條第 12 款規定，關於直轄市合作事業、直轄市公用及公營事業，與其他地方自治團體合辦事業之經營、管理為直轄市自治事項。同法第 19 條第 12 款同樣規定了縣（市）合作事業、縣（市）公用及公營事業、縣（市）公共造產事業、與其他地方自治團體合辦之事業為縣（市）自治事項。又同法第 20 條第 8 款規定，鄉（鎮、市）公用及公營事業、鄉（鎮、市）公共造產事業、與其他地方自治團體合辦之事業為鄉（鎮、市）自治事項。此外，觀光事業在地方制度法第 18 條第 10 款第 3 目、第 19 條第 10 款第 3 目以及第 20 條第 6 款第 4 目之規定中，分別為直轄市、縣（市）、鄉（鎮、市）之自治事項。根據這些規定，地方自治機關亦可以經營公營事業及公用事業。

---

❽　另專門性之法律如電信法、石油管理法、民用航空法、廣播電視法等對臺電、中油、華航、三家無線電視臺之設立與管理亦有規定，又如稅法、公平交易法等對公有營業機關亦有特殊規範。參閱黃錦堂，〈行政組織法之基本問題〉，翁岳生編，《行政法》，頁 292。

第三節　公有營業機關之種類

　　公有營業機關之種類，依國營事業管理法及公營事業移轉民營條例及其他法令之規定，可按各類標準加以區分：

一、依其經營主體

　　1.國營事業，如經濟部所屬之臺灣中油、臺灣電力、臺灣糖業、臺灣自來水等公司。

　　2.地方公營事業，如臺北大眾捷運股份有限公司。

二、依其經營形態❾

　　1.政府獨資經營之事業。

　　2.各級政府合營之事業。

　　3.依事業組織特別法之規定，由政府與人民合資經營之事業。

　　4.依公司法之規定，由政府與人民合資經營而政府資本超過百分之50以上之事業。

三、依其組織形式

　　1.公司組織形式之公營事業，此又可分：

　　　⑴依公司法規定之公營事業，如上述之臺灣中油公司是。

　　　⑵依特別法規定為公司之公營事業，如依中華電信股份有限公司條例所成立之中華電信股份有限公司。或各地方主管機關依公營大眾捷運股份有限公司設置管理條例所設置之大眾捷運股份有限公司。

　　2.非公司組織之公營事業，此又可分：

　　　⑴商號，如臺北市所設之公營當鋪。

　　　⑵門市部，如國防部福利總處所設之臺中市福利供應站。又如臺中市軍公教人員福利品供應中心。

---

❾　參閱國營事業管理法第 3 條及公營事業移轉民營條例第 3 條規定。

(3)一般行政機關組織名稱者，如依中央信託局條例設立之中央信託局❿。

(4)工廠者如龍崎工廠⓫。

四、依其營業類別⓬

1. 生產事業機構，如上述經濟部所屬之臺灣中油公司、臺灣國際造船公司等是。

2. 金融服務機構，如中央信託局、中央存款保險公司、中央再保險公司。

3. 交通事業機構，如臺北大眾捷運股份有限公司。

4. 其他事業機構，如彰濱遊樂區開發處。

第四節　公有營業機關之管理

公有營業機關擁有龐大公家資產，提供涉及重要人民生活權益之財物、勞務及其他利益，為免其浪費資源，缺乏效率，自應有良好管理之必要。

公有營業機關之主要管理法令為國營事業管理法及其他特別法律，其管理方式可分下列數種說明之：

一、組織管理

依國營事業管理法第 10 條規定，國營事業之組織，應由主管機關呈請行政院核轉立法院審定之。而主管機關，依同法第 7 條規定，係指依行

---

❿　中央信託局名稱似行政機關，但其業務依中央信託局條例第 1 條規定為：「為執行政府政策，辦理採購、貿易、保險、銀行、信託、儲運及其他經中央主管機關指定之特種業務」，均有營利性質。

⓫　此工廠列入要民營化之 15 家國營事業中。參閱，《經濟日報》，民國 95 年 7 月 12 日，A4 版。

⓬　吳庚，上揭書，頁 180。

政院各部會署組織法之規定定之。又根據同法第 9 條規定，國營事業有下列情形之一者，得斟酌實際需要，設置總管理機構以管理之：

　　1. 性質相同之事業。

　　2. 事務密切關連之事業。

　　由上所述可知，國營事業管理法對國營事業之組織設立、變更、消滅係指嚴格的國會保留制度，事事要立法院審定，頗不利於國營事業因應景氣變動與企業化經營之需要，因此在中華電信股份有限公司民營化以前之組織管理已與國營事業管理法之規定不同，依民國 103 年 12 月 24 日廢止之中華電信股份有限公司條例第 6 條規定，該公司章程、董事會組織規程，只應報交通部核定，而該公司之組織規程，依同條例第 7 條規定，乃由該公司之董事會決定即可。這是一個相當重要的改變。同樣的，民國 107 年 5 月廢止之漢翔航空工業股份有限公司設置條例第 4 條、第 5 條亦有類似規定，免於立法院之審定介入。

　　但因中華電信、漢翔航空兩公司均已民營化，其組織管理依民間公司之規定處理。現時依特別法方式訂立之「國營國際機場園區股份有限公司設置條例」第 4 條、第 5 條之規定，管理方式已與國營事業管理法之規定不同，立法院介入之空間相當有限。

二、財務管理

　　依國營事業管理法第 11 至 17 條之規定，國營事業之財務管理限制頗多，主要有：

　　1. 營業預算之核定——依國營事業管理法第 12 條規定，國營事業應於年度開始前，擬具營業預算，呈請主管機關核定之。現今都依預算法有關規定辦理。

　　2. 盈餘之繳解及虧損之撥補——依國營事業管理法第 13 條規定，國營事業年終營業決算，其盈餘應繳解國庫。但依本法第四條專供示範或經政府指定之特別事業，如有虧損，得報主管機關請政府撥補。

　　3. 開支應依規定標準——依國營事業管理法第 14 條規定，國營事業應撙節開支，其人員待遇及福利，應由行政院規定標準，不得為標準以外

之開支。

4. 發行公司債應經核准，此為國營事業管理法第 15 條之規定。

5. 會計制度之訂定——依國營事業管理法第 16 條規定，由主計部❸依照企業方式，會商事業主管機關訂定之。現今都依會計法有關規定辦理。

6. 收支之審核——依國營事業管理法第 17 條規定，國營事業各項收支，由審計機關辦理事後審計，其業務較大之事業，得由審計機關派員就地管理之。

上述在民國 38 年制定國營事業管理法時所建立之財務嚴格管理制度，對國營事業之靈活發展有相當影響，因此民國 84 年制定公布之漢翔航空工業股份有限公司設置條例即在第 5 條規定，該公司預算、決算之審議、長期借款，超過董事會所訂授權總經理處理金額之營繕工程及購置財物之審議，均由該公司董事會處理，而不必由主管行政機關之層層節制。

三、業務管理

依國營事業管理法第 18 至 30 條之規定，國營事業之業務管理，主要的有：

1. 國營事業每年業務計劃，應於年度開始前，由總管理機構或事業機構擬呈主管機關核定。

2. 國營事業產品之銷售，由事業機構辦理；遇有統籌之必要時，其統籌辦法由主管機關另定之。

3. 國營之公用事業費率，應由總管理機構或事業機構擬具計算公式，層轉立法院審定，變更時亦同。

4. 國營事業機構非經主管機關之核准，不得為與業務無關之設備或建築之支出。

5. 國營事業訂立超過一定數量或長期購售契約，應先經主管機關之核

---

❸　現應為主計處，主計部為民國 38 年行政院下屬之一的名稱。民國 87 年 1 月 7 日、89 年 7 月 19 日、91 年 6 月 19 日、97 年 1 月 9 日四次修正公布國營事業管理法時，並未依現制修正此名稱，可見行政機關法制作業之不夠細密。

准。

前項數量及期限之標準，由主管機關定之。

6.國營事業所需原料及器材，應儘先採用國產❹。

7.國營事業所需原料及器材之宜於集中採購者，由主管機關或總管理機構彙總辦理。

8.國營事業之採購或營造，其投標訂約等程序，由各級事業機構依其主管機關之規定辦理，其審計手續依照本法第 17 條規定辦理。

9.國營事業之安全設施、員工訓練及技術管理等項，應採用最有效率之方法與制度。

10.國營事業之員工，得推選代表參加有關生產計劃之業務會議。

11.國營事業與外國技術合作，應經主管機關核准。

12.國營事業工作之考核，應由主管機關按其性質分別訂定標準。

13.凡政府認為必須主辦之事業，而在經營初期無利可圖者，得在一定期內不以盈虧為考核之標準。

上述國營事業業務管理之規定，對國營事業之業務經營束縛很多，因此新設立的國營事業已有不同規範。如前述之漢翔航空工業股份有限公司設置條例第 6 條規定，本公司置總經理 1 人，秉承董事會決定之營運方針、綜理本公司一切業務。由此可見，若干國營事業之業務經營已漸由其董事會及總經理處理，而非事事經由主管機關核准。

四、人事管理

國營事業管理法第 31 至 37 條有相當繁細之規定，主要的有：

1.國營事業用人，除特殊技術及重要管理人員外，應以公開考試方法行之，公開考試以分省舉行為原則❺。

---

❹　此一規定條文已於民國 87 年 1 月 7 日修正公布國營事業管理法時刪除，主要係因應我國參加世界貿易組織之需要。

❺　早在民國 81 年 5 月 27 日第二屆國民大會臨時會第 27 次大會三讀通過之憲法增修條文第 14 條規定，「憲法第八十五條有關按省區分別規定名額，分區舉行考試之規定，停止適用」。但國營事業管理法於民國 87 年 1 月 7 日、89

2.在本法施行前，國營事業現有人員應予甄審，其升遷調補應依經歷年資及服務成績為標準。

3.本法第31、32條兩條所稱國營事業人員考試甄審及考績辦法，由行政院會同考試院另訂之。

4.非公司組織之國營事業，行政院認為必要時，得令設置理監事，由主管機關聘派之。

5.國營事業董事監察人或理監事，不得兼任其他國營事業董事監察人或理監事。但為推動合併或成立控股公司而兼任者，僅得兼任一職，且擔任董事或理事者不得兼任監察人或監事，反之亦然；並得被選任為董事長、副董事長或相當之職位。

前項董事或理事，其代表政府股份者，應至少有5分之1席次，由國營事業主管機關聘請工會推派之代表擔任。

前項工會之代表，有不適任情形者，該國營事業工會得另行推派之。

6.國營事業人員除遵照公務員服務法第13條之規定外，不得經營或投資於其所從事之同類企業。

7.國營事業人員任用之迴避，適用公務人員任用法第12條之規定。但特殊技術人員不在此限。

這種按行政機關公務員人事管理之方式來管理應以企業方式經營之國營事業，並非妥善。因此新近設立之國營公司如漢翔航空工業股份有限公司設置條例第7條第2項即規定：「本公司副總經理以下從業人員，其有關聘免、薪給、考核、獎懲、退休、死亡補償、資遣及保險（含職業災害）等事項，依本公司人事管理準則之規定辦理，不適用公務員有關法令之規定。」使國營事業可以較有彈性的從事各項人事管理。至於董事長、監察人、總經理等重要的人事則依同條例第7條第1項規定仍維持要依照公務員之法令規定辦理❶❻。不過，此一規定因民國91年5月25日華航澎

年7月19日、91年6月19日、97年1月9日四次修正公布時，仍保留第31條第2項之規定，實為法制作業之缺失。

❶❻　此種重要人事維持適用公務員法制，其餘人事依照私法契約之方式處理，與

湖空難事件及中船等國營事業弊端層出不窮而有改變。當時之行政院院長游錫堃乃於民國 91 年 5 月 30 日宣布，從該年 7 月 1 日起，國營事業董事長改以甄選產生，公開徵才，也受理推薦。甄選委員會選出 2、3 人，再送交閣揆圈選❶。雖然有此一改變作法，但國營事業政治酬庸現象，仍然非常普遍，引發輿論的嚴厲批判❶。

大法官釋字第 305 號解釋有相當關係。

❶　參閱《中國時報》，民國 91 年 5 月 31 日，第三版；《聯合報》，91 年 5 月 31日，第六版。

❶　參閱，徐碧華，〈賣掉公股，杜絕酬庸〉，聯合筆記，《聯合報》，民國 95 年 5月 13 日，A15 版；《聯合報》社論，〈最需要公司治理的是公股事業〉，民國95 年 5 月 15 日，A2 版。

第七章 公法社團

第一節 公法社團之概念

在公共生活領域上扮演重要角色的，除了國家與地方自治團體等公法人外，尚有一些農、工、商經濟團體、職業團體、學術團體等在德國行政法學上被稱為公法上之社團 (Körperschaft des öffentlichen Rechts) 者，其主要特徵為❶：

1. 公法社團之設立、變更或廢棄，必須以法律或依法律之授權為之。
2. 公法社團具有法人地位，得為權利義務之主體，並得提起訴訟或應訴。
3. 公法社團為行政組織之一種，享有法定之管轄、職掌、權限。
4. 公法社團必須受到其創設母體機關（通常為國家）之監督，監督之範圍包括組織之規範、業務行為之合法性、會計、人事法規之遵守。
5. 公法社團係由任意或強制加入之成員❷所構成之「人之組合」

---

❶ 陳敏，《行政法總論》，頁 955-956；黃錦堂，〈行政組織法之基本問題〉，翁岳生編，《行政法》，頁 275-278。

❷ 農田水利會之會員即是。因農田水利會組織通則第 14 條規定：「凡在農田水利會事業區域內，合於下列各款之一之受益人，均為會員：一、公有耕地之管理機關或使用機關之代表人。二、私有耕地之所有權人或典權人。三、公有或私有耕地之承租人或永佃權人。四、其他受益人。前項第二款、第三款、第四款之權利人，如為法人時，由其主管人員或代表人為會員。」

(Personenverbände)，其重要決定應由成員全體，或由成員選出之代表機關為之。

6.公法社團具有公權力，得行使公權力及以強制手段執行其任務，或強制收費。

7.公法社團之組織，循區域逐級而上。

8.公法社團常設有懲戒罰如告誡、罰鍰、取消會員代表資格、暫停被選舉權、宣告被懲戒人不再有榮耀得以繼續執業。

依此德國行政法學上公法社團之概念❸，我國似應也有類似之公法社團。吳庚大法官認公法社團，除地域屬性之直轄市、縣（市）、鄉（鎮、市）為公法上社團法人外，只有農田水利會。此種狹義見解，似與現實公共生活有所距離。黃錦堂教授即對農會、農田水利會、漁會、律師公會等身分性團體加以研究，認為該些團體，近似公法上之社團法人❹。筆者認為，除此之外，依現時工業團體法所成立之工業同業公會，工業會，全國各業工業同業公會聯合會以及依商業團體法所成立之商業同業公會、商業同業公會聯合會、商業會、輸出業同業公會及聯合會等，均應認為公法社團❺，否則行政程序法第 2 條第 2 項所稱之「其他行政主體」，將無所指。再者，上述這些具身分性之社團，依上述法規規定之強制入會、強制收費、不按章繳費之處分、會籍註銷等規定，均具公權力之行使而影響人民財產權及社會參與權之作用。就此，大法官釋字第 467 號解釋理由書更提供了四個檢驗標準，以確認某社團是否有公法人之地位，即❻：

---

❸　詳閱李建良，〈論公法人在行政組織建制上的地位與功能——以德國公法人概念與法制為借鏡〉，《月旦法學雜誌》，第 84 期，2002 年 5 月，頁 50–51；另參閱，林慶郎，〈論法國法上「禁止公法人適用仲裁」原則之發展〉，《東海大學法學研究》，第 52 期，2017 年 8 月，頁 83–144。

❹　黃錦堂，上揭文，頁 281–286。

❺　林騰鷂，〈公法上社團法人〉，《東海大學法學研究》，第 18 期，頁 1–21。另參照陳新民，《行政法學總論》，頁 144–146；廖義男，《國家賠償法》，頁 97–98。

❻　參閱，三民書局印行，《大法官會議解釋彙編》，2005 年 1 月增訂四版一刷，

1.是否為依公法設立之團體？

2.其構成員資格之取得是否具有強制性？

3.是否有行使公權力之權能？

4.是否得為權利義務主體？

如果四個檢驗標準的答案都是肯定的，則可認為是公法社團。

又政黨是否為公法社團？吳庚教授以德國法制為例，認該國政黨依政黨法設置後，向有關之邦法院登記，其取得者仍為私法人地位。我國現制採取與德國相似之立法例，人民團體法賦予政黨法人類似民法上公益社團之地位❼。筆者以為，政黨與民法上公益社團仍有重大區別，因民法上公益社團不涉入公權力之行使，但政黨則涉入公權力之行使，如對於總統、副總統候選人，不分區立委均有推薦及撤免之權，而重要的行政組織如中央選舉委員會、公平交易委員會均須依政黨黨籍為妥適之分配。再依立法院職權行使法第 2 條規定之立法院開議日期，第 19 條規定之政黨質詢以及第 68 至 74 條規定之政黨協商，均涉及重要公權力之行使。最高法院 78 年臺上字第 4054 號刑事判決要旨即稱：「政黨，係全國性之政治結社，以推薦候選人參加公職人員選舉為目的，因其目的與任務特殊，有分擔國家統治權職務之作用，其設立與組成，應依公法之規定，與依私法而設立之私法人不同，亦與公法上一般人民團體有異」❽。故筆者主張政黨應為公法社團，並應加速對政黨民主化、財務監督、企業經營等法律規範之制定❾。

頁 386。

❼　吳庚，《行政法之理論與實用》，頁 170，註 8。

❽　吳庚，上揭書，頁 170，註 8。

❾　林騰鷂，〈健全政黨法制之立法方向〉，《當代公法新論（上）——翁岳生教授七秩誕辰祝壽論文集》，元照出版有限公司，2002 年 7 月，頁 527–553。

第二節 公法社團之種類

公法社團之種類在學理上可分為下列三類，即 **❿** ：

一、地域性之公法社團 (Gebietskörperschaften)

此乃由居住在一定地域內國民所組成之公法社團。地方制度法第 15 條規定，中華民國國民，設籍在直轄市 **⓫**、縣（市）、鄉（鎮、市）地方自治區域內者，為直轄市民、縣（市）民、鄉（鎮、市）民。而依同法第 16 條規定之直轄市民、縣（市）民、鄉（鎮、市）民之權利以觀，乃為自為組織，行使地方自治之權，而屬於地方制度法第 2 條第 1 款所稱實施地方自治，具公法人地位團體之成員。又如農田水利會組織通則第 6 條對於農田水利會公法人之設立，即規定為直轄市區域內或在直轄市區域以外，層報中央主管機關核准者之區域，是亦為地域性之公法社團。

二、身分性之公法社團 (Personalkörperschaften)

此乃由具有特定職業、身分或有共同理念或共同利害關係之人，依據法律規定組成之公法社團 **⓬**，其成員之加入通常具有強制性，如我國之農田水利會及德國之各種職業公會等是。又我國之各種職業公會如農會、漁會、工會、律師公會、醫師公會、會計師公會、建築師公會、技師公會、教師會 **⓭** 等，通說並不認為是公法人。但筆者認為其擁有自治權並行使相

---

❿ 德國行政法學者 Maurer 曾就經濟、社會保險、自由職業、文化、農、林、漁、牧等領域加以區分。請參閱 Maurer, a.a.O., §23 Rn. 31–36; 另參閱陳敏，上揭書，頁 956–959；黃錦堂，上揭文，頁 282–286。

⓫ 直轄市之下的區，法律地位如何，有一論文值得參考，黃錦堂，〈台中市區公所之組織地位與功能〉，《台灣法學雜誌》，第 188 期，2011 年 11 月，頁 1–19。

⓬ 此種社團與如合夥之人合組織體 (Personengesellschaften) 不同。請參閱陳敏，上揭書，頁 957，註 7；Wolff/Bachof, VWR II, §71 III b, S. 7.

⓭ 依教師法第 26 條規定，教師組織分為教師會，地方教師會，全國教師會等

當的法定公權力，應以採認為公法社團為是。學者亦有對之偏向改採德國公法人制度設計之看法❹。公務人員協會法第 3 條規定：「公務人員協會為法人。」但究為公法人或私法人卻不明示。不過依該法第 7 條所規定之入會自由原則來看，此公務人員協會與上述職業公會之採強制入會者，似有差異。恐會被學者歸類為私法人。將來宜明確規定。

三、聯合團體 (Verbandskörperschaften)

此乃由公法人為成員而組成之公法社團。如教師會為公法人，依教師法第 26 條第 4 項規定設立之地方教師會，全國教師會即為聯合團體。同樣的全國商業同業公會聯合會，全國各業工業同業公會聯合會，全國醫師公會聯合會，全國會計師公會聯合會，全國社會工作師公會聯合會，全國律師公會聯合會，全國公務人員協會❺，亦均為聯合團體。

第三節　公法社團之任務

公法社團均依法律設立，故其任務均與其設立目的有關，如直轄市、縣（市）、鄉（鎮、市）等地域性公法社團依地方制度法第 14 條之規定，乃依該法辦理自治事項，並執行上級政府委辦事項。至於身分性公法社團如同業公會、教師會、律師公會等則依其成立法律之規定，處理同業會員之間與社會公眾之相關事務。

德國學者認立法者對公法社團之任務，不得任意指定，特別是在成員強制加入之公法社團尤然。故立法者指定公法社團之任務，必須與下列三

三級並依同法第 27 條第 5 款規定，派出代表參與教師聘任、申訴及其他與教師有關事項之法定組織。

❹　陳敏，上揭書，頁 958。

❺　參照商業團體法第 42 條，工業團體法第 42 條，醫師法第 35 條，會計師法第 30 條，社會工作師法第 32 條，律師法第 11 條，公務人員協會法第 10 條第 1 項。

者有關,即❶:

　　1.非保留於國家,特別是非保留於立法者之任務,如特定職業人員之執業許可非由國家決定,而係由各該公法社團決定。

　　2.非可放任私經濟、社會領域從事之任務,而是基於公益之理由,應納為國家間接行政領域之任務。

　　3.須與各該公法社團本身事務有關之任務。依此並非表示,公法社團不得辦理國家委辦事務,而是指辦理委辦事務須與各該公法社團本身有關事務為限。但此對於地域性公法社團不適用,因為它們在其地域領域內所有任務——如為自治事務依自己裁量,如為委辦事務則依指示——有權加以處理。

　　公法社團如逾越法律所賦予之任務則不僅是違法也會損及其成員之自由權利。公法社團之成員有權利要求公法社團依法定任務行事。在德國行政法實務上,即有稅務師公會成員對稅務師公會推銷專業雜誌 (Vertrieb einer Fachzeitschrift) 以及學生會、醫師公會發表一般性、政治性宣言 (allgemein-politische Äußerungen) 等向行政法院提出停止該類行為之訴❶。換言之,公法社團應依法定任務行事而不得從事與其任務無關之事務❶。

第四節　公法社團之地位

　　公法社團為公法上所規定之組織,其內部組織以及公法社團與其成員間之法律關係,具有公法性質。特別是公法社團將其成員懲戒、除名之行

---

❶　參照 Maurer, Allg. VwR, §23 Rn. 42. 陳敏教授對 Maurer 教授書上之說明,似有不妥適之翻譯。參見陳敏,上揭書,頁 959。

❶　參照 BVerwGE 64, 115; BVerwGE 59, 231; BVerwGE, 64, 298.

❶　參照林騰鷂,〈公會不可從事政治擁戴〉,《聯合報》,民國 88 年 4 月 5 日,第十五版,「民意論壇」。

為，影響其成員之執業資格及工作權，乃公權力行使之行為。由此可知，公法社團為具有公權力之公法人，法律經常賦予其完成任務所必要之公權力，如可自訂其自治章程、倫理規範❶，發布如懲處處分之行政處分❷，徵收會費或規費等或以行政私法方式，完成其任務❸。

又公法社團是否亦有司法權限?德國聯邦憲法法院認為公法社團依據法律而國家參與其裁決人員之任用時，則公法社團亦為國家之法院，特別是律師之懲戒法院 (Ehrengerichte für Rechtsanwälte)❹。 我國大法官釋字第 378 號解釋即認，依律師法第 41 條及第 43 條所設之律師懲戒委員會及律師懲戒覆審委員會，性質上相當於設在高等法院及最高法院之初審與終審職業懲戒法庭。此與德國聯邦憲法法院之看法，頗為相近。

第五節　公法社團之監督

公法社團之設立乃基於公益之理由 ， 且多從事國家間接行政領域事務❺而時有行使公權力之行為，故國家必須加以監督。

公法社團之監督原則上為合法性之監督 (eine Rechtmäßigkeitskontrolle)，例外為合目的性之監督 (eine Zweckmäßigkeitskontrolle)。大體而言，與國家對地方自治團體之自治監督類同，如有爭議，則國家對地方自治團體加以監督之規定，亦可準用之❻。我國律師法第 11 條至第 19 條，社會工作

---

❶　例如律師法第 15 條第 2 項規定：「全國律師公會聯合會應訂立律師倫理規範，提經會員代表大會通過後，報請法務部備查。」

❷　例如心理師法第 59 條規定：「臨床心理師公會或諮商心理師公會會員有違反法令、章程或專業倫理規範之行為者，公會得依章程、理事會、監事會或會員（會員代表）大會決議予以處分。」

❸　Maurer, a.a.O., §23 Rn. 44.

❹　Ebenda.

❺　Maurer, a.a.O., §23 Rn. 42.

❻　A.a.O., §23 Rn. 45.

師法第 31 條至第 36 條，會計師法第 50 條至第 60 條，醫師法第 31 條至第 41 條之 2，藥師法第 27 條至第 39 條，助產士法第 44 條至第 58 條，職能治療師法第 46 條至第 57 條，護理人員法第 43 條至第 55 條之 3，營養師法第 46 條至第 54 條，獸醫師法第 42 條至第 52 條，建築師法第 28 條至第 40 條，技師法第 24 條至第 36 條，地政士法第 30 至 41 條，心理師法第 47 至 59 條等均有甚多國家行政主管機關可監督公法社團之規定。

第八章　公法財團

第一節　公法財團之沿革

　　由於公共生活與公共任務之多元化 ❶，國家與地方自治團體除了建立一般公務行政機關，設立公有事業機關，公有營業機關，公法社團之外，尚成立許多之公法財團 (Stiftungen desöffentlichen Rechts)，以處理特殊之行政事務。

　　公法財團起源甚早，古羅馬時代即有類似觀念，中世紀教會法逐漸發展出許多宗教財團 (kirchliche Stiftungen)，宗教改革以後，國家理念丕變，又發展出一些濟貧財團 (Armenstiftungen) ❷。德國自 19 世紀初以來，公法財團數量雖仍不如依民法所設立之私法財團 (DieStiftungen des Privatrechts)，但隨著財團目的之多元化，而有相當之發展，例如 1818 年 5 月 8 日設立之由漢諾威修道院管庫 (Klosterkammer in Hannover) 掌管之漢諾威修道院共同基金 (Allgemeine Hannoversche Klosterfonds)，1923 年之邦耳邦與邦耳舊王室財產爭議衡平基金 (Wittelsbacher Ausgleichsfonds zur Durchführung dervermögensrechtlichen Auseinandersetzung zwischen

---

❶　參閱，陳愛娥，〈國家角色變遷下的行政任務〉，《月旦法學教室》，第 3 期，2003 年 1 月，頁 104–111；詹鎮榮，〈國家任務〉，《月旦法學教室》，第 3 期，2003 年 1 月，頁 34–36。

❷　Wolff/Bachof/Stober, *Verwaltungsrecht II*, 5. Auflage, §102 Rn. 1;《德國民法》，國立臺灣大學法律學研究所編譯，民國 54 年 5 月，頁 73。

dem bayerischen Staate und demvormaligen bayerischen Königshause)。第二次世界大戰後，為了難民、政治犯、殘障兒童、胎兒之照顧及文化資產之保存，更設立了許多公法財團，如普魯士文化資產基金 (die Stiftung Preußischer Kulturbesitz)；納粹時代政治犯基金 (die Stiftung fürehemalige politische Häftlinge)；戰俘還鄉基金 (die Heimkehrerstiftung-Stiftungfür ehemalige Kriegsgefangene)；殘障兒童扶助基金 (die Stiftung "Hilfswerk fürbehinderte Kinder")；孕母及胎兒保護基金 (die Stiftung "Mutter und Kindschutzdes ungeborenen Lebens")❸。

德國公法財團之法令依據均與各別財團之特殊性相關連，在許多法律中分散規定，但自第二次世界大戰後，德國各邦則分別訂有財團法，將有權利能力財團之權利加以法典化❹。

第二節　公法財團之概念

公法上有權利能力財團，我國法律並無明文規定，但依德國什勒士威一荷爾斯坦邦之一般行政法典第 46 條之規定，乃是由捐助處分 (der Stiftungsakt)，依公法設立或依公法核認之行政組織，具有獨立之法律人格並以財產實現公行政任務 (Rechtsfähige Stiftungen des öffentlichens sind auf einen Stiftungsakt begründete, auf Grund öffentlichenRechts errichtete oder anerkannte Verwaltungseinheiten mit eigener Rechtspersönlichkeit, die mit einem Kapital-oder Sachbestand Aufgaben der öffentlichen Verwaltung erfüllen)。公法財團之財產，除由一次撥足之外，亦有由固定來源持續撥入者，如依 1974 年北萊茵一威斯特法倫邦公共賭場許可法 (Gesetz über die Zulassungöffentlicher Spielbank im Lande Nordrhein-Westfalen) 第 10 條規定，將賭場收入之一部分撥交公法財團是❺。

---

❸　Wolff/Bachof/Stober, *Verwaltungsrecht II*, §102 Rn. 1.

❹　A.a.O., §102 Rn. 2.

公法財團與民法上之財團一樣，並無社員，無社員總會作為其最高意思機關以變更章程，管理人必須依捐助目的忠實管理財產，以維護不特定人的公益並確保受益人的權益。換言之，管理人不能超越捐助人捐助章程之意旨與目的，而為公法財團之管理。若公法財團之組織不完全及管理方法不具備者，法院得因利害關係人之聲請，為必要之處分。而為維持財團之目的或保存其財產，法院得因捐助人、董事或其他利害關係人之聲請變更組織❻。此即為公法財團與公法社團之不同所在❼。

公法財團亦與公有事業機關（一般所稱之營造物）有別。因為公法財團之章程、財產管理、使用，他益目的等是由捐助人以捐助處分或捐助行為為有持續效力之決定，但公有事業機關之組織、行政、存續及目的設定等，則隨時可由其設置機關加以改變或影響。又公有財團之對象為受益人 (Genußberechtigte)，公有事業機關之對象則為使用人 (Benutzer)。

由上所述，可知公法財團乃國家或其他行政主體，為達成特定之公共目的或為特定受益人，以公法上之捐助處分、捐助行為、立法行為所設立，而具有權利能力之公法上財團法人❽。

第三節　公法財團之設立

公法財團之設立必須要有捐助人之捐助處分 (der Stiftungsakt des

❺　Wolff/Bachof/Stober, *Verwaltungsrecht II*, §103 Rn. 1.

❻　Wolff/Bachof/Stober, *Verwaltungsrecht II*, §103 Rn. 9.

❼　民法上社團與財團之不同除法律另有規定外，可準用於公法社團與公法財團，同上註。另參閱施啟揚，《民法總則》，民國 94 年 6 月六版，頁 121–124；王澤鑑，《民法總則》，民法實例研習叢書第二冊，民國 72 年 11 月初版，頁 155。

❽　陳敏，《行政法總論》，頁 962，另參閱李建良，〈論公法人在行政組織建制上的地位與功能——以德國公法人概念與法制為借鏡〉，《月旦法學雜誌》，第84 期，2002 年 5 月，頁 54–55。

Stifters)。捐助人可以是公法上或私法上之法人或自然人，但在德國絕大多數是由公法人捐助設立。捐助處分通常是書面，可以是在法律中❾或是在法律行為之意思表示中表現，但例外情形亦有以行政處分為之者❿。

在公法財團章程文件 (In der Stiftungsurkunde) 中，依德國各邦之財團法律，必須規定，公法財團之目的，公法財團財產之管理與使用，公法財團之所在及其代表人。有些邦之財團法律更規定，財團應明示為公法上財團。如公法財團之章程文件對此有不完整之規定，則在捐助人不能補充之情形下，由為許可之行政機關加以補充⓫。

公法財團之設立，如係由單方性、書面之法律行為意思表示設立者，則仍須要有公行政機關之許可。此一許可乃由行政處分頒發並賦予財團以公法上權利能力。在此行政處分中明白宣示該財團為公法上財團。是否許可，屬於公行政機關之裁量權限。如公法財團之財產收益不能確保其目的之持續實現或公法財團有危害公益之虞者，主管機關得拒絕給予許可⓬。

上述德國行政法學理上公法財團之設立要件，在民國 107 年 8 月 1 日公布之我國「財團法人法」第 2 條第 2 項就有明白的規定，政府捐助財團法人之捐助金額要達百分之 50 以上。同條第 3 項又規定：「中華民國三十四年八月十五日以後，我國政府接收日本政府或人民所遺留財產，並以該等財產捐助成立之財團法人，推定為政府捐助之財團法人。其以原應由我國政府接收而未接收之日本政府或人民所遺留財產，捐助成立之財團法

---

❾ 德國新的公法財團幾乎全部由聯邦或各邦依法律或基於法律授權，撥交財產而設立。參閱 Wolff/Bachof/Stober, §103 Rn. 2; 在我國通常以法律為之。例如民國 91 年 6 月 19 日公布之「財團法人國家實驗研究室設置條例」及「財團法人國家同步輻射研究中心設置條例」。另如「中央廣播電臺設置條例」及「中央通訊社設置條例」等是。又如畜牧法第 25 條明文規定：「為有效實施畜牧產銷制度，促進畜牧事業之發展，中央主管機關應捐助設立財團法人中央畜產會。」

❿ Ebenda.

⓫ Ebenda.

⓬ A.a.O., §103 Rn. 3.

人，亦同。」

第四節　公法財團之管理

　　每一個公法上財團正如私法上財團一樣，均有一財團章程 (eine Stiftungsordnung, Satzung) 作為其根本性之管理依據。公法財團之章程如非依據法律，則由捐助人之捐助處分加以決定或是由主管機關或監督機關加以訂定❸。

　　在公法財團之章程中會規定其代表管理機關。在德國每一公法財團至少必須有一董事會 (derVorstand)，除此之外，公法財團亦可設有監事會 (das Kuratorium)，財團參議 (der Stiftungsrat)，顧問 (der Beirat) 或經理人 (der Geschäftsführer)。

　　公法財團之管理應先依法令為之，這些法令在各邦大都規定在其所頒行之財團法律中，在鄉鎮則規定在鄉鎮制度法 (Gemeindeordnungen) 中。主要係規定財團財產之管理、保本以及其收益、捐助人或第三人之捐贈、資助，必須使用於財團目的之用途。

　　除了法令規定以外，公法財團之管理則由其章程加以規定。例如公法財團受益人之法律地位，由法律與章程訂定，如對公法財團有請求資助權 (ein subjektives Recht auf Zuwendungen aus dem Stiftungsvermögen oder auf sonstige Vorteile aus der Stiftung)。如法律或章程無此請求資助權之規定，則公法財團受益人之法律地位僅為指定收益人 (bloße Destinatäre)，只在各具體事件決定給予資助時，才有收受給付之請求權 (ein Recht auf den Empfang der Leistung)。除此之外，章程亦可規定受益人得參與公法財團之行政 (eine Beteiligung an der Stiftungsverwaltung)，因自治之理念原則上亦適用於公法財團❹。

---

❸　相關論文請參閱，陳淑芳，〈國家管理財團法人權限之劃分與歸屬〉，《法令月刊》，第 59 卷第 5 期，2008 年 4 月，頁 42–61。

　　公法財團之管理如有法律爭議則視其爭議性質而定，如為私法行為則依民事訴訟途徑解決，如為公法上爭議 (die öff entlicherechtlichen Streitigkeiten)，在德國則依其行政法院法第 40 條規定之行政訴訟途徑加以處理。例如德國司法實務上常發生之公法財團與其受益人關於公法財團財產享用之爭議，或公法財團行政之參與爭議，或公法財團與其主管機關關於監督措施之爭議等是❺。

　　上述德國行政法之公法財團之管理學理，因民國 107 年 8 月 1 日財團法人法之公布，而有明確之法規範，可參閱該法第 48 條至 62 條之相關規定。

第五節　公法財團之監督

　　所有公法財團均受國家之監督 (die staatliche Stiftungsaufsicht)，以確保公法財團之成立、存續與管理運作不致違反法律或牴觸公益。主管機關對公法財團有指正權 (Unterrichtungsrecht) 並可採取必要之補救措施❻。此外，對公法財團之監督亦包括公法財團之行政管理不得違背法律、財團章程及在捐助處分中所明示的捐助人之意旨 (Stifterwillen)❼。

　　公法財團之監督是為法律監督，主要在監督公法財團完成其任務，確保公益，以及不牴觸法律。又如果公法財團接受政府預算資助，則其要接受國家之財務監督 (die Finanzaufsicht)❽。

　　公法財團之監督因政府為了加強經濟研究、工業技術研究、產業發

❹　A.a.O., §103 Rn. 5, 8.

❺　A.a.O., §103 Rn. 10.

❻　例如財團法人國家實驗研究院設置條例第四條即規定，該院之主管機關為行政院國家科學委員會，可依該條例第 7 條、10 條至 12 條等規定監督該院。

❼　Wolff/Bachof/Stober, *Verwaltungsrecht II*, §103 Rn. 6.

❽　A.a.O., §103 Rn. 7; 例如財團法人國家同步輻射研究中心設置條例第 12 條之規定是。

展、貸款保證、兩岸交流等設立或捐助了約百個財團法人，引起政府與學界之重視。行政院研究發展考核委員會 84 年度之研究報告中即指出政府捐助設立的財團法人，「除早期依特別法設立者外，都依民法設立，便宜行事，有浮濫之嫌」❶。因此建議❷：

㈠制定「財團法人（監督）法（或條例）」；訂定「財團法人統一監督準則」。

㈡財團的監督機關統一（一元化）由行政機關負責。

㈢整頓休眠財團法人（長期未有捐助章程所載目的活動）。

㈣修訂有違平等原則的稅法，防止不公及流弊。

㈤政府得依民法設立財團法人，但應有充分理由，因為政府不應以財團法人的形式來達成行政目的。

㈥將有關捐助資料公開，包括基金數額、捐助機關、董監事名錄等。

㈦制定 「設置條例」 及 「政府捐助設立財團法人統一條例」（或準則），以規範設立行為。

㈧依其性質設立公法上的財團法人，使其受到更完整的監督與管理。

不過，在上述報告提出之後，行政院研考會似乎存查了事，並未在政策考核上落實改進，以致在民國 95 年 5 月中時發生 「臺灣糖業協會」、「中國技術服務社」、「臺灣電信協會」、「中華郵政協會」、「航空發展協會」等政府捐助設立財團法人之公產變為私產弊端，引發輿論之報導與批判❸。因此，公法財團之監督仍有待行政法學努力建構。

直至民國 107 年 8 月 1 日「財團法人法」才公布，其中，第 1 條第 2

---

❶ 陳惠馨，《財團法人監督問題之探討》，行政院研究發展考核委員會 84 年度研究報告，頁 259，277–295。參照施啟揚，《民法總則》，民國 94 年 6 月六版，頁 127。

❷ 施啟揚，上揭書，頁 127，147。

❸ 參閱，蔡慧貞／臺北報導，〈討回糖協，政院不惜對簿公堂〉，《中國時報》，民國 95 年 5 月 12 日，A7 版；陳怡如／臺北報導，〈台灣電協，百億資產成私產〉，《聯合報》，民國 95 年 5 月 13 日，A3 版；丁萬鳴／臺北報導，〈中技社，糖協翻版，納入私囊〉，《聯合報》，民國 95 年 5 月 15 日，A3 版。

項規定，財團法人之許可設立、組織、運作及監督管理，除民法以外之其他法律有特別規定者外，適用「財團法人法」，而「財團法人法」未規定者，適用民法規定。

第六節　公法財團在我國情形

上述德國公法財團之理念與制度，在我國是否有其適用？學者之意見不一，有採肯定見解者**❷❷**，但亦有採否定見解者**❷❸**。

其實，對我國各類行政法律加以省視，應肯認我國有公法財團之理念與制度存在。因為公法財團之存在，可以比照大法官釋字第 467 號解釋理由書之標準說明，即：「其他依公法設立之團體，其構成員資格之取得具有強制性，而有行使公權力之權能，亦有公法人之地位。」加以舉例檢視之，即：

1.是否有非屬於私法性質之法律依據，而是由特別法律，或依法律之特別規定其為財團法人？如是，即為公法財團。

例一：新市鎮開發條例第 27 條規定，主管機關得設立財團法人機構，辦理……新市鎮開發事項。

例二：強制汽車責任保險法第 36 條規定，為使汽車交通事故之受害人均能依本法規定獲得基本保障，應設置汽車交通事故特別補償基金；前項特別補償基金為財團法人。

例三：犯罪被害人保護法第 29 條規定，為協助重建被害人或其遺屬生活，

---

❷❷　參閱廖義男，《國家賠償法》，頁 120；陳新民，《行政法學總論》，頁 148 以下；陳敏，上揭書，頁 962–963；黃錦堂，〈行政組織法之基本問題〉，翁岳生編，《行政法》，頁 287 以下。

❷❸　吳庚教授認縱然經單獨立法設置，亦仍為（私法）財團法人，並無公法人之資格。參閱吳庚，《行政法之理論與實用》，頁 170；蔡震榮，《公法人概念的探討》，頁 279。

法務部應會同內政部成立犯罪被害人保護機構；犯罪被害人保護機構為財團法人。

例四：228事件處理及賠償條例第3條規定，行政院為處理受難者之認定及申請補償事宜，得設「財團法人二二八事件紀念基金會」。

例五：地方制度法第86條規定，村（里）承受日據時期之財產或人民捐助之財產，得以成立財團法人方式處理之。

　　2.有無單方、片面決定具體受益人並給予利益之權力？如是，即為公法財團。

例一：如上述財團法人228事件紀念基金會，即在認定誰為受難者並加以賠償之事務。

例二：如上述汽車交通事故特別補償基金，即在認定誰為汽車交通事故之被害人並加以補償。

例三：如上述犯罪被害人保護機構即在認定何人為犯罪被害人並協助重建其生活。

　　3.有無單方、片面為公共任務之達成而行使公權力？如是，即為公法財團。

如除上所述各例外，最明確的規定在新市鎮開發條例第27條第1項第9款所規定獎勵參與投資建設之公告、審查；第10款規定之違反獎勵規定之處理；第11款規定之新市鎮內加徵地價稅之提報及限期建築使用之執行；第13款規定之申請減免稅捐證明之核發等是。

　　4.有無單方、片面支配、管理公物、公共財產之權力，而其組織管理人選應經國家之同意或任命？如有，則為公法財團。

舉例而言，如上述新市鎮開發條例第27條第1項第2款規定之建設財源之籌措與運用；第3款規定之土地及地上物之取得與處理；第4款規定之各項公用事業公共設施之興建及管理維護；第7款規定之土地使用管制與建築管理；第8款規定之主管機關經管財產之管理與收益等。

又依同條例第27條第2項規定，前項辦理新市鎮開發事項財團法人機構之董監事，應有地方政府代表，土地所有權人代表或其委託之代理人及學

者專家擔任；其組織章程及董監事人選並應經立法院同意。

　　由上所述，可知在我國以特別法或由法律之特別規定而設立，為達成國家行政目的，具有組織章程，稱為基金或基金會之組織，為數並不在少。學理上均應認係公法上財團❷，如上述所舉事例外，依國際合作發展基金會設置條例所成立之國際合作發展基金會，亦為學者認係屬於公法上財團法人❷。民國 107 年 8 月 1 日公布財團法人法後，公法上財團法人被統稱為政府捐助之財團法人 ， 適用該法第 48 條至 62 條之組織及管理規定。

　　至於在我國行政實務上依法律規定或基於法律授權而設立，用以達成國家行政目的之基金，僅由行政院依預算法第 19 條定有收支保管辦法，而無組織章程者，並非公法上財團法人，而是屬於學理上所謂之「無權利能力之行政法基金」(nichtrechtsfähige Stiftungen des Verwaltungsrechts)，如行政院環保署所設之「空氣污染防制基金」，經濟部所設置之「中小企業發展基金」❷。按以此類基金，均由行政機關依法管理、分配，實係完成特殊行政任務之公務行政機關，而非在法律上有獨立性，並具權利能力之公法上財團法人。這些基金，有些是營業基金，有些是非營業基金，其設置浮濫、管理鬆散、收支胡亂的情形，相當嚴重。立法院預算中心，在「100 年度中央政府總預算案整體評估報告」中，即有非常詳細的指述，可資參閱❷。

　　公法上財團法人在我國引進、實施的情形，流弊甚多，有如上述行政院研究發展考核委員會 84 年度之研究報告中所指述者，直至現今仍未全面改善。依據筆者之研究，行政遁入私法、變相圖利、損害公益之情形相

---

❷　相關論文請參閱，林三欽，〈行政法人與公設財團法人〉，《月旦法學教室》，第 78 期，2009 年 4 月，頁 14–15。

❷　黃錦堂，上揭文，頁 287。

❷　陳敏，上揭書，頁 963。

❷　立法院預算中心，〈100 年度中央政府總預算案整體評估報告（3 之 3）〉，民國 99 年 9 月，頁 1005–1400。

當嚴重，因為：「政府捐助基金累計超過百分之 50 之財團法人及日本撤退臺灣接受其所遺留財產而成立之財團法人已多達 131 個，比中央部會多了好幾倍❷❸。而由部分中央行政部會透過捐助之財團法人再捐助另一財團法人；或以所屬非營業特種基金捐助；或透過其轉投資之公營事業、公私合營事業捐助，或以所屬單位假藉投資、貸款之名，行捐助各類財團法人之實等種種國家資產私有化之行政遁入私法手法。除了造成數千億財產之掏空以外，這些公設財團法人也因排斥政府人事、俸給法令之適用，養肥了許多未經國家公開考試的肥貓，或一些由政府機關退休，已領 18% 退休俸之高級肥貓。

　　在這些財團法人中，不只首長薪資高於部長，主管、職員之薪資也高於簡任官或國家考試及格者。這種剝奪無門路弱勢族群應考試、服公職權利之不公不義制度，行政院實應立即加以改正，使政府捐助的這些財團法人之資產，不再被掏空，而其人事任免、待遇制度也應有公開考選、合理、透明的設計。」❷❾

---

❷❸　參閱，立法院預算中心，〈政府捐助基金累計超過 50% 之財團法人及日本撤退臺灣接收其所遺留財產而成立之財團法人 98 年度預算書整體評估報告〉，2008 年 12 月。

❷❾　參閱，林騰鷂，〈行政遁入私法，肥貓橫行〉，《中國時報》，時論廣場，2009 年 10 月 8 日，A14 版。

第九章　行政法人

第一節　行政法人之源起

　　自上世紀第二次世界大戰以來，為了因應戰爭之需要、新興科技之發展、福利給付之要求，國家的角色與任務日漸沉重，以致行政組織與活動之龐雜肥大化，造成國家財政之惡化與行政效率之低落等問題。為了減低衝擊、提昇競爭力，歐、美、日等國自 1980 年代以來在新自由主義、新保守主義理論之驅動下，相繼大力的開展行政組織與行政活動改革❶。其中之一就是在制式傳統的行政機關以外，採取異於傳統、制式行政機關的組織形式，用以提供公共服務或執行公共任務的行政組織。這類行政組織，因各國國情與憲政體制之差異，在名稱上也有所不同。如在英國稱為非部會的公共組織體 （non-departmental public bodies, NDPB ；另有稱為 executive nondepartmental public bodies） ❷。在美國則稱為 政府公司

---

❶　參閱，葉俊榮，〈全球脈絡下的行政法人〉，《行政法人與組織改造／聽證制度評析》，台灣行政法學會學術研討會論文集 (2004)，元照出版公司，2005年 1 月，頁 3–13；另參閱，張文貞，〈行政法人與政府改造──在文化與理念間擺盪的行政法〉，同本註所引書，頁 129–161；黃錦堂，〈德國機關「分權化整體責任」改革之研究──兼論我國行政法人的設計〉，同本註所引書，頁 15–80；蔡秀卿，〈行政組織改革與地方行政法人──從日本地方獨立行政法人制度論起〉，同本註所引書，頁 81–127；蔡秀卿，〈日本獨立行政法人制度〉，《月旦法學雜誌》(No. 84) 2002、5，頁 60–76；李建良等合著，《行政法入門》，元照出版公司，2004 年 5 月，頁 255–259。

(government corporations)，是由國會立法授權設立的政府機構，以公司或企業組織形式，來執行公共服務與功能 (an agency of government, in the form of corporation or business type, established by congress to perform public services and functions)❸。在日本則使用「獨立行政法人」一詞❹。

　　在我國不使用德國及我國法制上之「公法人」名稱，卻也使用「行政法人」這樣的日本用語❺，據行政院前研考會主委葉俊榮教授的說法，「公法人，但是其實行政法人指的也是同樣的概念」❻。而推動行政法人之構想，依行政院「行政法人法草案」總說明❼，乃「為提昇政府施政效率，同時確保公共任務之妥善實施，爰參考世界主要先進國家之機關組織，有朝向公法人制度規劃者，亦即將原本由政府組織負責之公共服務自政府部門移出，以公法人來專責辦理之經驗，創設一個新的行政組織型態——即行政法人制度，讓不適合或無需由行政機關推動之公共任務由行政法人來處理，打破以往政府、民間體制上之二分法，俾使政府在政策執行方式之選擇上，能更具彈性，並適當縮減政府組織規模，同時可以引進企業經營精神，使這些業務之推行更專業、更講究效能❽，而不受現行行政機關有關人事、會計等制度之束縛。」❾

---

❷　同上註書，頁 12 及 145。

❸　同上註書，頁 146。

❹　其創設背景請參閱，蔡秀卿，《日本獨立行政法人制度》，頁 60–65。另參閱，劉宗德，〈日本公益法人、特殊法人及獨立行政法人制度之分析〉，《制度設計型行政法學》，第五篇，元照出版有限公司，2009 年 5 月初版第一刷，頁 111–148。

❺　吳庚教授指出，「行政法人係來自日本之概念」。參閱，吳庚，《行政法之理論與實用》，頁 172。

❻　葉俊榮，〈全球脈絡下的行政法人〉，上揭書，頁 12。

❼　參閱，蔡進良，〈中央行政組織法變革之另一方向——日本獨立行政法人制度之引介〉，《月旦法學雜誌》，第 83 期，2002 年 4 月，頁 171–181。

❽　參閱，陳愛娥，〈行政法人化與行政效能——「行政法人」作為政府組織改造的另一種選擇？〉，《月旦法學教室》，第 12 期，2003 年 10 月，頁 61–73。

❾　立法院法制委員會編製，《「行政法人法制化」公聽會報告》，民國 92 年 6 月

　　「中央行政機關組織基準法」第 37 條規定：「為執行特定公共事務，於國家及地方自治團體以外，得設具公法性質之行政法人」。是以行政法人此一學者稱之為 「變體公法人」 ❿之行政組織 ， 在眾多學者之疑慮中❶，也被引進我國。立法院在歷經十餘年之審議，終於在民國 100 年 4 月 8 日制定了「行政法人法」，並由總統於同月 27 日公布施行。

第二節　行政法人之概念

　　行政法人之概念❶因行政法人法第 2 條第 1 項之定義，是「指國家及地方自治團體以外，由中央目的事業主管機關，為執行特定公共任務，依法律設立之公法人。」❶就此定義可分析行政法人之概念如次❶：

一、行政法人係依法律設立之公法人 ， 就此行政法人法第 2 條第 3 項明定：「行政法人應制定個別組織法律❶設立之；其目的及業務性質相近，可歸為同一類型者，得制定該類型之通用性法律設立之。」

---

　　5 日，頁 142。

❿　吳庚，上揭書，頁 172。

❶　黃錦堂教授即指出：「我國 『行政法人法草案』 的改革構想並不精密」，參閱，上揭台灣行政法學會主編《行政法人與組織改造聽証制度評析》一書之頁 17–19；李建良等著，《行政法入門》，頁 257–259；朱愛群也說：「以行政法人法草案的單薄設計來看，……是立即可以見到一個又一個『庫斯拉』怪獸的誕生」「讓這一些行政法人成為政府機關逃避監督的無數小金庫與安插私人的快樂天堂。」 參閱，上揭立法院法制委員會編製，《「行政法人法制化」公聽會報告》，頁 21、22、24。

❶　行政法人與其他公法人概念上的差別請參閱，吳志光，《行政法》，新學林出版股份有限公司，2006 年 10 月，頁 91。

❶　立法院法制委員會，「行政法人法制化」公聽會報告，頁 146。另行政法人法全部條文可參閱此報告，頁 146–163。

❶　另參閱，陳敏，《行政法總論》，民國 93 年 11 月四版，頁 964–968。

❶　如文化內容策進院設置條例是。

二、**行政法人執行的是特定公共任務**，而此一特定公共任務，依行政法人法草案第 2 條第 2 項規定，係「以具有專業需求或須強化成本效益及經營效能者，不適合由政府機關推動，亦不宜交由民間辦理，所涉公權力行使程度較低者。」而所謂涉公權力行使程度較低之公共任務乃泛指文化、藝術、健康、營養、飼料、肥料、家畜、育種等事務，至於軍事、警察、監獄等所涉公權力行使程度較高之公共任務，則不宜設立行政法人來執行。

三、**行政法人具人事及財務自主性。**行政法人進用之人員，依行政法人法第 20 條第 1 項規定，「行政法人進用之人員，依其人事管理規章辦理，不具公務人員身分，其權利義務關係，應於契約中明定。」是以，行政法人之進用人員是以契約聘用，不適用一般公務人員之考試、任用、服務等法令。不過學者指出：「行政法人係國家所設立，用以執行行政任務之公法人，其以契約聘用之人員，仍屬刑法、國家賠償法所稱公務員。」❶❻另行政法人之財產有自主性源自行政法人法第 34 條第 1 項之規定，亦即「原機關（構）改制為行政法人業務上有必要使用之公有財產，得採捐贈、出租或無償提供使用等方式為之；採捐贈者，不適用預算法第 25 條及第 26 條、國有財產法第 28 條及第 60 條相關規定。」又行政法人之業務運作與財物採購依行政法人法第 18 條、第 19 條及第 37 條之規定，均有相當自主性。

四、**行政法人係由中央目的事業主管機關所設立。**不過，依行政法人法第 41 條第 1 項規定：「本法於行政院以外之中央政府機關，設立行政法人時，準用之。」同條第 2 項又規定：「經中央目的事業主管機關核可之特定公共任務，直轄市、縣（市）得準用本法之規定制定自治條例，設立行政法人。」是以行政院中央目的事業部會主管機關以外之中央政府機關或地方自治團體將來亦可能設立行政法人。

五、**行政法人是國家及地方自治團體以外之公法人**，即學者所謂之「變體公法人」❶❼或是「一種具有公法法律人格之公營造物」❶❽，與國家及

---

❶❻　陳敏，上揭書，頁 966–967。

地方自治團體等之公法人不同。這種有別於國家及地方自治團體以外之公法人究竟屬性為何？爭議頗多，有立法委員認為：「有人認為行政法人是個新觀念，有多新？坦白講，國家實驗室和行政法人有多大的差別？我看不出有何差別？現在國家實驗室是財團法人性質，如果用民法的財團法人來兜，兜得通嗎？根本不通！若根據民法的規定，國家實驗室的設置條例根本是違法的！但是國家實驗室也設了，所以財團法人的觀念其實已經相當成熟，人事自己決定，經費國家撥補，但是機關有依據自己業務項目加以調度的彈性，比較有差別的一點在於，目前的作法是國家捐給國家實驗室，如果將其財團法人化，那麼機器就回歸變成國家財產。那麼是讓機器回歸變成國家財產比較好，還是曖昧不明的規定由國家捐助，到底是不是國家的也搞不清楚比較好呢？當然是屬於國家財產比較好。」[19]由此可知，這種國家及地方自治團體以外之公法人極容易造成國家資產之流失。

第三節　行政法人之組織結構

　　行政法人的特色之一在於其組織結構與一般行政機關不同。依行政法人法第 5 條至第 14 條規定，行政法人之組織結構為：

一、行政法人應設董（理）事會，置董（理）事，由行政法人法第 3 條所規定之監督機關，即中央各目的事業主管機關聘任或解任。其中專任者不得逾董（理）事會總人數 3 分之 1。

二、行政法人應設監事或設監事會；監事均由中央目的事業主管機關聘任或解任。如有置監事 3 人以上者，應互推 1 人為常務監事。行政法人董（理）事總人數以 15 人為上限，監事總人數以 5 人為上限。董

---

[17]　吳庚，上揭書，頁 172。

[18]　陳敏，上揭書，頁 965。

[19]　立法院法制委員會編製，《「行政法人法制化」公聽會報告》，頁 100。

（理）事、監事，任一性別不得少於 3 分之 1。但於該行政法人個別組織法或通用性法律另有規定者，從其規定。

三、董（理）事、監事採任期制，任期屆滿前出缺，補聘者之任期，以補足原任者之任期為止。這與一般行政機關之首長非採任期制者不同。又董（理）事、監事為政府機關代表者，依其職務任免改聘。

四、行政法人之領導機關原則上為董（理）事會，監事（會），但在例外的情形，依行政法人法第 5 條第 1 項後段規定，得視其組織規模或任務特性之需要，不設董（理）事會，而置首長 1 人。此首長應為專任，依行政法人法第 14 條第 1 項規定，由中央目的事業主管機關或提請行政院院長聘任或解任。

五、行政法人之進用人員，行政法人法第 20 條第 1 項規定，依其人事管理規章辦理，不具公務人員身分，其權利義務關係，應於契約中明定。是以行政法人之人事管理與一般行政機關不同。其有公務人員身分者，仍依公務人員法令管理，其無公務人員身分者，則依契約訂明權利義務關係管理之。

第四節　行政法人之營運及監督

行政法人之營運及監督，如置首長者，自由其領導主持；如係置董（理）事、監事者，則分別由董（理）事審議行政法人之發展目標及計劃、年度營運（業務）計劃、年度預算及決算、內部規章或自有不動產處分或其設定負擔，而由監事或監事會負責審核、監督或稽核行政法人之年度營運（業務）決算、營運（業務）、財務狀況、財務帳冊、文件及財產資料等。

又行政法人應訂定發展目標及計劃、年度營運（業務）計劃及其預算，提經董（理）事會通過後，報請中央目的事業主管機關核定或備查。同樣的，在會計年度終了一定時間內，應將年度執行成果及決算報告書，

委託會計師查核簽證提經董（理）事會審議，並經監事或監事會通過後，報請中央目的事業主管機關備查，而此一決算報告，審計機關得審計之；審計結果，得送監督機關或其他相關機關為必要之處理。

另外，中央目的事業主管機關依行政法人法第 15 條至第 19 條之規定，對於行政法人之發展目標、計劃、財產及財務狀況、規章、年度營運（業務）計劃與預算、年度執行成果及決算報告書均有核定或檢查之權。值得注意的是，如行政法人有違反憲法、法律、法規命令時，監督機關依行政法人法第 15 條第 7 款規定，有得予以撤銷、變更、廢止、限期改善、停止執行或其他處分之權。而對於行政法人營運（業務）績效之評鑑，中央目的事業主管機關也應依行政法人法第 16 條第 1 項規定，邀集有關機關代表、學者專家及社會公正人士來辦理。

第五節　行政法人之批判

行政院於民國 92 年 4 月 9 日院會核定並向立法院提出之「行政法人法草案」立法過程並不順遂，也受到學者之普遍質疑。有以「我國『行政法人法草案』的改革構想並不精密」[20]，有以「檢討此一草案的良窳時，唯一應關心的是：其用以提升效能之制度設計是否能達成目標。……總結而言，『行政法人法草案』至少在組織與人事制度的規劃上能否實現提升效能的目標，不無可疑。」[21] 有以「行政法人之人事及營運皆在主管機關指揮監督之下，經費也依賴主管機關補助或捐贈，則其效益與目標能否達成？論者已表懷疑」[22]。另有學者在比較觀察德國法制後，明確表示：

---

[20] 黃錦堂，〈德國機關「分權化整體責任」改革之研究——兼論我國行政法人的設計〉，上揭書，頁 17。

[21] 李建良等著，行政法入門，頁 257–258；另參閱，林明鏘，〈評「行政法人法」草案——以行政院九十二年二月草案為中心（上）〉，《人事行政》，第 143 期，頁 6–13；（下），《人事行政》，第 144 期，頁 3–17。

「組織效率的考量不可以無限上綱，以致於創設出以國庫執行公行政，卻可以擺脫民主監督機制的怪獸。……某些機構公法人化後，是否會因為要維持該組織獨立運作反而造成人事成本的增加，宜精確估算。」❷❸

其實，不只人事成本可能大幅增加，學者也擔心行政法人內存在「兩套公務員體系，我想在運作上一定會發生很大的問題」❷❹，甚或更擔心「特殊法人的關鍵職位淪為政治分贓或酬庸的祭品」❷❺，或造成「行政法人化」官僚掌控臺灣校園❷❻。而筆者對立法院法制委員會舉辦「行政法人法制化」公聽會所提之書面報告中，也深深擔憂「行政院所提『行政法人法草案』會虛空民主憲政機制」、「耗費立法、行政成本甚大」，並認為「國家機關行政法人化之作為，主要係仿照日本獨立行政法人制度，此從『行政法人法草案』之內容可知。但日本『獨立行政法人通則法』，自 2001 年元月 6 日開始施行至今，不過 2 年，效果未卜。且其國內對於國立大學是否應為獨立行政法人化而有 『獨立行政法人通則法』 之適用，『爭論猶烈』。因此，以我國國內之法制生態與政治道德現狀，並不適合貿然移植尚不成熟的外國法制，以免重蹈學者所謂的『農漁會金融改革……戊戌變

---

❷❷　吳庚，《行政法之理論與實用》，頁 174。詳另參閱，黃錦堂，《行政組織法論》，翰蘆圖書出版有限公司，2005 年 5 月，頁 264–273。

❷❸　盛子龍，〈德國機關法人化問題〉，行政院研究發展考核委員會主辦，臺灣大學法律學院公法研究中心協辦，《政府機關（構）法人化研討會論文集》，民國 91 年 12 月 9 日，頁 17。

❷❹　陳愛娥發言，立法院法制委員會，《「行政法人法制化」公聽會報告》，頁 95，另參閱，陳愛娥，〈行政法人化與行政效能──「行政法人」作為政府組織改造的另一種選擇？〉，《月旦法學教室》，第 12 期，民國 92 年 10 月，頁 61–73。

❷❺　許宗力，〈國家機關的法人化〉，《月旦法學雜誌》，第 57 期，2000 年 2 月，頁 34。

❷❻　南方朔，〈「教授治校」和「行政法人化」都是他們說的！〉，參閱，《新新聞周刊》，第 849 期，2003/6.12–6.18，頁 18–19。另參閱，周志宏，〈公立大學法人化的質變與隱憂〉，《台灣本土法學雜誌》，第 49 期，2003 年 8 月，頁 2–3。

法」的失敗經驗。又行政院人事行政局未有充分踏實的外國法制基礎研究，特別是對美國公共行政法制及近年來之失敗經驗加以檢視，即貿然在我國推動國家機關行政法人化，將會重蹈外國法制錯誤經驗及我國過去貿然移植 BOT 法制、公務人員職位分類制度，受到嚴重挫敗之後果。」❷

　　民國 98 年 5 月 11 日，經行政院第 3130 次會議、考試院第 11 屆第 30 次會議決議通過，並由行政院、考試院聯名函請立法院審議之「行政法人法草案」，歷時將近兩年，立法院在民國 100 年 4 月 8 日三讀通過了「行政法人法」，並經總統於同年 4 月 27 日公布施行。但此一法律雖經臺大林明鏘教授、政大劉宗德教授在立法院公聽會上表示許多不贊同的意見❷，還是被通過了，將來極有可能產生立法院預算中心所提出的，會因為機關因改（建）制而產生遁入法人中之現象，逃避立法院之監督❷。

❷　林騰鷂書面意見，立法院法制委員會，《「行政法人法制化」公聽會報告》，頁 128–133。

❷　參閱，立法院第 7 屆第 4 會期司法及法制委員會「行政法人法草案」公聽會會議紀錄（民國 98 年 12 月 2 日），頁 359–366；頁 369–372。

❷　詳參，立法院預算中心，〈100 年度中央政府總預算案整體評估報告（3 之 2）〉，民國 99 年 9 月，頁 734–737。

第四篇　公物法

第一章　概　說

　　21 世紀之行政任務與 18、9 世紀時，已有重大不同。21 世紀之行政任務，除了要維持社會之安全、衛生、秩序、和諧之外，更要提供人民生活給養與生存照顧之種種財物、勞務或其他文化、健康、休閒權益之給付。因此，國家除了建立軍隊、警察、財稅、衛生、外交等一般公務機關以外，更創設了前述的許多公有事業機關、公有營業機關等，積極介入人民之經濟、社會、教育、文化、休閒等生活領域，提供給付、服務，以達成其對現實世代之食、衣、住、行等生活給養與生、老、病、死等生存照顧之任務。20 世紀 70 年代以後，環境之破壞、資源之匱乏，使國家之任務更加擴及，注意未來世代生存基礎之保護、保障。因此，在行政法學上，可以看出國家之行政，在干涉行政之外，逐漸在 20 世紀初期增加了給付行政，而在 20 世紀中期以後又漸增多了許多資源行政。這種趨向，造成了公有事業機構法制（即俗稱之營造物法制）與公物法制之擴大發展。德國學者，即認公有事業機構法制與公物法制，為對人民提供生活給養與生存照顧之兩種重要制度 (Zwei Formen der Inauspruchnahme von Daseinsvorge)❶。

　　我國早期行政法學著作，對公有事業機關法制、對公物法制，多未深入研析，在篇章上也多列於行政組織法上。近期學者，雖較重視，並為專章敘述，但內涵仍然有限，尤其對公物之概念，認係公行政為達成任務，除行政人員外之各種物之手段❷，概念過於著重公物之使用而較少論述公

---

❶　Jürgen Salzwedel, *Anstaltsnutzung und Nutzung öffentlicher Sachen*, in Erichsen, Allg. VwR, §40.

❷　陳敏，《行政法總論》，民國 93 年 11 月四版，頁 1004；林騰鷂，〈公物概念

物之取得、維護、保存、開發等之規範管理。本書認為公物的取得、指定、使用、維修、管理、收益，涉及人民權益甚鉅。因此，應與行政組織法區隔，獨立成篇加以探討。

之研究〉，《東海大學法學研究》，第 16 期，民國 90 年 12 月，頁 1–14。

第二章 公物之意涵

第一節 公物之意義

公物一詞譯自德文之 öffentliche Sachen，並非法律上用語，其意涵廣狹不一。德國學者認公物為不動產、動產、無體物等，依行政機關之指定而直接為公行政目的，供使用之物，其與公有事業機關（即營造物）不同。蓋因公物僅為個別之有體物或無體物，為動產或不動產，並不包括人力資源，但公有事業機關（營造物）則除人力資源外，尚包括辦公用具、技術用具等用以達成其目的的行政資產之總合❶。我國學者吳庚認為「公物係指直接供公的目的使用之物，並處於國家或其他行政主體所得支配者」❷。陳敏教授則認為公物乃經由提供公用，直接用以達成特定公目的，適用行政法之特別規制，而受行政公權力支配之物❸。

公物與民法上規定之物並不一致。依德國學界，通說公物包括該國民法第 90 條規定之有體物外，尚包括空氣、電流或流水。因此，德國學界一致認為，民法上物之規定如從物之概念，不適用於公物。例如在私人土地上所架設的交通標誌固為土地之重要部分，但仍是獨立的公物❹。此為

---

❶ Salzwedel, a.a.O., §40 Rdnr. 1.

❷ 吳庚，《行政法之理論與實用》，民國 94 年 8 月增訂九版，頁 205。

❸ 陳敏，《行政法總論》，頁 1004。

❹ Hans J. Wolff/Otto Bachof/Rolf Stober, *Verwaltungsrecht*, Band 2, 6. Auflage, C. H. Beck, München 2000, §75 I Rn. 4. 法國行政法學則以之為「有益的附屬物」，

民法上物之成分，可以成為一獨立公物之適例。又民法上數物亦可以為一公物。例如依聯邦遠程道路法第 1 條第 4 項規定，路體，路體上之空間，配屬物以及路上之附帶營業體成為一體性之公物 (als einheitlicher öffentlicher Sachen)❺。

由於公物之概念廣泛，與民法上所稱之物不同，且無法典化之公物法 (eine Kodifizienung des öffentlichen Sachenrechts)❻，故德國學者乃以負面表列的方式來說明公物之概念，認為下列之物，非屬於公物，即❼：

1. 私有財產人有絕對性處分權者 (Ausschließliche Verfügungsmacht des (Privat-) Eigentümers)──例如，私人病院、私人博物館、私人泳池雖亦可公眾使用，但非屬於公行政之掌控處分權限內之公物。

2. 財政財產之標的 (Gegenstände des Finanzvermögens)──財政財產乃指未經行政機關設定為公共使用之房舍、行政機關參與企業之股權以及非用於經常預算或對企業營運發生影響力之資本請求權。財政財產受私法上之支配，在缺乏公法上特殊地位情形下，不受行政法規範的支配 (außerhalb des verwaltungsrechtlichen Regelungsbereiches)。財政財產可由行政主體依私法方式取得、設定負擔或拍賣出售。在此領域之爭議為私法性質，屬於民事法庭之審判範圍❽。

3. 私人之森林與牧野 (Wälder und Flure im Außenbereich)──私人森林、山上牧場 (Bergweide)，荒野之田野 (Brachflächen)、河岸岸邊 (Uferstreifen) 等均非公物，但依德國各邦農林法制，私人森林與牧野可因行政機關之一般處分，供民眾休憩之用，而限制了私人林野擁有者之使用權❾。

為和公物接觸的物體而屬於公物。參閱王名揚，《法國行政法》，北京，中國政法大學出版社，1997 年 5 月，頁 308–309。

❺　A.a.O., §75 I 1 Rn. 5；另參閱陳敏，上揭書，頁 1006。

❻　Wolff/Bachof/Stober, a.a.O., §75 I Rn. 3.

❼　A.a.O., §75 I 2 Rn. 6–9.

❽　A.a.O., §75 I 2 Rn. 8; 李建良、李惠宗、林三欽、林合民、陳春生、陳愛娥、黃啟禎合著，《行政法入門》，元照出版公司，2000 年 7 月，頁 341。

另有一學者則將公物分為最廣義、廣義及狹義三種❿涵義加以說明，即：

一、最廣義的公物

係指國家或自治團體直接或間接為達行政目的所必要的一切財產而言。此種意義的公物包括國有財產法第 4 條所規定之公用財產與非公用財產兩大類，亦即學者所稱之財政財產、行政財產及公共用財產。茲再分述於次：

1.財政財產 (Finanzvermögen)——亦即國有財產法第 4 條第 3 項規定之非公用財產，乃指公用財產以外可供收益或處分之一切國有財產如國庫中之現金、有價證券，未提供公用之山林、礦產、水力資源等是。

2.行政財產 (Verwaltungsvermögen)——亦即行政主體為達行政目的，直接供各機關、部隊、學校辦公、作業及宿舍使用之公用財產，如房舍、辦公用品、車輛、電腦、傳真機、行動電話等。

3.公共用財產 (öffentliche Sachen im Gemeingebrauch)——亦即行政主體為達行政目的，直接供人民使用之物，亦即國有財產法第 4 條第 2 項第 2 款規定之國家直接供公共使用之國有財產，如道路、橋樑、公園、河流、湖泊、山林等，包括國家賠償法第 3 條所泛稱之公有公共設施等人工公物。

公物以上述之有體物為常態，但無體物亦得為公物⓫。例如廣播電視法第 4 條規定，廣播、電視事業使用之電波頻率，為國家所有，且不得租賃、借貸或轉讓。由此可知，電波頻率為行政法學理上之公物，並在現實生活中，影響人民之自由頗鉅⓬。又如民用航空法第 2 條第 7 款規定之

❾ A.a.O., §75 II Rn. 9.

❿ 李惠宗，〈公物法〉，翁岳生編，《行政法》，頁 392。

⓫ 陳敏教授即稱，公物除動產、不動產等有體物外，並包括海洋、土地所有權人所支配範圍以外之天空以及電氣等。參閱陳敏，《行政法總論》，頁 1006。

⓬ 大法官釋字第 364 號解釋，即稱「以廣播及電視方式表達意見，屬於憲法第十一條所保障言論自由之範圍。為保障此項自由，國家應對電波頻率之使用為公平合理之分配」。

「航路」、第 4 條規定之「空域」、「限航區」、「危險區」、「禁航區」等空間及空間通路亦為行政法上之公物而得由行政主體管理、分配、使用。再如市區中之騎樓，依臺北市騎樓使用管理要點第 2 點規定：「騎樓，係指經指定在道路兩旁留設，自道路界限至建築物地面層外牆面之法定空地（間）」，是以空間亦得為行政法上之公物。大法官釋字第 564 號解釋理由書亦提示：「騎樓通道建造係為供公眾通行之用者，……道路交通管理處罰條例第三條第一款即本此而將騎樓納入道路管制措施之適用範圍。」

二、廣義的公物

係指行政主體直接供行政目的之用，包括前述的行政財產與公共用財產。此種意義的公物不以所有權歸屬何人為區分標準，而以其是否直接供行政目的之用，故行政機關所租用或借用之民地、民房而成之公園、辦公房舍，亦為此廣義之公物。大法官釋字第 400 號解釋認為，私有土地經公眾長期通行而成立公用地役關係者，其所有權人對土地無從自由使用、收益，而成為此廣義之公物。

三、狹義的公物

係指行政機關執行政任務所提供的公物，包括直接供一般人民通常利用或特別利用之公共用財產。

第二節　公物之種類

公物之種類繁多，分類標準亦異，學者有以所有權歸屬為區分標準而將之分為公有公物與私有公物；有以法定公用的範圍為區分標準而將之分為絕對公物與相對公物；有以其產生來源為標準，分為自然公物與人工公物；有以其使用目的為標準而區分為公共用物、行政用物、特別用物、營造物用物❸；有以其表現形態分為海洋公產、河川湖泊等公產、空中公產、地面公產❹等。茲再就其表現形態及使用目的為分類標準區分之公

❸　李惠宗，上揭文，頁 393；吳庚，上揭書，頁 206–207。

物,分別舉例說明之:

一、以表現形態為分類標準 ❶❺

　　1.海洋公產──包括領海及與領海位置 ❶❻ 及作用有關的各種自然物及人造物,如海床、底土、漲灘、人工排除海水的土地、海岸、燈塔、浮標、浮筒、碇泊所、港口、海港、堤岸、防波堤、碼頭等。

　　2.河川、湖泊等公產──如水道、河床、湖床、滿水時的河岸、堤岸、防砂壩、防洪牆、護岸、水閘 ❶❼。

　　3.空中公產──包括領空等空域及空間公產,如上述之騎樓等是。

　　4.地面公產──如道路、橋樑、下水道、共同管道 ❶❽、信號標誌、路燈、行道樹、隧道、公廁 ❶❾、公墓等。

二、以使用目的為分類標準

　　可依國有財產法第 4 條規定分為:

　　1.公用財產

　(1)公共用財產──即學者所稱之公共用物,指行政主體直接提供公眾使用之公物,如道路、橋樑、市場、公廁等。此類財產,公眾可為通常使用或特殊使用 ❷⓿。

　(2)公務用財產──即學者所稱之行政用物 ❷❶,乃行政主體或行政機關

---

❶❹　王名揚,《法國行政法》,北京,中國政法大學出版社,1997 年 5 月第二次印刷,頁 309–311。

❶❺　王名揚,上揭書,頁 309–311。

❶❻　詳閱黃異,〈海域在公物法上的基本地位〉,台灣行政法學會主編,《行政法爭議問題研究 (下)》,五南圖書出版公司,2000 年 12 月,頁 1401–1427。

❶❼　臺北市河川管理規則第 3 條規定。

❶❽　參閱共同管道法第 2 條規定。

❶❾　對公廁,臺北市即訂有兩個行政命令,即臺北市公共廁所興建管理要點、臺北市流動廁所使用管理要點。請參閱《臺北市現行法規要點彙編㈥》,民國 84 年,頁 5633、5637。

❷⓿　吳庚,上揭書,頁 206。

❷❶　吳庚,上揭書,頁 206。

供內部使用之公物，如部隊之武器、學校之教學設備、辦公處所、宿舍、警察、消防裝備、車輛等是。

(3)事業用財產——即學者所稱之營造物用物❷，如國有財產法第 4 條第 2 項第 3 款規定之國營事業機關使用之財產，如博物館、美術館及其典藏，公立醫療院、所及其設備。

2.非公用財產——乃指公用財產以外可供收益或處分之一切行政主體財產。此類財產與上述公用財產中之公共用財產略有不同。上述公共用財產原則上允許人民自由為通常的使用，只在改變其通常使用方式，而為特殊使用方式時，才須經行政機關之許可❷，但在非公用財產中，有一部分學者稱之為特別用物者❷，乃原則上不准任何人自由使用之公物，而係經行政機關之許可始得使用之公物，如山坡地、河川地、民用航空法第 50 條所規定之航線是。

由上所述，可知公物之種類繁多，行政法學上多以上述最狹義的公物為研究對象❷，偏向於公物利用法律關係之研究。其實，公物之採取、取得過程中亦不乏涉及人民權益，是以公物之研究，似宜擴及最廣義公物之研究，以符合行政法學為研究行政組織與行政作用之主旨。

---

❷　吳庚，上揭書，頁 207。

❷　如道路係供通行之通常使用，人民可自由為之，但如欲借道路舉辦路跑，則為改變其通常使用方式而為特殊使用，此時應經主管機關之許可。

❷　吳庚，上揭書，頁 207。

❷　李惠宗，上揭文，頁 393。

第三章　公物之特性

　　公物涉及行政任務之實現及行政目的之達成，故與一般私有財物（簡稱私物），頗有不同。私物除少數例外情形外，原則上得自由使用、收益、處分，並得為買賣、贈與或為徵收、強制執行或取得時效之標的物。但公物 則 不 然 ， 為 了 滿 足 公 共 使 用 及 公 共 使 用 可 能 性 (öffentliche Dienstbarkeit)❶，其在融通、轉讓、使用、收益、處分、徵收、強制執行或取得時效上，常有法令限制，而有與私物不同之特性。公物這種一方面仍為私財產法規範客體，一方面又為公法上秩序需要而受支配、限制之特性，德國學者稱之為公物的雙重結構 (dualistische Konstruktion) 特性。我國學者原則上採取德國學界的意見❷。

　　我國行政法學論著多主張公物原則上為不融通物、不得為民事強制執行之標的、不得對之公用徵收、亦不適用民法之取得時效❸。但陳敏教授則認「公物並非不能轉讓、強制執行、公用徵收或占有取得。在法律邏輯上 ， 毋 寧 係 原 則 上 為 融 通 物 、 可 強 制 執 行 、 可 公 用 徵 收 及 可 占 有 取得」❹，此一看法與通說有甚大差異，但未深入說明。學者林錫堯則有較

---

❶　陳敏教授將此譯為「公法之役權」，似不易理解。參照陳敏，《行政法總論》，頁 1008。

❷　參閱 Hans-Jürgen Papier, Recht der öffentlichen Sachen, im: Hans-Uwe Erichsen (Hg.), *Allgemeines Verwaltungsrecht*, II. Aufl., 1998, §40 Rn. 18ff.; Franz Mayer/Ferdinand Kopp, *Allgemeines Verwaltungsrecht*, 5. Aufl., 1985, S. 398; 李建良、李惠宗等著，《行政法入門》，頁 338–339。

❸　參閱史尚寬，《行政法論》，頁 110；吳庚，《行政法之理論與實用》，頁 208；李震山，《行政法導論》，三民書局，修訂六版，2005 年 10 月，頁 119。

❹　陳敏，上揭書，頁 1008，註 19。

詳細之說明，頗值得參考❺。茲再就相關法律規定、學說理論、司法實務看法，分別說明公物之特性❻於次：

一、公物之不融通性

如上所述，公物與私物不同，在公法上目的範圍內，常有法律否定或限制公物之融通性，不得如私物一般，為讓與、設定負擔等法律行為之標的物。例如土地法第 14 條第 1 項規定之天然湖澤而為公共需用者，礦泉地、瀑布地、名勝古蹟等不得為私有。同法第 15 條規定，附著於土地之礦，不因土地所有權之取得而成為私有。又如水利法第 2 條亦規定：「水為天然資源，屬於國家所有，不因人民取得土地所有權而受影響」。這些規定，均使公物與私物有所區分。司法實務上，最高法院 72 年度臺上字第 5040 號判決亦明確指出：「公有公用物或公有公共用物（前者為國家或公共團體以公有物供自己使用，後者提供公眾共同使用，以下統稱為公物），具有不融通性，不適用民法上取得時效之規定」❼。雖然如此，學界認為對私有公物，在不妨礙公物之目的，不妨害公物按其性質為合於目的之使用條件下，仍可移轉所有權或設定負擔❽。至於公有公物，係以行政主體享有所有權為基礎，如所有權移轉，將失去成為公物之依據，故原則上不得移轉所有權，但於不妨害公法上目的之範圍內，得允許特定人為使用收益❾。

二、公物不適用民法取得時效規定

公物可否依民法取得時效之規定而由私人取得所有權或其他物權?學說見解不一❿，司法實務之看法也不一致，茲分述於次⓫，即：

---

❺　林錫堯，《行政法要義》，頁 505 以下。

❻　實例請參閱，陳淑芳，〈公物之特徵〉，《月旦法學教室》，第 20 期，2004 年 6 月，頁 22–23。

❼　林錫堯，上揭書，頁 509。

❽　吳庚，上揭書，頁 208；林錫堯，上揭書，頁 506。

❾　林錫堯，上揭書，頁 506。

❿　學者謂：「公有地役權既得因時效而取得，則在公有土地之所有人或管理人負有較諸私有土地之所有人更高之公益義務的情況下，只要符合前揭解釋理

1.否定說──認為公物之不融通性、供公目的使用之特性，難以想像可以公然和平繼續占有，故不適用民法取得時效規定❶❷。最高法院 35 年上字第 616 號判例稱：「凡散在各省區之國有財產，縱為行使私法上之所有權便利起見，多由代表國家之各級行政機關分別使用收益，而各該財產之所有權，究應同屬於國家之整個國庫。故各行政機關間之彼此占有事實，與私人占有國有財產之情形不同，不能適用民法上關於因占有而取得權利之規定」❶❸。

2.部分肯定說──認為公物不得為私權之標的者，不適用取得時效，至公物得為私權之標的者，則可適用取得時效，但私人取得所有權或其他權利後，該物仍維持其公物之性質，仍受公物之供公目的使用之公法上限制。司法院院字第 2177 號解釋稱：「公有土地……其所有權屬於國家。國家為公法人，占有公法人之土地，自屬民法第七百六十九條、第七百七十條所謂占有他人之不動產。故公有土地，除土地法第八條（按現行土地法第十四條）所定不得私有者外，亦有取得時效之適用」（同院院字第 453、2670、1718 號亦類同）❶❹，可視為採部分肯定說。

3.完全肯定說──認為取得時效是一般法律原理，亦適用於公法，且基於保障法律安定或交易安全，應承認公物亦適用取得時效，惟於具體情形判斷時，應斟酌公物之性質、目的與適用取得時效制度之利益衡量之❶❺。

4.公用廢止說──認為公物在廢止公用前不得作為取得時效之標的。

由書（按指大法官釋字第四○○號解釋理由書）所定的要件，則殊無否定公有土地上成立公用地役關係之必要性與可能性的實質理由。」詳閱蔡茂寅，〈公有土地能否成立公用地役權〉，《月旦法學教室③公法學篇》，頁 150–151。

❶❶ 林錫堯，上揭書，頁 508。

❶❷ 吳庚，上揭書，頁 208。

❶❸ 林錫堯，上揭書，頁 509。

❶❹ 林錫堯，上揭書，頁 509。

❶❺ 林錫堯，上揭書，頁 508。

此說又可分為公用默示廢止說與公用明示廢止說兩種。即：

(1)默示廢止說之論據在於認為，公物如在一定期間內由私人和平繼續占有，事實上已未供公目的使用，而行政主體未予理會，應認為已有默示廢止公物的行政處分。此際，公物已失其公物之性質，自得有時效取得之適用。日本判例並提出因默示廢止公用而適用取得時效之要件為：

(a)事實上長期間未供公目的使用而任意棄置之。

(b)已完全喪失公物之形態與機能。

(c)他人和平、公然繼續占有之。

(d)實際上並無妨礙公之目的。

(e)並無視該物為公共財產之理由存在❶❻。

(2)明示廢止說則以公物經主管機關明示廢止時，始非公物而得為取得時效之標的物。上述最高法院72年度臺上字第5040號判決即為適例，因其認為：「公有公用物或公有公共用物（前者為國家或公共團體以公有物供自己使用，後者提供公眾共同使用，以下統稱為公物），具有不融通性，不適用民法上取得時效之規定。又在通常情形，公物如失去公用之形態（如城壕淤為平地），不復具有公物之性質，固不妨認為已經廢止公用，得為取得時效之標的。然例外的，其中如經政府依土地法編定之公用道路或水溝，縱因人為或自然因素失去其公用之形態，在奉准廢止而變更為非公用地以前，難謂已生廢止公用之效力，仍無民法上取得時效規定之適用」❶❼。

三、公物原則上不得為強制執行

公物得否為強制執行之標的物？學者之間有主張一律不得為強制執行之標的者，亦有主張於該公物之公法上目的範圍內，始不得為強制執行之標的者。最高法院65年臺抗字第172號判例認：「私有公物，認如附有仍作公物之限制之條件，亦得作為交易之標的，應無不得查封拍賣之法律上

---

❶❻　林錫堯，上揭書，頁508-509。

❶❼　林錫堯，上揭書，頁509-510。

理由」，即採後說。強制執行法第 2 章第 6 節規定之「對於公法上財產之執行」，亦採此說 ❸。

四、公物原則上不得公用徵收

因公用徵收之對象為私人所有之物，公有之財政財產或行政財產如須使用，經由財產主管機關依法定程序辦理撥用即可，不必採取徵收手段，土地法第 208 條對此即明定，徵收土地以私有者為限。但對於私有土地已成為公物使用者，如遇有土地法第 220 條規定，即該法第 208 條規定之國防設備、交通事業、公用事業、水利事業、政府機關、地方自治機關及其他公共建築、教育事業、國營事業等使用之土地，如因舉辦較為重大事業無可避免者，仍得徵收，此即為公物原則上不得為公用徵收之例外 ❸。

---

❸　林錫堯，上揭書，頁 506–507。

❸　吳庚，上揭書，頁 208。

第四章　公物之設定、變更與廢止

第一節　公物之設定

　　行政主體對於公物之取得有經採購者❶，有經強制徵收者，有依法令規定者，亦有因事實關係而取得者。透過這些方式取得之公物，即納入公物法令規範、管理之範圍，行政機關應依公物有關法令擁有、管理、運營、維護、保育、監督、及提供公物公用之權責。

　　公物之設定乃是將一物提供公共使用 (Widmung)。此種設定行為依公物之種類而有所不同，如為自然公物如水流、海灘，如事實上呈現供公共使用 (Indienststellung) 之狀態，即不需由行政主體就該公物為開始供一般公眾使用之意思表示為必要，至於人工公物則通常須經行政機關透過設定程序而為提供公用之意思表示，此一公法上意思表示可以下列形式表現，即：

一、依據法令而為提供公用之宣示

　　所謂依法令乃依法律、法規命令、地方規章❷，如公路法第 2 條第 1 款規定：「公路：指供車輛通行之道路及其用地範圍內各項設施，包括國道、省道、縣道、鄉道及專用公路」，明白宣示公路提供人民行使車輛公

---

❶　如依政府採購法第 2 條辦理工程之定作、財物之買受、定製、及承租者。

❷　李惠宗，〈公物法〉，翁岳生編，《行政法》，頁 399；林錫堯，《行政法要義》，頁 512；李震山，《行政法導論》，頁 129；陳敏，《行政法總論》，頁 845、846。

用。又如飲用水管理條例第 3 條第 1 款規定：「自來水：指依自來水法以水管及其他設施導引供應合於衛生之公共給水」，亦明白宣示自來水為供人飲用之公共給水。

二、依據行政處分而為公物之設定者

如以儀式宣告水壩、橋樑、道路、禮堂、廣場之啟用等是。又如依行政程序法第 92 條第 2 項規定有關公物之設定、變更、廢止或其一般使用者，為學理上所謂物之一般處分 (dingliche Allgemeinverfügung)❸，乃典型之以行政處分為公物之設定。現行法律中，如文化資產保存法第 14 條第 1 項規定，「古蹟依其主管機關，區分為國定、直轄市定、縣（市）定三類，由各級主管機關審查指定後辦理公告」。此一審查指定即為公物設定之行政處分。

三、依事實行為而為設定

如臺北市政府在路旁放置流動廁所供民眾免費使用❹，即為以事實行為顯示提供公用之意思。又依我國學說，長期供公眾通行之道路，因時效完成而存在「公用地役關係」，亦為因事實而為提供公用❺。大法官釋字第 400 號解釋亦認既成道路符合一定要件而成立公用地役關係，此一定要件乃是有長期供公眾使用之事實❻。

---

❸　吳庚，《行政法之理論與實用》，頁 323。李震山，上揭書，頁 149。

❹　如臺北市流動廁所使用管理要點第 3 點規定：「流動廁所除臺北市政府辦理之活動免費使用外，均需申請租用。」參閱《臺北市現行法規要點彙編㈥》，頁 5637。

❺　陳敏，上揭書，頁 1013。

❻　該號理由書明白表示三事實要件，即 1.須為不特定之公眾通行所必要，而非僅為通行之便利或省時。 2.於通行之初，土地所有權人並無阻止之情事。 3.須經歷年代久遠而未曾中斷，所謂年代久遠雖不必限定其期間，但仍應以時日長久，一般人無復記憶其確實之起始，僅能知其梗概為必要。

第二節　公物之變更

　　公物經取得、設定後，除法律有限制不得任意變更其用途，或需經一定程序者外，原則上可以為「提供公用之變更」(Widmungsänderung)❼。所謂法律有限制不得任意變更其用途者，否則會由公物變回私物，如土地法第 219 條「私有土地經徵收後，有左列情形之一者，原土地所有權人得於徵收補償費發給完竣屆滿一年之次日起五年內，向該管直轄市或縣（市）地政機關聲請照徵收價額收回其土地：一、徵收補償發給完竣屆滿一年，未依徵收計劃開始使用者。二、未依核准徵收原定興辦事業使用者」之規定是。而所謂法律規定需經一定程序者，乃指國有財產法第 34 條以下所規定之國有財產用途之變更，原則上以經主管機關同意為必要之規定❽。

　　公物為提供公用之變更，可依我國法令說明之，如公路法第五條規定，省道與國道使用同一路線時，其共同使用部分，應劃歸國道路線系統。因此，原有省道與其後興建之國道使用同一路線時，將變更為國道，此即為道路等級之提高 (Aufstufung)。相反的，亦可能發生道路等級之降低 (Abstufung)❾。

　　又依臺北市道路名牌暨門牌編訂辦法第 15 條規定：「門牌編訂後如有變更者，戶政機關應實施勘查重編或整編，……並通報有關單位。」❿由此可知，道路名牌、門牌號次亦有可能為公用之變更。再如淡水河洪水平原管制辦法第 2 條規定，洪水平原管制程度可分為一級管制區及二級管制區⓫，因此，平原管制區等級之變更，亦為公物提供公用之變更，而對人

---

❼　陳敏，上揭書，頁 1015。

❽　李震山，上揭書，頁 130–131。

❾　陳敏，上揭書，頁 1015。

❿　參閱《臺北市現行法規要點彙編㈠》，頁 783。

民之種植、建築權益，產生重大影響⓬。另又如依文化資產保存法第 68 條第 2 項規定，將古物變更指定為重要古物或為國寶等是。又土地法第 138 條更明文規定重劃區內公園、道路、堤塘、溝渠或其他供公共使用土地得依土地重劃變更或廢置之。

第三節　公物之消滅

公物之消滅有多種原因，主要的有自然廢止、默示廢止、法定廢止，或因公用徵收，受查封拍賣，強制執行，或成為取得時效之標的，均可能造成公物之消滅，茲分別舉例列述於次⓭：

一、自然廢止

此乃因自然因素致使公物形態消失之廢止，如因河川斷流、改道、或因海濱地區海水水平面上升而失其公共用物之外形等是。

二、默示廢止

此乃公物因長久未供公用之目的，而完全失其物之性質及機能，例如公路因路基塌陷、或因山洪暴發、山石堆積阻塞，事實上已非公用，而主管機關長時間不為管理，亦未明示廢止，則可認為公物默示廢止之情形。

三、法定廢止

即由公物主管機關本於職權或依申請，而以意思表示，為公用之廢止 (Entwidmung)，如依大法官釋字第 400 號解釋：「……因地理環境或人文狀況改變，既成道路喪失其原有功能者，則應隨時檢討並予廢止」，即為促進主管機關依法行使職權，為公物公用之廢止，而所謂依法，除公路法外，現時法律規定的另有如森林法第 25 條規定：「保安林無繼續存置必要

⓫　《臺灣省法規彙編㈡》，頁 403。

⓬　參照上註淡水河洪水平原管制辦法第 3 條至第 7 條。

⓭　吳庚，上揭書，頁 212；陳敏，上揭書，頁 1014–1015；黃俊杰，《行政法》，三民書局，2005 年 9 月初版一刷，頁 217–218。

時，得經中央主管機關核准，解除其一部或全部。」又如文化資產保存法第 68 條第 2 項規定：「前項國寶、重要古物滅失、減損或增加其價值時，中央主管機關得廢止其指定或變更其類別，並辦理公告。」再如同法第 68 條第 2 項規定：「古蹟滅失、減損……應報中央主管機關核定」等，均為法定廢止之適例。

四、經公用徵收或受強制執行

如上所述，公物在例外情形時，可被公用徵收或受強制執行。在此情況，公物亦會經由該些行為而消滅。

五、成為取得時效之標的

如上所述，司法實務認「公物如失去公用形態，不復具有公有之性質，固不妨認為已經廢止公用，得為取得時效之標的」❹，故在此情形，公物可能因成為取得時效之標的而發生消滅之效果。

---

❹　參閱最高法院 72 年臺上字第 5040 號判決。

第五章　公物之利用

第一節　公物利用之意義

　　公物之利用是人民為滿足其生活需求、提升其生活品質而依行政命令、規章、行政處分或一般習慣而依公物功能而為合目的性之利用之意。故學理上認為公物的利用應符合不違背公共使用使命、不違背公產管理、最佳利用及公產利用不穩定性等原則❶。

　　公物依公共用公物 (öffentliche im Gemeingebrauch)、特別用公物 (öffentliche Sachen im Sondergebrauch)、營造物用公物 (öffentliche Sachen im Anstaltsgebrauch) 及行政用公物 (öffentliche Sachen im Verwaltungsgebrauch) 等種類之不同，其利用之法律關係，亦不盡相同❷。而公物依其利用權利依據之不同，亦可分為一般利用、許可利用、特許利用、依行政契約利用、習慣利用❸。茲從民眾利用之觀點與立場較常接觸之利用方式，即一般利用、許可利用、特許利用、依行政契約利用、習慣利用分節析述於次。

---

❶　王名揚，《法國行政法》，頁 340–341。

❷　陳敏，《行政法總論》，頁 1016–1035；李震山，《行政法導論》，頁 122–127；李建良等合著，《行政法入門》，元照出版有限公司，2004 年 5 月，頁 373–382。

❸　李惠宗，〈公物利用之類型及其法律性質之探討〉，《經社法制論叢》，第 4 期，行政院經濟建設委員會健全經社法規工作小組出版，民國 78 年 7 月，頁 204–208。

第二節　公物之一般利用

　　公物之一般利用 (ordentliche Benutzungen) 又稱普通利用或自由使用，意指在不妨害他人利用的情形下，任何人均得以合乎公物設置目的及功能，加以利用之意。例如在市民廣場散步、照相，在國有林場進行森林浴，在道路、橋樑通行。此之一般利用可因公物種類之不同而可區分如下：

一、公共用公物

　　公物之一般利用如係就利用公共用公物而言，則不需行政機關之使用許可。德國聯邦憲法法院認為在市內行人道、行人徒步區、交通安靜區 (Verkehrsberuhigten Zonen) 分發傳單、手冊並不需許可，蓋認此種行為亦為道路之一般使用情形，且在保障言論自由人權之情形下，若要求有許可，則有違比例原則。因此公共用公物之一般使用，在遵守公眾能接受之原則 (Der Grundsatz der Gemeinverträglichkeit) 之情形下，不造成其他權益人持續重大損害，或不妨害、排除其他人之使用時，均不需特別之許可❹。故公用之一般利用，在學理上認受自由使用、免費使用、平等使用三個原則之支配❺。

二、特別用公物

　　公物之一般利用如係就利用特別用公物而言，則與上述公共用公物之利用不同，因為特別用公物原則上不提供「每個人」自由使用❻，而係依其目的，僅供行政機關許可、授權之特定人使用。例如對地面水或地下水之取用或收益，因水為國有天然資源❼，應向主管機關申請登記及發給水權狀時，始得為之。對此地面水、地下水等特別用公物，有時法律在一定

---

❹　李震山，上揭書，頁 123–124、127。

❺　王名揚，上揭書，頁 343–345。

❻　王名揚，上揭書，頁 127。

❼　參照水利法第 2 條規定。

範圍內，容許無須特別許可之公共使用，例如水利法第 42 條第 1 項規定家用及牲畜飲料，在私有土地內挖塘，在私有土地內鑿井汲水，其出水量每分鐘在 1 百公升以下，用人力、獸力或其他簡易方法引水者，免為水權登記而為使用。此種使用，學者認為係「無須許可之利用」(erlaubnisfreie Benutzung)，而非一般之「公共使用」(Gemeingebrauch)❽。

三、營造物用公物（公有事業機關用公物、公有營業機關用公物）

公物之一般利用如係就利用營造物用公物（公有事業機關用公物、公有營業機關用公物）而言，如對民俗文物館、學校、劇院、美術館、生態博物館、醫院、公有零售市場攤位❾或設施、物品之觀賞、利用，則須經許可進入或依使用規則所定管理方法繳費，才可利用❿，與上述公共用公物一般利用之不經許可者，略有不同。

四、行政用公物

公物之一般利用如係就行政用公物之利用而言，原則上不存在，例如消防車輛、公務大樓、環保行政人員之配備等僅供行政機關內部執行公務之用，不能由公眾為一般之利用。

第三節　公物之許可利用

如上所述，公共用公物之一般利用，人民可自由為之，但公共用公物之特別利用 (Sondernutzung)，則須許可。如在道路行車、散步屬於一般利用，不須許可，但如在道路樹立廣告物、舉行賽車、擺設婚宴、演出布袋戲等皆須警察機關之許可。

同一公物之許可利用又可分為基於警察權之許可利用與基於公物管理權之許可利用，舉例而言，即道路之利用可分為：

---

❽　陳敏，上揭書，頁 1025。

❾　參閱臺北市公有零售市場攤（舖）位配（標）租原則之規定。

❿　李震山，上揭書，頁 125–126。

一、基於警察權之許可利用

如道路交通安全規則第 142 條規定，未經警察機關許可，不得有在道路舉行賽會、擺設筵席、拍攝影片、演戲、運動或其他類似之行為。

二、基於公物管理權之許可利用

如道路交通安全規則第 143 條，挖掘道路，應事先向公路主管或市區道路主管機關申請許可，主管機關許可時，應知會當地警察機關，工程進行中，並應樹立警告標誌，夜間並安裝警告燈；工程完竣後，應立即撤除並將障礙物清除。

第四節　公物之特許利用

公物主管機關就特定公物，為特定人設定公法上之特別利用權，使其得繼續的占有利用，謂之公物之特許利用，學理上亦稱公物占有權[11]，例如特許之第一類電信事業始可無償使用河川、堤防、道路、公有林地或其他公共使用之土地，設置無線電基地臺[12]。特許使用乃對一般人不可自由使用之公物，透過授益行政處分，特別給予特定人許可為一定目的使用公物之權利[13]，故經特許之特定人所獲得之權利證書，不得轉移[14]。

公物之特許使用與上述公物之許可使用不同。前者乃是特別許可特定人可以持續的、長期性、排他性、獨占的利用公物，至於後者則僅是受許可人可以非持續的、一時的、獨占的、排他的利用公物[15]。

公物主管機關是否為公物利用之特許，雖有自由裁量權[16]，但論者認

---

[11]　李惠宗，〈公物法〉，翁岳生編，《行政法》，頁 409。

[12]　參照電信法第 12 條第 1 項及第 32 條第 2 項規定。

[13]　Salzwedel, in Erichsen, Allg. VwR, §44 Rdnr. 1.

[14]　如民用航空法第 51 條規定，民用航空運輸業許可證或航線證書，不得轉移。

[15]　李震山，上揭書，頁 124；李惠宗，〈公物利用之類型及其法律性質之探討〉，前揭書，頁 205。

[16]　林素鳳，〈論行政法學上的公物制度〉，《中興法研所碩士論文》，民國 76 年 6

為仍有兩種限制❶，即：

一、消極限制

意指對特定人為公物利用之特許，在消極面上，一方面要使公益不受到損害，另一方面為不使第三人原存在於該公物之既得權受到侵害。

二、積極限制

意指在某些情形下，公物主管機關對特定人有積極為特許使用某公物之義務。如水利法第 23 條規定「水道因自然變更時，原水權人得請求主管機關，就新水道指定適當取水地點及引水路線，使用水權狀內額定用水量之全部或一部」。

又公物之特許利用與上述公物之一般利用也不相同。因為公物之特許利用不適用自由使用原則，使用者必須由公物主管機關取得特許例外、獨占的使用公物，主管機關可自由決定是否給予特許獨占利用的權利，也可以隨時為了公益之理由廢除這些權利。又公物之特許利用一般不適用免費原則，利用者必須繳納費用。另公物之特許利用為由特定人單獨使用，不適用上述之公物利用平等原則❶。

第五節 公物依行政契約之利用

公物之利用，除了上述經由行政機關之許可、特許方式以外，亦有甚多以契約方式，規範公物之利用者。過去由於行政契約在我國不受重視，法律上也無關於行政契約之總則性及救濟規定。因此，學理與實務上多將具有行政契約性質之公物利用契約，歸為私法契約處理，並以私法訴訟途徑，以為人民權利之救濟❶。現因行政程序法、訴願法、行政訴訟法之大

月，頁 9。

❶ 參引李惠宗，上揭文，頁 207。

❶ 王名揚，上揭書，頁 345。

❶ 李惠宗，《公物法》，頁 408。另林錫堯稱此為「依私法之特別使用」，似亦不

幅修正，公物利用契約之法律關係，宜依行政契約之方式處理。

公物利用契約在我國法律上規定頗多❷，茲舉例說明於次：

一、公有林之委託經營及國有荒山、荒林放租契約

依森林法第 12 條第 1 項規定：「……公有林……委託其他法人管理經營之……。」又同法第 49 條規定：「國有荒山、荒地，編為林業用地者……得由中央主管機關劃定區域放租本國人造林。」森林法所規定的這些契約，亦為公物之利用契約。

二、入漁契約

漁業法第 19 條第 2 項規定：「非漁會會員或非漁業生產合作社社員之入漁，應另以契約約定之。」漁業為天然富源，入漁權依漁業法第 6 條、第 16 條規定，係在公共水域及公共水域相連之非公共水域經營漁業，均須經過主管機關核准並取得漁業證照後，始得為之，故入漁契約，亦為公物利用契約之一種。

三、換水契約

水利法第 19 條之 1 規定：「水權人交換使用全部或一部分引水量者，應由雙方訂定換水契約，於報經主管機關核准後生效。但交換使用時間超過三年者，應由雙方依法辦理變更登記。」此種換水契約乃由私人所訂但須經主管機關核准始能生效之利用水天然資源（依水利法第 2 條規定，屬於國家所有，不因人民取得土地所有權而受影響）之公物利用契約。

第六節　公物之習慣利用

公物的習慣利用，係指不得自由、任意使用，而需經許可使用之公

甚貼切。參閱林錫堯，《行政法要義》，頁 519–520。

❷ 相關之行政命令如國有非公用海岸土地放租辦法，國有耕地放租實施辦法，國有邊際養殖用地放領實施辦法，公有山坡地放領辦法，國有耕地放領實施辦法。

物，依地方習慣、民族文化習慣，依法得由特定人利用之意思。公物的習慣利用，日本學者多視為特許利用形態之一，但不為我國學者採納，認為公物之習慣利用，如「公流水及其他自然公物，……附近居民恆以其為天與利益，不俟許可而利用之」**㉑**。其實公物之習慣利用並非不需許可即可為之，而是須經法律之明文規定，始可為之，其與由公物主管機關以意思表示准予特定人特許利用者，略有不同。

公物的習慣利用，我國法律有規定的如：

一、水利事業之興辦

水利事業依水利法第 3 條之規定，係「謂用人為方法控馭，或利用地面水或地下水……」。而依同法第 1 條之規定：「水利行政之處理及水利事業之興辦，依本法之規定。但地方習慣與本法不相牴觸者，得從其習慣。」由此可見，人民可在與水利法規定不相牴觸之情形下，依地方習慣，興辦水利事業，利用國有天然資源之水**㉒**。

二、森林產物之採取

森林法第 15 條第 4 項規定：「森林位於原住民族傳統領域土地者，原住民族得依其生活慣俗需要，採取森林產物，其採取之區域、種類、時期、無償、有償及其他應遵行事項之管理規則，由中央主管機關會同中央原住民族主管機關定之。」

三、野生動物之獵捕或宰殺

依野生動物保育法第 21 條之 1 規定，臺灣原住民族基於其傳統文化、祭儀，而有獵捕、宰殺或利用野生動物之必要者，得獵捕或宰殺野生動物，但依同條第 2 項規定，應經主管機關核准，其申請程序、獵捕方法、獵捕動物之種類、數量、獵捕期間、區域及其他應遵循事項之辦法，由中央主管機關會同中央原住民族主管機關定之。

公物之習慣利用，在法律性質上近似於德國之「鄰近居民使用」(Anliegergebrauch) **㉓**，其使用權，學理上稱之為鄰近居民權

㉑ 李惠宗，〈公物利用之類型及其法律性質之探討〉，頁 207 及註 43。

㉒ 參照水利法第 2 條規定。

(Anliegerrecht)，係由法律或授權由鄉鎮以自治規章定之，學者因此認為此「沿線居民使用，為法律或自治規章所授予之特別利用」❷。從上述森林法及野生動物保育法之規定，鄰近居民就是該二法律所規定之原住民。

---

❷　李震山，上揭書，頁 124。陳敏教授則稱之為「沿線居民使用」，參照陳敏，上揭書，頁 1023。

❷　陳敏，上揭書，頁 1023。

第六章 公物之管理

　　為使公物能合於使用目的，發揮通常效用，或為保障當代或下一世代之生活與生存基礎，對於農、林、漁、牧、礦產、植物品種及種苗❶、種畜❷、土地、水源、空氣等公物之永續衍生、存在及衛生、乾淨，公物主管機關均應有適當的權力、管理、保護公物才行。

　　學理上將公物之管理權區分為下列三種❸，即：

一、公物管理權

　　此為公物法律或命令所規定之種種管理權力，如制定公物利用規則❹；或如擬具古蹟管理維護保存計劃、野生動物保育計劃❺、國有林木產物年度採伐計劃❻；或如依行政處分方式為禁止、限制❼、命令作為❽、給予許可或同意❾；或如以事實行為從事公物之維護❿等。

---

❶　原稱植物種苗法，民國 93 年 3 月 30 日立法院修正稱為植物品種及種苗法。

❷　參閱畜牧法第三章第 12 條至第 21 條有關種畜禽及種源管理之規定。

❸　參閱吳庚，《行政法之理論與實用》，頁 211；李惠宗，〈公物法〉，翁岳生編，《行政法》，頁 408。

❹　如臺北市所制定之臺北市各區巷弄及次要街道停車管理規定或臺北市騎樓使用管理要點。

❺　參閱文化資產保存法第 20 條第 2 項，野生動物保育法第 10 條第 1 項。

❻　森林法第 15 條第 1 項參照。

❼　如森林法第 11 條規定，主管機關得依森林所在地之狀況，指定一定處所及期間，限制或禁止草皮、樹根、草根之採取或採掘。

❽　如森林法第 21 條規定主管機關得指定森林所有人、利害關係人限期完成造林。

❾　如森林法第 30 條規定，主管機關得核准或同意在保安林伐採、傷害竹、木、開墾、放牧，或為土、石、草皮、樹根之採取或採掘。又如植物品種及種苗

二、公物家主權

此為公物主管機關為維護公物之利用目的，對不符合資格之利用者所得拒絕之權能，例如校警阻擋攤販進入小學售物，以免妨害教學。或火車站在火車夜間停駛時段驅離逗留過夜流浪者之權力是❶。又性質屬於「行政用公物」之辦公處所，其管理機關究應如何行使家主權。德國判例認為應以來人到達辦公處所之目的為準，如係洽辦公法行政事務，則其進入辦公處所及行政機關所為進入之禁止，皆為公法性質，而進入之禁止為行政處分；若進入辦公處所係為處理私法事務，則公物機關所行使者為私法之家主權，雙方如有爭議，則依民事訴訟途徑解決❷。

三、公物警察權

此為針對合乎利用資格之人，但不合乎利用方法所進行之干預權能，與上述公物家主權略有不同，如校警阻擋攤販進入、使用校園係行使公物家主權，但對學生破壞遊戲設施所進行之干預權限，則屬公物警察權❸。又如水利法第 75 條第 1 項規定，「主管機關得於水道防護範圍內，執行警察職權」，亦在明示公物主管機關之公物警察權。

法第 52 條規定：「基因轉殖植物非經中央主管機關許可，不得輸入或輸出。」

❿ 如臺北市環保局列管之公廁，應依臺北市公共廁所興建管理要點第 6 點之規定為清洗、修護。

⓫ 此種行政法之家主權 (Verwaltungsrechtliches Hausrecht)，陳敏認係行政處分，參閱陳敏，上揭書，頁 1035；又如臺北市公園管理辦法第 13 條第 15 款亦有類似規定。

⓬ 陳敏，上揭書，頁 1034、1035。

⓭ 李惠宗，《公物法》，頁 408。

第五篇　公務員法

第一章　公務員之概念

　　行政任務之達成，有賴於健全的組織與充沛的財力、物質資源之外，最要緊的是要有一群有良知、有道德、有紀律、有企圖心、有專業知識與技能訓練及有民主、法治理念教養之公務人員。因為所有組織之建構，所有公務財物之籌集、管理均有賴於公務人員之合法、清廉與專業作為。

　　有鑑於此，各國對於公務員法制之建立，不遺餘力❶。我國現代公務員法制，沿著傳統考試用人的精神及現代民主法治的理念，100 多年來已有不少建制❷，但隨著憲政情勢之改變、經濟社會形態之轉變，公務員法制之更新亦為社會重視事項，歷年來並有各項研究、草案之提出，對於公務員法制學理上之更新與公務員法律之變革修正，有甚大助益。茲就學理、現行法律及各項對公務員法制之研究、草案，論述公務員之概念。

　　公務員在學理上之概念，有謂係指「經國家或地方自治團體任用，並與國家或地方自治團體任用，並與國家發生公法上職務及忠實關係之人員」❸。另有認為「公務員是指國家、地方自治團體及其他行政主體，為實現其設立之目的，選拔一定之人員俾達成行政主體之任務，該人員對於其所任事之機關（國家或公法人）負有公法上之服勤務及忠誠之義務」❹。這些學理上之看法雖有助於建構公務員之理念，但不易為一般民

---

❶　吳庚（研究主持人），《公務員基準法之研究》，行政院研究發展考核委員會編印，民國 79 年 4 月，頁 261–646。關於各國公務員法制之比較研究，請參閱林明鏘，《公務員法研究㈠》，國立台灣大學法學叢書 (120)，學林文化事業有限公司總經銷，2000 年 3 月。

❷　有關沿革請參閱吳泰成，〈我國公務員法制概述〉，上註吳庚，《公務員基準法之研究》，頁 147–176。

❸　吳庚，上揭書，頁 193。

眾所理解。故現時行政法學通說所認公務員之四種不同定義及大法官個案
式的針對公務員概念所作的解釋❺，較有助於初學者之瞭解，茲分述之：

一、最廣義之公務員

最廣義之公務員係指「依法令從事於公務之人員」，此為國家賠償法
第 2 條第 1 項所明定。其含義甚廣，除包括各級政府機關、各級議會議
員、民意代表、各公有事業機關之人員、各公有營業機關之人員、其他行
政主體之人員外，尚包括一切私人而一時從事公務之人員❻，其主要之目
的在於維護最大範圍之公益及使人民能獲得最大可能之賠償，使公益或人
民賠償權益，不因公務員之產生方式、服務機關、從事工作之不同歧義而
受到損害。此一定義與學理上之文官、公務員概念相距甚遠，但易為人民
辨別，甚有必要。民國 94 年 2 月 2 日總統令修正刑法第 10 條時在該條第
2 項規定：「稱公務員者，謂下列人員：一、依法令服務於國家、地方自
治團體所屬機關而具有法定職務權限，以及其他依法令從事於公共事務，
而具有法定職務權限者。二、受國家、地方自治團體所屬機關依法委託，
從事與委託機關權限有關之公共事務者。」依此，公務員之概念尚包括受
委託從事公權力事務之人員，其含義最廣。

二、廣義之公務員

廣義之公務員是指公務員服務法第 24 條所規定之受有俸給❼之文武
職公務員，及其他公營事業機關之服務人員。此種以是否領受俸給為判斷
標準之公務員概念，包括政府機關、公營事業之文武職人員，也包括任
用、聘用、派用及選舉產生之人員，但不包括民意代表及私人而從事公務
之人員。依此含義，在政府行政機關領有俸給者，固為公務員，但下列在

---

❹　陳新民，《行政法學總論》，頁 145。

❺　李震山，《行政法導論》，頁 135，註 1 所引之釋字第 8、24、27、42、73、
　　92、101、262、269、305、308 等號解釋。

❻　如海商法第 41 條規定，船長在航行中，為維持船上治安及保障國家法益，
　　得為緊急處分。又如民用航空法第 45 條亦有類似規定。

❼　俸給之定義請參照司法院院解字第 3159 號解釋。

學校、公有營業機關服務之人員，依法律規定及司法實務見解，亦有一些屬於公務員，即：

1.教師——依教師法第 11 條規定，教師屬於聘任人員，非如一般公務員之為任用人員，但大法官釋字第 308 號解釋認為公立學校若干兼任學校行政職務之教師，亦有公務員服務法之適用。該號解釋稱：「公立學校聘任之教師不屬於公務員服務法第 24 條所稱之公務員。惟兼任學校行政職務之教師，就其兼任之行政職務，則有公務員服務法之適用。」是故，各級公立學校教師不屬於此廣義之公務員，但少數兼任學校行政職務之教師，因其涉及公共採購、公物管理或聯合招生考試等其他公權力之行使，亦有公務員服務法之適用。

2.公營事業機關服務人員——公務員服務法第 24 條雖規定公營事業機關之服務人員為公務員，而大法官釋字第 24 號解釋❽、第 92 號解釋❾及釋字第 101 號解釋❿也認為公營事業機關之董、監事，不論代表公股或民股，凡受有俸給者，均有公務員服務法之適用。大法官釋字第 305 號解釋也明白表明：「……公營事業依公司法規定設立者，為私法人，與其人員間，為私法上之契約關係，雙方如就契約關係已否消滅有爭執，應循民事訴訟途徑解決。……至於依公司法第二十七條經國家或其他公法人指派在公司代表其執行職務或依其他法律逕由主管機關任用、定有官等、在公司服務之人員，與其指派或任用機關之關係，仍為公法關係。」而有公務員服務法之適用。

又經選舉產生之直轄市長、縣（市）長、鄉（鎮、市）長，依地方制度法第 61 條規定，均為受領薪給、退職金、遺族撫卹金之人，符合公務

---

❽ 該號解釋稱，公營事業機關之董事、監察人及總經理與受有俸給之文武職公務員，均適用公務員服務法之規定。

❾ 該號解釋稱，公營事業機關代表民股之董事、監察人，應有公務員服務法之適用。

❿ 該號解釋稱，本院釋字第 92 號解釋，所稱公營事業機關代表民股之董事、監察人，應有公務員服務法之適用者，係指有俸給之人而言。

員服務法第 24 條之規定，為公務員，至於同為選舉產生，負責一定地域（即村、里地域）公務之村（里）長，因地方制度法第 61 條第 3 項規定村（里）長為無給職，似不符合公務員服務法第 24 條廣義公務員之含義。但以同樣負責特定地域公務，且為選舉產生之鄉（鎮、市）長、縣（市）長、直轄市市長等為公務員，而村（里）長則為非公務員，在法理上，難以解釋。

三、狹義之公務員

狹義之公務員是指具有官等之公務員❶，亦即指文官中之特、簡、薦、委任官及武官中之將、校、尉各級官員❷，但公營事業機關人員不屬之。公務員懲戒法上之公務員與此所謂狹義之公務員相當❸，而憲法第 41 條所稱之「官員」，與第 75 條所稱之「官吏」，亦同此狹義之公務員❹。另吳庚前大法官所舉公務人員保險法第 2 條第 2 款所適用之公教人員，即法定機關或公立學校編制內之有給專任人員❺，約略相當於此之狹義之公務員。

四、最狹義之公務員

最狹義之公務員是指文官之具有官等之「事務官」而言，亦即公務人員任用法第 5 條所規定具有委任、薦任、簡任官等之人員❻，約與憲法第 75 條所稱之「官吏」相當，亦為「最嚴格意義之公務員」，不包括政務

---

❶　涂懷瑩，《行政法原理》，頁 259。

❷　大法官釋字第 430 號解釋，明白宣稱軍人為公務員。

❸　同上註；另林明鏘，〈公務員法〉，翁岳生編，《行政法》，頁 351。

❹　涂懷瑩，上揭書，頁 259。

❺　吳庚，《行政法之理論與實用》，頁 215。

❻　公務人員任用法施行細則第 2 條更進一步定義為：「本法所稱公務人員，指各機關組織法規中，除政務人員及民選人員外，定有職稱及官等職等之人員。前項所稱各機關，係指左列之機關、學校及機構：一、中央政府及其所屬各機關。二、地方政府及其所屬各機關。三、各級民意機關。四、各級公立學校。五、公營事業機構。六、交通事業機構。七、其他依法組織之機關。」

官、民選公職人員。此一意義之公務員，大約與公務人員保障法第 3 條第 1 項所稱之「法定機關依法任用、派用之有給專任人員及公立學校編制內依法任用之職員」，受常任文官之保障❶。

綜上所述，可知現行法律中對公務員意涵之規定並不一致，故公務員基準法草案之第 2 條乃試圖提出一個折衷之定義規定，即公務人員係指於各級政府機關、公立學校、公營事業機構擔任組織法規所定編制內職務支領俸（薪）給之人員，但不包括軍職人員及公立學校教師❶。

---

❶ 涂懷瑩，上揭書，頁 260。
❶ 參閱民國 95 年 6 月 16 日考試院函送立法院之公務人員基準法草案。

第二章　公務員之種類

公務員之種類因分類標準不一，有分為政務官與事務官、行政官與司法官、文官與武官、普通職公務員與特別職公務員、國家公務員與地方公務員❶；亦有分為普通職公務員與特別職公務員、任命人員與民選人員、政務官與事務官、行政官與司法官、文官與武官❷。茲為便初學者瞭解，僅依經多年研究❸而由考試院送請行政院同意會銜函送立法院審議之公務人員基準法草案❹之第 3 條至第 8 條之規定說明之。

依公務人員基準法草案第 3 條之規定，公務人員分為政務人員、常務人員、法官與檢察官、公營事業人員、民選地方行政首長，即：

一、政務人員

政務人員是指各級政府機關政治性任命之人員，乃係因政治性之需要而任命之人員，此些人員必須隨政黨進退，或隨政策變更而定去留，或以特別程序任命，或依地區、種族、性別等因素而為考量依據所任命之人員。

依公務人員基準法第 4 條第 2 項之規定，政務人員之職務級別、範圍、任免、行為規範及權利義務事項，另以法律定之。而依考試院送請行政院同意會銜函送立法院審議之政務人員法草案❺第 3 條之規定乃將政

---

❶　林明鏘，〈公務員法〉，翁岳生編，《行政法》，頁 352 以下。

❷　吳庚，《行政法之理論與實用》，頁 217–222。

❸　吳庚（研究主持人），《公務員基準法之研究》，行政院研究發展考核委員會編印，民國 83 年。

❹　參閱考試院 95 年 6 月 16 日考臺組二壹字第 09500045411 號函。

❺　參閱考試院 94 年 7 月 28 日考臺組二壹字第 09400056511 號函。

務人員之職務級別，區分為下列六級：

一、政務一級，指行政、司法、考試、監察四院院長、總統府秘書長及國家安全會議秘書長。

二、政務二級，指行政、司法、考試、監察四院副院長。

三、政務三級，指各部部長及其相當職務者。

四、政務四級，指下列職務：

　　㈠各部政務次長及其相當職務。

　　㈡直轄市副市長。

五、政務五級，指下列職務：

　　㈠部會合議制委員、行政院各部會所屬一級掌理政策決定或涉及國家安全維護機關之首長。

　　㈡直轄市政府所屬一級機關首長、縣（市）政府副縣（市）長。

　　㈢總統府、行政院之政務顧問。

六、政務六級，指縣（市）政府一級單位主管及所屬一級機關首長。

　　前項第五款第二目及第六款之政務人員，不包括應依專屬人事管理法律任免之人員。

　　總統府及行政院所置政務五級之政務顧問員額，最多分別不得超過21人及17人。

　　此一民國94年、98年、101年考試院所提之政務人員法草案，均未被立法院審議通過。民國108年1月初，多位考試委員在考試院會要求盡速推動政務人員法，明定不得動用行政資源助選等行政中立事項❻，但仍未受到重視。不過，民國93年1月7日制定，民國106年8月9日修正之「政務人員退職撫卹條例」第2條則規定：「本條例適用範圍，指下列有給之人員。一、依憲法規定由總統任命之人員。二、依憲法規定由總統提名，經立法院同意任命之人員。三、依憲法規定由行政院院長提請總統

---

❻　參閱，崔慈悌，〈落實行政中立，試委推《政務人員法》〉，《中國時報》，政治要聞，民國108年1月1日；另參閱，林騰鷂，〈蔡賴菊，全台非法喊凍蒜〉，《中國時報》，時論廣場，民國107年11月9日，A15版。

任命之人員。四、前三款以外之特任、特派人員。五、其他依法律規定之中央或地方政府比照簡任第十二職等以上職務之人員。」

政務人員與下述常務人員（即所謂之事務官）有別，其區別標準有二❼，即：

1. 凡參與國家政策之決定者為政務人員，反之則為常務人員。
2. 凡隨政黨或政策之改變而同進退者為政務人員，反之則為常務人員。

政務人員與常務人員區別之實益❽在於：

1. 政務人員無資格之限制，常務人員則有任用考試及格之限制。
2. 政務人員無退休金之給與，僅有退職撫卹之給與❾，常務人員則有退休金之給與。
3. 政務人員無年度考績或專案考績，常務人員則依現行公務人員考績法之規定有年度考績及專案考績。
4. 政務人員無任期保障，常務人員則反是，且更受公務人員保障法第2條所規定之身分、工作條件、官職等級、俸給等有關權益之保障。但若干政務人員如監察院審計長❿或監察委員之權益保障⓫與一般政務人員尚有不同。
5. 政務人員之懲戒與常務人員不同，在公務員懲戒法第9條第2項明文規定，只有撤職與申誡2種處分，而非如常務人員之尚有休職、降級、減俸、記過等4類處分。

二、常務人員

常務人員依公務人員基準法草案第5條之規定，是指各級政府機關及公立學校組織法規中，除政務人員、法官與檢察官、民選地方行政首長

---

❼　林明鏘，上揭文，頁352。

❽　林明鏘，上揭文，頁352。

❾　「政務人員退職撫卹條例」第2條規定之。

❿　參閱大法官釋字第357號關於監察院審計長有任期保障之解釋。

⓫　參閱大法官釋字第589號關於監察委員擇領月退酬勞金公法上權利之解釋。

外，定有職稱及依法律任用之人員。

三、法官與檢察官

依公務人員基準法草案第 6 條規定，法官與檢察官乃指下列人員：

1.各級法院之實任、試署及候補法官。

2.各級法院檢察署之實任、試署及候補檢察官。

四、公營事業人員

公營事業人員依公務人員基準法草案第 7 條規定，是指於各級政府所經營之各類事業機構中，對經營政策負有主要決策責任之人員。至於何人為各類事業機構中，對經營政策負有主要決策責任？除依上述中華電信股份有限公司條例第 11 條及漢翔航空工業股份有限公司設置條例第 7 條之明文規定處理外，鑒於各公營事業之組織結構及職稱稱謂複雜，為免有所遺漏，乃於公務人員基準法草案第 7 條第 2 項規定，由行政院會同考試院來認定那些人員是屬於公務人員之公營事業人員。

五、民選地方行政首長

依公務人員基準法草案第 8 條規定，民選地方行政首長，係指直轄市市長、縣（市）長、鄉（鎮、市）長。

第三章　公務員關係

第一節　公務員關係之特質

公務員關係是指公務員與國家之法律關係。此一法律關係為行政法學研究重點。德國學者 Paul Laband 首先使用特別權力關係之名詞，來描述公務員擔任公職所具有之忠實與服從關係，認為公務員關係與私法上之契約關係不同，違反職務上義務，不能以違背契約視之，乃係違反紀律之罪行，而執行職務亦非履行契約，而係克盡其忠實與服從義務，故公務員與國家之關係不同於一般人民與國家之一般權力關係❶ ，而為特別權力關係。

這種特別權力關係之公務員關係有何特別 ？ 德國行政法鼻祖 Otto Mayer 將之歸納如下，即❷：

1. 比一般權力關係之人民更加之附屬性。
2. 隸屬於特別權力關係之下的個人，較無主張個人權利之餘地。
3. 行政機關雖無法律亦可自由及有效的為各種指令，支配特別權力關係之下的個人。

將公務員關係列為特別權力關係，在第二次世界大戰後西德民主化及

---

❶　吳庚，《行政法之理論與實用》，頁 216；另參閱朱武獻、周世珍，〈公務人員勤務關係與身分保障〉，台灣行政法學會主編，《行政法爭議問題研究（下）》，五南圖書出版公司，2000 年 12 月，頁 1243–1269。

❷　吳庚，上揭書，頁 217。

法治國原則下，受到批判質疑而有重大修正，我國在民國 60 年代中期也開始有懷疑批判，嗣後大法官對德國特別權力關係理論在戰後之改變，也自釋字第 187 號解釋陸續採用❸，故有學者認應以「特別法律關係」代替「特別權力關係」，作為公務員關係之法理基礎，其理由為❹：

1.特別法律關係與其他公法上法律關係，諸如國家與人民之關係（即所謂一般權力關係）、公法上契約關係等，本質並無不同，有當事人之對立及相互間權利義務存在，不再以單方面之「權力」為其特色。

2.作為相對人之公務員固然對國家負有較重之義務，此種義務的履行與權利之享有，也不具有絕對的對價關係，換言之，義務之履行應優先於權利之享有。但加諸公務員之義務不僅應有法的依據，抑且必須明確，故傳統的義務不確定論應予修正。

3.為維持公務有效運作，所謂「特別規則」的存在，仍然不可避免，但這類行政體系內部之規章，必須符合兩項要件：一係目的合理，一係構成公務員基本權利限制之重要事項，仍受「法律保留」原則之支配。至於公務員之違法失職，自仍得依法科予懲戒罰。

4.公務員權益受侵害時，並非不得爭訟，尤其當公務員憲法上所保障之權利受到不法侵害，得依法定程序尋求訴訟救濟，不因公務員身分而受影響。

上述學者之見解已被採納為公務人員基準法草案第 9 條之立法理由。該條本文明確規定「公務人員自就職之日起，與國家發生公法上職務關係，並依法行使權利及履行義務。」是以公務員與國家之法律關係，將被稱為「公法上職務關係」。

---

❸ 大法官之相關解釋為釋字第 187、201、243、266、298、312、323、338、395、396、433 等號解釋。

❹ 參引吳庚，上揭書，頁 237–238。

第二節　公務員關係之成立

　　公務員關係之成立，依憲法第 85 條規定，非經考試及格者，不得任用。是以公務員關係之成立應為對考試及格者之任用關係，但因憲法施行後，政治情勢動盪，考試功能未能發揮，且國家行政大幅擴展，所需公務員數量相當龐大，不可能都以任用方式，引進公務員。因此，公務員關係之成立，除了考試任用方式以外，公務人員任用法尚規定有派用、聘用、雇用等非經考試任用之方式，以及經由政治任命與選舉方式者，茲各就其法律依據及法律性質說明於次：

一、公務員之任用

　　公務員任用之法律依據非常的多，大約有：

　　1.公務人員任用法，為公務人員任用之主要法律，依第一至第十四職等任用委任、薦任、簡任三種官等人員。

　　2.技術人員任用條例，此係依據公務人員任用法第 33 條所制定。

　　3.教育人員任用條例。

　　4.交通事業人員任用條例。

　　5.審計人員任用條例。

　　6.駐外外交領事人員任用條例。

　　7.醫事人員人事條例❺

　　除此之外，司法人員、關務人員、警察人員、政風機構人員、主計機構人員則分別依據司法人員人事條例、關務人員人事條例、警察人員管理條例、政風機構人員設置條例、主計機構人員設置管理條例任用之。

　　公務人員任用之法律性質，學界通說為須相對人協力之行政處分，而非行政契約。未經當事人之協力，即未經當事人之同意而任用，則此任用

---

❺　相關論文請參閱，林騰鷂，〈骨科醫師是公務員嗎？〉，《台灣本土法學雜誌》，第 91 期，2007 年 2 月，頁 195–200。

之行政處分，即有重大明顯瑕疵而無效。又如無任用權機關所為之任用，或受任用之當事人不具任用要件❻，均為有重大及明顯瑕疵之行為，而罹於無效❼。

公務人員之任用，因有重大及明顯瑕疵而無效或因有其他瑕疵而被撤銷❽時，則該被任用之公務人員與任用機關間以及在任用機關內與第三人間所生之關係，所生之法律效果，學者將之分析為內部關係與外部關係之法律效果❾：

內部關係

任用機關之首長，知有關之任用行為為無效者，應令該人員停止執行職務，在得撤銷任用之情形，則得停止其執行職務。既然任用行為無效或被撤銷，即不存在公務人員關係，原支領之俸給及其他給付，依公務人員任用法第 28 條第 3 項規定，不予追還。

任用機關之任用，係以建立公務人員關係為目的，在該人員尚任職期間，應成立 「事實之公法勤務關係」 (faktisches öffentlich-rechtliches Dienstverhältnis)，應準用公務人員法規，負有保密義務，並對其違法行為負責。

外部關係

其任用有瑕疵之人員，既然存有任用之表象，該瑕疵亦非外界所能認識，在令其停止執行職務或通知撤銷任用前，其已作成之職務行為，除該行為縱由其他合法任用公務員為之亦屬有瑕疵者外，基於法律安定及對社會大眾信賴保護之要求，應肯定其效力❿。

---

❻ 相關論文請參閱，許崇賓，〈大陸地區人民在台灣擔任公職之限制，大法官釋字第 618 號解釋評析〉，《法令月刊》，第 61 卷第 5 期，2010 年 5 月，頁 36–62。

❼ 參閱陳敏，《行政法總論》，頁 1047。

❽ 如依公務人員任用法施行細則第 23 條亦規定 ， 公務人員送審經銓敘機關核定後，如發現有偽造、變造證件或虛偽證明等情事，除將原案撤銷外，並送司法機關處理。

❾ 參引陳敏，《行政法總論》，頁 1050–1051。

任用有瑕疵時，該受任用之人員，於行使公權力執行職務時，亦可能產生國家賠償責任，但不成立其個人民法第 186 條之賠償責任。惟該受任用人員所為非行使公權力之職務行為，致他人受有損害時，則成立民法之侵權行為責任，與國家連帶負責。

又公務人員之任用，成立公務員關係，學者認國家有義務遵守機會均等原則、公開競爭之考試原則與職業自由（工作權）之保障等原則❶。這些在民國 91 年 1 月 29 日公務人員任用法增訂第 11 條之 1 時，有重要的宣示。該條第 1 項規定：「各機關辦理進用機要人員時，應注意其公平性、正當性及其條件與所任職務間之適當性」。

二、公務員之派用

公務員派用之法律依據為派用人員派用條例，它是根據公務人員任用法第 36 條所制定❷。派用人員分簡派、薦派、委派三等，其職務等級表準用任用人員之職務等級表。派用人員之設置，以臨時機關或有期限之臨時專任職務為限。

公務員派用之法律性質亦與公務員任用之法律性質相同，為須相對人協力之行政處分。

派用人員派用條例自民國 58 年 4 月 28 日制定以來至今，已與現時公務人事績效管理需求有違。考試院為規劃建立政府機關彈性用人制度，乃整合現行聘用、派用、機要、聘任及約僱等五類人員之人事管理法規，研擬「聘用人員人事條例草案」，擬配合將派用人員派用條例予以廢止，於民國 94 年 8 月 15 日函請立法院審議❸。派用人員派用條例乃於民國 104

---

❿　公務人員任用法第 28 條第 3 項並明文規定：「前項撤銷任用人員，其任職期間之職務行為，不失其效力」。

⓫　李震山，《行政法導論》，頁 141–145。

⓬　公務人員任用法已多次修正，但派用人員派用條例並未跟著修正，故其第 1 條仍規定該條例是依公務人員任用法第 21 條制定。 此種情形為我國法制通病，亟宜改正。

⓭　參閱，考試院考壹組貳二字第 09400063691 號函送之「聘用人員人事條例草案」。

年 6 月 17 日廢止。

三、公務員之聘用

　　公務員聘用之法律依據為聘用人員聘用條例，它是根據公務人員任用法第 36 條所制定❹。依聘用人員聘用條例第 2 條規定，各機關應業務需要，得定期聘用人員，而所謂聘用人員是指各機關以契約定期聘用之專業或技術人員，其職稱、員額、期限及報酬，均應由聘用機關詳列預算，並列冊送銓敘部登記備查；解聘時亦同。

　　聘用人員之法律地位與上述之任用人員及派用人員不同，依聘用人員聘用條例第 6 條規定，聘用人員不適用俸給法、退休法及撫卹法之規定，但其在約聘期間病故或因公死亡者，得酌給撫慰金。又同法第 7 條規定聘用人員不適用各該機關組織法規所定簡任職或薦任職各項職務之名稱❺，並不得兼任有職等之職務或充任各機關法定主管職位❻。

　　如上所述，聘用人員係以契約定期聘用，於此所謂契約之法律性質為何，我國司法實務認為是私法之契約關係，而非行政處分❼。學界有認為是私法契約者，亦有認為是行政契約者❽，依上述考試院所擬「聘用人員人事條例草案」第 2 條第 3 項之規定，聘用人員自聘用之日起，與國家發生公法上契約關係，是屬於行政程序法第 135 條所規定之行政契約。

　　又如上述，聘用人員聘用條例，未來如「聘用人員人事條例草案」經立法院審議通過後，將會廢止。而依該條例草案第 2 條第 1 項之規定，聘用人員將係指各級政府機關及公立學校，於公務預算人事費或非營業特種基金用人費用項下，以契約定期聘用之人員。其權利義務關係，該條例草案有詳細的規範。

----

❹　至民國 99 年 7 月 28 日，公務人員任用法，已多次修正，但聘用人員聘用條例並未跟著修正，故聘用人員聘用條例第 1 條仍規定該條例是依公務人員任用法第 21 條規定制定。此種情形為我國法制通病，亟宜改正。

❺　此一規定方式，將使聘用人員可以適用委任職各項職務之名稱。

❻　此一規定方式，將使聘用人員可以充任非主管職位。

❼　參照行政法院 51 年裁字第 49 號裁定。

❽　陳敏，上揭書，頁 1048；蔡志方，《行政法三十六講》，4045。

四、公務員之雇用、僱用

公務員雇用之法律依據原是雇員管理規則，它是根據公務人員任用法第 37 條之規定，由考試院所訂定，而非如派用人員派用條例、聘用人員聘用條例之由立法院所制定。不過此一規則已於民國 87 年 1 月 1 日廢止。又依公務人員任用法第 37 條第 3 項規定：「本條文修正施行後，各機關不得新進雇用。」是以現時行政機關已不可新進雇員。不過卻可約僱人員。所為約僱人員是指依行政院暨所屬機關約僱人員僱用辦法第 10 條：「各機關約僱人員……中央機關層報本院核准後，約僱之，地方機關報由省、市政府核准後約僱之」的人員。

雇員之法律地位甚為奇特，依原雇員管理規則第 6 條規定，雇員薪給分為本薪、年功薪及加給，適用公務人員俸給法第 14 條所定各種加給給與辦法及薪點折算薪額之標準。又雇員之考成、退職、撫卹，準用公務人員考績法、退休法及撫卹法規定，且得比照公務人員請領各項補助費用。至於約僱人員則無此保障。

又依公務人員任用法第 37 條第 2 項規定，考試院所訂定之雇員管理規則，僅適用至 86 年 12 月 31 日，此期限屆滿後仍在職之雇員，得繼續雇用至離職為止❶❾。不過，中央政府機關總員額法於民國 99 年 2 月 3 日總統公布後，又在該法第 3 條第 1 項第 2 款、第 3 款、第 4 款中規定，中央政府各機關、司法院及所屬機關，法務部所屬檢察機關，仍可聘僱人員。是以，現時假借組織員額精簡之名，轉化為大行擴增僱用之實，將陸續發生❷⓿。

如上所述，雇員之法律地位因雇員管理規則適用公務人員任用法、公務員服務法、公務人員俸給法各項規定及準用公務人員考績法、退休法及撫卹法之規定，故與聘用人員不同。因此，雇員與國家、地方行政機關之

---

❶❾　為了管理此一仍在各機關任職之雇員，銓敘部 86 年臺法二字第 1566529 號函訂有「現職雇員管理要點」以為規範。

❷⓿　參閱，立法院預算中心，《100 年度中央政府總預算案整體評估報告》（3 之 2），民國 99 年 9 月，頁 601–605。

法律關係應偏向於行政處分，而非如聘用人員聘用之為行政契約性質，此與社會上一般對「雇」字觀念之理解，有甚大落差。為求釐清整合，上述「聘用人員人事條例草案」第 57 條乃規定：「本條例施行前，原依……行政院暨所屬機關約僱人員僱用辦法僱用之人員，具有本條例所定聘用資格繼續聘用者，按其原比照分類職位公務人員俸點予以改聘換支。」

實務上值得注意的是，行政院 98 年 4 月 3 日院授人力字第 0980061639 函核定中華民國 98 年至 100 年鬆綁員額管制促進就業計劃，鬆綁了聘僱員額管制，廣開政府人力後門，對參加國家考試之應考者有欠公平[21]。除此之外，98 年度中央政府各機關為因應業務擴增需要，除以人事費用進用之職員、約聘僱人員、技工、工友等正式員額外，尚有以非人事費科目支應經費進用各類派遣人員、臨時人員或申用替代役等非正式員額，多達 29734 人，占正式員額達比率 24.54%[22]。

五、政治任命之公務員

政治任命之公務員是指適用政務人員退職撫卹條例第 2 條之政務人員，包括特任、特派之人員、依憲法規定由總統提名經立法院同意任命之人員、依憲法規定由行政院院長提請總統任命之人員，以及其他依法律規定之中央及地方政府比照簡任第十二職等以上職務之人員。

由於政治任命之公務員，種類繁多，其範圍、任免、行為規範及權利義務事項等亟待規定，故考試院乃草擬政務人員法，經行政院提出建議條文後，考試院又加以修正提出新草案版本，以界定政務人員之範圍、任免方式，並對政務人員之行為規範及權利義務有詳細之規定，已如上述。值得注意的是依公務人員任用法第 11 條之 1 規定，以機要人員名義任用之政治任命的公務員，將來會改依上述之「聘用人員人事條例草案」之規定，來處理其權利、義務關係。

六、選舉產生之公務員

公務員關係之成立除了上述由任用、派用、僱用等經當事人協力之行

---

[21] 同上註之報告（3 之 2），頁 549–556。

[22] 同上註之報告（3 之 1），頁 265。

政處分以及由行政契約方式聘用者外，尚有以行政法合同行為方式，即以選舉方式產生者。其法律依據即為總統、副總統選舉罷免法及公職人員選舉罷免法。

依上述法律產生之公務員有：

1. 總統、副總統。
2. 立法委員。
3. 直轄市市長。
4. 直轄市議會議員。
5. 縣長、省轄市市長。
6. 縣（市）議會議員。
7. 鄉（鎮、市）長。
8. 鄉（鎮、市）民代表。
9. 村、里長。

七、受訓練人員

另考試錄取分配占各機關編制內實缺，實施訓練人員於訓練期滿，成績及格者，依公務人員基準法草案第 59 條規定，視為自訓練之日起，與國家發生公法上職務關係，以保障經公務人員考試錄取實施訓練人員之權益。民國 91 年 1 月 30 日制定，民國 102 年 12 月 11 日修正之公務人員訓練進修法第 12 條更規定了對受訓練進修人員之薪資、費用補助。

第三節　公務員關係之變更

公務員關係之變更是指公務員關係成立後，因法定原因致公務人員之職位發生變動，但公務員身分仍續存在之情事[23]。大致而言，公務員關係之變更有陞遷、轉任、調任、停職、休職及留職等情形，茲分述於下：

---

[23]　李震山，上揭書，頁 154；陳敏，上揭書，頁 1058。

一、陞　遷

公務人員陞遷法第 4 條規定，公務人員之陞遷，係指下列情形之一者：

1.陞任轉高之職務。

2.非主管職務陞任或遷調主管職務。

3.遷調相當之職務。

為免陞遷不公，公務人員陞遷法第二條規定了陞遷之原則與陞遷之方式。陞遷之原則是指：

1.應本人與事適切配合原則。

2.考量機關特性與職務需要之原則。

3.資績並重原則。

4.內陞與外補兼顧原則。

陞遷之方式是指：

1.公平、公正方式，亦即合乎同法第 5 條、第 8 條所規定之甄審與公開甄選方式。

2.擇優陞任方式，亦即依同法第 5 條、第 11 條規定，免經甄審，本功績原則優先陞任之方式。

3.遷調歷練方式，亦即依同法第 13 條所規定職務遷調歷練方式。

4.逐級陞遷方式，亦即依同法第 6 條所規定之方式逐級陞遷。

又公務人員之陞遷，如係官等之晉升，依公務人員任用法第 17 條第 1 項規定，應經升官等考試及格，但委任升任薦任，依同條第 6 項規定，得以考績加上經晉升薦任官訓練合格者行之，不必再經升官等考試。另依公務人員陞遷法第 14 條規定，公務人員陞任高一官等之職務，應依法經陞官等訓練。

由於陞遷影響公務人員之權益甚鉅，如有違法或不公，公務人員依公務人員陞遷法第 15 條規定，可依公務人員保障法提起救濟。而對徇私舞弊、遺漏舛誤、未依法迴避之辦理陞遷業務人員，則依公務人員陞遷法第 16 條規定，視情節予以懲處。

二、轉　任

公務員之轉任是指某一類別之公務人員，改任另一類別公務人員之意，其主要法律依據即公務人員任用法第 16 條規定：「高等考試或相當高等考試以上之特種考試及格人員，曾任行政機關人員、公立學校教育人員或公營事業人員服務成績優良之年資，除法令限制不得轉調者外，於相互轉任性質程度相當職務時，得依規定採計提敘官、職等級；其辦法由考試院定之。」為此，考試院乃訂定了「行政、教育、公營事業人員相互轉任採計年資提敘官職等級辦法」，作為轉任提敘官職等之依據。

又公務人員保障法第 12 條亦有公務員轉任之規定。該條規定：「公務人員因機關裁撤、組織變更或業務緊縮時，除法律另有規定從其規定外，其具有考試及格或銓敘合格之留用人員，應由上級機關或承受其業務之機關辦理轉任或派職，必要時先予輔導、訓練。依前項規定轉任或派職時，除自願降低官等者外，其官等職等應與原任職務之官等職等相當，如無適當職缺致轉任或派職同官等內低職等職務者，適用公務人員任用法及公務人員俸給法有關調任之規定，仍以原職等任用並敘原俸級或同數額俸點之俸級。」另如民國 94 年之國家通訊傳播委員會組織法第 15 條第 3 項規定，原依交通事業人員任用條例第 8 條第 1 項規定轉任（國家通訊傳播委員會職務）者，仍適用原轉任規定。但再改任其他非交通行政機關職務時，仍應依交通事業人員任用條例第 8 條第 2 項規定辦理。

公務員之轉任限於上述行政人員之間，但依司法人員人事條例第 34 條規定反面以觀，實任法官經其本人同意時，可轉任法官以外職務。民國 88 年 2 月間，具司法人員身分之檢察總長盧仁發即因不同意轉任，而未擔任屬於政務官之法務部長。

三、調　任

公務人員之調任與上述之轉任不同，是指不改變公務人員之類別，而由一職位改任另一職位之意❷❹，可分為：

---

❷❹　相關論文請參閱，蕭文生，〈公務員調職處分之救濟〉，《月旦法學教室》，第 101 期，2011 年 3 月，頁 10–11。

　　1.平調——乃不改變官等或職等之調任。

　　2.升調——乃調至較高官等或職等之調任。

　　3.降調——乃調至較低官等或職等之調任。

　　公務人員調任之法律依據為公務人員任用法第 18 條之各項規定，即：「現職人員調任，依左列規定：1.簡任第十二職等以上人員，在各職系之職務間得予調任；其餘人員在同職組各職系之職務間得予調任。2.經依法任用人員，除自願者外，不得調任低一官等之職務。3.在同官等內調任低職等職務，除自願者外，以調任低一職等之職務為限，均仍以原職等任用，且機關首長及副首長不得調任本機關同職務列等以外之其他職務，主管人員不得調任本單位之副主管或非主管，副主管人員不得調任本單位之非主管。但有特殊情形，報經總統府、主管院或國家安全會議核准者，不在此限。前項人員之調任，必要時，得就其考試、學歷、經歷、訓練等認定其職系專長，並得依其職系專長調任。考試及格人員得予調任之機關及職系等範圍，依各該考試及任用法規之限制行之。現職公務人員調任時，其職系專長認定標準，再調任限制及有關事項之辦法，由考試院定之。」

四、停　職

　　公務員之停職是指在有法定原因時，停止公務人員之職務❷⁵，但公務員之身分仍存在，停職原因消滅後，得請求復職。依現行法律規定，停職事由主要的有：

　　1.當然停職——公務員懲戒法第 3 條規定，公務員有下列各款情形之一者，其職務當然停職，即：

　　⑴依刑事訴訟程序被通緝或羈押者。

　　⑵依刑事確定判決，受褫奪公權之宣告者。

　　⑶依刑事確定判決，受徒刑之宣告，在執行中者。

　　此一當然停職規定因地方制度法第 78 條有特別規定而不適用於民選之地方公務人員，故直轄市市長、縣（市）長、鄉（鎮、市）長、村

---

❷⁵　相關論文請參閱，程明修，〈停職處分之法律性質〉，《月旦法學教室》，第 49
　　期，2006 年 1 月，頁 24–25。

（里）長有下列情形之一者，依地方制度法第 78 條規定，分別由行政院、內政部、縣政府、鄉（鎮、市、區）公所停止其職務：

(1)涉嫌犯內亂、外患、貪污治罪條例或組織犯罪防制條例之罪，經第一審判處有期徒刑以上之刑者。但涉嫌貪污治罪條例上之圖利罪者，須經第二審判處有期徒刑以上之刑者。

(2)涉嫌犯前款以外，法定刑為死刑、無期徒刑或最輕本刑為 5 年以上有期徒刑之罪者，經第一審判處有罪者。

(3)依刑事訴訟程序被羈押或通緝者。

(4)依檢肅流氓條例規定被留置者。

另外，依警察人員人事條例第 29 條第 1 項第 1 款規定，警察人員有犯內亂、外患、貪污、瀆職、盜匪罪經提起公訴，於第一審判決前應即停職，亦屬此之當然停職。

　2.先行停職——公務員懲戒法第 4 條規定，公務員有下列情形之一者，先行停職，即：

(1)公務員懲戒委員會對於受移送之懲戒案件，認為情節重大，有先行停止職務之必要者，得通知該管主管長官，先行停止被付懲戒人之職務。

(2)主管長官對於所屬公務員，依第 19 條之規定送請監察院審查或公務員懲戒委員會審議而認為情節重大者，亦得依職權先行停止其職務。

關於先行停職，曾經發生行政院院長將有任期保障之行政院金融監督管理委員會主任委員及國家通訊傳播委員會委員先行停職❷❻情事，引發爭議❷❼。有任期保障之政務人員行政院院長依公務員懲戒法第 4 條、第 19

---

❷❻　參閱，林明鏘，〈論政務人員之懲戒與暫時先行停職〉，《台灣學雜誌》，第 96 期，2007 年 7 月，頁 136–140；蔣永欽，〈獨立行政機關委員的停職問題〉，《台灣法學雜誌》，第 96 期，2007 年 7 月，頁 141–152。

❷❼　林騰鷂，〈可以隨意停我的職嗎？〉，《台灣本土法學雜誌》，第 86 期，2006、9，頁 137–142；劉孔中，〈行政院將 NCC 委員停職的法律問題與呈現的法治

條之規定雖可先行停止其職務，但在實體上，恐有違背大法官在釋字第589 號解釋意旨所揭示之保障有任期政務人員依法獨立行使職權之法律地位與公益價值之嫌。輿論與學者對此也認為不妥❷⑧。

　　3.因傷病假滿不能銷假之停職——公務人員請假規則第 6 條規定，公務人員因疾病請病假，已滿同法第 3 條第 1 項第 2 款延長期限，或因公受傷請公假已滿同法第 4 條第 4 款期限，仍不能銷假者，得予停職。

　　公務員停職原因消滅後，依公務員懲戒法第 6 條第 1 項規定，對於依第 3 條第 1 款或第 4 款規定停止職務之公務員，如未受撤職或休職處分或徒刑之執行者，應許其復職，並補給其停職期間之俸給。依地方制度法第78 條第 1 項規定遭停止職務之直轄市市長、縣（市）長、鄉（鎮、市）長、村（里）長，亦可依該條第 2 項、第 4 項、第 5 項規定准其復職。至於因傷病假滿不能銷假而被停職之公務員，則可於病癒後 1 年內，向原服務機關申請復職。

　　由於停職類型繁多❷⑨，且分別規定在不同的法律中。因此，公務人員保障法第 10 條乃針對停職與復職有一般性的規定：「公務人員非依法律，不得予以停職。經依法停職之公務人員，於停職事由消滅後三個月內，得申請復職；服務機關或其上級機關，除法律另有規定者外，應許其復職，並自受理之日起三十日內通知其復職。依前項規定復職之公務人員，服務機關或其上級機關應回復原職務或與原職務職等相當或與其原敘職等俸

　　弊端〉，《法令月刊》，第 58 卷第 8 期，2007 年 8 月，頁 47–64。

❷⑧　參閱，《中國時報》社論，〈給獨立機關多一點尊嚴與空間吧〉，民國 95 年 8月 8 日，A2 版。另參閱，《工商時報》社論，〈獨立行政機關委員任免機制的商榷〉，民國 95 年 8 月 2 日，A2 版；學者意見另請參閱，黃錦堂，〈論機關之獨立化〉，載於氏著，《行政組織法論》，翰蘆圖書出版有限公司，2005年 5 月初版，頁 195–220。

❷⑨　參閱，吳庚，《行政法之理論與實用》，2005 年 8 月增訂九版，頁 229–231；周志宏，〈我國現行法制有關停職、復職及免職相關規定之探討〉，《月旦法學雜誌》，90 期，2002 年 11 月，頁 77–92；羅文璣，〈公務員停職問題之研究〉，東海大學法律學研究所碩士論文，2000 年 6 月，頁 44–73。

級相當之其他職務；如仍無法回復職務時，應依公務人員任用法及公務人員俸給法有關調任之規定辦理。經依法停職之公務人員，於停職事由消滅後三個月內，未申請復職者，服務機關或其上級機關人事單位應負責查催；如仍未於接到查催通知之日起三十日內申請復職，除有不可歸責於該公務人員之事由外，視為辭職。」

五、休　　職

公務員之休職與公務員之停職略有不同。公務員之停職是因涉有刑事案件、懲戒案件之當然停職及先行停職或因傷病假滿不能銷假之停職；公務員之休職則是公務員懲戒委員會所決定對公務員之懲戒處分。公務員懲戒法第 12 條明文規定，休職乃是休其現職，停發薪給，並不得在其他機關任職，其期間為 6 個月以上。休職期滿，許其復職。自復職之日起，2 年內不得晉敘、升職、或調任主管職務。又休職期滿後雖可復職，但休職期間之俸給並未如停職後准予復職時之獲得補給。

六、留　　職

公務員之留職，是指公務員有公務人員任用法第 28 條之 1 第 1 項規定情形之留職停薪情事。依該項規定，公務人員因有育嬰❸⓿、侍親、進修及其他情事，經機關核准，得留職停薪❸❶，並於原因消失後復職。

公務員留職原則上要停薪，但停職若係由各機關學校選送或自行申請全時進修者，依公務人員訓練進修法第 12 條之規定，尚可帶職帶薪或獲得相關補助。

---

❸⓿　依 「性別工作平等法」 第 16 條規定：「受僱於任用三十人以上雇主之受僱者，任職滿一年後，於每一子女滿三歲前，得申請育嬰留職停薪，期間至該子女滿三歲止，但不得逾二年。同時撫育子女二人以上者，其育嬰留職停薪期間應合併計算，最長以最幼子女受撫育二年為限。」另依同法第 2 條第 2 項，公務人員、教育人員及軍職人員，亦適用該法之規定。因此，公務人員亦得因育嬰，而依兩性工作平等法留職停薪。參引，陳敏，《行政法總論》，頁 1062。

❸❶　詳細規定，請參閱公務人員留職停薪辦法第 4 條規定。另公務人員訓練進修法第 10 條至第 12 條參照。

　　另依公務人員訓練進修法第 15 條第 1 項規定：「公務人員帶職帶薪全時進修期滿，其回原服務機關學校繼續服務之期間，應為進修期間之二倍；留職停薪全時進修期滿者，其應繼續服務期間與留職停薪期間相同。」

第四節　公務員關係之消滅

　　公務員關係得因各種法律原因或事實原因而消滅❷。法律原因有因公務員之辭職或公務員被撤職、解除公職、免職、廢棄進用、資遣、罷免或因公務員之退休、任期屆滿者。事實原因則為公務員之死亡❸。至於公務員因失蹤尚未受死亡宣告者其失蹤期間，學者認應以法律規定暫時終止公務人員關係❹。為求明確，公務人員基準法草案第 10 條乃將學理上公務員關係消滅之原因，整理條列如下，而稱之為公務上職務關係之終止原因，即：

1.經懲戒處分予以撤銷者。
2.依法免職、解職或解除職務者。
3.任用資格不符經依法撤銷任用者。
4.依法先派代理，經銓敘審定不合格或逾限不送審而停止代理者。
5.依法退休、退職、資遣或辭職生效者。
6.任期屆滿卸職者。
7.依選舉產生人員當選無效或經罷免者。
8.依法解聘或聘期屆滿者。
9.死亡者。

---

❷　詳請參閱陳敏，上揭書，頁 1063；林明鏘，〈公務員法〉，翁岳生編，《行政法》，頁 385–389。
❸　陳敏，上揭書，頁 1063–1066。
❹　林明鏘，上揭書，頁 365。

第四章　公務員之權利

第一節　概　說

　　公務員關係發生後，公務員即享有法令規定之種種權利。對此種種權利，學者之分類不一，有大體分為基本權利及基於職位所生權利兩大類者❶；有分為公法上之財產請求權、休假權、服公職權利、集體勞動權者❷；有分為身分保障權、俸給權、退休金權、保險金權、撫卹金權、休假權、結社權、費用請求權者❸；亦有分為身分保障權、俸給權、退休金權、參加保險權、撫卹權、費用請求權、涉訟輔助請求權、休假權、進修權、參加公務人員組織之權者❹。

　　為求體系明晰，本書擬採考試院於民國 95 年所提公務人員基準法草案第 12 條至第 25 條規定之編列方式來說明公務員之權利，因此方式已大致將現行法律有關公務員之權利加以體系化之整理並參酌增加一些大法官解釋及外國立法例上之權利。茲分節說明於次。

❶　李震山，《行政法導論》，頁 159。

❷　林明鏘，〈公務員法〉，翁岳生編，《行政法》，頁 367–374。

❸　吳庚，《行政法之理論與實用》，頁 249–255。

❹　陳敏，《行政法總論》，頁 1067–1075。

第二節　公務員之財產請求權

公務人員基準法草案第 12 條規定，公務人員有依法支領俸（薪）給、退休（職）給與、資遣給與及保險給付之權利；其於在職期間死亡者，遺族有依法令請卹之權利。此一權利即為學者所稱公務員之公法上財產請求權，主要可分為：

一、俸給請求權

公務員關係存續中，公務員對國家或地方自治團體等行政主體，有請求給與與維持本人及家屬經濟生活之金錢給付請求權，此一請求權謂之俸給請求權，與一般受僱與私人之報酬請求權不同。私人之報酬為由當事人以契約自由約定，但公務員之俸給則由法律明定，與公務員身分有不可分之關係，學理上稱之為「俸給法定主義」❺。

公務員之俸給依公務人員俸給法第 3 條規定包含本俸、年功俸❻及加給等三種。本俸、年功俸俸給之區分依公務人員俸給法第 4 條之規定為：

1.委任分五個職等，第一職等本俸分七級，年功俸分六級，第二至第五職等本俸各分五級，第二職等年功俸分六級，第三職等、第四職等年功俸各分八級，第五職等年功俸分十級。

2.薦任分四個職等，第六至第八職等本俸各分五級，年功俸各分六級，第九職等本俸分五級，年功俸分七級。

3.簡任分五個職等，第十至第十二職等本俸各分五級，第十職等、第十一職等年功俸各分五級，第十二職等年功俸分四級，第十三職等本俸及年功俸均分三級，第十四職等本俸為一級。

---

❺　吳庚，上揭書，頁 250–251。

❻　年功俸是指公務員已晉敘至某一官等或職等本俸最高級，但礙於無適當空缺職位或公務員本身資格能力之限制，無法調升其官等或職等時，以敘升年功俸方式作為其考績上之獎勵。參閱吳庚，上揭書，頁 251。

本俸、年功俸之俸級及俸點，依所附俸表之規定。

加給依公務人員俸給法第 5 條之規定，分下列三種，即：

1.職務加給：對主管人員或職責繁重或工作具有危險性者加給之。

2.技術或專業加給：對技術或專業人員加給之。

3.地域加給：對服務邊遠或特殊地區與國外者加給之。

公務人員依其職務種類、性質與服務地區所應得之上述法定加給，依公務人員保障法第 15 條之規定，非依法令不得變更。

為支給軍公教員工俸給待遇，行政院並依據公務人員俸給法等有關規定，訂定「全國軍公教員工待遇支給要點」，並以附表明確規定本俸、年功俸、加給之薪額標準。除此之外，此一要點更超出公務人員俸給法第 3 條俸給僅限本俸、年功俸及加給之規定，而增加了：1.婚、喪、生育補助，2.子女教育補助，3.房租津貼，4.眷屬生活補助費等四種其他給與，實有違法之虞，且會造成社會資源分配不公，教育機會不公平分配之後果❼。

二、退休金請求權

退休金係公務員符合公務人員退休資遣撫卹法第 16 條至第 20 條所定自願退休、屆齡退休及命令退休條件，得向國家或地方自治團體請求之金錢給付。

我國公務員退休金給與制度原為恩給制，為國家對公務員年老時之恩給，其金額全由公庫負擔，但自民國 82 年 1 月 20 日修正公布公務人員退休法時，已將恩給制改為年金制（或稱儲金制），將退休金給付基數提高為退休時之本俸加一倍，由政府與公務人員共同撥繳費用建立退休撫卹基金以支付之❽。此再演變為民國 84 年 7 月 1 日起實施之公務人員退休撫卹制度。民國 106 年 8 月 9 日總統公布，民國 107 年 7 月 1 日施行之「公務人員退休資遣撫卹法」，乃將公務人員之退休、資遣與撫卹制度，整合

---

❼　詳閱林騰鷂，〈改革「身份取向」的教育補助制度〉，《中國時報》，民國 82 年 10 月 27 日，第七版。

❽　吳庚，上揭書，頁 252。

成為一個法律,並停止適用原公務人員退休法、原公務人員撫卹法。

退休金請求權依公務人員退休資遣撫卹法第 73 條規定,應於行政程序法第 131 條所定公法上請求權之時效內為之。公務員退休金之請求權如發生爭議,依大法官釋字第 187 號解釋,得依法提起訴願及行政訴訟。

值得注意的是,關於退休年資的計算,對公務員之權利有重大影響,故大法官釋字第 455 號解釋文乃明確宣告:「軍人為公務員之一種,自有依法領取退伍金、退休俸之權利,或得依法以其軍中服役年資與任公務員之年資合併計算為其退休年資;其中對於軍中服役年資之採計並不因志願役或義務役及任公務員之前、後服役而有所區別。」又關於退休年資的計算,大法官釋字第 526 號解釋亦針對行政院經濟建設委員會民國 74 年 1 月 9 日改制前所屬人員年資,表示已先由中美基金結算差額發給,基於公務人員權益整體平衡之考量,不得再核發給補償金。而釋字第 589 號解釋另確認監察委員於法律上得合併政務人員退職撫卹條例施行前後軍、公、教年資及政務人員年資滿 15 年者,亦得擇領月退職酬勞金。

三、資遣給與請求權

公務員如有公務人員任用法第 28 條第 2 項第 10 款情形者,即受監護或輔助宣告,尚未撤銷者,應依規定辦理退休或資遣。又依公務人員退休資遣撫卹法第 22 條第 1 項規定之 3 款情形,即:

1. 因機關裁撤、組織變更或業務緊縮時,不符本法所定退休條件而須裁減之人員。
2. 現職工作不適任,經調整其他相當工作後,仍未能達到要求標準,或本機關已無其他工作可以調任者。
3. 依其他法規規定應辦理資遣者。

資遣人員之給予,依公務人員退休資遣撫卹法第 42 條規定,準用同法第 28 條及第 29 條所定一次退休金給予標準計給。

四、保險金請求權

依公教人員保險法第 2 條規定,法定機關(構)、公立學校編制內之有給專任人員、專任教職員及依私立學校法規定,辦妥財團法人登記,並

經主管教育行政機關核准立案之私立學校編制內之有給專任教職員或其他經保險主管機關認定之人員應一律參加公教人員保險，為被保險人，其應繳之保險費由政府補助百分之 65，被保險人如為私校教職員，則其保險費依第 9 條第 1 項規定，由政府及學校各補助百分之 32.5。公務員僅自付百分之 35，而若發生失能、養老、死亡、眷屬喪葬、生育及育嬰留職停薪等保險事故時，公務員可以獲得現金給付。請求此種現金給付之權即為公務員之保險金請求權。

關於公務員保險金請求權之行使，司法實務上發生多起事例，並經大法官於釋字第 274 號、第 316 號、第 434 號、第 466 號及第 474 號解釋分別釋明肯定之，可分別查參之。

五、職務實費請求權

公務員因執行職務實際支出費用，得在執行職務事前依法請領或在事後請求國家償還，此之謂公務員之職務實費請求權。例如，行政院訂有國內出差旅費規則，國外出差旅費規則等以償付公務員在國內出差所支出之交通費、運費、住宿費、膳雜費、臨時費（如因公使用電報、長途電話及特別情事臨時雇用人伕及其他必須之費用）❾，或到國外出差所生之交通費、生活費、公費（包括護照費、簽證費、黃皮書費、保險費及機場服務費）、裝載公物之運費、特別費（如出國訪問團體之公、雜、交際等費）、辦公費、資料費、禮品費等❿。

六、撫卹金請求權

依公務人員退休資遣撫卹法第 51 條及第 52 條規定，公務人員如於在職、休職、停職或留職停薪期間病故、意外死亡、因公死亡或自殺死亡者，由公務人員之遺族領受撫卹金。此一撫卹金，依最高法院 76 年臺上字第 1203 號判例見解，乃係「基於公法關係所生之請求權」。

撫卹金之請求要件主要為現時在職，資格經銓敘機關審定登記有案公務員之死亡，故不論其服務年資多長，其遺族均可請領撫卹金。不過，公

---

❾　參閱國內出差旅費規則第 2 條、第 5 條至第 15 條。

❿　參閱國外出差旅費規則第 3 條至第 17 條。

務人員退休資遣撫卹法第 54 條規定，任職未滿 15 年者，僅給與一次撫卹金，不另發月撫卹金，而任職滿 15 年者，除每月給與 2 分之 1 個基數之月撫卹金。此外，在前 15 年給與 15 個基數一次撫卹金。超過 15 年部分，每增 1 年，加給 2 分之 1 個基數，最高給與 27 又 2 分之 1 個基數。這種以年資作為撫卹給予標準之規定，對青壯公務員（特別是警察）造成實質上不公平，也有違國家確實照顧公務員遺族之意旨，而為學者所垢病[11]。對此，民國 107 年 7 月 1 日施行之公務人員退休資遣撫卹法第 55 條、第 56 條有改良之規定，特別是對公務員之未成年子女或身心障礙而無工作能力之子女，則給與撫卹至成年、至取得學士學位或甚至是終身撫卹！

為減輕國庫負擔，提高撫卹金額，公務人員撫卹制度一如公務人員退休制度，已由「恩給制」改為「儲金制」，民國 82 年 1 月 20 日修正公布後之公務人員撫卹法第 15 條第 2 項即依此制度精神，規定公務人員撫卹金應由政府與公務人員共同撥繳費用建立之退休撫卹基金支付之，並由政府負最後支付保證責任。

七、遺族撫卹金請求權

公務人員退休資遣撫卹法第 62 條第 1 項規定，依本法支領月退休金或兼領月退休金人員死亡時，另給與遺族撫卹金，除未再婚配偶得受 2 分之 1 撫卹金外；其餘由下列順序之遺族，依序平均領受之：1.子女 2.父母 3.祖父母 4.兄弟姊妹。

除了上述俸給請求權、退休金請求權、資遣給與請求權、職務實費請求權、保險金請求權、撫卹金請求權；婚、喪、生育補助、子女教育補助、房租津貼、眷屬生活補助費外，各級政府更以行政命令[12]訂定甚多使公務員可以受領之金錢給付，如福利互助金、獎勵金、慰問金、獎金、加

---

[11] 林明鏘，上揭文，頁 370。

[12] 參閱中央公教人員福利互助辦法；公務人員領有勳章獎章榮譽紀念章發給獎勵金實施要點；公教員工因執行職務冒險犯難或執行危險職務致殘廢死亡發給慰問金要點；警察機關外勤員警超勤加班費核發要點；臺北市政府公教人員購置住宅輔助要點等。

班費、購置住宅優惠貸款、國內外休假旅遊補助等，幾已使中華民國成為「公教福利國」，造成社會階層貧、富兩極化移動之惡劣現象❸。特別是退休軍公教人員轉任業務督導之社團法人（同業公會），領取優渥月薪及獎金，且兼領月退休金及 18% 優利以及公務人員退休再任私校，排擠他人生存權、工作權，支領雙薪，極不合裡，更有違社會公平正義原則❹。此一不義現象，在民國 107 年 7 月 1 日因公務人員退休資遣撫卹法之施行而稍有緩解，但政治酬庸及過度不義之政治報償現象，則仍然存在❺。

第三節　公務員身分、權益之保障權

公務員身分、權益之保障權是指法定機關依法任用、派用之有給專任人員及公立學校編制內依法任用之職員，其身分、工作條件、官職等級、俸給等有關權益，均受法律保障之權。公務人員保障法對此有許多明確的規定，茲分述於次。

一、身分保障權

公務人員保障法第 9 條第 1 項規定，公務人員之身分應予保障，非依法律不得剝奪。基於身分之請求權，其保障亦同。此為公務人員身分保障之一般規定。另在同法第 13 條、第 14 條又分別具體規定，公務人員經銓

---

❸ 公務員之俸給、保險權益、福利互助待遇亦常為民選公職人員比照適用目標，又公務員工時較一般工人為短且可具領子女教育補助，其所受領之社會資源是否過多而會擴大社會階層之差距？

❹ 詳參，立法院預算中心，〈100 年度中央政府總預算案整體評估報告〉（3 之 1），2010 年 9 月，頁 153–192。

❺ 參閱，林騰鷂，〈不能造新法操控財團法人〉，《中國時報》，時論廣場，2017 年 4 月 8 日，A15 版；林騰鷂，〈滿朝政務官，做事有幾人〉，《中國時報》，時論廣場，2017 年 5 月 31 日，A15 版；林騰鷂，〈行憲 70 年出現變種新黨國〉，《中國時報》，時論廣場，2017 年 12 月 24 日，A15 版；林騰鷂，〈黑官製造機〉，《中國時報》，時論廣場，2019 年 1 月 24 日，A14 版。

敘審定之官等職等、俸級應予保障，非依法律不得變更、降級或減俸❶。民國 106 年 6 月修正之公務人員保障法第 9 條之 1 更明白規定：「公務人員非依法律，不得予以停職」，而第 2 項也明示：「公務人員於停職、休職或留職停薪期間，仍具公務人員身分，但不得執行職務。」又非政務人員之公務員或有定任期之政務人員如大法官、考試委員、監察委員等其公務員身分不受黨派之影響❷。

二、工作權及工作條件保障權

公務人員基準法草案第 23 條規定，公務人員除政務人員及民選地方行政首長外，因機關裁撤、組織變更或業務緊縮致被裁減時，除法律另有規定外，其上級機關或承受其業務之機關，應依法予以轉任、派職或退休、資遣。此即為公務員工作權之保障。公務人員保障法第 12 條更詳細規定各項公務員之輔導、訓練、轉任、派職事項。

公務人員保障法第 18 條規定，各機關應提供公務人員執行職務必要之機具設備及良好工作環境。公務人員基準法草案第 19 條更加明細的規定，國家應維護公務人員之尊嚴與地位，增進其福利，並提供公務人員執行職務之必要措施及良好工作環境。

三、官銜、職稱使用權

公務人員基準法草案第 18 條規定，公務人員有使用其官銜、職稱之權利，此為參酌德、奧等國立法例，以提升公務人員榮譽與社會地位之權利。

四、執行職務安全保障權

公務人員保障法第 19 條規定，公務人員執行職務之安全應予保障。

---

❶　大法官釋字第 483 號解釋即明確指出：「公務人員依法銓敘取得之官等俸級，非經公務員懲戒機關依法定程序之審議決定，不得降級或減俸，此乃憲法上服公職權利所受之制度性保障，亦為公務員懲戒法第一條、公務人員保障法第十六條及公務人員俸給法第十六條之所由設。」

❷　如民國 94 年考試院所提政務人員法草案第 22 條規定，政務人員得由具有任命權者，隨時予以免職。但憲法或法律規定有一定任期者，非有法定原因，不得任意免職。

各機關對於公務人員之執行職務，應提供安全及衛生之防護措施。公務人員基準法草案第 20 條則更明白規定，國家應保護公務人員，使其執行職務免受誹謗、侮辱、恐嚇、強暴、脅迫或傷害等情事。

又依公務人員保障法第 16 條規定，公務人員長官或主管對於公務人員不得作違法之工作指派，亦不得以強暴脅迫或其他不正當方法，使公務人員為非法之行為。

五、因公涉訟延聘律師權

公務人員保障法第 22 條規定，公務人員依法執行職務涉訟或遭受侵害時，其服務機關應延聘律師為其辯護及提供法律上之協助[18]。為此，考試院訂定公務人員因公涉訟輔助辦法。依此辦法第 5 條第 2 項規定，公務人員不同意機關延聘律師之人選，得由該公務人員自行延聘律師，並檢具事證向所屬機關申請核發費用。

六、加班執行職務補償請求權

公務人員保障法第 23 條規定，公務人員經指派於上班時間以外執行職務者，服務機關應給予加班費、補休假、獎勵或其他相當之補償。此一規定乃使內政部依職權所訂「警察機關外勤員警超勤加班費核發要點」，有更堅實的法律依據。

七、辭職權

以往公務員要辭職每有受到長官、主管機關刁難情事，對公務員所提出之辭職書，遲不批示[19]，影響公務人員之生涯規劃。民國 106 年 6 月修正之公務人員保障法乃增訂第 12 條之 1，規定：「公務人員之辭職，應以書面為之。除有危害國家安全之虞或法律另有規定者外，服務機關或其上級機關不得拒絕之。」此即為公務人員辭職權之保障。

筆者認為[20]，我國「公務人員保障法」所規定辭職權之限制頗多，尤

---

[18] 相關論文請參閱，林明鏘，〈公務人員因公涉訟輔助制度基本問題之研究〉，《月旦法學雜誌》，第 90 期，2002 年 11 月，頁 99–111。

[19] 參閱，林騰鷂，〈請辭未准，陳菊只能待命？〉，《聯合報》，民意論壇，2005 年 9 月 4 日，A15 版。

其是以有危害國家安全之虞或法律另有規定為事由 ，限制公務員之辭職權，實為過當。又未如德國聯邦公務員法規定公務員之辭職撤回權❷，實非完整妥善。

又德國聯邦公務員法規定，公務員於任何時間均可辭職生效或只要依常規辦竣業務（最長不得超過 3 個月），辭職亦可生效。此種認為公務員之業務，不管是與國家安全有關與否，均可由他人承接之看法甚為正確。上述我國公務人員保障法第 12 條之 1 第 1 項以「有危害國家安全之虞」的理由，限制公務員辭職權的規定❷，實有討論檢討之餘地。

至若無危害國家安全之虞或法律另有規定者，公務人員保障法第 12 條之 1 第 2 項則規定：「服務機關或其上級機關應於收受辭職書之次日起三十日內為准駁之決定。」而第 3 項更明確規定：「逾期未為決定者，視為同意辭職，並以期滿之次日為生效日。但公務人員指定之離職日逾三十日者，以該日為生效日。」藉以確保公務人員之辭職權。

---

❷ 參閱，林騰鷂，〈長官，再見！──公務員的辭職權──〉，《台灣本土法學雜誌》，第 76 期，2005 年 11 月，頁 139。

❷ Hans J. Wolff/Otto Bachof/Rolf Stober, Verwaltungsrecht II, 5. Auflage, C. H. Beck, München, 1987, §113 V Rn. 14. 我國在實務上即曾發生辭職撤回之案件，如公務人員保障培訓委員會保障案件決定書 87 公申字第 0048 號，再申訴人請求撤銷辭職令，保訓會認為該辭職令生效足以改變公務人員之身分關係，應屬復審範圍，遂將服務機關之申訴函復撤銷，改依復審程序處理。參閱，《考試院公報》，17 卷 12 期，頁 119–120。引自，朱武獻、周世珍，〈公務人員勤務關係與身分保障〉，《行政法爭議問題研究（下）》，2000 年 12 月，頁 1267 之註 47。

❷ 中國大陸之「國家公務員暫行條例」亦規定公務員有「依照本條例的規定辭職」。又中國大陸之國家公務員辭退暫行規定，對辭職過程、條件有較詳細的規範。參閱，張正釗、韓大元主編，《比較行政法》，中國人民大學出版社，1998 年 12 月，頁 249、269–271。

第四節　公務員之行政爭訟權

在德國特別權力關係理論之影響下，我國早期司法解釋例及判例均限制公務員請求法律救濟。公務員因權益受損提起民事訴訟者，最高法院概以因屬公法事件，不予受理，而提起訴願及行政訴訟者，行政法院又以特別權力關係為由，予以駁回。直至民國 73 年大法官釋字第 187 號解釋才逐步開啟公務員得提起訴願及行政訴訟途徑，其後釋字第 201、243、266、298、312、338、455、483 號等解釋更加明白詳細的界定公務員之行政爭訟權。民國 85 年公布之公務人員保障法乃更有系統的規定復審及申訴、再申訴等公務人員有請求行政救濟之行政爭訟權❷❸，茲分述於下。

一、復　審

公務人員保障法第 25 條第 1 項規定：「公務人員對於服務機關或人事主管機關（以下均簡稱原處分機關）所為之行政處分，認為違法或顯然不當，致損害其權利或利益者，得依本法提起復審。非現職公務人員基於其原公務人員身分之請求權遭受侵害時，亦同。」同條第 2 項又規定：「公務人員已亡故者，其遺族基於該公務人員身分所生之公法上財產請求權遭受侵害時，亦得依本法規定提起復審。」又公務人員亦有可能因為行政機關之不作為而受侵害。因此，公務人員保障法第 26 條另規定公務人員可以提起復審，即：「①公務人員因原處分機關對其依法申請之案件，於法定期間內應作為而不作為，認為損害其權利或利益者，亦得提起復審。②前項期間，法令未明定者，自機關受理申請之日起為二個月。」

關於復審與下述申訴、再申訴制度之不同，學者有很好之分析，

---

❷❸　大法官釋字第 785 號解釋更進一步釋明，公務人員保障法第 77 條第 1 項、第 78 條及第 84 條規定，並不排除公務人員認其權利受違法侵害或有主張其權利之必要時，原即得按相關措施之性質，依法提起相應之行政訴訟，請求救濟。

即❷：

(一)不服事項不同

復審程序不服之事項乃行政處分❷，何謂行政處分 (Verwaltungsakt)？原則上適用訴願法之規定，並受行政程序法第 92 條及目前實務上對行政處分概念認知之拘束；申訴程序不服之事項其用語為：「服務機關所為之管理措施或有關工作條件之處置」，在解釋上認為係指行政處分以外對機關內部生效之表意行為或事實行為，包括職務命令 (Weisungen)、內部措施 (verwaltungsinterne Massnahmen) 及紀律守則 (innerdienstliche Anordnungen) 等，不問其內容屬具體、個別或抽象性及普遍性，亦不論以書面下達或用口頭宣示。

(二)有無權利保護要件不同

復審申請人須主張行政處分違法或不當，並損害其個人之權利或利益；申訴人依民國 92 年修正公布之公務人員保障法第 77 條第 1 項之規定也是要因「不當，致影響其權益。」不過，此一規定與同法第 25 條第 1 項規定之用語略有不同。因此，復審申請人須具備行政爭訟之權利保護要件 (Rechtsschutzbedürfnis)，而申訴人在民國 92 年公務人員保障法修正以前，學者認為不必具備此權利保護要件。不過，民國 92 年公務人員保障法修正後，該學者認為「無論復審或申訴公務人員均須主張損害或影響其個人權益❷。」

(三)處理之程序不同

復審之程序，依公務人員保障法第 44 條規定，復審提起人應繕具復審書，經由原處分機關向考試院公務人員保障暨培訓委員會為之。原處分

---

❷ 參閱，吳庚，上揭書，頁 262–266；陳敏，上揭書，頁 1088–1092。

❷ 相關論文請閱，李建良，〈公務人員保障法復審及申訴標的之探討〉，《且旦法學雜誌》，第 90 期，2002 年 11 月，頁 112–140；蔡志方，〈論保障案件誤用救濟程序之法律效果與處理方法〉，《月旦法學雜誌》，第 90 期，2002 年 11 月，頁 141–155。

❷ 吳庚，《行政法之理論與實用》，民國 94 年 8 月增訂九版，頁 264。

機關對於提出之復審要求,應先行重新審查原行政處分是否合法妥當,其認為復審為有理由者,得自行變更或撤銷原行政處分。但如不依復審人之請求變更或撤銷原處分者,則應附具答辯書,並將必要之關係文件,送由公務人員保障暨培訓委員會審議,作成復審決定;申訴之程序,依公務人員保障法第 78 條規定,應向服務機關為之。不服服務機關函復者,得以復函送達之次日起 30 日內,向公務人員暨保障培訓委員會提起再申訴。是以復審之程序只有一級,但申訴之程序則有申訴、再申訴二級,兩者並不相同,主要因公務人員保障法於民國 92 年全面修正,條文由原來的 35 條擴增至 104 條。

(四)決定之效力不同

復審決定,具有與訴願決定相同之效力,確定後,有拘束各關係機關之效力,又復審決定性質上亦屬行政處分之一種,凡行政處分所應有之效力也同等具備。至於申訴、再申訴決定,其性質上仍屬於行政內部行為,各關係機關雖亦受其拘束,但尚不與行政處分之存續力(確定力)、執行力及確認效力等量齊觀。

(五)能否提起行政訴訟之不同

復審程序既相當於訴願程序,則不服訴願決定之救濟途徑亦適用於復審決定,故該法第 72 條規定申請人得於決定書送達之次日起 2 個月內,依法向司法機關請求救濟。又依司法院大法官之解釋或行政法院之裁判見解,尚不得提起行政訴訟者,復審案件自亦同受限制。申訴案件則於再申訴決定作成,全部程序即告終了,對再申訴決定法律未設救濟途徑,申訴人不得聲明不服。

(六)提起人之範圍不同

得提起復審之人的範圍在民國 92 年修正公務人員保障法後由現職公務人員擴大再增加非現職公務人員及已亡故公務員之遺族;得提起申訴、再申訴之人,依該法第 77 條規定,限於現職公務人員或同條第 3 項所規定之離職公務人員。

二、申訴、再申訴

公務人員保障法第 77 條第 1 項規定，公務人員對於服務機關所為之管理措施或有關工作條件之處置認為不當，致影響其權益者，得依本法提出申訴、再申訴。此即為公務人員之申訴及再申訴權，其與公務人員請求復審制度之不同已如上述。於此值得注意的是，公務人員之申訴、再申訴與教師法所規定之教師申訴❷，名稱雖然相同，但兩者性質卻不一致，對此，吳庚大法官亦有精闢分析，即❷：

(一)不服之客體有別

教師法之申訴係 「教師對主管教育行政機關或學校有關其個人之措施，認為違法或不當，致損其權益者」，所為之救濟方法。故此之所謂申訴，其對象既包括行政處分亦涵蓋非屬行政處分之內部行為，工作條件及管理措施當然屬之，但必須限於與申訴之教師個人權益有關，似兼具公務人員復審及申訴之功能，故與公務人員申訴之不涉個人權益者有別。

(二)有無先行程序之不同

教師用盡申訴程序，仍未獲救濟時，可按事件之性質分別提起行政爭訟或民刑事訴訟，教師亦可選擇直接提起訴訟或訴願及行政訴訟，故教師申訴乃任擇之救濟手段，既與復審之取代訴願大異其趣，復因其可作為訴訟或訴願之先行程序，亦與公務人員之申訴不同。

(三)服務機關可否不服之不同

教師法上之申訴，對其評議決定，除原提出申訴之教師外，學校及主管教育行政機關亦得以不服為由，提起再申訴，而公務人員之申訴則不許其服務機關聲明不服。

(四)申訴組織之不同

教師申訴案件由教師申訴評議委員會受理，此種委員會分別設置於專科以上學校、縣（市）、省（市）及中央主管教育機關。質言之，大專院

---

❷ 另請參閱蔡志方，〈論我國教師之權利救濟制度〉，《行政救濟與行政法學(三)》，學林文化事業有限公司，1998 年 2 月，頁 346；李建良，〈遭解聘的大學教授──公法與私法的區別〉，《月旦法學教室③公法學篇》，頁 144-145。

❷ 吳庚，上揭書，頁 265-266。

校教師不服校內申評會之決定者，向教育部之申評會提出再申訴；高中或國中教師之申訴及再申訴，則分別屬於省（市）及中央，或縣（市）及省（市）之申評會管轄。至於公務員之申訴則依公務人員保障法第 78 條第 1 項規定，是向公務員之服務機關提出，若有不服，則向公務人員保障暨培訓委員會提出再申訴。

另公立學校教師兼任學校行政職務者，依大法官釋字第 308 號解釋，亦有公務員服務法之適用。因此，此些教師如非受主管教育行政機關或學校之處分，而係受人事主管機關所為之行政處分，認為違法或不當致損害其權利或利益者，是否得依公務人員保障法第 25 條之規定提起復審，不無疑義，本書認為應許其提起復審。

第五節　公務員之結社權

公務員之結社權乃是公務員有組成及參與代表其利益之團體的權利。學者有認為其屬於公務員之勞動基本權，為學理上公務員勞動三權[29]之一種。勞動三權中之罷工權及締結團體協約之交涉權，影響層面深廣，故歐洲多數國家仍不許之，但為保障公務員之共同利益，則承認公務員之結社權，得分別組成全國性或地區性之公務員利益代表團體[30]。

民國 91 年制定之公務人員協會法第 1 條規定，公務人員為加強為民服務、提昇工作效率、維護其權益、改善工作條件並促進聯誼合作，得組織公務人員協會。此一規定確認了公務員之結社權。同法第 4 條又規定公務員協會分為機關公務人員協會及全國公務人員協會。公務人員協會之權利主要為規定在該法之第 6 至第 8 條，僅為建議、協商、福利、訓練、學

---

[29]　公務員勞動三權是指團結權、協議權（團體交涉權）及罷工權（爭議權）。詳請參閱李震山，上揭書，頁 154；吳庚，上揭書，頁 255；林明鏘，上揭文，頁 372–374。

[30]　吳庚，上揭書，頁 255。

術活動交流等事項，至於罷工、團體協約之權能則因該法第 30 條第 2 項及第 46 條之規定而受到排除。故學者認為，「公務人員協會不能與勞動者之工會同日而語。」**㉛**

另依教師法第 26 條規定，教師可依人民團體法規定組織設立學校教師會、地方教師會及全國教師會並向其主管機關申請報備、立案。此即為教師之結社權，亦即為特殊公務員 **㉜** 之結社權。

第六節　公務員之休假權、休息權

公務員之休假權是指公務員連續服務相當期間後，於每年之中得享有一段時日休閒渡假之權利。休假權之理念源自聯合國於 1948 年 12 月 10 日所通過世界人權宣言之第 24 條，該條規定：「人人有休息及閒暇之權，包括工作時間受合理限制及定期有給休假之權」，此為第二次世界大戰以後之新人權。

公務員之休假權甚為歐洲國家所重視，德、奧兩國法律類多規定服務滿 6 個月或 1 年後，每位公務員均享有相同之休假日數（約 30 日），又為促其公務員真正休假，法律並規定其假期應完整使用，且發給休假金 (Urlaubsgeld) **㉝**。民國 99 年 12 月 10 日起在我國有法律效力之「經濟社會文化權利國際公約」第 7 條第 4 款規定：「休息、閒暇、工作時間之合理限制與照給薪資之定期休假，公共假日亦須給酬。」是以，休假亦應給予薪資，而不可隨便放「無薪假」。

我國現行公務人員休假制度並非由法律規定，而是依據公務員服務法第 12 條規定訂定而於民國 93 年全面修正之公務人員請假規則 **㉞** 辦理，其

㉛　同上註。

㉜　因教育人員任用條例第 40 條規定，學校校長、教師之職務等級由教育部定之，其與一般公務員略有不同。另公務人員任用法第 33 條參照。

㉝　參引吳庚，上揭書，頁 254。

主要內容為：

一、休假日數按服務年資遞增

公務人員請假規則第 7 條規定，公務人員至年終連續服務滿 1 年者，第 2 年起，每年應准休假 7 日；服務滿 3 年者，第 4 年起，每年應准休假 14 日；滿 6 年者，第 7 年起，每年應准休假 21 日；滿 9 年者，第 10 年起，每年應准休假 28 日；滿 14 年者，第 15 年起，每年應給休假 30 日。初任人員於 2 月以後到職者，得按當月至年終之在職月數比例於次年 1 月起核給休假；其計算方式依第 3 條第 2 項規定。第 3 年 1 月起，依前項規定給假。至於政務人員及民選地方行政機關首長未具休假 7 日資格者，另依同法第 10 條第 3 項規定，每年應給休假 7 日。但任職前在同一年度內已核給休假者應予扣除。

二、休假年資之計算

公務人員請假規則第 8 條規定：「公務人員因轉調（任）或因退休、退職、資遣、辭職再任年資銜接者，其休假年資得前後併計。因辭職、退休、退職、資遣、留職停薪、停職、撤職、休職或受免職懲處，再任或復職年資未銜接者，其休假年資之計算依前條第二項規定。退伍前後任公務人員者，其軍職年資之併計，依前二項規定。」

三、休假人員之順序

公務人員請假規則第 9 條規定，同一機關或單位同時具有休假資格人員在 2 人以上時應依年資長短、考績等第及職務性質，酌定順序輪流休假。

四、休假義務、休假補助與無法休假之獎勵或其他相當之補償

公務人員請假規則第 10 條規定：「公務人員符合第七條休假規定者，除業務性質特殊之機關外，每年至少應休假十四日，未達休假十四日資格者，應全部休畢。休假並得酌予發給休假補助。確因公務或業務需要經機關長官核准無法休假時，酌予獎勵。每次休假，應至少半日。前項應休假

---

❸❹　另有依據警察人員管理條例第 37 條規定所訂定之 「警察人員特別休假辦法」。

日數以外之休假，當年未休假且未予獎勵者，得累積保留至第三年實施。但於第三年仍未休畢者，視為放棄。」

公務人員請假規則嚴格依照服務年資計算休假日數，而非如先進國家多規定服務滿 6 個月或 1 年後，均享有相同之休假日數，也不符合時代人權標準。民國 95 年考試院所提「公務人員基準法草案」第 17 條也仍然維持這種落伍人權觀念之規定，要求「公務人員服務滿一定年資，並符合規定條件者，（才）有休假之權利」，實非妥適。

另外，公務員服務法於民國 89 年修正公布之第 11 條尚規定公務員之休息權。該條第 2 項規定：「公務員每週應有二日之休息。」此即為符合上述世界人權宣言第 24 條及經濟社會文化權利國際公約第 7 條休息權之規定。

又公務人員保障法第 23 條規定：「公務人員經指派於上班時間以外執行職務者，服務機關應給予加班費、補休假、獎勵或其他相當之補償。」民國 108 年 11 月 29 日之大法官釋字第 785 號解釋，認為業務性質特殊機關所屬公務人員（如外勤消防人員）之超時服勤，有未獲適當評價與補償之虞，影響其服公職權，要求相關機關應於該解釋公布之日起 3 年內，依該解釋修正❸❺。

第七節　公務員之陞遷權

民國 89 年之公務人員陞遷法又賦予公務人員有陞遷權。依該法第三條規定，各級政府機關及公立學校中……定有職稱及依法律任用、派用之人員得依該法陞遷。同法第 15 條明確規定：「公務人員對本機關辦理之陞遷，如認有違法致損害其權益者，得依公務人員保障法提起救濟。」由此可見，公務員之陞遷權已為公務員之重要權利，可依公務人員保障法尋求

---

❸❺　該解釋如此強調人民之服公職權，符合憲法及人權公約保障人權之意旨，但寬限相關機關 3 年內修正之，則為不當，因人權的保障應及時並迅速。

保障。

第八節　公務員之進修權

進修有助於公務人員智能之增長、技術能力之提昇、人格之完美，更有利於公務人員之陞遷及國家人才之培養。故我國在民國 32 年時即制定公務員進修及考察選送條例（91 年廢止）。但此一條例僅規定了主管機關之選送權，尚難謂公務人員有主動進修之權利。民國 91 年制定的「公務人員訓練進修法」除了規定各機關選送公務人員之權外，更規定了公務人員可以自行申請進修之權以及因進修而可獲得的種種補助、留薪之待遇。關於公務員進修之種種權利可詳閱「公務人員訓練進修法」。

第五章　公務員之義務

第一節　概　說

　　公務員關係發生後，依現行法令規定，除對國家有上章所述之種種權利以外，亦對國家負相當多的義務，以確保公務的順利推動，國家、社會、人民權益之保障。

　　現時公務員之義務主要規定在公務員服務法，學者稱之為公務員義務之準據法❶。不過，公務員服務法制定於民國 28 年。民國 32 年、36 年、85 年及民國 89 年時均僅有小幅度修正，且內容過度道德化❷，未能符合社會對公務員之期待與要求。故多年來，除抗戰前後制定之公務員服務法、公務人員交代條例、宣誓條例外，更新訂公職人員財產申報法並研究提出「公務人員行政中立法草案」、「聘用人員人事條例草案」、「政務人員法草案」、「公務人員基準法草案」等，增加公務人員之財產申報義務、行政中立義務、維護身心健康義務，試圖釐清、確定公務人員之義務範圍❸。試依現行法律及上述有關公務人員法律草案之規定，分節說明公務

---

❶　吳庚，《行政法之理論與實用》，頁 256。除此之外，尚有公職人員財產申報法、公職人員利益衝突迴避法、行政程序法以及警察人員管理條例，司法人員人事條例等亦有公務員義務之規範。林明鏘，〈公務員法〉，翁岳生編，《行政法》，頁 362。

❷　林明鏘，上揭文，頁 362。

❸　公務員之義務範圍不應無限，故公務人員基準法草案第 42 條規定，公務人員除依法令規定及長官監督範圍內之指示執行職務外，不負其他義務。

員之義務。

第二節　公務員之忠心義務

　　公務員服務法第 1 條規定：「公務員應遵守誓言，忠心努力，依法律命令所定執行其職務❹。」此一規定即為公務員之忠心義務，有稱之為忠實義務者❺，亦有稱之為忠誠義務者❻，其實忠心包括了一切，是否忠誠、忠實均存在於公務員對國家、對人民之忠心服務。而所謂對國家、對人民之忠心服務，其準據除為自己之誓言外，尚有客觀之法律、命令為依據。為求明確，公務人員基準法草案第 26 條補充了宣誓條例僅限於特任人員、機關首長、初任警官及少數公職人員之缺失，於第 1 項規定：「公務人員應依法宣誓或填寫服務誓言❼。」值得注意的是，同條第 2 項更具體規定：「公務人員應遵守誓言，誠實清廉、謹慎勤勉，依法令執行職務，致力於維護國家與人民之權益及公務人員之信譽。」

第三節　公務員之敬業義務

　　公務員除了在心理上有效忠國家、人民之忠心外，在行為上更應敬謹

---

❹　此即為依法行政義務之規範，如何考核、監督可參閱，陳清秀，〈依法行政之考核與監督〉，《法令月刊》，第 62 卷 10 期，2011 年 10 月，頁 71–88。

❺　吳庚，上揭書，頁 256。

❻　陳敏，《行政法總論》，頁 900；林明鏘，上揭文，頁 363。德國聯邦憲法法院關於「公務員之忠誠義務」之裁定，請參閱林明鏘，《公務員法研究㈠》，頁 511–560。

❼　現時依公務人員任用法施行細則第 3 條規定，常務人員也須填寫服務誓言。至於公營事業人員，依其性質，除少數首長應依宣誓條例宣誓外，尚無要求其填寫服務誓言。

執事，此即為公務員之敬業義務。公務員服務法第 7 條至第 12 條對此作了較明細的規定，即：

一、切實執行職務

公務員服務法第 7 條規定，公務員執行職務，應力求切實，不得畏難規避，互相推諉，或無故稽延。

二、按時就職

公務員服務法第 8 條規定，公務員接奉任狀後，除程期外，應於 1 個月內就職，但具有正當事由，經主管高級長官特許者，得延長之。其延長期間以 1 個月為限。公務員如不依此規定按時就職，司法院院解字第 4017 號認公務員久不到差，如果有關法規定明於一定期間停止任用者，非公務員懲戒法上之處分，應由有任免權之機關以命令行之。此一規定及司法解釋恐將生爭議，故公務人員基準法草案第 27 條較明細的規定：「公務人員初任、再任、調任或轉任，除法令另有規定者外，應於接奉派令之日起三十日內就職；其有正當理由者，得請求延長之，延長期間以三十日為限。公務人員未能依前項規定之期限就職者，應廢止其派令。」

三、迅速出差

公務員服務法第 9 條規定，公務員奉派出差，至遲應於 1 星期內出發，不得藉故遲延或私自回籍或往其他地方逗留。

四、堅守崗位

公務員服務法第 10 條規定，公務員未奉長官核准，不得擅離職守，其出差者亦同。如有違反者，輕則送懲戒，重者如有委棄守地者，依刑法第 120 條規定，可處死刑、無期徒刑或 10 年以上有期徒刑。

五、依時辦公

公務員服務法第 11 條規定，公務員辦公應依法定時間，不得遲到早退，其有特別職務，經長官許可者，不在此限。行政機關也常訂定法令規定出勤、辦公時間，如「臺北市市政中心各機關彈性上班實施要點」，「天然災害停止辦公及上課作業辦法」等以資規範。

六、依規請假

公務員服務法第 12 條規定，公務員除因婚、喪、疾病、分娩或其他正當事由外，不得請假。為此，行政院、考試院會銜訂定「公務人員請假規則」以資規範。

除了上述種種敬業義務外，公務人員基準法草案第 25 條第 3 項更就積極主動層面規定公務員之敬業義務，即：「公務人員對主管業務，應注重研究發展，並主動推出革新建議。」

第四節　公務員之服從義務

行政與立法不同，其特質在於行政之一體性，透過上命下從之組織建構原理，實現人民福祉，迅速有效達成行政任務。有鑑於此，公務員之服從義務，應從傳統狹隘的臣屬政治文化跳脫❽，朝向尊重公務員獨立人格尊嚴，以法律明白規定，使公務員不再從屬於特定政治人物，而是屬於國家，服從人民主權所表現之憲法意旨及其所付託公務官員之命令。公務員對於長官合憲、合法之職務命令，固應服從，對於違憲、非法之命令，則應有依法不服從之權利，此才是公務員服從義務之本旨。茲依現行法令、學說理論及立法改革方向分述於次。

公務員服務法第 2 條規定：「長官就其監督範圍以內，所發命令，屬官有服從之義務。但屬官對於長官所發命令，如有意見，得隨時陳述。」同法第 3 條又規定：「公務員對於兩級長官同時所發命令，以上級長官之命令為準，主管長官與兼管長官同時所發命令，以主管長官之命令為準。」此二條即在明定公務員之服從義務、陳述權利及遇有上下兩級長官或主管、兼管長官之命令有異時之服從義務。此在長官命令合法之情形下，固無問題，但長官之命令如有形式、程序均合法但內容實質違法、違憲之情形下，則上述公務員服務法第 2 條、第 3 條之規定，即難以妥當適

❽　李震山，《行政法導論》，頁 180。

用，而究應如何處理此情形下公務員之服從義務，學說上曾有下列見解❾，即：

一、絕對服從說

意指凡長官在其監督範圍內所為之命令，不論有無違法，屬官均應服從。此一學說之缺失在未尊重屬官人格之獨立自主，且盲目使屬官執行長官違法命令，不符依法行政意旨。

二、相對服從說

意指長官之命令合法者，屬官必須服從，而長官之命令違法者，屬官不須服從❿。此一學說之缺失乃無異承認屬官對長官命令有審查權，而經屬官審查認為違法之命令即得拒絕服從，亦有違行政上下一體及指揮監督原理。

三、意見陳述說

意指屬官對長官之命令有服從義務，但如有意見，得隨時向長官陳述，若長官不採納，則屬官仍應服從，此說雖賦予獨立思考判斷並得陳述意見機會，但如長官拒絕採納，仍須服從，則與上述之絕對服從說，實質上幾無差異，其是否能單獨成立一說，學者頗有質疑⓫。但我公務員服務法第二條之規定卻與此說意旨相當。

由於上述學說並不能完全解決問題，故學者針對長官之合法職務命令及違法職務命令分別加以區別界定⓬，以為決定屬官服從義務的標準。凡屬合法者要服從，而屬違法者，則不須服從。

一、合法職務命令之要件

1.命令者須有指揮權。

---

❾ 陳敏，上揭書，頁 1078、1079；李震山，上揭書，頁 181；張家洋，《行政法》，頁 454；另參閱周志宏，〈職務命令與服從義務〉，台灣行政法學會主編，《行政法爭議問題研究（下）》，五南圖書出版公司，2000 年 12 月，頁 1273–1304。

❿ 此說意旨與刑法第 21 條第 2 項之規定相當。參閱陳敏，上揭書，頁 1079。

⓫ 吳庚，上揭書，頁 257。

⓬ 參閱李震山，上揭書，頁 182–187。

2.命令須與屬官職務有關。

3.命令內容須非法律上不能或事實上不能。

4.命令須具備法定形式並經正當程序。

5.命令之事項非屬應獨立處理之職務範圍。

另外，德國學者認為合法職務命令之要件為：一、長官須有地域及事務管轄權。二、執行命令之屬官亦須有相同之管轄權限。三、長官命令之下達符合職權行使之方式。四、下達命令係為職務上之目的。五、長官應提供足夠之資訊，以示對執行命令之負責。六、命令須非明確違法。❸。

二、違法職務命令之情況

命令有重大明顯之瑕疵，如命令警察逮捕會議期間之民意代表❹，或如命令違章拆除人員對靜坐阻撓執行的居民，不管任何情形均加以毆打❺，這些乃屬於違憲、違法之職務命令。

長官之命令是否違法不易立即判明時，屬官應如何處理，不免成為問題。就此外國立法例之規定如德國聯邦公務員法第 55 條及第 56 條有較明確規定，即屬官發現長官命令合法性有問題時，可向其直屬長官報告，如直屬長官堅持原議，而該屬官仍有意見時，可向更上一級長官報告，如此一長官仍認為命令合法時，除服從該項命令將構成刑罰或秩序罰制裁之行為，或損害人類尊嚴者外，該屬官應立即執行，屬官並得請求長官就其命令以書面為之，一切責任由命令之長官負擔❻。又奧國聯邦公務員法第 44 條第 3 項則規定：「公務員對於長官之命令，因其他理由認為違法者，應於服從指令行事前，告知該長官。但涉及非立即採取措施將造成危害者，不在此限。受告知之長官如未以書面下達其指令，視為撤回。」此種規定公務員報告違法義務及規定未以書面下達指令，視為撤回方式，均有

---

❸　Hans J. Wolff/Otto Bachof/Rolf Stober, Verwaltungsrecht II, 5. Auflage, C. H. Beck, 1987, §114 III, 16；另吳庚，上揭書，頁 257。

❹　李震山，上揭書，頁 185，註 13。

❺　李震山，上揭書，頁 185。

❻　吳庚，上揭書，頁 258 所註報告；李震山，上揭書，頁 186。

助於釐清下令者與服從者之責任❶。

考試院與行政院會銜所提之公務人員基準法草案第 28 條第 1 項即參酌上述立法例而規定：「公務人員對於長官監督範圍內所發之命令有服從之義務，如認為該命令違法，應負報告之義務；該管長官如認其命令並未違法，而以書面下達時，公務人員應即服從；其因此所生之責任，由該長官負之。但其命令有違反刑事法律者，公務人員無服從之義務。前項情形，該管長官非以書面下達命令者，公務人員得請求其以書面為之，該管長官拒絕時，視為撤回其命令。公務人員對於長官所發命令，以上級長官之命令為準。其有主管長官與兼管長官者，以主管長官之命令為準。依據法律獨立行使職權者，就其職權之行使，或民選地方行政首長依法令辦理地方自治事項時，不適用前三項之規定。」

民國 92 年重新制訂公布全文 104 條之公務人員保障法第 17 條，採納了上述德奧公務員法之服從義務規範而有下列規定：「公務人員對於長官監督範圍內所發之命令有服從義務，如認為該命令違法，應負報告之義務；該管長官如認其命令並未違法，而以書面下達時，公務人員即應服從；其因此所生之責任，由該長官負之。但其命令有違反刑事法律者，公務人員無服從之義務。前項情形，該管長官非以書面下達命令者，公務人員得請求其以書面為之，該管長官拒絕時，視為撤回其命令。」是以公務人員之服從義務規範已與現時公務員法之規定有所不同。而公務人員之服務義務可析述為：

1.命令須為長官監督範圍內。

2.公務人員如認該長官命令違法，應負報告義務。

3.長官如認其命令未違法，並以書面下達時，公務人員即應服從，但其命令有違反刑事法律者，公務人員無服從之義務。

4.長官如認其命令未違法，但卻不以書面下達時，公務人員得請求其以書面為之，該管長官拒絕時，視為撤回其命令。

5.長官以書面下達之命令，如有違法，由此所生之責任由該長官負之。

---

❶　吳庚，上揭書，頁 258 所註報告。

第五節　公務員之保密義務

公務員處理公共事務、收受、保管之資訊甚多，有應公開民眾知悉以保障人民資訊權益者❶，亦有應列為機密❶，不得洩漏以免造成經濟波動、社會恐慌、國家安全、外交利益受危害之情形。為此公務員服務法第4條第1項乃規定：「公務員有絕對保守政府機關機密之義務，對於機密事件，無論是否主管事務，均不得洩漏，退職後亦同。」此為公務員保密義務之一般法律依據，其他法律如國家機密保護法第14條、典試法第31條、稅捐稽徵法第33條、專利法第15條第2項、電信法第7條則為公務員保密之特別法律依據。除了法律依據之外，行政機關亦訂定了許多課以公務員保密義務之行政命令，如「行政院所屬機關電腦設備安全暨資訊機密維護準則」、「內政部警政署電子計算機作業保密安全實施規定」、「警察機關維護公務機密實施要點」。民國92年更以國家機密保護法規範國家機密之保護，依該法第38條規定：「公務員違反本法規定者，應按其情節輕重，依法予以懲戒或懲處。」

公務員服務法第4條第1項所稱「公務員有絕對保守政府機關機密之義務」，顯有語病，因刑事訴訟法第179條第1項規定「以公務員或曾為公務員之人為證人，而就其職務上應守秘密之事項訊問者，應得該管監督機關或公務員之允許」❷，而此項允許依同條第2項規定：「前項允許，

---

❶　地方制度法第16條第5款規定參照。另民國94年12月28日制定公布之「政府資訊公開法」第6條明白規定：「與人民權益攸關之施政措施及其他有關之政府資訊，以主動公開為原則，並應適時為之。」

❶　如民國92年2月6日制定公布全文41條之「國家機密保護法」。

❷　民事訴訟法第306條亦有類似規定。新修正之行政訴訟法第144條第1項、第2項更規定：「以公務員、中央民意代表或曾為公務員、中央民意代表之人為證人，而就其職務上應守秘密之事項訊問者，應得該監督長官或民意機關之同意。前項同意，除有妨害國家高度機密者外，不得拒絕。」

除有妨害國家之利益者外，不得拒絕。」因此，公務員之保密義務與公務員之作證義務如有衝突時，公務員並不可絕對保守政府之機密。依行政程序法或「政府資訊公開法」，公務員更無絕對保守機密之情形存在。

公務員違反保密義務者，除應負受懲戒、懲處之行政責任外，依刑法第 132、318 條以及妨害軍機治罪條例第 2 條之規定，尚有刑事責任。

又為避免公務隨意以談話方式，洩漏機關機密，公務員服務法第 4 條第 2 項又規定，公務員未得長官許可，不得以私人或代表機關名義，任意發表有關職務之談話。此一規定在今日媒體發達、民眾資訊權益日增之情況下，似已成為具文❷❶。各機關雖設有發言人制度，但公務員尤其是檢察官、警察人員常有直接在電視媒體發表談話的情形，卻未聞有受處分之情形。學者認為「人民知的權利」與「公務員守密義務」在現代民主法治國家中，都有其存在之必要，兩者間之關係也應加以調和❷❷。

為了釐清公務員保密義務之範圍與界限，民國 95 年考試院所提「公務人員基準法草案」第 29 條乃規定：「公務人員應絕對保守國家機密及公務機密。對於機密事件，無論是否主管事務均不得洩漏；離職後亦同。公務人員未經長官許可，不得以個人或代表機關名義，任意發表有關職務之談話。但具政務人員身分之行政首長及民選地方行政首長，不在此限。公務人員就應守秘密之事項為證言時，應經服務機關或原服務機關之許可。」不過，此一規定中仍有「絕對保守」機密之用語，實非妥適，前已批判。

---

❷❶ 李震山對此規定亦有批判，詳見李震山，上揭書，頁 188、189、194。另參閱，林明鏘，〈公務機密與行政資訊公開〉，氏著，《公務人員法研究㈠》，臺灣大學法學叢書，民國 94 年 2 月，頁 61–110。

❷❷ 參引，李震山，上揭書，頁 194；另參閱，石世豪，〈國家機密保護的立法政策考量——兼論媒體資訊獲取應有的配套機制〉，《立法院院聞》，第 30 卷第 5 期，民國 91 年，頁 25 以下。

第六節　公務員之保持品位義務

　　公務員與一般人民不同，代表國家處理公共事務，其所為言論行為，影響國家形象及人民對公權力能否公正、清廉行使之信任感，故法律對公務員之品位風格較一般人民有較高之期許與要求。公務員服務法第 5 條即規定：「公務員應誠實清廉，謹慎勤勉，不得有驕恣貪惰，奢侈放蕩，及冶遊賭博，吸食煙毒等，足以損失名譽之行為。」此一規定為民國 28 年公務員服務法制定時，符合當時社會觀念對公務員之期許與要求，今日學者認其所用辭語皆為修身之德日，而非法律上之辭句，加以垢病 ❷❸。殊不知法律是道德之化身，是最低限度之道德。德國聯邦公務員法第 54 條仍亦有道德良知之規範。該條規定：「公務員應以全力從事其本身職務，且應本於最大良知，不為私利執行職務。公務員職務內與職務外之行為須符合於維護其職業上之尊嚴與信任者，始可為之。」這就是德國學者所謂「維持尊嚴或受信任之義務」(Die Pflicht zu achtungswürdigem Verhalten) ❷❹。

　　公務執行之良窳，存乎公務員之一心，但法條文字具體之規範有時而窮，因此法律亦應有對公務員道德期許、要求之抽象規定，但為免過於寬泛，民國 95 年考試院所提公務人員基準法草案第 32 條乃試圖用較明確的方式來規定，用以禁止公務人員從事與其職務、身分顯不相容之行為，即：「公務人員不得有下列行為：一、罷工、怠職或其他足以產生相當結果之行為。二、發起、主辦、幫助、參與以暴力破壞政府之集會、遊行、示威或抗議。三、假借職務上之權力、機會或方法，故意加損害於他人。四、利用職權、公款或職務上持有、知悉之消息，直接或間接圖自己或他

❷❸　吳庚，上揭書，頁 259。

❷❹　Wolff/Bachof/Stober, Verwaltungsrecht II, 5. Aufl. C. H. Beck, 1987, §114, V 27, 28, 29.

人不法利益。五、兼任以營利為目的之公司或團體之職務。但兼任代表公股股權之董事、監察人或理、監事者，經服務機關許可；機關首長經上級主管機關許可者，不在此限。六、經營營利事業或投資於屬其服務機關監督之營利事業。七、投資於非屬其服務機關監督之營利事業而其所有股份總額超過該營利事業股本總額百分之十者。八、與團體或個人從事不法利益交易活動。九、其他法律禁止或限制之行為。前項第五款但書所定之兼職，於國營事業應依國營事業管理相關法律之規定辦理。但各級政府機關及公立學校公務人員兼任國營事業之董事、監察人或理、監事者，不得再兼任該國營事業推動合併或成立控股公司及其子公司之董事長、副董事長或相當之職位。公務人員違反第一項之規定，其情節重大者，應先予停職；有關情節重大之認定標準，由考試院會同行政院定之。」

第七節　公務員之迴避義務

公務員服務法第 17 條規定：「公務員執行職務時，遇有涉及本身或其家族之利害事件，應行迴避」，此即為公務員之迴避義務，避免公務員以私害公，影響政府形象及公信力。但此條所指「家族」一詞，範圍過於寬泛，公務人員基準法草案第 35 條乃作較明確之規定，即：「公務人員執行職務，遇有涉及本人、配偶或三親等以內血親、姻親利害關係之事件，應行迴避，其他法律另有嚴格規定者，從其規定。」

除了公務員服務法之規定，依現行法律，公務員尚有下列規定之迴避義務❷⑤，例如：

一、行政程序法第 32 條規定之自行迴避

即公務員在行政程序中，有下列各款情形之一者，應自行迴避：

---

❷⑤ 相關論文請參閱，蕭文生，〈我國迴避制度探討〉，《台灣法學雜誌》，第 190 期，2011 年 12 月，頁 14–43；陳清秀，〈淺談迴避制度本質及相關問題〉，《臺灣法學雜誌》，第 190 期，2011 年 12 月，頁 44–47。

　　1.本人或其配偶、前配偶、四親等內之血親或三親等內之姻親或曾有此關係者為事件之當事人時。

　　2.本人或其配偶、前配偶，就該事件與當事人有共同權利人或共同義務人之關係者。

　　3.現為或曾為該事件當事人之代理人、輔佐人者。

　　4.於該事件，曾為證人、鑑定人者。

二、行政程序法第 33 條第 1 項至第 4 項規定之申請迴避

　　即公務員有下列各款情形之一者，當事人得申請迴避：

　　1.有前條所定之情形而不自行迴避者。

　　2.有具體事實，足認其執行職務有偏頗之虞者。

　　前項申請，應舉其原因及事實，向該公務員所屬機關為之，並應為適當之釋明；被申請迴避之公務員，對於該申請得提出意見書。不服行政機關之駁回決定者，得於五日內提請上級機關覆決，受理機關除有正當理由外，應於十日內為適當之處置。被申請迴避之公務員在其所屬機關就該申請事件為准許或駁回之決定前，應停止行政程序。但有急迫情形，仍應為必要處置。

三、行政程序法第 33 條第 5 項規定之命令迴避

　　即公務員有前條所定情形不自行迴避，而未經當事人申請迴避者，應由該公務員所屬機關依職權命其迴避。

四、政府採購法第 15 條第 1 項至第 4 項規定之採購迴避

五、訴願法第 55 條規定之審議委員之迴避

　　即訴願審議委員會主任委員或委員對於訴願事件有利害關係者，應自行迴避，不得參與審議。

六、行政訴訟法第 19 條至第 21 條規定行政法院法官與書記官及通譯等之迴避

七、民事訴訟法第 32 條至第 39 條規定法官與書記官及通譯等之迴避。

八、刑事訴訟法第 17 條至第 26 條規定推事、書記官、通譯、檢察官、辦理檢察事務書記官等之迴避。

九、憲法法庭審理規則第 4 條、第 5 條亦規定大法官應自行迴避及被聲請迴避之事由。

十、公職人員利益衝突迴避法第 2 條規定，公職人員財產申報法第 2 條第 1 項所定之人員有依該法第 10 條之迴避義務。其迴避之種類為該法第 11 條至第 13 條所規定之自行迴避、申請迴避及命令迴避❷❻。

十一、立法委員行為法亦對屬於最廣義公務員之立法委員有利益迴避之規定。該法第 19 條至第 24 條分別規定了立法委員利益迴避應行迴避事由、迴避審議及表決與其本身有利益之議案等。

十二、「國家通訊傳播委員會組織法」第 7 條規定，該會委員於任職期間應謹守利益迴避原則。

有關公務員之迴避義務，現時多採增加一個組織法律就加以規定，實有浪費立法之嫌。因行政程序法公布施行後，對於公務人員之自行迴避、申請迴避及命令迴避可資適用，實不必在每個法律上有迴避條文之規定。

第八節　公務員之告發犯罪義務

公務員獲國家支付優厚薪俸，在執行職務中知有對侵害國家、社會法益之犯罪，自應有告發義務，因此刑事訴訟法第 241 條規定：「公務員因執行職務知有犯罪嫌疑者，應為告發。」公務人員基準法草案第 37 條亦規定：「公務人員因執行職務，知有犯罪嫌疑者，除法律有特別規定者外，應即向長官報告，並向檢察官或司法官告發。」此一規定更課賦公務員於告發時，應即向長官報告。而所謂法律有特別規定者係指審計法第 17 條之規定，即：「審計人員發覺各機關人員有財務上不法或不忠於職務上之

---

❷❻　相關實例論文請參閱，胡博硯，〈公職人員利益衝突迴避法規範對象與範圍爭議／北高行 99 訴 1718〉，《台灣法學雜誌》，第 188 期，2011 年 11 月，頁 180–187；胡博硯，〈公職人員利益衝突迴避法規範對象與範圍研究〉，《台灣法學雜誌》，第 190 期，2011 年 12 月，頁 48–60。

行為，應報告該管審計機關，通知各該機關長官處分之，並得由審計機關報請監察院依法處理；其涉及刑事者，應移送法院辦理，並報告於監察院。」民國 95 年 7 月間，因陳水扁總統涉及以他人消費之發票❷，供報銷國務機要費之不法事項，審計人員即依此第 17 條之規定，報請監察院依法處理並移送法院辦理。

第九節　公務員之進修與受訓義務

由於政治、經濟、社會變遷迅速，公務員任職後如不持續進修或接受在職訓練，將難以適應日新月異、變動快速的經濟、社會情勢。因此，考試院、行政院會銜提出的公務人員基準法草案第 39 條乃規定：

1. 公務人員應配合工作需要，接受在職訓練或進修。
2. 公務人員之訓練與進修情形，應列為考核及陞遷評量要項。
3. 公務人員之訓練及進修，另以法律定之，此即為公務人員訓練進修法制定之法源依據。

民國 91 年制定之公務人員訓練進修法第 4 條第 1 項也明確規定：「公務人員考試錄取人員、初任公務人員、升任官等人員、初任各官等主管人員，應依本法或其他相關法令規定，接受必要之職前或在職訓練。」

第十節　公務員之維護身心健康義務

公務人員身心健康對於公務之順利推動，公共安全之影響甚大，特別是保管、使用武器、實驗設備、核能器械之軍人、警察、科技人員，其身

---

❷　參閱，《中國時報》社論，〈拿別人發票報國務機要費也算轉型正義？〉，民國 95 年 8 月 14 日，A2 版。《聯合報》社論，〈發票案：陳水扁應受偵查，吳淑珍可受偵訴〉，民國 95 年 8 月 14 日，A2 版。

心若不健康，極可能引起社會極大災變。因此考試院、行政院會銜提出之公務人員基準法草案第 36 條乃規定：「公務人員應維護身心健康，如罹病致影響職務之執行時，應即就醫或休養；服務機關於必要時得命其接受檢查或療養。」

第十一節　公務員之交代義務

公務員經手之業務與保管之文件、財物對於公務之延續推展甚為重要，公務員離職時應為交代，使行政資訊、財力、經驗能順利轉移到繼任之公務員，而藉此也可釐清前、後任公務員之責任。現行公務員服務法雖無公務員交代義務，但民國 20 年時即有公務員交代條例之制定，詳細規定了機關首長、主管人員、經管人員等各級人員之交代義務❷❽，而各級人員逾期不移交或移交不清且不依限交代清楚者，即會被移送懲戒❷❾。

上述公務人員基準法草案第 38 條第 2 項亦規定，「公務人員對於職務上所經辦之業務及經管之文書、財物，於離職時應妥為交代。前項交代有關事項，另以法律定之。」

值得一評的是，公務員交代條例自民國 20 年制定後，在民國 28 年、34 年、36 年有小幅度修正，而自民國 42 年 12 月修正更名為公務人員交代條例後，至今 60 餘年，從未再修正，其第 4 條、第 5 條所規定應移交之事項，顯屬殘缺，未能符合 21 世紀資訊社會之需求，亟宜早日更新補充之。

---

❷❽　參照公務人員交代條例第 3 條至第 6 條規定。
❷❾　參閱公務人員交代條例第 17 條規定。

第十二節　公務員之善良保管義務

如上所述，文書、財物之保管對行政事務之推動，甚具關鍵重要性，故公務員服務法第 20 條規定：「公務員職務上所保管之文書財物，應盡善良保管之責，不得毀損變換私用或借給他人使用。」上述公務人員基準法草案第 38 條第 1 項亦規定：「公務人員對於職務上所經管之文書、財物，應盡善良管理人之義務。」

第十三節　公務員之財產申報義務

為端正政風，防止貪瀆，確立公職人員清廉之作為，建立公職人員利害關係之規範，民國 82 年 9 月 1 日起施行了公職人員財產申報法，依此法公務人員就其本人、配偶及未成年子女所有之財產，均應申報，而所謂之財產包括：

1. 不動產、船舶、汽車及航空器。
2. 一定金額以上之存款、外幣、有價證券及其他具有相當價值之財產。
3. 一定金額以上之債權、債務及對各種事業之投資。

公務員明知應依規定申報，無正當理由不為申報依公職人員財產申報法第 11 條規定，處新臺幣 6 萬元以上 30 萬元以下罰鍰。其故意申報不實者，亦同。由於此一罰則規定過輕，因此公務員每有不為申報或故意申報不實者，致使公職人員財產申報法之立法意旨無法落實。民國 95 年間爆發陳水扁總統夫婦未依公職人員財產申報法規定申報股票交易、珠寶及銀行帳戶事端，引發重大政潮及前民進黨主席施明德發起之百萬人倒扁運動 ❸ 。

第十四節　公務員之行政中立義務

　　公務員係為國家與人民服務，應以國家與人民之利益為先、為重，其雖可參與政黨結社，從事政黨活動，但不得影響上班或公務之執行，甚或基於政治考量，專為特定政黨服務而損及公共利益。現行公務員服務法因無公務員行政中立義務之規定，以致常有爭議。因此，民國 98 年 6 月 10 日總統公布之「公務人員行政中立法」乃詳細規定了公務人員之種種行政中立義務，並將此法準用於公立學校校長、兼任行政職務之教師、依法聘用、僱用人員以及公營事業機構人員、行政法人有給專任人員……等，範圍甚為廣大，以確保行政中立❸❶。

　　依公務人員行政中立法各條規定，公務人員行政中立的義務，主要有：

　　1.執行職務之中立——公務人員行政中立法第 4 條規定，公務人員應依法公正執行職務，不得對任何團體或個人予以差別待遇。

　　2.不得兼任政黨或政治團體之職務——公務人員行政中立法第 5 條規定，公務人員不得兼任政黨或其他政治團體之職務；不得介入政黨派系紛爭；不得兼任公職候選人競選辦事處之職務。

　　3.禁止利用職務從事政黨行為——公務人員行政中立法第 6 條規定，公務人員不得利用職務上之權力、機會或方法，使他人加入或不加入政黨或其他政治團體；亦不得要求他人參加或不參加政黨或其他

---

❸❶　參閱，《聯合報》，民國 95 年 8 月 13 日，A3 版。

❸❶　論文請參閱，歐育誠，〈我國行政中立法的建制與實踐〉，《人事行政》，第 191 期，2015 年 4 月，頁 11–22；黃錦堂，〈公務人員行政中立法的主要解釋問題——兼論與德國法、美國法之比較〉，《人事行政》，第 191 期，2015 年 4 月，頁 23–43；實例論文請參閱，黃俊杰，〈公務人員之行政中立義務〉，《月旦法學教室》，第 196 期，2019 年 2 月，頁 9–11。

政治團體有關之選舉活動。

4. 從事政治活動之時間限制及例外——公務人員行政中立法第 7 條規定，公務人員不得於上班或勤務時間，從事政黨或其他政治團體之活動。但依其業務性質，執行職務之必要行為，不在此限。前項所稱上班或勤務時間，指下列時間：一、法定上班時間。二、因業務狀況彈性調整上班時間。三、值班或加班時間。四、因公奉派訓練、出差或參加與其職務有關活動之時間。

5. 禁止利用職權捐助政黨或為政黨募款——公務人員行政中立法第 8 條規定，公務人員不得利用職務上之權力、機會或方法，為政黨、其他政治團體或擬參選人要求、期約或收受金錢、物品或其他利益之捐助；亦不得阻止或妨礙他人為特定政黨、其他政治團體或擬參選人依法募款之活動。

6. 禁止從事之政治活動或行為——公務人員行政中立法第 9 條規定，公務人員不得為支持或反對特定之政黨、其他政治團體或公職候選人，從事下列政治活動或行為：一、動用行政資源編印製、散發、張貼文書、圖畫、其他宣傳品或辦理相關活動❸❷。二、在辦公場所懸掛、張貼、穿戴或標示特定政黨、其他政治團體或公職候選人之旗幟、徽章或服飾。三、主持集會、發起遊行或領導連署活動。四、在大眾傳播媒體具銜或具名廣告。但公職候選人之配偶及二親等以內血親、姻親只具名不具銜者，不在此限。五、對職務相關人員或其職務對象表達指示。六、公開為公職候選人站台、助講、遊行或拜票。但公職候選人之配偶及二親等以內血親、姻親，不在此限。前項第 1 款所稱行政資源，指行政上可支配運用之公物、公款、場所、房舍及人力等資源。第 1 項第 4 款及第 6 款但書之行為，不得涉及與該公務人員職業上有關之事項。

7. 禁止利用職權妨害投票權之行使——公務人員行政中立法第 10 條

---

❸❷　相關實例論文請參考，許育典，〈當行政中立遇到言論與學術自由〉，《月旦法學教室》，第 85 期，2009 年 11 月，頁 6-7。

規定，公務人員對於公職人員之選舉、罷免或公民投票，不得利用職務上之權力、機會或方法，要求他人不行使投票權或為一定之行使。

8. 禁止帶職參選——公務人員行政中立法第 11 條規定，公務人員登記為公職候選人者，自候選人名單公告之日起至投票日止，應依規定請事假或休假。公務人員依前項規定請假時，長官不得拒絕。

9. 公正、公平受理政黨申請事項——公務人員行政中立法第 12 條規定，公務人員於職務上掌管之行政資源，受理或不受理政黨、其他政治團體或公職候選人依法申請之事項，其裁量應秉持公正、公平之立場處理，不得有差別待遇。

10. 禁止選舉期間在辦公處所從事競選活動——公務人員行政中立法第 13 條規定，各機關首長或主管人員於選舉委員會發布選舉公告日起至投票日止之選舉期間，應禁止政黨、公職候選人或其支持者之造訪活動；並應於辦公、活動場所之各出入口明顯處所張貼禁止競選活動之告示。

11. 長官違反行政中立之舉發——公務人員行政中立法第 14 條規定，長官不得要求公務人員從事本法禁止之行為。長官違反前項規定者，公務人員得檢具相關事證向該長官之上級長官提出報告，並由上級長官依法處理；未依法處理者，以失職論，公務人員並得向監察院檢舉。

12. 拒絕從事違反行政中立之行為，不受不公平對待或不利處分——公務人員行政中立法第 15 條規定，公務人員依法享有之權益，不得因拒絕從事本法禁止之行為而遭受不公平對待或不利處分。公務人員遭受前項之不公平對待或不利處分時，得依公務人員保障法及其他有關法令之規定，請求救濟。

13. 違反行政中立之懲戒或懲處——公務人員行政中立法第 16 條規定，公務人員違反本法，應按情節輕重，依公務員懲戒法、公務人員考績法或其他相關法規予以懲戒或懲處；其涉及其他法律責任

者，依有關法律處理之。

除此之外，國家情報工作法第 6 條亦規定了擔任情報工作公務人員之行政中立義務❸，即：情報工作之執行，應兼顧國家安全及人民權益之保障，並以適當之方法為之，不得逾越所欲達成目的之必要限度。情報機關及情報人員，應嚴守行政中立，並不得為下列行為：一、擔任政黨、政治團體或公職候選人提供之職務。二、利用職務上之權力、機會或方法使他人加入或不加入政治團體或參與協助政黨、政治團體或公職候選人舉辦之活動。三、於機關內部建立組織以推展黨務、宣傳政見或其他政治性活動。

第十五節　公務員之不為特定行為義務

除了上述之公務員義務外，為了避免公務員利用職權，循私舞弊，圖謀私益，損害他人或妨害公務之推動、進行，公務員服務法及工會法又規定了許多公務員不為特定行為之義務，如：

1.不得濫權之義務——公務員服務法第 6 條規定，公務員不得假借權力，以圖本身或他人之利益，並不得利用職務上之機關，加損害於他人。

2.不得經營商業或投機事業——公務員服務法第 13 條第 1 項規定，公務員不得經營商業或投機事業。

3.不得兼職之義務——公務員服務法第 14 條第 1 項規定，公務員除法令所規定外，不得兼任他項公職或業務，其依法令兼職者，不得兼薪及兼領公費。

4.不得擔任與離職前職務有關之職位——民國 85 年公務員服務法修

---

❸ 民國 100 年底總統大選競選活動期間，即曾發生疑似情報工作違反行政中立事項。根據《壹週刊》出示調查局內部文件，指控馬英九政府動用國安情治機關監控、情蒐蔡英文事件。參閱，蘋論，〈嚴禁情治機關干政〉，《蘋果日報》，民國 100 年 12 月 30 日，A25 版。

正增訂之第 14 條之 1 規定：「公務員於其離職後三年內，不得擔任與其離職前五年內之職務直接相關之營利事業董事、監察人、經理、執行業務之股東或顧問。」由於此一規定過於寬鬆❸❹，造成離職之政務官轉任非營利事業之財團法人董事長、執行長時，坐領比部長高近倍之月薪或甚有坐領雙薪情事，非常不合理❸❺。因此，在民國 94 年 10 月 3 日考試院函請立法院審議之公務員服務法第 14 條之 1 的修正條文即有下列限縮之規定：「公務員於離職後三年內，不得就與離職前五年內原掌理之業務有直接利益關係之事項，為自己或他人利益，直接或間接與原任職機關或其所屬機關接洽或處理相關業務。」另民國 95 年 6 月 16 日考試院向立法院所提之公務人員基準法草案第 41 條亦有相類似之規定。法令雖有公務人員不得擔任與離職前職務有關之職位，但在行政事務上，仍然不斷發生疑似違反事例。民國 100 年總統大選期間，即爆發蔡英文卸任行政院副院長職務後，接任宇昌生技公司董事長，涉及違反公務員服務法第 14 條之 1 的公務員利益衝突迴避義務❸❻。

5.不得非經許可兼任有酬職務——公務員服務法第 14 條之 2 第 1 項規定，公務員兼任非以營利為目的之事業或團體之職務，受有報酬者，應經服務機關許可。機關首長應經上級主管機關許可。

6.不得非經許可兼課或兼任其他工作——公務員服務法第 14 條之 3 規定，公務員兼任教學或研究工作或非以營利為目的之事業或團體之職

---

❸❹ 參閱，郭冬瑞，〈我國公務員旋轉門制度之檢討〉，《國會月刊》，第 42 卷第 11 期，2014 年 11 月，頁 68-100；李志強，〈推動聯合國反貪腐公約——以我國旋轉門條款為例〉，《法務通訊》，第 2781 期，2015 年 12 月 31 日，頁 3-5。

❸❺ 參閱，記者林庭瑤報導，〈轉任財團法人，酬庸浮濫〉，《中國時報》，民國 95 年 8 月 14 日，A4 版。另參閱，林騰鷂，〈行政遁入私法，肥貓橫行〉，《中國時報》，民國 98 年 10 月 8 日，A14 版。

❸❻ 參閱，吳景欽，〈宇昌案暴露了什麼問題〉，《中國時報》時論廣場，民國 100 年 12 月 13 日，A16 版。《中國時報》社論，〈不守利益迴避原則，可當總統嗎？〉，民國 100 年 12 月 13 日，A17 版。

務，應經服務機關許可。機關首長應經上級主管機關許可。

7.不得推薦人員、關說請託——公務員服務法第 15 條規定，公務員對於屬官不得推薦人員，並不得就其主管事件有所關說或請託。

8.不得贈受財物——公務員服務法第 16 條規定，公務員有隸屬關係者，無論涉及職務與否，不得贈受財物。又對所辦事件，不得收受任何餽贈。

9.不得接受招待餽贈——公務員服務法第 18 條規定，公務員不得利用視察調查等機會，接受地方官民之招待或餽贈。

10.不得任意動用公物或公款——公務員服務法第 19 條規定，公務員非因職務之需要，不得動用公物或支用公款。

11.不得私相借貸、互利——公務員服務法第 21 條規定，公務員對於與其職務有關係者，不得私相借貸，訂立互利契約，或享受其他不正利益。

12.不得組織工會——工會法第 4 條規定，各級政府行政及教育事業、軍火工業之員工，不得組織工會。

為了明確起見，上述公務人員基準法草案第 32 條至第 34 條更將公務員不得為之特定行為加以規定，茲條列如次，即：

1.罷工、怠職或其他足以產生相當結果之行為。

2.發起、主辦、幫助、參與以暴力破壞政府之集會、遊行、示威或抗議。

3.假借職務上之權力、機會或方法，故意加損害於他人。

4.利用職權、公款或職務上持有、知悉之消息，以圖自己或他人之不正利益。

5.兼任以私人營利為目的之公司或團體之職務。但依法令兼任者，不在此限。

6.經營營利事業或投資於屬其服務機關監督之營利事業。

7.投資於非屬其服務機關監督之營利事業而其所有股份總額超過該營利事業股本總額百分之十者。

8.與團體或個人從事不法利益交易活動。

9.公務人員不得為圖自己或他人之不正利益而關說或請託,亦不得接受此項關說或請託。

10.公務人員有隸屬關係者,無論涉及職務與否,不得贈受財物。公務人員於職務上之行為,其本人、配偶、直系血親或共同生活之親屬,均不得贈受財產上利益或非財產上利益。公務人員因公務禮儀贈受財物之規範及處理程序,由考試院會同行政院另定辦法行之。公務人員貪瀆之檢肅及財產之申報事項,依有關法律規定辦理。

11.其他法律禁止或限制之行為。

第六章　公務員之責任

第一節　概　說

　　公務員之責任是指公務員違反公務員義務時所應承擔之法律上不利益。公務員違反法定義務之態樣很多，已如上章所述，但公務員違反法定義務有直接侵害人民之自由權利者，亦有未直接侵害人民之自由、權利而僅損失行政紀律與行政效能者。前者涉及違法侵害人民自由、權利之法律責任，憲法第 24 條定有明文，即公務員違法侵害人民之自由或權利者，除依法律受懲戒外，應負刑事及民事責任。後者未涉及人民自由、權利之侵害而只損失行政紀律、效能者，依公務人員考績法及其他人事獎懲法規，如行政院暨所屬各級行政機關公務人員獎懲案件處理辦法、警察機關辦理獎懲案件規定事項、警察人員獎懲標準表等，則要負受懲處之責任。

　　由上所述，可知公務員之責任除有懲戒責任、刑事責任、民事責任外，尚有懲處責任。我國學界通說將懲戒責任與懲處責任合稱為行政責任❶，茲就此些責任分節說明之。

---

❶　林明鏘，〈公務員法〉，翁岳生編，《行政法》，頁 374。民國 87 年全文修正之訴願法第 100 條之規定為，公務員因違法或不當處分，涉有刑事或行政責任之用語，較舊法只強調公務員之懲戒責任者為大，因行政責任包括較廣，除懲戒責任外，尚有懲處責任。

第二節　公務員之行政責任

第一項　行政責任之意義與區分

公務員之行政責任乃指公務員因違反法定義務所應承受之司法懲戒、行政懲戒、行政懲處之制裁而言。此種制裁，學理上稱之為懲戒罰 (Diszipinarstrafe) 茲圖示並分別說明於次。

司法懲戒與行政懲戒雖均依照公務員懲戒法而為，但兩者略有不同。司法懲戒是由司法院公務員懲戒委員會依公務員懲戒法第 9 條第 1 項所得對公務員為一切種類之懲戒處分，但行政懲戒則是依公務員懲戒法第 9 條第 3 項，由主管長官對公務員所得為對九職等或相當於九職等以下公務員之記過與申誡之懲戒處分。此種由主管長官所為之行政懲戒為司法性質，與主管長官依公務人員考績法所為之行政懲處為行政性質者，雖有不同，但因同稱為記過與申誡處分，致在形式上無法區別，每為學者所垢病，稱之為世界上獨一無二之奇特懲戒制度❷。對此，大法官釋字第 491 號解釋乃明確指出：「……公務人員之懲戒乃國家對其違法、失職行為之制裁。此項懲戒得視其性質，於合理範圍內，以法律規定由其長官為之。中央或地方機關依公務人員考績法或相關法規之規定對公務人員所為免

---

❷　李震山，《行政法導論》，2005 年 10 月修訂六版，頁 203；王廷懋，《我國公務員懲戒問題之研究》，公務員懲戒委員會，民國 86 年 6 月，頁 4。

職之懲處處分，為限制人民服公職之權利，實質上屬於懲戒處分，其構成要件應由法律定之，方符憲法第二十三條之意旨。公務人員考績法第十二條第一項第二款規定各機關辦理公務人員之專案考績，一次記二大過者免職。同條第二項復規定一次記二大過之標準由銓敘部定之，與上開解釋意旨不符。又懲處處分之構成要件，法律以抽象概念表示者，其意義須非難以理解，且為一般受規範者所得預見，並可經由司法審查加以確認，方符法律明確性原則。對於公務人員之免職處分既係限制憲法保障人民服公職之權利，自應踐行正當法律程序，諸如作成處分應經機關內部組成立場公正之委員會決議，處分前並應給予受處分人陳述及申辯之機會，處分書應附記理由，並表明救濟方法、期間及受理機關等，設立相關制度予以保障。復依公務人員考績法第十八條規定，服務機關對於專案考績應予免職之人員，在處分確定前得先行停職。受免職處分之公務人員既得依法提起行政爭訟，則免職處分自應於確定後方得執行。相關法令應依本解釋意旨檢討改進，其與本解釋不符部分，應自本解釋公布之日起，至遲於屆滿二年時失其效力。」而學者對公務人員之人事懲罰，分由司法機關及行政機關懲戒與懲處雙軌並行，雖認「似無重大違憲疑義」，但認為宜採取下列措施，以建立我國之人事行政法制❸：

1.懲戒權有關司法部分，宜統一由懲戒法院為之，並應包含行政懲戒（處）之救濟法院均宜歸一，長遠目標似宜將懲戒法院併入行政法院內，成為專庭（或併入司法院成為專庭）。

2.行政懲戒及懲處權限，仍宜歸由行政機關首長行使之，銓敘部依公務人員考績法之「審定權」應予刪除，蓋其違反憲法增修條文第 6 條第 1 項第 3 款之規定，除非將「審定」改成「銓敘」而以備查形式為之。

3.行政懲戒或懲處，不論其是否改變或重大影響公務員身分，凡公務

---

❸　林明鏘，〈行政懲處與司法懲戒〉，氏著《公務員法研究㈠》，頁 60–61。另參閱，徐崑明、陳秀美，〈公務員懲戒制度之現況簡介與未來展望〉，收錄於《公務員法與地方制度法》，台灣行政法學會主編，元照出版公司，91 年，頁 111–157。

員有不服者,皆應允許其向司法機關(即懲戒法院)尋求救濟,始符憲法第 16、18 及 77 條之旨。

4.懲處之「正當法律程序」應保障受處分人享有最低限度之程序保障(即肯認公務員應有陳述意見或聽證、資訊公開為基本當事者權)始符憲法第 8 及 22 條正當法律程序之要求;現行公務人員考績未有如此之設計,應作如此內容之增訂。

5.先行停職規定之要件過於簡單,且停職處分本質應非屬懲處,故停職期間公務人員之薪俸及其他權益均應暫時不受影響,以避免造成未審先判之不合理後果。

另司法懲戒與行政懲處之區別甚大,學者將之區別如下❹:

一、處分依據不同

司法懲戒之法律依據為公務員懲戒法,行政懲處之法律依據則為公務人員考績法及警察人員管理條例、交通事業人員考成規則等。

二、處分機關不同

司法懲戒之機關為司法院公務員懲戒委員會,但九職等或相當於九職等以下公務員之記過與申誡,屬於行政懲戒,得逕由主管長官行之(公務員懲戒法第 9 條第 3 項)。行政懲處則由公務員服務之機關為之。

三、處分原因不同

應受司法懲戒之原因為違法、廢弛職務或其他失職行為❺(公務員懲戒法第 2 條);行政考績懲處之原因,法律未明文規定,實際包括一切違法或失職之行為❻與懲戒事由並無實質差異,但免職及記大過之標準,舊

---

❹ 李震山,上揭書,頁 203–207;吳庚,《行政法之理論與實用》,民國 94 年 8 月增訂九版,頁 266–269;陳敏,《行政法總論》,民國 93 年 11 月四版,頁 1094–1098;林明鏘,上揭文,頁 374–378;湯德宗,〈憲法解釋與訴訟權保障——公務員保障與懲戒為中心〉,《憲政時代》,第 30 卷第 3 期,94 年 1 月,頁 383。

❺ 公務員職務外行為是否為失職行為,應受懲戒?可參閱,張桐銳,〈公務員職務外行為之懲戒責任〉,《台灣法學雜誌》,第 132 期,2009 年 7 月,頁 59–73。

法授權由銓敘部或主管機關定之，經大法官釋字第 491 號解釋宣告違憲後，民國 90 年修正公務人員考績法時，已在該法第 12 條第 2 項、第 3 項及該法施行細則第 13 條、第 14 條中明定。

四、處分程序不同

司法懲戒除記過及申誡由主管長官逕行行之外，或由監察院提出彈劾並移送懲戒機關審議，或由主管長官依被付懲戒人之職等處置，九職等或相當九職等以下者，直接移送懲戒機關審議，簡任職人員則須先送監察院審查，審查成立再移送公務員懲戒委員會。考績法上之行政懲處則分平時考核及專案考績兩種方式，平時考核於年終考績時併計成績增減考績分數，以定等級，80 分以上甲等、70 分以上不滿 80 分者乙等、60 分以上不滿 70 分者丙等、丁等者，不滿 60 分，依該法第 7 條應予免職；專案考績於有重大功過時行之（考績法第 3 條至第 8 條、第 12 條），無論年終考績或專案考績，均應送銓敘機關核定。各機關辦理年終考績，並應設置考績委員會（考績法第 14 條、第 15 條）。

五、處分對象不同

司法懲戒之對象包括政務官❼、事務官、軍人❽、民選首長❾等。行政懲處之對象則只限於事務官。

六、處分種類不同

司法懲戒處分之種類，包括免除職務，免其現職，並不得再任用為公務員；撤職（並停止任用，期間為 1 年以上 5 年以下）、剝奪、減少退休

---

❻　黃錦堂，〈警察勤務外酒駕肇事之免職處分──最高行政法院九七年判字第九二二號判決〉，《台灣學雜誌》，第 134 期，2009 年 8 月，頁 214–221。

❼　對政務官之處分依公務員懲戒法第 9 條第 2 項規定，僅得為撤職與申誡。

❽　大法官釋字第 262 號解釋：「監察院對軍人提出彈劾案時，應移送公務員懲戒委員會審議。至軍人之過犯，除上述彈劾案外，其懲罰仍依陸海空軍懲罰法行之。」

❾　學者認民選首長適用公懲法之功效不大，且不宜由無民意代表性之公懲會為之、適用地方制度法規定之「解職」或「停止職務」，應已足夠。參閱李震山，上揭書，頁 205–206。

（職、伍）金、休職（期間 6 個月以上 3 年以下）、降級（依現職俸給降一級或二級改敘）、減俸（減月俸百分之 10 或百分之 20，期間為 6 個月以上，3 年以下）、罰款（新臺幣 1 萬元以上，1 百萬元以下）、記過（1 年內不得晉敘，1 年記過 3 次者降 1 級改敘）、申誡（以書面為之），以上處分中，對政務官適用之處分種類有免除職務、撤職、剝奪、減少退休（職、伍）金、減俸、罰款及申誡。至於休職、降級、記過之處分則不適用於政務人員（懲戒法第 9 條至第 19 條）。行政懲處之種類則分：免職（記大過 2 次）、記大過、記過、申誡（考績法第 12 條），政務官無考績，故無行政懲處。另外，公務員懲戒法第 4 條、第 5 條又分別規定了公務員職務之當然停止及先行停止之處分種類。所謂公務員職務之當然停止，是指公務員有下列情形之一者，其職務當然停止：一、依刑事訴訟程序被通緝或羈押者。二、依刑事確定判決，受褫奪公權之宣告者。三、依刑事確定判決，受徒刑之宣告，在監所執行中者。而所謂公務員職務之先行停止，是指公務員懲戒委員會對於受移送之懲戒案件，認為情節重大，有先行停止職務之必要者，得通知被付懲戒人之主管機關，先行停止被付懲戒人之職務以及主管機關對於所屬公務員，依公務員懲戒法第 24 條之規定送請監察院審查或公務員懲戒委員會審理而認為有免除職務、撤職或休職等情節重大之虞者，亦得依職權先行停止其職務。而不管是當然停止職務或是先行停止職務，停止職務之公務員，在停職中所為之職務上行為，均不生效力。

　　相對於公務員懲戒法之上述規定，公務人員考績法第 18 條規定，公務人員因年終考績或專案考績應予免職人員，在未確定前之先行停職，又地方制度法第 78 條第 1 項亦有關於民選公職人員之停職規定，即：「直轄市長、縣（市）長、鄉（鎮、市）長、村（里）長，有下列情事之一者，分別由行政院、內政部、縣政府、鄉（鎮、市、區）公所停止其職務，不適用公務員懲戒法第三條之規定：一、涉嫌犯內亂、外患、貪污治罪條例或組織犯罪防制條例之罪，經第一審判處有期徒刑以上之刑者。但涉嫌貪污治罪條例上之圖利罪者，須經第二審判處有期徒刑以上之刑者。二、涉

嫌犯前款以外，法定刑為死刑、無期徒刑或最輕本刑為五年以上有期徒刑之罪，經第一審判處有罪者。三、依刑事訴訟程序被羈押或通緝者。四、依檢肅流氓條例規定被留置者。」是以，地方民選首長倘因犯前開規定特定之罪經法院判處有期徒刑或有罪、因案被羈押、通緝或留置者，將停止其職務。此一規定之停職事由與公務員懲戒法第 3 條之規定略有不同。學者認為，地方制度法第 78 條第 1 項第 1 款及第 2 款所規定之停職事由，並非以不能執行職務為前提，而係以尚未確定之判決作為停職事由，此一規定並不合理。因為地方民選首長雖掌理行政事務與一般文官多無差異，但畢竟其具有一定的任期，致有諸多特性，必須同時予以顧及。又以一般刑事訴訟程序之審理程序觀之，該尚未確定之判決必然無法於短期予以確定，則停職之效果極可能形同解職。且停職後縱經終局判決無罪確定，該停職之任期亦不能延長，甚或任期已屆而無職可復，此時應如何救濟，均未見規範❿。對此問題，究應如何處理，乃有學者認為，在民主國家內，民選公職人員皆有一定任期，因此民選公職人員是否適任，通常係利用定期的選舉來加以檢驗，在任期中若發生一定事由以致不提前結束民選公職人員任期，將導致重大危害時，則可透過相關的程序與規定使民選公職人員離開現有的職務，例如罷免或彈劾的程序。地方自治監督機關對於地方自治團體的民選公職人員基本上僅能對於選舉過程的合法性加以審查，至於選任人員是否適當則非其所得置喙。地方民選公職人員既然由地方人民選出，其負責的對象為地方人民而非國家，因此地方民選公職人員的監督基本上應委由人民以及地方自治團體內部的監督體系來執行⓫。因此，對地方自治團體首長以停職作為監督手段，實應嚴格適用自治監督的法理⓬。

---

❿　蔡業成，〈民選地方各級行政首長宜否適用停職的規定〉，《人事月刊》，第 23 卷，第 5 期，1996 年 11 月，頁 80。

⓫　參蕭文生，〈地方自治團體民選公職人員之監督——解職與停職〉，《國立中正大學法學集刊》，第 3 期，2000 年 7 月，頁 59。

⓬　參張正修，《地方制度法理論與實用（二）》，〈本論〉，學林文化事業有限公

七、處分時效原有不同，今已類同

司法懲戒之時間依公務員懲戒法第 20 條第 1 項規定：「應受懲戒行為，自行為終了之日起，至案件繫屬公務員懲戒委員會之日止，已逾十年者，不得予以休職之懲戒。」同條第 2 項規定：「應受懲戒行為，自行為終了之日起，至案件繫屬公務員懲戒委員會之日止，已逾五年者，不得予以減少退休（職、伍）金、降級、減俸、罰款、記過或申誡之懲戒。」但依公務人員考績法規定所為免職之懲處處分，依大法官釋字第 583 號解釋意旨，實質上屬於懲戒處分，但未設懲處權行使期間，該號解釋乃宣示：「為貫徹憲法上對公務員權益之保障，有關公務員懲處權之行使期間，應類推適用公務員懲戒法相關規定。」

八、處分效果不同

1. 司法懲戒之撤職，除撤其現職外，並於一定期間停止任用，其期間為 1 年以上，5 年以下。又司法懲戒之撤職人員，於停止任用期間屆滿，再任公務員者，自再任之日起，2 年內不得晉敘、陞任或遷調主管職務。行政懲處之免職則免其現職外，公務員仍得隨時任他職，並無上述司法懲戒撤職之期間至少 1 年之限制。

2. 司法懲戒之記過並無大過、小過之分，行政懲處之記過則有大過、小過之分。司法懲戒之記過處分效力較強，自記過之日起 1 年內，公務員不得晉敘、陞任或遷調主管職務（公務員懲戒法第 18 條）；行政懲處之記過處分效力較弱，並無不得晉敘、升職等限制規定。司法懲戒之申誡應以書面為之，並無次數之問題，行政懲處之申誡除書面為之外，尚可以口頭為之❸，且有 1 次、2 次之別❹。另司法懲戒並無功過相抵之可能，但行政懲處之平時考核部分則依公務人員考績法第 12 條規定，可功過相抵。又司法懲戒程序繫屬中，公務員懲戒委員會或發動懲戒之主管長官，均得

司，2000 年 9 月，頁 681。

❸ 如警察機關辦理獎懲案件規定事項之第 16 項即規定：「輕微過失，以教育告誡為原則。」

❹ 李震山，上揭書，頁 206–207。

依公務員懲戒法第 5 條，先行停止被付懲戒人之職務。在行政懲處程序中，除有懲戒法第 4 條當然停止職務情形外，其因年終考績或專案考績應予免職人員，在未確定前，依考績法第 18 條亦得先行停職。

九、處分救濟程序之不同

在司法懲戒，對於公務員懲戒委員會之判決，如有適用法規顯有錯誤、所憑之證據或鑑定等經證明為偽造變造者、所憑之刑事裁判已變更、或刑事確定裁判所認定事實與原議決相異者、發現新證據或有重要證據而漏未斟酌者等情形，原移送機關或受懲戒處分人，均得提起再審之訴（懲戒法第 64 條）。再審議聲請有 30 日之期間限制（懲戒法第 65 條）。行政懲處之免職處分（包括專案考績或年終考績不及格），公務員應繕具復審書經由原處分機關向考試院公務人員保障暨培訓委員會提起復審，不服復審決定者，依釋字第 243 號解釋意旨得提起行政訴訟。即依行政懲處所為之免職處分與依司法懲戒所為之撤職處分，分為雙軌進行：依公務人員考績法所為之免職處分，行政法院為其終審法院，若依公務員懲戒法之規定，移送公務員懲戒委員會審議，則撤職與否及其救濟，均以公務員懲戒委員會為終審之機關。但在該號解釋公布後，公務員懲戒委員會即認為，釋字第 243 號解釋理由書中，既稱對於公務員所為具有懲戒性質之免職處分，不論其形式用語如何，實質上仍屬懲戒處分，「則行政機關依據公務人員考績法或其相關法規所為之免職處分是否有違憲法第七十七條之基本精神？又免職處分既係懲戒處分，其司法救濟應屬本會職掌，乃又准許受免職處分之公務員提起行政訴訟，與現行司法體制是否相符？」（見司法院公布釋字第 298 號解釋之附件，公務員懲戒委員會民國 79 年 7 月 3 日之聲請函）該會遂請求司法院大法官會議為補充解釋。大法官會議於 81 年 6 月 12 日作成釋字第 298 號解釋，綜合該號解釋文及理由書中所述之意旨，有下列四點：1.懲戒權於合理範圍內，由公務員所屬行政機關之長官行使，並不違憲。2.機關長官對公務員所為之懲戒處分，「足以改變公務員身分或對於公務員有重大影響」者，受處分人得向公務員懲戒委員會聲明不服。3.受非懲戒性質之免除現職處分，公務員如有不服，仍適用

釋字第 243 號解釋。例如受命令退休之公務員，主張其擔任之職務非屬提前退休之範圍，所生之爭訟；又如取得外國國籍而遭解除職務之公務員，主張其取得者為外國之永遠居留權而非國籍，因而涉訟，此類事件均為非懲戒性質之免除現職處分。4.在現行公務人員考績法、公務員懲戒法依釋字第 298 號解釋，修正完成之前（並無期間限制），仍依現行制度辦理❶。

又公務員懲戒機關之組織、名稱與懲戒程序，每為爭議所在，故大法官釋字第 396 號解釋又作了明確的宣示，謂：「公務員因公法上職務關係而有違法失職之行為，應受懲戒處分者，憲法明定為司法權之範圍；公務員懲戒委員會對懲戒案件之議決，公務員懲戒法雖規定為終局之決定，然尚不得因其未設通常上訴救濟制度，即謂與憲法第十六條有所違背。懲戒處分影響憲法上人民服公職之權利，懲戒機關之成員既屬憲法上之法官，依憲法第八十二條及本院釋字第一六二號解釋意旨，則其機關應採法院之體制，且懲戒案件之審議，亦應本正當法律程序之原則，對被付懲戒人予以充分之程序保障，例如採取直接審理、言詞辯論、對審及辯護制度，並予以被付懲戒人最後陳述之機會等，以貫徹憲法第十六條保障人民訴訟權之本旨。有關機關應就公務員懲戒機關之組織、名稱與懲戒程序，併予檢討修正。」

第二項　懲戒與懲處之競合

如上所述，司法懲戒與行政懲處頗有區別，但此二者發生競合關係時應如何處理？民國 95 年 6 月 16 日考試院函送立法院審議之「公務人員基準法草案」第 55 條第 1 項即有準則性之規定，即：「公務人員違法或失職者，應依法律受懲戒或依考核法令懲處。」意指懲戒或懲處可分別依法為之。不過，該條第 2 項又規定：「同一行為，以受一次懲戒及懲處處分為限。同時或先後受懲戒及懲處處分者，其懲處處分失其效力。此即學理上懲戒與懲處之積極競合與消極競合❶之處理規範。將來「公務人員基準法

❶　參引，吳庚，上揭書，頁 268–269。

❶　吳庚，上揭書，頁 269–271；陳敏，上揭書，頁 1099；李震山，《行政法導

草案」通過實施後，可用以處理公務員懲戒與懲處競合之問題。

第三項　懲戒罰與刑事罰之關係

公務員違法失職應負刑事責任與行政責任時應如何處理?各國法制不一。日本國家公務員法第 85 條係採併罰主義，德國及奧地利之制度在併罰主義 (Kumulationsprinzip) 之外，兼採吸收主義 (Absorptionsprinzip)，申言之，同一事實關係，經科予刑罰（或行政罰）後，理論上仍得予以懲戒，不受一事不再理原則之限制。但重複處罰應盡量避免，在經刑事裁判或行政罰之裁決確定者，受制裁之行為業已包括職務上義務之違反時，原則上不再加諸懲戒處分。除非認為應再給予懲戒，方足以防止公務員再次發生失職行為者，始得給予適當懲戒，即所謂基於特別預防之考慮，而蓋上懲戒之標誌 (disziplinarer Überhang mit spezialpräventiven Erwägungen)[17]。

對此問題，我國在程序上係採刑懲並行主義，公務員懲戒法第 39 條規定，同一行為，在刑事偵查或審判中者，不停止審理程序。但懲戒處分牽涉犯罪是否成立者，公務員懲戒委員會合議庭認有必要時，得裁定於第一審刑事判決前，停止審理程序。依前項規定停止審理程序之裁定，公務員懲戒委員會合議庭得依聲請或依職權撤銷之。

公務員懲戒法第 56 條第 2 款規定，懲戒案件有受褫奪公權之宣告確定，認已無受懲戒處分之必要，應為免議之判決。

第三節　公務員之刑事責任

公務員之刑事責任是指公務員違反刑法或特別刑法而應受刑罰制裁之責任。主要的有下列兩種情形，即[18]：

論》，2005 年 10 月修訂六版一刷，頁 209–210。

[17]　參引吳庚，上揭書，頁 273。

一、職務犯

須具有公務人員身分始能成立之犯罪為「職務犯」，屬「身分犯」之一種。例如，刑法分則所規定之貪污罪、瀆職罪、洩漏職務秘密罪。特別之刑事法規亦有職務犯之規定，例如貪污治罪條例有關公務員各項貪污行為之處罰規定。此外，各個別行政法規內，亦有以公務人員身分為要件之附屬刑罰規定。例如，公職人員財產申報法第 12 條第 4 項，對未依規定申報財產之公職人員受處罰鍰後，又無正當理由，不依實申報或補正者，處一年以下有期徒刑、拘役或科新臺幣 10 萬元以上、50 萬元以下罰金之刑事制裁。

二、準職務犯

公務人員假借職務上之權力、機會或方法犯一般人民即可能觸犯之罪名，依刑法第 134 條加重其刑 2 分之 1。

另公務員依所屬上級公務員命令之職務上行為依刑法第 21 條第 2 項規定，不負刑事責任，但明知命令違法者，不在此限。

第四節　公務員之民事賠償責任

公務員之民事責任是指公務員執行職務，因故意或過失不法侵害他人之權利，所發生之損害賠償責任。依現行法律規定，主要可分為二類[19]，即：

1.公務員從事私經濟行政之行為，若發生侵害他人權利者，應依民法第 28 條法人與職員之關係或依民法第 188 條僱用人與受僱人之關係，由國家或行政主體與公務員負連帶賠償責任。

2.公務員行使公權力執行職務之行為，若發生侵害他人權利者，則依國家賠償法第 2 條第 2 項規定，由國家負賠償責任，但公務員有故意或重

[18]　參引陳敏，上揭書，頁 1100–1101。

[19]　吳庚，上揭書，頁 274；林明鏘，上揭文，頁 379。

大過失時，國家對公務員有求償權。

　　民法第 186 條原定有公務員個人賠償責任，是否因國家賠償法之實施而無適用餘地？有採肯定說者❷⓪，有採否定說者❷①，但應以肯定說為是，因為公務員之資財有限，透過國家賠償制定之肯定，較可使人民權益獲得賠償之保障。

第五節　公務員之公法賠償責任

　　公務人員基於公務人員關係，因執行職務或因職務上保管公物之行為有違法或不當，致國家遭受損害時，若干行政法律亦規定公務員應對國家負賠償責任。此類賠償責任，在性質上為公法賠償責任，而非民事賠償責任❷②。現行法律中有關公法賠償責任之規定，例如：

　　1.公務人員交代條例第 18 條規定：「財物移交不清者，除（移送懲戒……先行停止其職務）外，並得移送該管法院就其財產強制執行。」

　　2.會計法第 109 條第 4 項規定，會計人員於會計檔案有遺失、損毀等情事，而匿不呈報，致公庫受損害者，負賠償責任。另依同法第 119 條，會計人員交代不清時，致公庫損失者，負賠償責任。

　　3.國庫法第 34 條第 1 項，對於違反規定，簽發國庫支票，或為收支或為命令收支者，除依法懲處外，並應賠償國庫之損害。

　　4.國有財產法第 27 條規定，對國有財產直接經管人或使用人，因故意或過失，致財產遭受損害者，亦規定應負賠償責任。

　　5.審計法第 72 條至第 76 條分別規定了公務人員經管現金、票據、證券、財物或其他資產，未盡善良管理人應有之注意時或簽發支票、給付現

---

❷⓪　吳庚，上揭書，頁 248–249。

❷①　林明鏘，上揭文，頁 379。

❷②　陳敏，《行政法總論》，頁 1103；陳新民，《行政法學總論》，民國 89 年 8 月修訂七版，頁 243。

金有超額支付或誤付等情事時之損害賠償責任。同法第 78 條第 1 項，對如何執行亦有規定：「審計機關決定剔除、繳還或賠償之案件，應通知該負責機關之長官限期追繳，並通知公庫、公有營業或公有事業主管機關；逾期，該負責機關長官應即移送法院強制執行；追繳後，應報告審計機關查核。」此處之負責機關長官，如違反前項規定，延誤追繳，致公款遭受損失者，依同條第 2 項，亦應負損害賠償之責，由公庫、公有營業或公有事業主管機關依法訴追，並報告審計機關查核。

實務上值得一述的是，民國 95 年 6 月爆發總統府國務機要費中，有 3600 餘萬元的核銷發票，不是來源不明，就是沒有註記使用消費的名目，而經審計部移送臺灣高檢署查緝黑金中心偵辦❷❸ 。 此一事件除司法責任外，依審計法第 76 條規定，尚有公法賠償責任，即：「審計機關審核各機關會計簿籍或報告，如發現所載事項與原始憑證不符，致使公款遭受損害者，該主辦及經辦會計人員應負損害賠償責任。」因此，總統府主辦及經辦會計人員及其長官依此應負之賠償責任，即可按照審計法第 78 條規定移送法院強制執行或由公庫主管機關依法訴追。又關於如何依法訴追，學者將德國實務界與學術界之不同見解譯引如下 ：「德國聯邦行政法院(BVerwGE 19, 243; 24, 227; 27, 350) 認為，勤務主除得向行政法院提起『給付訴訟』外，亦得以『給付裁決』，亦即行政處分令其賠償，其理由在於：『公務員法律關係為公法之法律關係，且勤務主在此一法律關係中具有高權之優越地位 ， 原則上得以行政處分對其與公務員之法律關係為規定。……對於公務員違反勤務義務，因而直接造成勤務主受損害之求償，法律及習慣法上皆無與此不同之表示。」惟學說上則認為，須有法律之根據，始得以給付裁決求償。」 ❷❹

❷❸ 參閱，記者趙國明報導，〈仍有三千六百萬發票，來源不明〉，《中國時報》，民國 95 年 8 月 18 日，A4 版。

❷❹ 陳敏，上揭書，頁 1103 註 19。

第六篇　行政作用法

第一章　概　論

　　行政作用隨著國家目的與機能之改變，有著很大的變化。行政種類從行政法學初建立時，侷限於衛生、公安、稅捐、兵役等干涉行政之領域，已逐漸擴展至對於人民生、老、病、死、食、衣、住、行、育、樂等為生活給養與生存照顧之給付行政，再及於對國家社會利益之現時滿足及未來永續發展之公需行政、資訊行政、計劃行政及自動化行政等。

　　有鑑於上述轉變，以法規命令、行政規則、自治章程、行政處分為主幹所發展、形成之行政作用體系來宣示國家高權，形塑國家與人民間法律關係方式，已相對的縮小，代之而起的是行政契約、行政計劃及日益增多的未型式化之行政行為，如不具型式之協議 (formlose Absprachen)，公示 (Verlautbarungen)，建議 (Empfehlungen)，指點 (Hinweisen)，行政機關有意識的容忍 (Bewußten Duldungen) 等，傳統的行政法學也有了重大的變革、突破與發展❶。

---

❶　林明鏘，〈論型式化之行政行為與未型式化之行政行為〉，《當代公法理論——翁岳生教授祝壽論文集》，頁 340 以下；陳春生，〈行政法之學理及其更新〉，《行政法之學理與體系㈠——行政行為形式論》，頁 3 以下；陳愛娥，〈行政行為形式——行政任務——行政調控——德國行政法總論改革的軌跡〉，《月旦法學雜誌》，第 120 期，2005 年 5 月，頁 9-18；蔡秀卿，〈從行政之公共性檢討行政組織及行政活動之變遷〉，《月旦法學雜誌》，第 120 期，2005 年 5 月，頁 19-36；程明修，〈行政行為形式選擇自由——以公私協力行為為例〉，《月旦法學雜誌》，第 120 期，2005 年 5 月，頁 37-65；陳耀祥，〈論歐洲整合對於德國行政法總論發展之影響〉，《月旦法學雜誌》，第 121 期，2005 年 6 月，頁 9-24；張桐銳，〈行政法與合作國家〉，《月旦法學雜誌》，第 121 期，2005 年 6 月，頁 25-53；張錕盛，〈行政法學另一種典範之期待：

民國 90 年 1 月 1 日施行之我國行政程序法，基於百年之行政法學發展，各國行政程序法制訂趨勢，因應我國經濟、社會變革需求，在保護人民權益與尊重行政柔軟性、自主性的要求下❷，對行政作用之規範已不侷限於傳統行政行為型式。行政程序法第 2 條即將重要的行政作用區分為作成行政處分、締結行政契約、訂定法規命令與行政規則❸、確定行政計劃、實施行政指導及處理陳情等，另對於行政機關之公開資訊、辦理聽證及給予人民陳述意見之行政程序亦有許多規定。

本書先以行政程序法為主，自下章起研析行政法學上重要的行政作用，分別為法規命令、行政規則、行政處分、事實行為、行政計劃、行政指導、行政程序、行政處罰、行政強制執行、行政契約等行政作用。

又隨著國家任務之多元化，單單依靠上述行政程序法所規定，涉有公權力行使之行政作用，已不能順利達成 20 世紀以來國家對人民的生存照顧與生活給付任務。國家依據私法之行政行為 (Handeln der Verwaltung nach privatrecht) 或所謂的行政私法行為 (Handeln des Verwaltungs privatrechts) 來達成行政任務之情事，日益增多，成為行政法學❹與司法實務❺肯認之問題。因此，在本篇中也另立專章說明之。

法律關係理論〉，《月旦法學雜誌》，第 121 期，2005 年 6 月，頁 54–87；黃錦堂，〈「行政法總論之改革：基本問題」要義與評論〉，《憲政時代》，第 29 卷第 2 期，民國 92 年 7 月，頁 249–283。

❷ 參閱蔡茂寅，〈行政程序法之制定意義與內容〉，《全國律師月刊》，1999 年 2 月，頁 39。

❸ 相關論文請參閱，尤重道，〈行政命令之概念〉，《法務通訊》，第 2719 期，2014 年 10 月 17 日，頁 3–6；同上作者，同論文題目，《法務通訊》，第 2720 期，2014 年 10 月 24 日，頁 3–6。

❹ 參閱，Hartmut Maurer, Allgemeines Verwaltungsrecht, 15. Auflage, C. H. Beck München, 2004, §17 Rn. 1; Wolff/Bachof/Stober, Verwaltungsrecht I, 10. Auflage, C. H. Beck München, 1994, §23 Rn. 16–35；李震山，《行政法導論》，頁 215–219；吳庚，《行政法之理論與實用》，頁 12–17；陳敏，《行政法總論》，頁 661–689。

❺ 參閱，大法官釋字第 540 號、第 457 號解釋。

第二章　法規命令

第一節　法規命令之意義❶

　　行政程序法第 150 條第 1 項規定，法規命令，係指行政機關基於法律授權，對多數不特定人民就一般事項所作抽象之對外發生法律效果之規定❷。其概念要素有六，即：

一、行政機關

　　即行政程序法第二條第二項所規定之代表國家、地方自治團體或其他行政主體表示意思，從事公共事務，具有單獨法定地位之組織，如行政院、財政部、交通部、縣政府、鄉公所等是。至於其他行政主體，在現行法律中有農田水利會，及在民國 100 年 4 月 27 日公布施行行政法人法後，所將陸續設立之行政法人。

二、基於法律授權

　　此乃指法規命令之成立依據是來自於法律之授權，而非源自於行政機

---

❶ 亞洲國家之行政立法制度，請參閱袁曙宏、李洪雷，〈中國大陸行政立法的新發展〉；高木光，〈日本的行政命令（行政立法）〉；柳至泰，〈韓國的行政立法〉，三文均刊於行政法學會主編，《行政命令、行政處罰及行政爭議之比較研究》，頁 115–116。

❷ 相關司法實務請參閱，法務部編印，《行政程序法裁判要旨彙編》，民國 93 年 7 月，頁 619–627。另參閱，詹鎮榮，〈行政機關「標準作業流程」之法律性質——以臺北市政府網站公告之 SOP 為中心〉，《法令月刊》，第 68 卷第 9 期，2017 年 9 月，頁 47–74。

關之職權。通常在行政法律之附則中會有法規命令之授權規定，如職業安全衛生法第六章附則中第 54 條即規定：「本法施行細則，由中央主管機關定之。」此之中央主管機關依同法第 3 條規定，在中央為勞動部、在直轄市為直轄市政府、在縣（市）為縣（市）政府。而法律授權除此所指之法律明文之授權，亦包括法律之默示授權❸。法律之默示授權就是大法官在釋字第 394 號解釋所說的「依法律整體解釋，應可推知立法者有意授權主管機關」訂定法規命令或依大法官釋字第 426 號解釋理由書所指「就該授權法律整體所表現之關連意義為判斷，而非拘泥於特定法條之文字」來認定立法者是否有意授權主管機關訂定法規命令。除此之外，規範內容之重要性，亦為應否明確授權之判定標準。大法官釋字第 524 號解釋即指出：「全民健康保險為強制性之社會保險，攸關全體國民之福祉至鉅，故對於因保險所生之權利義務應有明確之規範，並有法律保留原則之適用。若法律就保險關係之內容授權以命令為補充規定者，其授權應具體明確，且須為被保險人所能預見。」

三、對多數不特定人民

法規命令之規範對象為多數不特定人民，而非特定人民。此與行政處分所規範之對象為特定人民或雖非特定，而依一般性可得確定其範圍對象者，並不相同。例如公職候選人檢覈規則此一法規命令規範之對象是所有可能要競選直轄市市長、縣（市）長、鄉（鎮、市）長之候選人，而非個別、特定之某一人民。

四、就一般事項

法規命令之規範事項為一般性事項而非個別性事項，意指行政機關就某一社會生活領域中之一般事項為規範。例如醫療法施行細則第 10 條對醫療機構使用名稱之規定，亦為對一般醫療機構名稱之規定，而非對個別醫療機構名稱之規定。

五、抽象規定

法規命令之規定是抽象的規定而非具體的處置，此與行政處分不同。

---

❸　李震山，《行政法導論》，三民書局，2005 年 10 月修訂六版一刷，頁 316。

所謂抽象之規定是指法規之內容，係就社會生活事務之共同規定，而非就具體事件之處置，例如臺北市河川管理規則此一法規命令係對臺北市所有河川管理事項之共同規定，而非針對某一河川發生具體事件之處置。

六、對外發生法律效果

法規命令之法律效果係對外發生法律上效果 (Rechtswirkungnach aussen)，意即對一般人民發生法律效果，而非僅對內部公務員發生法律效果之謂❹，此與行政規則不同。例如醫事人員檢覈辦法第三條即在規定中華民國國民檢覈醫事人員之種種規定，中華民國國民要檢覈成為醫事人員即要依此規定為之，始生效果。

第二節　法規命令之訂定及相關程序

行政程序法第 151 條規定：「行政機關訂定法規命令，除關於軍事、外交或其他重大事項而涉及國家機密或安全者外，應依本法所定程序為之。但法律另有規定者，從其規定。」所謂法律另有規定者，例如教師法第 37 條規定：「本法授權教育部訂定之各項辦法，教育部應邀請全國教師會代表參與訂定。」而所謂依行政程序法所定程序乃係指下列程序而言：

一、草擬或提議

行政程序法第 152 條第 1 項規定，法規命令之訂定，除由行政機關自行草擬者外，並得由人民或團體提議為之。人民或團體所為法規命令訂定之提議，依行政程序法第 152 條第 2 項規定，應以書面敘明法規命令訂定之目的、依據及理由，並附具相關資料。

為了確保人民或團體所為法規命令訂定之提議不被漠視或輕忽，行政程序法第 153 條規定，受理提議之行政機關，應依下列情形分別處理：

1. 非主管之事項，依第 17 條之規定予以移送。

2. 依法不得以法規命令規定之事項，附述理由通知原提議者。

---

❹　吳庚，《行政法之理論與實用》，民國 94 年 8 月增訂九版，頁 279。

　　3.無須訂定法規命令之事項，附述理由通知原提議者。

　　4.有訂定法規命令之必要者，著手研擬草案。

二、草案之公告與載明事項

　　行政程序法第 154 條第 1 項明定，行政機關擬訂法規命令時，除情況急迫，顯然無法事先公告周知外，應於政府公報或新聞紙公告❺、或以適當之方法，載明下列事項廣泛周知：

　　1.訂定機關之名稱，其依法應由數機關會同訂定者，各該機關名稱。

　　2.訂定之依據。

　　3.草案全文或其主要內容。

　　4.任何人得於所定期間內向指定機關陳述意見之意旨。

三、依法或依職權舉行聽證

　　行政程序法第 155 條規定，行政機關訂定法規命令時，得依職權舉行聽證，如依法舉行聽證者，則行政程序法第 156 條規定，應於政府公報或新聞紙公告，載明下列事項：

　　1.訂定機關之名稱，其依法應由數機關會同訂定者，各該機關之名稱。

　　2.訂定之依據。

　　3.草案之全文或其主要內容。

　　4.聽證之日期及場所。

　　5.聽證之主要程序。

四、發布與核定發布

　　行政程序法第 157 條第 3 項規定，法規命令之發布，應刊登政府公報或新聞紙。但同條第 1 項則規定，法規命令依法應經上級機關核定者，應於核定後始得發布❻。如法規命令係由數機關會同訂定者❼，則依同條第

---

❺　相關論文請參閱，蕭文生，〈行政機關公告行為之法律性質〉，《月旦法學教室》，第 40 期，2006 年 2 月，頁 22–23。

❻　參閱自來水法第 112 條、大學法第 31 條。

❼　參閱藝術教育法第 25 條第 2 項、文化資產保存法第 60 條。

2項規定，依法應經上級機關或共同上級機關核定者，應於核定後始得會銜發布。

另行政程序法第151條第2項規定，法規命令之修正、廢止、停止或恢復適用之程序，準用此法規命令訂定之程序。

第三節　法規命令之合法要件

法規命令之合法要件除了發布命令之主體須為行政機關與須有權限、不得牴觸上位規範、須踐行有關手續以外❽，依行政程序法第158條第1項之規定，應無下列情形之一，否則為無效：

1. 牴觸憲法、法律或上級機關之命令者。
2. 無法律之授權而剝奪或限制人民之自由、權利者❾。
3. 其訂定依法應經其他機關核准，而未經核准者。

又行政程序法第158條第2項規定，法規命令之一部分無效者，其他部分仍為有效。但除去該無效部分，法規命令顯失規範目的者，全部無效。

除此之外，行政程序法第150條第2項規定，法規命令之內容應明列其法律授權之依據，並不得逾越法律授權之範圍與立法精神。就此，大法官釋字第680號解釋乃明白宣示：「懲治走私條例第二條第一項規定：『私運管制物品進口、出口逾公告數額者，處七年以下有期徒刑，得併科新臺幣三百萬元以下罰金。』第三項規定：『第一項所稱管制物品及其數額，由行政院公告之。』其所受授權之目的、內容及範圍尚欠明確，有違授權明確性及刑罰明確性原則，應自本解釋公布之日起，至遲於屆滿二年時，失其效力。」

---

❽　吳庚，上揭書，頁289–297。

❾　大法官對此曾作出多號解釋，如釋字第313、345、346、367、380、394、402、423、425、443等號解釋。

第四節　法規命令之監督

　　法規命令為對人民發生法律效果之規範，影響人民之自由及權利甚鉅，為避免其發生弊病，依我憲政法制體系共有五個監督途徑❿，即：

一、行政監督

　　行政監督是指上級行政機關本於指揮監督職權，主動對下級行政機關所發布法規命令之違法性、妥當性及合目的性加以審查。對於合法、適當之法規命令，依行政程序法第 157 條第 1 項、第 2 項加以核定；對於不合法、不適當之法規命令則得加以撤銷或令其變更⓫。

二、立法監督⓬

　　法規命令依中央法規標準法第 7 條之規定，應視其性質分別下達或發

---

❿　林明鏘，〈行政命令之合法性〉，《月旦法學教室③公法學篇》，頁 152–153。

⓫　李震山，《行政法導論》，頁 311。

⓬　學者指出：「關於行政命令的國會監督模式，大陸法系國家在第二次世界大戰以後，一般區分為：同意權的保留、廢棄請求權的保留、課予單純送置義務三種方式。

一、同意權的保留，例如臺灣地區與大陸地區人民關係條例第九十五條（兩岸三通）、貿易法第五條與第六條（暫停貿易）、公益彩券條例第二十條（違反公序良俗）三種法律，保留由立法院以事先同意或事後追認的方式，確保國會對命令內容的控制。

二、廢棄請求權的保留，新制訂的立法院職權行使法是採取此一模式，該法第六十條第一項規定，『各機關』依其法定職權或基於法律授權訂定之命令送達立法院後，應提報立法院會議。另依同法第六十二條規定，行政命令經審查後，發現有違反、變更或牴觸法律者，或應以法律規定事項而以命令定之者，若經院會決議通知更正或廢止，在二個月內未更正或廢止者，該命令失效。

三、課予單純送置義務，亦即這幾天被模糊使用的方式，這一個模式的具體條文是，中央法規標準法第七條：『各機關依其法定職權或基於法律授權訂

布，並即送立法院。此一規定顯示命令並不以送達立法院為生效要件，立法院對法規命令並無審查核可權 ❸。為了防止法規命令未經立法院審查即生效而可能侵害人民之情事發生，立法院職權行使法第 60 條至第 63 條乃明白規定了立法院對法規命令之事後、被動監督方式。

　　所謂事後監督是指依立法院職權行使法第 60 條規定，各機關依其法定職權或基於法律授權訂定之命令送達立法院後，應提報立法院會議。此一規定仍未改變中央法規標準法第 7 條規定之法規命令生效後，立法院才加以監督之制度，也未參考德國法制，規定對某些重要行政命令在未經立法機關同意前，不得公布生效之制度 ❹，故仍為維持事後監督之制度。

　　所謂被動監督是指依立法院職權行使法第 60 條第 2 項規定之出席委員對於前項命令，認為有違反、變更或牴觸法律者，或應以法律規定事項而以命令定之者，如有 15 人以上連署或附議，即交付有關委員會審查。而各委員會審查，依同法第 61 條第 1 項規定，應於院會交付審查後 3 個月內完成之；逾期未完成者，視為已審查。但有特殊情形者，得經院會同意後展延；展延以 1 次為限。由此可見，立法院對法規命令之審查為被動、事後，而非主動、事前之性質。

定之命令，應視其性質分別下達或發布，並即送立法院。』以及，原立法院議事規則第八條：『各機關送本院與法律有關之行政命令，應提本院會議。但有出席委員提議，二十人以上連署或附議，經表決通過，得交付有關委員會審查。審查結果提報本院會議，如認為有違反、變更或牴觸法律者，或應以法律規定之事項而以命令規定之者，經議決後，通知原機關更正或廢止之。』但應該注意的是，原立法院議事規則第八條已修正廢止，中央法規標準法第七條則應與本年元月制訂施行的立法院職權行使法配套適用。」參閱蔡文斌，〈國會監督行政命令，何必躊躇〉，《聯合報》，民意論壇，民國 88 年 10 月 21 日，第十五版。另大法官釋字第 540 號解釋參照。

❸　林騰鷂，〈論立法院之法令審查權〉，《臺灣日報》，民國 73 年 5 月 20 日。又李震山教授亦認為，若以法律明定所有關涉人民權利義務之法規命令必須送立法院核備為生效要件，又恐影響分權原理、授權精神及行政效率。參閱李震山，上揭書，頁 312。

❹　許宗力，〈論國會對行政命令之監督〉，《法與國家權力》，頁 275–298。

立法院對法規命令之審查❶除依立法院職權行使法第 60 條至第 62 條之規定外，依同法第 63 條規定，得準用法律案之審查規定。又立法院對法規命令之審查後，可以有兩種處理方式，即：

1.發現法規命令有違反、變更或牴觸法律者或應以法律規定事項而以命令定之者，應提報院會，經議決後，通知原訂頒之機關變更廢止之。原訂頒機關則應於 2 個月內更正或廢止；逾期未為更正或廢止者，該法規命令失效。

2.法規命令並無違反、變更或牴觸法律者，或無應以法律規定事項而以命令定之之情事或有上述視為已經審查之情事，則由委員會報請立法院院會存查。

三、司法監督

司法監督在此是指司法機關對法規命令之監督，大約有兩種主要方式，即對法規命令違憲、違法之審查與對法規命令訂定裁量之審查❶：

㈠法規命令違憲、違法之審查

依據憲法第 78 條規定，司法院有統一解釋命令之權。而依司法院大法官審理案件法第 5 條第 1 項第 1 款、第 2 款以及同條第 2 項之規定，有三種情形可聲請大法官為命令有無牴觸憲法之審查，即：

1.中央或地方機關適用命令發生有牴觸憲法之疑義者。

2.人民、法人或政黨於其憲法上所保障之權利，遭受不法侵害，經依法定程序提起訴訟，對於確定終局裁判所適用之命令發生有牴觸憲法之疑義者❶。

3.最高法院或行政法院就其受理之案件，對所適用之命令，確信有牴

---

❶　相關論文請參閱，陳清雲，〈論立法院審查行政命令之程序（上）〉，《台灣本土法學雜誌》，第 53 期，2003 年 12 月，頁 5–24；陳清雲，〈論立法院審查行政命令之程序（下）〉，《台灣本土法學雜誌》，第 54 期，2004 年 1 月，頁 23–38。

❶　參閱李震山，上揭書，頁 313–317。

❶　另請參照釋字第 216 號解釋。

觸憲法之疑義時。

大法官經審查後認為命令有違反憲法意旨者,得宣布該命令無效,依釋字第 185、188 號解釋,除解釋文內另有明定者外,應自公布當日起發生效力,且有拘束全國各機關及人民之效力❶❽。

除了大法官對命令是否違憲可加以審查外,其他司法機關如普通法院之法官、行政法院之評事及公務員懲戒委員會之委員就所受理之案件,依大法官釋字第 137 號解釋之意旨,仍得依據法律,對於各機關就其職掌所作有關法規釋示之行政命令,表示其合法適當之見解而為一定之裁判,透過此一方式,可對訂定施行法規命令之機關產生實質監督之功用❶❾。

(二)法規命令訂定裁量之審查

行政機關依法律授權,固得訂定法規命令,但是否訂定、如何訂定法規命令,可有一定裁量空間,學理上稱之為訂定法規命令之裁量(Verordnungsermessen)❷⓿,此一裁量既非行政機關對具體個案決定之法律效果裁量,也非立法機關所為政治意志表現的立法裁量,而是行政機關展現行政權意志決定是否及如何訂定一般、抽象性法規命令之裁量❷❶。

司法機關對行政機關訂定法規命令裁量決定之審查內容為何?依德國 Schmidt-Aßmann 教授之看法有三,即❷❷:

1. 訂定法規命令之裁量是否已遵守法律上一般共同之條件(Rahmenbedingung),特別是上位法及法規命令訂定之程序法上規定。

2. 訂定之法規命令是否已該當授權依據規範之構成要件。

3. 訂定法規命令者是否已對規範事實範圍已有充分瞭解。

❶❽ 相關實例論文請參閱,陳清秀,〈違憲法規命令之解釋效力問題──以董事為反證交法所定補足股份成數義務為中心〉,《月旦法學教室》,第 107 期,2011 年 9 月,頁 81–93。

❶❾ 李震山,上揭書,頁 314–315。

❷⓿ 許宗力,〈訂定命令的裁量與司法審查〉,《當代公法理論──翁岳生教授祝壽論文集》,頁 281 以下。

❷❶ 許宗力,上揭文,頁 286–292。

❷❷ 參閱李震山,上揭書,頁 317。

四、考試監督

　　憲法第 83 條原規定，考試院為國家最高考試機關，掌理考試、任用、銓敘、考績、級俸、陞遷、保障、褒獎、撫卹、退休、養老等事項，但因憲法增修條文第 6 條第 1 項另以列舉方式規定考試院之職權，並使憲法第 83 條之規定不被適用，致使考試院之職權有所變動❷❸。依政府官員之看法，考試院所掌理的事項中，考試、銓敘、保障、撫卹、退休五項職掌，考試院仍有法制、政策與執行的完整權力，至於任免、考績、級俸、陞遷、褒獎五項之法制事項仍屬於考試院，但對此五項事項之執行權力則已被削減，而養老事項之權力則已整體刪除，不屬於考試院之職權❷❹。由此可知考試院對於公務人員之考試、銓敘、保障、撫卹、退休、任免、考績、級俸、陞遷、褒獎等仍有法制、政策以及事後監督決定各行政機關是否確實依法執行之權❷❺，此即為考試院對法規命令之監督權。各行政機關發布與此些事項有關之法規命令，考試院認為有牴觸法律者，得依其指揮監督之權限，得令發布機關修正或廢止之。此種考試監督審查之範圍，學者認應以人事行政命令之違法性為限，不及於妥當性及合目的性❷❻。

　　又地方制度法第 54 條第 5 項規定，直轄市議會、縣（市）議會、鄉（鎮、市）民代表會之組織準則、規程及組織自治條例，其有關考銓業務事項，不得牴觸中央考銓法規；各權責機關於核定後，應函送考試院備查。同法第 62 條第 5 項亦規定直轄市政府、縣（市）政府、鄉（鎮、市）公所與其所屬機關及學校之組織準則、規程及組織自治條例，其有關考銓業務事項，不得牴觸中央考銓法規；各權責機關於核定或同意後，應函送考試院備查。

　　基於地方制度法此二項規定，考試院對地方行政機關訂定、發布或下

---

❷❸　林騰鷂，《中華民國憲法》，頁 323。

❷❹　徐有守，〈略論修憲前後考試權的變與不變〉，《中央日報》，民國 82 年 4 月 17 日，第二版。

❷❺　徐有守，上揭文。

❷❻　李震山，上揭書，頁 317。

達之法規命令如自治規則者，如認有牴觸中央考銓法規時，自得依考試院組織法第 2 條之規定，行使監督之職權❷。

五、監察監督

依憲法第 95 條規定，監察院為行使監察權，得向行政院及其各部會調閱其所發布之命令及各種有關文件。憲法第 96 條又規定，監察院得按行政院及其各部會之工作，分設若干委員會，調查一切設施，注意其是否違法或失職。因此，監察院對行政院及其所屬各部會、機關發布之法規命令，如認為有牴觸法律或不當之處，則得依憲法第 95 條、第 96 條規定行使調閱權、調查權，並依憲法第 97 條第 1 項規定，經其委員會之審查及決議，提出糾正案，移送行政院及其有關部會，促其改善。如認有失職或違法情事，得提出糾舉案或彈劾案。

由於監察院糾正權行使範圍，依憲法第 97 條第 1 項規定，只限於行政院及其有關部會，故對於司法、考試、立法各院及其所屬機關所發布之違法法規命令，似無法提出糾正案❷，但卻可依憲法增修條文第 7 條第 3 項、第 4 項規定對於中央、地方公務人員及司法院、考試院人員提出彈劾案，間接達到審查法規命令之效果，而審查之範圍及於法規命令之違法性、妥當性及合目的性❷。

第五節　法規命令之效力

依行政程序法第 150 條第 1 項規定，法規命令有對外發生效果之效力，亦即對於人民有相當於「準」法律之效力，效果非常強大。

值得注意的是中央政府之法規命令與地方自治團體之自治條例、自治

---

❷ 相關論文請參閱，蔡宗珍，〈地方自治監督與地方自治法規監督〉，《月旦法學雜誌》，第 134 期，2006 年 7 月，頁 150–177。

❷ 李震山，上揭書，頁 318。

❷ 李震山，上揭書，頁 318。

規則，何者效力較強？就此，地方制度法第 30 條第 1 項、第 2 項明文規定，中央政府基於法律授權之法規命令強於、高於地方自治團體之自治條例與自治規則。該條第 4 項又規定，自治條例、自治規則與中央法令、法律授權之法規牴觸無效者，分別由行政院、中央各該主管機關……予以函告無效。又中央法令與上述之自治法規有無牴觸疑義，得聲請司法院解釋之。

　　另實務上發生地方自治團體之自治條例，中央主管機關不予核定，致無法發生效力之法律疑義。民國 100 年 12 月 22 日雲林縣政府即具狀針對「雲林縣碳費徵收自治條例」不被環保署核定所生之法律疑義，聲請大法官釋憲❸⓿。

---

❸⓿　參閱，張朝欽，〈徵碳費未准，雲縣聲請釋憲〉，《中國時報》，民國 100 年 12 月 26 日，A9 版。

第三章　行政規則

第一節　行政規則之意義❶

　　在本書第一篇第四章行政法之法源部分已就中央法規標準法第 7 條所規定之職權命令❷，亦即行政規則加以說明，茲再就行政程序法第 159 條至第 162 條之規定說明之。

　　行政程序法第 159 條規定，行政規則是指上級機關對下級機關，或長官對屬官，依其權限或職權為規範機關內部秩序及運作，所為非直接對外發生法規範效力之一般、抽象的規定。此一概念與上述之法規命令，均為國內學者轉譯自德國法的名詞❸。但兩者並不相同，前者係基於法律授權而訂定，規範內容對外涉及人民權利義務事項，後者則係行政機關依法定職權或依法律授權而訂定❹，規範內容並非直接涉及人民權利義務事項，而是在規範機關內部秩序及運作所為之規定。

---

❶　陳春生，〈行政命令論——中華民國行政規則之法效力研究〉，台灣行政法學會主編，《行政命令、行政處罰及行政爭訟之比較研究》，頁 75–113。

❷　法治斌，〈職權命令與司法審查〉，《台灣本土法學雜誌》，第 11 期，民國 89 年 6 月，頁 104–106；董保城，〈本土化「職權命令」法理建構之嘗試〉，《台灣本土法學雜誌》，第 11 期，民國 89 年 6 月，頁 95。

❸　葉俊榮，〈行政命令〉，翁岳生編，《行政法》，頁 453。

❹　如公務員服務法第 12 條第 2 項規定，公務員請假規則，以命令定之。

第二節　行政規則之種類

　　行政程序法第 159 條第 2 項規定，行政規則之種類主要有兩大類，即：

　　1.關於機關內部之組織、事務之分配、業務處理方式、人事管理等一般性規定。

　　2.為協助下級機關或屬官統一解釋法令、認定事實、及行使裁量權，而訂頒之解釋性規定及裁量基準。

　　從此兩大類中，學者又將之細分為四小類，即組織性行政規則，作業性行政規則，裁量性行政規則及解釋性行政規則❺。又有學者參照德國法學者意見，將行政規則分為❻：

　　1.組織與職務之行政規則。

　　2.法律解釋或規範解釋之行政規則。

　　3.裁量基準之行政規則。

　　4.代替法律之行政規則。

　　亦有將行政規則區分為三類者，即❼：

　　1.組織上之行政規則。

　　2.行為操控之行政規則。

　　3.行政主體間之行政規則。

---

❺　吳庚，《行政法之理論與實用》，頁 300；蔡茂寅，〈函釋的法律性質〉，《月旦法學教室③公法學篇》，頁 156–157。

❻　陳春生，〈行政規則之外部效力問題研究〉，《行政法之學理與體系㈠──行政行為形式論》，頁 100。

❼　陳春生，上揭文，頁 100。

第三節　行政規則之制定與廢止

　　行政規則之制定不一定要有法律之特別授權，行政機關根據其法定職權，即可制定行政規則。因此，行政程序法對法規命令之制定，於該法第151條至157條有詳細之規定，但對行政規則之制定則未有明白之規範。不過，為了避免行政機關各自訂定行政規則所可能產生之名稱不一、相互矛盾之現象，行政院乃訂有「行政機關法制作業應注意事項」，臺北市政府、高雄市政府等也分別訂定「臺北市法規標準自治條例」、「高雄市法規自治條例」，以規範其所屬機關辦理法制事項、與行政規則之訂定程序❽。

　　行政規則經行政機關擬定後，依行政程序法第160條第1項及第161條之規定，應有效下達下級機關或屬官，始有拘束訂定機關、其下級機關及屬官之效力。又行政機關訂定屬於協助下級機關或屬官統一解釋法令、認定事實、及行使裁量權、而訂頒之解釋性規定及裁量基準者，應由其首長簽署，並登載於政府公報發布之。

　　另行政規則之廢止，依行政程序法第162條之規定，由原發布機關廢止之，並依同法第160條規定，有效下達或經首長簽署、登載於政府公報發布之。

第四節　行政規則之效力

行政規則乃上級機關對下級機關、長官對屬官，依其權限或職權所為

---

❽　王澤鑑主編，《學林綜合大六法》，學林文化事業有限公司，2001年10月版，頁F121–125；A245–249；A257–259。另參閱，臺北市政府法規委員會編印，《地方立法範例與法制工作手冊》，民國98年12月，頁478–484；頁494–502。

非直接對外發生法規範效力之一般、抽象規定，其效力依行政程序法第 161 條規定，具有拘束訂定機關、其下級機關及屬官之效力，此效力亦即學者所稱之內部效力 (Innenwirkung)❾。是以蔡英文總統於民國 108 年 11 月 22 日到臺東向蘭嶼人宣示「核廢料蘭嶼貯存場使用原住民保留地損失補償要點」之行政規則，是屬於違反中央法規標準法第 5 條、第 6 條及憲法第 172 條之無效行政命令❿。

　　然而，行政規則之種類繁多，故學者認為若干行政規則亦具有外部效力 (Außenwirkung)⓫，例如規範解釋之行政規則 (norminterpretierende Verwaltungsvorschriften)，裁量基準之行政規則 (Ermessensbegrenzungsverordnungen)，規範具體化之行政規則 (Normkonkre tisierende Verwaltungsvorschriften)⓬。另行政規則是否合憲，其適用範圍如何⓭，亦為學者爭議問題⓮。

---

❾　陳敏，《行政法總論》，頁 477。吳庚，上揭書，頁 300。

❿　參閱，林騰鷂，〈蔡總統違法拚選舉〉，《中國時報》，時論廣場，2019 年 11 月 25 日，A14 版。

⓫　陳春生，〈行政規則外部效力問題〉，台灣行政法學會主編，《行政法爭議問題研究（上)》，頁 363–373。司法實務請參閱，高雄高等行政法院 92 年度訴字第 417 號判決，刊於法務部編印，《行政程序法裁判要旨彙編》，頁 634、638。

⓬　詳請參閱吳庚，上揭書，頁 300；陳春生，上揭文，頁 106 以下；陳敏，上揭書，頁 478 以下；陳春生，〈原子能法領域之技術規範與規範具體化行政規則之法律性質〉，氏著，《核能利用與法之規制》，月旦出版公司，1995 年 11 月，頁 133–175。

⓭　依學者研究，大法官基於一、執行有關法律或上級法令之必要。二、於法制未備前之過渡代替措施，肯定了行政規則之憲法地位。不過其範圍在行政程序法公布後，大法官釋字第 479 號解釋稱：「僅能就執行母法之細節性、技術性事項加以規定，不得逾越母法之限度。」參閱，法治斌，上揭文，頁 104–106；李震山，《行政法導論》，頁 308–310；陳春生，〈職權命令的概念與法理〉，《月旦法學教室》，第 17 期，民國 93 年 3 月，頁 129–130。

⓮　許宗力，〈職權命令是否還有明天？——論職權命令的合憲性及其適用範

　　又在行政程序法實施前，行政機關所訂定之行政規則，在該法實施後效力為何？不無問題。就此行政程序法第 174 條之 1 經 3 次增修後，明確規定：「本法施行前，行政機關依中央法規標準法第七條（各機關依其法定職權或基於法律授權訂定之命令，應視其性質分別下達或發布，並即送立法院）訂定之命令，須以法律規定或以法律明列其授權依據者，應於本法施行後二年內，以法律規定或以法律明列其授權依據後修正或訂定；逾期失效。」

　　司法實務方面，大法官曾經就行政規則之效力分別作出相關解釋，可簡摘於下供參考：

1. ——釋字第 137 號解釋——

　　「法官於審判案件時，對於各機關就其職掌所作有關法規釋示之行政命令，固未可逕行排斥而不用，但仍得依據法律表示其合法適當之見解。」

2. ——釋字第 216 號解釋——

　　「法官依據法律獨立審判，憲法第八十條載有明文。各機關依其職掌就有關法規為釋示之行政命令，法官於審判案件時，固可予以引用，但仍得依據法律，表示適當之不同見解，並不受其拘束，本院釋字第一三七號解釋即係本此意旨；司法行政機關所發司法行政上之命令，如涉及審判上之法律見解，僅供法官參考，法官於審判案件時，亦不受其拘束。惟如經法官於裁判上引用者，當事人即得依司法院大法官會議法第四條第一項第二款之規定聲請解釋。」

3. ——釋字第 287 號解釋——

　　「行政主管機關就行政法規所為之釋示，係闡明法規之原意，固應自法規生效之日起有其適用。惟在後之釋示如與在前之釋示不一致時，在前之釋示並非當然錯誤，於後釋示發布前，依前釋示所為之行政處分已確定者，除前釋示確有違法之情形外，為維持法律秩序之安定，應不受後釋示之影響。」

圍〉，台灣行政法學會主編，《行政法爭議問題研究（上）》，頁 339–360。

4.——釋字第 **479** 號解釋——

「行政機關依其職權執行法律，雖得訂定命令對法律為必要之補充，惟其僅能就執行母法之細節性、技術性事項加以規定，不得逾越母法之限度。」

5.——釋字第 **505** 號解釋理由書——

「行政機關為執行法律，得依其職權發布命令，為必要之補充規定，惟不得與法律牴觸。……財政部六十四年三月五日臺財稅第三一六一三號函……，係以職權發布解釋性行政規則對人民依法律享有之權利，增加限制之條件，與憲法第二十三條法律保留原則牴觸。」

6.——釋字第 **506** 號解釋理由書——

「關於人民自由權利之事項，除以法律規定外，法律亦得以具體明確之規定授權主管機關以命令為必要之規範。命令是否符合法律授權之意旨，則不應拘泥於法條所用之文字，而應以法律本身之立法目的及其整體規定之關聯意義為綜合判斷。又有關稅法之規定，主管機關得本於租稅法律主義之精神，依各該法律之立法目的，衡酌租稅經濟上之功能及實現課稅之公平原則，為必要之釋示，迭經本院釋字第四二〇號及第四三八號等解釋闡示在案。」

7.——釋字第 **524** 號解釋——

「法律授權主管機關依一定程序訂定法規命令以補充法律規定不足者，該機關即應予以遵守，不得捨法規命令不用，而發布規範行政體系內部事項之行政規則為之替代。倘法律並無轉委任之授權，該機關即不得委由其所屬機關逕行發布相關規章。」

8.——釋字第 **527** 號解釋——

「職位之設置法律已有明確規定，倘訂定相關規章須費相當時日者，先由各該地方行政機關依地方制度法相關規定設置並依法任命人員，乃為因應業務實際需要之措施，於過渡期間內，尚非法所不許。」

9.——釋字第 **548** 號解釋理由書——

「主管機關基於職權因執行特定法律之規定，得為必要之釋示，以供

本機關或下級機關所屬公務員行使職權時之依據，業經本院釋字第四〇七號解釋在案，此項釋示亦屬行政程序法第一百五十九條明定之行政規則之一種。公平交易法乃規範事業市場競爭行為之經濟法規，由於社會及經濟之變化演進，各式交易行為及限制競爭、妨礙公平競爭行為態樣亦隨之日新月異，勢難針對各類行為態樣一一規範。因此，立法者即在法律中以不確定之法律概念加以規定，而主管機關基於執行法律之職權，就此等概念，自得訂定必要之解釋性行政規則，以為行使職權、認定事實、適用法律之準據。」

10.── **釋字第 570 號解釋理由書** ──

「主管機關為維護社會治安，於法制未臻完備之際，基於警察職權所發布之命令，固有其實際需要，惟禁止製造、運輸、販賣、攜帶或公然陳列類似真槍之玩具槍枝，並對違反者予以處罰，涉及人民自由權利之限制，且其影響非屬輕微，應由法律或經法律授權之命令規定，始得為之。」

11.── **釋字第 615 號解釋** ──

「財政部 81 年 2 月 11 日臺財稅字第 801799973 號及 87 年 3 月 19 日臺財稅字第 871934606 號函釋，係就上開規定之適用原則，依法定職權而為闡釋，並未增加該等規定所無之限制，均與憲法第 19 條租稅法律原則無違。」

第四章　行政處分

第一節　行政處分之意義

　　行政處分源於法文之 acte administratif，原指行政機關的一切法律行為，包括公法行為及私法行為。在 19 世紀時由德國行政法學者 Otto Mayer 翻譯為 Verwaltungsakt，用以表述行政機關的公法行為，亦即行政機關對於個別事件宣示何者為適法行為之公權力行為，至於行政機關的私法行為則不在行政處分之概念中❶。

　　行政處分是行政法上最重要的機制，為行政實體法、行政程序法、行政爭訟法所共有之概念，而此三個行政法領域也因行政處分之概念而緊密結合❷。在行政實體法上❸，常有行政機關得對人民就個別具體事件而為處置、許可或決定的行為，如核發護照、許可營業、科處罰鍰、徵收租稅、勒令歇業等是；而在行政程序法及行政爭訟法上，行政處分均為行政程序與行政爭訟制度之核心概念，具有關鍵性之地位❹。行政程序法及訴

---

❶　陳新民，《行政法學總論》，頁 287；陳敏，《行政法總論》，頁 296；李震山，《行政法導論》，頁 319，註 1；廖義男，〈行政處分之概念〉，台灣行政法學會主編，《行政法爭議問題研究（上）》，頁 377–419；吳庚，《行政法之理論與實用》，民國 94 年 8 月增訂九版，頁 305–306；李建良等合著，《行政法入門》，元照出版公司，2004 年 5 月二版，頁 264–265。

❷　Maurer, Allg. VwR, §9 Rdnr. 37; 許宗力，〈行政處分〉，翁岳生編，《行政法》，頁 531。

❸　參閱公務人員保障法第 18 條規定。

願法均明確規定行政處分之定義，均以行政處分之存在為進行行政程序及行政爭訟之要件。

　　關於行政處分之定義，行政程序法第 92 條及訴願法第 3 條之規定，大致雷同。行政程序法第 92 條規定，「行政處分，係指行政機關就公法上具體事件所為之決定或其他公權力措施而對外直接發生法律效果之單方行政行為。前項決定或措施之相對人雖非特定，而依一般性特徵可得確定其範圍者，為一般處分，適用本法有關行政處分之規定。有關公物之設定❺、變更、廢止或其一般使用者，亦同。」茲就此定義，析分行政處分之概念❻於次。

第二節　行政處分之概念要素

第一項　行政機關

　　行政處分的概念要素中，行政機關為首要因素，如無行政機關則行政處分將不存在。因此，何者為行政機關為辨別行政處分首要考慮者。由於行政程序法之公布，行政機關已明確規定在行政程序法第 2 條第 2 項、第 3 項上，亦即包含下列之機關❼：

---

❹　參閱，李建良，上揭書，頁 265–266；陳敏，上揭書，頁 296–297；李建良，〈行政處分 2.0：法治國家的制度工具與秩序理念（上）〉，《月旦法學雜誌》，第 277 期，2018 年 6 月，頁 91–108；同作者，同題目（下），《月旦法學雜誌》，第 278 期，2018 年 7 月，頁 141–164。

❺　相關實例請參閱，陳愛娥，〈古蹟指定「召開古蹟指定公聽會」之程序要求的法律性質〉，《台灣本土法學雜誌》，第 66 期，2005 年 1 月，頁 155–159。

❻　相關論文請參閱，蔡茂寅，〈行政處分之概念〉，《月旦法學教室》，第 108 期，2011 年 10 月，頁 9–11。

❼　廖義男教授曾就行政程序法第 2 條第 2 項之定義，分析行政機關之意義。詳見廖義男，〈行政處分之概念〉，頁 380–387。

　　1.代表國家表示意思、從事公共事務、具有單獨法定地位之組織，亦即學理上所稱之國家行政機關。此一國家行政機關不只指稱行政院、考試院本身或其所屬行政機關。立法、司法、監察機關之首長對其所屬職員有所處分時，亦為廣義之行政機關。因此，行政機關一詞是：以其是否實際從事公共事務為準，而非以組織法之地位為準❽。

　　2.代表地方自治團體表示意思，從事公共事務，具有單獨法定地位之組織。亦即地方制度法第 55 條以次條文所規定之地方行政機關，如直轄市政府、縣（市）政府、鄉（鎮、市）公所、直轄市、市之區公所等是。

　　3.代表其他行政主體表示意思，從事公共事務，具有單獨法定地位之組織。此之其他行政主體乃有別於國家與地方自治團體之組織，如農田水利會、工商經濟自治團體以大法官釋字第 467 號解釋所稱之臺灣省政府。

　　4.受託行使公權力之個人或團體，行政程序法第 2 條第 3 項明文規定，受託行使公權力之個人或團體，於委託範圍內，視為行政機關❾。大法官釋字第 269、423、459 及 462 等號解釋均同此意旨。

　　又行政機關之名稱，中央行政機關組織基準法第 6 條明文規定為院、部、委員會、署、局、分署、分局。同法第 25 條規定，行政機關內部單位，依其層級，分別稱為處、司、組、科。不過，機關內部單位因其性質特殊者，依同法第 25 條第 3 項規定，得另定名稱。

第二項　行政行為

　　行政程序法第 92 條規定，行政處分是行政機關之決定或其他公權力措施之行政行為。此一行政行為可以是書面方式表現的許可、同意、拒絕，也可以是口頭的命令、禁令，更可以是透過旗語、警鈴、鼓聲、鐘聲、手勢、閃光等方式之意思表現。大法官釋字第 423 號解釋亦明示：

---

❽　Giemulla/Jaworsky/Müller-Uri, *Verwaltungsakt*, Rdnr. 165, 166; 吳庚，《行政法之理論與實用》，頁 312 參照；陳敏，《行政法總論》，頁 302。

❾　參閱，林騰鷂，〈異形的行政機關——立法委員可兼任海基會董事長嗎？——〉《台灣本土法學雜誌》，第 74 期，2005 年 9 月，頁 99–104。

「行政機關行使公權力，就特定具體之公法事件所為對外發生法律上效果之單方行政行為，皆屬行政處分，不因其用語、形式以及是否有後續行為或記載不得聲明不服之文字而有異。」不過，實務上對行政行為之概念，仍有一些歧異爭議❿。

又以電腦等自動化裝置取代人力所作成之行為⓫，如核定稅額通知書，即所謂行政製成品 (Verwaltungsfabrikaten)，亦為行政處分⓬。其他如以電報交換、電傳文件、傳真或其他電子文件之機關公文，依公文程序條例第 12 條之 1 規定，均為行政機關之行政行為。再如紅綠燈、禁限之交通標誌，均可視為行政處分要素之行政行為⓭。行政程序法第 68 條第 2 項、第 96 條第 1 項第 4 款、第 97 條第 3 款等均承認此類自動機器作成之行為為行政處分。

第三項　公法上行為

行政處分之概念要素之一即為其必須是公法領域之行為。亦即行政機關之行為乃以公法上事件為內容之行為，有別於行政機關之私法行為。故如行政機關之買賣、租賃行為即非公法行為，而係私法行為⓮。

又行政機關之公法行為中亦有依憲法規定所為之憲法上行為，但此憲法上行為如總統對行政院院長之任免，行政院院長對各部會首長提請總統

---

❿　參閱，許育典，〈限制死刑犯通訊自由非行政處分？——兼評最高行政法院 102 年度判字第 514 號判決〉，《月旦裁判時報》，第 72 期，2018 年 6 月，頁 5–13；許育典，〈突破性平會調查報告非屬行政處分的救濟困境——兼評高雄高等行政法院 104 年度訴字第 280 號判決〉，《月旦裁判時報》，第 63 期，2017 年 9 月，頁 5–12。

⓫　論文請參閱，謝碩駿，〈論行政機關以電子方式作成行政處分：以作成程序之法律問題為中心〉，《國立臺灣大學法學論叢》，第 45 卷第 4 期，2016 年 12 月，頁 1773–1849。

⓬　吳庚，上揭書，頁 309。

⓭　陳敏，上揭書，頁 305–306。

⓮　行使公權力與私法行為之區分請閱廖義男，〈行政處分之概念〉，頁 388–393。

任免之行為，行政院對法律案、大赦案、媾和案、條約案及其他重要事項之議決，在學理上被稱為「統治行為」(Regierungsakt)❶❺，不屬於行政處分，也不成為行政爭訟之對象。

　　何為公法事件，何為私法事件，涉及公法與私法的區分，學界有主體說 (Subjektionstheorie)，利益說 (Interessentheorie)，特別法規說 (Sonderrechtstheorie)，輔助說 (Hilfstheorie) 等❶❻，國內行政法學者多主張對各說應綜合斟酌考量以區別公法、私法❶❼。實務上對於下列事件為公法事件而有行政處分之存在，即：勞保給付請求之准駁，依實施耕者有其田條例所為耕地徵收與放領，鄉鎮區公所依耕地三七五減租條例第 19 條所為耕地准否收回自耕之核定與調處，郵政機關對寄件人與收件人所為補償之決定，私立學校依法律授權以機關地位錄取學生、確定學籍、獎懲學生、核發畢業或學位證書，主管機關對農田水利會會員資格的否認，地政機關的土地登記❶❽，各大學教師評審委員會關於教師升等評審之決定❶❾，兵役體位之判定❷⓪。

第四項　單方規制行為

　　行政處分之另一概念要素為單方規制，亦即行政處分為行政機關單方面之意思表示就可產生直接有拘束力的要求與法律效果❷❶。這種行政機關之單方面規制為行政處分的特色而與行政契約不同。而所謂規制❷❷主要的

---

❶❺　Giemulla/Jaworsky/Müller-Uri, a.a.O., Rn. 174; Norbert Achterberg, *Allgemeines Verwaltungsrecht*, §21 Rn. 46.

❶❻　Giemulla/Jaworsky/Müller-Uri, a.a.O., Rn. 181–185; 另參照吳庚，上揭書，頁 29；許宗力，上揭文，頁 544。

❶❼　翁岳生，〈論行政處分之概念〉，頁 19；吳庚，上揭書，頁 30–31；廖義男，《國家賠償法》，頁 43。

❶❽　許宗力，上揭文，頁 544、545。

❶❾　參閱大法官釋字第 462 號解釋。

❷⓪　大法官釋字第 459 號解釋。

❷❶　單方行為之意義請閱廖義男，〈行政處分之概念〉，頁 414–418。

形態有：

　　1.禁令──如禁止集會、遊行或在航空站或飛行場四周之一定距離範圍內，禁止飼養飛鴿或施放有礙飛航安全物體❷❸。

　　2.命令──如命令違建者拆除違法建築，或依商港法第 25 條，命令船舶入港至出港時，應懸掛中華民國國旗、船籍國國旗及船舶電臺呼號旗。

　　3.形成處分──如任命官員，核發駕照，吊銷執照等。

　　4.確認處分──如個人身分之確定，國籍之確定，兵役年次之確定。

　　5.拒絕處分──如拒發殘障重傷證明，文件查閱申請之拒絕，提高年金金額申請之拒絕。此又可稱為駁回處分，乃是對人民請求之駁回❷❹。

　　至於無規制性質之單方行為如事實行政行為 (Realakte)❷❺、觀念通知❷❻、催繳函❷❼、重覆處罰 (wiederholende Verfügungen)❷❽、準備行為 ❷❾ 等均非行政處分。又大法官釋字第 230 號解釋謂：「行政法院六十二年裁字第四十一號判例：『官署所為單純的事實敘述或理由說明，並非對人民

---

❷❷　規制 (Regelung)，學者稱係以設定法律效果為目的，且有法律拘束力之意思表示。規制之目的，在於設定、變更或廢棄權利及義務，或對法律地位、權利義務為有拘束力之確認。參閱，陳敏，上揭書，頁 305。

❷❸　民用航空法第 34 條第 1 項。

❷❹　相關實例論文請參閱，江嘉琪，〈遲來的駁回處分〉，《月旦法學教室》第 107 期，2011 年 9 月，頁 12–14。

❷❺　如行政機關單方面之祝賀、公共設施之建築與維修、提供消息、評論等。參閱 Giemulla/Jaworsky/Müller-Uri, a.a.O., Rn. 207.

❷❻　參閱李建良，〈行政處分與觀念通知〉，《月旦法學教室③公法學篇》，頁 174–175；另重複處分亦為觀念通知，參閱李建良，〈重複處分與第二次裁決〉，《月旦法學教室③公法學篇》，頁 176–177。

❷❼　李建良等著，《行政法入門》，頁 267–268。

❷❽　陳敏，上揭書，頁 309–310。

❷❾　即行政機關尚未作成完全及終局之決定前，為推動行政程序之進行，所為之指示或要求，例如令駕駛人提出醫師證明，以審查是否撤銷駕駛執照之依據，或要求補充力學數據作為建築許可核發之依據。A.a.O., Rn. 209.

之請求有所准駁，既不因該項敘述或說明而生法律上之效果，非訴願法上之行政處分，人民對之提起訴願，自非法之所許』」，清楚的表達，行政處分中一定要有規制行為之要素❸。

第五項　具體事件❸

行政處分之另一概念要素為具體、個別事件的規範。此一具體、個別特徵，構成行政處分與行政命令之區別。行政法所涉及的事件有具體、抽象之分；所涉及的人亦有個別與普遍之分，因此在行政法學上有四種可能組合之規制❸，即：

一、具體個別之規制 (konkret individuelle Regelung)

此為典型的行政處分，如今年對張三課綜合所得稅 8 萬元或對李四核發駕駛執照等是。

二、抽象一般之規制 (abstrakt generelle Regelung)

此為典型的行政命令，是一種對不特定數量事件，對不特定數量人員所發出的命令與禁令，如臺灣省地下水管制辦法，即為對臺灣省管制區內一切鑿井引水行為之規制，針對不特定數量事件，也針對不特定數量之人員，凡是要鑿井、引水，就要受到此一辦法之規制。

三、抽象個別之規制 (abstrakt individuelle Regelung)

此為對特定之個人，以抽象方式為規制，如某市政府為防止結冰滑溜危險，對冷凍庫之所有人下命，除結冰係因大風雪自然形成外，凡由於冷凍庫蒸氣外洩所造成周遭道路之結冰，均應加以清除❸；又如要求企業主在冷卻水溫度超過一定限度時，停止將冷卻水排入溪流❸；或是命令某

---

❸　另請參閱，關銘富，〈處分性之認定〉，《台灣法學雜誌》，第 250 期，2014 年 6 月 15 日，頁 11–27。

❸　具體事件之認定標準及實務案例請閱廖義男，〈行政處分之概念〉，頁 393–396。

❸　Giemulla/Jaworsky/Müller-Uri, a.a.O., Rn. 242–248；陳敏，上揭書，頁 314–319。

❸　吳庚，上揭書，頁 325。

甲,每當水量超過一定水位時,開啟堰閘❸。這些例子均在表現規制的對象是個別的,但規制的事件則是抽象的,亦即是未來不可預見,不確定會發生之不定數量事件。

四、具體一般之規制 (konkret generelle Regelung)

此為行政處分原型之外的變體,即一般處分 (Allgemeinverfügung)❸是也。我國行政程序法第 92 條第 2 項仿德國聯邦行政程序法第 35 條後段規定,認行政機關就公法上具體事件所為之決定或公權力措施之相對人,而依一般性特徵可得確定其範圍者,為一般處分,適用行政程序法有關行政處分之規定,是為與人有關之一般處分 (Personnenbezogene Allgemeinverfügung)❸。又有關公物之設定、變更、廢止或其一般使用者,亦為一般處分而屬學理上所謂的物的一般處分 (dingliche Allgemeinverfügung)❸。另如,行政院環保署對汽機車廠商生產某一型式汽機車所核發「新車型審驗合格證明」之類型許可 (Typenzulassung)❸亦

---

❸ Giemulla/Jaworsky/Müller-Uri, a.a.O., Rn. 244.

❸ A.a.O., Rn. 245. 我國實例另參閱,張文郁,〈具體一般和抽象特定性質之行政處分〉,《月旦法學雜誌》,第 82 期,2002 年 3 月,頁 22–23。

❸ 一般處分代表性案例解析請參閱,吳志光,《行政法》,新學林出版股份有限公司,2006 年 10 月,頁 163–167。

❸ 如為貫徹池塘禁浴規定,警察以麥克風廣告要求在池塘中沐浴之一群人立即出浴離開,或行政機關要求一傾倒危險房子中之所有居住人馬上離開房子,或要求一城市之所有屋主,排除屋頂雪崩之危險。Giemulla/Jaworsky/Müller-Uri, a.a.O., Rn. 252, 255;其他德國與我國實例請參閱,林騰鷂,〈有毒菠菜一律下架、回收、銷毀!——對人的一般處分——〉,《台灣本土法學雜誌》,第 88 期,2006 年 11 月,頁 141–146;張文郁,〈具體一般和抽象特定性質之行政處分〉,《月旦法學雜誌》,第 82 期,2002 年 3 月,頁 22–23。

❸ 如依文化資產保存法第 11 條所為國寶、重要古物之指定或依公路法第 4 條所為國道、省道之核定公告啟用或廢止。另參閱學者李建良所撰述之三篇實例解說,即〈變異的氣象——「一般處分」之概念㈠〉;〈綠色的隧道——「一般處分」之概念㈡〉;〈跳動的路面——「一般處分」之概念㈢〉,均刊於《月旦法學教室③公法學篇》,頁 162–163、164–165、166–167。

應屬於此對物之一般處分。

以上就行政命令、行政處分及一般處分❹所作之說明，德國學者❶，將之圖示如下：

	事　件	
	具　體	抽　象
相對人　個別	行政處分	行政處分
相對人　一般	一般處分（可得而具體確定）	法規命令或章程

第六項　對外發生法律效果❷

行政處分是一由行政機關所為對客觀事物之規制而對外發生效果者。所謂對外發生效果，是指對行政機關內部以外之人民或其他組織體，產生權利或義務法律關係之效果而言。若僅為行政機關對組織體系內部之規制活動，一般不認為是行政處分。這種以對內、外發生效果來區分是否為行政處分之理由有二，一是基於人民權利保護之考量 (Rechtsschutzerwägungen)，另一是基於程序經濟之考慮 (Überlegungen der Verfabrensökonomie)。就人民權利保護之觀點來看，行政機關內部領域之規制活動，對人民權益而言，尚無需要使用撤銷之訴或義務之訴等方式之司法審查控制；如就程序經濟之觀點來看，行政機關內部之措施，一般用來準備行政處分或其他具有對外效力之法規命令行為且經常是非最終性

❸　陳敏，上揭書，頁 319。

❹　相關實例請參閱，李惠宗，〈超速的陷阱——交通速限標誌與照相測速器之法律問題——〉，《台灣本土法學雜誌》，第 44 期，2003 年 3 月，頁 115–122。

❶　參閱 Giemulla/Jaworsky/Müller-Uri, a.a.O., Rn. 247.

❷　參閱廖義男，〈行政處分之概念〉，頁 396–413。

行為，這種行政內部之意思形成程序或預備行為，不應被各別孤立之抗辯嚴重干擾，以免影響行政效率 ❹。

原則上，同一行政主體之行政機關相互間所為之規制行為，為欠缺對外效力之內部行為，但對另一其他行政主體或其行政機關所為之規制行為，則為有對外效力之行政處分，如中央政府對地方政府所為之監督措施，為有對外效力之行政處分性質 ❹。不過，地方自治團體如執行中央政府之委辦事項時，則為中央政府之延伸，中央政府就委辦事項所為之指示，則屬於內部行為而無對外效力。

行政機關之規制行為對行政機關以外之人員、團體產生法律效果者，固有對外效力，但在下列情形，是否均有對外效力，並非毫無疑問，即：

一、具有事實效果之行政內部措施

例如某警察局對轄下警員發布一道路檢查命令，致使道路附近之酒店之客人因害怕受檢而不到酒店消費，酒店店主因營業額下降而受害，則此一對內部警員所為道路檢查命令，雖產生一定之事實效果，但仍非行政處分，酒店店主不得對之提起撤銷訴訟 ❹。又如財政部對所有稽徵機關發出通令，要求對納稅義務人採取特定之不利行為，亦因其缺乏外部效力，而不屬於行政處分 ❹，此種類屬於行政機關內部之勤務指示 (innerdienstliche Weisungen)，雖有事實效果，但依行政法院 57 年判字第178 號判例之見解，乃屬上級官署對下級官署，本於職權所為之指揮監督，既非對人民所為之行政行為，更不因而對人民發生具體之法律效果，自不能認為行政處分，而對之提起訴願 ❹。

---

❹ Giemulla/Jaworsky/Müller-Uri, a.a.O., Rn. 215, 216.

❹ 訴願法第 1 條第 2 項參照。

❹ Giemulla/Jaworsky/Müller-Uri, a.a.O., Rn. 217, 218.

❹ A.a.O., Rn. 219.

❹ 陳敏，上揭書，頁 322、323；另見廖義男，〈行政處分之概念〉一文所引司法實例，頁 399–401。

二、「特別權力關係」內之措施

　　例如行政官員接獲上級指示，優先處理急件，更改先前完成之草案，處理生病同事之文件或延遲午休時間，以及時處理某一事件，這些指示均是內部指示 (innerdienstliche Weisung)，而無對外法律效果，故非行政處分。由於傳統「特別權力關係」視公務員為行政內部構成分子之理論，已被重大修正，因此，行政機關對公務員所為之種種措施是否為行政處分，須視性質而定❹。德國聯邦行政法院 1980 年 5 月 22 日之一個判決即曾建構一項標準，認為行政措施如將行政官員視同權利義務主體 (Rechtsträger) 而有所行為，則有行政處分存在；相反的，行政措施若只指行政官員之屬性視同職務管理者 (in seiner Eigenschaft als Amtswalter)，即為係對可任意替換之國家幹部 (als beliebig austauschbarer Funktionär des Staates) 而為者，則為純內部之服務命令，而非行政處分。德國司法實務依據個案判定、區分了「特別權力關係」內之措施，何者為對外直接效力之行政處分，何者為無直接對外效力之純內部措施，即❹：

　(一)對外有直接效力之行政處分

　　1.行政官員關係方面──如行政官員之任命、免職、調升、降調、服務年資之認定、俸給之歸還要求等。

　　2.國民學校與大學關係方面──如入學考試、升級、准予註冊或開除學籍等。

　　3.服役關係方面──如徵召令、服役地點與時間之確定、專業教育費用之歸還請求等。

　(二)無直接對外效力之純內部措施

　　1.行政官員關係方面──調職（包括剝奪主管職務），改變官員辦理之業務或辦公房間，改變業務分工，改變辦公時間，撤銷對公務員之安全門禁許可等。

　　2.國民學校與大學關係方面──如家庭作業之指定，課程內容之指

---

❹　吳庚，上揭書，頁 331；Giemulla/Jaworsky/Müller-Uri, a.a.O., Rn. 221.

❹　A.a.O., Rn. 227, 232.

定，上課時間之指定，下課休息之規定，上課地點、教室之指示。

3.服役關係方面——如接受參謀教育軍官之選定。

在我國司法實務上自大法官釋字第 187 號解釋以來，亦與德國司法實務對特別權力關係之態度，同一基調而以內外部效力為區分是否為行政區分之標準，已詳述於前。

三、其他行政機關參與行政處分之措施

在行政處分之作成常有二個以上之機關而可區分為主導機關 (die federführende Behörde) 與有權參與機關 (die anderen mitwirkungs-berechtigten Behörden) 之所謂多階段行政處分情形時，則具有行政處分性質者為主導機關最後階段行為，亦即直接對外生效之部分。至於有權參與機關之意見表示或會商行為則屬於行政內部意見之交換，則無行政處分之性質❺⓪。例如公路法第 9 條第 2 項規定，「公路主管機關規劃、興建或拓寬公路時，應勘定用地範圍，其涉及都市計畫變更者，應協調都市計畫主管機關依都市計畫法規定辦理變更」，此時主導機關為交通部或交通處（局），而有權參與機關則為公路路線當地之地政機關，公路用地之編定為行政處分，但地政機關在會商時之意見表示則非行政處分。

四、對其他法律主體之行政機關之措施

在同一行政主體體系內部行政機關間之指示、命令或類似措施，因均無直接對外效力因素，故均不是行政處分。例如經濟部對工業局之指示，財政部對賦稅署之指示等是。但一行政主體之行政機關對另一行政主體之行政機關所為之指示或命令則依實際情形而有不同，亦即❺①：

1.在所為之指示或命令涉及另一行政主體自治行政領域事項時，則此之指示或命令乃屬於對另一權利義務主體所為之行政處分。此時，擁有自治事務權限之行政主體，可以提起訴願、撤銷之訴來對抗，或課以義務之訴等來爭執，擔任監督之行政機關是否應給予其必要的許可（如自治章則之同意、許可等）❺②。

---

❺⓪　Giemulla/Jaworsky/Müller-Uri, a.a.O., Rn. 233.

❺①　A.a.O., Rn. 234; 吳庚，上揭書，頁 330。

2.在所為之指示或命令涉及委任行政事項或依指示之任務領域事項 (der Bereich der Pflichtaufgaben nach Weisung)，則屬於行政內部行為。此時，被指示之另一行政主體之行政機關有如國家之延伸手臂 (als verlängerter Arm des Staates)。

五、組織性處分 (Organisationsakte)❸

乃是形塑、設立、建構、劃分公法上法人及其機關權限之種種措施，此為行政內部措施行為而非行政處分❹。不過在德國行政法司法實務上，認為組織性處分如不只限於對行政內部領域發生效力，而是對人民或其他社團之法律地位亦有所規範時，或對它們之法律地位有根本性、重大的決定時，則此些組織性處分即有對外效力而有行政處分之性質。例如，郡、縣區域及存在之變動，將鄉提升為縣轄市，學區之改變，學校之解散，在學校實施 5 天上學制，關閉一中學並將其班級劃歸另一學校等被德國各級行政法院認為是有直接對外效力之組織性處分，至於同一行政主體設置新行政機關，行政機關之遷移，行政機關內部重組，行政機關地域管轄之變更，行政機關上班時間之規範，學校班級之解散並將學生分配至校內其他同類班級等則被德國各級行政法院認為是缺乏對外效力之組織性區分❺。

六、程序行為 (Verfahrenshandlung)

乃是指行政機關在實施行政程序之過程中以達成實體裁決為目的之相關行為或措施，其性質上是否為行政處分，頗有爭論❻。我國新訂之行

---

❺ 參照新修正之訴願法第 1 條第 2 項及新修正之行政訴訟法第 4 條、第 5 條規定；另見李建良，〈行政組織行為與行政爭訟〉，《月旦法學教室③公法學篇》，頁 236–237。

❺ 吳庚，上揭書，頁 330，註 40；Giemulla/Jaworsky/Müller-Uri, a.a.O., Rn. 235–237.

❺ 吳庚，上揭書，頁 330，所引行政法院 60 年裁字第 233 號判例，認行政機關變更行政區域劃分疆界之措施並不屬於對特定個人所為公法上效果之處置，而非行政處分。

❺ Giemulla/Jaworsky/Müller-Uri, a.a.O., Rn. 237.

❺ 高雄高等行政法院 91 年度訴字第 558 號裁定指出 「行政機關通知中油公司

政程序法第 174 條類仿德國行政法院法第 44 條之 1 而規定：「當事人或利害關係人不服行政機關於行政程序中所為之決定或處置，僅得於對實體決定聲明不服時一併聲明之。但行政機關之決定或處置得強制執行或本法或其他法規另有規定者，不在此限」，是以在立法意旨上係與德國法制類同，而有條件的承認程序行為亦為獨立之行政處分❺。申言之，程序上之處置或程序進行中之處置如訴願程序中執行原處分之行為或對於申請停止執行原處分行為所為之拒絕，或法務部為執行律師懲戒決議確定之處分，對被付懲戒人聲請暫緩執行所為否准之答覆或稅捐稽徵機關移送法院裁定處罰之移送行為，均為此所謂之程序行為，不能依一般行政爭訟程序，請求救濟❺ 。 至於行政機關之決定或處置得強制執行或行政程序法第 63 條❺或行政執行法第 9 條❻所規定之情形，則被認為獨立之行政處分，而得為異議。因此，學者認為，不能因程序行為救濟方法之不同，即一概否認其為行政處分之性質❻。

行政處分是行政機關行政行為中與人民發生最密切關係的一種行為形式 ， 是行政法行為形式體系之支柱以及實現廣泛行政事務之中心手段❻，故其研究及分類為行政法學之重點。藉由行政處分分類之分析、研

應實施『內部檢查』之函即屬行政機關為發動內部檢查此一事實行為所作成之預告性文書。此種預告性文書得否認作係行政處分，尚非無疑。在舊制行政爭訟時代，因僅有針對行政處分之爭訟類型，為使事實行為能獲得法之監督，或有將事實行為之預告或內部公文書視為行政處分而允許人民提起行政爭訟之便宜餘地。惟現行行政爭訟法制業已增加一般給付訴訟類型，足為事實行為之救濟途徑，是前開之便宜變通辦法洵不宜再予適用，以符法制。」
參閱，法務部編印，《行政程序法裁判要旨彙編》，民國 93 年 7 月，頁 675。

❺　陳敏，上揭書，頁 311–312。

❺　吳庚，上揭書，頁 331、332。

❺　該條第一項規定，當事人認為主持人於聽證程序進行中所為之處置違法或不當者，得即時聲明異議。

❻　該條第一項規定，義務人或利害關係人對執行命令、執行方法、應遵守之程序或其他侵害利益之情事，得於執行程序終結前，向執行機關聲明異議。

❻　廖義男，〈行政處分之概念〉，頁 413。

究，不僅有助於瞭解各種行政處分之特色、要件、效果，且在行政實體法、行政程序法、行政爭訟法及國家賠償法上，均具有實際之意義。

第三節　行政處分之種類

行政處分之種類因分類標準不一，有具有法律上實用價值者，有具有法學研究價值者，茲分項敘明於次。

第一項　依規制內容為區分標準

依行政處分規制之內容來看，行政處分可分為下命處分 (befehlende Verwaltungsakte)、形成處分 (gestaltende Verwaltungsakte) 與確認處分 (feststellende Verwaltungsakte)。此一分類在行政訴訟法新修正增加給付訴訟、確認訴訟後更見其實益，因其與行政訴訟法所規定之撤銷訴訟、確認訴訟、給付訴訟有對應相稱之情勢。茲再分敘於次：

一、下命處分

下命處分是指行政處分之內容為行政機關命令人民為一定行為之情形，而此行為義務包括作為、不作為及忍受之義務。舉例而言：

1.作為義務——如命令人民當兵、繳稅、拆除違建、裝設防止噪音設備等。

2.不作為義務——如命令人民不得在禁菸場所吸菸 ❻❸，不得在飛航中使用通訊器材 ❻❹，不得惡意或無故騷擾、虐待動物 ❻❺，禁止行使家庭暴力 ❻❻。

---

❻❷　陳春生，〈行政過程與行政處分〉，《行政法之學理與體系㈠——行政行為形式論》，頁 52。

❻❸　參閱菸害防制法第 15 條、第 31 條規定

❻❹　參閱民用航空法第 43 條之 2 第 1 項、第 2 項。

❻❺　參閱動物保護法第 6 條規定。

❻❻　參閱家庭暴力防治法第 14 條、第 28 條、第 31 條。

3.忍受義務——如命令性犯罪或重大暴力犯罪案件之被告或犯罪嫌疑人接受去氧核醣核酸之強制採樣❻❼；通知感染或疑似感染人類免疫缺乏病毒者限期接受人類免疫缺乏病毒有關檢查❻❽；又如直轄市、縣（市）政府衛生機關應抽查販賣之食品、食品添加物、食品器具、食品容器、食品包裝或食品用洗潔劑及其製造、調配、加工販賣或貯存場所之衛生情形，必要時，得出具收據，抽樣檢驗，而對於此之抽查及抽樣，食品業者不得拒絕❻❾，亦即要忍受之意。

下命處分所課賦之作為、不作為或忍受義務，如相對人未履行時，即生強制執行問題，各種處分之中亦僅有下命處分有強制執行之可能性及必要性❼⓿。

二、形成處分

形成處分是指行政處分之內容在於設定、變更或消滅具體法律關係者，換言之，就是一種行政機關單方面可以「形塑造成」人民具體權利、義務發生、變更或消滅之行政處分，如核發建築執照、核准商標註冊、任免官員、開除學生學籍、解散不法宗教團體以及關於物的一般處分❼❶等。此種處分的特色是一經作成對外生效，即直接達到使法律關係發生、變更或消滅的效果，其間並沒有執行的問題。

形成處分中，如所形成之法律關係為相關人民之間私法上之權利義務者，學理上稱之為形成私法關係的行政處分 (Privatrechtsgestaltende Verwaltungsakte)，如勞工局依勞動基準法第 13 條核定雇主終止勞工之勞動契約，公平交易委員會對事業從事聯合行為之許可，社會局撤銷人民團體之決議等❼❷。此種形成相關人民之間私法關係之行政處分與僅對外發生

❻❼ 去氧核醣核酸採樣條例第 5 條。

❻❽ 人類免疫缺乏病毒傳染防治及感染者權益保障條例第 15 條第 1 項。

❻❾ 參閱食品衛生管理法第 41 條至第 43 條。

❼⓿ 吳庚，上揭書，頁 344；許宗力，上揭文，頁 556。

❼❶ 吳庚，上揭書，頁 344。

❼❷ 詳請參閱許宗力，〈論規制私法的行政處分——以公行政對私法行為的核准為中心〉，刊於《一九九八年海峽兩岸行政法學術研討會實錄》，國立政治大

私法上效果之行政處分，學者認有下列不同，亦即形成人民間私法關係之行政處分是當事人民之間原有私法行為存在，但須行政機關介入作成行政處分後，始促成當事人間私法關係之產生（如依土地法第 20 條規定核准外國人與本國人之土地買賣契約），或變更當事人間之私法關係（如依土地法第 97 條第 2 項強制減定超過法定標準的房租），或消滅當事人間之私法關係（如依平均地權條例第 63 條第 1 項註銷因市地重劃致不能達到原租賃目的之耕地租約）等❼❸。至於僅對外發生私法上效果之行政處分，則不以當事人間有私法行為存在為前提，如准予某人專利即為直接形成該人私法上智慧財產權之行政處分而與上述形成人民間私法上買賣、租賃法律關係之行政處分略有不同。

形成處分之外觀多以許可、核准、准許、核定❼❹、核備、特許、例外特許 (Ausnahmebewilligung) 等樣態出現，學者對此每加以區分，甚有其實益❼❺。

三、確認處分

確認處分是指由行政機關對法律關係存在與否以及對人之地位或物之性質在法律上具有重要意義事項的確認或認定❼❻之行政處分。確認處分雖只在確認或認定某一既存的法律狀態❼❼，但因確認或認定具有法律上拘

學法學院主辦、出版，1999 年 4 月，頁 352 以下。

❼❸　許宗力，上揭文，頁 352、355。

❼❹　如勞工保險局對勞工請求墊償所為之核定，最高行政法院 94 年裁字第 2565 號裁定即認為是行政處分。參閱，程明修，〈行政處分權限〉，《台灣本土法學雜誌》，第 80 期，2006 年 3 月，頁 215–220。

❼❺　詳請參閱李震山，〈論行政許可行為〉，刊於《一九九八年海峽兩岸行政法學術研討會實錄》，頁 181 以下；又請參閱許宗力，〈行政處分〉，翁岳生編，《行政法》，頁 556–558。

❼❻　相關實例論文請參閱，林昱梅，〈既成巷道寬度之認定與行政處分〉，《月旦法學教室》，第 41 期，2006 年 3 月，頁 24–25。

❼❼　故有學者稱之為「中性」處分，參閱，洪家殷，〈「中性」處分〉，《月旦法學教室》，第 11 期，2003 年 9 月，頁 34–36。

束力，有規制、影響法律關係的效果，且依行政訴訟法第 6 條得為行政訴訟標的，故非學者過去所誤認的準法律行為或單純的觀念通知。又確認處分一經作成，其對法律狀態所為的確認或認定即刻發生法律上拘束效果，故與形成處分一樣不生執行的問題❼，此與下命處分不同。

確認處分之樣態可分別舉例於次：

1.關於法律關係與否之確認處分──如依土地法第 48 條以下規定之土地登記，依耕地三七五減租條例第 6 條之耕地租約登記，依商標法第 50 條之商標專用權範圍之評定❼。

2.關於人之地位的確認處分──如依戶籍法所為對某人之結婚、離婚、學歷等之登記，又如役男兵役體位之判定❽，自耕能力證明之發給❽。

3.關於事之機密之確認處分──如依國家機密保護法第 6、7 條規定對事項機密等級為絕對機密、極機密，機密等之核定。

4.關於物之數量之確認處分──如依土地法第 239 條、第 241 條所為地價或改良物補償數額之估定，或依公務人員退休資遣撫卹法施行細則第 91 條所為公務人員退休金金額之審定❽。

5.關於行政處分是否無效之確認處分──如依行政程序法第 113 條第 1 項規定，行政處分之無效，行政機關得依職權確認之。又依同條第 2 項規定，行政處分之相對人或利害關係人有正當理由請求確認行政處分無效時，處分機關應確認其為有效或無效。

第二項　依對關係人之效果為區分標準

依行政處分對相對人所產生之法律效果，究為有利或不利，可區分為

---

❼　許宗力，上揭文，頁 558。
❼　吳庚，上揭書，頁 345。
❽　參閱大法官釋字第 459 號解釋。
❽　吳庚，上揭書，頁 345。
❽　吳庚，上揭書，頁 345。

授益處分 (begünstigende Verwaltungsakte) 與負擔處分 (belastende Verwaltungsakte)。此項區分之實益[83]已可從訴願法第 80 條及行政程序法第 120 條至第 127 條之規定看出其事後之撤銷與廢止，有寬嚴不同的限制。又依行政處分對相對人或相關人有利與不利之法律後果，又可區分為有利及不利效果同時歸屬於同一相對人之混合處分 (Mischverwaltungsakte) 及有利或不利效果影響相對人以外之第三人的第三人效力處分 (Verwaltungsakte mit Dritwirkung)，茲各舉例分述之：

一、授益處分

行政處分之效果如是對相對人或相關人發生權利或法律上利益[84]之獲得或確認者，學理上及法典上稱之為授予利益之行政處分[85]，簡稱為授益處分。例如核發昇降機（即俗稱電梯）執照，發給水權狀[86]，核准給予探礦權、採礦權[87]，核發低收入戶之生活扶助金[88]，准入大學研究所註冊等是。又確認相對人具有某種身分之處分如確認當選縣議員之處分，確認為中華民國國籍者之處分，亦屬於授益處分[89]。另由行政機關或其上級廢棄對相對人不利的負擔處分，學者認亦係授益處分[90]。

授益處分因係使相對人產生擁有或取得法律上權利或法律上重要利益之效果，故相對人對此類處分正當合理之信賴而採取之生活行為，如使

---

[83] 此為二次世界大戰後行政法學發展進程中之一項貢獻。參閱吳庚，上揭書，頁 346–347。

[84] 陳敏教授認授益處分為設定或確認一項「權利」或「具有法律上重要性之利益」之行政處分，而所謂「具有法律上重要性之利益」(rechtlich erheblicher Vorteil) 是用以補充「權利」之概念，以免對「權利」有過嚴之解釋，但仍可與反射利益相區別。參閱陳敏，上揭書，頁 339。

[85] 如行政程序法第 120 條。

[86] 水利法第 37 條。

[87] 礦業法第 15、16 條。

[88] 社會救助法第 10、11 條。

[89] 吳庚，上揭書，頁 346；許宗力，上揭文，頁 559。

[90] 許宗力，上揭文，頁 559。

用核給之生活扶助金，或因獲知得人遠地之大學註冊而在缺乏學生宿舍之該城市租賃房屋、購買教科書等準備就學之種種行為❾❶，依行政法學上之信賴保護原則及我國行政程序法第 8 條之規定，均應受保護。此為授益行政處分在實體法上因須考慮此信賴利益之保障，不得由行政機關任意作成與原處分（即授益處分）相反之撤銷或廢止之意思表示。至於區分授益處分與負擔處分在行政訴訟法上之實益，依修正後之行政訴訟法第 4 條規定，可對負擔處分提起撤銷訴訟，而對請求作成授益處分遭拒絕者，可依修正行政訴訟法第 5 條規定，提起課予義務之訴，以求救濟❾❷。

二、負擔處分

行政處分之效果如是對相對人或相關人發生法律上義務或有不利效果者，學理上稱之為負擔處分，行政程序法第 122 條稱之為非授予利益之行政處分❾❸。例如徵兵、課稅、徵收土地、徵用糧食、藥品❾❹、禁止遊行、強制打防疫針或沒入❾❺等課賦相對人作為、不作為或忍受義務；或如調職、免職、開除學籍、吊銷駕照、撤銷許可等變更、消滅相對人權利或法律上利益之處分；或如拒絕核發建築物使用執照之申請、拒絕核發水權狀之申請、拒絕養老給付金之申請等拒絕人民申請授益處分之行為，均為負擔處分。

負擔處分為非授益之處分而係對人民課加義務負擔之處分，行政機關

---

❾❶ Giemulla/Jaworsky/Müller-Uri, a.a.O., Rn. 417.

❾❷ 盛子龍，〈授益處分附款之爭訟手段——單獨撤銷附款之研究〉，臺灣行政法學會主編，《行政法爭議問題研究（上）》，頁 423–448。

❾❸ 相關實例評論請參閱，蔡震榮，〈由釋字第 612 號解釋論不利益處分或裁罰性不利處分〉，《台灣本土法學雜誌》，第 88 期，2006 年 11 月，頁 147–154；李仁淼，〈教育人員之不利益處分與正當程序——評最高行政法院 105 年度判字第 442 號判決〉，《月旦裁判時報》，第 57 期，2017 年 3 月，頁 31–41。

❾❹ 參閱全民防衛動員準備法第 16 條、22 條、23 條、31 條等之規定。另國防法第 27 條規定參照。

❾❺ 相關論文請參閱，羅敏蓉，〈海岸巡防機關沒入大陸走私船舶之訴願案件法律問題研究〉，《台灣本土法學雜誌》，第 56 期，2004 年 3 月，頁 63–84。

如將之撤銷或廢止，人民正可以減輕義務之負擔，故行政程序法在第 117 條、第 122 條之規定，不管是違法或合法之負擔處分，均得由原處分機關依職權為全部或一部之撤銷或廢止，其所受之限制，較違法或合法授益處分之撤銷或廢止要少得多。又如上所述，相對人如不服負擔處分，依修正後之行政訴訟法第 4 條規定，可提起撤銷訴訟，以尋求救濟。

三、混合處分

混合處分是指行政處分所產生之授益及負擔之效果，同時歸屬於同一相對人而言，在較早之文獻中亦被稱為雙重效力處分 (Verwaltungsakte mit Doppelwirkung)，由於若干學者亦有使用此雙重效力處分來指涉第三人效力之處分[96]，新近之文獻則多使用混合效力處分 (Verwaltungsakt mit Mischwirkung) 以表示對同一相對人，同時給予法律上利益及負擔之行政處分[97]。例如，依精神衛生法對精神病人之強制住院治療，雖使該病人受有忍受義務之負擔，但亦使該病人之精神病可獲得免費治療之利益[98]。又如依農業發展條例第 60 條對農民 1 千萬元之補助申請，僅核給 5 百萬元之補助，這種對人民的授益請求為部分的允許、部分的拒絕，也是混合處分[99]。

四、第三人效力處分

行政處分除對相對人外，並對其以外之第三人之權利或法益發生效果者，學理上稱為有第三人效力之行政處分 (Verwaltungsakte mit Drittwirkung)，而在行政程序法上可以看到此種除相對人外尚有利害關係人之行政處分[100]。

---

[96] 吳庚，上揭書，頁 347；李庭熙，《論附第三人效力之行政處分》，臺大碩士論文，民國 79 年 6 月，頁 8 以下。

[97] 陳敏，上揭書，頁 340、341；許宗力，上揭文，頁 560。

[98] 參照精神衛生法第 26 條規定。

[99] 許宗力，上揭文，頁 560；陳敏，上揭書，頁 340、341。

[100] 行政程序法不稱第三人效力處分，而是在各別法條上，如該法第 62 條第 1 項第 4 款、第 97 條第 2 款、第 100 條第 1 項、第 2 項、第 105 條第 2 項、第 106 條第 1 項、第 110 條第 1 項、第 113 條第 2 項、第 128 條第 1 項等顯示

　　第三人效力處分分為兩種，一種是對相對人之負擔處分而同時對第三人授益之效果者，另外一種則是對相對人之授益處分而同時產生對第三人負擔不利之效果者。茲分別舉例說明於次：

　　1.對相對人加負擔而對第三人授益之處分——如行政機關課賦相對人加裝防止噪音設備，而對其鄰人產生利益之效果，或建築管理機關依職權撤銷起造人之建造執照而對其鄰人產生利益之效果者是，此種第三人授益之效果，該第三人自無提起異議、訴訟或行政訴訟之理，法律關係較為單純 **⑩**。

　　2.對相對人授益而對第三人生負擔效果之處分——如建築法上鄰人訴訟 (baurechtliche Nachbarklage) 之情形，行政機關核發建築執照，容許占據巷道，妨礙通行時，鄰地所有人乙得據以提起訴願 **⑩**，請求撤銷該建築執照。 又如在公害防治法上之鄰人訴訟 (Immissionschutzrechtliche Nachbarklage) 之情形，行政機關核發化學工廠許可或核電廠許可，相鄰居民亦得以行政處分之利害關係人身分，因預見不可忍受之惡臭、輻射對身 心 健 康 影 響 而 提 起 行 政 爭 訟 **⑩**。 再 如 在 同 業 競 爭 者 訴 訟 (Konkurrentenklage) 之情形中，行政機關核准甲汽車客運公司延長行駛路線，致另一單獨行駛該延長路線之同業競爭者——乙汽車客運公司之營運權受損害，因提起行政爭訟 **⑩**。

第三項　依是否須當事人或其他機關之協力為區分標準

　　行政處分之分類以是否須要他人協力又可分為三大類，其中一類是行政處分不須要他人協力之片面處分 (einseitige Verwaltungsakte)，另外一類

　　　出行政處分除有相對人外，尚有利害關係人。

⑩ 吳庚，上揭書，頁 348。

⑩ 參照訴願法第 14 條第 2 項、第 18 條規定。

⑩ 陳敏，上揭書，頁 342；吳庚，上揭書，頁 348。另參閱，林明昕，〈一條遺失的規定：論具第三人效力之行政處分的撤銷與廢止〉，《國立臺灣大學法學論叢》，第 44 卷第 2 期，2015 年 6 月，頁 355–405。

⑩ 陳敏，上揭書，頁 343；吳庚，上揭書，頁 349。

即協力是來自於當事人之須當事人協力處分 (Mitwirkungsbedürftiger Verrwaltungsakt)，又可細分為須當事人申請之處分 (antragsbedürftiger Verwaltungsakt) 及須當事人同意之處分 (zustimmungsbedürftiger Verwaltungsakt)。另外一類即協力是來自其他行政機關之所謂多階段行政處分 (mehrstufiger Verwaltungsakt)，此又可細分為平行關係之多階段行政處分及垂直關係之多階段行政處分❶❶❺。茲分別舉例說明於次：

一、片面處分

片面處分即為行政機關單方面可以決定並生效果之處分，即一般所謂之職權處分，此種處分不必經當事人申請即可依職權作成，也不必經當事人同意或其他行政機關之參與、同意即可發生效力，如一般之警察下令處分、徵兵、課稅處分等是。

二、須當事人協力之處分

須當事人協力之行政處分依上所述又可分為須當事人申請之處分及須當事人同意之處分。

1.須當事人申請之處分在行政實務上非常繁多，如駕照，行車執照，水權狀，自耕能力證明，養老給付，產業免稅、減稅等核發，處分通常均須就當事人之申請而為之。須申請之處分如欠缺申請之口頭或書面文件相關手續時，通說認該行政處分並非實體上合法要件之欠缺而無效❶❶❻，其僅屬程序上存有瑕疵，得經由補辦申請之手續加以補正，在未補正之前其效力處於不確定狀態 (Schwebezustand)❶❶❼。又當事人提出申請後又聲明撤回或放棄申請，亦為行政實務上所常見。此時如當事人申請之撤回或放棄係在行政機關知悉前，但行政處分已經作成之情形下，則此行政處分之效力

---

❶❶❺　吳庚，上揭書，頁 351–356。

❶❶❻　但學者亦有認為，法律既然規定須申請，則當事人申請之必要性，已成為行政處分構成要件事實存在之前提，而當事人之協力亦有間接限定其可能因處分而可承受之負擔，故此項欠缺不能視為純粹之程序瑕疵。參閱吳庚，上揭書，頁 352，註 71，所引德文書目資料。

❶❶❼　同上註。另請參閱許宗力，上揭文，頁 563；另行政程序法第 114 條第 1 項第 1 款規定參照。

為何？學者認為，如專利申請提出之後，在其撤回或放棄到達主管行政機關之前，而主管行政機關已辦理專利審定公告，則此項專利審定處分並非無效，仍可能由於原申請人再度明示或默示接受而使該專利審定處分之效力發生確定效果❿。行政程序法公布後，其第 114 條亦明文規定，違反須經申請等程序或方式而作成之行政處分，因當事人已於事後提出申請者，而獲得補正，使行政處分之效力獲得確定效果。

2.須當事人同意之行政處分在行政實務上亦常可見，如任命公務員，核准歸化或喪失國籍之類形成法律關係之行政處分等須相對人之同意。此之同意為行政處分之生效要件，如有欠缺而行政機關仍執意作成者，通說認為歸於無效，此與須當事人申請之行政處分略有不同❿。

三、多階段行政處分❿

如上所述，多階段行政處分是指需要其他行政機關參與或協力之行政處分。此一種類之行政處分廣泛規定於各別行政法律中❿，其樣態又可分為平行關係之多階段行政處分與垂直關係之多階段行政處分，茲各舉例說明於次：

1.平行關係之多階段行政處分——此即為參與或協力作成行政處分之行政機關之間的關係為平等關係而非屬上下隸屬關係者，如對供公眾使用之建築物申請使用執照時，直轄市主管建築機關應會同消防主管機關檢查其消防設備，合格後方得發給使用執照❿，此際直轄市之主管建築機關與主管消防機關乃立於平等關係，其共同參與或協力作成之使用執照，即為平行關係之多階段行政處分。 又如臺北市攤販管理自治條例第 7 條規

---

❿　吳庚，上揭書，頁 352。

❿　同上註。另見許宗力，上揭文，頁 563。

❿　多階段行政處分之意義與種類， 參閱蔡震榮 ，〈多階段行政處分與行政救濟〉，台灣行政法學會主編，《行政法爭議問題研究（上）》，頁 498–508。

❿　如行政程序法第 140 條第 2 項：「行政處分之作成，依法規之規定應經其他行政機關之核准、同意或會同辦理者」，即為多階段行政處分之存在於一般法規之提示規定。

❿　參閱建築法第 72 條。

定：「產業局會同有關單位依照規定在可容納攤販數量及種類範圍內核發
營業許可證，並副知有關單位」❶❸，即為產生平行關係多階段行政處分之
典型法源。

　　平行關係多階段行政處分之實例甚多，除學者舉述之營業許可、減免
稅捐事件、限制入出境事件有此多階段行政處分外❶❹，在山坡地保育利用
條例第 2 條第 2 項，文化資產保存法第 17 條、第 46 條、第 68 條、第 91
條等亦有產生多階段行政處分之法源依據。

　　2.垂直關係之多階段行政處分❶❺——此即為參與或協力作成行政處
分之行政機關間的關係為垂直上下，有隸屬關係而非平等關係者。一般如
下級機關之處分須經上級機關核准始對外生效者或上級機關之決定已定，
而指示其下級對於人民為行政處分者❶❻。例如廣播電視法第 40 條規定，
電臺電波發射機天線周圍地區，因應國家利益需要，得由國家通訊傳播委
員會會同內政部、交通部劃定範圍，報經行政院核定後，函請當地主管建
築機關，限制建築，可以說是包含了平行關係多階段行政處分與垂直關係
多階段行政處分之適當法例❶❼。

　　多階段行政處分在行政法律及行政實務上屢見不鮮❶❽，在行政程序法

❶❸　參閱，臺北市政府法規委員會編印，《臺北市常用法規彙編》，民國 98 年 12
　　月，頁 954。

❶❹　吳庚，上揭書，頁 329、354。

❶❺　學者舉加油站經營許可之管制程序為例，分地方政府階段與中央政府階段。
　　參閱葉俊榮，《行政法案例分析與研究方法》，三民書局，民國 88 年 3 月，
　　頁 264–265。

❶❻　吳庚，上揭書，頁 355。

❶❼　另一適當法例為原子能法領域之多階段行政處分。詳閱陳春生，〈原子能法
　　領域之階段化行政程序〉，刊於氏著，《核能利用與法之規制》，月旦出版社
　　有限公司，1995 年 11 月，頁 95–132。

❶❽　實例請參閱引發甚大爭議的中科三期環評案之相關論文，李建良，〈多階段
　　行政程序與環評程序：中科三期確認訴訟案（上）——臺北高等行政法院 99
　　年訴字第 1179 號判決理由逐段辨正〉，《台灣法學雜誌》，第 178 期，2011 年
　　6 月，頁 23–38；李建良，〈環評法所稱「目的事業主管機關」的意涵與一般

及行政爭訟法上均有其實用處。例如，行政程序法第 114 條第 1 項規定，違反程序或方式規定之多階段行政處分，在有應參與行政處分作成之委員會已於事後作成決議者，或參與行政處分作成之其他機關已於事後參與之情形下，獲得補正而不致造成行政程序法第 111 條行政處分無效之情形。

而在多階段行政處分之行政爭訟上⑲，學者認採用多階段行政處分之概念，有三項實益⑳，即：

1.有助於確定何者係直接對外生效而應視為行政處分，何者在內部行為階段並非行政處分，以為行政爭訟之客體㉑。

2.有助於在當事人提起行政爭訟時審查範圍之認定，亦即在訴願階段時由共同上級機關，而在行政訴訟時由行政法院來審查多階段行政處分中各個階段行為之適當性或合法性，而不僅只以對外生效之行為作為審查對象。例如營利事業欠稅達 1 百萬元者，由財政部或所屬之國稅局通知內政部入出境管理局限制出境之處分為多階段處分，此時行政爭訟審查範圍之認定，即有待釐清㉒。

3.有助於辨明那些是屬於未經其他行政機關協力之行政處分，而此未經其他機關協力之多階段行政處分在未經補正的情形下，即有可能罹於無

　　確認訴訟的制度本旨：中科三期確認訴訟二（下）——臺北高等行政法院 99 年訴字第 1179 號判理由逐段辨證〉，《台灣法學雜誌》，第 180 期，2011 年 8 月，頁 9–24。

⑲　參閱蔡震榮，〈多階段行政處分與行政救濟〉，台灣行政法學會主編，《行政法爭議問題研究（上）》，頁 508–517。

⑳　吳庚，上揭書，頁 355。

㉑　實例請參閱，李建良，〈多階段處分的爭訟對象〉，《月旦法學教室》，第 5 期，2003 年 3 月，頁 20–21。

㉒　吳庚教授認此一多階段處分，原則上應以入出境管理局限制出境之公文書，作為最後階段之處分，如有不服得依法向內政部提起行政爭訟，但此處理原則有缺點，即因限制出境之處分係財政部或國稅局所為，向入出境管理局之上級機關內政部提起訴願，則內政部實際上無從審查財稅機關之決定適當與否，故應有變通之辦法。此一變通辦法，請參閱吳庚，上揭書，頁 355。

效或被撤銷。

第四項　依有無法定方式為區分標準

行政處分依有無法定方式之區分標準可分為要式處分與不要式處分，此一學理上區分標準已在行政程序法第 95 條明定。該條規定，「行政處分除法規另有要式之規定者外，得以書面、言詞或其他方式為之」。

吳庚教授認書面並非學理上所謂之要式，必須法規規定以特定格式為處分行為者，始足相當。例如授予學位應以學位證書之方式為之 [123]。由此可見，吳庚教授認行政處分以書面或以普通公文書為之仍非要式處分 [124]，而須以法規規定特定格式為處分行為者，始相當於要式處分。此一見解恐與民眾實際認知不同而非妥適 [125]，俱因行政程序法公布後，其第 96 條明文規定書面行政處分應依該條所列事項記載，此亦屬法定方式。故書面行政處分 (schriftliche Verwaltungsakte)，應屬要式處分 [126]。至於書面以外方式所為之行政處分，一般認為非要式處分 [127]，茲分別舉例說明於次：

一、要式處分

要式處分乃是依法定方式所為之區分，依新頒行政程序法之規定又可分為一般書面方式之處分與特別證書方式之處分、應經聽證之處分及其他要式處分，茲分述之：

1.一般書面方式之處分──行政程序法第 96 條規定，行政處分以書面為之者，應記載下列事項：

(1)處分相對人之姓名、出生年月日、性別、身分證統一號碼、住居所或其他足資辨別之特徵；如係法人或其他設有管理人或代表人之團

---

[123]　吳庚，上揭書，頁 357。

[124]　吳庚，上揭書，頁 357。

[125]　為恐影響人民權益，大法官釋字第 423 號解釋明確指出，行政機關以通知書名義製作，直接影響人民權利義務關係，且實際上已對外發生效力者，視其為行政處分。

[126]　許宗力，上揭文，頁 563、564。

[127]　許宗力，上揭文，頁 563。

體，其名稱、事務所或營業所，及管理人或代表人之姓名、出生年月日、性別、身分證統一號碼、住居所。

⑵主旨、事實、理由及其法令依據。

⑶有附款者，附款之內容。

⑷處分機關及其首長署名、蓋章，該機關有代理人或受任人者，須同時於其下簽名。但以自動機器作成之大量行政處分，得不經署名，以蓋章為之。

⑸發文字號及年、月、日。

⑹表明其為行政處分之意旨及不服行政處分之救濟方法、期間及其受理機關。

同法第 97 條又規定，書面之行政處分有下列各款情形之一者，得不記明理由：

⑴未限制人民之權益者。

⑵處分相對人或利害關係人無待處分機關之說明已知悉或可知悉作成處分之理由者。

⑶大量作成之同種類行政處分或以自動機器作成之行政處分依其狀況無須說明理由者。

⑷一般處分經公告或刊登政府公報或新聞紙者。

⑸有關專門知識、技能或資格所為之考試、檢覈或鑑定等程序。

⑹依法律規定無須記明理由者。

　一般書面方式之處分除應依行政程序法相關規定為之外，尚應注意公文程序條例、印信條例等一般法律之規定 ❷。

　2.特別證書方式之處分──行政程序法第 111 條第 2 款規定：「應以證書方式作成而未給予證書者」之行政處分無效。由此可知，行政處分如

---

❷ 在行政實務上，公文處理尚須注意國家機密保護法、機關公文傳真作業辦法、機關公文電子交換作業辦法、事務管理規則等行政規章。初入行政機關辦理公務者，可參閱行政院秘書處主編之《事務管理手冊》，以處理文書，管理檔案。三民書局印行，民國 79 年 5 月再版。

未以特別書面方式之證書方式作成者，有嚴重之無效效果，而此所謂之證書方式處分，簡稱證書處分，乃是指應以交付證書方式發布的行政處分，如核准歸化依國籍法施行細則第 16 條應發給許可證書等是。此種證書處分在各個法律之規定甚多，有些尚須依法律所定之程序為之，如水利法第 37 條第 1 項規定，直轄市或縣（市）主管機關發給水權狀時，應層轉或報請中央主管機關驗印備案。

　　3.應經聽證之處分——行政程序法第 107 條、108 條規定，行政處分在何種情形應行聽證及應依聽證紀錄作成處分之情事；且應經聽證之行政處分依同法第 108 條第 2 項規定，應以書面為之並通知當事人。此類應經聽證作成之行政處分，因已行較嚴謹之程序，故行政程序法第 109 條規定，不服此類行政處分者，其行政救濟程序，免除訴願及其先行程序。

　　4.其他要式處分——除上述行政程序法明定之要式處分外，學者認為依法應登記於公簿，依法應經相對人的宣誓或具結者，亦為要式處分❶❷❾。

二、不要式處分

　　不要式處分乃書面以外之行政處分或法律未規定應依一定方式所為的處分。最主要的是口頭行政處分❶❸⓿，其他非口頭之不要式處分如以手勢指揮行人交通，或在高速公路上以紅色小旗命令車輛停車受檢，或在海面上以笛聲、旗號、燈號等指揮船舶，或在軍隊作戰時以吹號、鳴金、敲鑼方式指揮兵士等均不失為不要式處分。為了避免不要式處分是否存在之舉證困難性，行政程序法第 100 條第 1 項下段規定，書面以外之行政處分，應以其他適當方法通知，或使相對人或已知之利害關係人知悉。同法第 95 條第 2 項又規定，以書面以外方式所為之行政處分，其相對人或利害關係人有正當理由要求作成書面時，處分機關不得拒絕。

　　要式處分不依法定方式者，即有違法的瑕疵，但並不一定無效，此因國家行政機關之行政處分行為有公定效力的緣故，與民事法律行為不依法

---

❶❷❾　許宗力，上揭文，頁 564。

❶❸⓿　實例請參閱，林昱梅，〈口頭行政處分救濟途徑之教示〉，《月旦法學教室》，第 25 期，2004 年 11 月，頁 20–21。

定方式者，原則無效之情形，略有不同⑬。因此，依行政程序法第 114 條第 1 項規定，違反程序或方式規定之行政處分，除有該法第 111 條規定之情形當然無效外，尚能透過法定程序或方式之補正，而免罹於無效。

第五項　依所受法律羈束程度為區分標準

依行政處分所受法律羈束程度，可區分為羈束處分 (gebundener Verwaltungsakt) 與裁量處分 (Ermessenakt)。凡法規規定之特定構成要件事實存在，行政機關即應為特定法律效果之處置行為者，即為羈束處分。法規規定之特定構成要件事實雖然存在，但行政機關仍然有權選擇作為或不作為，或選擇作成不同法律效果之處置行為者，則為裁量處分⑬。此一區分標準所為之分類，因行政程序法第 93 條、第 116 條第 2 項及第 137 條之明示規範，更加具有實用性。茲各舉例說明之。

一、羈束處分

羈束處分是指行政機關遇有符合行政法律中完全法條⑬上所規定之構成要件生活事實發生時，就必須依該法條所規定之法律效果為處置之處分。例如所得稅法第 2 條規定：「凡有中華民國來源所得之個人，應就其中華民國來源之所得，依本法規定，課徵綜合所得稅。」依此規定，稅捐主管機關即應就符合此構成要件事實之外國藝人在我國之表演收入，為課徵所得稅之處分。而此處分即為有法條上之構成要件事實，就應依該法條之法律效果為處置之羈束處分。又如私立學校法第 43 條第 2 項規定：「校長經判決確定有罪……學校法人應即解聘……」同法第 43 條第 3 項又規

---

⑬　參閱民法第 73 條。

⑬　吳庚，上揭書，頁 111、115。

⑬　行政法律、法規中之法條結構如包括特定構成要件事實 (Tatbestand) 與特定法律效果 (Rechtsfolge)，並將該法律效果繫於該構成要件者，學理上稱之為完全法條。此一法條之公式可表明為：T（構成要件事實）→R（法律效果）。詳請參閱黃茂榮，〈法律規定之邏輯結構〉，原載於《戴炎輝先生七秩華誕祝賀論文集》，刊於氏著，《法學方法與現代民法》，頁 95–186；另參閱陳愛娥譯，《法學方法論》，五南圖書出版公司，民國 85 年，頁 149 以下。

定：「學校法人……未依前項規定解聘校長者，學校主管機關應逕予解聘。……」再如人類免疫缺乏病毒傳染防治及感染者權益保障條例第 17 條規定，衛生主管機關接獲醫事人員報告有感染者之屍體時，應立即指定醫療機構依防疫需要及家屬意見進行適當處理之處分，亦為典型的羈束處分。

二、裁量處分

裁量處分是指行政機關遇有符合行政法律中完全法條上所規定之構成要件生活事實發生時，並不一定要依該法條所規定之法律效果為處置，而是有權決定是否作成行政處分，或是就法條所規定不同法律效果，選擇其一而行之行政處分 ❸。前一有權決定是否作成行政處分者，學理上稱為行為裁量或決策裁量 (Entschließungsermessen)，而後一就法條所規定不同法律效果，選擇其一而行為，學理上稱為選擇裁量 (Auswahlermessen)。茲各舉例說明之。

1.行為裁量或決策裁量處分——如森林法第 40 條第 1 項規定，「森林如有荒廢、濫墾、濫伐情事時，當地主管機關，得向所有人指定經營之方法」。申言之，森林有荒廢、濫墾、濫伐情事時，主管機關「得」指定經營方法而不是「應」指定經營方法，故此為典型的行為裁量或決策裁量。又如水污染防治法第 16 條亦規定，在有事業廢（污）水利用不明排放管排放者……主管機關……得予以封閉或排除該排放管線，此規定之「得」亦使行政機關有行為裁量或決策裁量之權。

2.選擇裁量處分——如依醫療法第 78 條第 2 項規定，非教學醫院不得施行人體試驗，如有違反，依同法第 105 條第 2 項規定，由中央主管機關處 20 萬元以上 100 萬元以下罰鍰；其情節重大者，並得處 1 個月以上

---

❸　裁量處分是否妥適，司法可加以審查。相關論文請參閱，闕銘富，〈行政裁量之司法審查〉，《台灣法學雜誌》，第 248 期，2014 年 5 月 15 日，頁 5–39；李仁淼，〈不適任教師解聘與行政裁量之司法審查——臺北高等行政法院 102 年度再字第 34 號判決〉，《台灣法學雜誌》，第 245 期，2014 年 4 月 1 日，頁 79–90。

1 年以下停業處分或廢止其開業執照。依此規定,非教學醫院如有施行人體試驗,中央衛生主管機關則有權選擇處以 20 萬元至 100 萬元之間任一額數之罰鍰,而在其情節重大之情形下,更有權選擇 1 個月以上至 1 年以下任一期間之停業處分或甚至選擇廢止非教學醫院之開業執照。又如公路法第 75 條規定:「汽車所有人不依規定繳納汽車燃料使用費者,公路主管機關應限期通知其繳納;逾期不繳者,處三百元以上三千元以下罰鍰,並停止其辦理車輛異動或換發執照。」依此規定,公路主管機關有權選擇為罰鍰或停止汽車所有人辦理車輛異動或檢驗之處分。

　　裁量處分依裁量理論之通說原指對完全法條中法律效果之是否決定裁行或對法條中之多樣法律效果選擇其一以上效果而為裁行之意,對於完全法條中之構成要件事實本無裁量行為可言[135],但近年有不少學者認為裁量不限於法律效果之決策或選擇裁量,即在構成要件事實 (或稱法律要件) [136] 之層次上亦有裁量之可能,並指通說純屬人為假設,與行政運作與法律實況不符[137]。例如身心障礙者權益保障法第 92 條第 2 項規定:「身心障礙福利機構經主管機關依第九十條、第九十三條規定限期令其改善,屆期仍未改善者,得令其停辦一個月以上一年以下,並公告其名稱。停辦期限屆滿仍未改善或違反法令情節重大者,應廢止其許可;其屬法人者,得予解散。」此一規定所稱之「違反法令情節重大者」即屬於構成要件事實層次,學者認為即係法律委由主管機關自行判斷、裁量之類者[138]。

　　另羈束處分與裁量處分區分之實益,依行政程序法之規定為:

　　1.行政機關為裁量處分,得為附款;為無裁量權之羈束處分時,則以法律有明文規定或為確保行政處分法定要件之履行而以該要件為附款內

[135]　各類裁量之圖示,請參閱翁岳生,〈論「不確定法律概念」與行政裁量之關係〉,《行政法與現代法治國家》,頁 86 以下;陳慈陽,〈行政裁量及不確定法律概念——以兩者概念內容之差異與區分必要性問題為研究對象〉,台灣行政法學會主編,《行政法爭議問題研究 (上)》,頁 451–472。

[136]　翁岳生,上揭文,頁 86 以下。

[137]　吳庚,上揭書,頁 116。

[138]　吳庚,上揭書,頁 117,註 58。

容者為限，始得為附款❸。

2.行政機關雖得將違法行政處分轉換為與原處分具有相同實質及程序要件之其他行政處分，但如為羈束處分則不得轉換為裁量處分❹。

3.行政機關無裁量權之羈束處分，雖不妨訂立行政契約，但代替此羈束處分之行政契約所約定之人民給付，以依行政程序法第 93 條第 1 項規定得為附款者為限❹。

第六項　依是否有持續效力為區分標準

行政處分以其是否具有持續效力而可分為無持續效力之行政處分 (nicht andauernder Verwaltungsakt) 及 具 有 持 續 效 力 之 行 政 處 分 (Verwaltungsakt mit Dauerwirkung)。此一學理上之區分標準已為我國行政程序法明示採納而更具實際價值，茲分別舉例說明之。

1.無持續效力之行政處分——如課稅、徵收、許可建築等處分是。無持續效力之行政處分合法與否，取決於行政處分作成時之事實或法律情況。有行政處分之撤銷情形中無須考慮嗣後之事實或法律情況之變更❹。又尚未執行之無持續效力行政處分，如所依據之法規或事實事後發生變更，致不廢止該處分對公益將有危害者，依行政程序法第 123 條第 4 款規定，原處分機關依職權為全部或一部之廢止。又尚未執行之無持續效力之違法行政處分，依行政程序法第 117 條規定，原處分機關或其上級機關得依職權為全部或一部之撤銷。

2.具有持續效力之行政處分——如公務員之任命，外國人之歸化，水庫啟用，核發每月助學金等處分是。具有持續效力之行政處分，不管是違法與合法行政處分，其撤銷或廢止，均較無持續效力行政處分複雜得多，此從行政程序法第 117 條至 129 條之規定，可得而知。

---

❸　行政程序法第 93 條第 1 項。

❹　行政程序法第 116 條第 1 項、第 2 項。

❹　行政程序法第 137 條第 2 項。

❹　行政程序法第 128 條第 1 項第 1 款參照。

第七項　依是否應具理由為區分標準

依行政處分是否應具理由可區分為記明理由之處分與得不記明理由之處分。此一區分標準因行政程序法之公布而有實用之價值。

　　1.記明理由之處分——依行政程序法第96條第1項第2款規定，書面行政處分應記載理由。又以書面以外方式所為之行政處分，其相對人或利害關係人有正當理由要求作成書面時，行政機關依行政程序法第95條第2項及第96條第2項規定，應作成書面處分並記明理由。行政機關所為書面行政處分如違反此處所述規定，未記明理由時，並不一定無效，因依行政程序法第114條第1項第2款規定，尚可於事後記明完成補正手續而使行政處分確定有效。

　　2.得不記明理由之處分——依行政程序法第97條之規定，書面之行政處分有下列各款情形之一者，得不記明理由：

⑴未限制人民之權益者。

⑵處分相對人或利害關係人無待處分機關之說明已知悉或可知悉作成處分之理由者。

⑶大量作成之同種類行政處分或以自動機器作成之行政處分依其狀況無須說明理由者。

⑷一般處分經公告或刊登政府公報或新聞紙者。

⑸有關專門知識、技能或資格所為之考試、檢覈或鑑定等程序。

⑹依法律規定無須記明理由者。

第八項　依是否給予陳述意見機會為區分標準

依行政處分作成前是否給予相對人陳述意見機會可區分為給予陳述意見機會之處分及得不給予陳述意見機會之處分[143]。此一區分標準亦因行政程序法之公布而具實用價值。

---

[143] 請參閱，吳志光，〈論否准人民依法申請事件之陳述意見權利〉，《東吳公法論叢》，第7期，2014年7月，頁399–433。

　　1.給予陳述意見機會之行政處分──依行政程序法第 102 條規定，行政機關作成限制或剝奪人民自由或權利之行政處分前，除已依第 39 條規定❹，通知處分相對人陳述意見，或決定舉行聽證者外，應給予該處相對人陳述意見之機會。但法規另有規定者，從其規定。又行政機關依行政程序法第 102 條給予相對人陳述意見之機會時，應以書面記載下列事項通知相對人，必要時並公告之：

　　⑴相對人及其住居所、事務所或營業所。

　　⑵將為限制或剝奪自由或權利行政處分之原因事實及法規依據。

　　⑶得依第 105 條提出陳述書之意旨。

　　⑷提出陳述書之期限及不提出之效果。

　　⑸其他必要事項。

　　另行政程序法第 104 條第 2 項規定，行政機關給予相對人陳述意見之機會時，亦得以言詞通知相對人，並作成紀錄，向相對人朗讀或使閱覽後簽名或蓋章；其拒絕簽名或蓋章者，應記明其事由。

　　2.得不給予陳述意見機會之行政處分──依行政程序法第 103 條規定，有下列各款情形之一者，行政機關得不給予陳述意見之機會：

　　⑴大量作成同種類之處分。

　　⑵情況急迫，如予陳述意見之機會，顯然違背公益者。

　　⑶受法定期間之限制，如予陳述意見之機會，顯然不能遵行者。

　　⑷行政強制執行時所採取之各種處置。

　　⑸行政處分所根據之事實，客觀上明白足以確認者。

　　⑹限制自由或權利之內容及程度，顯屬輕微，而無事先聽取相對人意見之必要者。

　　⑺相對人於提起訴願前依法律應向行政機關聲請再審查、異議、復查、重審或其他先行程序者。

---

❹　該條規定，行政機關基於調查事實及證據之必要，得以書面通知相關之人陳述意見。通知書中應記載詢問目的、時間、地點、得否委託他人到場及不到場所生之效果。

⑻為避免處分相對人隱匿、移轉財產或潛逃出境，依法律所為保全或限制出境之處分。

第九項　依是否有附款為區分標準

行政處分依是否有附款為區分標準可分為附款處分與又稱單純處分之無附款處分⑭⑤。附款處分依行政程序法第 93 條規定乃是附有期限、條件、負擔、保留行政處分之廢止權，保留負擔之事後附加或變更等之行政處分，其詳當於行政處分之附款一節中詳述。

第十項　依處分規制之內容是否完全為區分標準

行政處分在複雜之行政程序過程中，其規制之內容有為整體完全之決定者，有為多數分別獨立之決定者。學理上稱前者為完全處分 (Vollakte)，後者為部分處分 (Teilakte)⑭⑥。此一分類在高度危險性、重大計劃性、技術性設備、設施等之許可上日見其實用性，亦即在階段化行政程序中 (gestuftes Verwaltungsverfahren)，每每不是在人民申請計劃之法律要件全部具備時，才為整體審查決定並核發許可之完全處分。相反的，而是就重大人民申請計劃，分割為不同階段，而為部分審查決定並給予部分許可 (Teilgenehmigung)⑭⑦之部分處分。部分決定為新形式之行政處分，不只在原子能設施、電廠設施、水庫設施、高速鐵路設施、機場設施有其實用價值⑭⑧，即在過程耗時冗長之藥物實驗、生物實驗計劃及太空科技等高科技之行政管理上，亦將有其實益性⑭⑨。

---

⑭⑤　蔡志方，《行政法三十六講》，頁 197。

⑭⑥　蔡志方，上揭書，頁 196、197。

⑭⑦　學者認部分許可已屬終局之決定，而非所謂之部分準備行為，參閱，陳敏，上揭書，頁 312。

⑭⑧　參閱，陳春生，〈行政過程與行政處分〉，《行政法之學理與體系㈠──行政行為形式論》，頁 68 以下。

⑭⑨　部分決定許可之實益性，就行政機關之角度而言，可分階段掌握複雜之行政決定，減輕行政機關對設施建設計劃審查與判斷之負擔。就設施申請人之角

部分處分在計劃確定程序中所為之部分許可中有為預備決定者 (Vorbescheid) ⓯，有為暫時整體肯定判斷 (Die vorläufige positive Gesamtbeurteilung des Vorhabens) 之類的第一次部分許可 (1. Teilgenehmigung)，有為第二次部分許可 (2. Teilgenehmigung) 等等，其與完全處分之不同，可依學者圖示⓯表明於下：

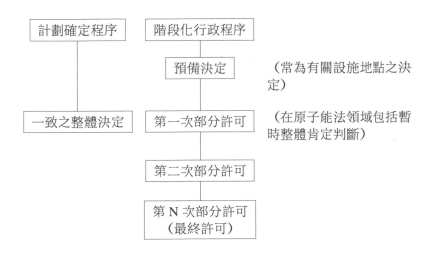

第十一項　依效力是否有終局性為區分標準

依行政處分效力是否有終局性可分為暫行處分 (Vorläufiger Verwaltungsakt) 與終局處分。傳統之行政處分，多為終局處分，但在 1983 年 4 月 14 日德國聯邦行政法院之一項對於「補助金之給予，須待實施業務檢查之結果而定」，被認為是「暫時性行政處分」後，暫行處分之

度而言，對幾十億、幾百億以上之投資，可透過部分決定機制，儘早明白是否獲得許可，可否繼續進行，避免長時等待受到行政機關拒絕與遭遇社會民眾攻擊之風險可能性。另就第三人之角度而言，部分許可決定，可使第三人之資訊獲得與程序參與之可能性獲得改善。詳見陳春生，上揭文，頁 71–75。

⓯　預備決定有譯為先行裁決者，並認已屬終局之決定而非部分行為，參閱，陳敏，上揭書，頁 312。

⓯　陳春生，上揭文，頁 79。

概念受到學界廣泛之討論與注意❶❷。

　　暫行處分是指行政機關為行政處分前,就相關法律事實之調查尚未終局確定,但有作成終局決定之可能性時,若當事人提出申請,且存在著合理之利益時,可作成暫時性行政處分,而在行政機關作成終局處分決定時,可不受暫行行政處分之拘束,即行政機關可不受撤銷期限限制及處分之相對人不受信賴保護原則適用之保護❶❸。

　　暫行處分之實例如稅捐稽徵機關依所得稅法第 68 條第 2 項所為之暫繳稅額核定通知書或海關依關稅法第 18 條第 1 項對進口貨物按納稅義務人申報之事項,先行徵稅驗放,事後再加審查之處置等是。在德國法例上,例如依德國租稅通則第 166 條所為之暫行課稅處分,或依外國人法第 21 條所為之暫予居留處分或依聯邦社會救助法第 44 條所為之暫行救助處分,或依餐飲旅館業法第 11 條所為之暫行營業許可處分等❶❹。

　　暫行處分為嶄新之行政法學概念,其與行政機關之其他行政行為方式如事實行為、承諾 (Zusage)、部分許可決定,具有附款之行政處分如附期限之行政處分、附解除條件之行政處分、附廢止權保留之行政處分均有所不同,詳可參閱陳春生所撰之〈行政過程與行政處分〉一文❶❺。

第十二項　其他分類

　　除了上述行政程序法上及行政法學理上之分類外,尚有奧國學者所區分之依行政程序法之裁決及程序自由之處分,瑞士學者所區分之許可、給付義務之處分、社會立法之機會以及德國學者所提出之認證性處分與裁決

---

❶❷　陳春生,上揭文,頁 79–81。

❶❸　陳春生,〈從暫時性行政處分論傳統行政處分概念制度所面臨之變革〉,刊於《一九九八年海峽兩岸行政法學術研討會實錄》,頁 374;另參閱,程明修,〈論暫時性行政處分與行政程序法之修法建議〉,《東吳法律學報》,第 26 卷第 1 期,2014 年 7 月,頁 47–92。

❶❹　陳春生,上揭文,頁 81、82 及註 93。

❶❺　陳春生,上揭文,頁 84–85;另陳傳宗,《論暫時性行政處分與行政法上承諾》,臺大法律學研究所碩士論文,民國 79 年 6 月。

性處分；通常處分與眾多當事人之處分；形式處分與實質處分；自主處分與非自主處分等不一而足，雖尚未被普遍接受❺，但仍可在學理上存記參考。

第四節　行政處分之附款

第一項　附款之意義

現代社會不再是一個雞犬相聞、老死不相往來的單純社會。相反的，是一個多元聯動、交往頻繁、危險橫生、思想散布、災疫感染均非常快速之複雜社會。行政機關若只運用單純劃一、僵硬而無彈性的命令、禁令、許可，則對於社會活動多樣性、經濟變動激烈性、環境污染廣泛性、災疫危害大量性等所帶來影響人民生活利益之挑戰，將不能有效之規導與回應。因此，在不影響社會公益、儘可能擴大個人活動自由空間，促成個人人格成長及社會均衡發展之前提下❼，各國行政程序法及行政法規中，每每規定行政機關在行政處分之「主要意思表示」之外，可以有一些「附加的意思表示」。而透過這些「附加的意思表示」，使行政機關可以更有效率的實現「主要意思表示」所要達成之秩序、安全、生活給養、照顧與文化延續、充實等種種行政任務。這些「附加的意思表示」，即行政法學上所謂之行政處分之附款❽。

---

❺　吳庚，上揭書，頁 358、359。

❼　陳敏教授認在人民申請許可要件雖已符合，但仍有法律上、社會上、經濟上事實障礙或道德防護上顧慮，如即斷然予以駁回，不僅會使行政機關與人民之關係尖銳對立，原已進行之行政程序亦將付之東流而須於人民再次提出申請時，再為審查決定，不符程序經濟之要求。又行政機關可以在行政處分上添加附款，在有所保留之限制下予以許可，除可避免上述缺點，更可有彈性、有效率兼顧個案正義及人民利益，且在行政處分後，事況有所變更時得以變更調整行政處分。參閱陳敏，上揭書，頁 509–510。

行政處分之附款即是「附帶」或「旁加」於行政處分主要意思表示之文句或條款，其目的在於對行政處分的主要規定內容如禁止遊行，命令拆除違建，給予營業許可等作進一步補充或限制，其情形類似於民事法律行為的條件與期限以及議會議決預算所為之附帶決議，都是以另一個額外的、附加的意思表示內容限制或補充某一主要的意思表示內容的效力❺❾。

第二項　附款之種類

行政處分附款之種類，除了公平交易法第 15 條明示的條件、負擔、期限三種名稱外，行政程序法第 93 條第 2 項將行政法學理論上之附款種類加以例示，即：一、期限；二、條件；三、負擔；四、保留行政處分之廢止權；五、保留負擔之事後附加或變更等五種。

德國學者雖主張該國行政程序法對行政處分之附款類別規定，係例示而非列舉規定，但亦認為雖以想像尚有其他附款存在。我國行政程序法第 93 條第 2 項係仿自德國行政程序法第 36 條第 2 項規定，自可仿同德國學說❻⓿看法。不過，有學者認為我國實務上經常使用之「切結書」❻❶，稱為「準負擔附款」或「處分外的負擔」，是一種獨特的附款類型❻❷，但就其實際效果與行政程序法明文規範行政契約之觀點來看，另一學者認為切結書「毋寧更接近於行政契約」❻❸之看法，比較妥適。

---

❺❽　相關論文請參閱，劉宗德，〈行政處分附款法制之研究──通訊傳播行政處分附款之合法性論議〉，《月旦法學雜誌》，第 196 期，2011 年 9 月，頁 80–116。

❺❾　許宗力，上揭文，頁 605；李建良，〈行政處分附款之基本概念〉，《月旦法學教室③公法學篇》，頁 170–171。

❻⓿　參閱陳敏，上揭書，頁 518。

❻❶　相關實例請參閱，蔡茂寅，〈切結書之法律性質〉，《月旦法學雜誌》，第 87 期，2002 年 8 月，頁 24–25。

❻❷　許宗力，上揭文，頁 612–613；陳敏，上揭書，頁 520；吳庚，上揭書，頁 364–368。

❻❸　陳敏，上揭書，頁 520。

　　附款類型在學理上又有所謂的「內容限制」、「法律效果的一部除外」或「修正的負擔」等依學者通說多不認為是附款❿，因此以下分別就行政程序法所例示之五種附款類型分別說明之。

　　行政程序法第 93 條第 2 項將附款之名稱僅依學理上之名稱列示，而未如德國行政程序法第 36 條第 2 項之規定，除標示學理上之名稱外，更以文句詳細述明，使附款之意涵更加清楚明白，實在值得借鏡。茲就其規定依序說明之。

一、期　　限

　　期限 (Befristung) 乃是指那些給予利益或課以負擔之行政處分，從一定之時日開始、終止或在一定期間有效之規定❿。凡規定給予利益或課以負擔之行政處分，從一定時日開始者為始期，如核准給予之生活扶助金自某年 7 月 1 日開始或自某年 7 月 6 日起禁止信用合作社負責人財產處分登記❿。而規定給予利益或課以負擔之行政處分，到一定之時日終止者為終期，如上述核准給予之生活補助金在某年 12 月 31 日終止或在某年 12 月 31 日解除該負責人之出境限制。又規定給予利益或課以負擔之行政處分，從一定之時日開始到一定之時日終止者，亦為實務上所常見，即為同時附始期、附終期之行政處分，如自 88 年 1 月 1 日起至 88 年 12 月 31 日止准予菲律賓人在我國居留是。

二、條　　件

　　條件 (Bedingung) 乃是指那些給予利益或課予負擔行政處分之生效或失效，繫於將來不確定之事實者。條件與期限雖同是規範行政處分內容效力的開始與結束❿，但兩者頗有差異。

---

❿　許宗力，上揭文，頁 610–612；陳敏，上揭書，頁 519；吳庚，上揭書，頁 366–367。

❿　參閱翁岳生，《行政法與現代法治國家》，頁 273。

❿　民國 88 年 7 月 5 日屏東縣東港信用合作社傳出虧空弊案，財政部乃採取禁止負責人出境及財產處分登記之措施。

❿　條件與期限所規範者，是行政處分的內容效力，而非外示效力。行政處分之外示效力依行政程序法第 110 條第 1 項規定，乃是自送達相對人、利害關係

其中之一為期限之內容效力在特定時日一定會發生,但條件之內容效力並不確定一定會發生。不過,期限若不採用以特定時日決定內容效力之規定形式,而是採用以未來特定事實之發生為決定內容效力之規定形式,則其與條件的區分就較困難。因為該特定事實是否確定發生之判斷標準為何?不容易形成共識。對此學說爭議有三,即❽:

1.甲說採從嚴解釋立場,主張唯有當行政處分作成時對未來特定事實的發生就已存有「客觀」、「絕對」的確定性,始得稱為期限,否則即為條件。

2.乙說也是採客觀標準,但不要求事實發生的絕對確定性,認為只要有「充分」的確定性,即可稱為期限,否則為條件。

3.丙說則以相對人或行政處分機關主觀的期待或認知作為判斷標準,換言之,只要當事人對未來事實的發生存有主觀上的確信,即可以認定為期限,否則為條件。

以上三說,學者認應以第一說較為可採,因其有較明確、較容易操作的優點而後二者在判斷上容易流於恣意,恐有滋生規避相關法律規定的危險❾。

人起或以其他適當通知或使其知悉時起,發生之效力。至於內容效力乃是行政處分之內容自何時生效、失效之效力。行政處分內容之生效、失效,亦即行政處分所規制之如命令,形成或確認法律效果之時的範圍,一般均與行政處分之外示效力相同。但行政機關可透過期限或條件等附款的機制,使行政處分內容之時的效力範圍,作成與行政處分外示效力之時的效力範圍為不同的規定,以達成行政控制目的。如透過始期,停止條件等延遲行政處分內容所欲法律效果時間。又如透過終期與解除條件,使行政處分內容所欲法律效果的時間不再繼續發生 , 或使行政處分內容所定效果於特定事實發生時結束。參閱許宗力,上揭書,頁 606、607。許宗力所稱內部效力、外部效力似可改稱為內容效力、外示效力。

❽ Hans-Werner Laubinger, *Das System der Nebenbestimmungen*, WiVerw, 1982, S. 121, 轉引自許宗力,上揭文,頁 607。

❾ 許宗力,上揭文,頁 607。

　　條件與期限之另一差異乃是兩者之選擇與適用對行政處分相對人所造成的法律效果並不一致。例如在授益行政處分上，採用「始期」規定比採用「停止條件」規定對相對人較為有利。因以「始期」為行政處分內容效力發生之規定方式，會使相對人確定享有該行政處分之授予利益。但如採用「停止條件」為行政處分內容效力發生之規定方式，則相對人能否享有該行政處分授予之利益，並不確定。不過，同樣是授益行政處分，但採用「終期」規定，則比採用「解除條件」規定對相對人較為不利。因以「終期」為行政處分內容效力發生之規定方式，會使相對人確定失去享有行政處分所授予之利益，但如採用「解除條件」為行政處分內容效力發生之規定方式，則相對人並不確定會失去已享有之利益。由此可見，條件與期限，何者對相對人有利，對相對人不利，並不能一概而定，故兩者的區分與選用，在行政公權力應依比例原則，使用侵害人民最少之手段的觀點來看，甚有意義[170]。

　　條件之種類一般可分為停止條件與解除條件或意定條件與偶然條件。凡規定行政處分之內容效力自未來、特定的事實發生才開始者為延宕條件 (aufschiebende Bedingung)[171]，如兵役法第 19 條第 4 款規定，常備兵現役在營期間，若因天災或其他不可避免之事故時，得延期退伍，乃是一種附停止條件的負擔處分。凡規定行政處分之內容效力自未來、特定的事實發生時，即行結束者為解除條件 (auflösende Bedingung)，如允許停車直至該停車地開始建築時，乃是一種附解除條件的授益處分，如該停車地何時會開始並不確定時。又未來、特定事件之發生繫於當事人之意志者，並不排斥條件之本質，此種條件稱為意定條件或稱任意條件[172]，如規定在當事人繳付規費及履行要件，才給付許可。此一繫於當事人意志可自行決定之繳

---

[170]　許宗力，上揭文，頁 607。

[171]　德文原意為延宕條件，但我國學者多仿日學者，譯為停止條件。

[172]　陳敏，上揭書，頁 512；許宗力，上揭文，頁 607；另參閱，宮文祥，〈環保訴訟當事人適格及環評審查結論附條件〉，《台灣法學雜誌》，第 313 期，2017 年 2 月 14 日，頁 141–146。

付規費及履行其他要件者，即為附意定條件之授益處分。但如條件的成就與否，非當事人力所能影響者，如氣溫低於零下 50°C 即給予暖氣補助，此種氣溫低於零下 50°C，即非當事人所能影響者。

三、負　擔

負擔 (Auflage) 是指行政機關作成授益行政處分時，要求該行政處分受益人須為一定之作為、容忍或不作為之規定。例如國科會補助大學教師出國進修，規定受補助人回國後應在原單位服務一定期間是。又如依農產品市場交易法第 14 條規定，核准設立農產品批發市場，規定設置完整之垃圾、污水處理設備等是。

負擔為行政實務中常見的附款典型，其是否為原授益行政處分之外的一個獨立行政處分，抑或不具獨立性，而僅為原授益處分（主要處分）的一部，學說意見並不一致。但因負擔具有行政處分的每一個概念要素，故通說均認負擔是一個獨立的行政處分❸。負擔雖為獨立的行政處分，但與其他「一般的」行政處分仍有區別，即：

1.負擔效力之從屬性——即主要行政處分不生效力時，則負擔不生效力。如在核發建造執照之主要行政處分中，附有修築擋土牆之負擔，則在建造執照被廢棄時，建築擋土牆之負擔即因建造執照之被廢棄而歸於消滅❹。

2.負擔之履行始於主授益處分之主張與使用——即負擔所規定作為、不作為或容忍義務，始於相對人主張或使用授益處分的內容時。如依上例，相對人主張或使用建造執照時，才有建築擋土牆之義務❺。

又負擔與上述之期限、條件等附款也有不同。如在負擔的情形，授益的主要行政處分一經作成送達相對人，即生外示效力與內容效力，亦即相對人即可主張享用授益行政處分的利益內容，並不因其未履行負擔附款所

---

❸　陳敏，上揭書，頁 514；許宗力，上揭文，頁 609；吳庚，上揭書，頁 365；
　　Giemulla/Jaworsky/Müller-Uri, a.a.O., Rn. 478.

❹　陳敏，上揭書，頁 514。

❺　許宗力，上揭文，頁 609。

規定的作為、不作為或容忍義務而受影響。不過，相對人不履行負擔所定之作為、不作為或容忍義務時，行政機關得強制其履行。但在條件的情形，行政處分之內容效力，在相對人未從事條件所定之特定行為前，並不發生，而行政機關也不能強制相對人從事該行為，以求得條件的成就 ❻。

對於負擔與條件的不同，von Savigny 即有一對仗工整淺明的區別標準，即「負擔強制但不延遲；條件延遲但不強制」(Die Auflage zwingt, aber suspendiert nicht, die Bedingung suspendiert, aber zwingt nicht.)❼。

負擔與條件、期限之不同，德國學者更將之圖示如下 ❽：

	負　擔	條件、期限
1.	為獨立的行政處分，附加於授益性的主要行政處分（通常是一種許可處分）。	非獨立的行政處分，為主要行政處分的結合構成部分。
2.	負擔之不履行，原則上不影響許可之生效，負擔構成受許可人一具有獨立性之義務，必要時行政機關得以代履行、課怠金或直接強制方法加以貫徹。又在受許可人不履行負擔時並得依比例原則以廢止許可為最後之手段。	期限所定期日之到來或條件所定未來特定事實之發生會自動造成行政處分之生效或失效。條件與期限因此與負擔不同的是相對人不負義務性，且不必特別執行而是在一定情形下自行實現效力 (self-executing)。
3.	負擔之不履行將依相關法律科處罰鍰。	無額外之處罰以對付停止條件或解除條件（意定條件）之不履行。
4.	對負擔不服，受益人得單獨提起撤銷之訴。	對條件、期限不得單獨提起撤銷之訴。
5.	不遵行負擔，如不遵行附加於駕照許可之負擔，只有行政秩序罰之科處。	不履行意定條件中在停止條件情形，許可不生效，在解除條件許可將失效，除此之外，通常被法律課以不履行負擔更嚴格之處罰。如不遵行駕照之期限規定而仍駕駛者,將被認為是無照駕駛，科以刑罰，而非僅是科以行政罰

❻　許宗力，上揭文，頁 609。

❼　Friedrich Karl von Savigny, *System des heutigten römischen Rechts*, Bd. III, 1840, S. 231, 引自 Wolff/Bachof/Stober, a.a.O., §47 Rn. 9.

❽　Giemulla/Jaworsky/Müller-Uri, a.a.O., Rn. 479.

		緩而已。
6.	從人民之觀點來看，負擔為行政機關減輕所授利益之手段。	就行政機關之觀點來看，條件則較合用，因不須特別執行措施即可貫徹行政目的。

負擔與使用意定事項為停止條件或解除條件者，因均涉及相對人的作為或不作為意志，在行政實務上難免混淆，因此學者主張，行政機關所為附款究係負擔或是條件，應以行政處分機關的意志為斷，亦即以行政機關藉由系爭附款所欲達成的法律效果為斷：如行政機關希欲相對人在達到附款要求時，始得享有主行政處分所給予的利益，則所附之附款為停止條件；相反的，如行政機關不反對相對人於主行政處分作成時就得即時享有、使用利益，但恐相對人享用利益卻不遵行附款之要求，乃欲藉由附款之附加以擔保行政所希欲之目的而在必要時得據以強制相對人遵行附款之要求，則此附款即為負擔。之所以要以行政機關的意志作為標準，乃是因為附款原本就是行政機關所為公法上之意思表示，探求意思表示之真意實為最好之判斷基準。又行政機關的意思表示，並不是機關或承辦官員的內部意思，而是以行政機關對外所發布的意思為準，如行政機關意思表示真意或探求存有疑義，則以解為負擔為宜，因與停止條件比較起來，負擔畢竟是一個對人民「較小侵害」的手段[179]，合乎行政法比例原則之精神。

四、保留行政處分之廢止權[180]

保留行政處分之廢止權 (Vorbehalt des Widerrufs) 是指行政機關作成行政處分之時，為了強化社會活力開展、鼓勵人民創意活動，常先許可人民從事某一特定活動[181]，但為了保護公益、達成行政目的，卻保留在未來

---

[179] 因為在負擔的情形，相對人不履行負擔，至行政處分所授利益已生效力，相對人仍取得享用利益的地位；但在停止條件的情形，相對人一定不遵行附款的指示，就因條件的未成就而不能取得主行政處分所欲授予的利益。參引許宗力，上揭文，頁 610。

[180] 參閱《台灣本土法學雜誌》，第 24 期，2001 年 7 月，「行政處分之廢止」研討會四篇論文，頁 33–77。

[181] 如許可於路邊人行道上擺設咖啡座，增加市民休憩樂趣，但保留於交通擁擠

廢止前此所為之許可。此種附款幾乎只見於授益處分的場合，目的在事先向相對人表明未來廢止授益處分的可能性，以排除相對人主張有信賴保護利益之情事⑱。

　　有學者認為行政處分廢止權之保留並不是一個獨立的附款類型，而是一種特殊之解除條件⑱，但另一學者則認為，附加廢止權保留之附款，將行政處分內容效力的結束，繫於行政機關行使廢止權此一未來不確定的事實，不失為是一種解除條件，但此與廢止權保留之附款類型，仍然有別。此因行政程序法第 93 條第 2 項在明示條件之附款類型，更規定有「保留行政處分之廢止權」之附款類型。另外，承認行政處分廢止權保留之附款類型的理由，尚有排除人民主張信賴保護利益之重要機能⑱，而因具有此項機能，附有廢止權保留附款之行政處分，對行政處分相對人而言，乃比附解除條件之行政處分更為不利。依此，廢止保留權附款之使用，就應比附解除條件附款者，受到更嚴格的限制，特別是法律僅授權行政機關得為條件附款類型的使用時，行政機關絕不能以行政處分廢止權之保留是另一特殊類型的解除條件為理由，而擅自使用廢止權之保留的附款⑱。

五、保留負擔之事後附加或變更

　　保留負擔之事後附加或變更 (Vorbehalt der nachträglichen Aufnahme, Änderung einer Auflage)⑱，簡稱為負擔保留 (Auflagenvorbehalt)，乃是指行政機關作成行政處分時，保留事後附加、變更負擔之權限的一種附款。

　　　　時，廢止該許可。

⑱　許宗力，上揭文，頁 608。

⑱　陳敏，上揭書，頁 512。

⑱　陳敏教授即認在實務上廢止保留附款之使用，不在此便利行政處分廢止之作成，而在於排除行政處分廢止時，對相對人主張有信賴保護利益時之補償。相關生活實例，請參閱陳敏，上揭書，頁 513。

⑱　參引許宗力，上揭文，頁 608。

⑱　德國行政程序法第 36 條第 2 項第 5 款之規定為保留負擔之事後附加、變更或補充。我行政程序法第 93 條第 2 項第 5 款，則無「補充」兩字，其刪除理由，值得研議。

此種附款之使用亦甚有實益，如許可處分之效果在其頒發時，尚不能預見，而事後之追加或變更有必要，有助於公益，有利於行政目的之實現時。例如給予 KTV 營業許可，但附有事後追加、變更裝設防止噪音之設備❽。又如為大型購物中心的設立許可時，尚未完全明確大型購物中心之設立會對附近的交通產生什麼衝擊，而添附在事後公共交通道路之負擔等是❽。

德國學者認為負擔保留可視為保留行政處分廢止權附款的特殊樣態，因基於行政處分廢止權之保留，行政機關使用部分廢止 (Teilwiderruf) 亦可達到負擔保留附款之目的。不過立法者刻意規定負擔保留是一種獨立的不利益處分，故其與負擔一樣，可以與主行政處分分離的對其提起撤銷訴訟 (Anfechtungsklage)，加以對抗排除❽。

第三項　附款之容許性❽

行政機關對什麼行政處分可以添加附款，在學理上不無爭議。現因行政程序法第 93 條第 1 項之明文規定而使行政機關在有裁量權之情形，得為附款，而在無裁量權之情形，亦得在法有明文規定或為確保行政處分法定要件之履行而以該要件為附款內容時為附款。故行政機關之得為附款已因法律明定而減少學理爭議，對法明確性有相當助益。茲就行政程序法之規定，分別再就裁量處分與羈束處分之得為附款情形，舉例說明之：

一、裁量處分

行政程序法第 93 條第 1 項規定，行政機關作成行政處分有裁量權時，

---

❽　Giemulla/Jaworsky/Müller-Uri, a.a.O., Rn. 483.

❽　如台茂南崁家庭娛樂購物中心開幕後，對當地的交通產生空前衝擊，即有學者主張善用行政處分之附款來解決此一問題。參閱《聯合報》，民國 88 年 7 月 11 日，第十五版。

❽　A.a.O., Rn. 483.

❽　實例請參閱，李建良，〈行政處分附款之合法性〉，《月旦法學教室③公法學篇》，頁 172–173；胡博硯，〈從中嘉案論行政處分附款的合法性與容許性〉，《國會季刊》，第 45 卷第 1 期，2017 年 3 月，頁 1–28。

得為附款。此一法條規定乃是基於學理上認為是否作成行政處分（如許可）的重度行為，都可以由行政機關裁量為之，那麼給予優惠較少的部分許可，內容限制或附附款的行政處分之輕度行為，自可為之❶。不過，德國學者認為秩序規範性的處分 (Ordnungsrechtliche Verfügungen) 原則上只能附條件或附期限❷。而依營業管理法 (Gewerbeordnung) 第 36 條任命之須公開宣誓獨立行使職權之評審專家以及依同法第 34 條之 b 第 5 項規定任命之須公開宣誓，依專業無私從事任務之拍賣人，其任命處分得附期限、條件或負擔。又如聯邦道路之特別使用許可可以附加期限、條件、負擔、廢止權保留或負擔保留等附款❸。

裁量處分原則上得為附款，但法律明示或默示不得為附款時，則不得為附款。如德國公務員權利基準法 (Beamtenrechtsrähmengesetz) 第 3 條之明示規定，公務員之任命不得附條件、內容限制或負擔等附款❹。

又裁量處分亦可由其規範之意涵與目的上或由其性質上，得出其不得附款之判斷，如身分上之處分（如歸化、升官、德國高中畢業考試、國家考試等處分）是不可以附條件或附期限的，因其可能造成之不確定狀態，基於法安定性之理由，將與主行政處分（即身分處分）不相容。不過柏林高等行政法院對領有發展扶助獎金學生之歸化入籍處分，課加須繳還所領公款之負擔，則認為是合法的❺。

二、羈束處分

行政程序法第 93 條第 1 項後段規定，行政機關作成行政處分無裁量權者，以法律有明文規定或為確保行政處分法定要件之履行而以該要件為附款內容者為限，始得為附款。換言之，此種學理上所謂行政機關無裁量

---

❶ Giemulla/Jaworsky/Müller-Uri, a.a.O., Rn. 505; 另參閱許宗力，上揭文，頁 613。

❷ A.a.O.

❸ A.a.O.; 另參閱我公路法第 34–38 條。

❹ A.a.O., Rn. 506.

❺ A.a.O.

權之羈束處分只有在法律有明文或確保行政處分法定要件之履行時,才得為附款。茲舉例分述之:

㈠法律明文規定者

在授益羈束行政處分之情形, 人民對該授益羈束處分如有法定請求權,則添加附款,將限制其請求權之行使。例如依德國道路交通許可法 (Straßenverkehrs-Zulassungs-Ordnung) 之規定, 駕駛執照不可附條件或附期限,但該法第 12 條之 a 卻明示規定,申請普通汽車駕駛執照之申請人若僅不能提出具有急救能力之證明 (die Befähigung zur Leistung Erster Hilfe),則主管機關為了避免對申請人產生過分嚴苛情事 (zur Vermeidung von Härten),可核發附有最長 3 個月期限之駕照。而在提出具有急救能力之證明時,駕照即應無限期的頒發 [196]。

㈡確保行政處分法定要件之履行者

對授益性羈束行政處分之申請上(如許可之申請),行政機關對於本質上合理,但尚未具備全部法律要件之申請案或對不能證明已具備全部法律要件之申請案,本可為拒絕處置,但如有能以附加附款方式,排除原應拒絕作成授益處分者,則為了人民之利益,亦可為附款,換言之,如能以附款方式確保行政處分法定要件之履行而以該要件為附款內容者,法律亦許可之。德國學者對此所提之實例為 [197]:

1.核准支付定期金,但附有依規定提示生命現象證明之解除條件。

2.對教育、訓練補助附有期限,藉以查核教育訓練目的是否達成。

3.核准特定之企劃,但附有須另附特定文件之負擔,並附有如由該特定文件顯現不符合許可要件時,得為廢止之保留廢止權之附款者。

不過,許可之基本構成要件如有欠缺,則不得以條件或負擔等附款為確保行政處分法定要件之履行。在欠缺許可所必須具備之基本構成要件,依德國學者之看法,行政機關應駁回許可之申請,其所舉實例為:

1.核發駕駛執照不可附加要通過駕駛考試之條件或負擔附款。

---

[196] Giemulla/Jaworsky/Müller-Uri, a.a.O., Rn. 501.

[197] A.a.O., Rn. 502.

2. 核發建造執照不可附加要附具建築圖樣 (die Bauzeichnungen) 之負擔附款。

3. 授予碩士學位不可附加口試及格之條件附款。

第四項　附款之合法要件

行政機關依行政程序法第 93 條之規定可以為行政處分之附款，但在為附款時也不是可以任意為之。對此，行政程序法第 94 條明文規定，附款不得違背行政處分之目的，並應與該處分之目的具有正當合理之關連。因此，行政機關要為附款之添加，必須依該法第 94 條之規定，始為合法。茲依德國學者所舉實例說明之[198]：

一、附款不得違背主行政處分之目的

附款原用以達成主行政處分之目的，因此全部或部分妨礙主行政處分目的之達成者，附款即無存在價值，且牴觸主要處分與附款之主從關係。故對建築許可處分附加廣泛補強建物設施以防止噪音之負擔附款，以致實際上相當於駁回建築許可之申請，即為違背主行政處分目的之附款。又依土地買賣契約，買受人目的在建築公寓大廈，則土地交易許可不可附加土地只可為營業用之負擔附款，如申請人所申請之用途不欲許可，行政機關須駁回其許可之申請，而不得在主行政處分為許可，但在附款中卻為變相之批駁。

二、附款不得與主行政處分追求目的不相關

行政機關所為之附款不得與其所為主行政處分追求之目的不相關 (Verfolgung sachfremde Zwecke)。除了上述附款不得違背主行政處分之目的以外，德國聯邦行政法院與其學界通說認為，附款不論如何 (irgendwie) 必須積極促進主行政處分之授益目的或其所依據法律之目的，附款必須在法律之目的與立法者所意圖之法秩序中找到合法性。因此，延長計程車之許可，而課加須與收音機廣播中心連線之負擔附款，乃與客運法 (Personenbeförderungsgesetz) 之目的無關，因此法只規定了計程車業者

---

[198] Giemulla/Jaworsky/Müller-Uri, a.a.O., Rn. 508–511.

經營及運送義務，但並未有計程車業者隨時被傳及之規定。另依促進中小企業辦法（Richtlinien zur Förderung mittelständischer Betriebe），給予麵包店補貼處分時，附加只可使用瓦斯爐（替代了請求補助時計劃要使用之電爐）之負擔附款，亦是與目的不相關之附款。因此一負擔附款並無助於促進中小企業辦法所定之補貼目的。

又附款不得有與主行政處分目的無實質相關之聯結 (das Verbot "sachfremder Kopplung")。換言之，行政機關之給付與人民之相對給付之間必須合宜且與其具有實質關連，此即行政程序法第 94 條下半段，附款應與主行政處分之目的具有正當合理之關連。例如依公平交易法第 15 條規定許可中小企業聯合輸入牛肉，但附加限向美國採購之負擔，以平衡我國與美國之貿易逆差，則此一限向美國採購之負擔與許可聯合行為所欲達成之增進中小企業之經營效率並未具有正當合理之關連。

同樣的，行政機關所為附款，其內容必須為其管轄權範圍所及事項，行政機關不得以行政處分之附款，追求其管轄權以外之利益。例如一建築公司向行政機關申請核發新建築之使用執照，主管機關卻以該公司應先繳清積欠之營業稅為附款內容，即為適例，因欠稅之追繳為稅捐稽徵機關權限，建築主管機關不應以此與其本身管轄權無關之事項作為附款內容❶⁹⁹。

三、附款不得牴觸其他法律原則

在授益之羈束行政處分，依行政程序法第 93 條下段規定，以法律明文規定或為確保行政處分法定要件之履行而以該要件為附款內容者，行政機關得為附款。不過行政機關對於是否 (ob)，如何 (Wie) 及添加何一種類之附款，仍有裁量空間，而在作此裁量時亦適用一般性法律原則如比例原則、平等原則、行政自我拘束原則、基本權憲法保護原則等❷⁰⁰，顧及實質法益之公平衡量。此在德國實務上之事例如一外國人因刑事判決而受驅逐出境處分後與一德國人結婚，則外事局須依實質法益之公平衡量，此外國

---

❶⁹⁹　陳敏，上揭書，頁 525。

❷⁰⁰　依行政程序法第 4、6、7 條規定，所有行政行為應受此學理上所謂之平等原則、比例原則及一般法律原則之拘束。

人之婚姻、家庭權益是否優先於將其驅離之公共利益。在此案例，驅逐出境處分之阻卻效力因基本法第 6 條「婚姻及家庭應受國家特別保護」之規定，對核發新居留許可一般須設定期限。換言之，當妨害公眾之利益並不嚴重到必須持續的將外國人隔離時，只能對其驅逐出境處分須添附期限之附款。另外，平等原則在對外國人權益為許可處分附加負擔附款之裁量上甚為重要❷⓪❶。

又比例原則在附款之附加上亦扮演重要角色，換言之，在各類附款之選擇、附款範圍之大小是以比例原則為基準的。當附款追求之目標得以負擔類之附款充分達成時，不得使用條件類之附款，因負擔類之附款對相對人利益之傷害比條件要少　，且又能實現條件類附款所欲達成之行政目的時，則應優先使用負擔類之附款。而只有在不能以負擔類之附款達成行政目的，才可使用條件類之附款。例如對餐飲業營業之許可處分中，應將逃生門之設置，或洗手間之設置，課以停止條件之附款，而不得課以負擔之附款。因逃生門或洗手間之設置，對餐飲業營業時之防火安全與公共衛生甚為重要，在餐飲業老板未依規定設置以前，不能核准其營業，且防火逃生門或洗手間之設置，不應繫於餐飲業老板之善意或漫長的行政強制或罰鍰程序，故依比例原則，在此情形下使用負擔類附款是不適當的，相反的，使用停止條件之附款才是妥當、必要、合宜的。

相反的，對餐飲業營業之許可處分中，裝設排煙機以改善通風或對原有洗手間之擴充要求，雖也涉及公益，但尚非如上述情形重大，因此使用對當事人較溫和、侵害較少之附款，即負擔類附款，比使用條件類附款，才算符合比例原則❷⓪❷。

另在是否以附款來代替拒絕給予授益行政處分之問題上，比例原則亦為重要基準。在多數情形下，只要公益能經由適當之附款就可充分保全，不得拒絕給予許可類之授益行政處分。例如對夜盲者不得拒絕發給駕照，如在核發其駕照附加只能在白天駕駛之負擔附款　，就可達成行政目的的

---

❷⓪❶　Giemulla/Jaworsky/Müller-Uri, a.a.O., Rn. 512.

❷⓪❷　A.a.O., Rn. 513.

話。同樣的，對其他身體殘障者，亦不得拒發駕照，如其行動殘缺之缺失，可以透過限制使用特定車種或使用特定設備之附款，即可充分排除的話[203]。

第五項　附款違法之效果

附款違反上款所述合法要件，如對不得添加附款之行政處分添加附款，或附款內容違背主行政處分之目的，或有不當聯結，違反平等原則、比例原則、行政自我拘束原則或基本權憲法保護原則時，即為違法之附款。違法之附款，原則上仍為有效，但有行政程序法第 111 條所列各款情形之一者，則為無效。

附款因有行政程序法第 111 條第 7 款之重大明顯瑕疵者，構成行政處分之部分無效，而行政處分之部分無效依行政程序法第 112 條規定，「行政處分一部分無效者，其他部分仍為有效。但除去該無效部分，行政處分不能成立者，全部無效。」

另無效之附款，在具備有其他附款之合法要件時，依行政程序法第 116 條第 1 項規定，亦得將其轉換為具有相同實質及程序要件之其他附款，例如無效之條件附款轉換為負擔附款。

第六項　對瑕疵附款之行政爭訟

當事人如認附款有違法、不當之瑕疵時，可依訴願法與行政訴訟法提起行政爭訟[204]。我國新修正公布之訴願法、行政訴訟法大部仿自德國法例，因此德國學者對瑕疵附款之行政爭訟意見[205]，可供借鏡：

1.「負擔」、「負擔保留」等類附款，因具有獨立規制之內容，通說以

---

[203] A.a.O., Rn. 514.

[204] 相關論文請參閱，張永明，〈行政處分付款之救濟〉，《月旦法學教室》，第 89 期，2010 年 3 月，頁 14–15。

[205] Giemulla/Jaworsky/Müller-Uri, a.a.O., Rn. 521, 522; 另參閱陳敏，上揭書，頁 527–529。

其為獨立的行政處分，故可由相對人對之提起撤銷之訴[206]。

2.「期限」、「條件」及「廢止權之保留」等類附款，因非主行政處分之獨立部分而是行政處分不可分之整合成分，故不得單獨對之請求撤銷，相對人應提起義務之訴，請求核發沒有「期限」、「條件」及「廢止權保留」等附款限制之許可。

3.事後追加之附款均為獨立的行政處分，不論是那一類之附款，均得提起撤銷之訴，此因事後追加之附款均是原處分之部分撤銷或部分廢止，其獨立處分之性質宜以撤銷之訴對抗之。德國司法實務曾有一事例可供參考，即一外國女子與德國人結婚後在 1978 年初獲得居留許可至 1983 年 7 月 27 日。事後發現婚姻乃是為獲得延長居留之假結婚，外事局乃在延長居留處分後追加一縮短居留許可至 1978 年 11 月 30 日之期限附款，而對此附款之爭訟正確方法為撤銷之訴，因事後對居留許可之時間限制乃一獨立的行政處分[207]。

第五節　行政處分之合法要件

第一項　概　說

行政處分必須符合依法行政之要求始為合法，而依行政處分之合法要件，依德國學者之分析有三個要項，即[208]：

1. 行政處分之容許性 (Zulässigkeit der Handlungsform Verwaltungsakt)——乃行政機關對具體生活事件之處理，可以使用行政處

---

[206] 相關論文請參閱，程明修，〈針對行政處分附款提起隔離（孤立）撤銷訴訟之容許性〉，《台灣法學雜誌》，第 190 期，2011 年 12 月，頁 231–232。

[207] BVerwG NJW 1982, 1956 ff.

[208] Erichsen, in: Erichsen, Allg. VwR, §15 I Rn. 3 ff.; Maurer, Allg. VwR, §10 Rn. 2 ff.

分這種行為方式之意思。

2.行政處分之形式合法性 (formelle Rechtsmäßigkeit)——乃行政處分必須由有管轄權之行政機關,依法定之程序及方式作成。

3.行政處分之實質合法性 (materielle Rechtsmäßigkeit)——乃行政處分之內容必須明確、可能及符合各項法律規定及原則。

判斷行政處分是否符合上述三個要件,原則上應依行政處分作成時之法律及事實狀況為斷。行政處分作成後,所根據之法律或事實狀況雖有改變,並不影響其原本之合法性,此為學界通說亦為我行政法院實務所採[209]。

第二項　行政處分之容許性

行政機關對具體生活事件之處理,可以使用行政處分這種行為方式,謂之行政處分之容許性[210]。一般而言,行政機關不須法律特別許可其作成行政處分,才得作成行政處分。行政機關為處理具體生活事件,通說認為均可使用行政處分而不須法律或法律授權,因依法律保留原則之意涵,保留給法律去規範的只是行政行為之內容,而非行政行為之方式 (der Grundsatz vom Vorbehalt des Gesetzes nur für den Inhalt des Verwaltungshandelns gelte, nicht aber für die Handlungsform)[211]。不過,學者認為下列事項則不容許使用行政處分[212]:

一、基於行政契約之行政請求權 (Ansprüche der Verwaltung aus Verwaltungsvertrag)

行政機關此種請求權既係基於契約而與人民立於平等地位而協商獲

---

[209] Erichsen, in: Erichsen, Allg. VwR, §15 I Rn. 2; Maurer, Allg. VwR, §10 Rn. 3; 陳敏,上揭書,頁 377–378。

[210] 實例請參閱,盛子龍,〈行政處分之容許性與行政爭訟〉,《月旦法學教室》,第 21 期,2004 年 7 月,頁 22–23。

[211] BVERWGE 28, 1, 9; Maurer, Allg. VwR, §10 Rn. 5; Erichsen, in Erichsen, Allg. VwR, §15 I Rn. 4.

[212] Maurer, Allg. VwR, §10 Rn. 6–8.

得，則如人民不提出對待給付，或對其給付之提出有爭議，則亦應與人民立於平等之地位，請求行政法院判決，而不得逕以行政處分確定自己的請求權，並進而強制執行。例如，市政府同意豁免百貨公司在市內建築法定義務應設之停車位，而百貨公司則繳付 1 萬馬克作為在附近建築停車塔之費用，此一建築豁免契約 (Baudispensvertrg) 為行政契約，在百貨公司未依約支付 1 萬馬克時，市政府只可向行政法院提出給付之訴。相反的，如果市政府對此 1 萬馬克之支付請求，以命令為之，則為違法處分而得被撤銷❷❸。

二、依法成立之給付請求權 (gesetzlich begründete Leistungsansprüche)

行政機關對依法成立之給付請求權，特別是行政法之債務關係，是否得以行政處分予以確定並於必要時自為執行，學理上有爭議。德國學界通說基於法律保留理由，認為不可以行政處分自為確定並執行，但其聯邦行政法院卻認為可以。例如行政機關要求甲官員給付其因違反職務損害公務車之損害賠償金額 2 千馬克，此時行政機關之給付要求是不是一種行政處分？如其為行政處分，則依通說被認為是違法的，因行政機關不可使用行政處分之行為方式，縱使此一損害賠償請求權有實體法上依據。但依德國司法實務卻認為可以使用行政處分之行為方式❷❹。

三、私法意思表示 (bürgerlichrechtliche Willerserklärug) 或應以一般 抽象規範規定事項 (Erlaß einer generell-abstrakten Regelung)

行政處分為行政機關所為具有對外效力之行政法上個案決定，因此私法之意思表示或公法上一般抽象之規範，均不得以行政處分為之。如不得以行政處分為租賃契約之終止 (die Kündigung eines Mietvertrages) 或如水源保護區之確定應以法規為之，不得以行政處分為之❷❺。

---

❷❸　Maurer, Allg. VwR, §10 Rn. 6, §14 Rn. 11.

❷❹　A.a.O., §10 Rn. 7. 又其他依法成立之給付請求權，如返還溢領薪俸請求權、違反職務之損害賠償請求權、對違法行政處分給予補助金之返還請求權，參閱陳敏，上揭書，頁 383。

第三項　行政處分之形式合法性

行政處分之形式合法性涉及行政處分之成立，並且要求行政處分應由有管轄權之行政機關，依照規定之程序，使用規定之方式作成**⑯**，亦即應合乎四個要件**⑰**：

一、作成行政處分之機關應有管轄權

行政處分必須由有事物管轄權與土地管轄權之行政機關作成。所謂「事物管轄權」，乃指分配予行政機關之事物管轄權，而「土地管轄權」乃規定行政機關在某一地域範圍內管轄事務之權，行政程序法第 11 條、第 12 條對此已有詳細規定。行政機關無事物管轄權或土地管轄權而作成行政處分者，依行政程序法第 111 條第 6 款：「未經授權而違背法規有關專屬管轄之規定或缺乏事務權限者」之規定，該行政處分無效**⑱**。不過行政程序法第 115 條規定：「行政處分違反土地管轄之規定者，除依第 111 條第 6 款規定而無效者外，有管轄權之機關如就該事件仍應為相同之處分時，原處分無須撤銷。」由此可見違反土地或事務管轄如屬重大而明顯者，始為無效，否則均屬得撤銷而非無效，甚至不生影響於行政處分之效力**⑲**。

二、作成之行政處分應符合規定程序

行政程序法公布並自民國 90 年 1 月 1 日施行後，行政機關所為行政

---

⑮　A.a.O., §10 Rn. 8. 另如我國水利法第 83 條第 2 項亦規定，尋常洪水位行水區，由主管機關報請上級核定公告之。

⑯　Maurer, a.a.O., §10 Rn. 9.

⑰　有學者稱之為程序基本權的核心內涵。參閱，李震山，〈程序基本權〉，《月旦法學教室》，第 19 期，2004 年 5 月，頁 32–36。

⑱　臺北高等行政法院 2019 年 5 月 19 日，即以判決書指出，Uber 公司位於臺北市，Uber 未向臺北市公路主管機關申請核准，就經營計程車客運業，顯然違反公路法相關規定，應由臺北市政府主管機關作成處分始為合法，公路總局就「臺北市轄內計程車客運業」並無管轄權，作成處分違法。

⑲　吳庚，上揭書，頁 385。

處分，必須合乎法定程序，亦即遵守下列程序：

　　1.須經申請始得作成之行政處分，應有當事人之申請。

　　2.須聽取當事人陳述意見者，應依行政程序法 102 條至 106 條使當事人陳述意見[220]。

　　3.須舉行聽證者，應依行政程序法第 54 條至 66 條程序辦理聽證。

　　4.須經其他行政機關參與作成行政處分者，應經其他行政機關參與。

　　5.須經相關委員會參與作成行政處分者，應經此委員會參與。

　　6.公務員在依行政程序法第 32 條至 33 條應自行迴避或經申請而應迴避或經命令應迴避者，均應迴避。

　　行政處分不符合規定程序作成者，即為有瑕疵之行政處分，依行政程序法第 114 條規定，除有同法第 111 條之無效情形外，可因補正而成為合法之行政處分。

三、作成之行政處分應符合規定方式

　　行政程序法第 95 條規定，行政處分除法規另有要式之規定者，得以書面、言詞或其他方式為之。此一規定表明了行政處分之作成原則上適用方式自由之原則 (Grundsatz der Formfreiheit)，但法規另有規定者，則應依法規所定方式作成，例如法規規定應以書面作成並應附記理由[221]及一定事項者，則應依此法規所定方式作成。對此，行政程序法第 96 條、97 條已有明確規範。

四、作成之行政處分應送達、通知或使知悉

　　行政程序法第 100 條第 1 項規定：「書面之行政處分，應送達相對人及已知之利害關係人；書面以外之行政處分，應以其他適當方法通知[222]或

---

[220] 參閱，陳衍任，〈行政處分之陳述意見程序——行政法院判決之回顧與前瞻〉，《台灣本土法學雜誌》，第 84 期，2006 年 7 月，頁 49–80。

[221] 相關實例請參閱，李建良，〈行政處分的理由事後補充〉，《月旦法學教室》，第 1 期，2002 年 11 月，頁 20–21。

[222] 如未通知，即為有瑕疵。相關論文請參閱，謝碩駿，〈行政處分未通知相對人之瑕疵效果〉，《月旦法學教室》，第 192 期，2018 年 10 月，頁 6–8。

使其知悉。」同條第 2 項又規定：「一般處分之送達，得以公告或刊登政府公報或新聞紙代替之。」德國學者認行政處分之送達、通知或使知悉，不僅是行政處分之「合法要件」(Rechtsmäßigkeitsvoraussetzung)，並且亦為其「存在要件」(Existenzvoraussetzung)[223]。此觀之我國行政程序法第 100 條及第 110 條之規定，亦應如是[224]。司法實務亦明確表示「行政處分既未經合法送達原告，對原告自不發生效力[225]」。為使送達程序更加優化，法務部也推出行政程序法修正草案，針對送達一節加以修正[226]。

第四項　行政處分之實質合法性

行政處分之實質合法性乃要求行政處分之內容必須符合法律規定及各項法律原則之要求，申言之，應符合下列要件[227]：

一、作成之行政處分須符合現行法律規定及法律原則

行政處分乃「法律具體化之處分」(Rechtskonkretisierungsakt)，為執行法律之處分，故應符合現行法律之規定。除此之外，行政程序法第 4 條亦明示規定，行政行為應受法律及一般法律原則之拘束，亦即應受同法第 5 條至第 9 條所規定各項原則之拘束。

---

[223] Maurer, Allg. VwR., §9 Rn. 64; Wolff/Bachof/Stober, VwRII, §48 Rn. 2.

[224] 相關論文請參閱，蕭文生，〈行政文書之合法送達〉，《月旦法學教室》，第 42 期，2006 年 4 月，頁 24–25；蔡震榮，〈送達效力與救濟途徑之探討——評臺北高等行政法院 106 年度訴字第 1796 號判決〉，《月旦法學教室》，第 205 期，2019 年 11 月，頁 6–8。

[225] 參閱，台北高等行政法院 91 年度訴字第 2338 號判決，刊於法務部編印，《行政程序法裁判要旨彙編》，民國 93 年 7 月，頁 304–305。相關實例另請參閱，陳愛娥，〈行政處分的送達〉，《月旦法學雜誌》，第 86 期，2002 年 7 月，頁 22–23。張文郁，〈行政處分之補充送達〉，《月旦法學教室》，第 26 期，2004 年 12 月，頁 24–25。

[226] 黃有文，〈行政程序法修正草案關於送達一節之評析〉，《法務通訊》，第 2911 期，2018 年 7 月 20 日，頁 4–6。

[227] Maurer, a.a.O., §10 Rn. 14 ff.

二、作成之行政處分須有授權依據

在有法律保留之情形下，行政處分之作成尚須有法律依據或其授權依據。行政處分所根據之法規範，如違反較上位階之法律或憲法時，則為違法或違憲而無效。此時，行政處分即無法律授權依據。因此，行政處分是否有法律授權依據，不只要審查行政處分是否與其直接之規範依據相符合，尚且在有疑義的時候，更進一步審查該直接規範依據之合法性及合憲性。

三、作成之行政處分未有裁量瑕疵

法律授與行政機關裁量權時，行政機關對於是否採取行為（決定裁量）與作如何行為（選擇裁量），雖有裁量餘地，但其裁量之行使仍應依行政程序法第 10 條之規定，不得逾越法定之裁量範圍，並應符合法規授權之目的，始得稱為沒有裁量瑕疵。

四、作成之行政處分須符合比例原則

比例原則特別在行政機關作成負擔處分時有其適用，它要求行政處分之「目的」及所使用「方法」要均衡。換言之，行政機關所採取之方法必須是達成行政目的之妥當（geeignet）、必要（notwendig）、合宜（verhältnismäßig）的方法。也就是說要受過當禁止原則（Übermaßverbot）、最少侵害原則（Gebot des geringstmöglichen Eingriffs）或個人自由權益與公益對自由限制要均衡原則（Gebot der Abwägung Zwischen dem Freiheitsanspruch der einzelnen und den freiheitsbeschränkenden öffentlichen Interessen）等原則之拘束。行政程序法第 7 條對此有明確之要求，亦即：

　1.採取之方法應有助於目的之達成❷❷❽。

　2.有多種同樣能達成目的之方法時，應選擇對人民權益損害最少者❷❷❾。

---

❷❷❽　如行政機關命令工廠煙囪高度提高 30 公尺，以避免附近環境空氣污染之處分是妥當的，如提高煙囪高度，確實能防止空氣污染，即有助於目的之達成者。Maurer, a.a.O., §10 Rn. 17.

❷❷❾　提高煙囪高度 30 公尺的方法是必要的，其他方法如提高煙囪高度 15 公尺或

3.採取之方法所造成之損害不得與欲達成目的之利益顯失均衡㉚。

行政處分之作成如違反比例原則,即為有瑕疵之行政處分,除有行政程序法第 111 條之無效情形外,亦得由行政機關或行政法院加以撤銷。

五、行政處分之內容須明確

行政機關所作成行政處分之內容,依行政程序法第 5 條之規定:「行政行為之內容應明確」。換言之,行政處分之內容須明確㉛,使受處分之相對人可以清楚辨識行政處分係由何一機關 , 對何一事件所為如何之要求、確認、給付或處置,特別在設定人民義務之行政處分,其內容必須明確,使人民得以遵行其義務,而行政機關也才得以據之為行政強制執行。

行政處分之內容如不明確,則依行政程序法第 111 條第 1 款、第 6 款之規定,即有無效之情形。

六、行政處分之內容須可能

行政處分內容所要求之事項必須是沒有事實不可能與法律不可能,也就是在事實上及法律上均可以達成的㉜。行政處分之內容對任何人如均屬不能實現者,則依行政程序法第 111 條第 3 款規定,是無效的。

建造一較便宜的過濾設備是無濟於事的。同上註。

㉚ 提高煙囪高度 30 公尺之方法所生之費用與要防止污染目的之利益具有合理均衡關係。同上註。

㉛ 相關實例論文請參閱,蕭文生,〈行政處分明確性之要求──評最高行政法院九十四年度判字第二○一五號判決及最高行政法院九十八年度判字第一一三二號判決〉,《月旦法學雜誌》,第 184 期,2010 年 9 月,頁 207–219。

㉜ 事實不可能如行政處分之內容要求建立一技術上尚不能實現的運河連結;法律上不可能如行政處分之內容要求所有人立即清出已出租之公寓,則因已出租之公寓,承租人仍有居住權故要求所有人立即清出公寓,乃屬法律上不可能。Vgl. Maurer, a.a.O., §10 Rn. 19.

第六節　行政處分之瑕疵

第一項　概　說

行政處分如不符合上節所述各項合法要件，即為有瑕疵之行政處分。行政處分之瑕疵依其瑕疵程度之形態，有學者將之分為五種❷：

1.非行政處分及未完成之處分。

2.書寫錯誤之處分。

3.不合目的之處分。

4.無效處分。

5.得撤銷處分。

上述五種態樣之行政處分瑕疵並非完整，德國學者依行政處分違法態樣及程度所為下列分類❷，似較合於實務上辨認之用，即：

1.無效之行政處分──乃行政處分有重大明顯瑕疵者，自始使其無效。

2.得撤銷之行政處分──違法的行政處分雖仍生效，但在特定條件下，由行政機關依行政程序法第 117 條規定，加以撤銷。

3.可補正之行政處分──違反程序或方式規定之行政處分，除情形嚴重者依行政程序法第 111 條規定無效者外，可依同法第 114 條之補正而續有效力。

4.錯誤之行政處分──即行政程序法第 101 條所規定之行政處分之有誤寫、誤算或其他類似之顯然錯誤❷者。行政機關對此類錯誤處分，得

---

❷　吳庚，上揭書，頁 395 以下。

❷　Maurer, a.a.O., §10 Rn. 25.

❷　實例請參閱，洪家殷，〈行政處分之顯然錯誤〉，《月旦法學雜誌》，第 88 期，2002 年 9 月，頁 18–19。

隨時或依申請更正之❷❸❻。

5.未教示或教示錯誤之行政處分❷❸❼——即行政程序法第 98 條所規定之三項情事及其法律效果：

⑴處分機關告知之救濟期間有錯誤時，應由該機關以通知更正之，並自通知送達之翌日起算法定期間。

⑵處分機關告知之救濟期間較法定期間為長者，處分機關雖以通知更正，如相對人或利害關係人信賴原告知之救濟期間，致無法於法定期間內提起救濟，而於原告知之期間內為之者，視為於法定期間內所為。

⑶處分機關未告知救濟期間或告知錯誤未為更正，致相對人或利害關係人遲誤者，如自處分書送達後 1 年內聲明不服時，視為於法定期間內所為。

6.可爭訟之行政處分——除上述分類之瑕疵行政處分，人民主觀上認為行政處分違法或不當者，亦得依訴願法第 1 條、第 2 條以及行政訴訟法第 4 條規定，提起行政爭議與行政訴訟者。

行政處分瑕疵之法律效果❷❸❽，依其輕重大小，基於公益、私益之衡量，行政程序法有分別不同之規定，茲就其較重要而有詳細規定者分項說明之。

---

❷❸❻ 實例請參閱，李建良，〈行政處分的更正與撤銷〉，《月旦法學教室③公法學篇》，頁 182–183。

❷❸❼ 實例請參閱，張文郁，〈行政處分中之教示記載〉，《月旦法學教室》，第 10 期，2003 年 8 月，頁 26–27。

❷❸❽ 實例請參閱，吳志光，〈行政處分程序瑕疵之法律後果〉，《月旦法學教室》，第 4 期，2003 年 2 月，頁 26–27；蔡茂寅，〈行政處分之瑕疵及其效果〉，《月旦法學教室》，第 106 期，2011 年 8 月，頁 8–9。

第二項　行政處分之無效

第一目　行政處分無效之理論

行政處分有明顯瑕疵者，在學理上依明顯瑕疵理論 (Evidenztheorie) 被認為是無效的處分❷❸❾。此因早期行政法學者認為行政處分為國家意志力之表現與私人之法律行為略有不同，違法行政處分不應如民事之法律行為一律歸為無效，而是應原則上有效❷❹❿，僅在有重大明顯瑕疵之情形下，認定其為無效。此一行政法通說理論為了維護法安定性，國家本身所具有的公益性以及國家權威，傾向於縮減無效行政處分的範圍，使違法的行政處分不致如違法的私法行為一般，罹於無效。而在德國司法實務上也傾向於此理論，其與另一重大瑕疵理論 (Gravitätstheorie) 在實際運用上可能並無重大差異，只是其立論基礎，一為國家權威之自我確信，另一則為保障法律秩序之安定及維護交易安全❷❹❶。

第二目　行政處分無效之原因

然而學理上之明顯瑕疵理論與重大瑕疵理論所謂之「明顯」「重大」仍難免於抽象、主觀、且難以判斷❷❹❷。因此，我國行政程序法仿照德國行政程序法第 48 條規定，在第 111 條將學理上之明顯瑕疵理論加以法定化，規定有下列各款情形之一者無效。換言之，行政處分之無效原因已透過法律明定為：

---

❷❸❾　相關實例論文請參閱，蕭文生，〈無效之行政處分〉，《月旦法學教室》，第 96 期，2010 年 10 月，頁 12–13；黃俊杰，〈稅捐無效處分之法律體系〉，《稅務旬刊》，第 2318 期，2016 年 2 月 20 日，頁 21–27。

❷❹❿　關於行政處分無效理論之演變，請參閱林紀東，《行政法》，頁 335 以下。

❷❹❶　吳庚，上揭書，頁 396、397；陳敏，上揭書，頁 406；許宗力，上揭文，頁 590–592。

❷❹❷　參閱，黃俊杰，〈稅捐處分無效之判斷基準〉，《稅務旬刊》，第 2315 期，2016 年 1 月 20 日，頁 7–11。

一、不能由書面處分中得知處分機關者

人民從書面作成之行政處分中，如無法得知作成之行政機關，則人民無從確定行政處分從何而來，無從確定該行政處分是否由有管轄權之機關作成，從而也無從對此類之行政處分提起行政爭訟。

德國學者認為下列情形乃屬於書面處分中不能辨認、得知處分機關者❷❹❸：

1.由行政處分本身無法確認作成處分之行政機關，縱使行政處分之相對人主觀上知悉作成處分之行政機關者，該行政處分仍應無效。

2.行政處分雖有行政機關之名稱，但該行政機關顯不可能作成該行政處分，或事實上並無該行政機關或尚未正式成立者。

3.行政處分如僅表示某種行政機關之一般稱謂，例如稅捐稽徵機關，但此種行政機關有多數存在時，則行政機關究由何一機關作成，亦屬難以辨認。

4.行政處分雖已表示作成之機關，但因欠缺簽署印信，亦屬難以辨認該行政處分究竟是否該行政機關所為。

二、應以證書方式作成而未給予證書者

依法律規定，應發給證書而作成之行政處分，如礦業法第 14 條第 2 項規定，主管機關於核准第 1 項申請及因繼承或強制執行而移轉登記時，應填發或批註礦業執照。又如水利法第 37 條規定，「水權經登記公告，無人提出異議，或異議不成立時，主管機關應即登入水權登記簿，並發給水權狀」等是。

證書之發給既為行政處分之法定方式，且具有對第三人表彰行政處分相對人權益之重要證明，故如未給予證書，則該行政處分即有明顯重大瑕疵而為無效。

三、內容對任何人均屬不能實現者

行政處分之內容對任何人均屬不能實現者，例如要求在兩天內拆毀十層樓高之水泥碉堡或對已不存在之人所為之行政處分❷❹❹，或下令拆除已全

---

❷❹❸　Kopp, §44 VwVfG, Rn. 27–29; 陳敏，上揭書，頁 407、408。

部倒塌之建築物，下令撲殺已死亡之患有口蹄疫病豬，或命令當事人依當今科技均不能達成之事項，如禁止製造有副作用之化學藥品，在命令技術上或有可能，但須耗費鉅資或有重大困難之事項，而任何人在理性之情形下所不願為者，如下令工廠將廢氣直接排入太空等，均可認為該行政處分係屬任何人不能實現者[245]。

四、所要求或許可之行為構成犯罪者

　　行政機關所要求或許可之行為構成犯罪者，如行政機關要求某甲拆除屬於鄰人之界牆，則有致某甲犯刑法上毀損罪之情形，又如准許餐廳業者擺設電玩賭具之處分亦有導致該業者犯賭博罪之情形。 我行政程序法第 111 條第 4 款僅規定構成犯罪行為之行政處分無效，而未如德國行政程序法第 44 條第 2 項第 5 款規定構成犯罪行為或行政秩序罰行為均屬無效，實非妥當，因人民服從行政機關之行政處分，即有被行政機關處罰之危險，自非法治國家保障人民之本意，也會使人民陷於遵守一法，違背另一法之矛盾而無所適從。行政處分所要求或許可之行為構成行政秩序罰者，如命令行駛已報廢但仍可行駛之汽車[246]，或許可在公園草地上放牧羊群等將使該些人受到交通法令或社會秩序維護法上之行政處罰。故德國學者認此類處分是無效且可加以忽視 (nichtig und damit unbeachtlich)[247]。

五、內容違背公共秩序、善良風俗者

　　行政處分之內容違背公共秩序、善良風俗者，如何認定，甚為困擾，德國學者認為下列情形屬之，即[248]：

　　1.凡違反正直行為之基本要求，或違反憲法之價值標準者，即為違反公序良俗 ， 如禁止原住民進入臺灣史博物館或將懷孕之試用官員解任是[249]。

---

[244] Giemulla/Jaworsky/Müller-Uri, a.a.O., Rn. 328.

[245] 陳敏，上揭書，頁 410。

[246] Giemulla/Jaworsky/Müller-Uri, a.a.O., Rn. 329.

[247] A.a.O.

[248] Kopp, §44 VwVfG, Rn. 48 ff.; 陳敏，上揭書，頁 411。

2.純粹恣意之行政處分，尤其無從設想其合理理由之行政處分，或嚴重疏忽法治國家基本程序原則之行政處分，或嚴重違反「禁止聯結原則」而不利於當事人之行政處分。

3.行政處分相對人之對待給付違背公序良俗，或出於不當之目的而設定對待給付，或利用相對人之急迫而要求對待給付者。

又德國學者認為，行政處分之內容顯著違背通常之法律及社會道德時，為違背公序良俗，但如僅作成之動機違背公序良俗，行政處分不因之無效，又以違背公序良俗之手段，如詐欺、脅迫、強制或行賄而促成之行政處分，亦不因之而無效❷⓪。此一看法並未規定在我國行政程序法第 111 條第 5 款上。

六、未經授權而違背法規有關專屬管轄之規定或缺乏事務權限者

行政處分未經授權而違背法規有關專屬管轄之規定或缺乏事務權限者，一係指行政處分違背法律所定土地專屬管轄、團體管轄、功能管轄或層級管轄等管轄權之規範❷①，而又未經授權者，則該行政處分無效。例如由臺中市政府所發位於臺中縣轄地房屋之建築許可；另一則係指行政處分缺乏事務權限而又未經授權者，則該行政處分亦為無效，例如由森林主管機關所為交通警察應為之交通標示。

七、其他具有重大明顯之瑕疵者

此一款為前述具體列舉無效處分原因之外的概括規定，係採納德國學說中之「明顯說理論」，係指行政處分不僅須有重大之瑕疵且其瑕疵明顯者，始為無效之行政處分❷②。例如建管官員核發自己土地上之建築執照；或行政官員應迴避而不迴避，參與對自己有利授益行政處分之作成等❷③。

❷⓪ Giemulla/Jaworsky/Müller-Uri, a.a.O., Rn. 330.

❷⓪ Kopp, §44 VwVfG, Rn. 51; 參引陳敏，上揭書，頁 411、412。

❷① 陳敏，上揭書，頁 413。我國行政程序法第 111 條第 6 款僅規定「專屬管轄」，而非如 84 年行政院核定之行政程序法草案第 95 條第 5 款所規定之「土地專屬管轄」。

❷② Maurer, a.a.O., §10 Rn. 31.

❷③ Giemulla/Jaworsky/Müller-Uri, a.a.O., Rdnr. 333; Wolff/Bachof/Stober, a.a.O.,

第三目　行政處分無效之效果

行政處分之無效，其法律效果為何❷❺❹？行政程序法第 110 條第 4 項明文規定為自始不生效力，亦即自始不能發生行政處分內容上所欲實現之法律效果。無效之行政處分自始不具效力，視同在法律上不存在，亦無拘束力，對無效之行政處分人民並無服從義務，行政機關不得據以執行。無效之行政處分，任何人在任何時間均可主張其為無效。又無效行政處分對其相對人所授與之權利，第三人得否認之，而無效之行政處分，也不因追認或時間之經過而變為有效❷❺❺。

另行政處分之一部分無效者，並非全部無效，依行政程序法第 112 條規定：「行政處分一部分無效者，其他部分仍為有效。但除去該無效部分，行政處分不能成立者，全部無效」，例如依水利法第 95 條最高僅能科處 3 萬元以下罰鍰，但水利主管機關卻對違反水利法所定作為、不作為之義務者，處以 10 萬元之罰鍰，則科處 10 萬元之罰鍰處分並不無效，只是超過 3 萬元罰鍰之部分，即 7 萬元之部分屬於無效。因除去此 7 萬元之部分，行政處分仍能成立並有效。

第四目　行政處分無效之確認

行政處分之是否無效，難免不生疑義，因此行政程序法第 113 條乃明確規定：

1.行政處分之無效，行政機關得依職權確認之。

2.行政處分之相對人或利害關係人有正當理由請求確認行政處分無效時，處分機關應確認其為有效或無效。

---

§49 Rn. 13.

❷❺❹　實例請參閱李建良，〈無效行政處分與公法上結果除去權〉，《月旦法學教室 ③公法學篇》，頁 184–185。

❷❺❺　Maurer, a.a.O., §10 Rn. 35; Wolff/Bachof/Stober, a.a.O., §49 Rn. 43.

第五目　行政處分無效之爭訟

因為行政訴訟法之全盤修正，容許人民提起確認之訴。因此，人民對於無效之行政處分，在行政訴訟法修正條文施行之後，亦可向行政法院提起確認無效之訴。另依德國通說，對無效之行政處分，亦得提起撤銷之訴❷❺❻，我國修正行政訴訟法條文多係仿照德國法制完成立法程序，則德國學理上通說，自可參照應用。

第三項　行政處分之撤銷

第一目　行政處分撤銷之意義❷❺❼

如上所述，行政處分依法發布、送達後，除有上項所述行政處分無效原因而為無效外，為確保法之安定性、社會公益性以及國家權威，原則上均應認其有效。不過，行政處分有違法瑕疵，如仍認其有效，則顯然違反行政法上依法行政之基本原則而有不妥。因此，早期之行政法理論，在嚴守依法行政原則之要求下，行政機關依法如非「應」無條件撤銷違法之行政處分，至少亦「得」無條件的撤銷違法之行政處分，以回復合法狀態❷❺❽。故行政處分之撤銷乃是對已發生效力但有違法瑕疵之行政處分加以撤銷，原則上使其溯及既往失其效力，以消除行政處分所生之非法狀態。

第二目　行政處分撤銷之容許性

已生效力而有違法瑕疵之行政處分固應加以撤銷以符合依法行政原

❷❺❻ Maurer, a.a.O., §10 Rn. 37.

❷❺❼ 另參閱，林明昕，〈行政處分之「撤銷」〉，《月旦法學教室》，試刊號，2002 年 10 月，頁 30–32。

❷❺❽ Erichsen, in: Erichsen, Allg. VwR, §17 Rn. 1; Wolff/Bachof/Stober, VwR I, §51 Rn. 2; 陳敏，上揭書，頁 457。相關實例另參閱翁岳生，〈行政處分之撤銷〉，氏著，《法治國家之行政法與司法》，月旦法學出版社股份有限公司，1995 年 11 月二版三刷，頁 37–53。

則，但因已生效力之行政處分遽而取消，難免影響社會公益或影響人民因信賴行政處分所授利益而從事之生活行為或生活安排，致有不公平之現象。因此，德國行政法院實務自 1950 年代中期以來，另基於信賴保護原則之考慮，限制了對人民授益行政處分之任意撤銷。此種見解在德國學界受到廣泛支持，並於 1976 年制定行政程序法時，將其規定於第 48 條。我國行政程序法仿照此一立法例，在行政程序法第 117 條明文規定了行政處分撤銷之容許性及其限制事由，即：

違法行政處分於法定救濟期間經過後，原處分機關得依職權為全部或一部之撤銷；其上級機關，亦得為之。但有下列各款情形之一者，不得撤銷：

1. 撤銷對公益有重大危害者。
2. 受益人無第 119 條所列信賴不值得保護之情形，而信賴授予利益之行政處分，其信賴利益顯然大於撤銷所欲維護之公益者。

第三目　行政處分撤銷之法律性質

行政處分之撤銷本身亦為行政處分，因此，行政處分之撤銷亦為行政程序法第 2 條所稱之行政行為，其作成形式及內容，均應合乎行政程序法上關於行政處分規定之要求[259]。而對此行政處分之撤銷，依法亦可以提起訴願與行政訴訟。

第四目　行政處分撤銷之機關

行政處分之撤銷，由何機關為之？依行政程序法、訴願法、行政訴訟法之規定有下列機關：

1. 依行政程序法第 117 條規定為行政處分之原處分機關或其上級機關依職權為之[260]。另依同法第 128 條，行政機關亦得依相對人或利害關係

---

[259]　Maurer, a.a.O., §11 Rn. 20; Wolff/Bachof/Stober, a.a.O., §51 Rn. 106.

[260]　相關論文請參閱，張永明，〈職權撤銷行政處分與國家賠償〉，《月旦法學教室》，第 104 期，2011 年 6 月，頁 12-13；林錫堯，〈行政處分之職權撤銷〉，

人之申請而為行政處分之撤銷❷❶。

　　2.依訴願法第 81 條規定為受理訴願機關。

　　3.依行政訴訟法第 195 條規定為行政法院。

第五目　行政處分撤銷之種類

　　行政處分之種類，由行政機關主動、被動之觀點，可以分為行政程序法第 117 條規定之「職權之撤銷」與該法第 128 條規定之「申請之撤銷」，以及訴願法、行政訴訟法所規定之「爭訟之撤銷」。除此之外，學理上多依行政處分對相對人、利害關係人之影響而分為負擔處分之撤銷與授益處分之撤銷，茲各舉例分述之：

一、負擔處分之撤銷❷❷

　　負擔處分是一種對人民不利益的處分，如加以撤銷等於免除或減輕人民之不利，通常不發生傷害人民既得權益或信賴保護之問題，故行政機關對違法之負擔處分得不問其法定救濟期間是否經過，依行政程序法第 117 條規定，均得由原處分機關或其上級機關依職權為全部或一部之撤銷，但如該行政處分之「撤銷對公益有重大危害者」，或該行政處分之「受益人無第一一九條所列信賴不值得保護之情形，而信賴授予利益之行政處分，其信賴利益顯然大於撤銷所欲維護之公益者」，則行政機關或其上級機關不得依職權撤銷該行政處分。

　　負擔行政處分之撤銷，如將外勞遣送出境之違法處分加以撤銷是。

《中華法學》，第 16 期，2015 年 11 月，頁 49–90。

❷❶　實例請參閱，盛子龍，〈法定救濟期間經過後之權利救濟〉，《月旦法學教室》，第 25 期，2004 年 11 月，頁 22–23；謝碩駿，〈行政處分相對人請求行政機關廢棄行政處分〉，《台灣法學雜誌》，第 299 期，2016 年 7 月 14 日，頁 145–155；陳世民，〈第三人請求撤銷行政契約——評最高行政法院 105 年度裁字第 110 號裁定〉，《月旦裁判時報》，第 61 期，2017 年 7 月，頁 28–33。

❷❷　董保城，〈行政處分之撤銷與廢止〉，台灣行政法學會主編，《行政法爭議問題研究（上）》，頁 488–489。

二、授益處分之撤銷 [263]

授益處分是一種對人民有利益的處分，如加以撤銷則將損害人民之既得權益，但對違法之授益處分如不撤銷則又不符合法治國家之依法行政原則。因此，違法授益處分之撤銷與違法負擔處分之得由行政機關依職權自由撤銷者有很大差異。違法授益處分之撤銷在學理上認為應受兩項行政法原則之支配，一為依法行政原則，另一為信賴保護原則。依照前者，行政處分既屬違法自應撤銷，依照後者，人民因信賴行政處分已取得之權益，即不應再予剝奪。兩項原則如何取得均衡，為授益處分撤銷應慎重考慮之事 [264]。我國行政程序法及訴願法對此已參考外國立法例、學理通說而有相同、完整之設計，即：

1.違法授益處分，除其撤銷對公益有重大影響者，行政機關於行政程序法第 117 條規定於法定救濟期間經過後，仍得為撤銷，但行政機關依該法第 120 條規定，應給予受益人合理之補償。

2.違法授益處分有行政程序法第 119 條所列不值得保護之情形，則行政機關依行政程序法第 117 條規定，於法定救濟期間經過後，仍得為撤銷 [265]。所謂信賴不值得保護，行政程序法第 119 條明示規定為：

⑴以詐欺、脅迫或賄賂方法，使行政機關作成行政處分者。

⑵對重要事項提供不正確資料或為不完全陳述，致使行政機關依該資料或陳述而作成行政處分者。

⑶明知行政處分違法或因重大過失而不知者。

違法授益處分之撤銷，可舉一例說明之，如甲經核准善意獲得兩萬馬

---

[263] 董保城，〈行政處分之撤銷與廢止〉，台灣行政法學會主編，《行政法爭議問題研究（上）》，頁 477–482。

[264] 吳庚，上揭書，頁 405；Maurer, a.a.O., §11 Rn. 21 ff.；我國實務論文請參閱，林明鏘，〈授益行政處分之撤銷——以撤銷固定污染源設置及操作許可證為例〉，《月旦裁判時報》，第 74 期，2018 年 8 月，頁 5–22。

[265] 實例可參閱李建良，〈行政處分之撤銷與信賴保護原則〉，《月旦法學教室③公法學篇》，頁 180–181；黃銘輝，〈授益行政處分撤銷之信賴保護／北高行 99 訴 1840〉，《台灣法學雜誌》，第 184 期，2011 年 9 月，頁 175–181。

克之創業補貼，且全用於新設營利事業，但因景氣不好，半年後該事業就倒閉。事後發現，核准創業補貼之處分是違法的，則行政機關可否撤銷此一補貼處分？依行政程序法第 117 條及第 119 條規定，綜合以觀，甲善意獲得創業補貼且全用於新設事業乃信賴行政處分有效，且無詐欺、脅迫、賄賂、隱瞞等信賴不值得保護之情事，其所受創業補貼之授益處分，行政機關不得撤銷，甲亦不須退還該兩萬馬克。不過，如果甲是創業補貼制度之專家，且因重大過失而不知該補貼之授益處分之違法性，則有行政程序法第 119 條第 3 款之信賴不值得保護情形，其所受領之兩萬馬克創業補貼授益處分，將被行政機關依行政程序法第 117 條之規定撤銷之 ❷⁶⁶ 。

另行政程序法第 127 條規定，授予利益之行政處分，其內容係提供一次或連續之金錢或可分物之給付，如經主管行政機關撤銷而有溯及既往失效之情形時，受益人應返還因該處分所受領之給付 ❷⁶⁷ ，該授益行政處分經確認無效者，亦同。此一規定類似於德國行政程序法第 48 條第 2 項規定 ❷⁶⁸ 。不過，德國行政程序法第 48 條第 2 項對受益人之「信賴值得保護」一詞另加以界定為：「如受益人已使用所提供之給付或已作不能回復原狀或只能在不可期待之損失下始能回復原狀之財產上處分者」 ❷⁶⁹ ，而認有此情形者，「通常其信賴值得保護」。我國行政程序法則未有如此細膩之規定，未來或可參考德國學理、實務類似案例，以解決與此有關之問題。

---

❷⁶⁶ Giemulla/Jaworsky/Müller-Uri, a.a.O., Rn. 404, 416.

❷⁶⁷ 相關實例論文請參閱，林三欽，〈授益行政處分撤銷與不當得利之返還〉，《月旦法學教室》，第 104 期，2011 年 6 月，頁 10–11。

❷⁶⁸ 該項規定，違法行政處分係提供一次或連續之金錢或可分物之給付，或以此為要件者，如其受益人已信任該行政處分之存續，且其信任經斟酌撤銷對公益之影響，認為值得保護時，不得撤銷之。但如受益人之信賴不值得保護時，行政處分得被撤銷，受益人應返還受領之給付。

❷⁶⁹ 受益人已使用所提供之給付者，如將獲得之創業補貼加以使用；已作不能回復原狀之財產上處分，如退休者獲一非法給付之年金，已長期放在購置一老人安養院之養老安排，此種年金之使用安排，被認為不能回復原狀而不用返還。Giemulla/Jaworsky/Müller-Uri, a.a.O., Rn. 411, 412.

又授予利益之違法行政處分經撤銷後，依行政程序法第 120 條規定，如受益人無同法第 119 條所列信賴不值得保護之情形，其因信賴該處分致遭受財產上之損失者，為撤銷之機關應給予合理之補償❷⓿，其補償額度依同條第 2 項規定，不得超過受益人因該處分存續可得之利益，而同條第 3 項又規定關於補償之爭議及補償之金額，相對人有不服者，得向行政法院提起給付訴訟。另依同法第 121 條第 2 項規定，補償請求權，自行政機關告知其事由時起，因 2 年間不行使而消滅；自處分撤銷時起逾 5 年者，亦同。

第六目　行政處分撤銷之時限

違法行政處分依行政程序法第 117 條規定，於法定救濟期間經過後，仍可為撤銷，但基於法律秩序之安定，行政程序法又於第 121 條規定，原處分機關或上級機關應於知有撤銷原因時起 2 年內為撤銷權之行使❷⓵。

第七目　行政處分撤銷之效力

行政處分撤銷後如一律溯及失效，則可能影響公益或對受益人產生損害，故行政程序法第 118 條乃有較彈性之規定，即違法行政處分經撤銷後，溯及既往失其效力，但為維護公益或為避免受益人財產上損失，為撤

---

❷⓿　如學生甲經申請獲得德國大學入學分發中心，一個得在下一學期進入大學之入學許可證，因信賴此許可證之正確性乃租賃房間並購買教科書，但在開學前，大學分發中心發現其所為決定許可是錯誤的，即甲事實上並未合乎入學科系之入學必要條件，則大學入學許可中心雖可撤銷對甲之入學許可，但應補償其租屋、購書等財產上之損失。A.a.O., Rn. 417, 421；另參閱，林騰鷂，〈沒有書讀怎麼辦？——授益行政處分的撤銷——〉，《台灣本土法學雜誌》第 83 期，2006 年 6 月，頁 111–116。

❷⓵　行政程序法草案第 105 條原規定，……撤銷權，應自原處分機關或其上級機關知有撤銷原因時起 2 年內或自處分時起 5 年內為之。論文請參閱，李建良，〈論行政處分撤銷與廢止之除斥期間〉，《政大法學評論》，第 144 期，2016 年 3 月，頁 315–378。

銷之機關得另定失其效力之日期。

另依行政程序法第 130 條第 1 項規定，行政處分經撤銷，失其效力後，而有收回因該處分而發給之證書或物品之必要者，行政機關得命令所有人或占有人返還之。同條第 2 項又規定，所有人或占有人得請求行政機關將該證書或物品作成註銷之標示後，再予發還。但依物之性質不能作成註銷標示，或註銷標示不能明顯而持續者，不在此限。

第四項　行政處分之補正

行政處分之瑕疵如屬輕微者，不宜一律歸於無效，如經由補正措施，使之仍生效力，恐較符合公益、行政目的之達成或人民權益之保障，故我國行政程序法第 114 條亦將學理上瑕疵處分之治療理論加以明確規定，此即為行政處分之補正[272]。

行政處分之補正僅限於可補正之程序瑕疵，至於實體上之瑕疵原則上不在補正之列，尤其不能使無效之處分補正為有效[273]。行政程序法第 114 條第 1 項對此明定：

「違反程序或方式規定之行政處分，除依第一一一條規定而無效者外，因下列情形而補正：

　　1.須經申請始得作成之行政處分，當事人已於事後提出者。

　　2.必須記明之理由已於事後記明者。

　　3.應給予當事人陳述意見之機會已於事後給予者。

　　4.應參與行政處分作成之委員會已於事後作成決議者。

　　5.應參與行政處分作成之其他機關已於事後參與者。」

至於瑕疵行政處分補正之時機，行政程序法第 114 條第 2 項則規定為：「前項第二款至第五款之補正行為，僅得於訴願程序終結前為之；得不經訴願程序者，僅得於向行政法院起訴前為之。」

---

[272]　吳庚，上揭書，頁 412。

[273]　吳庚，上揭書，頁 412。

第五項　行政處分之轉換

行政處分之轉換 (Konversion; Umdeutung) 亦為治療瑕疵行政處分之一種方法，使違法之行政處分得以轉換為合法之行政處分。

我行政程序法第 116 條仿照德國行政程序法第 47 條規定，容許違法行政處分之轉換，其機制內涵主要為：

1.行政機關得將違法行政處分轉換為與原處分具有相同實質及程序要件之其他行政處分。

2.違法行政處分有下列情形之一者，不得轉換：

⑴違法行政處分，依第 117 條但書規定，不得撤銷者。

⑵轉換不符作成原行政處分之目的者。

⑶轉換法律效果對當事人更為不利者。

3.羈束處分不得轉換為裁量處分。

4.行政機關於轉換前應給予當事人陳述意見之機會。但有第 103 條之事由者，不在此限。

行政處分轉換之法律性質，有認為係單純之認知表示而非新的行政處分[274]，有認係形成之行政處分者，有認係其他之形成行為者，見解不一。不過，依行政處分轉換之目的、效力、以及基於法律安定及法律明確之要求，應以轉換為形成行政處分之見解為當[275]。

第六項　行政程序之重新進行

第一目　行政程序重新進行之意義

有瑕疵的行政處分，固可依上述行政處分之無效、撤銷、補正、轉換等規定，予以處理，但若此瑕疵的行政處分，人民不為爭訟、未及時爭訟而法定救濟期間又已經過[276]致對該行政處分已不可爭訟時，在特定情況

---

[274]　吳庚，上揭書，頁 413。

[275]　參引陳敏，上揭書，頁 434。

下，是否仍得有方法可以改變該瑕疵之行政處分，此即為學理上所謂「行政程序之重新進行」(Wiederaufgreifen des Verfahrens)[277]，即對一行政處分所決定之事項，於人民對該行政處分已不可爭訟後，行政機關重新進行行政程序，再為是否撤銷、廢止或變更原處分決定之意[278]。

第二目　行政程序重新進行之要件

行政程序重新進行之要件，依行政程序法第 128 條之規定，主要的有[279]：

1. 當事人須向管轄機關提出程序重新進行之申請。

2. 行政處分須已不可爭訟（包括行政法院判決確定）。對一仍得提起行政爭訟之行政處分，應提起行政爭訟以求救濟，而非請求重新進行行政程序。

3. 須有重新進行程序之事由。

4. 當事人須非因重大過失，未在先前之行政程序或法律救濟程序中，主張所據以申請程序重新進行之事由。

---

[276]　實例請參閱，盛子龍，〈法定救濟期間經過後之權利救濟〉，《月旦法學教室》，第 25 期，2004 年 11 月，頁 22–23。

[277]　相關論文請參閱，傅玲靜，〈論行政程序之重新進行——以遺產稅之核課與剩餘財產分配請求權價額之扣除為例〉，《月旦法學雜誌》，第 147 期，2007 年 8 月，頁 101–120；傅玲靜，〈遺產稅之核定與行政程序之重新進行〉，《月旦法學教室》，第 55 期，2007 年 5 月，頁 20–21。

[278]　陳敏，上揭書，頁 490。

[279]　參照陳敏，上揭書，頁 492；相關案例請參閱，陳慈陽，〈人民申請行政程序重開之案例解析〉，《台灣法學雜誌》，第 274 期，2015 年 6 月 28 日，頁 101–106；林石猛、李俊良，〈違法安定與人權正義——論行政程序重新進行與確定判決既判力之衝突〉，《月旦法學雜誌》，第 243 期，2015 年 8 月，頁 158–191；黃錦堂，〈行政程序重開之研究——德國法之比較〉，《稅務旬刊》，第 2330 期，2016 年 6 月 20 日，頁 30–42；陳清秀，〈行政法院判決維持原課稅處分確定後，可否申請程序再開？——臺中高等行政法院 106 年度訴字第 189 號判決評析〉，《月旦裁判時報》，第 79 期，2019 年 1 月，頁 19–33。

5.應自知悉重新進行程序之事由起，於一定之期限內提出申請。

第三目　行政程序重新進行之事由

依行政程序法第 128 條第 1 項規定，行政處分相對人或利害關係人，得申請行政機關重新進行程序以撤銷、廢止或變更原處分之事由為：

1.具有持續效力之行政處分所依據之事實事後發生有利於相對人或利害關係人之變更者。

2.發生新事實或發現新證據者，但以如經斟酌可受較有利益之處分者為限[280]。

3.其他具有相當於行政訴訟法所定再審事由且足以影響行政處分者[281]。

第四目　行政程序重新進行之申請期限

行政程序法第 128 條第 2 項規定，行政程序重新進行之申請，應自法定救濟期間經過後 3 個月內為之；其申請事由發生在後或知悉在後者，自發生或知悉時起算。但自法定救濟期間經過後已逾 5 年者，不得申請。

第五目　行政程序重新進行申請之審查與決定

行政程序法第 129 條規定，行政機關有權對相對人或利害關係人之行政程序重新進行之申請為審查並決定，其決定種類主要有[282]：

1.申請不合法──當事人重新進行行政程序之申請「不合法」者，例如對未逾法定救濟期間之行政處分申請重新進行行政程序，或已逾第 128 條第 2 項之期間始為申請，或作為申請事由之事項實際上並不存在，或向

---

[280]　如民國 106 年 8 月 9 日公布修正之政務人員退職撫卹條例第 38 條第 3 項規定是。

[281]　相關論文請參閱，謝碩駿，〈針對「受確定判決維持之行政處分」申請程序重新進行〉，《月旦法學教室》，第 205 期，2019 年 11 月，頁 9–11。

[282]　陳敏，上揭書，頁 497–500。

其提出申請之行政機關並非管轄機關，此等情形均應駁回其申請。對此駁回而拒絕重新進行行政程序者，學者認為是第二次裁決之行政處分，受不利行政處分的申請人或第三人均可提起爭訟[283]。

2.申請合法、有理由——當事人重新進行行政程序之申請「合法」，且其申請「有理由」者，依行政程序法第 129 條前段，行政機關應撤銷、廢止或變更原處分。所謂「申請為有理由」，係指當事人具有行政程序法第 128 條第 1 項所規定事由，且非因重大過失而未在前此之行政程序或救濟程序中主張之。

3.申請合法、無理由——當事人重新進行行政程序之申請雖「合法」，但並「無理由」者，行政機關則應駁回其申請。另外，雖有重新進行程序之原因，而原處分實質上為正當，應予以維持時，行政機關依行政程序法第 129 條規定亦應予以駁回。

第六目　對行政程序重新進行申請所為決定不服之救濟

一、行政機關對於人民所提行政程序重新進行之申請，如認為不符合法定要件而加以拒絕者，學理上有稱之為重覆處置 (wiederholende [wiederholte] Verfügung)[284]者。對此重覆處置不服者，早期司法實務與學者認未在實體上設定法律效果，並非行政處分，人民自不得對之提起行政爭訟。[285]不過，行政程序法公布後學者認為，行政機關表示其不重新開始行政程序意思之重覆處置，亦設定有法律效果，而為形成行政程序之行政處分，其正確之爭訟途徑，應為課予義務訴訟中之「裁決訴訟」(Bescheidungsklage)。[286]而在司法實務上，也已改變行

---

[283]　吳庚，上揭書，頁 414。

[284]　Erichsen, in: Erichsen, Allg. VwR, §20 Rn. 21；陳敏，上揭書，頁 309，491，502–503.

[285]　參閱陳敏，上揭書，頁 309 及該頁所引「行政法院 54 判字第 277 號判例」、「行政法院 61 裁字第 24 號判例」。

[286]　陳敏，上揭書，頁 310；吳庚，上揭書，頁 415。

政程序法公布施行前之見解，認為拒絕重開行政程序之重覆處置，亦為行政處分，可提行政爭訟，謂：「行政處分之相對人或利害人於行政處分於法定救濟期間經過後，提具理由主張撤銷、廢止或變更原行政處分者，不論係請求撤銷、廢止、變更行政處分之存續力、執行力甚或確定力，均應屬申請行政程序重開，原處分機關自應對申請人申請是否符合要件程序重開，為實質准駁之表示，原處分機關所為之函復，即係對外發生法律效果之行政處分，訴願決定機關應予以受理，並為適法之處理，不得率以非行政處分為不受理之訴願決定。」[287] 又對人民請求作成准予重新進行行政程序之拒絕處分，司法實務也多採行學者意見，認應提起課予義務訴訟，以為救濟[288]。

二、行政機關對於人民所提行政程序重新進行之申請，如認為符合法定要件而准予重新進行之決定者，學理上認為此一決定可分為兩個階段，第一階段准予重新進行之階段，第二階段為行政程序重新進行後作成將原處分撤銷、廢止之決定或作成仍維持原處分決定之階段。而這些階段之決定都是新的處分，學理上稱之為第二次裁決(Zweitbescheid)[289]。對此第二次裁決如有不服，應如何救濟？依學者看法，1.對准予重新進行行政程序之決定，若有不服，當然應提起撤銷訴訟。此通常發生在涉有第三人效力處分之情形下。2.至於對不准重新進行行政程序之決定，若有不服，則如上所述，應提課予義務之訴。3.而若雖准予重新進行行政程序後，但卻作成拒絕撤銷或變更原處分之決定，則對此決定，應提課予義務之訴[290]。換言之，依原處分

[287]　參引，「臺北高等行政法院九十二年十月十三日九十二年度訴字第二五一〇號判決」，法務部編印，《行政程序法裁判要旨彙編》，民國九十三年七月，頁 523。

[288]　如「臺北高等行政法院九十二年四月十五日九十一年度訴字第 2297 號判決」；「臺中高等行政法院九十二年六月十八日九十二年度訴字第 87 號判決」；「臺中高等行政法院九十年十一月一日九十年度訴字第七三二號判決」。均請閱法務部編印，《行政程序法裁判要旨彙編》，頁 529–537。

[289]　Erichsen, in: Erichsen, a. a. O., §20 Rn. 22；陳敏，上揭書，頁 503.

是負擔處分或授益處分之不同，所提行政爭訟途徑亦非相同。依學者採用德國學說之看法，可分為 ❷⓿ :

1.行政機關拒為「廢棄原加負擔處分之決定」時，申請人應提起「課予義務訴訟」，請求行政法院命行政機關為廢棄之決定。

2.如行政機關「重為相同內容之加負擔處分，以取代原處分」時，申請人應對新為之加負擔處分提起「撤銷訴訟」。

3.申請人請求行政機關為「授益之決定」，而行政機關「拒絕廢棄原駁回決定」，或「另為新駁回決定」者，申人亦應提起「課予義務訴訟」，請求行政法院命行政機關為授益之決定。

又要求行政程序重新進行之申請人對原處分或請求事項，曾提起撤銷訴訟或課予義務訴訟，經判決確定者，依學者看法，並不妨礙上述之法律救濟 ❷⓿ 。

第七節　行政處分之廢止

第一項　行政處分廢止之意義

行政處分之廢止與上節所述行政處分之撤銷在概念上有很大的區別。我國行政程序法仿照德國立法例及德國學界用語，使用行政處分之撤銷 (Rücknahme) 來表述使違法行政處分效力歸於消滅之行為，而使用行政處分之廢止 (Widerruf) 來表述使合法行政處分效力歸於消滅之行為 ❷⓿ 。

---

❷⓿⓿　吳庚，上揭書，頁 415。

❷⓿⓵　陳敏，上揭書，頁 503–504。

❷⓿⓶　同上註，頁 504；另參閱，洪家殷，〈論行政處分程序之再度進行——以德國一九七六年行政程序法第五十一條之規定為中心〉，《政大法學評論》，第 45 期，第 341 頁以下。

❷⓿⓷　Wolff/Bachof/Stober, a.a.O., §51 Rn. 38 ff., Rn. 61 ff. 行政處分之撤銷與行政處分之廢止兩者之上位概念為行政處分之廢棄 (Aufhebung)，亦有稱為行政處

我國在行政程序法未制定前，對上述區別並不重視，在立法上、在行政實務上似乎沒有行政處分廢止❷❾❹這個概念，亦即不問廢棄對象是合法行政處分或是違法行政處分，都一律使用撤銷一詞，行政程序法實施至今10 餘年，在漁業法第 29 條、水利法第 19 條及證券交易法第 59 條，也仍使用撤銷一詞，但實際上為行政處分之廢止。又有使用執照之吊銷或註銷概念者，而事實上也應屬於行政處分之廢止才是❷❾❺。

第二項　行政處分廢止之法律性質

行政處分之廢止對象為原行政處分，而廢止行為本身之法律性質，依學界通說❷❾❻，亦為一行政處分。因此亦須符合上述行政處分之形式與實質合法要件，否則廢止之處分亦有可能成為違法瑕疵情事，而瑕疵明顯重大者會構成廢止處分的無效，或瑕疵雖不明顯重大，廢止處分仍然有效，但有可能因合乎撤銷的要件，而使廢止處分被行政機關撤銷的情形，而使被廢止的原行政處分「復活」。此是就違法的廢止而言，至於合法的廢止，是否得予廢止，通說均否認之，理由是要回復被廢止的原處分之效力，行政機關重新一次作成相同內容的處分即可，不必對廢止處分用另外一個廢止的方式來處理，造成概念上混淆，擾亂法的明確性❷❾❼。

第三項　行政處分廢止之要件

合法行政處分之廢止❷❾❽，視所廢止的對象是負擔處分或授益處分可分

分之取消 (Beseitigung) 者。參閱吳庚，上揭書，頁 364。

❷❾❹　例外的如 87 年 1 月 21 日修正公布之民用航空法第 28 條第 1 項、第 29 條明文規定「廢止」之文字。

❷❾❺　許宗力，上揭文，頁 583。

❷❾❻　吳庚，上揭書，頁 409；許宗力，上揭文，頁 583。

❷❾❼　許宗力，上揭文，頁 583。

❷❾❽　董保城，〈行政處分之撤銷與廢止〉，台灣行政法學會主編，《行政法爭議問題研究（上）》，頁 483–488、489–493。實例另參閱，陳淑芳，〈合法行政處分之廢止〉，《月旦法學教室》，第 14 期，2003 年 12 月，頁 18–19。

為合法負擔處分之廢止與合法授益處分之廢止。廢止合法的負擔處分（即行政程序法第 122 條所稱之非授予利益之合法行政處分），原則上得由原處分機關依職權為全部或一部之廢止❷❾❾，但廢止後仍應為同一內容之負擔處分或依法不得廢止者，則原處分機關不得加以廢止。

至廢止合法的授益處分則依行政程序法第 123 條之規定，須有下列情形之一者，才得由原處分機關依職權為全部或一部之廢止，即：

1.法規准許廢止者。例如漁業法第 29 條、礦業法第 38 條之規定是。

2.原處分機關保留行政處分之廢止權者。

3.附負擔之行政處分，受益人未履行該負擔者。

4.行政處分所依據之法規或事實事後發生變更，致不廢止該處分對公益將有危害者。例如民用航空法第 14 至 16 條、水利法第 19 條、建築法第 59 條規定是。

5.其他為防止或除去對公益之重大危害者。例如水利法第 47 條、藥事法第 76 條之規定是。

合法授益處分之廢止，事例甚多，如甲獲得礦業權之核准，但礦業之經營有妨害公益無法補救之情形，則依礦業法第 38 條第 1 項之規定，應廢止其礦業權之核准。又如臺北國際金融大樓的興建，經臺北市政府合法核發建照後，發現其 508 公尺之大樓高度，影響飛航航道安全，輿論即多主張為了公共安全應以合法授益處分之廢止來處理此一事件，亦即廢止臺北市政府合法核發之建照，而給予該大樓業者以補償金❸❓❓。另如，甲在一供建築之土地上獲有建造執照，在建好地下室時，因都市計劃或區域計劃變更，致其建築之土地被劃定為水源保護區，則依建築法第 59 條第 2 項規定，其建造執照之授益處分即有可能被廢止，所建地下室被拆除，但原核發建照之縣（市）政府應對該建築物拆除之一部或全部，按照市價補償之。

---

❷❾❾ 例如美國人因違反我國法令而被合法處以限期離境之負擔處分，後因其與我國女子結婚，主管機關為顧及家庭利益而依職權廢止其離境處分。

❸❓❓ 參閱民國 88 年 7 月 18 日《中國時報》及《聯合報》之「社論」。

第四項　行政處分廢止之時限

合法授益之行政處分有行政程序法第 123 條所規定之情形，自可加以廢止，但為了法律生活秩序之安定，行政程序法第 124 條又規定，應自廢止原因發生後 2 年內為之❸❶。

第五項　行政處分廢止之效力

行政處分廢止之效力，即行政處分廢止所產生之法律效果，行政程序法規定的有下列四種：

1.行政程序法第 125 條規定，合法行政處分經廢止後，自廢止時或自廢止機關所指定較後之日時起，失其效力。但受益人未履行負擔致行政處分受廢止者，得溯及既往失其效力。

2.行政程序法第 126 條規定，原處分機關依同法第 123 條第 4 款、第 5 款規定廢止授予利益之合法行政處分者，對受益人因信賴該處分致遭受財產上之損失，應給予合理之補償。

3.行政程序法第 127 條規定，授予利益之行政處分，其內容係提供一次或連續之金錢或可分物之給付者，經廢止而有溯及既往失效之情形時，受益人應返還因該處分所受領之給付，而此返還範圍依同條第 2 項規定，準用民法有關不當得利之規定❸❷。

4.行政程序法第 130 條第 1 項規定，行政處分經廢止確定而有收回因該處分發給之證書或物品之必要者，行政機關得命所有人或占有人返還之。另依同條第 2 項規定，所有人或占有人得請求行政機關將該證書或物品作成註銷之標示後，再予發還。但依物之性質不能作成註銷標示，或註

---

❸❶　論文請參閱，李建良，〈論行政處分撤銷與廢止之除斥期間〉，《政大法學評論》，第 144 期，2016 年 3 月，頁 315–378。

❸❷　論文請參閱，劉建宏，〈行政機關行使公法上返還請求權之法律途徑——行政程序法第 127 條之修正〉，《月旦法學教室》，第 166 期，2016 年 8 月，頁 61–68。

銷標示不能明顯而持續者，不在此限。

第八節　行政處分之效力

第一項　行政處分效力之概念

　　行政處分合乎上面所述各項法定要件，且在無本章第五節所述種種瑕疵之情形下，究竟在何時生效，對什麼人，就什麼事，對那些行政機關，那些國家機關發生效力，為行政法學多方探討之行政處分之效力問題，各國行政程序法對行政處分之效力，也有加以明確規範者❸❸❸。我國行政程序法仿照德國法例亦在第二章第三節中自第 110 條至 134 條中對行政處分之效力加以規定。

　　我國早期行政法教科書，受日本公法學者美濃部達吉之影響，認行政處分具有公定力、確定力、拘束力及執行力❸❸❹，但近日學者以「公定力」隱含著強迫受處分相對人或利害關係人承認行政處分之效力為不合時宜，有過分偏重行政權利益之嫌❸❸❺，從而認為公定力之概念不宜再繼續引用❸❸❻。是以，對於行政處分效力之內容，多採德、奧通說，將行政處分之效力分為存續力、確認效力、構成要件效力、拘束力、執行力等加以說

---

❸❸❸　如德國行政程序法第三章第二節自第 43 條至 52 條，西班牙行政程序法第二章第二、三節自第 44 條至第 55 條，葡萄牙行政程序法典第二章第二、三、四、五節自第 127 條至第 157 條均有行政處分效力之規定。詳請參閱應松年主編，《外國行政程序法匯編》，北京，中國法制出版社，1999 年 1 月第一版，頁 137、179、246、506 等相關頁數。

❸❸❹　陳敏，上揭書，頁 397。大陸學者亦同，詳見劉莘，〈具體行政行為效力之研究〉，《一九九八年海峽兩岸行政法學研討會實錄》，國立政治大學法學院出版，1999 年 4 月，頁 57–75。

❸❸❺　李震山，上揭書，頁 339。

❸❸❻　吳庚，上揭書，頁 370，註 104。

明❼。本書則將依行政程序法之相關規定，參酌學說分項說明於後。

第二項　行政處分效力之發生

依行政程序法第 110 條，書面之行政處分自送達相對人及已知之利害關係人起，依送達之內容對相對人及已知之利害關係人發生效力。

書面以外之行政處分，則依同條第 1 項下段之規定，自以其他適當方法通知或使其知悉時起，依通知或使知悉之內容對相對人及已知之利害關係人發生效力。

一般處分依同條第 2 項規定，自公告日或刊登政府公報、新聞紙最後登載日起發生效力。但處分另訂不同日期者，從其規定。

上述行政處分效力之發生為學理上所謂行政處分「外部效力」(äußere Wirksamkeit) 之發生，也就是本書所稱行政處分之「外示效力」，亦即行政處分在「合法外示」以後產生對相對人及相關人員之效力。至於行政處分內容（如對特定生活事件為下命、禁止、形成與確認等）所欲發生之法律效果，即學理上所為之「內部效力」(innere Wirksamkeit)，原則上固與外部效力（外示效力）同步發生，但亦有因行政處分附有期限、條件等附款，導致外部效力（外示效力）與內部效力（本書改稱為內容效力）之發生，並非是同一時刻。行政程序法第 118 條、第 125 條之規定，即為明證，即行政處分之內容效力有可能溯及失效，也可能由行政機關另定其失效之日期。

第三項　行政處分效力之變動

行政處分效力發生後，因繼續存在，但如有撤銷、廢止、或其他事由者亦有可能失效，此即為行政處分效力之變動，行政程序法第 110 條第 3

---

❼　陳敏，上揭書，頁 335、378；吳庚，上揭書，頁 370 以下；許宗力，上揭文，頁 565；李震山，上揭書，頁 338 以下；洪家殷，〈行政處分效力內涵之探討〉，《一九九八年海峽兩岸行政法學術研討會實錄》，國立政治大學法學院出版，1999 年 4 月，頁 76–99。

項對此有明確規定。

　　所謂行政處分效力之變動包括行政處分效力之終止、行政處分效力之延宕或追溯，茲分別說明於後：

一、行政處分效力之終止

　　行政處分效力發生後，有可能因為國家行政機關對行政處分採取的撤銷、廢止或確認無效以及因其他原因而有行政處分之了結，而造成行政處分效力之終止。

　　1.行政處分之撤銷、廢止與確認無效，請參照本章第六節、第七節之相關說明。

　　2.行政處分之了結 (Erledigung; Erlöschen)，或行政處分之消滅❸⓿❽。此即行政處分之效力除由有權機關在法律救濟程序內或法律救濟程序外予以撤銷、廢止或確認無效而終止外，尚可因下列原因而導致效力之了結，即❸⓿❾：

　　　(1)因事實之發生而了結

　　　　(a)行政處分之效力已竭盡——例如申請在特定時間遊行，主管機關予以駁回，該駁回決定之效力，因原計劃之遊行時間經過而竭盡。此外，所有駁回申請之決定，原則上皆於人民已不可對之為爭訟時效力竭盡。

　　　　(b)行政處分之目的非因履行而達成。例如，對私有空地堆積之廢棄物，命令土地所有人清除，已由第三人為之。

　　　　(c)行政處分之要求，在事實上已不可能實現。例如，下令拆除違建，而違建已倒塌。

　　　　(d)解除條件成就、終期到來或期限屆滿。

　　　　(e)核發許可或執照後，未依限領取或利用，依規定其效力自動消滅。

---

❸⓿❽　相關實例請參閱，洪家殷，〈行政處分之消滅〉，《月旦法學雜誌》，第 84 期，2002 年 5 月，頁 22–23。

❸⓿❾　參引陳敏，上揭書，頁 400–402。Wolff/Bachof/Stober, VwR I, 10. Aufl., §52 Rn. 1 ff.

　　⒡原經許可之事項依法已無須許可。

　　⒢無持續效力之行政處分，已履行或執行完畢，且已不得再為爭
　　　訟，或其事實結果已無法排除（例如，狂犬已撲殺）。

　⑵因主體不存在而消滅

　　⒜對自然人以行政處分設定一身專屬權利或義務（例如駕照、召集
　　　令），其後相對人已死亡。

　　⒝對法人或非法人團體以行政處分設定一身專屬義務，而其後該法
　　　人或非法人團體已消滅。

　⑶因法律行為而消滅

　　⒜新法規明示排除有持續效力行政處分之效力。

　　⒝授益行政處分之相對人依法拋棄該處分授予之權益。

　　⒞申請經撤回，而申請人於駁回決定仍可爭訟期間內，撤回原申
　　　請，駁回處分即因之而消滅。

二、行政處分效力之延宕

　　行政處分一經送達、通知或使相對人知悉起，原則上其內容即發生效
力，但如上所述，行政處分如附有期限或條件之附款，則行政處分之效
力，即有可能繫於未來某一時點之到臨，或某一不確定事實之發生或不發
生而使行政處分之效力發生延宕之效果，尤其在所附條件之內容是以行政
處分相對人意志所能自行控制之情況，行政處分效力之是否延宕，將由行
政處分相對人之行為加以影響。

三、行政處分效力之追溯

　　學者認為，在下列情形，行政處分之效力得溯及既往❸❶⓪：

　1.依法律之明文規定，如行政程序法第 118 條、125 條之規定，或依
　　法律之精神，許可追溯。

　2.確認之行政處分，其內容涉及過去事項者。

　3.行政處分以合法方式，溯及排除另一行政處分之效力。

　4.訴願決定，撤銷原處分者。

───────────

❸❶⓪　陳敏，上揭書，頁 403。

5.相對人合法為追溯之同意。

司法實務對於行政處分溯及力之闡釋，可參閱大法官釋字第 658 號解釋及其所引述之最高行政法院判字第 607 號判決❸。

第四項　行政處分效力之種類

行政處分除可如上述分為外部效力（外示效力）與內部效力（內容效力）之外，學理上亦有將之分為存續力、構成要件效力、確認效力、執行力等，可分別說明之。

第一目　行政處分之存續力

行政程序法第 110 條第 3 項規定，行政處分未經撤銷、廢止，或未因其他事由而失效者，其效力繼續存在，此即為行政法學理上行政處分存續力之依據所在。申言之，行政處分之效力因送達、通知等而生效，但因有可能被依法撤銷、廢止或因其他事由失效、無效而使其效力未定，而在其效力未定前，行政處分之效力繼續存在者，稱為行政處分之存續力 (Bestandkraft)❸。

行政處分之存續力學理上將之區分為「形式存續力」(formelle Bestandkraft) 及「實質存續力」(materielle Bestandskraft)，即：

一、形式存續力

人民對一行政處分，於法律救濟期間已過；或當事人拋棄法律救濟；或法律救濟途徑已用盡，不得再以訴願、行政訴訟等請求撤銷；或根本不許可提起法律救濟情形時，產生行政處分之形式存續力❸。換言之，行政

---

❸　相關論文請參閱，程明修，〈行政處分／最高行九七判六〇七，退休年資計算與法律保留原則／釋字第六五六號解釋〉，《台灣法學雜誌》，第 128 期，2009 年 5 月，頁 243–244。

❸　洪家殷，〈行政處分效力內涵之探討〉，上揭書，頁 83–86。

❸　相關實例請參閱，張文郁，〈行政處分之形式存續力和依法行政原則之維護〉，《月旦法學雜誌》，第 88 期，2002 年 9 月，頁 20–21。

處分如不能再以通常之法律救濟途徑，加以變更或撤銷者，該行政處分即具有形式的存續力。學理上又稱之為行政處分之不可撤銷性(Unanfechtbarkeit)（或稱行政處分之不可爭訟性），其概念內涵與法院判決之形式確定力相當❸❹。

二、實質存續力

　　人民對一行政處分無意提起救濟，或雖提起救濟但因逾越提起救濟時限而遭程序駁回，致有上述之形式存續力時，行政處分之效力依其所規制之內容存續生效，即不管內容是否正確合法，在形式上人民已不可再爭執，而有如民事法院判決之形式確定力一般。至於實質之存續力是指行政處分之內容在有形式存續力後，更具有行政機關不得任意加以改變之效力，始足構成。故德國學者認為行政處分之不可變性與形式之存續力是實質存續力之前提要件 (Unabänderlichkeit und formelle Rechtskraft sind Voraussetzungen der materiellen Rechtskraft)❸❺。行政處分實質的存續力，依學者之看法，乃係行政處分就其內容對相對人、關係人及原處分機關發生拘束之效力，隨著行政處分之送達（通知、公告或使知悉）而發生，並非先有形式上之不可撤銷性而後出現❸❻。稱行政處分之實質存續力，而不再稱行政處分之實質確定力，乃因近來學者與早期學者不同，認為行政處分之「實質存續力」與民事法院判決之「實質確定力」，二者頗有差異。民事法院之有實質確定力者，法院不得自行變更，但行政處分之有實質存續力者，行政機關依職權或依人民之申請，仍可自行加以撤銷、變更，此種許可行政機關事後在法定救濟期間經過後，仍可變更自己所為行政處分之內容者，的確與民事法院之「實質確定力」略有不同❸❼。我國行政程序

❸❹　陳敏，上揭書，頁 442；吳庚，上揭書，頁 375；李震山，上揭書，頁 339–340。

❸❺　Wolff/Bachof/Stober, a.a.O., §50 Rn. 16.

❸❻　吳庚，上揭書，頁 376。

❸❼　吳庚，上揭書，頁 376–377；陳敏，上揭書，頁 442。行政處分與法院判決之區別，另請參閱黃啟禎，〈行政處分之概念〉，《一九九八年海峽兩岸行政法學術研討會實錄》，頁 44–45。

法仿效德國立法例,在第 117 條及 128 條中分別規定行政機關在特定例外情況下才可依職權或依人民之申請,自行改變行政處分之實質存續力。行政機關對行政處分實質存續力之改變,只有在對公益無重大危害或不會侵害人民之信賴保護利益且人民之信賴有值得保護之情形時才可以。人民之信賴有值得保護之情形,是指沒有行政程序法第 119 條所規定之三種情形而言,即:

1. 以詐欺、脅迫或賄賂方法,使行政機關作成行政處分者。

2. 對重要事項提供不正確資料或為不完全陳述,致使行政機關依該資料或陳述而作成行政處分者❸❶❽。

3. 明知行政處分違法或因重大過失而不知者❸❶❾。

---

❸❶❽ 如行政法院 85 年判字第 2630 號判決謂:「本件原告既以繳驗不實發票之不正當方法提供不實之價格資料,致使海關無法為正確之核價,明知而故陷行政處分錯誤,當然不受信賴利益之保護」;又如行政法院 85 年判字第 1650 號判決謂:「關於信賴保護原則之適用,受益人對重要事項提供不正確資料或為不完全陳述,致使行政機關依該資料或陳述而作成行政處分者,自無信賴保護原則之適用。原告報運輸車進口,提供不確實之價格資料,致被告無法為正確之核價,且海關於未發現本案不法情事前,依關稅法第十二條之六規定核定之價格低於實際交易價格又為原告所明知,自不受信賴利益之保護」;再如行政法院 85 年判字第 1509 號判決謂:「本案原告報運輸車進口,提供不確實之價格資料,致海關無法為正確之核價,且海關於未發現本案不法情事前,依關稅法第十二條之六規定核定之價格低於實際交易價格又為原告所明知,當然不受信賴利益之保護。被告既因原告提供不實之價格資料致陷於錯誤而為之核價,自得予以變更,依據查得之正確交易價格資料,另為適當之處分,此與職權審查主義、實質審查主義之精神並無違背。」

❸❶❾ 如行政法院 85 年判字第 2064 號判決謂:「被告當初升任原告為公職,明知其具泰國國籍,歷經二十一年,逐年評定其考績,送銓敘部銓定有案,茲事態無更易,突以原告具泰國國籍身分,依國籍法施行條例第十條予以撤職,又未考慮原告原受僱用,陳報人事資料並無虛偽,且其為華僑,不諳首引法律規定,難認有重大過失之情事,就其信賴二十餘年來充任公職為合法所存續之利益,絲毫未予斟酌補償,原告指為有背信賴保護原則,實非無稽」;又如行政法院 85 年判字第 1354 號判決謂:「原告與陸軍後勤司令部簽訂訂

第二目　行政處分之構成要件效力

行政處分之構成要件效力與第一目所述行政處分之存續力不同。行政處分之存續力所拘束者為行政機關及行政處分相對人（或利害關係人）間之關係，而行政處分之構成要件效力 (Tatbestandswirkung)[320] 所拘束者，則係指行政處分所確認之事實對其他機關或法院之拘束關係。換句話說，行政機關所為之行政處分其內容所確認之事實或據以為處分之事實，在其他行政機關或法院有所裁決時，即應尊重、承認並據以作為裁決之構成要件事實。茲各舉例分述之：

一、行政處分所確認事實對其他國家機關或行政機關之拘束力[321]

如教育部所核發授予之學位應受考試機關之尊重並據以核准參加高等考試或其他國家考試。又如戶政機關所核發之國民身分證、戶口謄本應受地政機關之尊重並據以辦理土地、房屋等不動產之登記。

二、行政處分所確認事實對法院之拘束力

行政處分所確認之事實對法院是否有拘束力 [322]？學者認為，從權力分立之觀點而言，行政機關之行政處分，法院亦應受其拘束，但從憲政主義之制衡設計，司法監督相對於行政權之優越性，以及司法程序恆較行政手續為周密慎重等因素而言，似又未便使行政處分得以拘束法院為裁判，故有下列主張，即[323]：

購軍品合約中縱有本案免徵營業稅之記載，但公法上所負義務具強制性，非可任由訂約雙方之合意私相授受予以排除，是其應注意並能注意而疏未注意履踐此義務致生漏報銷售額之違章事實即難主張依據信賴保護原則為有免責事由，仍應受罰。」

[320]　陳敏教授稱之為要件事實效力，參閱陳敏，上揭書，頁 447。

[321]　實例另參閱李建良，〈行政處分對行政機關的構成要件效力〉，《月旦法學教室③公法學篇》，頁 168–169。

[322]　相關實例請參閱，李建良，〈行政處分的構成要件效力與行政爭訟〉，《月旦法學雜誌》，第 86 期，2002 年 7 月，頁 24–25。

[323]　參引吳庚，上揭書，頁 380–381。

1.依憲法或法律規定，法院對於行政處分有審查權限者，如行政法院之對於各個行政機關所為處分（包括訴願決定），社會秩序維護法第36條所規定簡易庭依同法第45條對於警察機關之裁決，交通法庭對於交通警察之裁決等，則作為法院審查對象之行政處分自無拘束法院之效果。

2.依憲法或法律規定，法院並無審查行政處分合法性之權限者，或在繫屬之案件中並非審查對象之行政處分，則隨行政處分之存續力而產生之構成要件效力及確認效力，原則上對法院亦有拘束效果。司法實務上，普通法院在受理案件中，尊重行政處分之效力者，固不在少數，但在理論上，普通法院似不欲承認行政處分之拘束效果，而傾向由法院自行審查決定�324。另從大法官釋字第137號解釋所稱：「法官於審判案件時，對於各機關就其職掌所作有關法規釋示之行政命令，固未可逕行排斥而不用，但仍得依據法律表示其合法適當之見解」，亦可推論法院對於行政機關所為行政處分確認之事實，「固未可逕行排斥而不用，但仍得依據法律表示其合法適當之見解」。

第三目　行政處分之確認效力

行政處分之構成要件效力有稱為確認效力者 (Festellungswirkung)�325，但有學者認為確認效力與構成要件效力不同。確認效力是比構成要件效力及於更遠的效力，它只有在法律有特別規定時，才能發生。又確認效力不只是行政處分規制內容之本身，有拘束力，而且是由行政處分之理由中所導出之事實確認或法律確認，亦有拘束力。例如，依德國1971年9月3日之聯邦遣散法 (Bundesvertriebenen-Gesetz) 第15條第5項之規定，遣散局所發之證明有確認德國國籍之效力，歸化局 (die Einbürgerungsbehörde) 在歸化審查時，依德國基本法第116條第1項規定，應受其拘束�326。

�324 參見吳庚，上揭書，頁381所引最高法院52年臺上字第694號判例；洪家殷，〈行政處分效力內涵之探討〉，上揭書，頁88–89。

�325 吳庚，上揭書，頁379。

�326 Giemulla/Jaworsky/Müller-Uri, a.a.O., Rn. 396; 另參閱陳敏，上揭書，頁449；

第四目　行政處分之執行力

行政處分之執行力，限於下令處分才有❸❷❼，係指下令處分一旦生效後，按其內容，對負有行為義務之相對人，於其不履行行為義務時，為處分之行政機關得不待法院之確定判決，即有權直接以行政處分為執行之依據，自行對有行為義務之相對人為強制執行。民國 87 年 11 月 11 日修正公布之行政執行法第 2 條、第 4 條對此有明白規定，即公法上金錢給付義務、行為或不行為義務之強制執行及即時強制，由原處分機關或該管行政機關為之。

行政處分之執行力，因人民提起訴願、行政訴訟等行政爭訟救濟程序後，是否停止，各國法制不一❸❷❽。我國修正訴願法第 93 條明文分別加以規定：「原行政處分之執行，除法律另有規定外，不因提起訴願而停止。原行政處分之合法性顯有疑義者，或原行政處分之執行將發生難以回復之損害，且有急迫情事，並非為維護重大公共利益所必要者，受理訴願機關或原行政處分機關得依職權或依申請，就原行政處分之全部或一部，停止執行。前項情形，行政法院亦得依聲請，停止執行。」修正後之行政訴訟法第 116 條至 119 條亦依各種情形亦有類似規定。由此可見，我國是採不停止執行原則，停止執行為例外，與其他國家之採取以停止執行為原則，不停止執行為例外者❸❷❾，並不相同，卻對人民較為不利。蓋因其他國家如德國採停止執行為原則，而在行政機關舉證說明停止執行會有難以回復或無法維護重大公共利益或事屬急迫之情形，可由法院決定不停止執行。相反的，我國以不停止執行為原則，而在人民能舉證說明不停止執行會有難

許宗力，上揭文，頁 576。

❸❷❼　吳庚，上揭書，頁 382；許宗力，上揭文，頁 577。至於確認處分與形成處分，其規制內容隨行政處分的送達、發布生效而當然產生效力，不待執行。Erichsen, in: Erichsen, a.a.O., §12 Rn. 23, §38 Rn. 19.

❸❷❽　參閱吳庚，上揭書，頁 383，註 124。

❸❷❾　李震山，上揭書，頁 346。

以回復之損害，不會影響重大公益之情形，才能申請停止執行，則人民之舉證負擔甚重，且容易受到行政處分不停止執行所帶來之自由、財產與名譽上的傷害。

第五章 事實行為

第一節 事實行為之概念

　　行政機關的行政作用除以單方面的意思表示而發生法律效果之法規命令、行政規則與行政處分外，尚有德國學理上所謂之事實行為 (Realakte, Verwaltungsrealakte, tatsächliche Verwaltungshandlungen, schlichtes Verwaltungshandeln)。事實行為是指行政主體所為不以產生特定法效果，而是以事實效果為目的之行政行為❶。學者認為，事實行為係行政機關無拘束力又無規範內容的行為，它只直接產生事實上效果，但在一定條件下亦可產生法律效果，特別在準備的與執行的行政法上法律行為時可能發生❷。例如氣象報告、路況、交通訊息之報導，行政機關防疫、防火、防盜、防震、節育、節約用水、用電、環境保護、野生動物保護之宣導，道路障礙之掃除，路面之清洗等。

　　由於國家任務角色之改變，事實行為多著重在現代行政與群居人民關係之處理，透過合作、協議意見歧異與衝突解決上，以確保民眾的生存照

❶　另參閱吳庚，《行政法之理論與實用》，頁 455；張嫻安，〈行政行為中之事實行為〉，《輔仁法學》，第 9 期，民國 79 年 6 月，頁 90；林錫堯，《行政法要義》，頁 423；陳敏，上揭書，頁 619；黃俊杰，〈行政機關之事實行為〉，《月旦法學教室》，第 84 期，2009 年 10 月，頁 8-9。

❷　參引陳春生，〈事實行為〉，翁岳生編，《行政法》，頁 747；Wolff/Bachof/Stober, a.a.O., §57 Rn. 1；王鍇，〈論行政事實行為的界定〉，《法學家》，第 169 期，2018 年 8 月，頁 51-65。

顧與基本權的保護能在合目的、合比例的行政行為上被充分顧及。不過，事實行為亦常顯示法制上之欠缺，例如其與依法行政關係，第三人之權利保護，救濟管道模糊空泛等缺失，故有學者認為事實行為是「立於法的灰色地帶」(rechtliche Grauzone)，「學理上被忽略之事物」(ein Stiefkind der Dogmatik)，而有對其類型化加以研討之必要❸。

第二節　事實行為之種類

事實行為之種類，因學者之定義不同，分類也不一致，有分為日常實行活動的事實行為、執行的事實行為、無拘束力的提供資訊與通報行為❹；有分為內部行為、認知表示、實施行為、強制措施者❺。但以依其效果為以下分類者為佳❻：

一、具法效性之事實行為 (Realakte mit Regelungscharakter)

即事實行為係包含有一定目標之干預而有可能成為行政處分。例如警察之臨檢是一種包含「於公共場所或指定處所、路段，由服勤人員擔任臨場檢查或路檢，執行取締、盤查及有關法令賦予之勤務」等多重警察可能之職權行使的總和，它是含有一定目標之干預而有可能成為行政處分之行為學者並將之定性為行政事實行為❼，又如撲殺無主而有狂犬病之流浪狗，尚不生行政處分效力，但如撲殺有主而有狂犬病之流浪在外之狗，則

---

❸　陳春生，上揭文，頁 749；Wolff/Bachof/Stober, a.a.O., §57 Rn. 3.

❹　參閱李震山，〈論行政提供資訊——以基因改造食品之資訊為例〉，《月旦法學教室③公法學篇》，頁 194–195；李震山，〈論個人資料保護——以人體基因資訊為例〉，《月旦法學教室③公法學篇》，頁 186–187。

❺　陳春生，上揭文，頁 751；吳庚，上揭書，頁 456。

❻　參引張嫻安，上揭文，頁 92–97。另參閱，陳敏，上揭書，頁 619–620、624–627。

❼　參閱，林明昕，〈警察臨檢與行政救濟——重返司法院大法官釋字第 535 號解釋——〉，《台灣本土法學雜誌》，第 85 期，2006 年 8 月，頁 78–79。

有行政處分之存在，狗主人即須對該狗之撲殺為容忍。又如警察撕去原沒入物品之封條，可能有廢棄原沒入處分之法律效果。再如某婦人自其具有暴力性的丈夫住處遷出，警察在旁待命保護該婦人，以免遭受其夫之暴力阻撓，警察在此對婦人提供一被動性助力之不作為，即含有其夫容忍警察在場法律效果的警察行政處分❽。

二、具事實上損害結果之事實行為 (Realakte mit faktischen Eingriffen)

例如警察為求破案查緝犯罪嫌疑人或捉拿逃犯，在大眾傳播媒體上，公布被查緝人照片及他種個人資料等行為。

三、無權利侵害之事實行為 (Realakte ohne Rechtsverletzung)

即不具直接法律上效果之事實行為屬之，如提供資訊、警察巡邏、將高速公路路面油漬加以清除等是。

第三節　事實行為之救濟途徑❾

依上節之分類，可將對事實行為之救濟途徑分為三類說明之：

一、具法效性之事實行為

如警察在一失控混亂的遊行示威中，以消防水龍衝擊示威人群或以警棍擊中示威人之頭部，學者認係欠缺行政處分要件，此類措施原非以設定某一法律效果為指標之事實行為，但相當於警察措施中之直接執行及即時執行，因我國修正行政訴訟法仿德制對確認之訴國有規定；故可採德國相同之法律救濟途徑，確認上述事實行為是否為有效的行政處分。又如警察機關拒絕塗銷、更正、封存個人之檔案或鑑識記錄之申請，學者認係一種事實行為之拒絕，可採取提起一般給付之訴，以求權益之救濟❿。

---

❽　另參照家庭暴力防治法第 21 條第 1 項之規定。

❾　相關實例請參閱李建良，〈行政事實行為的合法性與行政救濟㈠㈡〉，《月旦法學教室③公法學篇》，頁 188–191。

❿　張嫻安，上揭文，頁 93。

二、具事實上損害結果之事實行為

如上述警察查緝犯罪嫌疑人，透過大眾媒體公布涉嫌人的相片資料行為，當事人可採取之行政爭訟救濟方法可分：

1. 程序部分——當事人得依行政訴訟法第 8 條提起請求警方為不作為——即不公布其照片資料——的一般給付之訴。又公布當事人之照片、姓名資料通常會造成對其難以回復之損害，因此為防止類似損害，依行政訴訟法第 298 條之保全程序規定，聲請假處分。

2. 實體部分——當事人之人格權、工作權如因照片、資料之公布而受到干預，亦可行使一般結果除去請求權❶❶。

三、無權利侵害之事實行為

如上述之警察巡邏，駕駛人酒精濃度測試❶❷，發布食品檢測報告，飲用水水質測試結果，如有瑕疵或不作成此種事實行為時，則有可能成為行政訴訟法上給付訴訟之標的，甚或構成國家賠償責任之原因❶❸。

---

❶❶　張嫻安，上揭文，頁 95、96。

❶❷　學者認此為警察臨檢若干附隨，多重行政行為之總和的一個行政過程。參閱，林明昕，〈警察臨檢與行政救濟——重返司法院大法官釋字第 535 號解釋——〉，《台灣本土法學雜誌》，第 85 期，2006 年 8 月，頁 80。

❶❸　張嫻安，上揭文，頁 96；另參閱吳庚，上揭書，頁 459。

第六章　行政計畫

第一節　行政計畫之概念

　　行政計畫亦為行政機關重要的單方行為作用，在法律性質上有屬於法律者，有屬於法規命令者，有屬於自治規章者，有屬於行政處分者，有屬於行政規則者，亦有屬於事實行為者❶ ，為德國行政法總論上探討之重點❷，但我國早期之一般行政法教科書多未論述，近年來相關之行政法著作亦漸納入研析範圍❸，而學術上之論文也日漸增多❹。

---

❶　相關實例，請參閱陳敏，《行政法總論》，頁 638–642。

❷　Vgl. Hartmut Maurer, *Allgemeine Verwaltungsrecht*, 10. Aufl., 1996, §16, 384 ff.; Erichsen/Martens (Hrsg.), *Allgemeines Verwaltungsrecht*, 10. Aufl., 1995, §39 Rn. 1–50; Heiko Faber, *Verwaltungsrecht*, 2. Aufl., 1989, §31, S. 336 ff.; Richter/Schuppert, *Casebook Verwaltungsrecht*, 1991, S. 269 ff.; Ernst Forsthoff, *Lehrbuch des Verwaltungsrechts*, Band I. 10. Aufl., 1973, S. 302 ff.

❸　李震山，《行政法導論》，頁 343 以下；陳敏，上揭書，頁 637 以下；林明鏘，〈行政計畫〉，翁岳生編，《行政法》，頁 653 以下；陳新民，《行政法學總論》，頁 314 以下；林錫堯，《行政法要義》，頁 415 以下。

❹　高思大，《從行政法觀點論行政計畫》，輔大法研所碩士論文，民國 75 年；陳清秀，〈行政計畫制定之手續與行政救濟〉，《憲政時代》，第 13 卷第 4 期，民國 77 年，頁 54 以下；詹啟章，《從行政學觀點論日本行政計畫制度》，中興法研所碩士論文，民國 74 年；熊愛卿，《論行政計畫制度之手續與人民參與》，輔大法研所碩士論文，民國 79 年；廖義男，〈論行政計畫之確定程序〉，收於《行政程序法之研究》，經建會委託，民國 79 年，頁 365 以下；

行政計畫之重要性日增❺，因在一個大規模、分工組織、高科技、複雜、多樣、錯綜的社會生活體，不能單靠孤立的、短視的或即興式的理念來加以操控。我國行政程序法因此在第 163 條、164 條大致規定了行政計畫之概念及其確定程序❻。依該法第 163 條規定，行政計畫，乃係指行政機關為將來一定期限內達成特定之目的或實現一定之構想，事前就達成該目的或實現該構想有關之方法、步驟或措施等所為之設計與規畫。

第二節　行政計畫之功能

行政計畫之功能，學者看法不一，有認為具有達成政策目標、協調並整合行政手段及提供資訊功能者，有認為係在於避免國民經濟之浪費及協助行政行為，使其充分發揮功能者❼。就行政法之觀點來看，行政計畫則有下列三種重要功能，即❽：

一、行政發展的指導與協調手段

行政計畫的主要功能在作為國家發展的指導與協調手段者，如依行政院所屬各機關中長程計畫編審辦法 、 年度施政計畫編審辦法所編訂之計

　　劉宗德，〈現代行政與計畫法制〉，《政大法學評論》，第 45 期，民國 81 年，頁 73 以下；高思大，〈行政計畫與行政訴訟〉，《司法研究年報》，第 13 輯（下冊），民國 82 年；黃錦堂，〈德國計畫裁決程序引進我國之研究〉，收於《當代公法理論——翁岳生教授祝壽論文集》，頁 429 以下；吳信華，〈行政計畫與計畫確定程序〉，台灣行政法學會主編，《行政法爭議問題研究（上）》，頁 535–575；林騰鷂，〈行政計畫論〉，《植根雜誌》，第 26 卷第 1 期，2010 年 1 月，頁 23–40。

❺　陳敏，上揭書，頁 638。
❻　相關論文請參閱，陳愛娥，〈行政計劃確定程序法制的建構——法律制度繼受的案例〉，《月旦法學雜誌》，第 180 期，2010 年 5 月，頁 160–168。
❼　林明鏘，上揭文，頁 658。
❽　林明鏘，上揭文，頁 658–660。

畫，最著名者為六年國建計畫。又如建立臺灣為亞太營運中心計畫或國土綜合開發計畫等是。

二、行政機關未來行為之自我確定

行政計畫為行政機關對未來事項的預先規畫，這種預先規畫可以指導並決定其未來的行為方向，而透過此類規畫的制定或審議，亦可對其經費資源之籌措配置，具體施政作為產生一種行政自我確定(Selbstfestlegung)。

三、提高人民之預期可能性

人民透過對行政計畫之公布、審議、確定等，得以預期、估量政府公共部門未來的施政重點、財源分配及經濟、社會發展方向，並據以安排自己的生涯規畫、投資重點，減少意外的法律秩序風險❾。

第三節　行政計畫之依據

行政計畫之法律依據除上述行政程序法之規定以外，在我國憲法、行政法律與行政法規中亦有不少各類行政計畫（規畫）之編擬、確定依據❿。

一、憲　法

我國憲法未如德國基本法明文規定社會基本計畫、教育計畫、財政計畫、預算計畫等行政計畫⓫，僅在第 146 條規定：「國家應運用科學技術，以興修水利，增進地力，改善農業環境，規畫土地利用，開發農業資源，促成農業之工業化」，成為我國憲法條文中唯一有「規畫」字樣之等同行政計畫之規定文字⓬。

---

❾　林明鏘，上揭文，頁 659。

❿　劉宗德，〈現代行政與計畫法制〉，上揭書，頁 208–211。

⓫　參閱德國基本法第 91 之 a 條第三項、第 91 之 b 條、第 109 條第 3 項、第 111 條第 3 項等。

二、法　律

我國法律對行政計畫之規範，以對土地利用之調整與安排最為完整、詳細，如區域計畫法、都市計畫法❸、農地重畫條例、水土保持法等所規定之區域計畫、都市計畫、農地重畫計畫書、水土保持計畫等。其餘對航空站、公路、鐵路等亦有計畫依據之規範，但未如土地利用之計畫那樣詳實具體。茲將我國法律關於行政計畫之依據列示如次：

1. 大眾捷運法第 13、14 條規定之大眾捷運系統興建計畫。
2. 公路法第 2 條第 1 款規定之公路興建計畫。
3. 鐵路法第 10 條規定之鐵路網計畫。
4. 市區道路條例第 6 條規定之市區道路修築計畫。
5. 下水道法第 4、5、6、17 等條規定之下水道興建計畫。
6. 電業法第 13 條之電業設施計畫。
7. 農業發展條例第 23、28 條規定之全國農業產銷方案、計畫以及農業機械化發展計畫。
8. 電信法第 3 條第 3 項規定之整體電信發展計畫。
9. 商港法第 6 條規定之國際商港之規畫與興建計畫。
10. 醫療法第 88 條規定之醫療網計畫。
11. 精神衛生法第 5 條規定之區域精神疾病預防及醫療服務網實施計畫。
12. 都市更新條例第 7 條、第 8 條規定之都市更新計畫。

三、行政法規

在行政法規上之行政計畫規範，如依機關類別而論，計可分成中央

⓬　林明鏘，上揭文，頁 655。

⓭　臺中高等行政法院 91 年度訴字第 652 號判決指出：「都市計劃法對於都市計劃之擬定，已有程序上之規定，揆諸前開行政程序法第三條第一項規定，行政機關有關此部分之行政行為，自無行政程序法適用之餘地。」顯示行政程序法為普通法，而都市計劃法為特別法。參閱，法務部，《行政程序法裁判要旨彙編》，頁 643–644。

（以行政院為主軸）及地方命令二大類。在中央之行政計畫命令主要則計有：「行政院所屬各機關中長程計畫編審辦法」、「行政院重要行政計畫先期作業實施要點」、「行政院所屬各機關年度施政計畫編審辦法」、「中央政府中程概算編製要點」等；而地方之行政命令主要則有：「高雄市政府中長程計畫作業要點」、「臺北市政府公務人員訓練計畫大綱」等。不論是中央或地方之相關行政命令，對於計畫主體、計畫目標、計畫分類、擬訂程序、計畫書必備內容要件、計畫審議、行政計畫與施政計畫之互相配合、計畫之檢討、修正與廢止等事項，皆已粗具規範，實可供嗣後立法時之重要參考。其主要缺陷則係學理上經常被討論的住民參與程序、計畫定性、計畫效力及計畫救濟缺乏之問題[14]。

第四節　行政計畫之種類

　　行政計畫之種類，因學者觀點之歧異，有不同之分類[15]，茲各簡述於次：

　　1.依行政計畫之範圍可分為全國性計畫（例如：六年國建計畫）、區域性計畫（例如：產業移轉東部計畫）、及特定區計畫（例如：石化六輕開發計畫）、個別性計畫（例如：臺北市政府增建巨蛋計畫）。

　　2.依行政計畫之內容可分為財政計畫（依預算法擬定、審議）；空間計畫（依區域計畫法、都市計畫法擬定、審議）；經建計畫、科技計畫、一般行政計畫（依行政院所屬各機關中長程計畫編審辦法擬定、審議）。

---

[14]　參引林明鏘，上揭文，頁 656。

[15]　劉宗德區別為戰略計畫與戰術計畫、綜合計畫與特定計畫、上位計畫與下位計畫、拘束性計畫與非拘束性計畫，參見劉宗德，〈現代行政與計畫法制〉，頁 75 以下。魏鏞區分成非經濟性計畫與經濟性計畫，參見魏鏞，〈非經濟性計畫的構想〉，《行政計畫的理論與實務》，研考會編印，民國 82 年初版二刷；林明鏘，上揭文，頁 660。

3.依行政計畫時間長短可分為短期計畫（1 年至 2 年之計畫）、中程計畫（2 年至 6 年）、長程計畫（超過 6 年）❶ 。

4.依行政計畫之拘束力可分為資訊性計畫 (indikative Pläne)❶ 、誘導式計畫 (influenzierende Pläne)❶ 、與強制性計畫 (imperative Pläne)❶ 。

5.依行政計畫對環境有無影響可分為對環境有影響之行政計畫與對環境沒有影響之行政計畫❷ 。

6.依行政計畫之形態可分法律形式、預算形式、國會或地方議會議決之形式、法規命令之形式及行政措施之形式等 5 種形態之行政計畫❷ 。

第五節　行政計畫之程序

行政計畫之程序是指行政計畫下列之程序而言，即：

1.擬定計畫之提出。

2.擬定計畫之公開。

3.聽證之預告。

4.聽證之舉行。

5.確定計畫之裁決。

6.行政計畫之變更。

7.行政計畫確定裁決之廢棄。

我國行政程序法第 164 條並未如德國行政程序法第 72 至 78 條對行

---

❶　參閱行政院所屬各機關中長程計畫編審辦法第 2 條第 1 項。

❶　係指對人民或行政機關僅為一種資訊或消息的供給，而無法定拘束力。

❶　係指法律上雖無拘束力之行政計畫，但其宣示公開以後，對人民或行政機關之行為、具有事實上之一定影響。

❶　係指具有法定強制力為後盾，且常編有預算之行政計畫。

❷　參閱環境影響評估法第 26 條規定。此分類，詳請另參閱林明鏘，上揭文，頁 666–669。

❷　劉宗德，〈現代行政與計畫法制〉，上揭書，頁 212–213。

政計畫確定程序有完整之規定❷，僅於該條第 2 項規定，「前項行政計畫之擬訂、確定、修訂及廢棄之程序，由行政院另定之」。而所謂之「前項行政計畫」是指「有關一定地區土地之特定利用或重大公共設施之設置，涉及多數不同利益之人及多數不同行政機關權限者」之行政計畫❸，確定這些「計畫之裁決，應經公開及聽證程序，並得有集中事權之效果」。

由於行政院尚未訂定有關行政計畫之擬訂、確定、修訂及廢棄之程序❹，目前只能依照「行政院所屬各機關年度施政計畫編審辦法」、「行政院所屬各機關中長程計畫編審辦法」、「行政院所屬各機關中長程個案計畫編審要點」以及遵照區域計畫法、都市計畫法等相關程序之規定進行行政計畫之擬訂、公開、聽證、確定、修訂及廢棄等之程序。

第六節　行政計畫之法律救濟

行政計畫是國家發展與協調手段，具有提供人民經濟、社會活動資訊、達成政策目標之任務，依其所生效果常對人民產生不同之拘束力，如有強制性效力、誘導性效力、資訊性效力者已如上述。因此人民對違反程序、侵害其權益之行政計畫，如何請求行政救濟，早為行政法學研究所重視❺。依照德國學者之分析，大致有下列法律救濟途徑❻，即：

---

❷ 相較於民國 84 年行政院所提行政程序法草案之完全未將行政計畫加以規定，民國 88 年 2 月 3 日公布之行政程序法雖嫌簡陋，但已注意到規範行政計畫程序之重要性；另參閱吳信華，〈行政計畫與計畫確定程序〉，台灣行政法學會主編，《行政法爭議問題研究（上）》，頁 535–575。

❸ 相關論文請參閱，傅玲靜，〈都市更新正當程序之解構與再建構〉，《月旦法學雜誌》，第 228 期，2014 年 5 月，頁 189–208。

❹ 這些程序之詳細規定，學者之見解請參閱民國 79 年 12 月行政院經濟建設委員會健全經社法規小組委託臺灣大學法律學研究所執行研究出版之報告，頁 154–170。另參閱陳敏，上揭書，頁 645–656；林明鏘，上揭文，頁 669–677。

一、計畫存續請求權 (Planfortbestandsanspruch)

計畫存續請求權是指人民有權要求維持行政計畫之存續以及有權反對行政計畫之任意廢棄或變更 , 以保障其因計畫所獲得之公法上權利地位。

由於行政計畫係以未來取向之行政發展、協調手段,須保有修正調整之彈性,始能順應經、社、人文環境之變遷,故人民對行政計畫存續之信賴保護利益,通常不大於變更行政計畫所要追求之公共利益,故學者認為人民對於行政計畫並無普遍之計畫存續請求權,僅在例外的情形下,對於以法律或行政處分形式作成之行政計畫才有存續請求權[27]。

二、計畫遵行請求權 (Planbefolgungsanspruch)

計畫遵行請求權是指人民有要求行政計畫之被遵守及被執行之權。此項請求權應僅限於具有法律拘束力之行政計畫或至少同時亦為人民之利益而存在之行政計畫,人民始得享有[28]。

三、過渡規定與調整扶助請求權 (Anspruch auf übergangsregelungen und Anpassungshilfen)

過渡規定與調整扶助請求權是指人民因行政計畫事後變更或廢棄而

---

[25] Maurer, a.a.O., §16 Rn. 26–36; Wolfgand Rüfner, in Erichsen, Allg. VwR, §50 VII Rn. 48–58; Wolff/Bachof/Stober, a.a.O., §43 Rn. 10. 我國之相關論文請參閱林樹埔,《論都市計畫與人民權益之保護》,臺大法研所碩士論文,民國 69 年 12 月;陳清秀,〈行政計畫制定之手續與行政救濟〉,《憲政時代》,第 13 卷第 4 期,民國 77 年,頁 54 以下;熊愛卿,《論行政計畫制度之手續與人民參與》,輔大法研所碩士論文,民國 79 年;高思大,〈行政計畫與行政訴訟〉,《司法研究年報》,第 13 輯(下冊),民國 82 年,頁 1259 以下;高思大,《從行政法觀點論行政計畫》,輔大法研所碩士論文,民國 75 年;劉宗德,〈現代行政與計畫法制〉,上揭書,頁 216–219。

[26] Maurer, a.a.O., §16 Rn. 26 ff.

[27] Maurer, a.a.O., §16 Rn. 28 ff.; Battis, Allg. VwR, C IV, Rn. 309; Wolff/Bachof/Stober, a.a.O., §43 Rn. 10.

[28] Maurer, a.a.O., §16 Rn. 33.

受有財產損害之虞時，可以要求行政機關對行政計畫之廢棄或變更，在相當期間以即予預告或分階段進行等過渡措施或可以要求行政機關給予補助、輔導，使其能順應行政計畫變更或廢棄後之新事項，減少損害。德國學者認為只有在法律就此有明文規定時，人民始有此一過渡規定或調整扶助之請求權❷❾。

四、補償請求權 (Anspruch auf Entschädigung)

補償請求權是指行政機關不維持或變更行政計畫時，在法律有特別規定之情形下，人民可以請求補償之權。至於請求權之行使，應依行政賠償及補償之規定及原則處理❸⓿。

行政計畫之法律救濟途徑在我國司法實務上，於司法院大法官釋字第156 號解釋表現得最清晰，其主文謂：「主管機關變更都市計畫，係公法上之單方行政行為，如直接限制一定區域內人民之權利、利益或增加其負擔，即具有行政處分之性質，其因而致特定人或可得確定之多數人之權益遭受不當或違法之損害者，自應許其提起訴願或行政訴訟以資救濟，本院釋字第一四八號解釋應予補充釋明。」

---

❷❾　Maurer, a.a.O., §16 Rn. 34. 其所舉之例為補貼之停止應事先公告且應逐步實施。又如受交通計畫變更之企業因此受不利者，可獲得財政上之過渡補貼。

❸⓿　Maurer, a.a.O., §16 Rn. 35.

第七章　行政指導

第一節　行政指導之概念

　　行政指導之概念源自日本，相當類似德國行政法學所稱之「非正式行政行為」，我國學者多以其為行政事實行為❶或為非權力行為❷。此一概念，日本學者有很多不同的定義❸，其通說為：「行政機關為實現一定之行政目的，就其所掌事務，以非公權力之任意手段，於特定個人或公私法人團體同意或協助之下，要求其為一定作為或不作為之行政作用」❹。我國 84 年行政院核定之行政程序法草案原不規定行政指導制度，但於民國 88 年 2 月 3 日制定公布之行政程序法，則將行政指導規定於第 165 條至 167 條中。依該法第 165 條規定，行政指導乃是：「行政機關在其職權或

---

❶　陳敏，《行政法總論》，頁 629；陳新民，《行政法學總論》，頁 438；蔡志方，
　　《行政法三十六講》，邊號 1091；劉宗德，《行政法基本原理》，頁 185。

❷　李震山，《行政法導論》，頁 222。

❸　李震山，上揭書，頁 222；另參照成田賴明，〈行政指導〉，收於《岩波講座・
　　現代法第四卷・現代の行政》（岩波書店，1966 年），頁 132；鹽野宏，〈行
　　政指導〉，收於《行政法講座第六卷・行政作用》（有斐閣，1966 年），頁
　　18；山內一夫，《行政指導の理論と實際》（ぎょうせい，1984 年），頁 4；
　　千葉勇夫，《行政指導の研究》（法律文化社，1987 年），頁 5；引自劉宗德，
　　上揭書，頁 184。

❹　同上註。另參閱林重魁，《現代國家行政法新論》，自刊本，民國 87 年 7 月，
　　頁 150–154。

所掌事務範圍內，為實現一定之行政目的，以輔導、協助、勸告、建議或其他不具法律上強制力之方法，促請特定人為一定作為或不作為之行為。」實務上之事例如環保機關對違反空氣或水污染防治法令者給予輔導，輔導期間不予處罰。

第二節　行政指導之性質

行政指導與上述各種行政作用不同，其在學理上有下列重要性質❺：

1.行政指導之事實性——行政指導依學界通說為事實行為，其與法規命令、行政規則、行政處分之會對人民發生法律效果者不同。

2.行政指導之單方性——行政指導為行政機關在其職權或所掌事務範圍內之單方行為，其與行政處分雖同為單方行為，但不具強迫、規制之性質。

3.行政指導之主動性——行政指導係行政機關得主動行為之行政作用，不一定要有人民之請求。若人民請求，亦可為行政指導。

4.行政指導之優越性——行政機關因居於公共事務樞紐，其所掌握之資訊、技術、知識一般均較普通人民為優而形成行政指導之優越性。

5.行政指導之社會性——行政指導係對一般人民、公司、團體所為之行政行為，不同於行政機關內部上級對下級之指揮命令。行政指導具有廣泛社會性而與行政機關組織內行為之內部性不同。

6.行政指導服從之任意性——行政指導為事實行為、為非權力之行為，故不服從行政指導者，一般不受行政上強制執行或被課加行政罰，此與權力行為之行政處分、行政強制等有別。

---

❺　劉宗德，上揭書，頁 185；蔡志方，上揭書，頁 32；另參閱蔡茂寅，〈行政指導〉，台灣行政法學會主編，《行政法爭議問題研究（上）》，頁 580。

第三節　行政指導之功能

行政指導 (Belehrung) 在各國之使用日益頻繁❻，其重要之功能依學者之分析主要有❼：

1.行政指導之應急性——行政指導之與行政處分、行政命令等須受法律優先、法律保留原則之拘束者不同，其在有緊急事況而無法律依據規定之情形下，常可發揮緊急效用，以達成安全、秩序照顧、給養之基本行政任務。

2.行政指導之簡便性——行政指導為非權力作用之行為，不必如行政處分、行政命令等公權力作用之行為，須履行一定之行政程序或方式，故較為簡便。

3.行政指導之溫情性——行政處分、行政命令等公權力規制作用行為因受依法行政原則之拘束而較難有融通之餘地，但行政指導為非權力作用行為，故其規制內容常在相對人之同意或協力下進行，比較柔軟、溫情而不似行政處分或行政命令等之僵硬、剛性。

4.行政指導之穩當性——對於行政機關公權力作用行為不服者，依法可提行政爭訟，形成官民在法庭之對立抗爭及行政任務之不確定達成，而行政指導係以人民之心甘意願任意服從之非權力作用為行為核心，故甚少

---

❻　蔡志方教授即謂，我國事實上亦有行政指導之制度存在。又稱行政指導制度乃源自日本戰敗後受盟軍管領期間，美方為使日本朝野聽從其指示，其不直接為處分、命令，僅告知如不照其所言而行，將會有何後果，至於聽從與否之決定權在日方。由此可見，美國亦有為行政指導之事實。參閱蔡志方，上揭書，邊號 1089。另德國行政程序法第 25 條之勸告、詢問規定亦為行政指導。Vgl. Paul Stelkens, *Verwaltungsverfahren*, C. H. Beck, München, 1991, Rn. 53, 222.

❼　參引蔡志方，上揭書，邊號 1098–1102；劉宗德，上揭書，頁 186–187；蔡茂寅，〈行政指導〉，上揭書，頁 585–587。

紛爭涉訟，較容易穩當的達成行政任務。

　5.行政指導之隱密性──行政指導為非權力作用之行為，法律多未要求一定要以書面為之或以一定方式為之，故較不會有因行政行為公開、書面存記等帶給相對人之不便或無法保密等情事，而可順利達成行政目的。

第四節　行政指導之依據❽

　　行政指導除了上述行政程序法第 165 條至 167 條之規定依據以外，在憲法及其他法律、行政規章中尚有一些學者認為是行政指導之依據者 ❾，即：

　1.憲法第 145 條第 3 項：「國民生產事業及對外貿易，應受國家之獎勵、指導及保護。」

　2.法律及行政規章方面則有：

⑴戶籍法施行細則第 20 條規定，戶籍登記之申請手續不全者，戶政事務所應一次告知補正。此處之「告知」即為指導。

⑵集會遊行法第 13 條第 2 項規定，室外集會、遊行不予許可之通知書，應載明理由及不服之救濟程序。

⑶建築法第 35 條後段規定，建管單位應將其不合條款之處詳為列舉，並依第 33 條所規定之期限，一次通知起造人，令其改正。

⑷土地登記規則第 56 條規定，有下列各款情形之一者❿，登記機關應通知申請人於接到通知書之日起 15 日內補正。

---

❽　行政指導是否應有法律依據方得為之？此一問題之探討請參閱，蔡茂寅，〈行政指導〉，上揭書，頁 591–592。

❾　蔡志方，上揭書，邊號 1103–1112。

❿　即有下列情形之一者：1.申請人之資格不符或其代理人之代理權有欠缺者。 2.登記申請書不合程式或應提出之文件不符或欠缺者。 3.登記申請書記載事項，或關於登記原因之事項，與登記簿或其證明文件不符，而未能證明其不符之原因者。 4.未依規定繳納登記規費者。

(5)土地登記規則第 57 條第 1 項前段規定，有下列各款情形之一者❶，登記機關應以書面敘明理由，駁回登記之申請。

(6)商業登記法第 22 條規定，主管機關對於商業登記之申請，認為有違反法令或不合法定程式者，應於收文後 5 日內通知補正；其應行補正事項應於一次通知之。

(7)請願法第 8 條規定，各機關處理請願案件時，應將其結果通知請願人；如請願事項非其職掌，應將所當投遞之機關通知請願人。

另訴願法第 61 條第 2 項、第 62 條，行政程序法第 41 條第 2 項、第 42 條等亦有類似規定。但此類之規定多係行政程序上應行作為，似與行政指導之特性，尚有一段差異。比較符合行政指導主動性、服從任意性、不具法律上強制力之法律依據❷，則如兒童及少年福利與權益保障法第 34 條第 1 項規定之「少年年滿十五歲或國民中學畢業，有進修或就業意願者，教育、勞工主管機關應視其性向及志願，輔導其進修、接受職業訓練或就業」。因在此類規定中不接受輔導者並無法律制裁後果，但在上述之程序應為行為中，如不遵行應行之補正、改正行為，則將有法律上確定之不利後果。而行政機關不為程序上通知亦有導致程序瑕疵之後果。

第五節　行政指導之種類

行政指導在現行社會生活中，方法樣式極多，其種類依學者之分析大致有下列之區分❸：

---

❶　即下列情形之一者： 1.不屬受理登記機關管轄者。 2.依法不應登記者。 3.登記之權利人、義務人或其與申請登記之法律關係有關之權利關係人間有爭執者。 4.逾期未補正或未照補正事項完全補正者。

❷　此類之法律依據另如中小企業發展條例第 24 條、第 28 條、第 29 條，消費者保護法第 42 條，農業發展條例第 24 條、第 25 條、第 25 條之 1、第 28 條、第 30 條等規定。

❸　劉宗德，上揭書，頁 189–190；蔡志方，上揭書，邊號 1117–1121；蔡茂寅，

一、依有無法律依據

1.法定行政指導——如依本章第四節所定法律依據之指導。

2.法外行政指導——即法律條文雖未明文規定得直接進行行政指導，但對於該相關事項，賦予行政機關處分權限，而行政機關以該權限為後盾而逕行之指導，如依農業發展條例第 6 條規定，「農業主管機關為執行保護農業資源、救災、防治植物病蟲害、家畜或養殖魚貝類疾病等特定任務，得指定人員為必要之措施」，農業主管機關為控制金門地區豬隻口蹄疫危害臺灣地區，建議臺灣地區豬農暫勿對其豬隻施打疫苗。此即為法外行政指導。又如空氣污染防制法第 8 條、噪音管制法第 6 條之規定亦類同。

二、依行政指導之機能

1.規制性行政指導——道路交通管理處罰條例第 83 條規定：「有下列情形之一不聽勸阻者，處行為人或雇主新臺幣三百元以上六百元以下罰鍰，並責令撤除：一、在車道或交通島上散發廣告物、宣傳單或其相類之物。二、在車道上、車站內、高速公路服務區休息站，任意販賣物品妨礙交通。」此之勸導及具有規制性後盾之行政執導。

2.調整性行政指導——指為調整住民與業者間利害衝突、解決其紛爭所帶來社會不安影響，行政機關以斡旋、協助、建議等方式，要求相關人為法定外之作為與不作為之行政指導，如依公害糾紛處理法第 14 條、第 26 條規定所為之調處、勸導。

3.助成性行政指導——指對人民提供資訊或技術，助成其事業及人格成長之行政指導，如依上述兒童及少年福利與權益保障法第 34 條，中小企業發展條例第 28 條、第 29 條、第 32 條等所為之輔導、協助、指導等。

〈行政指導〉，上揭書，頁 587–589。

第六節　行政指導之界限[14]

　　行政指導雖非權力行政作用，無一定強制手段與無法律拘束力，但事實上仍會對人民權益產生影響，尤其在日本為確保行政指導有效實現，常以公布不服從行政指導者之姓名，保留行政許可權限或間接以其他權限對不服從行政指導者，造成不利[15]，為避免此種非權力作用之事實行為，脫離法治國家正軌、失去控制，各國法制乃對行政指導設定界限[16]，即：

　　1.行政指導不得踰越該行政機關組織法上之權限範圍，如行政程序法第 165 條即明定行政指導是「行政機關在其職權或所掌事務範圍內」之行為。

　　2.行政指導不得強制，如相對人明確拒絕指導時，依行政程序法第 166 條第 2 項規定，行政機關應即停止行政指導，並不得據此對相對人為不利之處置。

　　3.行政指導應遵守法規規定不得濫用，如行政程序法第 166 條第 1 項規定，行政機關為行政指導時，應注意有關法規規定之目的，不得濫用[17]。

　　4.行政指導不得含糊卸責——行政指導之彈性應急，固可迅速有效達成行政任務，但亦容易造成行政責任不明確與「法治主義之空洞化」[18]，

---

[14]　此一問題涉及行政指導與法律優越原則，詳閱蔡茂寅，〈行政指導〉，上揭書，頁 589–591。

[15]　劉宗德，〈試論日本行政指導〉，收錄於《行政程序法之研究（行政程序法草案）研究報告十一》，行政院經建會出版，民國 79 年，頁 426。

[16]　劉宗德，上揭文，頁 434、435。

[17]　關於濫用行政指導之司法實例如指導非實際進口商，設法申辦進口商資格，並進而指導其為本件申報行為者是。參閱，高雄高等行政法院 92 年度訴更字第 7 號判決，法務部，《行政程序法裁判要旨彙編》，頁 651–653。

[18]　劉宗德，《行政法基本原理》，頁 197。司法實務上，臺北高等行政法院 90 年

故行政程序法第 167 條規定：「行政機關對相對人為行政指導時，應明示行政指導之目的、內容、及負責指導者等事項。前項明示，得以書面、言詞或其他方式為之。如相對人請求交付文書時，除行政上有特別困難外，應以書面為之。」以排除行政指導之弊端。

5.行政指導不得違反比例原則、平等原則、誠實信用原則等一般法律原則[19]──行政指導既為行政程序法第 2 條第 1 項所稱之行政程序，則亦應受該法第 4 條至第 10 條所規定之一般法律原則之拘束。

第七節　行政指導之法律救濟

行政指導如有不當與違法，除由行政機關之上級機關以內部監督之機制手段加以控制以外，人民亦可依上述行政程序法第 166 條第 2 項規定拒絕行政機關之行政指導或請求上級行政機關或民意機關、監察機關控制行政機關不當、違法的行政指導。

另因訴願法、行政訴訟法之全盤修正，特別是行政訴訟已不限於違法、不當行政處分之撤銷而已，而是所有的公法上爭議，除法律別有規定外，均得依行政訴訟法提起行政訴訟，故過去對行政指導法律救濟手段不備之缺陷亦獲得改善，人民對不當、違法之屬於事實行為之行政指導，可依學理及相關法令，聲明不服，提出行政訴訟、請求國家賠償、損失補償等以獲得權利救濟[20]。

度訴字第 6667 號判決請參閱，法務部，《行政程序法裁判要旨彙編》，頁 648–651。

[19]　劉宗德，上揭書，頁 194。

[20]　劉宗德，上揭書，頁 194–196；蔡茂寅，〈行政指導〉，上揭書，頁 592–596。

第八章 行政程序

第一節 行政程序之概念

　　行政程序乃規範行政權行使的程序。然而行政權的活動範圍甚廣,故立法例或學者對行政程序的意義,廣狹不一❶:

　　1.最廣義的行政程序——係指行政機關行使公權力、作成行政決定所遵循的程序,包括作成行政決定之準備階段、決策階段、執行階段,以及救濟階段等階段之種種程序。而此程序與立法程序、司法程序不同。民國63年行政院研考會版的行政程序法草案即採此最廣義的概念❷。

　　2.廣義的行政程序——係指行政機關行使公權力,作成行政決定前事先應遵循的程序,包括準備階段與決策階段的種種程序,至於事後對行政決定之爭訟救濟或執行程序則不包括在此廣義行政程序之意涵中❸。

　　3.狹義的行政程序——係指限於作成「特定種類行政行為」所應遵循的事前程序。德國1976年行政程序法第9條規定及1999年我國行政程序法第2條、第3條之規定,即採此狹義行政程序的概念。

　　依我國行政程序法❹第2條第1項規定,本法所稱行政程序,係指行

---

❶　李震山,《行政法導論》,頁240;蔡志方,《行政法三十六講》,邊號1150以下;吳庚,《行政法之理論與實用》,頁547;湯德宗,〈行政程序〉,翁岳生編,《行政法》,頁771。

❷　湯德宗,上揭文,頁771–772。

❸　湯德宗,上揭文,頁772。

政機關作成行政處分、締結行政契約、訂定法規命令與行政規則、確定行政計劃、實施行政指導及處理陳情等行為之程序。故其所採行政程序之概念是指狹義的概念，限於行政機關作成「特定種類行政行為」所應遵循的事前程序❺。至於非行政機關的行政行為或行政機關之特殊行為，依行政程序法第 3 條之規定，並不要或並一定全部要遵守行政程序法所規定之行政程序，即：

　　1.行政機關為行政行為時，除法律另有規定外，應依本法規定為之。換言之，行政決定後發生訴願爭訟、行政強制執行之程序或在各別行政法律如區域計劃法、都市計劃法、公害糾紛處理法等之程序，則為行政機關所應遵循之 「特別行政程序」，而非行政程序法所規定之 「一般行政程序」 ❻。

　　2.行政程序法第 3 條第 2 項規定，下列機關之行政行為，不適用本法之程序規定❼。

　　⑴各級民意機關。

　　⑵司法機關。

　　⑶監察機關。

　　3.行政程序法第 3 條第 3 項規定，下列事項，不適用本法之程序規定。

　　⑴有關外交行為、軍事行為或國家安全保障事項之行為。

　　⑵外國人出、入境、難民認定及國籍變更之行為。

　　⑶刑事案件犯罪偵查程序。

　　⑷犯罪矯正機關或其他收容處所為達成收容目的所為之行為。

---

❹　參閱，陳春生，〈行政法學的未來發展與行政序法〉，《月旦法學雜誌》，第 100 期，2003 年 9 月，頁 184–196。

❺　蔡茂寅，〈行政程序法之適用範圍㈠㈡〉，《月旦法學教室③公法學篇》，頁 226–227、228–229。

❻　李震山，上揭書，頁 242。

❼　蔡茂寅，〈行政程序法之適用除外㈠㈡〉，《月旦法學教室③公法學篇》，頁 230–231、232–233。

⑸有關私權爭執之行政裁決程序。

⑹學校或其他教育機構為達成教育目的之內部程序。

⑺對公務員所為之人事行政行為。

⑻考試院有關考選命題及評分之行為。

第二節　行政程序之特徵

　　行政程序與處理民事訴訟、刑事訴訟、行政訴訟之司法程序，同為國家機關處理法律事件之程序，但兩者之間有相當的差異，但此也可表現出行政程序之特徵❽：

　　1.司法程序中之法院係中立的第三者，處於兩造爭端之外而為超然的裁判；行政程序中之行政機關本身即屬程序中之當事人，並非仲裁者。

　　2.司法程序通常皆有兩造當事人之對立，無論事件本身抑處理過程皆具有爭執（辯）性質；行政程序則否，不具爭執性毋寧為其常態，行政機關作成之行政處分係單方行為，如果發生爭執亦係後續之訴願或與訴願相當之程序，而非在作成原處分之階段；倘行政機關作成者為行政契約，則雙方之意思表示一致為其成立之前提，若因利益對立而使爭執存續，即無從締結契約。

　　3.司法程序因受「不告不理」原則之拘束，法院僅能因當事人起訴，有訴訟繫屬方有開始程序之可能 ； 行政程序之開始除因相對人提出申請外，多數情形為行政機關依職權發動。

---

❽　參引吳庚，上揭書，頁 549–550；湯德宗，上揭文，頁 773、774；陳敏，《行政法總論》，頁 739–741。

第三節　行政程序之功能

　　規定行政機關遵行行政程序之功能為何，學者意見不一。德國學者烏勒 (Ule) 教授認為，行政程序法典化具有如下之功能：1.統一該國各邦之行政程序，2.減輕立法者之負擔，不必為所有行政事項重複制定程序準據法規，3.重大簡化行政行為之程序，4.減輕行政法院之解釋行政法規之負擔，5.使人民之法的主體性受到尊重與鞏固。我國學者吳庚教授認為行政程序法典化具有如下四大功能：1.貫徹依法行政，2.維持處分之正確性，3.提供人民參與決策之機會，4.代替行政救濟程序❾。陳新民教授認為具有：1.統一紛雜的行政運作，2.有助於行政效率之提高，3.增加人民權利之保障，4.促進行政法學之發展，5.不至於忽視特殊的規範事項。羅傳賢氏則列出七點功能：1.尊重人性尊嚴，2.落實民主行政，3.促進政治參與，4.實現開放政府，5.保障人民權利，6.兼顧公正與效率，7.促進公民教育❿。湯德宗教授認為行政程序法典化之功能為落實民主原則、貫徹法治原則、維護權力分立、加速行政法法典化，特別是加速行政法總則法典化之功能，促成法學的進步⓫。蔡志方教授則綜合歸納列出九點功能⓬。

　　我國行政程序法第 1 條綜合各家學說，將行政程序法典化之功能明示規定為：

　　　1.落實行政行為公正、公開與民主之程序。

　　　2.確保依法行政原則。

　　　3.保障人民權益。

---

❾　實例請參閱李建良，〈行政程序行為與行政救濟〉，《月旦法學教室③公法學篇》，頁 238-239。

❿　參引蔡志方，上揭書，邊號 1160。

⓫　湯德宗，上揭文，頁 778-785。

⓬　參閱蔡志方，上揭書，邊號 1161。

4.提高行政效能。

5.增進人民對行政之信賴。

第四節　行政程序之種類

行政機關行使公權力,作成各種行政決定前所應遵循的程序,可依不同的標準而為分類,即:

一、依法律依據的不同而分

1.一般程序——即行政程序法所規定的程序為一般程序。

2.特別程序——即依區域計劃法、都市計劃法、社會秩序維護法、公害糾紛處理法等規定的程序為特別程序。

二、依拘束對象的不同而分

1.內部程序——指行政機關內部或行政體系內部適用的行政程序,例如長官對屬官之指示、公務員同僚間之協調、上級機關對下級機關之監督、平行機關間之會商等程序,此為行政學研究對象。

2.外部程序——指行政機關與人民進行行政事務之處理所適用的程序,如陳情、聽證、給予關係人陳述意見機會等。

三、依應履行程序之繁簡,或「要式」程度的高低而分

1.正式程序——如要書面方式或須經聽證 ,須予陳述意見機會之程序。

2.非正式程序——如非要書面方式或非須經聽證或給予陳述意見機會之程序。

四、依行政行為之類型而分

1.行政處分程序。

2.締結行政契約程序。

3.訂定法規命令程序。

4.訂定行政規則程序。

5.確定行政計劃程序。

6.實施行政指導程序。

7.處理陳情程序。

　　上述最後一種分類為我國行政程序法第 2 條第 1 項所規定。其中法規命令、行政規則、行政處分、行政計劃、行政指導已於本篇第二、三、四、六、七等章分別研析，至於行政機關處理陳情、從事調查、聽取陳述、辦理聽證以及行政公正、行政公開資訊之程序，則將自下節中分別研析說明。

第五節　行政調查程序

第一項　行政調查之概念

　　行政調查 (Administrative Investigation) 是行政機關為達到特定行政目的，因調查事實或證據之必要，依法所採取之蒐集資料或檢查活動之意思。行政調查是行政法中不可缺之行政輔助手段❸，其與刑事偵查並不相同❹。行政調查常與行政檢查 (Administrative Inspection) 及行政蒐集資料 (Acquisition of Information; Datenerhebung) 常交互使用，內涵多所重疊，學者主張將行政調查列為上位概念，而將行政檢查及行政蒐集資料列屬其方法或手段，整體成為行政作用上的一種制度❺。

---

❸　法治斌主持，《行政檢查之研究》，行政院研考會編印，民國 85 年 6 月，頁 14、44–46；洪文玲，〈論行政調查〉，台灣行政法學會主編，《行政法爭議問題研究 （上)》，頁 721–768；許宏吉，〈行政調查之內涵與趨向〉，《法令月刊》，第 57 卷第 8 期，2006 年 8 月，頁 17–29。

❹　請參閱，洪家殷，〈行政調查與刑事偵查之界限〉，《東吳公法論叢》，第 7 期，2014 年 7 月，頁 167–230。

❺　李震山，上揭書，頁 459–461；另參閱，陳文貴，〈行政調查與行政檢查及行政搜索之法律關係〉，《法令月刊》，第 60 卷第 3 期，2009 年 3 月，頁 67–

　　行政調查在我國行政實體法上規定甚多，如社會秩序維護法、國家安全法、消防法、建築法、公平交易法、水污染防治法中多有行政調查或行政檢查之規定。近年來學者亦將之列為研究重點❶，但在行政程序或爭訟法制上，如行政程序法、訴願法則因立法遲延，直至民國87年底，88年初時，才分別以少數條文分別規定，確立了行政調查程序。亦即行政程序法第36至47條，訴願法第67至74條之規定是。

　　關於行政調查之概念體系，學者將之繪成行政調查體系圖，甚為醒目，可供參引❶。

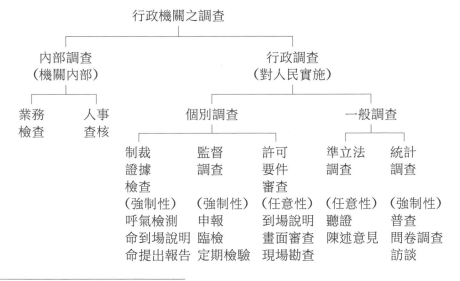

　　87；郭介恒，〈行政檢查與基本權保障〉，《法學叢刊》，第59卷第2期，2014年4月，頁43–76；另參閱，許義寶，〈警察蒐集與利用個人資料職權之研究——以警察職權行使法第十七條為中心〉，《高大法學論叢》，第15卷第1期，2019年9月，頁71–114。

❶　法治斌，上揭研考會研究報告；林錫堯，〈行政程序上職權調查主義〉，《當代公法理論——翁岳生教授祝壽論文集》，頁321以下；劉宗德，〈日本行政調查制度之研究〉，《政大法學評論》，第52期，民國83年12月，頁111以下；董保城，〈德國行政檢查法制〉，《政大法學評論》，第53期，民國84年6月，頁91以下；陳景發，〈論行政調查之法的統制〉，《警大法學論文集》，創刊號，民國85年3月，頁75以下。

❶　洪文玲，〈論行政調查〉，上揭書，頁739。

第二項　行政調查之種類

行政調查之種類，因區分標準之不同，可分為❶：

一、依調查之對象而分

1. 對人之調查。
2. 對物之調查。
3. 對處所之調查。
4. 對事之調查❶。

二、依其對行政危害之預防或制止而分

1. 預防性（規劃性）之調查──如行政院公平會依第 26 條對違反該法規定，危害公共利益情事之職權調查。

2. 制止性（取締性）之調查──如環保機關依空氣污染防制法第 43 條對公私場所檢查空氣污染物排放狀況。又如消防機關對爆竹煙火之調查權❷等是。

三、依其針對事件屬一般性或具體性而分

1. 一般調查──如行政院公平會依公平交易法第 25 條第 3 款所為事業活動及經濟情況之調查❸。

2. 個別調查──如行政院公平會依公平交易法第 26 條對檢舉個案之調查。

四、依其實施是否可實施強制手段來完成而分

1. 任意性調查──係指無刑罰或行政制裁為後盾亦不能強制實施，純

---

❶　李震山，上揭書，頁 460–462。

❶　張文郁，〈論行政程序上之事實調查〉，《月旦法學雜誌》，第 227 期，2014 年 4 月，頁 66–68；同作者，同題目，《月旦法學雜誌》，第 228 期，2014 年 5 月，頁 89–108。

❷　吳榮平、黃慧娟、簡宏儒、歐忠威，〈論消防機關之爆竹煙火行政調查權〉，《警專學報》，第 6 卷第 2 期，2015 年 10 月，頁 109–141。

❸　請參閱，郭介恒，〈經濟行政調查程序及相關爭點之探討──以產業損害調查為中心〉，《東吳公法論叢》，第 7 期，2014 年 7 月，頁 113–164。

賴受調查者之協助、配合方能達成調查目的者❷，如透過訪談，基於當事人自願或徵得其同意或說服其自動提供資訊❷。

2.強制性調查——係指行政機關違反人民自由意願，經由強制性手段所實施之調查❷。強制性調查依其得否行使實力強制，又可分為：

　⑴直接強制調查——即以實力（暴力）方式加諸相對人之身體、財產、住所而實現之行政調查。如環保機關或國家安全機關依環保或國安法令之調查、檢查是。

　⑵間接強制調查——即以非實力方式，而係透過罰則規定，事先間接課予受調查者忍受義務者，如飲用水管理條例第 25 條規定，「規避、妨礙或拒絕依第十五條規定之查驗……，處新臺幣三萬元以上三十萬元以下罰鍰，並得按次處罰及強制執行查驗」，此即為先間接強制調查，如不成則可行直接強制調查。強制性調查因違反人民自由意願，以實力或處罰方式侵犯人民之自由權、隱私權、財產權，應有法律保留原則之適用，必須有法律明文賦予行政機關調查權限，行政機關才可為強制性調查。

五、依調查之發動原因而分

1.職權調查——如行政程序法第 36 條❷、訴願法第 67 條等規定，行政機關或受理訴願機關應依職權，實施調查。

2.申請（聲請）調查——如行政程序法第 37 條、訴願法第 67 條第 2 項等規定，行政程序之當事人或訴願人或參加人得申請調查事實及證據。

---

❷　劉宗德，上揭文，頁 116。

❷　李震山，上揭書，頁 461。

❷　參閱，洪家殷，〈論行政調查中之行政強制行為〉，《法學叢刊》，第 60 卷第 1 期，2015 年 1 月，頁 29–58。

❷　實務論文請參閱，李汝婷，〈論行政程序法第 36 條職權調查證據於商標爭議案件中之適用〉，《智慧財產權月刊》，第 189 期，2014 年 9 月，頁 36–47。

第三項　行政調查之方法程序

行政調查之方法應以達成獲得真實事實、資料、證據為主要，但為避免意外突襲人民，侵害其權益❷❻，仍應依行政程序法第 4 條規定之法律及一般法律原則之拘束。又為避免行政調查之空泛無邊，行政程序法乃將重要的行政調查方法程序分別規定為❷❼：

一、通知相關人到場陳述

如行政程序法第 39 條規定，「行政機關基於調查事實及證據之必要，得以書面通知相關之人陳述意見。通知書中應記載詢問目的、時間、地點、得否委託他人到場及不到場所生之效果。」又如公平交易法第 27 條第 1 項亦有類似規定。

二、要求當事人或第三人提供必要之文書、資料或物品

如行政程序法第 40 條規定：「行政機關基於調查事實及證據❷❽之必要，得要求當事人或第三人提供必要之文書、資料或物品」。又如訴願法第 73 條規定：「受理訴願機關得依職權或依訴願人、參加人之申請，命文書或其他物件之持有人提出該物件」，又如大眾捷運法第 35 條，勞動檢查法第 15 條，有線廣播電視法第 74 條第 1 項等亦有類似規定❷❾。

三、鑑定

如行政程序法第 41 條第 1 項規定：「行政機關得選定適當之人為鑑定。」同條第 2 項又規定：「以書面為鑑定者，必要時，得通知鑑定人到場說明。」又如訴願法第 69 至 72 條則對鑑定有較詳細之規定，即：

㈠鑑定之申請及費用之負擔

❷❻　有關行政調查之監督與救濟，請參閱洪文玲，〈論行政調查〉，上揭書，頁 763–768；洪家殷，〈行政調查與舉證責任〉，《台灣法學雜誌》，第 184 期，2011 年 9 月，頁 82–86。

❷❼　另參閱李震山，上揭書，頁 462–477。

❷❽　相關論文請參閱，洪家殷，〈行政調查與舉證責任〉，《台灣法學雜誌》，第 184 期，2011 年 9 月，頁 82–86。

❷❾　李震山，上揭書，頁 467，註 23。

　　1.受理訴願機關得依職權或依訴願人、參加人之申請，囑託有關機關、學校、團體或有專門知識經驗者為鑑定。

　　2.受理訴願機關認無鑑定之必要，而訴願人或參加人願自行負擔鑑定費用時，得向受理訴願機關請求准予交付鑑定。受理訴願機關非有正當理由不得拒絕。

　　3.鑑定人由受理訴願機關指定之。

　　4.鑑定人有數人者，得共同陳述意見。但意見不同者，受理訴願機關應使其分別陳述意見。

　㈡鑑定人應具鑑定書陳述意見

　　鑑定人應具鑑定書陳述意見。必要時，受理訴願機關得請鑑定人到達指定處所說明。

　㈢鑑定所需資料之利用及利用範圍、方法之限制

　　1.鑑定所需資料在原行政處分機關或受理訴願機關者，受理訴願機關應告知鑑定人准其利用。但其利用之範圍及方法得限制之。

　　2.鑑定人因行鑑定得請求受理訴願機關調查證據。

　㈣鑑定費用之負擔

　　1.鑑定所需費用由受理訴願機關負擔，並得依鑑定人之請求預行酌給之。

　　2.依第 69 條第 2 項規定交付鑑定所得結果，據為有利於訴願人或參加人之決定或裁判時，訴願人或參加人得於訴願或行政訴訟確定後 30 日內，請求受理訴願機關償還必要之鑑定費用。

四、勘　驗

　　如依行政程序法第 42 條第 1 項規定：「行政機關為瞭解事實真相，得實施勘驗。」同條第 2 項又規定：「勘驗時應通知當事人到場。但不能通知者，不在此限。」又如訴願法第 74 條第 1 項規定：「受理訴願機關得依職權或依訴願人、參加人之申請，就必要之物件或處所實施勘驗。」同條第 2 項規定：「受理訴願機關依前項規定實施勘驗時，應將日、時、處所通知訴願人、參加人及有關人員到場。」

五、身分查證

如交通警察對交通違規事件之肇事人查驗其身分證件或駕駛執照等身分查證 (Identitätsfeststellung) ❸⓪ 或資格權利證件之查核 (Prüfung von Berechtigungsscheinen)。其他如按取指紋、掌紋、DNA 採樣等鑑識措施 (erkennungsdienstliche Maßnahmen)，均為有效之行政調查方法，但應有明確之法律授權依據 ❸①。

六、處所之進入

如依勞動檢查法第 14 條第 1 項規定：「勞動檢查員為執行檢查職務，得隨時進入事業單位……。」另礦場安全法第 37 條，就業服務法第 62 條等亦有類似規定 ❸②。

七、搜　索

行政上之調查，係以發現事實與證據為主要目的，除非經當事人同意或自願配合，常須透過搜索方法。不過行政調查並非犯罪偵查，故學者認與刑事訴訟法上之搜索應有所區別，除非法律有明確授權檢查可同時搜索者外不可為之 ❸③，如依海關緝私條例第二章之規定中，海關於緝私必要範圍內可依規定對人、物、運輸工具為搜索，並可進入關係場所搜索，而不必搜索票。又海關有正當理由認為違反本條例情事已發生者，得勘驗、搜索關係場所。勘驗搜索時，依該法第 10 條之規定，應邀同該場所占有人或其同居人、僱用人、鄰人並當地警察在場見證。如在船舶、航空器、車輛或其他運輸工具施行勘驗、搜索，應邀同其管理人在場見證。又如勞動檢查法第 16 條規定：「勞動檢查員對違反勞動法律規定之犯罪嫌疑者，必要時，得聲請檢察官簽發搜索票，就其相關物件、處所執行搜索、扣

---

❸⓪　學者謂警察臨檢是以「身分查證」為首的複數行為之總和。參閱，林明鏘，〈警察臨檢與行政救濟——重返司法院大法官釋字第 535 號解釋——〉，《台灣本土法學雜誌》，第 85 期，2006 年 8 月，頁 80。

❸①　李震山，上揭書，頁 469–470。

❸②　李震山，上揭書，頁 471–472。

❸③　同上註，頁 473。

押」❸❹。

第六節　行政迴避程序

　　處理行政程序之行政人員如有偏頗、不公正，則將非常可能影響人民的權益。因此，行政程序法，訴願法、政府採購法、立法委員行為法及公職人員利益衝突迴避法❸❺均有規定行政人員之迴避義務❸❻，以確保行政之公正。 在此僅依行政程序法第 32 條， 第 33 條之規定說明行政迴避程序❸❼。

一、迴避之種類

　　依行政程序法第 32 條至第 33 條規定，可分為：

　　1.自行迴避──行政程序法第 32 條規定，公務員在行政程序中，有下列各款情形之一者，應自行迴避：一　本人或其配偶、前配偶、四親等內之血親或三親等內之姻親或曾有此關係者為事件之當事人時。二　本人或其配偶、前配偶，就該事件與當事人有共同權利人或共同義務人之關係者。三　現為或曾為該事件當事人之代理人、輔佐人者。四　於該事件，

---

❸❹　其他領域之論文請參閱，張瑋心，〈論「藉故行政搜索」〉，《軍法專刊》，第 61 卷第 6 期，2015 年 12 月，頁 210–236。

❸❺　參閱，胡博硯，〈公職人員利益衝突迴避法規範對象與範圍研究〉，《台灣法學雜誌》，第 190 期，2011 年 12 月，頁 48–60；相關實務請參閱，胡博硯，〈公務人員利益迴避法規範對象與範圍爭議／北高行 99 訴 1718〉，《台灣法學雜誌》，第 188 期，2011 年 11 月，頁 180–187。

❸❻　此些法律所建立之迴避制度可參閱，蕭文生，〈我國迴避制度探討〉，《台灣法學雜誌》，第 190 期，2011 年 12 月，頁 14–43；陳清秀，〈淺談迴避制度本質及相關問題〉，《台灣法學雜誌》，第 190 期，2011 年 12 月，頁 44–47。

❸❼　參閱，湯德宗，〈論行政程序中的迴避義務〉，《月旦法學雜誌》，第 99 期，2003 年 8 月，頁 199–222；蔡志方，〈論行政程序中的申請迴避〉，《輔仁法學》，第 26 期，2003 年 12 月，頁 16 以下。

曾為證人、鑑定人者。

　　2.申請迴避——行政程序法第 33 條第 1 項第 1 款規定，公務員有下列各款情形之一者，當事人得申請迴避：一　有前條所定之情形而不自行迴避者❸。二　有具體事實，足認其執行職務有偏頗之虞者❸。當事人申請、要求公務員迴避時，應舉其原因及事實，向該公務員所屬機關為之，並應為適當之釋明；被申請迴避之公務員，對於該申請得提出意見書。被申請迴避之公務員在其所屬機關就該申請事件為准許或駁回之決定前，應停止行政程序。但有急迫情形，仍應為必要處置。

　　3.命令迴避——行政程序法第 33 條第 5 項規定公務員有前條所定情形不自行迴避，而未經當事人申請迴避者，應由該公務員所屬機關依職權命其迴避。

二、申請迴避准否之救濟

　　依上述行政程序法第 33 條第 1 項、第 2 項規定申請要求公務員迴避，遭受駁回決定，若有不服❹，則依行政程序法第 33 條第第 3 項之規定，得於五日內提請上級機關覆決，受理機關除有正當理由外，應於十日內為適當之處置。

三、違反迴避之效果

　　有迴避事由時，公務員不自行迴避，而經當事人申請迴避時，其上級

---

❸　相關實務分析請參閱，蕭文生，〈自行迴避與申請迴避之區分——最高行政法院一〇二年度判字第五六〇號評析〉，《月旦裁判時報》，第 27 期，2014 年 6 月，頁 5–15。

❸　此一規定，學者援引外國學理及立法例，提出以下事例：諸如個人敵意（如世仇）、個人情誼（如師生、室友、同窗、結拜、義父母）、專業及職業關係（如律師與客戶、心理分析師與病人）、僱傭關係、長官與部屬、觀點偏頗或強烈意見、意識型態偏頗等。參見湯德宗，論行政程序中的迴避義務——行政法院判決三則評釋，載於氏著「行政程序法論」2003 年二版，277–329 頁（312 頁）。

❹　實例請參閱，吳志光，〈不服行政程序中申請迴避決定之法律救濟〉，《月旦法學教室》，第 30 期，2005 期 4 月，頁 26–27。

機關既不准許，也不命令公務員迴避者，即有應迴避而不迴避之情形者，其法律效果如何？學者以：「行政程序法並未如同各種訴訟法規定賦予明確之效果，解釋上尚非構成當然無效之事由（參見行政程序法第 111 條第 7 款），當應構成違法行政處分之得撤銷事由。」❹

第七節　行政資訊公開程序

　　行政資訊不公開，行政機關黑箱作業一直是民意機關及人民批評行政機關的重點。隨著資訊世紀的來臨，資訊──尤其是行政資訊之公開，對人民生活權益的影響日益深遠廣大，成為學界廣泛注意與研究的對象❷，民國 94 年 12 月制定之政府資訊公開法也明示行政資訊公開之重要性。不過，因為行政程序法第 2 條第 2 項關於行政機關之定義係採廣義、實質的見解，因此行政資訊之意涵幾已成為政府資訊之意涵。故在此所謂之行政資訊，依政府資訊公開法第 3 條、第 4 條規定，幾已等同於政府資訊。本節即依此看法，探討行政資訊，也就是政府資訊。

---

❹　參引，吳志光，《行政法》，新學林出版股份有限公司，2006 年 10 月，頁 233。

❷　林子儀，〈「資訊取得法」立法政策與法制之研究〉，《權力分立與憲政發展》，臺大法學叢書，月旦出版公司，民國 82 年，頁 173 以下；葉俊榮、許宗力等，《政府資訊公開制度之研究》，行政院研考會委託研究，民國 85 年 8 月，頁 9–36；李震山，〈論資訊自決權〉，《現代國家與憲法──李鴻禧教授六秩華誕祝賀論文集》，月旦出版公司，民國 86 年 3 月，頁 729–733；湯德宗，上揭文，頁 792–795；林素鳳，〈我國政府資訊公開法制初探〉，《月旦法學雜誌》，第 136 期，2006 年 9 月，頁 33–47；李怡芳，〈政府資訊公開法之問題研究〉，《法令月刊》，第 57 卷第 6 期，2006 年 3 月，頁 13–26；劉定基，〈政府資訊公開法的實務新發展與未來展望〉，《法學叢刊》，第 61 卷第 4 期，2016 年 10 月，頁 57–81。

一、行政資訊之意義

行政資訊，即所謂之政府資訊，依政府資訊公開法第 3 條規定，係指政府機關於職權範圍內作成或取得而存在於文書、圖畫、照片、磁碟、磁帶、光碟片、微縮片、積體電路晶片等媒介物及其他得以讀、看、聽或以技術、輔助方法理解之任何紀錄內之訊息。而所謂政府機關，依同法第 4 條規定，係指中央、地方各級機關及其設立之實（試）驗、研究、文教、醫療及特種基金管理等機構。又受政府機關委託行使公權力之個人、法人或團體，於本法適用範圍內，就其受託事務視同政府機關。是以行政資訊之含義隨之擴大，亦包括這些受委託行使公權力之個人、法人或團體在辦理受委託事務時所製作、擁有之資訊。

二、行政資訊之主動公開

依政府資訊公開法第 6 條至第 8 條之規定，應主動公開之行政資訊（政府資訊），為與人民權益攸關之施政、措施及其他有關之政府資訊。這些資訊原則上主動公開❹₃外，並應適時為之。

應主動公開之行政資訊（政府資訊），依政府資訊公開法第 7 條規定，係指除依同法第 18 條規定限制公開或不予提供者以外之下列資訊：

一、條約、對外關係文書、法律、緊急命令、中央法規標準法所定之命令、法規命令及地方自治法規。

二、政府機關為協助下級機關或屬官統一解釋法令、認定事實、及行使裁量權，而訂頒之解釋性規定及裁量基準。

三、政府機關之組織、職掌、地址、電話、傳真、網址及電子郵件信箱帳號。

四、行政指導有關文書。

五、施政計畫、業務統計及研究報告。

---

❹₃　實例請參閱李震山，〈論行政提供資訊〉，《月旦法學教室③公法學篇》，頁 194–195；謝碩駿，〈國家考試試務資訊公開——兼評最高行政法院一〇三年度判字第九七號判決與新修正之典試法〉，《月旦裁判時報》，第 40 期，2015 年 10 月，頁 5–23。

六、預算及決算書。

七、請願之處理結果及訴願之決定。

八、書面之公共工程及採購契約。

九、支付或接受之補助。

十、合議制機關之會議紀錄。

前項第五款所稱研究報告，指由政府機關編列預算委託專家、學者進行之報告或派赴國外從事考察、進修、研究或實習人員所提出之報告。

第一項第十款所稱合議制機關之會議紀錄，指由依法獨立行使職權之成員組成之決策性機關，其所審議議案之案由、議程、決議內容及出席會議成員名單。

又行政資訊（政府資訊）公開之方式，政府資訊公開法第八條明定：「政府資訊之主動公開，除法律另有規定外，應斟酌公開技術之可行性，選擇其適當之下列方式行之：一、刊載於政府機關公報或其他出版品。二、利用電信網路傳送或其他方式供公眾線上查詢❹。三、提供公開閱覽、抄錄、影印、錄音、錄影或攝影。四、舉行記者會、說明會。五、其他足以使公眾得知之方式。前條第一項第一款之政府資訊，應採前項第一款之方式主動公開。」

三、行政資訊之申請公開

為了落實對當事人公開原則 (Parteiöffentlichkeit) 及當事人武器對等原則 (Waffengleichheit der Beteiligter)，以衡平人民在行政程序進行中之弱勢或不利益地位，行政資訊除了由行政機關主動公開以外，尚可因人民或利害關係人之申請而公開。對人民或利害關係人此種行政資訊公開請求權之承認，政府資訊公開法第 5 條、第 9 條即有明白規定。依該法第 9 條第 1 項規定，可以申請提供行政資訊（政府資訊）之人，為「具有中華民國國籍並在中華民國設籍之國民及其所設立之本國法人、團體，得依本法規定申請政府機關提供政府資訊。持有中華民國護照僑居國外之國民，亦

---

❹ 參閱，湯德宗，〈資訊革命與正當行政程序〉，《月旦法學雜誌》，第 96 期，2003 年 5 月，頁 259–283。

同。」同條第 2 項又規定外國人，以其本國法令未限制中華民國國民申請提供其政府資訊者為限，亦得依本法申請行政資訊（政府資訊）。除此之外，與人民最密切的純屬納稅義務，因納稅者權利保護法之公布施行，人民亦可依該法第 13 條之規定申請閱覽、抄寫、複印或攝影與核課、裁罰有關資料，以享受行政資訊之權利。

　　申請之方式，依政府資訊公開法第 10 條規定，應填具申請書，載明該條第一項所列事項，以書面通訊方式為之。如其申請經電子簽章憑證機構認證後，並得以電子傳遞方式為之。

　　為了避免人民申請提供行政資訊（政府資訊）之案件石沉大海，得不到政府機關之回應，政府資訊公開法第 12 條乃規定：「政府機關應於受理申請提供政府資訊之日起十五日內，為准駁之決定；必要時，得予延長，延長之期間不得逾十五日。」此種限時要求政府機關准駁申請之規範，始有助於該法第 1 條所規定之立法宗旨，即：「便利人民共享及公平利用政府資訊，保障人民知的權利，增進人民對公共事務之瞭解、信賴及監督，並促進民主參與」。

　　另外，對於政府機關就人民申請提供、更正或補充行政資訊（政府資訊）所為之決定不服者，依政府資訊公開法第 20 條規定，尚得依法提起行政救濟。而對公務員執行職務違反政府資訊公開法規定者，政府資訊公開法第 23 條也規定，應按其情節輕重，依法予以懲戒或懲處，以防止公務員對公開行政資訊（政府資訊）之推託迴避而損害人民權益。

　　又政府機關核准提供政府資訊之申請時，依政府資訊公開法第 13 條第 1 項規定，得按政府資訊所在媒介物之型態給予申請人重製或複製品或提供申請人閱覽、抄錄或攝影。其涉及他人智慧財產權或難於執行者，得僅供閱覽。

　　另外，依政府資訊公開法第 17 條規定：「政府資訊非受理申請之機關於職權範圍內所作成或取得者，該受理機關除應說明其情形外，如確知有其他政府機關於職權範圍內作成或取得該資訊者，應函轉該機關並通知申請人。」此一規定可避免過去人民疲於奔波各行政機關而時常難以取得行

政資訊之毛病。

四、行政資訊之限制公開

　　行政資訊之完全公開常會發生對國家或人民之危害。因此，政府資訊公開法第 18 條乃規定：「政府資訊屬於下列各款情形之一者，應限制公開或不予提供之：一、經依法核定為國家機密或其他法律、法規命令規定應秘密事項或限制、禁止公開者。二、公開或提供有礙犯罪之偵查、追訴、執行或足以妨害刑事被告受公正之裁判或有危害他人生命、身體、自由、財產者。三、政府機關作成意思決定前，內部單位之擬稿或其他準備作業。但對公益有必要者，得公開或提供之。四、政府機關為實施監督、管理、檢（調）查、取締等業務，而取得或製作監督、管理、檢（調）查、取締對象之相關資料，其公開或提供將對實施目的造成困難或妨害者。五、有關專門知識、技能或資格所為之考試、檢定或鑑定等有關資料，其公開或提供將影響其公正效率之執行者。六、公開或提供有侵害個人隱私、職業上秘密或著作權人之公開發表權者 ❹。但對公益有必要或為保護人民生命、身體、健康有必要或經當事人同意者，不在此限。七、個人、法人或團體營業上秘密或經營事業有關之資訊，其公開或提供有侵害該個人、法人或團體之權利、競爭地位或其他正當利益者。但對公益有必要或為保護人民生命、身體、健康有必要或經當事人同意者，不在此限。八、為保存文化資產必須特別管理，而公開或提供有滅失或減損其價值之虞者。九、公營事業機構經營之有關資料，其公開或提供將妨害其經營上之正當利益者。但對公益有必要者，得公開或提供之 ❹。政府資訊含有前項

---

❹　另請參閱李震山，〈論個人資料之保護〉，台灣行政法學會主編，《行政法爭議問題研究（上）》，頁 653–676；曾隆興，〈隱私權之公法上保護及其界限〉，台灣行政法學會主編，《行政法爭議問題研究（上）》，頁 679–718；李震山，〈論個人資料保護——以人體基因資訊為例〉，《月旦法學教室③公法學篇》，頁 186–187。

❹　相關論文請參閱，蔡達智，〈動物園資訊公開管制規範之探討——最高行政法院 101 年度判字第 171 號判決評釋〉，《高大法學論叢》，第 15 卷第 1 期，2019 年 9 月，頁 31–69。

各款限制公開或不予提供之事項者，應僅就其他部分公開或提供之。」此一規定，即為豁免公開之規定，其界限是否妥適，仍有參酌其他國家法制❹，與時俱進的必要❹。

行政資訊（政府資訊）在有上述第 18 條規定之情形而不予公開或限制公開，但若因情事變更已無限制公開或拒絕提供之必要者，政府資訊公開法第 19 條乃明確規定，政府機關應受理申請提供。

五、行政資訊之禁止片面公開

政府資訊公開法公布施行後，原規定於行政程序法第 44 條、第 45 條之行政資訊（政府資訊）公開之規定於民國 94 年 12 月 28 日公布刪除。但為了避免行政機關之公務員與當事人或代表其利益之人有私相授受、秘密活動之情形，仍保留了行政程序法第 47 條之規定。該條規定可以說是禁止行政資訊之片面公開，採用了下列三項類屬於美國法上禁止片面接觸原則❹規定：

1.公務員在行政程序中，除基於職務上之必要外，不得與當事人或代表其利益之人為行政程序外之接觸。

2.公務員與當事人或代表其利益之人為行政程序外之接觸時，應將所有往來之書面文件附卷，並對其他當事人公開。

3.前項接觸非以書面為之者，應作成書面紀錄，載明接觸對象、時間、地點及內容。

---

❹ 相關論文請參閱，劉靜怡，〈開啟權力監督新時代？——從美國「資訊自由法」豁免公開規定的晚近發展談起〉，《月旦法學雜誌》，第 136 期，2006 年 9 月，頁 48–64。

❹ 實務論文請參閱，李寧修，〈政府資訊公開之法益權衡／北高行 103 訴 1627 判決〉，《台灣法學雜誌》，第 285 期，2015 年 12 月 14 日，頁 247–250；董保城，〈課程綱要資訊公開與正當行政程序之探討〉，《法令月刊》，第 67 卷第 9 期，2016 年 9 月，頁 25–52。

❹ 禁止片面接觸原則 (Ex Parte Contact)， 又稱禁止片面溝通原則 (Ex Parte Communication)。請參閱湯德宗，〈行政程序〉，翁岳生編，《行政法》，頁 800–801。

第八節　行政行為民眾參與程序

第一項　概　說

　　行政程序法第 1 條規定，行政行為應遵循公正、公開與民主之程序。為了使行政機關之各種行政行為符合此一立法意旨，行政機關不應再「閉門造車」，而應儘可能提供人民參與作成行政行為之機會，確保人民免於遭受不可預期行政行為之突襲❺⓿，顯現程序與實體正義，行政程序法乃在行政立法、行政處分、行政計劃、行政契約等各類行政行為中，建立了民眾參與之程序，其中最主要的為民眾可以陳述意見，可以對法規命令之訂定為提議及可以參與聽證❺❶。另外，因網際網路的發展及電子化政府之來臨，對於行政法學，尤其是對於民眾之民主參與權利有重大影響，值得在行政程序法上對此一新興發展趨勢作妥善因應❺❷。

第二項　陳述意見

　　依行政程序法關於人民得以陳述意見之規定，有為權利性質者，如行政程序法第 102 條規定，行政機關作成限制或剝奪人民自由及權利之行政處分前⋯⋯，應給予該處分相對人陳述意見之機會；有為義務或負擔性質，如行政程序法第 39 條規定，行政機關基於調查事實及證據之必要時，得以書面通知相關之人陳述意見，而相關之人不到場所生之後果，常對人民產生一定之負擔❺❸。

---

❺⓿　李震山，上揭書，頁 263 以下。

❺❶　參閱，盛子龍，〈行政程序法上程序參加與行政救濟初探〉，《月旦法學雜誌》，第 234 期，2014 年 11 月，頁 30–47。

❺❷　參閱葉俊榮，〈電子化政府，新民主及行政程序〉，台灣行政法學會主編，《行政法爭議問題研究（上）》，頁 627–649。

行政程序法為保護當事人民之權益，賦予人民陳述意見請求權，使人民在行政機關作成行政決定之前，對於行政機關決定基礎之事實關係或法律問題，有陳述意見之機會，而行政機關亦僅能以已經當事人民表示意見機會的事實及證據作為決定基礎。綜觀行政程序法各條文所建構之陳述意見制度可歸納如下：

1.行政機關調查事實及證據時，依該法第 39 條得請當事人陳述意見。

2.行政機關作成限制或剝奪人民自由或權利之行政處分前……，依該法第 102 條規定，應給予該處分相對人陳述意見之機會。但法規另有規定者，從其規定，而所謂法規另有規定者，如依該法第 103 條之規定，有下列各款情形之一者，行政機關得不給予陳述意見之機會：

⑴大量作成同種類之處分。

⑵情況急迫，如予陳述意見之機會，顯然違背公益者。

⑶受法定期間之限制，如予陳述意見之機會，顯然不能遵行者。

⑷行政強制執行時所採取之各種處置。

⑸行政處分所根據之事實，客觀上明白足以確認者。

⑹限制自由或權利之內容及程度，顯屬輕微，而無事先聽取相對人意見之必要者。

⑺相對人於提起訴願前依法律應向行政機關聲請再審查、異議、復查、重審或其他先行程序者。

⑻為避免處分相對人隱匿、移轉財產或潛逃出境，依法律所為保全或限制出境之處分。

為確保當事人民能行使此一陳述意見機會，行政程序法第 104 條更明示規定：

行政機關依第 102 條給予相對人陳述意見之機會時，應以書面記載下列事項，通知相對人，必要時並公告之❺❹：

---

❺❸　實例請參閱，吳志光，〈行政程序中當事人之協力義務〉，《月旦法學教室》，第 6 期，2003 年 4 月，頁 20–21。

❺❹　學者認為，可利用網路將政府即將採行的行為，預先對外公告。參閱葉俊

⑴相對人及其住居所、事務所或營業所。

⑵將為限制或剝奪自由或權利行政處分之原因事實及法規依據。

⑶得依第 105 條提出陳述書之意旨。

⑷提出陳述書之期限及不提出之效果。

⑸其他必要事項。

前項情形，行政機關得以言詞通知相對人，並作成紀錄，向相對人朗讀或使閱覽後簽名或蓋章；其拒絕簽名或蓋章者，應記明其事由。

另當事人民收到該法第 104 條之書面通知或言詞通知後，可依同法第 105、106 條之規定，提出陳述書或以言詞向行政機關陳述意見代替陳述書之提出，其相關規定為：

⑴行政處分之相對人依前條規定提出之陳述書，應為事實上及法律上陳述。利害關係人亦得提出陳述書，為事實上及法律上陳述，但應釋明其利害關係之所在。不於期間內提出陳述書者，視為放棄陳述之機會。

⑵行政處分之相對人或利害關係人得於第 104 條第 1 項第 4 款所定期限內，以言詞向行政機關陳述意見代替陳述書之提出。以言詞陳述意見者，行政機關應作成紀錄，經向陳述人朗讀或使閱覽確認其內容無誤後，由陳述人簽名或蓋章；其拒絕簽名或蓋章者，應記明其事由。陳述人對紀錄有異議者，應更正之。

3.行政機關將違法行政處分轉換與原處分具有相同實質及程序要件之其他行政處分，於轉換前，依該法第 116 條第 3 項規定，應給予當事人陳述意見之機會。

4.行政契約當事人之一方為人民，依法應以甄選或其他競爭方式決定該當事人時，行政機關依行政程序法第 138 條規定，應事先公告應具之資格及決定之程序❺。決定前，並應予參與競爭者表示意見之機會。

榮，上揭文，頁 641。

❺　如依政府採購法所為在「政府採購公報」之公告。

第三項　對法規命令之提議

在各種行政程序上，人民不僅得對自身權益之維護，有陳述意見或表示意見之權利，在行政立法上，我國行政程序法更賦予人民在法規命令之訂定有提議之權[56]，其所建構之制度，依該法第 152、153 條之規定有三個重點，即：

1.法規命令之訂定，除由行政機關自行草擬者外，並得由人民或團體提議為之。

2.人民之提議，應以書面敘明法規命令訂定之目的、依據及理由，並附具相關資料。

3.受理人民提議之行政機關應依下列情形分別處理：

(1)非主管之事項，依第 17 條之規定予以移送。

(2)依法不得以法規命令規定之事項，附述理由通知原提議者。

(3)無須訂定法規命令之事項，附述理由通知原提議者。

(4)有訂定法規命令之必要者，著手研擬草案。

第四項　參與聽證

聽證制度源於自然正義、正當法律程序之聽取兩方意見之法理，原僅適用於司法判決前，須經聽取兩方所提出意見與證據之情事，此種賦予人民請求合法聽審權利 (Anspruch auf rechtliches Gehör) 之司法聽證制度，被認為是維繫審判公平正義之基石[57]。

後來因社會、經濟事務日益繁雜，為了制定合理可行之法律，立法機關採取了司法聽證 (judicial hearing) 之精神，廣邀政府官員、學者專家、當事人與利害團體等聽取他們的意見，而建構了「立法聽證」(legislative hearing) 制度[58]。

---

[56]　實例請參閱，李震山，〈論行政機關對人民提議訂定法規命令之處理程序〉，《月旦法學教室》，試刊號，2002 年 10 月，頁 18–19。

[57]　李震山，上揭書，頁 266；羅傳賢，《行政程序法基礎理論》，頁 181。

在現代，行政事務日趨多元繁複，聽證制度在行政上之應用也日益普及，舉凡行政機關受理異議、不服案件而為行政司法性之訴願裁決固需舉行聽證❺❾，行政機關制定法規命令而為行政立法性之法規作業，擬定行政計劃以及涉及人民權益之行政處分與重大決策❻❶時，也多辦理聽證，而建構了行政程序法上之聽證制度❻❶。民國88年公布之行政程序法亦對行政聽證制度有明確規範，其重點可分述於次：

一、行政聽證之依據

行政程序法第54條規定，依本法或其他法規舉行聽證時，適用該法第一章第十節規定。

二、行政聽證事項之事前通知、公告

行政程序法第55條規定，行政機關舉行聽證前，應以書面記載下列事項，並通知當事人及其他已知之利害關係人，必要時並公告之：

1.聽證之事由與依據。

2.當事人之姓名或名稱及其住居所、事務所或營業所。

3.聽證之期日及場所。

4.聽證之主要程序。

5.當事人得選任代理人。

6.當事人依第61條所得享有之權利。

7.擬進行預備程序者，預備聽證之期日及場所。

❺❽　羅傳賢，上揭書，頁181。

❺❾　參閱訴願法第54、64、65、66條等規定。

❻❶　參閱，傅玲靜、胡博硯，〈大型風機設置規範之政策制定與聽證程序〉，《台灣法學雜誌》，第259期，2014年11月1日，頁18–36。

❻❶　參閱，張劍寒，〈行政程序法中聽證制度之研究〉，《憲政思潮》，第31期，民國64年，頁17；許育典，〈論行政程序中聽證與意見陳述之憲法理論基礎及其在法律上之效果㈠㈡〉，《法務通訊》，第1724、1725期，民國84年5月；羅傳賢，上揭書，頁181–196、239–253、313–314等；又湯德宗，上揭文，頁798–800；陳志揚，〈行政程序法中聽證制度之研究〉，城仲模主編，《行政法之一般法律原則㈠》，三民書局，民國83年8月初版，頁295–322。

8.缺席聽證之處理。

9.聽證之機關。

依法規之規定，舉行聽證應預先公告者，行政機關應將前項所列各款事項，登載於政府公報或以其他適當方法公告之。聽證期日及場所之決定，應視事件之性質，預留相當期間，便利當事人或其代理人參與。

三、行政聽證期日或場所之變更、通知並公告

行政程序法第 56 條規定，行政機關得依職權或當事人之申請，變更聽證期日或場所，但以有正當理由為限。行政機關為前項之變更者，應依前條規定通知並公告。

四、行政聽證之主持

行政程序法第 57 條規定，聽證，由行政機關首長或其指定人員為主持人，必要時得由律師、相關專業人員或其他熟諳法令之人員在場協助之。

五、行政聽證主持人之職責

行政程序法第 62 條規定，主持人應本中立公正之立場，主持聽證。主持人於聽證時，得行使下列職權：

1.就事實或法律問題，詢問當事人、其他到場人，或促其提出證據。

2.依職權或當事人之申請，委託相關機關為必要之調查。

3.通知證人或鑑定人到場。

4.依職權或申請，通知或允許利害關係人參加聽證。

5.許可當事人及其他到場人之發問或發言。

6.為避免延滯程序之進行，禁止當事人或其他到場之人發言；有妨礙聽證程序而情節重大者，並得命其退場。

7.當事人一部或全部無故缺席者，逕行開始、延期或終結聽證。

8.當事人曾於預備聽證中提出有關文書者，得以其所載內容視為陳述。

9.認為有必要時，於聽證期日結束前，決定繼續聽證之期日及場所。

10.如遇天災或其他事故不能聽證時，得依職權或當事人之申請，中止

聽證。

11.採取其他為順利進行聽證所必要之措施。

主持人依前項第九款決定繼續聽證之期日及場所者,應通知未到場之當事人及已知之利害關係人。同法第 65 條又規定,行政聽證主持人認當事人意見業經充分陳述,而事件已達可為決定之程度者,應即終結聽證。

六、行政聽證之方式

依行政程序法第 58 條至第 60 條之規定,行政聽證可分為預備聽證與正式聽證,其程序分別為:

1.行政機關為使聽證順利進行,認為必要時,得於聽證期日前,舉行預備聽證。

預備聽證得為下列事項:

⑴議定聽證程序之進行。

⑵釐清爭點。

⑶提出有關文書及證據。

⑷變更聽證之期日、場所與主持人。

預備聽證之進行,應作成紀錄。

2.聽證以主持人說明案由為始。

聽證開始時,由主持人或其指定之人說明事件之內容要旨。

3.聽證,除法律另有規定外,應公開以言詞為之❷。

有下列各款情形之一者,主持人得依職權或當事人之申請,決定全部或一部不公開:

⑴公開顯然有違背公益之虞者。

⑵公開對當事人利益有造成重大損害之虞者。

七、行政聽證當事人程序上之權利

依行政程序法第 61 及 63 條規定 , 行政聽證當事人程序上之權利有二,即:

---

❷ 學者認原本應現場舉行的聽證會,亦可於網路上讓民眾同步發言討論。參閱葉俊榮,上揭文,頁 642。

　　1.當事人於聽證時，得陳述意見、提出證據，經主持人同意後並得對機關指定之人員、證人、鑑定人、其他當事人或其代理人發問。

　　2.當事人認為主持人於聽證程序進行中所為之處置違法或不當者，得即時聲明異議。

　　主持人認為異議有理由者，應即撤銷原處置，認為無理由者，應即駁回異議。

八、行政聽證紀錄之製作

　　依行政程序法第 64 條規定：

　　1.聽證，應作成聽證紀錄。

　　2.前項紀錄，應載明到場人所為陳述或發問之要旨及其提出之文書、證據，並記明當事人於聽證程序進行中聲明異議之事由及主持人對異議之處理。

　　3.聽證紀錄，得以錄音、錄影輔助之。

　　4.聽證紀錄當場製作完成者，由陳述或發問人簽名或蓋章；未當場製作完成者，由主持人指定日期、場所供陳述或發問人閱覽，並由其簽名或蓋章。

　　5.前項情形，陳述或發問人拒絕簽名、蓋章或未於指定日期、場所閱覽者，應記明其事由。

　　6.陳述或發問人對聽證紀錄之記載有異議者，得即時提出。主持人認異議有理由者，應予更正或補充；無理由者，應記明其異議。

九、再聽證

　　依行政程序法第 66 條規定，行政聽證終結後，決定作成前，行政機關認為必要時，得再為聽證。

　　另在行政程序法第 107 至 109 條有關於作成行政處分時之聽證程序；第 155、156 條有關於訂定法規命令時之聽證程序；及在第 164 條有關於行政計劃之聽證程序規定。

第九節　處理陳情程序

　　陳情是人民對於行政事務，有不滿、請求或意見者，得向有關行政機關提出的一種意思表示，是一種非形式之行政救濟，與訴願之為形式化之行政救濟有別 ❻❸。有學者認為陳情為請願之一種，有無在行政程序法加以規定，值得商榷 ❻❹。但行政程序法似認陳情與請願有別，而在其第七章中第 168 至 173 條中，分別規定了關於陳情之重要制度，茲分述於次：

　　1.陳情之事項──行政程序法第 168 條規定，人民對於行政興革之建議、行政法令之查詢、行政違失之舉發或行政上權益之維護，得向主管機關陳情。

　　2.陳情之方式──行政程序法第 169 條規定，陳情得以書面或言詞為之；其以言詞為之者，受理機關應作成紀錄，並向陳情人朗讀或使閱覽後命其簽名或蓋章。陳情人對紀錄有異議者，應更正之。

　　3.陳情之處理程序──行政程序法第 170 條規定，行政機關對人民之陳情，應訂定作業規定，指派人員迅速、確實處理之。人民之陳情有保密必要者，受理機關處理時，應不予公開。

　　4.陳情之處理決定──行政程序法第 171 條規定，受理機關認為人民之陳情有理由者，應採取適當之措施；認為無理由者，應通知 ❻❺陳情人，並說明其意旨。受理機關認為陳情之重要內容不明確或有疑義者，得通知陳情人補陳之。

---

❻❸　學者認為，目前各機關大抵皆有機關電子信箱的設置，民眾可以電子郵件向各該機關陳情。參閱葉俊榮，上揭文，頁 643。

❻❹　湯德宗，上揭文，頁 847；李震山，上揭書，頁 487、488。

❻❺　處理結果之通知，司法實務認不具規制之性質，並非行政處分，陳情人如有不服，亦不得提起訴願。參閱，高雄高等行政法院 91 年度訴字第 628 號裁定，法務部，《行政程序法裁判要旨彙編》，頁 665。

5.陳情錯誤之告知、移送與教示義務——行政程序法第 172 條規定，人民之陳情應向其他機關為之者，受理機關應告知陳情人。但受理機關認為適當時，應即移送其他機關處理，並通知陳情人。陳情之事項，依法得提起訴願、訴訟或請求國家賠償者，受理機關應告知陳情人。

6.陳情之不予處理——行政程序法第 173 條規定，人民陳情案有下列情形之一者，得不予處理：

⑴無具體之內容或未具真實姓名或住址者。

⑵同一事由，經予適當處理，並已明確答覆後，而仍一再陳情者。

⑶非主管陳情內容之機關，接獲陳情人以同一事由分向各機關陳情者。

第九章　行政處罰

第一節　行政處罰之概念

國家為維持經濟、社會與文化生活秩序❶，常被行政法令授權發布要求人民作為、不作為或容忍義務之命令。人民對此些命令如不遵行，則維繫國家社會安全、衛生、經濟、文化生活之秩序將無以維持。為避免此類失序現象的發生或擴大，在許多行政法律上，國家又被賦予維持、貫徹上述命令之法制工具，亦即國家對違反行政法上作為、不作為或容忍義務命令之人民，可依行政法律上之規定施以行政刑罰、行政懲戒罰、行政秩序罰或為行政上之強制執行❷，此即為學理上所謂之廣義的行政罰❸。至於

---

❶　如營業、廣告秩序等。論文可參閱，張永明，〈違法營業與違法廣告之處罰〉，《月旦法學教室》，第 194 期，2018 年 12 月，頁 6-8。

❷　相關實例論文請參閱，傅玲靜，〈行政罰與行政執行行為之區分及其救濟──以都市計劃法第七九條第一項為例〉，《月旦法學教室》，第 82 期，2009 年 8 月，頁 20-21。

❸　比較行政處罰法制，請參閱楊解君，〈中國大陸行政處罰及其走勢〉；市橋克哉，〈日本之行政處罰法制〉；朴正勳，〈韓國的行政罰──確保行政的實效性與保障國民的基本權〉，此三文刊於台灣行政法學會主編，《行政命令、行政處罰及行政爭訟之比較研究》，翰蘆圖書出版有限公司，2001 年 12 月，頁 207-275；林騰鷂，〈德國行政處罰制度之研究〉，《東海大學法學研究》，第 14 期，頁 1-23；袁曙宏（大陸學者），〈行政處罰：一個體現行政機關與相對一方權利義務平衡的行政法學範疇〉，刊於《一九九八年海峽兩岸行政法

狹義的行政罰則僅指行政秩序罰而言。行政秩序罰，是指行政機關為了維持國家、社會生活秩序目的，對於過去違反行政法上義務者，所施以刑罰以外之處罰❹，並簡稱為行政處罰，為廣義的行政處分而與狹義的行政處分有異❺。民國 95 年 2 月 5 日施行之行政罰法❻第 1 條第 1 項所規定：「違反行政法上義務而受罰鍰、沒入或其他種類行政罰之處罰時，適用本法。」指的就是行政秩序罰這個概念。綜合學者之分析❼，行政處罰概念包含下列幾個特徵要素，即：

1.行政處罰是對違反行政法上義務之處罰。

2.行政處罰是一種裁罰性之行政處分❽，有別於行政強制執行行為、行政懲戒行為、行政刑罰行為。

3.行政處罰是以刑罰以外之處罰，即罰鍰、沒入或其他裁罰性不利處

學術研討會實錄》，國立政治大學法學院出版，1999 年 4 月，頁 295–305。

❹　參閱，蔡震榮，〈行政罰與刑事罰界限問題之探討〉，《法令月刊》，第 65 卷 1 期，2014 年 1 月，頁 39–59；蔡震榮、呂倩茹，〈行政罰與刑事罰之界限——以食品安全衛生管理法修正為例〉，《法令月刊》，第 66 卷第 7 期，2015 年 7 月，頁 32–68。

❺　行政處罰的性質與行政刑罰、懲戒罰及行政強制執行之區別，請參閱洪家殷，上揭文，頁 691–693；另參閱廖義男，〈行政處罰之基本爭議問題〉，台灣行政法學會主編，《行政救濟、行政處罰、地方立法》，元照出版公司，2000 年 12 月，頁 273–300；詹鎮榮，〈行政罰定義與種類之立法政策上檢討——以裁罰性不利處分與沒入為中心〉，《法學叢刊》，第 61 卷第 4 期，2016 年 10 月，頁 1–29。

❻　行政罰法研擬與制定經過，請參閱，林錫堯，《行政罰法》，元照出版公司，2005 年 8 月初版第 2 刷，頁 4–5；法務部，〈行政罰法條文及立法理由說明對照表〉，請參閱，《法學講座》第 32 期，2005 年 3 月，頁 139–176。

❼　參閱，吳庚，《行政法之理論與實用》，民國 94 年 8 月，頁 469–470；林錫堯，上揭書，頁 12–29；李惠宗，《行政罰法之理論與案例》，元照出版公司，2005 年 6 月，頁 2–5。

❽　參閱大法官釋字第 394 號、第 402 號、第 616 號解釋。相關論文另請參閱，〈滯報金之問題探討——評析釋字第 616 號解釋——〉，《台灣本土法學雜誌》，第 88 期，2006 年 11 月，頁 231–237。

分之處罰。

4.行政處罰原則上由行政機關處罰,但法律另有規定者,例外亦有由法院為處罰者❾。

第二節　行政處罰之依據

在我國,行政處罰本未如刑事處罰一般有一統一性之法律依據,而是由各個不同之行政法律分別規定處罰之機關、處罰之要件、處罰之種類、處罰之程序與處罰之效力,這點與德國、奧國不同❿,也與大陸地區有異⓫。致我國行政處罰之範圍、程序、原則、方法以及行政處罰不當之法律救濟,均無統一妥善之標準而顯得零亂不堪。因此,如何建構脈絡清晰、層次分明之行政處罰制度,以規整日益紛亂之經濟、社會秩序,成為學界所關切之事⓬。大法官為此也作成釋字第 313、390、394、402、503 號等多號解釋,強調行政處罰一事不二罰原則及明確規定依據之必要性,以彌補行政罰法制定前之缺失⓭。

---

❾　如依社會秩序維護法第 45 條第 1 項規定,由法院簡易庭所裁定之拘留、勒令歇業、停止營業之處罰。

❿　德國自 1952 年公布違反秩序罰法 (Gesetz über Ordnungswidrigkeit) 及奧國自 1925 年公布行政罰法 (Verwaltungsstrafgesetz),即有統一性之行政處罰依據。

⓫　大陸地區於 1996 年 3 月 17 日並於同年 10 月 1 日起,實施「行政處罰法」,其條文共有 188 條,詳請參閱李岳德 (主編),《「中華人民共和國行政處罰法」釋義》,北京,中國法制出版社,1996 年 5 月第一版,頁 195–208。

⓬　請參閱黃茂榮,〈行政處罰的概念及其建制原則〉,《經社法制論叢》,創刊號,民國 77 年 1 月,頁 45–61;另參閱林錫堯,〈制定行政罰法之理論與實踐〉,台灣行政法學會主編,《行政命令、行政處罰及行政爭訟之比較研究》,翰蘆圖書出版有限公司,2001 年 12 月,頁 169–205。

⓭　詳請參閱,洪家殷,〈憲法解釋對行政罰法制發展之影響〉,《憲政時代》 第 31 卷第 4 期,民國 95 年 4 月,頁 381–426。

　　行政罰法制定後，成為各類行政處罰之共通性、統一性、綜合性法典，使行政處罰之解釋與適用有一定之原則與依據。故學者認行政罰法具行政罰總則之地位❶，屬行政罰事件之普通法性質。因此，若有其他法律有特別之規定時，依行政罰法第一條但書規定，可優先於行政罰法之適用❶。

　　綜上所述，行政處罰之依據是以行政罰法為普通法，而規範各類行政作用之行政法律內所規定之行政處罰如有特別規定者，成為特別法，優先於行政罰法而適用。

第三節　行政處罰之管轄機關

　　行政處罰係行政機關為了維持國家、社會生活秩序為目的所為之制裁工具，自應由行政機關直接處罰，始較能有效達成目的，以避免移送法院，拖延時程而錯失處罰之時機效果。行政罰法公布實施後，關於行政處罰之管轄機關，在該法第 29 條至第 32 條有明確規定，可分析於次：

一、地域管轄機關

　　行政罰法第 29 條規定：「違反行政法上義務之行為，由行為地、結果地、行為人之住所、居所或營業所、事務所或公務所所在地之主管機關管轄。在中華民國領域外之中華民國船艦或航空器內違反行政法上義務者，得由船艦本籍地、航空器出發地或行為後在中華民國領域內最初停泊地或降落地之主管機關管轄。在中華民國領域外之外國船艦或航空器於依法得

---

❶　不過，有學者主張應從擺脫刑法總則思維出發，以建立行政處罰適宜之體系為宜。參閱，林錫堯，上揭書，頁 6。

❶　參閱，洪家殷，〈新「行政罰法」簡介〉，《台灣本土法學雜誌》第 67 期，2005 年 2 月，頁 241–242；陳清秀，〈行政罰實務問題之研討──以行政罰法為中心（上）〉，《月旦法學雜誌》，第 157 期，2008 年 6 月，頁 146–171；陳清秀，〈行政罰實務問題之研討──以行政罰法為中心（下）〉，《月旦法學雜誌》，第 158 期，2008 年 7 月，頁 104–118。

由中華民國行使管轄權之區域內違反行政法上義務者，得由行為後其船艦或航空器在中華民國領域內最初停泊地或降落地之主管機關管轄。在中華民國領域外依法得由中華民國行使管轄權之區域內違反行政法上義務者，不能依前三項規定定其管轄機關時，得由行為人所在地之主管機關管轄。」

二、共同管轄機關

行政罰法第 30 條規定：「故意共同實施違反行政法上義務之行為，其行為地、行為人之住所、居所或營業所、事務所或公務所所在地不在同一管轄區內者，各該行為地、住所、居所或所在地之主管機關均有管轄權。」

三、管轄權競合時之管轄機關

行政罰法第 31 條就管轄權發生競合時，究應由那一機關來管轄，有非常詳細的規定，即：

1.一行為違反同一行政法上義務，**數機關均有管轄權者**，由處理在先之機關管轄。不能分別處理之先後者，由各該機關協議定之；不能協議或有統一管轄之必要者，由其共同上級機關指定之。

2.一行為違反數個行政法上義務而應處罰鍰，數機關均有管轄權者，由法定罰鍰額最高之主管機關管轄。法定罰鍰額相同者，依前項規定定其管轄。

3.一行為違反數個行政法上義務，應受沒入或其他種類行政罰者，由各該主管機關分別裁處。但其處罰種類相同者，如從一重處罰已足以達成行政目的者，不得重複裁處。

四、保全必要管轄機關

又為避免各行政機關之推諉，行政罰法第 31 條第 4 項乃又規定：「第一項及第二項情形，原有管轄權之其他機關於必要之情形時，應為必要之職務行為，並將有關資料移送為裁處之機關；為裁處之機關應於調查終結前，通知原有管轄權之其他機關。」

除了行政罰法關於行政處罰之管轄行政機關以外，我國現制中尚有由

法院為行政處罰之機關者,例如依社會秩序維護法第十九條規定處罰種類所處之拘留、勒令歇業、停止營業等處罰係由地方法院簡易庭為之。行政罰法公布後,這些法制不備時,由法院為裁罰性不利處分之規定,應於社會秩序維護法修正時改定由行政機關為處罰機關,使行政處罰之體系得以齊一。

另外,行政罰之管轄機關,通常為執行機關,但在例外情形,則由上級主管機關為之。例如廢棄物清理法第 63 條規定:「本法所定行政罰,由執行機關處罰之 ; 執行機關應作為而不作為時 , 得由上級主管機關為之。」

第四節　行政處罰之對象

行政處罰之對象❶,依行政罰法第 3 條規定,係實施違反行政法上義務之行為人,包括自然人、法人、設有代表人或管理人之非法人團體、中央或地方機關或其他組織。至於違反行政法上義務之行為人,各別的行政法律每有不同規定,可舉例如下:

一、以自然人為處罰對象

如電業法第 87 條規定,電力工程相關人員、電力工程技術士,及電匠違反該法第 59 條第 5、6、7 項規定為電器承裝及用電設備檢驗者,由直轄市或縣(市)主管機關處新臺幣 1 萬元以上 10 萬元以下罰鍰,並得限期改善;屆期未改善者,得按次處罰。

又在學理上,受行政處罰之自然人可區分為❶:

1.破壞行政秩序之人屬自己行為責任之人。所謂「自己行為」包括自

---

❶ 相關實例請參閱,林明鏘,〈行政罰法與處罰對象〉,《台灣本土法學雜誌》,第 70 期,2005 年 5 月,頁 145–150;洪家殷,〈行政罰法:第四講——行政罰之處罰對象〉《月旦法學教室》,第 90 期,2010 年 4 月,頁 44–56。

❶ 李震山,上揭書,頁 378。

己的作為與自己的不作為。就不作為仍要負責，行政罰法第十條有明文規定：「對於違反行政法上義務事實之發生，依法有防止之義務，能防止而不防止者，與因積極行為發生事實者同。因自己行為致有發生違反行政法上義務事實之危險者，負防止其發生之義務。」

2.為他人破壞行政秩序須負責任之人（如兒童及少年福利與權益保障法第 95 條、第 96 條規定之父母、監護人或其他實際照顧兒童及少年之人應受罰鍰或被公告姓名之處罰）。此種負責任之人係基於其特別的地位而由法律規定其應負特別義務[18]。

3.為物之狀況需負責之人[19]——如藥事法第 90 條第 3 項對偽劣藥之藥物管理人、監製人亦處以該法第 90 條第 1 項、第 2 項之罰鍰。這些人德國學理上稱之為狀況責任人 (Zustandsverantwortlicher)，通常規定在防止危險物品或狀況之法律中[20]。例如，爆竹煙火管理條例第 26 條就規定爆竹煙火之製造、儲存或販賣場所之負責人，於其場所附近發生火災或其他狀況致生危險時，或爆竹煙火產生煙霧、異味或變質等狀況，致影響其安定性時，如未立即採取法定緊急安全措施，將處新臺幣六十萬元以上三百萬元以下罰鍰。其他如廢棄物清理法第 46 條、第 50 條亦有類似之處罰規定[21]。

---

[18]　洪家殷，〈新「行政罰法」簡介〉，前揭書，頁 245。

[19]　相關實務及論文請參閱，洪家殷，〈行政罰法之狀態責任及一行為不二罰原則——台北高等行政法院九六年訴字第一二八八號判決簡評〉，《台灣法學雜誌》，第 104 期，2008 年 3 月，頁 315–327；陳淑芳，〈行政罰上之狀態犯與繼續犯〉，《台灣法學雜誌》，第 128 期，2009 年 5 月，頁 169–173。

[20]　Giemulla/Jaworsky/Müller-Uri, Verwaltungsrecht, 6. Auflage, Carl Heymanns Verlag, 1998, Rn. 713–724. 中文文獻請參閱，李震山，上揭書，頁 379；黃啟禎，〈干涉行政法上責任人之探討〉，刊於《當代公法理論（中）——翁岳生教授七秩誕辰祝壽論文集》，元照出版公司，民國 91 年，頁 289 以下。

[21]　廢棄物清除，處理技術員之資格証書被撤銷（應為廢止才對）之爭議請參閱，蔡震榮，〈由釋字第 612 號解釋論不利益處分或裁罰性不利處分〉，《台灣本土法學雜誌》，第 88 期，2006 年 11 月，頁 147–154；李建良，〈「裁罰

又學者指出❷：「違反行政義務之行為除得由一個人單獨為之者外，亦得出於多數人之參與而形成，此種參與違反行政義務之多數行為人，即如同刑法上之共犯，可稱之為違反行政義務之『參與者』(Beteiligten)。參與者依其參與之形態，根據刑法之分類方式，又可區分為『共同參與者』(Teilnahme)、『教唆者』(Anstiftung) 及『幫助者』(Beihilfe) 三種。在我國刑罰上，由於不同之參與者對於犯罪過程之介入及對犯罪行為之貢獻各有差異，故具有不同之非難性，乃給予不同之評價，並在刑法典中分別規定且施以不同之處罰。」這種處罰共犯之規定原只有社會秩序維護法有規定，其仿照刑法上之規定，對各類共犯全部加以處罰，並採行區分之方式處罰。如社會秩序維護法第 15 條規定，「二人以上，共同實施違反本法之行為者，分別處罰。其利用他人實施者，依其所利用之行為處罰之。」第 16 條：「教唆他人實施違反本法之行為者，依其所教唆之行為處罰。」第 17 條：「幫助他人實施違反本法之行為者，得減輕處罰。」

不過，社會秩序維護法此些處罰共犯之規定，並不能普遍適用於其他行政事例。因此，行政罰法第 14 條乃就共同違反行政法上之義務者❸採行了刑法上處罰共同正犯之規定，但不採刑法有關教唆犯、幫助犯之概念❹。該條規定與刑法總則之規定並不相同，可羅列於次，以供參考：

性處分」、行政處分之廢止與法律保留原則——簡析司法院大法官釋字第 612 號解釋〉，《台灣本土法學雜誌》，第 85 期，2006 年 8 月，頁 213–218。

❷ 引自洪家殷，〈行政秩序罰上之參與者（共犯）〉，台灣行政法學會主編，《行政法爭議問題研究（下）》，頁 772–773。

❸ 論文請參閱，王珍玲，〈行政罰法中共同違法及併同處罰〉，《台灣法學雜誌》，第 311 期，2017 年 1 月 14 日，頁 75–79；林昱梅，〈論行政罰法之共同違法及併同處罰〉，《法學叢刊》，第 62 卷第 1 期，2017 年 1 月，頁 33–74。

❹ 參閱，李惠宗，《行政罰法之理論與案例》，元照出版公司，2005 年 6 月，頁 77–80；蔡志方，《行政罰法釋義與運用解說》，2006 年 11 初版一刷，頁 67–70。實例另參閱，翁曉玲，〈行政秩序罰上之共犯範圍〉，《月旦法學教室》，第 7 期，2003 年 5 月，頁 20–21。

「故意共同實施違反行政法上義務之行為者，依其行為情節之輕重，分別處罰之。前項情形，因身分或其他特定關係成立之違反行政法上義務行為，其無此身分或特定關係者，仍處罰之。因身分或其他特定關係致處罰有重輕或免除時，其無此身分或特定關係者，仍處以通常之處罰❷⑤。」

二、以法人為處罰對象

如公司法第 17 條之 1 即以法人為處罰對象。該條規定：「公司之經營有違反法令受勒令歇業處分確定者，應由處分機關通知中央主管機關，廢止其公司登記或部分登記事項。」另如金融控股公司法第 54 條第 1 項規定：「金融控股公司有違反法令、章程或有礙健全經營之虞時，主管機關除得予以糾正、限期令其改善外，並得視情節之輕重，為下列處分，……。」

三、以設有代表人或管理人之非法人團體為處罰對象

依法設立之人民團體有辦理登記成為法人者，亦有未辦理登記而為非法人團體者。行政罰法第 3 條規定之處罰對象亦包括設有代表人或管理人之非法人團體。人民團體法第 58 條即規定：「人民團體有違反法令、章程或妨害公益情事者，主管機關得予警告，撤銷其決議、停止其業務之一部或全部，並限期令其改善……。」

四、以中央或地方機關為處罰對象

中央或地方機關並不限於行政機關，即立法、司法、考試、監察等機關亦包括在內。學者認為基於公正平義原則以及糾正中央或地方機關不法，避免「只許州官放火，不許百姓點燈」之情事發生，中央或地方機關亦得為行政處罰對象❷⑥。現行法律中如勞工保險條例第 72 條第 1 項即有可能對未依該條例辦理投保手續之中央或地方機關處以罰鍰。」又如依訴願法第 1 條第 2 項：「各級地方自治團體或其他公法人對上級監督機關之

---

❷⑤　另參閱，蔡震榮、章惠傑，〈行政罰責任人之競合與裁罰順序——以公同共有土地違法使用之處罰為例〉，《中央警察大學學報》，第 51 期，2014 年 6 月，頁 169–182。

❷⑥　李震山，上揭書，頁 382。

行政處分，認為違法或不當，致損害其權利或利益者」亦可提起訴願之規定，可以認定中央或地方機關如立於人民同一之地位，亦可成為行政處罰之對象。另從行政罰法第 7 條第 2 項規定：「法人、設有代表人或管理人之非法人團體、中央或地方機關或其他組織違反行政法上義務者，其代表人、管理人、其他有代表權之人或實際行為之職員、受僱人或從業人員之故意、過失，視為該等組織之故意、過失。」以及同法第 17 條規定：「中央或地方機關或其他公法組織違反行政法上義務者，依各該法律或自治條例規定處罰之。」可知，中央或地方機關可為行政處罰對象。

五、以其他組織為處罰對象

行政罰法第 3 條、第 7 條第 2 項稱「其他組織」，但第 17 條則稱「其他公法組織」，兩者意涵並不相同，除包括學者所指之營造物❷⑦或筆者在本書上所稱之公有營業機關與公有事業機關，這些依行政罰法之上述規定，均可成為行政處罰之對象。又私立財團法人之醫療機構或教學醫院即可能屬於行政罰法第 3 條之其他組織，在司法實務被認定為行政處罰之對象❷⑧。

第五節　行政處罰之原則

行政處罰為廣義的行政處分，屬於行政程序法上所規範之行政行為，故行政程序法第 4 至 10 條所規定之依法行政原則、內容明確原則、平等原則、比例原則❷⑨、誠實信用原則、信賴保護原則、不當聯結禁止原則❸⓪、利害均顧原則及裁量不得濫用原則❸①等之拘束，其詳已於本書第二

---

❷⑦　同上註。

❷⑧　同上註頁上之註 28。

❷⑨　相關論文請參閱，黃俊杰，〈行政罰與比例原則〉，《月旦法學教室》，第 49 期，2006 年 11 月，頁 22–23。

❸⓪　李惠宗，〈繳清罰鍰才能換行照嗎？〉，《台灣本土法學雜誌》第 30 期，2002

篇第五章中分別說明,在此不再贅述。

除此之外,行政罰法所規定行政處罰之適用原則亦包括處罰法定原則、屬地原則、司法程序優先原則、分別處罰原則、一事不二罰之原則❸❷、從新從輕原則、有責性原則及便宜原則❸❸等可分別說明於次:

一、處罰法定原則

行政罰法第 4 條規定:「違反行政法上義務之處罰,以行為時之法律或自治條例有明文規定者為限。」這就是學理上所謂的處罰法定原則之規定❸❹。行政罰上之處罰法定原則與刑罰之罪刑法定原則相當,應含蓋行政罰不得溯及既往原則、不適用類推解釋原則、禁止擴張解釋原則、禁止空白處罰條款、禁止對尚未出現之違法行為採預防性處罰措施等原則❸❺。又處罰法定原則所謂之法,究何所指?依大法官釋字第 394、521 等號解釋,認除了法律之外,尚包括有明確授權之法規命令、地方自治規章、大學自治規章、其他專門職掌自治團體規章等❸❻。

年 1 月,頁 91–98。

❸❶ 為避免行政處罰裁量之濫用,許多行政機常訂頒行政罰裁罰標準。相關論文請參閱,蔡進良,〈行政罰裁罰標準之規制,適用與司法審查〉,《月旦法學雜誌》,第 141 期,2007 年 2 月,頁 62–79。

❸❷ 實例請參閱李建良,〈行政秩序罰與一事不二罰原則〉,《月旦法學教室③公法學篇》,頁 200–201;法治斌,〈試讀一事不二罰〉,台灣行政法學會主編,《行政救濟、行政處罰、地方立法》,頁 301–325。

❸❸ 陳新民,《行政法學總論》,頁 287–291;洪家殷,上揭文,頁 695–699。

❸❹ 相關論文請參閱,蔡震榮,〈處罰法定主義與刑事優先原則之探討〉,《月旦法學教室》,第 88 期,2010 年 2 月,頁 10–11。

❸❺ 參閱,吳庚,上揭書,頁 478;林錫堯,《行政罰法》,頁 31–34;李惠宗,《行政罰法之理論與案例》,頁 33–45;洪家殷,〈新「行政罰法」簡介〉,上揭書,頁 242;王服清,〈論行政罰對「未遂行為」之處罰問題〉,《興大法學》,第 16 期,2014 年 11 月,頁 1–52。另外,如納稅者權利保護法第 16 條規定:「納稅者違反稅法上義務之行為非出於故意或過失者,不予處罰」,亦為重要的處罰法定原則之適例。

❸❻ 李惠宗,上揭書,頁 40–45。

二、處罰從新從輕原則

行政罰法第 5 條規定：「行為後法律或自治條例有變更者，適用行政機關最初裁處時之法律或自治條例。但裁處前之法律或自治條例有利於受處罰者，適用最有利於受處罰者之規定。」這就是學理上所謂的從新從輕原則，有學者稱之為有利原則 (Günstigkeitspringip) 者，並從三方面來比較**❸**。即 1.所謂從新原則是指行為後法律或自治條例有變更者，採行政機關最初裁處時之法律或自治條例，而非採行為時之法律或自治條例，也不採裁處後行政救濟程序時所變動之法律或自治條例。又法律或自治條例有變更，意指法律或自治條例之實體內容有變更而非程序之變更。因程序一律從新是指，不問是裁處時或救濟程序進行時，均一律從新**❸**。 2.從輕原則（從優原則）是指法律或自治條例在行為後有變更，但行政機關為行政罰之裁處時，前被變更之法律或自治條例如有較輕而有利於受處罰者時，則適用較輕而有利於受處罰者之法律或自治條例之規定，而非裁處時之法律或自治條例之規定。 3.所謂有利之比較，要從一切法律效果加以比較而非單純比較罰鍰法定額之高低，舉凡處罰種類、時間長短及其他隨附效果，亦在比較之列**❸**。

三、處罰採屬地原則

行政罰法第 6 條規定了行政處罰採屬地原則，亦即不論違反行政法上義務之行為人國籍為何，祇要是在中華民國領域內違反行政法上義務應受罰鍰、沒入或其他種類行政罰之處罰者，即有我國行政罰法之適用。再者，船艦、航空器於該船籍國或航空器國籍登記國領域外或公海、公之空域中，國際公法上向來皆認該船籍國或航空器國籍登記國有管轄權。故如在中華民國船艦或航空器內違反行政法上義務而應受行政罰之處罰者，自

---

❸　吳庚，上揭書，頁 481。

❸　論文請參閱，彭鳳至，〈告別「實體從舊、程序從新」——兼論行政法規變更時新舊法適用之原則與例外〉，《月旦裁判時報》，第 72 期，2018 年 6 月，頁 68–86。

❸　其他比較方法另請參閱，李惠宗，上揭書，頁 50–54。

應以在中華民國領域內違反論，仍有我國行政罰法之適用。又我國領域外有依國際公法、國際慣例或有關法律（例如中華民國專屬經濟海域及大陸礁層法、海洋污染防治法），得由我國行使管轄權之區域，如於該區域內違反行政法上義務而應受行政罰之處罰者，我國自得依法行使管轄權，加以處罰。又隨著交通發達，國際往來迅速頻繁，國際貿易蓬勃發展及網際網路通訊科技之日新月異，跨國之違法行為益形猖獗，為防杜不法，有必要針對違反行政法上義務而應受行政罰處罰，係採行為地或結果地予以明確規範，行政罰法第6條第3項乃規定，違反行政法上義務之行為或結果，有一在中華民國領域內者，為在中華民國領域內違反行政法上義務，應適用我國之行政罰法❹。

四、數行為分別處罰原則

行政罰法第25條規定：「數行為違反同一或不同行政法上義務之規定者，分別處罰之。」這條規定有兩個規範重點❹，即：

1.數行為違反同一行政法上義務之規定者

如早、中、晚各丟一次廢棄物至路上即三個行為違反廢棄物清理法，依本法規定，則應分別處罰之。又如大法官釋字第604號解釋所指之違規停車行為，得藉舉發其違規事實之次數，作為認定其違規行為之次數，從而對此多次違規行為，得予以多次處罰，並不生一行為不二罰之問題❹。此即為數行為違反同一行政法上義務之規定❹，應分別處罰之適例。

---

❹ 請參閱，法務部，〈行政罰法條及立法理由說明對照表〉，行政罰法第六條規定及立法理由說明，《法學講座》第32期，2005年3月，頁151–152。

❹ 請參閱，洪家殷，〈行政罰一行為與數行為問題的探討——以行政罰法施行後之實務見解為中心〉，《月旦法學雜誌》，第155期，2008年4月，頁5–22。

❹ 相關論文請參閱，洪家殷，〈違規停車連續處罰相關問題之探討——以釋字第六〇四號解釋為中心〉，《月旦法學雜誌》，第129期，2006年2月，頁179–196；劉建宏，〈行政罰上「單一行為」概念之探討——一行為違反數個行政法上義務規定而受處罰者〉，《月旦法學雜誌》，第152期，2008年1月，頁205–217。

2.數行為違反不同行政法上義務之規定者

此種情形，法務部在本條立法理由中即舉例說明。「例如：原申請經營開設之租賃仲介行，經查獲其經營旅館業務，該行為本係違反商業登記法第八條第二號項及第三十三條第一項之規定；又因該租賃仲介行另將建築物隔間裝潢改為套房，掛出套房出租招牌，並置有『敬請顧客先行付房租』告示，顯然已達變更建築物使用之程度，其行為另違反建築法第七十三條及第九十條之規定。按依商業登記法第八條第三項及第三十三條第一項規定之處罰要件為經營商業登記範圍以外之業務，而建築法第七十三條及第九十條則以變更建築物使用執照之用途為構成處罰之要件，二者處罰之違法行為並非相同，故應分別依商業登記法第八條第三項、第三十三條第一項及建築法第七十三條、第九十條規定予以處罰。」❹

五、機宜原則（便宜原則）❹

行政罰法第 19 條第 1 項規定：「違反行政法上義務應受法定最高額新臺幣三千元以下罰鍰之處罰，其情節輕微，認以不處罰為適當者，得免予處罰。」這就是學理上所謂之機宜原則，意指「對於符合法律構成要件之不法行為，行政機關被賦予是否予以處罰的決策裁量空間❹。不過，如果賦予行政機關過大裁量空間，則容易造成行政機關之恣意，有背於依法行政原則。為求平衡，本條乃採取兩個控制設計，即：

1.可適用機宜原則者，限於違反行政法上義務應受法定最高額新臺幣 3 千元以下罰鍰之處罰❹，而其情節輕微者。

---

❹　實務論文請參閱，劉建宏，〈一行為不二罰原則中行為數之認定——最高行政法院 105 年度判字第 290 號判決評析〉，《月旦裁判時報》，第 62 期，2017 年 8 月，頁 7–13。

❹　同上註，頁 166。

❹　有學者稱之為便宜主義。參閱，林錫堯，上揭書，頁 63–64。李惠宗，上揭書，頁 91–92。便宜兩字，容易引起世俗誤解，本書認以使用「機宜」用語為佳。

❹　參閱，李惠宗，上揭書，頁 91。

❹　學者認影響名譽之處分與警告之處分，亦可裁量決定不予處罰，因此些處

2.即使適用機宜原則者，最好仍留下可待查核之紀錄。因此，行政罰法第 19 條第 2 項乃補充第 1 項機宜原則而規定：「前項情形，得對違反行政法上義務者施以糾正或勸導，並作成紀錄，命其簽名。」

六、一事不二罰原則

行政罰法採納了刑法及刑事訴訟法「一事不二罰」及「雙重處罰之禁止」觀念，在該法第 24 條及第 26 條中規定「行政罰與行政罰」以及「行政罰與刑罰」間，如何適用一事不二罰之原則❹。另外，在該法第 31 條及第 32 條，就適用一事不二罰原則所生管轄權競合及機關間相互移送、聯繫等問題，加以規定❹。一事不二罰管轄權競合問題，本書已在本章第三節行政處罰之管轄機關加以說明。至於「行政罰與行政罰」以及「行政罰與刑罰」 之如何適用一事不二罰之原則 ，則將在本章第十二節中分析之。

分，純屬制裁，對於行政處分目的之達成，較無直接關係。同上註，頁 92。不過，此一見解在法無明定情形下，有違該書頁 92 之法的無條件執行原則，恐非妥適。且法律規定施以影響名譽或警告處分之處罰，通常有與罰鍰不同之處罰目的。

❹ 相關實例請參閱，洪家殷，〈行政罰中一事不二罰原則之適用〉，《台灣本土法學雜誌》，第 58 期，2004 年 5 月，頁 139–145；葛克昌，〈一事不再罰之公然漏洞——最高行政法院 91 年度 6 月決議評釋〉，《月旦法學雜誌》，第 92 期，2003 年 1 月，頁 274–281；莊義雄，陳佳玲，〈一事不二罰在租稅行政罰之適用〉，《法令月刊》，第 58 卷第 11 期，2007 年 11 月，頁 95–106；李惠宗 ，〈一行為不二罰的判斷基準論——兼論海關緝私條例與貨物稅條例上申報不實的競合〉，《法令月刊》，第 62 卷第 10 期，2011 年 10 月，頁 1–23；陳清秀，〈虛報進口貨物價值應適用一行為不二罰原則／最高行 99 判 1251〉，《台灣法學雜誌》，第 173 期，2011 年 4 月，頁 175–181；蔡孟彥，〈稅法上之一事不二罰——以日本法為比較對象〉，《月旦法學雜誌》， 第 236 期，2015 年 1 月，頁 210–220。

❹ 參閱，林錫堯，上揭書，頁 34、42。

第六節　行政處罰之責任條件

　　行政處罰之責任條件❺⓪是指對違反國家、社會生活秩序之人為處罰，要求其負擔一定法律責任時，必須以該行為人對法秩序利益之侵害有一定的認識，並為一定之意思決定為條件而言。換言之，行政處罰是否應與刑事處罰一樣，應以行為人有故意或過失為責任條件❺①，行政罰法已明白作出肯定的規定。該法第 7 條第 1 項規定：「違反行政法上義務之行為非出於故意或過失者，不予處罰。」此項規定之立法理由為：「現代國家基於『有責任始有處罰』之原則，對於違反行政法上義務之處罰，應以行為人主觀上有可非難性及可歸責性為前提，如行為人主觀上並非出於故意或過失情形，應無可非難性及可歸責性，故明定不予處罰。」❺② 至於何謂故意、過失，行政罰法並無明文規定，依學界通說採刑法第 13 條、第 14 條有關故意或過失之規定及相關司法實務之見解❺③。

　　行政罰法第 7 條第 1 項規定之立法理由又指出：「現代民主法治國家對於行為人違反行政法上義務欲加以處罰時，應由國家負證明行為人有故意或過失之舉證責任，方為保障人權之進步立法。」❺④ 故學者認為行政罰

---

❺⓪　實例請參閱，陳淑芳，〈行政罰之責任條件〉，《月旦法學教室》，第 10 期，2003 年 8 月，頁 20–21；洪家殷，〈行政罰法：第五講──行政罰之責任要件及行為〉，《月旦法學教室》，第 93 期，2010 年 6 月，頁 28–40。

❺①　參閱大法官釋字第 508 號解釋關於所得稅漏報、短報應有故意、過失以及大法官釋字第 521 號解釋關於私運貨物出口、報運貨物進口應有故意、過失為責任條件，始可處罰之釋示。

❺②　法務部，〈行政罰法條文及立法理由說明對照表〉，《法學講座》第 32 期，2005 年 3 月，頁 152。

❺③　林錫堯，《行政罰法》，頁 86–87；李惠宗，《行政罰法之理論與案例》，頁 63–65；吳庚，〈行政法之理論與實用〉，頁 487；李震山，《行政法導論》，頁 394；洪家殷，〈新「行政罰法」簡介〉，前揭書，頁 243。

法實施後，行政機關不得再以大法官釋字第 275 號解釋中所容認「推定過失」之方式，將無過失之舉證責任交由行為人負擔，而需由行政機關本身負起證明行為人有過失之舉證責任❺❺。又由於一般人民違反行政義務而受行政罰之制裁者，大都屬過失行為，而行為人是否具備過失之主觀要件並不易證明。故學者也擔心，本法施行後，對行政機關之舉證責任負擔，必然較以往加重❺❻。雖然如此，另一學者則明確表示大法官釋字第 275 號解釋採用推定過失的釋示，不應再予援用，以免過度偏袒行政機關❺❼。

又是否有故意或過失僅能就自然人之行為中探知認定。得依行政罰法第 3 條規定處罰之法人、非法人團體及其他組織之故意或過失究應如何探知認定？就此，行政罰法第 7 條第 2 項乃規定：「法人、設有代表人或管理人之非法人團體、中央或地方機關或其他組織違反行政法上義務者，其代表人、管理人、其他有代表權之人或實際行為之職員、受僱人或從業人員之故意、過失，推定為該等組織之故意、過失。」此項條文行政院所提行政罰法草案原寫為「視為該等組織之故意、過失」，在立法院審議時被改為現行規定之「推定為該等組織之故意、過失」。被學者認為是「欲預留法人、團體等組織以反證推翻推定之餘地」❺❽。對此，另一學者分析比較了「視為」與「推定」用語之不同，認為：「行政罰法第 7 條第 2 項規定：『法人、設有代表人或管理人之非法人團體、中央或地方機關或其他組織違反行政法上義務者，其代表人、管理人、其他有代表權之人或實際行為之職員、受僱人或從業人員之故意、過失，推定為該等組織之故意、

---

❺❹　法務部，上揭文件，頁 153。

❺❺　論文請參閱，陳正根，〈闖紅燈違規之舉發與責任原則——兼評臺北地方法院一〇二年度交字第四十五號行政訴訟判決〉，《國立中正大學法學集刊》，第 45 期，2014 年 10 月，頁 139–175。

❺❻　洪家殷，上揭文，頁 243；相關論文請參閱，林三欽，〈行政裁罰案件「故意過失」舉證責任之探討——以行政裁罰程序為中心〉，《台灣法學雜誌》，第 138 期，2009 年 10 月，頁 130–142。

❺❼　吳庚，上揭書，頁 487。

❺❽　同上註，頁 488。

過失。」在『立法技術』上，應屬錯誤，應該區分為二類而規定為：「法人、設有代表人或管理人之非法人團體、中央或地方機關或其他組織違反行政法上義務者，其代表人、管理人、其他有代表權之人之故意或過失，視同該等組織之故意、過失。但其實際行為之職員、受僱人或從業人員之故意、過失，推定為該等組織之故意、過失。」」❺⁹筆者認同此一見解。

　　另外，行政法上的義務，率屬保障公共秩序，公共利益，有強制性的義務，人民自應遵守，不可藉口「不知者、無罪」而不受處罰。此因行政罰法並未如刑法一樣，規定過失之處罰，以法律有明文規定者為限。因此，人民不論對事實認知有誤（即對構成要件之事實認知有誤）或對法律認知有誤（即學理上之禁止錯誤，乃行為人認為其行為非法律所禁止，欠缺違法性認識），皆屬可予處罰之行為❻⁰。就此，行政罰法第 8 條乃明確規定：「不得因不知法規而免除行政處罰責任。但按其情節，得減輕或免除其處罰。」至於得減輕或免除，究應如何減輕或免除，本條立法理由即表示：「行政罰得予減輕者，於一定金額（罰鍰）或期間等得以量化之規定方有其適用，此為事理當然，觀諸本法第 18 條第 3 項、第 4 項之規定亦明，故於無法量化之裁罰類型，行政罰之減輕即無適用餘地；另有關得免除處罰部分，於無法量化之裁罰類型，則仍有適用之餘地。此部分實務上應由行政機關本於職權依具體個案審酌衡量，加以裁斷。」❻¹

　　行為人故意或有過失違反行政法上義務，是不是都要處予行政罰呢？答案是不一定。就此，行政罰法仿刑法也規定了阻卻責任事由❻²，即：

一、依法令之行為，不罰

　　行政罰法第 11 條第 1 項規定，依法令之行為，不予處罰。同條第 2 項又規定，依所屬上級公務員職務命令之行為，不予處罰。但明知職務命令違法，而未依法定程序向該上級公務員陳述意見者，不在此限。

---

❺⁹　李惠宗，《行政罰法之理論與案例》，頁 68。

❻⁰　同上註，頁 70–71。

❻¹　法務部，上揭文件，頁 153。

❻²　另參閱，李惠宗，《行政罰法之理論與案例》，頁 86–90。

二、正當防衛之行為，減輕或免除其處罰

行政罰法第 12 條規定，對於現在不法之侵害，而出於防衛自己或他人權利之行為，不予處罰。但防衛行為過當者，得減輕或免除其處罰。

三、緊急避難之行為，減輕或免除其處罰

行政罰法第 13 條規定，因避免自己或他人生命、身體、自由、名譽或財產之緊急危難而出於不得已之行為，不予處罰。但避難行為過當者，得減輕或免除其處罰。

第七節　行政處罰之責任能力

行政處罰之責任能力是指對違反國家、社會生活秩序之人為處罰，要求其負擔一定法律責任，必須該行為人對自己之行為有負責能力為前提之意思。行政罰法第 9 條將負責能力依年齡及辨識能力兩種標準而分類，即：

一、以年齡標準而分完全責任能力人、減輕責任能力人與無責任能力人等三級。

1.完全責任能力人──指滿 18 歲以上之成年人。此與社會秩序維護法第 9 條之規定標準相類同。

2.減輕責任能力人──行政罰法第 9 條第 2 項規定，14 歲以上未滿 18 歲人之行為，得減輕責任。此與社會秩序維護法第 9 條及刑法第 18 條第 1 項之規定標準相類同。但不相同的是，社會秩序維護法第 9 條對滿 70 歲人、刑法第 18 條對滿 80 歲人有減輕其刑、減輕其罰之規定，而行政罰法對滿 70 歲人或滿 80 歲人並無減輕其罰之規定。學者認為：「由於近代醫藥、衛生保健發達，國人平均壽命均提高，學者間對老人犯罪，應否減免，向採否定態度。且政府對於老人已有法規之相當保障與優惠，既然享受權利，則在義務方面亦應擔負其責任，因此無就老人違反行政法上義務之行為，再予以減免責任之必要。」❻❸

3.無責任能力人──行政罰法第9條第1項規定，未滿14歲人之行為，不予處罰。此與社會秩序維護法第8條第1項與刑法第18條第1項之規定相類同。

二、依辨識能力標準也分完全責任能力人、減輕責任能力人與無責任能力人等三級。

1.完全責任能力人──指行為時，滿18歲之人並無精神障礙或無其他心智缺陷而有正常辨識能力者，有完全責任能力，要承受行政處罰。

2.減輕責任能力人──行政罰法第9條第4項規定：「行為時因前項之原因，致其辨識行為違法或依其辨識而行為之能力，顯著減低者，得減輕其處罰。」

3.無責任能力人──行政罰法第9條第3項規定：「行為時因精神障礙或其他心智缺陷，致不能辨識其行為違法或欠缺依其辨識而行為之能力者，不予處罰。」

行政罰法之所以以辨識能力作為行政罰責任能力之準據，依該法第9條之立法理由，乃是因為：「現行法規中常用『心神喪失』、『精神耗弱』表示精神狀態並用以作為判斷辨識能力欠缺程度之標準，然因欠缺具體內涵，致適用上常生困擾，故第三項、第四項以較具體之文字說明行為人如因精神障礙或其他心智缺陷，致不能辨識其行為違法或欠缺依其辨識而行為之能力，以致違反行政法上義務者，因欠缺可歸責性，故不予處罰；如尚未達此一程度，僅因此障礙致辨識其行為違法或依其辨識而行為之能力顯著減低者，行為人雖仍應受處罰，惟因其可歸責之程度較低，故規定得斟酌情形予以減輕處罰。」❻❹

不過，行為人若因自己之故意或過失，自陷於行政罰法第9條第3項、第4項之精神障礙或其他心智缺陷，如「參加喜宴喝酒過量」❻❺致不能辨識其行為違法或欠缺、減輕依其辨識而行為之能力，造成違反行政法

---

❻❸　林錫堯，《行政罰法》，頁83。

❻❹　法務部，上揭文件，頁153–154。

❻❺　參照，李惠宗，《行政罰法之理論與案例》，頁59。

上義務者，「學說上稱為『原因自由行為』❻❻，因其仍有可非難性，具可歸責事由，故行政罰法第九條第五項規定於此情形不適用前二項不予處罰或得減輕處罰之規定，以免發生制裁上之漏洞。」❻❼

第八節　行政處罰之種類

行政處罰之種類，依行政罰法第 1 條、第 2 條之規定有三大類，即罰鍰、沒入及其他種類行政罰。另依行政罰法第 24 條第 3 項規定，拘留亦屬行政罰之一種，且明文規定在社會秩序維護法分則中對於各種違反行政法上義務之處罰中。

一、罰　鍰

罰鍰係各類行政法律所規定，針對違反行政法上義務之金錢性制裁。罰鍰之數額，行政罰法並未如德國違反秩序罰法第 17 條第 1 項❻❽設有最少 5 歐元，最多 1 千歐元（除法律另有規定外）之通則規定，而是由各類行政法律分別規定最高、最低數額。

二、沒　入

沒入係指對物之所有權之剝奪。沒入與行政罰法第 36 條規定扣留不同。扣留係一時解除所有權人之占有，依同法第 40 條規定，尚有發還之問題。沒入則為永久性的剝奪所有權。沒入本身屬於行政處分的一種。由於行政罰法並未有類似刑法第 34 條關於「沒收」係屬「從刑」之規定，故沒入並非「從罰」，行政機關可單獨宣告沒入。

---

❻❻　「原因自由行為」之理論，請參閱，李震山，《行政法導論》，頁 396 之註 49 所引文獻。

❻❼　法務部，上揭文件，頁 154。

❻❽　Erich Göhler/Peter König/Helmut Seitz, Gesetz über Ordnungswidrigkeiten, 13. Auflage, C. H. Beck München 2002, §17 Rn. 1–10；內容大致相同，舊法之中譯請參閱，廖義男主持計劃之研究，《行政不法行為制裁規定之研究》，行政院經濟建設委員會，民國 79 年 5 月，頁 279–326。

沒入之種類，學者依行政罰法之規定，將之分為三類❻❾：

1. 一般沒入

行政罰法第 21 條規定：「沒入之物，除本法或其他法律另有規定者外，以屬於受處罰者所有為限。」此即為學者所謂之一般沒入。本條所指之「本法另有規定」，係指行政罰法第 22 條之擴張沒入與第 23 條之追徵沒入。至於本條所指之「其他法律另有規定」，如水利法第 93 條之 5 規定，對違反該法第 78 條之 1 規定的圍築魚塭，插、吊蚵或飼養牲畜者，主管機關得沒入行為人使用之設施或機具，並得公告拍賣之。是以設施或機具，係屬行為人所「使用」，若非其所有，仍得依行政罰法第 21 條規定沒入❼⓿。另如道路交通管理處罰條例第 85 條第 3 項規定：「本條例規定沒入之物，不問屬於受處罰人與否，沒入之。」

2. 擴大沒入

行政罰法第 22 條即為擴大沒入之規定。該條第 1 項規定：「不屬於受處罰者所有之物，因所有人之故意或重大過失，致使該物成為違反行政法上義務行為之工具者，仍得裁處沒入。」此項規定在於防範第三人之故意或重大過失，致其所有物成為行政不法行為之工具。因此，參考德國違反秩序罰法第 23 條之規定，予以沒入。另外，第三人在明知物因他人違反行政法上義務而得受行政機關沒入之情況下，企圖規避該物沒入之裁處而惡意取得者，該所有人亦具有非難性，故行政罰法第 22 條第 2 項參考德國違反秩序罰法第 23 條規定：「物之所有人明知該物得沒入，為規避沒入之裁處而取得所有權者」仍得裁處沒入。

3. 追徵沒入

應受一般沒入或擴大沒入之裁處者，如為避免其物被沒入，而於受裁處沒入前，將得沒入之物予以處分、使用或以他法致全部或一部不能裁處沒入或致沒入物之價值減損時，將無法貫徹裁處沒入之行政目的，顯然未

---

❻❾　李惠宗，《行政罰法之理論與案例》，頁 23–26；黃俊杰，《行政法》，頁 432–433。

❼⓿　其他事例可參閱，李惠宗，同上註，頁 24。

盡公平。故行政罰法第 23 條第 1 項乃規定：「得沒入之物，受處罰者或前條物之所有人於受裁處沒入前，予以處分、使用或以他法致不能裁處沒入者，得裁處沒入其物之價額；其致物之價值減損者，得裁處沒入其物及減損之差額。」

又若已先有裁處沒入之處分後尚未執行前，受處罰者或前條物之所有人，亦有可能處分、使用或以他法致行政機關不能執行沒入者，行政罰法第 23 條第 2 項乃規定：「得追徵其物之價額；其致物之價值減損者，得另追徵其減損之差額。」

另行政罰法第 23 條第 3 項規定：「前項追徵，由為裁處之主管機關以行政處分為之。」之所以如此規定，乃因追徵之性質，非行政罰法所稱行政罰之裁處，為避免發生行政機關究應以行政處分追徵或以公法上給付訴訟方式追徵之疑義，爰特別明文規定應由裁處沒入之行政機關以行政處分為之，而以此行政處分所定追徵價額或差額，當事人如有不服，自可提出行政爭訟。

三、其他種類行政罰

行政罰法第 2 條規定：「本法所稱其他種類行政罰，指下列裁罰性之不利處分❼：一、限制或禁止行為之處分：限制或停止營業、吊扣證照、命令停工或停止使用、禁止行駛、禁止出入港口、機場或特定場所、禁止製造、販賣、輸出入、禁止申請或其他限制或禁止為一定行為之處分。二、剝奪或消滅資格、權利之處分：命令歇業、命令解散、撤銷或廢止許可或登記、吊銷證照、強制拆除或其他剝奪或消滅一定資格或權利之處分。三、影響名譽之處分：公布姓名或名稱、公布照片或其他相類似之處分。四、警告性處分：警告、告誡、記點、記次、講習❼、輔導教育❼或

---

❼ 相關論文請參閱，詹鎮榮，〈「裁罰性」不利處分之概念及其範圍界定——兼論菸害防制法第二三條「戒菸教育」之法律性質〉，《台灣法學雜誌》，第 93 期，2007 年 4 月，頁 125–139。

❼ 相關論文請參閱，蕭文生，〈不服環境講習之救濟途徑〉，《台灣法學雜誌》，第 245 期，2014 年 4 月 1 日，頁 136–141。

其他相類似之處分。」

　　本條立法理由指出：「為因應我國目前實務上需要，使各種法律有效達成行政目的，並基於維護公益之考量，本法之適用，除因違反行政法上義務應受罰鍰或沒入之裁處外，亦將行政機關所為之不利處分中具有裁罰性者視為行政罰，由於其名稱種類有一百餘種之多，爰概稱為『其他種類行政罰』，並參酌司法院釋字第三九四號等解釋使用『裁罰性行政處分』之用語，將其適用本法應具備『裁罰性』及『不利處分』之要件予以明定，以界定本法之適用範疇。」

　　其他種類行政罰之範圍甚大，有為行政罰法第 2 條所指之「裁罰性之不利處分❼❹」，亦有為一般不利處分。為求明確，行政罰法第 2 條乃將「其他種類行政罰」適用該法所須具備之兩要件，即「裁罰性」及「不利處分」直接明定外，並檢視現行各種法律中具有代表性且常用之裁罰性不利處分之名稱，依其性質分為限制或禁止行為之處分、剝奪或消滅資格、權利之處分、影響名譽之處分及警告性處分 4 種類型，分 4 款列舉之，並於每款就各類型之裁罰性不利處分為例示及概括規定，以利適用。

　　至於不適用行政罰法之「一般不利處分」雖亦可歸類為「其他種類行政罰」，但並不具有「裁罰性不利處分」之「裁罰性」要件。學者認為上述兩種處分的區別有實用的價值。至於如何區別，學者則提出兩項標準❼❺，即：

　　1.在法規形式上規定於「罰則」章節者，應視為「裁罰性不利處分」。

　　2.在「罰則」章節以外之規定，則以「有無裁罰性」為準。至於何謂「有裁罰性」處分，是指對違反行政法上義務者，所為具有非難性的處分。而「無裁罰性」處分，則依行政罰法第 2 條立法理由，則以下述 3 類

---

❼❸　論文請參閱，陳俊宏，〈交通違規舉發方式及裁罰相關爭議之探討〉，《警學叢刊》，第 45 卷第 4 期，2015 年 1 月，頁 91–108。

❼❹　參閱，廖義男，〈論裁罰性之不利處分〉，《法令月刊》，第 67 卷第 8 期，2016 年 8 月，頁 190–210。

❼❺　吳庚，上揭書，頁 483。

之不利處分為「無裁罰性處分」。

　　⑴如其處分係命除去違法狀態或停止違法行為者，因與行政罰之裁罰性不符，非屬裁罰性之不利處分，無行政罰法之適用。

　　⑵行政機關對違法授益行政處分之撤銷及合法授益行政處分之廢止，是否屬本法所規範之「裁罰性之不利處分」，而有本法規定之適用，應視其撤銷或廢止之原因及適用之法規而定，未可一概而論。例如證券交易法第 59 條第 1 項規定：「證券商自受領證券業務特許證照，或其分支機構經許可並登記後，於三個月內未開始營業，或雖已開業而自行停止營業連續三個月以上時，主管機關得撤銷其特許或許可。」之「撤銷」，即不屬行政罰法所規範的裁罰性之不利處分。

　　⑶依稅捐稽徵法第 24 條規定所為限制納稅義務人之財產不得移轉或設定他項權利、限制其減資或註銷登記及限制出境之處分，及依海洋污染防治法第 35 條規定所為限制船舶及相關船員離境之處分，均屬保全措施，不具裁罰性，亦非屬「裁罰性之不利處分」，無行政罰法規定之適用。

　　又學者指出：「區分裁罰性不利處分與通常或一般的不利處分有其實益存在：前者必須遵守本法之各項規定，尤其應符合責任能力、責任條件、違法認識、免責事由及處罰時效等，而通常或一般的不利處分之作成則既無行政罰法的適用，自不必考慮上述各種規定，只須踐行行政程序法所訂定之原則及手續即可。」❼❻亦即：「應有法律之明確依據（法律保留原則）、正確涵攝 (Subsumtion) 事實與法條之概念，屬於裁量行為者應遵守合義務性之裁量等」❼❼。

　　有關裁罰性不利處分與一般的不利處分（有稱為不具裁罰性不利處分）之區別標準❼❽，行政院法規委員會曾召開諮詢會議，有相當詳細的探

---

❼❻　同上註，頁 485。

❼❼　同上註，頁 483。

❼❽　相關論文請參閱，李建良，〈行政罰法中「裁罰性之不利處分」的概念意涵

討與文件說明，可資參用❼❾。

四、拘　留

　　行政罰法第 24 條第 3 項規定中之拘留，學者認為是「針對尚未達犯罪程度之違反秩序行為之處罰，其性質屬行政罰，應無疑問」❽⓪。不過，學者以拘留作為行政罰手段是否會紊亂法制與救濟體系，提出質疑，認為：「行政罰，多屬針對僅因義務之懈怠，致有影響社會秩序之危害行為，尚未達到犯罪之程度，自應由行政機關管轄、裁處。今因處拘留、罰鍰易以拘留、勒令歇業或停止營業者，移送地方法院簡易庭裁處，係以制裁手段之不同，強行割裂管轄機關。由司法機關之簡易庭裁處，有司法權代行政權而為行政制裁之嫌，以法官兼行警察官之角色，尤使行政權之制裁權受到司法權之過度介入。退一步言，拘留之案件屬行政事件，本應循行政爭訟由行政法院受理，卻委由掌理民刑案件之普通法院管轄，以立法裁量之名，紊亂司法裁判管轄二元制之精神，尚非妥當。大法官釋字第二八九號解釋中，就曾指出將稅務案件移由法院裁定之不妥。」❽⓵另一學者也認為「不宜將拘留做為行政罰處罰之手段，應可考慮廢除。」❽⓶

第九節　行政罰裁處之審酌加減及擴張

　　行為人有責任能力，也有故意或過失違反行政法上之義務，但因違反之事態情況因人、因事、因時、因地、因物並不完全相同或一致。為了避

　　及法適用上之若干基本問題——「制裁性不利處分」概念之提出〉，《月旦法學雜誌》，第 181 期，2010 年 6 月，頁 133–163。

❼❾　參閱，行政院法規委員會編印，《行政院法規委員會諮詢會議紀錄彙編》（第三輯），2006 年 4 月，頁 145–186。

❽⓪　李震山，《行政法導論》，頁 376。

❽⓵　同上註，頁 377 之註 13。

❽⓶　蔡震榮，〈行政罰法草案之探討〉，《月旦法學雜誌》，第 105 期，民國 93 年 2 月，頁 209。

免「法重情輕」之嚴苛或「法輕情重」之寬鬆，行政罰法第四章乃對行政機關之行政罰裁處，規定審酌、加減與擴張之標準❽。

一、行政罰裁處之審酌

行政罰法第 18 條第 1 項規定：「裁處罰鍰，應審酌違反行政法上義務行為應受責難程度、所生影響及因違反行政法上義務所得之利益，並得考量受處罰者之資力。」由此可知，審酌之標準有四，即：

1.違反行為應受責難之程度。

2.違反行為所生之影響。

3.因違反行為而獲得之利益。

4.受處罰者之資力。

這些審酌標準，均屬有待確定之概念，須就各個具體案件情況來裁量決定。因此，若數人違反同一行政法上義務，行政機關依此 4 項審酌標準而分別裁處不同之罰鍰金額，亦不能說是不當❾。

二、行政罰之酌量加重

行政罰法第 18 條第 2 項規定：「前項所得之利益超過法定罰鍰最高額者，得於所得利益之範圍內酌量加重，不受法定罰鍰最高額之限制。」本項立法理由明白表示：「裁處罰鍰，除督促行為人注意其行政法上義務外，尚有警戒貪婪之作用，此對於經濟及財稅行為，尤其重要。故如因違反行政法上義務而獲有利益，且所得之利益超過法定罰鍰最高額者，為使行為人不能保有該不法利益，爰……明定准許裁處超過法定最高額之罰鍰。」

依行政罰法第 18 條第 2 項規定，雖允許裁處超過法定最高額之罰鍰，但仍須在受處罰者所得利益之範圍內。

三、行政罰之酌量減輕

行政罰法第 18 條第 3 項規定依該法第二章規定減輕處罰時，究應如何減輕，以免行政機關濫用裁量，隨意減輕。學者指出，依各類行政法律

---

❽ 相關實例論文請參閱，洪家殷，〈行政裁罰之審酌、減輕及免除〉，《月旦法學教室》，第 77 期，2009 年 3 月，頁 30–31。

❾ 吳庚，上揭書，頁 500。

規定,「有在一定條件下『得減輕其處罰』者,亦有在一定條件下,『得減輕或免除其處罰』者,兩者相較,顯然後者較前者可非難性更低,因此,究竟兩者減輕之標準各為何?有明文規定之必要,爰設第 18 條第 3 項❽❺,先就罰鍰之減輕標準為規定,即於適用『得減輕其處罰』之規定時,將罰鍰之法定額度降低為 2 分之 1,例如:原規定『1 百元以上、1 千元以下』,降低為『50 元以上、5 百元以下』,並依此降低後之範圍,裁量決定其罰鍰金額;如依法無裁量權,法定罰鍰數額僅有一個(如 1 千元),則降低為 2 分之 1(如 5 百元)作為其罰鍰金額。其次,於適用『得減輕或免除其處罰』時,將罰鍰之法定額度降低為 3 分之 1,並依此降低後之範圍裁量決定之。」❽❻不過,法律或自治條例另有規定者,則不得依此項規定標準為減輕。

　　至於其他種類行政罰並不以數額為減輕準據時,如何處理?就此,行政罰法第 18 條第 4 項乃規定:「其他種類行政罰,其處罰定有期間者,準用前項之規定。」例如,營造業法第 36 條規定:「土木包工業負責人違反第三十六條規定者,按其情節輕重,予以該土木包工業三個月以上二年以下停業處分。」則此停業處分為定有期間之處罰,可準用行政罰法第 18 條第 3 項規定來減輕。

四、行政罰裁處之機宜考量

　　行政罰法第 19 條規定:「違反行政法上義務應受法定最高額新臺幣 3 千元以下罰鍰之處罰,其情節輕微,認以不處罰為適當時,得免予處罰。」這是法律授權行政機關在審酌行政罰裁處時之機宜規定,可參閱本章第五節機宜原則之說明。

---

❽❺　該項之規定為:依本法規定減輕處罰時,裁處之罰鍰不得逾法定罰鍰最高額之 2 分之 1,亦不得低於法定罰鍰最低額之 2 分之 1;同時有免除處罰之規定者,不得逾法定罰鍰最高額之 3 分之 1,亦不得低於法定罰鍰最低額之 3 分之 1。但法律或自治條例另有規定者,不在此限。

❽❻　參引,林錫堯,《行政罰法》,頁 130。

五、行政罰裁處之擴張

　　為防止脫法行為，避免制裁之漏洞，行政罰法在第 20 條、第 22 條、第 23 條分別規定了行政罰裁處之擴張情形，亦即不當利得之追繳[87]，擴大沒入及追徵沒入。其中，擴大沒入及追徵沒入在本章第八節行政罰之種類中已有說明。在此，再就不當利得之追繳分析說明。

1. 自己不當得入之追繳

　　行政罰法第 20 條第 1 項規定：「為他人利益而實施行為，致使他人違反行政法上義務應受處罰者，該行為人因其行為受有財產上利益而未受處罰時，得於其所受財產上利益價值範圍內，酌予追繳。」

2. 他人不當利得之追繳

　　行政罰法第 20 條第 2 項規定：「行為人違反行政法上義務應受處罰，他人因該行為受有財產上利益而未受處罰時，得於其所受財產上利益價值範圍內，酌予追繳。」

　　上述二種不當得利之追繳[88]，依行政罰法第 20 條之理由，「係基於實現公平正義等理念而設，性質上並非制裁，故與責任能力、責任條件等無關。……又為避免發生行政機關究應以行政處分追繳抑或以公法上給付訴

---

[87] 相關論文請參閱，傅玲靜，〈行政罰法上不法利益之審酌及追繳〉，《月旦法學雜誌》，第 174 期，2009 年 11 月，頁 327–336；陳清秀，〈行政裁罰事件追繳不法利得之研究〉，《軍法專刊》，第 60 卷第 3 期，2014 年 6 月，頁 49–70；李建良，〈論不法利得的追繳與加重裁處罰鍰之關係——評析《和平電廠超額使用生煤案》之相關判決與法制〉，《月旦法學雜誌》，第 235 期，2014 年 12 月，頁 93–121；李惠宗，〈追繳不法利得作為主要行政罰的法理基礎——以公平會處罰民間電廠業者為例〉，《法令月刊》，第 66 卷第 7 期，2015 年 7 月，頁 1–31；廖義男，〈行政罰法不當利得之追繳〉，《法令月刊》，第 68 卷第 9 期，2017 年 9 月，頁 148–161。

[88] 與一罪不二罰之關係請參閱，陳英鈐，〈追繳不法利得不生一罪二罰問題——一〇三年衛部法字第一〇三〇一一七五二〇號訴願決定評析〉，《月旦裁判時報》，第 29 期，2014 年 10 月，頁 5–15；林明昕，〈論不法利得之剝奪——以行政罰法為中心〉，《國立臺灣大學法學論叢》，第 45 卷第 3 期，2016 年 9 月，頁 755–825。

訟方式追繳之疑義，（行政罰法第二十條）第三項特別明文規定追繳均應由為裁處之主管機關以行政處分為之，以資明確，並杜爭議。」**❽⁹**

第十節　行政罰之裁處程序

　　行政罰之裁處處分是一種行政處分，其裁處程序自應適用行政程序法第一章總則與第二章行政處分之有關規定。不過，因為行政罰法第八章**❾⁰**，對於行政罰之裁處程序有特別規定，依特別法優先於普通法原則，有關行政罰之裁處程序，自應優先適用行政罰法。

　　行政罰法第八章關於行政罰之裁處程序共有六類規定**❾¹**，即：

一、出示證件、告知違反法規之程序

　　行政罰法第 33 條規定：「行政機關執行職務之人員，應向行為人出示有關執行職務之證明文件或顯示足資辨別之標誌，並告知其所違反之法規。」該條立法理由表示：「行政機關執行職務之人員於執行職務時，為向行為人表明其為執法人員，以避免行為人之疑慮，進而引發不必要之爭執，應主動向行為人出示有關執行職務證明文件（該證明文件，或為公務人員之識別證、或為行政機關之公函等，均屬之）或顯示足資辨別之標誌（如警艇在海上查緝走私，攔阻船隻時，應在警艇上顯示足以辨別其為行政機關之標誌）；又為使行為人知悉其違法，並作為執法依據，尚須告知行為人所違反之法規。」此一程序有學者稱之為共通程序者**❾²**，雖屬正

---

❽⁹　法務部，上揭文件，頁 163；實務論文請參閱，蔡震榮，〈行政罰法不法利得追繳規定單獨作為裁罰依據之分析——評最高行政法院 107 年度判字第 336 號判決〉，《月旦法學教室》，第 198 期，2019 年 4 月，頁 6–8。

❾⁰　參閱，陳愛娥，〈行政罰之調查程序——行政罰法第八章之修法建議〉，《法學叢刊》，第 61 卷第 4 期，2016 年 10 月，頁 31–55。

❾¹　吳庚，《行政法之理論與實用》，頁 512–515；李惠宗，《行政罰法之理論與案例》，頁 129–147；林錫堯，《行政罰法》，頁 138–152；黃俊杰，《行政法》，頁 441–446。

確，但尚無法表明其強制、必要性質。另一學者認此程序是「必須遵守之手續，否則行為人無接受……的義務」❽。由於行政罰之裁處，影響人民權益甚大，因此行政罰法第 33 條規定之程序屬於行政罰裁處之應行程序。

二、即時處置程序

為了防止現行違反行政法上義務行為持續進行，造成更嚴重之損害，行政罰法第 34 條規定了四種即時處罰之行為，即：

1.即時制止其違反行政法上義務之行為。

2.製作書面紀錄。

3.為保全證據之措施。遇有抗拒保全證據之行為且情況急迫者，得使用強制力排除其抗拒。但依行政罰法第 34 條第 2 項規定，不得逾越保全證據目的之必要程度。

4.確認其身分。其拒絕或規避身分之查證，經勸導無效，致確實無法辨認其身分且情況急迫者，得令其隨同到指定處所查證身分；其不隨同到指定處所接受身分查證者，得會同警察人員強制為之。但依行政罰法第 34 條第 2 項規定，不得逾越確認身分目的之必要程度。

由於行政機關對於行為人所為之強制排除抗拒保全證據或強制到指定處所查證身分之處分，係對行為人人身自由之限制，對於行為人之權益影響甚鉅，故應給予行為人有當場陳述理由表示異議之機會❾。就此，行政罰法第 35 條第 1 項規定：「行為人對於行政機關依前條所為之強制排除抗拒保全證據或強制到指定處所查證身分不服者，得向該行政機關執行職務之人員，當場陳述理由表示異議。」

行為人依第 1 項規定當場提出異議時，行政機關執行職務之人員認有理由者，應停止或變更強制排除抗拒保全證據或強制到指定處所查證身分之處置；認無理由者，得繼續執行。又強制到指定處所之處置，具有即時性、短暫性之性質，故對異議結果，應無予以再救濟之必要。惟經行為人

---

❾ 李惠宗，上註書，頁 129。

❾ 吳庚，前揭書，頁 512。

❾ 法務部，上揭文件，頁 171。

之請求，行政機關執行職務之人員，應將行為人異議之要旨製作紀錄交付之，以為證明，俾利爾後循國家賠償或其他途徑求償❾❺。因此，行政罰法第 35 條第 2 項乃規定：「行政機關執行職務之人員，認前項異議有理由者，應停止或變更強制排除抗拒保全證據或強制到指定處所查證身分之處置；認無理由者，得繼續執行。經行為人請求者，應將其異議要旨製作紀錄交付之。」

三、物之扣留程序

行政機關為行政罰之裁處時，為保全證據，或為便利將來沒入之執行，均有將物先行扣留之必要。為使各行政機關得依法裁量為拘留之處分，行政罰法第 36 條至第 41 條乃統一規定了物之扣留程序與爭訟程序，即：

1.得扣留之物

行政罰法第 36 條第 1 項規定：「得沒入或可為證據之物，得扣留之。」所謂「得沒入之物」，應依法律或自治條例之規定。學者認為行政罰法第 22 條所規定之「擴大沒入之物」，亦包括在內❾❻。

又為保障人民權益，防止行政機關胡亂扣留，行政罰法第 36 條第 2 項乃明白規定：「前項可為證據之物之扣留範圍及期間，以供檢查、檢驗、鑑定或其他為保全證據之目的所必要者為限。」

2.物之扣留方法

為有效執行物之扣留，行政罰法第 37 條乃規定，行政機關對於應扣留物之所有人、持有人或保管人，得要求其提出或交付；無正當理由拒絕提出、交付或抗拒扣留者，得用強制力扣留之。

3.物之扣留紀錄與收據

為確保扣留程序合法適當，對於實施扣留者，應課以作成紀錄之義務，以明責任。故行政罰法第 38 條第 1 項乃規定：「扣留，應作成紀錄，記載實施之時間、處所、扣留物之名目及其他必要之事項，並由在場之人

---

❾❺　同上註，頁 171–172。
❾❻　林錫堯，《行政罰法》，頁 144。

簽名、蓋章或按指印；其拒絕簽名、蓋章或按指印者，應記明其事由。」

又為防止行政機關不給憑據之扣留，行政罰法第 38 條第 2 項又規定：「扣留物之所有人、持有人或保管人在場或請求時，應製作收據，記載扣留物之名目，交付之。」

4.扣留物之處置、保管與毀棄

行為人之物，經扣留後，行政機關應本善良管理人之注意義務為處置，並與物之所有人成立公法上寄託關係，將來未經沒入之扣留物，仍應發還。為釐清行政機關之權利與責任，行政罰法第 39 條乃規定了扣留物之處置、保管與毀棄程序，即：「扣留物，應加封緘或其他標識，並為適當之處置；其不便搬運或保管者，得命人看守或交由所有人或其他適當之人保管。得沒入之物，有毀損之虞或不便保管者，得拍賣或變賣而保管其價金。易生危險之扣留物，得毀棄之。」

5.扣留物之發還

行政罰法第 40 條規定了扣留物之發還程序。其中，第 1 項規定：「扣留物於案件終結前無留存之必要 ，或案件為不予處罰或未為沒入之裁處者，應發還之；其經依前條規定拍賣或變賣而保管其價金或毀棄者，發還或償還其價金。但應沒入或為調查他案應留存者，不在此限。」

同條第 2 項又規定：「扣留物之應受發還人所在不明，或因其他事故不能發還者，應公告之；自公告之日起滿六個月，無人申請發還者，以其物歸屬公庫。」

6.對扣留之異議與訴訟

行政罰法規定之扣留❾，為裁處程序上之事實行為，係裁處程序之中間決定或處置之性質，其救濟宜有較簡速之程序，以免延宕案件之進行並保障人民權益。故行政罰法第 41 條第 1 項規定：「物之所有人、持有人、保管人或利害關係人對扣留不服者，得向扣留機關聲明異議。」而對此項聲明異議，同條第 2 項又規定扣留機關認有理由者，應發還扣留物或變更

---

❾ 實例請參閱，蔡茂寅，〈行政扣留〉，《月旦法學教室》，第 4 期，2003 年 2 月，頁 28–29。

扣留行為；認無理由者，應加具意見，送直接上級機關決定之。

　　為達簡速目的，行政罰法第 41 條第 3 項規定：「對於直接上級機關之決定不服者，僅得於對裁處案件之實體決定聲明不服時一併聲明之。」不得單獨提起訴願或行政訴訟。但物之所有人、持有人、保管人或利害關係人依法不得對裁處案件之實體決定聲明不服時，為保障其權益，依同條第 3 項但書之規定，得單獨對第 1 項之扣留逕行提起行政訴訟。

　　對扣留所提聲明異議或行政訴訟，行政罰法第 41 條第 4 項規定，不影響扣留或裁處程序之進行。

四、行政罰裁處前之陳述意見程序

　　為避免行政機關之恣意專斷、確保受處罰者之權益，行政罰法第 42 條規定了行政機關於裁處前，應給予受處罰者陳述意見之機會。不過，基於行政效能之考量，同時規定下列得不給予陳述意見機會之例外情形。即：

　　1. 已依行政程序法第 39 條規定，通知受處罰者陳述意見。

　　2. 已依職權或依行政罰法第 43 條規定，舉行聽證。

　　3. 大量作成同種類之裁處。

　　4. 情況急迫，如給予陳述意見之機會，顯然違背公益。

　　5. 受法定期間之限制，如給予陳述意見之機會，顯然不能遵行。

　　6. 裁處所根據之事實，客觀上明白足以確認。

　　7. 法律有特別規定。

五、特定行政罰裁處前之聽證程序

　　行政機關為行政罰法第 2 條第 1 款限制或禁止行為之處分及同條第 2 款剝奪或消滅資格、權利之處分時，對於受處罰者之權益將有重大影響，為避免行政機關恣意專斷之決定，損害受處罰者之權益，行政罰法第 43 條乃規定行政機關於裁處前，應依受處罰者之申請，舉行聽證。但若有行政罰法第 43 條但書所指情形之一者，得不舉行聽證。這些情形即：

　　1. 有行政罰法第 42 條但書各款情形之一者。

　　2. 影響自由或權利之內容及程度顯屬輕微。

3.經依行政程序法第 104 條規定，通知受處罰者陳述意見，而未於期限內陳述意見。

六、行政罰裁處書之製作及送達程序

為保障人民爭訟權益，完備行政程序，行政罰法第 44 條明定：「行政機關裁處行政罰時，應作成裁決書，並為送達」。由於行政罰法並未特別規定裁決書應記載事項及送達之程序。因此，除特別法，例如社會秩序維護法第 43 條、稅捐稽徵法第 18 條、第 19 條有規定外，應依行政程序法第 96 條規定書明裁決書應記載之事項，並依行政程序法第 67 條至第 91 條之規定等關於送達之方式、對象、時間、處所等為合法之送達於受行政罰裁處之人。

第十一節　行政處罰之時效

我國行政法律原無統一性、類似德國違反秩序罰法之將行政處罰時效區分為追訴時效與執行時效，或如奧國行政罰法之將行政處罰時效區分為追訴時效、執行時效與裁決時效[98]，僅在社會秩序維護法第 31 條設有追訴時效，在第 32 條設有執行時效，道路交通管理處罰條例第 90 條關於舉發時效以及在稅捐稽徵法第 21 條至第 23 條有關於稅捐之核課期間與追徵時效。行政罰法公布施行後，行政罰之裁處權才有較統一性之規定[99]。

不過，行政罰法所規定之時效僅為行政罰裁處權時效，至於行政罰之執行時效，則依行政執行法第 7 條第 1 項規定處理[100]。又行政罰法所規定之裁處權時效，與行政程序法第 131 條之公法上請求權是否有別？學者認為有差別，謂：「（行政罰）裁處權行使前，尚不發生公法上請求權，而因

---

[98]　吳庚，上揭書，頁 504。

[99]　洪家殷，〈新「行政罰法」簡介〉，頁 246；李惠宗，《行政罰法之理論與案例》，頁 83。

[100]　行政罰法第 27 條立法理由，參閱，法務部，上揭文件，頁 167。

作成（行政罰）裁處……，始發生法律關係，而使行政主體享有公法上請求權，故（行政罰）裁處權是形成權，不是公法上請求權。」[101]而因此差別，行政罰裁處權時效雖有不進行之設計，但並無時效中斷之設計。至於行政程序法第 131 條之公法上請求權，則有時效中斷與時效不完成之適用。行政罰裁處權之不採時效中斷制度，乃因學者指出：「行政罰貴在迅速制裁，即時發揮警惕作用，以利行政目的之適時實現，行政機關亦當本於此種精神執行法律。如採時效中斷，從新起算，徒延長（行政罰）裁處時效，形成案件久懸未決，耗盡行政資源，影響行政目的之實現，亦使人民陷於長期不安，於立法政策上，似非妥適。」[102]

由上所述，可知三個主要一般性、普通法性之行政法律，即行政程序法、行政執行法、行政罰法關於時效之規定並不相同[103]。行政罰法所規定僅是（行政罰）裁處權時效，既非（行政罰）執行時效，也非公法上請求權時效。茲再就行政罰法有關裁處權時效之規定，說明於次：

一、裁處權時效

行政罰法第 27 條第 1 項規定：「行政罰之裁處權，因三年期間之經過而消滅。」之所以如此規定乃因「行政罰裁處權之行使與否，不宜懸之過久，而使處罰關係處於不確定狀態，影響人民權益，惟亦不宜過短，以免對社會秩序之維護有所影響。」[104]

行政罰法第 27 條第 1 項規定之 3 年期間，並不區分行政罰種類或輕重。學者認為：「本法對所有的行政罰皆規定為一致的三年時效期間，不再區別處罰之種類及輕重，而有不同的時效期間。此種立法方式固有利於時效期間之判斷，然行政罰對人民權利之干涉程度有極大之差異，若全部只適用一種時效期間，是否符合公平原則之要求，即不無疑問。」[105]此一

---

[101] 林錫堯，《行政罰法》，頁 74。

[102] 林錫堯，《行政罰法》，頁 76。

[103] 學者謂：「（行政罰）所規定者為裁處時效，係採『一定期間經過』而消滅時效，而不採因不行使而消滅時效」，參閱，李震山，上揭書，頁 398。

[104] 行政罰法第 27 條立法理由，參閱，法務部，上揭文件，頁 167。

質疑尚屬合理。因外國立法例，如德國行政罰法第 31 條第 2 項即有較細膩的區別規定，即：「除法律另有規定外，違反秩序行為之裁罰因下列期間之經過而消滅： 1.法定最高罰鍰超過一萬五千歐元（三萬馬克）以上者，三年。 2.法定最高罰鍰二千五百歐元至一萬五千歐元（五千馬克至三萬馬克），二年。 3.法定最高罰鍰一千歐元至二千五百歐元（二千馬克至五千馬克），一年。 4.其他違反秩序行為，六個月。」❿

又行政罰法第 27 條第 1 項所謂裁處權因 3 年期間之經過而消滅，是指裁處權因 3 年之經過而不得行使，亦即學者表示的：「不得再行追訴、發動裁處程序，或雖已發動裁處程序，但遲未作成裁處書，除有重新起算或停止進行情形外，亦不得為處罰。如有前舉行政法院六十八年判字第三五六號判決所稱機關因公文協調以致延擱，若三年期間屆滿，正屬於已追訴但不得裁處之情形。」❿

二、裁處權時效之起算

行政罰法第 27 條第 2 項規定：「前項期間，自違反行政法上義務之行為終了時起算。但行為之結果發生在後者，自該結果發生時起算。」是以，裁處權之 3 年時效期間，應自違反行政法上義務之行為終了時起算❿。但行為之結果發生在後者，自該結果發生時起算。

又此 3 年時效之起算在犯罪行為與違反行政法上義務之行為競合，而其行為經檢察官為不起訴處分或法院為無罪、免訴、不受理、不付審理（少年事件）之裁判確定者，依行政罰法第 26 條第 2 項規定，仍得裁處

---

❿　洪家殷，〈新「行政罰法」簡介〉，頁 246。

❿　Vgl. Göhler, a.a.O., §31 Rn. 6.

❿　吳庚，上揭書，頁 505。

❿　所謂行為包括作為或不作為。故學者謂「時效期間之起算，違法行為屬於積極之作為者， 自違反行政法上義務之行為終了時起算……。 消極不作為時效，則自應作為而不作為時起算」；又「共同違法行為，時效依各行為人之情節分別計算。」同上註，頁 505。相關論文請參閱，賴恆盈，〈行政法上「不作為犯」 裁處權時效起算時之研究〉，《月旦法學雜誌》，第 242 期，2015 年 7 月，頁 173–208。

行政罰，但此際其時效可能已完成。為免裁處權之無法行使，行政罰法第
27 條第 3 項乃規定：「第一項期間自不起訴處分或無罪、免訴、不受理、
不付審理之裁判確定日起算。」此一規定，在實務上之例子是，因酒駕被
移送法辦，若法院判決緩起訴，法務部解釋視同不起訴，公路監理單位依
道路交通管理處罰條例追繳酒駕違規罰鍰時，將自緩起訴處分確定時起算
期間 ❿。另外，行政罰之裁處因訴願、行政訴訟或其他救濟程序經撤銷而
須另為裁處者，則另為裁處時，第 1 項 3 年時效期間可能已完成而無法行
使裁處權，故行政罰法第 27 條第 4 項乃規定：「第一項期間自原裁處被撤
銷確定之日起算。」

　　值得探討的是，違反行政法上義務之行為態樣不一，有為連續違法行
為者，有為繼續違法行為者，亦有為不作為的繼續違法行為者，則時效期
間之起算為何 ⓫？歸納學者之說法可分析為 ⓬：

　　1.連續違法行為 (fortgesetzte Delikt)──指一連串之個別行為，違反
同一或性質相同之義務，在時間有緊密性者而言，時效之計算自最後一次
行為終了開始。

　　2.繼續違法行為 (Daverdelikt)──指違反義務行為產生持續之違法
狀態。此在以往多採違法狀態消失時起算時效，而若狀態仍在繼續中，則
不起算時效。學者認此種方式嚴苛程度甚至超過刑法上之繼續犯，對人民
甚為不利，故在目前偏向於行為終了，時效就開始進行，狀態之繼續不妨
害時效之起算。例如無照起造建築物，依建築法第 86 條應處罰鍰，其時
效應自起造完工時計算，而非發現已繼續存在很久之該無照建築物之時起
算。若已罹於 3 年時效，不得再予裁處。不過，該無照建築物，仍得依違
章建築處理辦法予以拆除 ⓭。

---

❿　參閱，〈酒駕獲緩起訴，將追繳罰鍰〉，《中國時報》，民國 95 年 8 月 22 日，
　　A8 版。

⓫　相關實例論文請參閱，洪家殷，〈行政罰時效之起算〉，《月旦法學教室》，第
　　92 期，2010 年 6 月，頁 10–11。

⓬　引自吳庚，上揭書，頁 505–506。

3.不作為的繼續違法行為 (Unterlassungsdauerdelikt)——如結婚、出生、遷移等戶籍變動應於事件發生或確定後 30 日內申請登記，違者依戶籍法第 53 條處以罰鍰。就此裁罰時效，學者認為：「並非以三十日法定期間經過起算，因為申請登記之義務不是三十日後即免除，所以這一不作為義務之違反應俟義務人履行登記義務時開始計算。然則此類不作為的違法行為，豈非行為人一日未為積極行為，時效永無起算之日？故外國實務採行為人對義務之履行，已不復存於其記憶中時起，認為其不作為已經終了，如此方符合人性，不致使不作為之違法永世存在」 **⑬** 。

此外，又有學者表示：「裁處時效之起算，應以依法律或自治條例得處罰為前提，雖違反行政法上義務行為已終了，但依法律或自治條例規定，尚不能裁處行政罰（例如：依有關規定，尚須給行為人改正或勸導期間），則處罰要件尚未全備，必待處罰要件客觀上全備而得處罰時，才開始計算時效」 **⑭** 。

最後，關於裁處權時效之起算，行政罰法第 45 條第 2 項規定，行政罰法施行前違反行政法上義務之行為應受處罰而未經裁處者，其 3 年之裁處權時效，自行政罰法施行之日（即民國 95 年 2 月 5 日）起算。

三、裁處權時效之停止進行

行政罰法第 28 條第 1 項規定：「裁處權時效，因天災、事變或依法律規定不能開始或進行裁處時，停止其進行。」 此誠如該條立法理由所說的：「如行政機關因天災（如九二一地震）、事變致事實上不能執行職務或法律另有規定之事由，無法開始或進行裁處時，因非屬行政機關之懈怠，自宜停止時效進行。」

又裁處權時效停止原因消滅後，3 年時效究應重新起算或合併計算，

---

⑫　另參閱，李惠宗，上揭書，頁 85；洪家殷，〈繼續行為之處罰／最高行九八年十一月份第二次庭長法官聯席會議〉，《台灣法學雜誌》，第 153 期，2010年 6 月，頁 179–184。

⑬　吳庚，上揭書，頁 506。

⑭　林錫堯，《行政罰法》，頁 76。

不能沒有規定。由於行政罰法不採時效中斷制度，故行政罰法第 28 條第 2 項明白規定：「前項時效停止，自停止原因消滅之翌日起，與停止前已經過之期間一併計算。」

第十二節　行政處罰之競合

行政處罰之競合是指同一違反行政法義務行為，同時符合（競相符合之意）數個行政處罰構成要件或符合行政處罰構成要件外，另也符合刑事罰、懲戒罰或執行罰之構成要件時，產生是否可以重複科罰之問題。茲各分述於次：

一、行政處罰與刑事罰之競合

同一違反行政法義務行為，依行政法律規定常有分別構成刑事犯罪行為及行政處罰行為者，如同一走私行為符合懲治走私條例第 2 條規定構成要件，得科處刑事罰，又其也符合海關緝私條例第 27 條規定構成要件，得科處 5 萬元以上 50 萬元以下罰鍰，究應如何處罰？是否科處懲治走私條例所規定之刑事罰以外，又可科處海關緝私條例所規定之行政罰（罰鍰）？就此行政罰法第 26 條第 1 項明白規定：「一行為同時觸犯刑事法律及違反行政法上義務規定者，依刑事法律處罰之。但其行為應處以其他種類行政罰或得沒入之物而未經法院宣告沒收者，亦得裁處之。」其理由為：「一行為同時觸犯刑事法律及違反行政法上義務規定時，由於刑罰與行政罰同屬對不法行為之制裁，而刑罰之懲罰作用較強，故依刑事法律處罰，即足資警惕時，實無一事二罰再處行政罰之必要。且刑事法律處罰，由法院依法定程序為之，較符合正當法律程序，應予優先適用。但罰鍰以外之沒入或其他種類行政罰，因兼具維護公共秩序之作用，為達行政目的，（故於但書規定）行政機關仍得併予裁處。」⑮

---

⑮　行政罰法第 26 條立法理由，參閱，法務部，上揭文件，頁 167；相關論文請參閱，蔡宗珍，〈刑事罰排除行政罰鍰之要件——行政罰第二六條之適用問

又前述行為如經檢察官為不起訴處分或法院為無罪、免訴、不受理或不付審理（少年事件）之裁判確定，行政罰之裁處即無一事二罰之疑慮。因此，行政罰法第 26 條第 2 項乃規定，得依違反行政法上義務規定裁處之。由此可見，對於行政罰與刑事罰競合時❶，我國行政罰法第 26 條已採用德國違反秩序法第 21 條規定之下列原則：

1.行為同時為犯罪行為及違反秩序行為者，僅適用刑法。對該行為並得採用其他法律所規定之附隨效果之處罰❶。

2.在 1.之情形，如未科處刑罰者，得處罰其違反秩序行為，即科以行政罰。

行政罰法於民國 95 年 2 月 5 日實施後，即發生一重要的行政罰與刑事罰競合之法律問題，即酒醉駕車肇事傷人者，依道路交通管理處罰條例第 10 條、行政罰法第 26 條第 1 項規定，先由地方法院檢察署處理。該管地方法院檢察署若為緩起訴而非不起訴時，有無行政罰法第 26 條第 2 項之適用。就此，法務部解釋為：「緩起訴，視同不起訴。」而認為有行政罰法第 26 條第 2 項之適用❶。

又值得注意的是行政罰法第 26 條所規定之一事不二罰之原則❶，因

題〉，《月旦法學教室》，第 62 期，2007 年 12 月，頁 22–23。

❶ 相關論文請參閱，陳文貴，〈從行政罰看行政不法與刑事不法之交錯〉，《法令月刊》，第 58 卷第 11 期，2007 年 11 月，頁 36–51。

❶ 如依道路交通管理處罰條例第 35 條規定吊扣駕駛執照、或移置保管該汽車等其他種類附隨效果之行政罰。

❶ 相關論文請參閱，陳文貴，〈緩起訴處分與行政罰法第二六條第二項不起訴處分之法律關係——從憲法禁止雙重危險原則加以檢視〉，《月旦法學雜誌》，第 153 期，2008 年 2 月，頁 132–150；蔡震榮，〈緩起訴性質與行政罰之關係〉，《月旦法學雜誌》，第 155 期，2008 年 4 月，頁 23–46。

❶ 相關實例評析請參閱，許澤天，〈刑事罰與行政罰競合之刑事優先與一事不再理原則——評大統混油案之訴願決定〉，《台灣法學雜誌》，第 261 期，2014 年 12 月 1 日，頁 112–128；王服清，〈刑罰與行政秩序罰之競合問題——以大統長基食品公司案為例〉，《法治與公共治理學報》，第 3 期，2015 年 12 月，頁 71–121。

道路交通管理處罰條例第 35 條第 8 項有特別規定，故依行政罰法第 1 條規定所示，不再適用。是以，酒醉駕車肇事傷人經裁判確定處以罰金低於道路交通管理處罰條例第 92 條第 3 項所訂最低罰鍰基準規定者，應依該條例裁決繳納不足最低罰鍰之部分。換言之，酒醉駕車肇事傷人者，將先由法院科以刑事罰之罰金，而如罰金低於最低罰鍰基準者，仍得科處其間差額之罰鍰。此顯為一事不二罰之例外規定 **⓬⓪**。

二、行政罰與行政罰之競合

同一違反行政法義務行為符合同一或不同一行政法令之數個行政罰規定者，即學理上所謂行政罰與行政罰之競合者，究應如何處理？司法實務之態度不一，有為併罰者 **⓬①**，有為從一重處罰者 **⓬②**，有未為併罰者 **⓬③**。行政罰法公布施行後，「行政罰與行政罰」競合時，如何適用一事不二罰原則（一行為不二罰原則），於該法第 24 條有明文規定，即：

1.均應處罰鍰者，依罰鍰最高額裁處

行政罰法第 24 條第 1 項規定：「一行為違反數個行政法上義務規定而應處罰鍰者，依法定罰鍰額最高之規定裁處。但裁處之額度，不得低於各該規定之罰鍰最低額。」此項規定乃參考大法官釋字第 503 號解釋所稱：「行為如同時符合行為罰及漏稅罰之處罰要件時，除處罰之性質與種類不同，必須採用不同之處罰方法或手段，以達行政目的所必要者外，不得重複處罰，乃現代民主法治國家之基本原則。是違反作為義務之行為，同時構成漏稅行為之一部或係漏稅行為之方法而處罰種類相同者，如從其一重處罰已足達成行政目的時，即不得再就其他行為併予處罰」之意旨而定。行政罰法第 24 條之立法理由也舉另一事例，即：「例如在防制區內之道路兩旁附近燃燒物品，產生明顯濃煙，足以妨礙行車視線者，除違反空氣污

⓬⓪　相關報導，請參閱，《中國時報》民國 95 年 7 月 22 日 A8 版〈酒駕獲緩起訴，將追繳罰鍰〉。

⓬①　參閱，林錫堯，《行政罰法》，頁 39。

⓬②　同上註，頁 40。

⓬③　同上註，頁 41。

染防制法第三十一條第一項第一款規定，應依同法第六十條第一項處以罰
鍰外，同時亦符合道路交通管理處罰條例第八十二條第一項第二款或第三
款應科處罰鍰之規定。因行為單一，且違反數個規定之效果均為罰鍰，處
罰種類相同，從其一重處罰已足達成行政目的，故僅得裁處一個罰鍰」。
不過，為免輕縱，在但書中特別規定，裁處之額度，不得低於各該規定之
罰鍰最低額。

　　2.除罰鍰外，另有沒入或其他種類行政罰之處罰者，併罰之

　　行政罰法第 24 條第 2 項規定，前項（一行為違反數個行政法上義務）
行為者，除應處罰鍰外，另有沒入或其他種類行政罰之處罰者，得依該規
定併為裁處。此正如該條立法理由所說的：「因處罰之種類不同，自得採
用不同之處罰方法，以達行政目的。」例如菸害防制法第 22 條規定，違
反該法第 9 條各款關於促銷菸品或菸品廣告之規定者，可處罰鍰外，並經
3 次處罰後，停止其製造、輸入或販賣 6 個月至 1 年，即可供本項規定之
參考。

　　3.單獨或一併裁處「沒入或其他種類行政罰」，如種類相同者，從其
　　　中之一重處罰

　　行政罰法第 24 條第 2 項但書規定：「其處罰種類相同，如從一重處罰
已足以達成行政目的者，不得重複裁處」。例如，「同一標的物，裁處沒入
一次即可；同屬停止營業之規定，法定期間分別為六個月以下、三個月以
下，而裁處停止營業六個月已足以達成制裁目的，則不必併罰為九個
月。」❿

　　4.一行為違反社會秩序維護法及其他行政法上義務規定而應受處罰，
　　　如已裁處拘留者，不再受罰鍰之處罰

　　此為行政罰法第 24 條第 3 項規定，其立法理由為：「……因依社會秩
序維護法裁處之拘留，涉及人身自由之拘束，其裁處程序係由法院為之，
與本法所定之由行政機關裁罰者不同，因此本法所定之行政罰種類並未將
拘留納入規範，致一行為違反社會秩序維護法及其他行政法上義務規定而

---

❿　林錫堯，《行政罰法》，頁 44。

應受處罰時，實務上究應如何裁處？確有發生競合疑義之可能，爰基於司法程序優先之原則，於第三項明定為如已裁處拘留者，不再受罰鍰之處罰。」❿

三、行政罰與懲戒罰之競合

行政罰係為維持一般行政秩序，對一般人民所科之處罰，與懲戒罰之為維持特別之行政秩序，對特別身分人員所為之處罰，二者之目的及處罰手段並不相同，因此對同一行為分別科處行政罰及懲戒罰，並非不可❿。法律上也為如此之規定，如醫師法第 29 條規定：「違反第十一條至第十四條、第十六條、第十七條或第十九條至第二十四條規定者，處新臺幣二萬元以上十萬元以下罰鍰。但醫師違反第十九條規定使用管制藥品者，依管制藥品管理條例之規定處罰。」是若某醫師違反醫師法第 19 條規定，在正當治療之外，使用鴉片、嗎啡等毒劇藥品，則可能有依同法第 29 條規定被科以罰鍰並被懲戒之情事發生。

四、行政罰與執行罰之競合

行政罰為對於過去違反行政法義務行為之處罰，與執行罰之在於促使尚未履行行政法義務之人履行其義務，本質上並非處罰，兩者性質不同，當可併罰。因此，對未履行行政法義務之人，除得就其過去未履行義務之行為科處行政罰之外，仍得對其科處執行罰，以促使其儘速在未來履行其義務❿。我國行政法律之相關規定，例如廢棄物清理法第 59 條規定：「執行稽查人員請求違反本法之人提示身分證明，無故拒絕者，處六百元以上三千元以下罰鍰。」對此行政處罰規定，行政執行法第 27 條明文規定：「依法令或本於法令之行政處分，負有行為或不行為義務（如上述之提示身分證明行為），經於處分書或另以書面限定相當期間履行❿，逾期仍不

---

❿　法務部，上揭文件，頁 165–166。

❿　相關司法案例請參閱，李惠宗，《行政罰法之理論與案例》，頁 118–120。

❿　林錫堯，《行政法要義》，頁 333。

❿　相關論文請參閱，蔡震榮，〈限期改善與一行為不二罰〉，《法令月刊》，第 62 卷第 4 期，2011 年 4 月，頁 73–82。

履行者（即仍不提示身分證明），由執行機關依間接強制或直接強制方法執行之」，換言之，該管行政機關得依行政執行法之規定科以怠金或為直接強制方法之執行罰。

行政罰與執行罰可以併罰，並不違背一事不二罰原則，司法實務也明確表示，如最高行政法院 92 年判字第 306 號判決稱：「罰鍰乃對過去行為之應報，斷水斷電乃為確保將來行政目的之實現所採取之強制措施，二者性質不同，本件違規事實如確實存在，則被告對原告處以罰鍰處分，並依法停止供水、供電，固無違反一事不二罰原則可言。」

第十章　行政強制執行

第一節　行政強制執行之概念

行政強制執行 (Verwaltungsvollstreckung)，又稱行政執行❶，依行政執行法第 2 條之規定，是指公法上金錢給付義務、行為或不行為義務之強制執行及即時強制而言。學者也認為，行政執行是一種行政上之強制執行，是指行政機關對於不履行義務之相對人，以強制手段使其履行義務，或產生與履行義務相同事實狀態之行政權作用❷。因此，我國行政執行法使用行政執行一詞而不使用行政強制執行，對照行政執行法第 2 條規定及學者見解，確有名實不相符合之缺失❸。

由上所述，行政強制執行之概念要素為：

---

❶ 行政執行一詞易被誤解為行政機關一般的、單純的執行行政事項而言，此為日本人語譯德文之錯誤，我國數十年來一直延用，即使行政執行法修正通過後亦仍使用此詞，但卻在該法第 2 條明示行政執行是僅指公法上金錢給付義務、行為或不行為義務之強制執行及即時強制。法律名稱與其所規範內容不相符合，實不利於人民之認知。另請參閱城仲模，《行政法之基礎理論》，頁300。

❷ 吳庚，《行政法之理論與實用》，頁 517；林紀東，《行政法》，頁 380。

❸ 林騰鷂，〈德國行政強制制度之研究〉，《東海法學研究》，第 12 期，民國 86年 12 月，頁 2。另大陸學者對大陸行政強制執行法制之論述，請參閱沈開舉，〈行政強制執行與行政強制措施研究〉，《一九九八年海峽兩岸行政法學術研討會實錄》，國立政治大學法學院出版，1999 年 4 月，頁 223–231。

1.係因人民違反行政法上之金錢給付義務、行為或不行為義務，而以強制手段迫使其履行義務之行政作用。

2.由行政機關自行強制執行，而非如民事強制執行假手法院為強制執行❹。行政機關之行政行為係基於公權力之意思表示，與私人間之意思表示不同；私人間所為之各種意思表示或法律行為，如他造不願履行其義務，除符合自助行為（民法第 151 條）之要件外，必須取得法院之確定判決，並請求法院依民事強制執行程序予以實現，但在人民違反行政法上義務時，行政機關則得以本身之公權力，實現行政處分之內容，無須借助於民事法院執行程序，此乃行政強制執行之特質所在。民國 87 年制定公布全文 44 條之行政執行法，則將金錢給付義務之強制執行，於第 4 條第 1 項中規定「公法上金錢給付義務逾期不履行者，移送法務部行政執行署所屬行政執行處執行之」。而金錢給付以外之行為或不行為義務之執行，依行政執行法第 4 條第 1 項規定，則為原處分機關或該管行政機關。

3.行政強制執行除以各種方法強制義務人親自履行其義務外，亦包括以各種強制方法產生與義務人親自履行義務同一事實狀態之情形。換言之，在相對人不為義務之履行而其義務係無可代替之性質，如犯罪嫌疑人應受 DNA 採樣，則除以暴力方式強制該犯罪嫌疑人 DNA 採樣，別無他法；但若相對人之義務性質上可由他人代為履行者，如違建之拆除義務，則行政機關可使其他第三人代義務人履行其義務，然後再向該義務人收取各項由第三人代為履行之費用。修正前之行政執行法使用「代執行」一詞，以說明此類情形，頗為學者所垢病❺，現行政執行法已仿外國立法例改稱為「代履行」(Ersatzvornahme)，專指「執行機關委託第三人或指定人員代為履行」之意❻。

---

❹ 以下參引吳庚，上揭書，頁 518–519；另林紀東，上揭書，頁 396，即指出行政法院規整理委員會於民國 59 年 1 月 9 日會議結論：「行政執行法之名稱，似可改為行政強制執行法，俾名實相符。」

❺ 城仲模，上揭書，頁 207 以下。

❻ 實例請參閱，李建良，〈翻覆的油罐車——即時強制與代履行〉，《月旦法學

　　4.行政強制執行包括即時強制 ❼，即時強制依行政執行法第 36 條規定，係指行政機關為阻止犯罪、危害之發生或避免急迫危險而有即時強制之必要時，所為之強制措施，其並不以人民有違反行政法上義務為前提，與行政強制執行之以人民有違反行政法上義務為前提者本有不同，但因同屬於行政機關之強制措施，基於公共安全、社會福祉，及依法治程序保護人民基本權益之必要，立法者乃將即時強制與行政強制執行一併規範在行政執行法上。

第二節　行政強制執行之共同規範

　　行政執行法第一章總則中將行政強制執行制度之共同事項加以規範，茲依序說明之：

一、行政強制執行之依據

　　行政執行法第 1 條規定，行政執行，依本法之規定；本法未規定者，適用其他法律之規定。又行政執行法第 26 條、第 35 條均有準用民事上強制執行法之規定，是以行政強制執行之法律依據除行政執行法外，尚包括強制執行法及其他法律。所謂其他法律包括稅捐稽徵法第五章第 39 條至第 40 條所規定之程序及社會秩序維護法第二編第四章第 50 條至第 54 條所規定之程序。

二、行政強制執行之原則 ❽

　　行政執行法第 3 條規定了行政強制執行應遵守之原則，即：

　　1.公平合理原則。

教室③公法學篇》，頁 212–214。

❼　參閱，陳櫻琴，〈行政上強制執行與即時強制〉，台灣行政法學會主編，《行政法爭議問題研究（下）》，頁 795–823。

❽　實例請參閱，李惠宗，〈繳清罰鍰才能換行照嗎？〉，《台灣本土法學雜誌》，第 30 期，2002 年 1 月，頁 93–94。

2.公共利益與人民權益兼顧原則。

3.比例原則，即以適當之方法為行政強制執行，不得逾越達成行政強制執行目的之必要限度。

三、行政強制執行之機關

行政執行法第 4 條規定，行政強制執行之機關為：

1.原為行政處分之機關。

2.該管行政機關——係指在即時強制之情形下由主管該一行政事務之行政機關為之。

3.法務部行政執行署所屬行政執行處——公法上金錢給付，行政執行法第四條規定由各處分機關移送法務部行政執行署所屬行政執行處為之❾。

四、行政強制執行之範圍

行政執行法第 2 條規定了行政強制執行之範圍，即：

1.公法上金錢給付義務之強制執行。

2.公法上行為或不行為義務之強制執行。

3.即時強制。

其中，公法上金錢給付義務之強制執行，包括對義務人動產、不動產或其他權利之強制執行，現一律改由專設之法務部行政執行署所屬行政執行處來為強制執行，被學者認為是立法例上創舉，亦顯示行政執行法之修正在於增進行政效能、發揮公權力之意圖❿。

五、行政強制執行之時間限制

行政執行法第 5 條第 1 項、第 2 項規定行政強制執行之時間限制，即：

---

❾ 其組織請參閱民國 88 年 2 月 3 日制定公布之法務部行政執行署組織條例及行政執行處組織通則。

❿ 吳庚謂歐陸各國對於行為義務或不行為義務之強制執行，固均由行政機關為之，但有關公法上金錢給付義務之強制執行，則並非均由行政機關自為執行。詳見吳庚，上揭書，頁 520 及該頁註 4。

　　1.行政執行不得於夜間、星期日或其他休息日為之。

　　2.但執行機關認為情況急迫或徵得義務人同意者，則仍可為強制執行。

　　3.日間已開始強制執行者，得繼續至夜間，而夜間，依刑事訴訟法第100條之3第3項之規定，係指日出前，日沒後。

　　以上規定僅於直接強制規定或代履行時有其適用，至科以怠金通常於行政機關上班時間內以公文書為之，自無上述規定之適用。而在即時強制情形則均於事故發生時行之，原則上亦無上述強制執行時間限制之適用**❶**。

六、行政強制執行時人員之身分識別

　　行政執行法第5條第3項規定了行政強制執行時人員身分識別之兩種情況，即：

　　1.行政強制執行人員於執行時，應對義務人出示足以證明身分之文件。

　　2.行政強制執行人員於執行時，如有必要，得命義務人或利害關係人提出國民身分證或其他文件。

七、行政強制執行之職務協助

　　行政執行法第6條規定了行政強制執行之職務協助制度**❷**，即：

　　1.行政強制執行機關遇有下列情形之一者，得於必要時請求其他機關協助之：

　　⑴須在管轄區域外執行者。

　　⑵無適當之執行人員者。

　　⑶執行時有遭遇抗拒之虞者。

　　⑷執行目的有難於實現之虞者。

　　⑸執行事項涉及其他機關者。

---

❶　吳庚，上揭書，頁522。

❷　實例請閱，李震山，〈論職務協助行為及其救濟之相關問題〉，《台灣本土法學雜誌》，第30期，2002年1月，頁99-104。

2.被請求協助機關非有正當理由，不得拒絕；其不能協助者，應附理由即時通知請求機關。

3.被請求協助機關因協助執行所支出之費用，由請求機關負擔之。

八、行政強制執行之開始與終止

行政強制執行係採職權進行主義，與民事強制執行之採當事人進行主義為原則者不同，故行政強制執行不須依當事人之聲請，而是由行政機關依職權發動。行政強制執行之開始依事件類別之不同而分為：

1.行為或不行為義務之強制執行，自有行政強制執行名義（如行政程序法第 7 條第 1 項所規定的行政處分、裁定自確定之日起或其他依法令負有義務經通知限期履行之文書所定期間屆滿之日起）時起，由行政強制執行機關依職權發動開始執行。

2.公法上金錢給付義務之強制執行，則由原處分機關移送行政執行處時為開始。

行政強制執行之終止亦受職權進行主義支配，由行政強制執行機關依職權為之。但義務人、利害關係人，在有下列情形之一者，亦得依行政執行法第 8 條第 1 項規定申請行政強制執行之終止，即：

1.義務已全部履行或執行完畢者。

2.行政處分或裁定經撤銷或變更確定者。

3.義務之履行經證明為不可能者。

又行政處分或裁定經部分撤銷或變更確定者，行政強制執行機關依行政執行法第 8 條第 2 項規定，應就原處分或裁定經撤銷或變更部分終止執行。而未經撤銷或變更之部分則仍應繼續執行❸。

九、行政強制執行之時效

行政執行法第 7 條規定建立了公法上請求權為 5 年之一般性時效條款❹，亦即：

1.行政執行，自處分、裁定確定之日或其他依法令負有義務經通知限

---

❸　吳庚，上揭書，頁 524。

❹　吳庚，上揭書，頁 523。

期履行之文書所定期間屆滿之日起，5 年內未經執行者，不再執行；其於 5 年期間屆滿前已開始執行者，仍得繼續執行。但自 5 年期間屆滿之日起已逾 5 年尚未執行終結者，不得再執行。

　　2.行政執行法第 7 條第 2 項又規定，上述 5 年之行政強制執行時效，如法律有特別規定者，則不適用。

十、行政強制執行之權益救濟

　　行政執行法第 9 條規定了行政強制執行之權益救濟制度[15]，即：

　　1.義務人或利害關係人對執行命令、執行方法、應遵守之程序或其他侵害利益之情事，得於執行程序終結前，向執行機關聲明異議。

　　2.對上述聲明異議，執行機關認其有理由者，應即停止執行，並撤銷或更正已為之執行行為；認其無理由者，應於 10 日內加具意見，送直接上級主管機關於 30 日內決定之。

　　3.行政執行除法律另有規定外，不因聲明異議而停止執行。但執行機關因必要情形，得依職權或申請停止之。

　　學者認為，行政強制執行措施如屬事實行為，則以聲明異議為救濟方法固無疑問。但如執行措施為另一行政處分者，究應適用一般行政爭訟途徑，經訴願而行政訴訟，尋求救濟[16]？抑仍以適用行政執行法第 9 條之異議程序為限？從不同之論點出發，可得相異之結論：基於保障人民權益之

---

[15]　體系性論文請參閱，李建良，〈論行政強制執行之權利救濟體系與保障內涵──以行為、不行為或容忍義務之執行為探討重心〉，《中研院法學期刊》，第 14 期，2014 年 3 月，頁 1–105。

[16]　相關實例請參閱，吳志光，〈行政執行措施之法律救濟途徑──評高雄高等行政法院 92 年度訴字第 1080 號判決〉，《月旦法學雜誌》，第 115 期，2004 年 12 月，頁 226–233。另參閱，吳志光，〈不服行政執行機關執行命令之法律救濟途徑〉，《月旦法學教室》，第 16 期，2004 年 2 月，頁 22–23；陳淑芳，〈對行政執行行為不服之救濟〉，《月旦法學教室》，第 87 期，2010 年 1 月，頁 10–11；劉建宏，〈對於行政執行處分不服之救濟方式──最高行政法院 107 年 4 月份第 1 次庭長法官聯席會議決議〉，《月旦法學教室》，第 195 期，2019 年 1 月，頁 9–11。

理由,且執行措施尚有涉及第三人(利害關係人)之可能,自以許其循行政處分之一般爭訟程序為宜;若考慮行政強制執行程序貴在迅速終結,法律既明定異議為其特別救濟途徑,則只要屬於行政強制執行程序中之執行命令、方法等有關措施,不問其性質是否為行政處分之一種,均應一體適用特別救濟途徑。 吳庚教授認為後一說法始符合行政執行法之立法意旨❼,但李建良、陳敏教授則認以前一說法為當❽。本書原則上認同前一說法,以確保行政強制執行之效率,至於人民權益之保護則可透過行政執行法第 10 條所規定之國家賠償來保障。不過要注意的是,透過國家賠償之提供以確保行政強制執行效率之作法,如因行政機關執法機能不良或內外監督不周,即可能使行政強制執行找到「遁入國賠」之門徑。此為將來須要防範之事項。

十一、行政強制執行之國家賠償

為了呼應行政執行法第 9 條行政強制執行之權益救濟採聲明異議之特別救濟途徑,行政執行法第 10 條又規定了行政強制執行如有違法、不當情事,可以請求國家賠償之制度,即行政執行有國家賠償法所定國家應負賠償責任之情事者,受損害人得依該法請求損害賠償❾。

第三節　公法上金錢給付義務之強制執行

行政執行法第二章自第 11 條至第 26 條規定了公法上金錢給付義務之強制執行事項。由於該法第 26 條又規定,除同法另有規定外,可以準用強制執行法之規定來處理公法上金錢給付義務之強制執行⓴。因此,可

---

❼　吳庚,上揭書,頁 525,註 8。

❽　李建良,〈行政執行〉,翁岳生編,《行政法》,頁 885;陳敏,《行政法總論》,頁 869。

❾　相關實例請參閱,蔡震榮,〈警察職權行政與執法之標準〉,《台灣本土法學雜誌》,第 72 期,2005 年 7 月,頁 147–152。

參酌強制執行法之規定，以說明公法上義務強制執行制度之梗概如次：

一、執行要件

行政執行法第 11 條規定了公法上金錢給付義務強制執行之要件❷，即：

　1.須有以公法上金錢給付義務為內容之行政處分或法院之裁定及法院就公法上金錢給付義務所為之假扣押、假處分裁定或行政契約作為執行名義❷。其實例可分述為：

　　⑴本於法令所為公法上金錢給付義務為內容之行政處分——如課所得稅處分，處污染水源之罰鍰或依行政執行法所為怠金處分或代履行費用之處分等。

　　⑵法院就公法上金錢給付義務所為之假扣押或假處分裁定——此為行政執行法第 11 條第 2 項所明定。而所謂法院就公法上金錢給付義務所為假扣押或假執行裁定，如依稅捐稽徵法第 24 條第 2 項❷，所得稅法第 110 條之 1❷，關稅法第 48 條第 2 項❷，海關緝私條

---

❷　實例請參閱李建良，〈公法上金錢給付義務之強制執行〉，《月旦法學教室③公法學篇》，頁 210、211；陳盈錦，〈公法上金錢給付義務強制執行法制之爭議〉，《國會季刊》，第 45 卷第 2 期，2017 年 6 月，頁 106–127；姚其聖，〈公法上金錢給付義務準用強制執行法之商榷〉，《全國律師》，第 21 卷第 5 期，2017 年 5 月，頁 89–103。

❷　相關實例論文請參閱，黃俊杰，〈公法上金錢給付義務執行之要件〉，《月旦法學教室》，第 104 期，2011 年 6 月，頁 34–43。

❷　相關論請參閱，張榮哲，〈行政執行處對執行名義審查範圍之初探〉，《法令月刊》，第 60 卷第 4 期，2009 年 4 月，頁 73–85。

❷　前項欠繳應納稅捐之納稅義務人，有隱匿或移轉財產逃避稅捐執行之跡象者，稅捐稽徵機關得聲請法院就其財產實施假扣押，並免提供擔保。但納稅義務人已提供相當財產擔保者，不在此限。

❷　主管稽徵機關對於逃稅、漏稅案件應補徵之稅款，經核定稅額送達繳納通知後，如發現納稅義務人有隱匿或移轉財產逃避執行之跡象者，得敘明事實，聲請法院假扣押，並免提擔保；但納稅義務人已提供相當財產保證，或覓具殷實商保者，應即聲請撤銷或免為假扣押。

例第 49 條之 1❷。

(3)直接依法令負有公法上金錢給付義務者，學者雖謂此類者，不乏其例，惜未具體舉例❷。此可舉之例為依民用航空法第 37 條第 1 項規定收取之航空站、飛行場、助航設備及相關設施使用費、服務費及噪音防制費；依貿易法第 21 條規定收取之推廣貿易服務費；依公路法第 44 條規定收取之公路營運費等。行政執行法第 11 條第 1 項第 3 款規定之「依法令負有義務」者，即屬此類情形❷。

(4)行政契約約定自願接受執行時，依行政程序法第 148 條第 1 項之規定，如債務人不為給付時，債權人得以該契約為強制執行之執行名義。而對此之強制執行依同條第 3 項之規定，係準用行政訴訟法有關強制執行之規定，亦即行政訴訟法第 306 條第 2 項所謂之：「執行程序，除本法別有規定外，應視執行機關為法院或行政機關而分別準用強制執行法或行政執行法之規定」，是行政契約亦有可能成為行政強制執行之執行名義❷。

2.須義務人之給付義務已屆履行期間——此即行政執行法第 11 條第 1 項第 1 款所規定之行政處分文書或法院裁定書定有履行期間或有法定

❷ 欠繳依本法規定應繳關稅、滯納金或罰鍰之納稅義務人或受處分人，有隱匿或移轉財產逃避執行之跡象者，海關得聲請法院就其財產實施假扣押，並免提供擔保。但納稅義務人或受處分人已提供相當擔保者，不在此限。

❷ 受處分人未為經扣押貨物或提供適當擔保者，海關為防止其隱匿或移轉財產以逃避執行，得於處分書送達後，聲請法院假扣押或假處分，並免提擔保。但受處分人已提供相當財產保證者，應即聲請撤銷或免為假扣押或假處分。

❷ 吳庚，上揭書，頁 527。

❷ 參閱葛克昌，〈論公法上金錢給付義務之法律性質〉，台灣行政法學會主編，《行政法爭議問題研究（下）》，頁 1033–1084。

❷ 吳庚，上揭書，頁 528；另參閱林錫堯，〈論公法上金錢給付義務之強制執行名義〉，台灣行政法學會主編，《行政法爭議問題研究（下）》，頁 825–847；盧秀虹，〈論軍費生受退學處分後償還公費義務之執行〉，《法務通訊》，第 2838 期，2017 年 2 月 17 日，頁 7–8；同作者，同題目，《法務通訊》，第 2839 期，2017 年 2 月 24 日，頁 6–8。

期間而已屆至者。若行政處分文書或法院裁定書未定履行期間，則依行政程序法第 11 條第 1 項第 2 款規定，須經主管機關以書面限期催告履行，而此限期已屆至者。又依法令負有公法上金錢給付義務，經主管機關以書面通知限期履行者❸，而此限期已屆至者。

　　3.須義務人逾期仍不履行其公法上金錢給付義務。

　　4.須經主管機關之移送，主管機關之移送依行政執行法第 13 條第 1 項之規定，應檢附下列文件：

　　⑴移送書。此移送書同條第 2 項規定應載明義務人姓名、年齡、性別、職業、住居所，如係法人或其他設有管理人或代表人之團體，其名稱、事務所或營業所，及管理人或代表人之姓名、性別、年齡、職業、住居所；義務發生之原因及日期；應納金額。

　　⑵處分文書、裁定書或義務人依法令負有義務之證明文件。

　　⑶義務人之財產目錄，但移送機關不知悉義務人之財產者，免予檢附。

　　⑷義務人經限期履行而逾期仍不履行之證明文件。

　　⑸其他相關文件。

二、執行機關及人員

　　公法上金錢給付義務逾期不履行者，其行政強制執行機關依行政程序法第四條規定為法務部行政執行署及其所屬行政執行處。而依法務部行政執行署組織條例第 2 條規定，行政執行署係掌理下列事項：

　　1.關於行政執行法規之研擬及闡釋事項。

　　2.關於公法上金錢給付義務強制執行聲明異議之決定事項。

　　3.關於公法上金錢給付義務強制執行之監督、審核、協調、聯繫及其他事項。

　　又依行政執行處組織通則第 3 條規定，行政執行處係掌理下列事項：

　　1.關於公法上金錢給付義務之強制執行及其協調、聯繫事項。

---

❸　限期履行之通知，學者認悉獨立於原處分或原裁定以外之行政處分，自無不許義務人提起行政爭訟之理。參閱，吳庚，上揭書，頁 527–528 之註 11。

2.關於公法上金錢給付義務強制執行事件聲明異議之審議、處理事項。

3.關於公法上金錢給付義務強制執行事件拘提、管收之聲請、執行事項。

4.關於公法上金錢給付義務強制執行之其他事項。

又依行政執行法第 12 條規定，公法上金錢給付義務之強制執行事件，由行政執行處之行政執行官、執行書記官督同執行員辦理之，不受非法或不當之干涉。

三、執行手續

行政執行法第 14 條、第 26 條規定了對義務人公法上金錢給付義務強制執行之具體方法及手續❸，即：

1.由行政執行處通知義務人自動清繳應納金額。

2.由行政執行處通知義務人到場報告其財產狀況或為其他必要之陳述。義務人之財產狀況報告或陳述是否為真，行政執行處自得依職權認定並調查。

3.逕對義務人遺產為強制執行。

4.查封、拍賣、變賣義務人財產並分配──行政執行處知悉、發現義務人之財產，為實現公法上金錢給付義務行政強制執行目的，自得查封義務人財產，但義務人之財產業經其他機關查封者，依行政執行法第 16 條規定，行政執行處不得查封。而行政執行處已查封之財產，其他機關也不得再行查封❸。義務人之財產查封後，行政執行處應依強制執行法第二章

---

❸ 相關實務請參閱，黃毓珊，〈公法上金錢給付義務之執行實務簡介〉，《法務通訊》，第 2724 期，2014 年 11 月 21 日，頁 3–5。

❸ 為求配合公法上金錢給付義務強制執行改由行政執行處辦理之制度變革，強制執行法增訂了第 33 條之 1：「執行人員於實施強制執行時，發現債務人之財產業經行政執行機關查封者，不得再行查封。前項情形，執行法院應將執行事件連同卷宗函送行政執行機關合併辦理，並通知債權人。行政執行機關就已查封之財產不再繼續執行時，應將有關卷宗送請執行法院繼續執行。」及第 33 條之 2：「執行法院已查封之財產，行政執行機關不得再行查封。前

關於金錢請求權之執行中之相關規定而行政執行法所未特別規範者，為動產、不動產、船舶、航空器、有價證券及其他財產權等之拍賣、變賣並分配。

　　5.義務人有下列情形之一者，行政執行處得命提供相當擔保，限期履行並得限制其住居：

　　⑴顯有履行義務之可能，故不履行者❸。

　　⑵顯有逃匿之虞❸。

　　⑶就應供強制執行之財產有隱匿或處分之情事者。

　　⑷於調查執行標的物時，對於執行人員拒絕陳述者。

　　⑸經命其報告財產狀況，不為報告或為虛偽之報告者。

　　⑹經合法通知，無正當理由而不到場者。

　　6.義務人不依行政執行處所定期限履行亦不提供擔保者，有下列情形之一者⑴顯有逃匿之虞。⑵經合法通知，無正當理由而不到場。行政執行處依行政執行法第 17 條第 2 項、第 4 項規定，得聲請該管法院裁定拘提管收❸。其拘提管收❸之對象、手續、限制、終止，及管收中執行機關之

　　　項情形，行政執行機關應將執行事件連同卷宗函送執行法院合併辦理，並通知移送機關。執行法院就已查封之財產不再繼續執行時，應將有關卷宗送請行政執行機關繼續執行。」

❸　參閱葛克昌，〈金錢給付及其協力義務之不履行與制裁〉，收於氏著，《行政程序與納稅人基本權》（增訂版），翰蘆圖書出版有限公司，2005 年 9 月，頁81–102。

❸　相關論文請參閱，蔡震榮，〈公法上之金錢給付義務與限制出境〉，《月旦法學教室》，第 101 期，2011 年 3 月，頁 24–32。

❸　大法官釋字第 588 號解釋曾宣告民國 89 年修正公布行政執行法第 17 條第 2項及第 19 條第 1 項規定違憲。因此，行政執行法已於民國 94 年 6 月 22 日時依大法官釋字第 588 號意旨修正第 17 條及第 19 條條文。

❸　相關論文請參閱，張永明，〈行政執行之拘提、管收──評釋字第 588 號解釋〉，《月旦法學雜誌》，第 126 期，2005 年 11 月，頁 207–217；劉惠文，〈行政執行對新提審法之因應〉，《稅務旬刊》，第 2267 期，2014 年 9 月 20 日，頁 23–26。

義務，依行政執行法之第 17、19 至 24 條規定分別是：

(1)拘提管收之對象——除拘提管收義務人，行政執行法第 24 條仿照強制執行法第 25 條及破產法第 3 條規定，擴大拘提管收之對象及於下列之人：

　(a)義務人為未成年人或禁治產人者，其法定代理人。

　(b)商號之經理人或清算人；合夥之執行業務合夥人。

　(c)非法人團體之代表人或管理人。

　(d)公司或其他法人之負責人。

　(e)義務人死亡者❸❼，其繼承人、遺產管理人或遺囑執行人。

(2)拘提管收之手續——法院為拘提之裁定後，應將拘票交由行政執行處之執行員執行拘提（第 19 條第 1 項）。拘提後，有下列情形之一者，行政執行處應即釋放義務人：一　義務已全部履行。二　義務人就義務之履行已提供相當擔保。三　不符合聲請管收之要件。

　（第 19 條第 2 項）法院為管收之裁定後，應將管收票交由行政執行處派執行員將被管收人送交管收所；法院核發管收票時義務人不在場者，行政執行處得派執行員持管收票強制義務人同行並送交管收所。（第 19 條第 3 項）「管收期限，自管收之日起算，不得逾三個月。有管收新原因發生或停止管收原因消滅時，對於義務人仍得聲請該管法院裁定再行管收。但以一次為限」（同條第 4 項）。拘提後應繳納金額經清繳者，行政執行處應即釋放義務人，釋放無妨礙人身自由之虞，無須由法院為之，行政執行處得通知管收所釋放，但應報告原裁定法院（參照同條第 3 項及第 22 條）。管收為造成心理上強迫之方法，其目的在促使履行給付義務，故不因義務人被管收而免除其應負給付之義務（同條第 5 項）。

(3)管收之限制——義務人或其他依法得管收之人，依行政執行法第 21 條規定，有下列情形之一者，不得管收，如執行機關提出聲請

❸❼　姚其聖，〈公法上金錢給付義務人死亡如何執行〉，《全國律師》，第 19 卷第 10 期，2015 年 10 月，頁 88–101。

時，法院應予駁回：「一、因管收而其一家生計有難以維持之虞者；二、懷胎五月以上或生產後二月未滿者；三、現罹疾病，恐因管收而不能治療者。其情形發生於管收後者，行政執行處應以書面通知管收所停止管收，並將被管收之人釋放。」

(4)管收中執行機關之義務——行政執行處應隨時提詢被管收人，每月不得少於 3 次（第 20 條第 1 項）。蓋管收目的為促使被管收人儘速清繳應納金額，毫無羈禁或報復之用意，故執行機關應隨時提詢催促，並注意其管收中之生活起居。「提詢或送返被管收人時，應以書面通知管收所」（同條第 2 項）。又「行政執行處執行拘提管收之結果，應向裁定法院提出報告。提詢、停止管收及釋放被管收人時，亦同」（第 23 條）。

(5)管收之終止——行政執行法第 22 條參照管收條例第 13 條對管收之終止作如下規定：「有下列情形之一者，行政執行處應即以書面通知管收所釋放被管收人：一、義務已全部履行或執行完畢者。二、行政處分或裁定經撤銷或變更確定致不得繼續執行者。三、管收期限屆滿者。四、義務人就義務之履行已提供確實之擔保者。」

四、執行擔保

公法上金錢給付義務除提供自己財產為擔保外，亦可提供擔保人擔保自己金錢給付義務之履行。但義務人棄保而逃或不履行義務時，擔保人之責任乃於行政執行法第 18 條中明文規定，即：「擔保人於擔保書狀[38]載明義務人逃亡或不履行義務由其負清償責任者，行政執行處於義務人逾前條第一項之限期仍不履行時，得逕就擔保人之財產執行之。」

五、執行費用負擔[39]

行政執行法第 25 條規定，公法上金錢給付義務之執行，不徵收執行

---

[38]　切結書亦為擔保書狀之一種，請參閱，林依仁，〈切結書之法律性質與效果——從行政法上意思表示制度觀察〉，《東吳公法論叢》，第 7 期，2014 年 7 月，頁 669–699。

[39]　相關評論請參閱，胡天賜，〈行政執行法上徵收執行費用之立法政策評析〉，

費。但執行費以外因強制執行所支出之必要費用，如估價、查詢、登報及保管等費用，均係因義務人不履行給付而衍生，自應由義務人負擔。

第四節　行為或不行為義務之強制執行

行政執行法第三章自第 27 條至第 35 條規定了公法上行為或不行為義務之強制執行制度，其梗概可分述如次：

一、執行要件

依行政執行法第 27 條規定，公法上行為或不行為義務之強制執行要件為：

　1.須義務人依法令或本於法令之行政處分，負有公法上行為或不行為義務。

　2.須行政處分書或行政機關力以書面限定相當期間履行且載不依限履行時，將予強制執行之意旨。

　3.義務人逾期仍不履行。

二、執行方法

行政執行法第 27 條、第 28 條規定了公法上行為或不行為義務之執行方法有兩大類，即間接強制方法與直接強制方法。

　1.間接強制方法著重於對義務人不利之心理威嚇以迫其履行，依行政執行法第 28 條第 1 項規定有二種方法，即：

　⑴代履行——行政執行法第 29 條第 1 項規定，依法令或本於法令之行政處分，負有行為義務而不為，其行為能由他人代為履行者，執行機關得委託第三人或指定人員代履行之❹ 。例如違規車輛之拖吊，違建之拆除是。又代履行之費用，由執行機關估計其數額❹，

《月旦法學雜誌》，第 114 期，2004 年 11 月，頁 123–138。

❹　請參閱，姚其聖，〈行政執行代履行之研究〉，《全國律師》，第 18 卷第 7 期，2014 年 7 月，頁 80–94。

命義務人繳納，其繳納數額與實支不一致時，退還其餘額或追繳其差額。

(2)怠金——行政執行法第 30 條規定，依法令或本於法令之行政處分，負有行為義務而不為，其行為不能由他人代為履行者，依其情節輕重處新臺幣 5 千元以上 30 萬元以下怠金。又依法令或本於法令之行政處分，負有不行為義務而為之者，亦可依其情節輕重處新臺幣 5 千元以上 30 萬元以下怠金。對被處以怠金而仍不履行其義務者，執行機關依行政執行法第 31 條第 1 項規定，得連續處以怠金❷，但依同條第 2 項規定，仍應依同法第 27 條規定，以書面限期履行，但法律另有特別規定者，不在此限。

另外，「按日連續處罰」規定為我國行政法規中特有的一種執行罰。藉由此種不斷科處罰鍰的方式，可以挾其逐日累積的金額，對義務人產生強大的經濟負擔壓力，進而間接促其履行行政上義務，故在環保法令中所見不鮮❸，是為值得注意之間接強制方法。

　2.直接強制方法著重於物理性實力之實施，亦即行政機關以人力、物力或機械實力強制實施之方法，即行政執行法第 28 條第 2 項規定之方法，即：

(1)扣留、收取交付、解除占有、處置、使用或限制使用動產、不動產。

(2)進入、封閉、拆除住宅、建築物或其他處所。

(3)收繳、註銷證照。

(4)斷絕營業所必須之自來水、電力或其他能源。

---

❶　實例請參閱，李建良，〈昂貴的拖吊費用——行政強制執行費用之核算基準〉，《月旦法學教室③公法學篇》，頁 220–221。

❷　實例請參閱，蔡茂寅，〈怠金處分之救濟〉，《月旦法學教室③公法學篇》，頁 224–225；蔡震榮，〈行政執行法：第三講——怠金與連續處罰〉，《月旦法學教室》，第 105 期，2011 年 7 月，頁 44–54。

❸　參閱，李建良，〈三論水污染防治法有關按日連續處罰規定之適用問題〉，《台灣本土法學雜誌》，第 44 期，2003 年 3 月，頁 55–70。

(5)其他以實力直接實現與履行義務同一內容狀態之方法。

三、執行方法之變換

依比例原則,行政強制執行應以採對人民權益損害較少之間接強制方法為當**❹**,但為應付急迫情形或及時達成執行目的,行政執行法第 32 條規定:「經間接強制不能達成執行目的,或因情況急迫,如不及時執行,顯難達成執行目的時,執行機關得依直接強制方法執行之。」

又物之交付義務,亦屬於行為義務之範疇,故行政執行法第 33 條規定,關於物之交付義務之強制執行,依公法上行為或不行為義務強制執行之規定。

另強制執行法第三章對物之交付請求權之執行、第四章行為及不行為請求權之執行,依行政執行法第 35 條規定準用於公法上行為或不行為義務之強制執行。

第五節　即時強制

行政執行法第四章自第 36 條至第 41 條規定了即時強制制度**❹**,其制

---

❹ 實例請參閱,林三欽,〈勒令歇業處分之行政執行問題〉,《月旦法學教室》,第 24 期,2004 年 10 月,頁 18-19。

❹ 參閱,李建良,〈行政上即時強制之研究〉,刊於《一九九八年海峽兩岸行政法學術研討會實錄》,國立政治大學法學院出版,1999 年 4 月,頁 232-292。此一制度應否廢除請參閱,林三欽,〈行政執行法「即時強制」專章應否廢除之思考〉,《東吳公法論叢》,第 7 期,2014 年 7 月,頁 231-234;程明修,〈行政執行法中即時強制章存廢芻議〉,《東吳公法論叢》,第 7 期,2014 年 7 月,頁 235-238;詹鎮榮,〈行政執行法上即時強制存廢之立法政策評估〉,《東吳公法論叢》,第 7 期,2014 年 7 月,頁 239-245;李玉卿,〈行政執行法即時強制專章應否廢除〉,《東吳公法論叢》,第 7 期,2014 年 7 月,頁 247-253;林明鏘,〈行政執行法「即時強制」專章存廢問題書面意見〉,《東吳公法論叢》,第 7 期,2014 年 7 月,頁 255-260;陳清秀,〈行政執行法之

度梗概可分述如次：

一、即時強制之概念

即時強制依行政執行法第 36 條第 1 項規定，乃是行政機關為阻止犯罪、危害之發生或避免急迫危險，而有即時處置必要時所採取之強制措施。

二、即時強制之方法

行政執行法在第 36 條第 2 項列舉了四種即時強制方法，又於第 37 條至第 40 條對此所規定之強制方法為說明式的規定，茲分述於次：

1.對於人之管束——行政執行法第 37 條第 1 項規定，對於人之管束，以合於下列情形之一者為限：

⑴瘋狂或酗酒泥醉，非管束不能救護其生命、身體之危險，及預防他人生命、身體之危險者。

⑵意圖自殺，非管束不能救護其生命者[46]。

⑶暴行或鬥毆，非管束不能預防其傷害者。

⑷其他認為必須救護或有害公共安全之虞，非管束不能救護或不能預防危害者。

對人之管束，依同條第 2 項規定，不得逾 24 小時。

2.對於物之扣留[47]、使用、處置或限制其使用——行政執行法第 38 條第 1 項、第 2 項規定，軍器、凶器及其他危險物，為預防危害之必要，得扣留之。扣留之物，除依法應沒收、沒入[48]、毀棄或應變價發還者外，其扣留期間不得逾 30 日，但扣留之原因未消失時，得延長之，延長期間

即時強制章之存廢探討〉，《東吳公法論叢》，第 7 期，2014 年 7 月，頁 261–271。

[46] 實例請參閱，李震山，〈自殺與管束〉，《月旦法學教室③公法學篇》，頁 218–219。

[47] 實例請參閱，蔡茂寅，〈行政扣留〉，《月旦法學教室》，第 4 期，2003 年 2 月，頁 28–29。

[48] 實例請參閱，蔡茂寅，〈行政罰之沒入與即時強制〉，《月旦法學教室③公法學篇》，頁 216、217。

不得逾兩個月。又依同條第 3 項規定，扣留之物無繼續扣留必要者，應即發還；於一年內無人領取或無法發還者，其所有權歸屬國庫；其應變價發還者，亦同。另依同法第 39 條規定，遇有天災、事變或交通上、衛生上或公共安全上有危害情形，非使用或處置其土地、住宅、建築物、物品或限制其使用，不能達防護之目的時，得使用、處置或限制其使用。

3.對於住宅、建築物或其他處所之進入──行政執行法第 40 條規定，對於住宅、建築物或其他處所之進入，以人民之生命、身體、財產有迫切之危害，非進入不能救護者為限。

4.其他依法定職權所為之必要處置。

三、即時強制所生損失之補償

即時強制為行政機關適法之事實性強制行為，但不免會使人民產生損失，故行政執行法第 41 條規定了即時強制所生損失之補償制度❹，即：

1.人民因執行機關依法實施即時強制，致其生命、身體或財產遭受特別損失時，得請求補償。但因可歸責於該人民之事由者，不在此限。

2.前項損失補償，應以金錢為之，並以補償實際所受之特別損失為限。

3.對於執行機關所為損失補償之決定不服者，得依法提起訴願及行政訴訟。

4.損失補償，應於知有損失後，2 年內向執行機關請求之。但自損失發生後經過五年者不得為之。

行政執行法第 41 條第 3 項「對於執行機關所為損失補償之決定不服者，得依法提起訴願及行政訴訟」之規定，學者認為「有未按行政訴訟法新制改正之錯誤」，因行政訴訟法修正後，基於即時強制之損失補償為因公法上原因所發生之財產給付，自得依行政訴訟法第 8 條第 1 項規定提起一般給付之訴❺，不必先經訴願、撤銷訴訟之程序。

---

❹　相關實例論文請參閱，蔡震榮，〈行政執行法：第四講──即時強制性質與損失補償〉，《月旦法學教室》，第 107 期，2011 年 9 月，頁 42–55。

❺　參閱吳庚，上揭書，頁 545。

第十一章　行政契約

第一節　行政契約之概念

　　行政契約與上述行政命令、行政處分、行政處罰、行政指導、行政計劃等行政機關單方面的意思表示就發生一定法律效果之行政作用不同。行政契約❶是二個以上相互為意思表示，對立合致而發生一定法律效果之行政作用。依行政程序法第三章行政契約中第 135 條規定，公法上法律關係得以契約設定、變更或消滅之，故行政契約是一種設定、變更、消滅公法上法律關係之契約，換言之，是一種公法契約❷。不過，在學理上公法契約並非全是行政契約 (Der verwaltungsrechtliche Vertrag)，因公法契約 (Der öffentlich-rechtliche Vertrag) 尚包括國際公法上契約 (Völkerrechtliche Verträge)❸、憲法上契約 (Verfassungsrechtliche Verträge)❹及宗教法上契

---

❶ 參閱，江嘉琪，〈行政契約的概念〉，《月旦法學教室》，第 52 期，2007 年 2 月，頁 53–62；李建良，〈行政契約的概念、有效性及行政法上請求權〉，《台灣法學雜誌》，第 107 期，2008 年 6 月，頁 55–74。

❷ Giemulla/Jaworsky/Müller-Uri, a.a.O., Rn. 600; Maurer, a.a.O., §14 Rn. 7; Wolff/Bachof/Stober, a.a.O., §54 Rn. 16; Achterberg, a.a.O., §21 Rn. 228–232; 林明鏘，〈行政契約法論〉，《臺大法學論叢》，第 24 卷，第 1 期，1995 年；蔡秀卿，〈行政契約〉，台灣行政法學會主編，《行政法爭議問題研究（上）》，頁 519–533；廖宏明，《行政契約之研究》，司法院印行，民國 84 年 6 月。

❸ 如國際上之公約、兩國之間的條約、協定等是。

❹ 如政黨聯合組織內閣之協議。

約 (Kirchenrechtliche Verträge)❺。

由行政程序法第三章之名稱及其各條文規定之內容來看，它所規範的是設定、變更或消滅行政法法律關係之行政契約❻而非設定、變更或消滅公法上法律關係之公法契約。這種條文規定內容與法律章節名稱不相對應之立法方式，很容易引起人民認知的混淆。

第二節　行政契約之容許性

行政機關可否以契約方式處理行政法法律關係，素為學理所爭論。有採否定論者，如 Otto Mayer, Walter Jellinek，主張以順從之行政處分 (Verwaltungsakt auf Unterwerfung)、雙方行政處分 (Zweiseitiger Verwaltungsakt) 代替公法契約的觀點，他們認為公法關係幾乎皆屬權力關係，國家之意思恆居單方及支配地位，故與人民訂立契約實難想像。再者，行政作用之首要原則為依法行政與契約概念中之契約自由難以並存，故在行政法領域內倡導契約理論並無實益❼。

上述否定論之說法，隨著憲政民主的開展，國家與私人間之關係不再僅是上下尊卑之權力隸屬關係。相反的，對等關係日益普遍，而依法行政與契約自由之間也非不能調和❽，故早期學者如 Paul Laband, Hans Kelsen, Max Layer 所持肯定論，認為國家可以與私人訂立行政契約之說法，逐漸被認同而成為主流通說❾。

---

❺　如 19 世紀初德國各邦與基督教會、天主教會之協議。

❻　實務論文請參閱，陳世民，〈最高行政法院有關行政契約案例之分析——2015 年案例〉，《銘傳大學法學論叢》，第 26 期，2016 年 12 月，頁 117–142。

❼　參引吳庚，《行政法之理論與實用》，頁 420；行政契約之屬性，請參閱陳愛娥，〈行政上所應用契約之法律歸屬——實務對理論的挑戰〉，台灣行政法學會主編，《行政契約與新行政法》，元照出版公司，2002 年 6 月，頁 77–130。

❽　論文請參閱，林錫堯，〈行政契約與依法行政原則之關係〉，《台灣法學雜誌》，第 310 期，2016 年 12 月 28 日，頁 31–54。

　　學說上雖然容許行政機關與人民訂立行政契約，但其理論❿依據不同，一為除外說理論 (Ausschlusstheorie)，認為行政機關，除法律有排除締結行政契約之規定外，得選擇行政契約作為行政作用之方式；另一說為授權說理論 (Ermächtigungstheorie)，認為行政契約以法律明文授權者為限，行政機關始得與人民締結。德國 1976 年行政程序法採納了二次世界大戰後學者通說之授權說理論⓫，我國行政程序法第 135 條亦採用此理論，規定：「公法上法律關係得以契約設定、變更或消滅之。但依其性質或法規規定不得締約者，不在此限。」據此，行政契約已與行政處分一樣，已為行政程序法上所明定容許之一種行政作用方式。

　　在實務上，即曾發生行為人違反區域計劃法第 15 條第 1 項規定，經主管機關依同法第 21 條第 1 項規定限期恢復原狀而負有恢復原狀義務時，行政機關為促使其履行義務，可否與該行為人訂定契約？法務部 92 年 6 月 10 日法律字第 0920017537 號書函表示，行政機關為促使其履行義務，而與其訂定行政契約以確保義務之履行，如法規無明文禁止，依其性質尚無不可。不過，行為人因違反行政法上義務而應受行政罰或刑罰之制裁者，不因主管機關與義務人訂有上開履行義務方法之契約而得予免除⓬。

---

❾　參閱吳庚，上揭書，頁 420–425。

❿　參閱，程明修，〈行政契約標的理論〉，《月旦法學教室》，第 8 期，2003 年 6 月，頁 36–38。

⓫　參閱吳庚，上揭書，頁 426；黃錦堂，〈行政契約法主要適用問題之研究〉，台灣行政法學會主編，《行政契約與新行政法》，元照出版公司，2002 年 6 月，頁 3–75。另法國法制請參閱，王必芳，〈論法國行政契約的特點——從我國行政程序法行政契約章的立法設計談起〉，《臺北大學法學論叢》，第 102 期，2017 年 6 月，頁 73–151。

⓬　參閱，法務部編印，《行政程序法解釋及諮詢小組會議記錄彙編㈢》，民國 92 年 10 月，頁 134–135。

第三節　行政契約之功能

如上所述，行政契約已被行政程序法明文容許規定為重要之行政行為，但其在現時社會、經濟生活中有何功能實益，亦為值得探討之問題。我國學者認為行政契約在現代行政上有下列功能❸：

1. 擴大行政機關選擇行政行為方式之自由決定空間，成為法律執行手段之一，以應付不斷擴張之行政任務。

2. 符合現代法治國家，人民與國家地位對等之行政理念。

3. 減少命令強制色彩。

4. 打破非行政處分即屬民事契約之二分法邏輯，藉以避免公權力遁入私法，規避公法原則支配，有損法治國家基礎。

5. 擴大人民參與行政決定之管道，保障人民權利。

德國學者 Raimund Brühl 則特別強調行政契約之彈性型塑可能 (flexiblere Gestaltungsmöglichkeiten)，特別有助於解決異常之行政事例，而在行政日常實務中，行政契約雙方以合作夥伴之心理與地位，共同尋找平和解決涉及公益行政問題之可能性，有助於改善人民與國家之對立情緒，免除法律救濟程序，確保法律和平 (Rechtsfrieden)❹。就此，德國經濟行政法學者即曾舉出德國聯邦政府為了國民健康公益，致力促使香煙製

---

❸　李震山，《行政法導論》，頁 352。林明鏘氏又認為行政契約之功能有四，即：1.保護功能，2.補充及取代單方高權行為，3.解決問題功能，4.提升人民地位功能，詳請參閱林明鏘，〈行政契約〉，翁岳生編，《行政法》，頁 643–645；Jan Ziekow，〈行政契約之發展現況與前景〉，《台灣法學雜誌》，第 280 期，2015 年 9 月 28 日，頁 3–19；我國發展情形請參閱，陳世民，〈最高行政法院有關行政契約案例之分析──2016 年案例〉，《銘傳大學法學論叢》，第 27 期，2017 年 6 月，頁 1–22。

❹　Raimund Brühl, *Verwaltungsrecht für die Fallbearbeitung*, 3. Auflage, Verlag W. Kohlhammer, 1991, S. 129–130.

造工業減少香煙廣告，而於 1966 年與香煙業者達成「在德國香煙市場之廣告準則」(Richtlinien für die Werbung auf dem deutschen Zigarettenmarkt) 並協議至 1973 年時逐漸減少在電視的香煙廣告❶❺，這種由政府與民間企業訂立自我限制協議 (Selbstbeschränkungsabkommen)❶❻之行政契約方式，有助於平衡國民健康公益與私產業生存發展利益，且減少了對立、衝突之激化。

第四節　行政契約之特質

如上所述，行政契約為公法契約之一種，係發生行政法效果之雙方法律行為，故其與私法契約自有不同❶❼，但其有時常與須申請之行政處分❶❽

---

❶❺ Rolf Stober, *Wirtschaftsverwaltungsrecht*, 7. Auflage, Verlag W. Kohlhammer, Stuttgart, Berlin, Köln, 1991, S. 163.

❶❻ 實例請參閱，程明修，〈經濟行政法之「自我限制協定」〉，《月旦法學教室》，試刊號，2002 年 10 月，頁 20–21。

❶❼ 參閱陳淳文，〈公法契約與私法契約之劃分──法國法制概述〉，台灣行政法學會主編，《行政契約與新行政法》，元照出版公司，2002 年 6 月，頁 131–164；李建良，〈公法契約與私法契約之區別問題〉，台灣行政法學會主編，《行政契約與新行政法》，頁 165–203；林明鏘，〈行政契約與私法契約──以全民健保契約關係為例〉，台灣行政法學會主編，《行政契約與新行政法》，頁 205–229；張鴻仁，〈全民健康保險特約醫事服務機構合約之探討〉，台灣行政法學會主編，《行政契約與新行政法》，頁 231–271；張文郁，〈行政契約與私法契約之區別──以最高行政法院關於僱傭契約之裁判（最高行政法院七十年裁字第二〇八號裁定、八十年判字第一四九〇號判決以及八十二年裁字第二〇四號裁定）為中心〉，台灣行政法學會主編，《行政契約與新行政法》，頁 409–438；另參閱林明鏘，〈全民健保法上保險契約爭議〉，《台灣本土法學雜誌》，第 7 期，2000 年 2 月；吳憲明，〈特約醫事服務機構違規之處罰〉，醫事法律協會《第六屆第一次大會手冊》；張道義，〈中央健康保險局與診所醫師「合約法律關係」的探討〉，《法學叢刊》，第 46 卷第 1 期，2001

相混淆。德國學者則將兩者詳細區別如下 ❶⑨ ：

須申請的行政處分	行政契約
1.人民之申請只催動行政程序，但原則上對內容之形成無影響力。	1.在行政契約商討中，人民可以其意思表示影響內容之形成。
2.由官署單方面之意志即可有直接之法律效果。在缺乏必要申請時，原則上只是簡單的違法可依行政程序法規定補正。	2.官署單方面之表示而無人民對應之表示不生法律效果。無人民之意思表示，行政契約不成立；直接之法律效果基於雙方當事人之合意。
3.行政處分之表徵： ⑴使用形式文件、標準化規範，有時用傳真簽名或認證的複印名字。 ⑵在自動行政處分時使用代號。 ⑶教示救濟途徑。	3.行政契約之表徵： ⑴個人的文書及官員、人民本身的簽名。 ⑵對行政契約內容長時的協商。 ⑶一般有給付↔對待給付之關係。 ⑷官署與人民之異常利益情勢。
4.行政處分之標的是有對外效力之個案規範。因此事實行為之從事或內勤規章之發布，則非行政處分。	4.行政契約之標的亦可能是： ⑴事實行為之從事。 ⑵內勤措施。 ⑶其他容忍、不作為措施。 ⑷承接採取上述措施之義務。
5.行政處分無一般的方式，違反方式依德國行政手續法第46條有時是不重要的。	5.行政契約一般以書面方式，違反書面方式之強制規定導致無效（德國民法第59條、125條）。
6.侵犯第三人權利之行政處分是有效的，第三人可訴願主張行政處分之違法。	6.侵犯第三人權利之行政契約效力之無效未定，直至第三人書面承認才有效。
7.缺乏其他官署必要參與之瑕疵，使行政處分為單純違法（可補正）。	7.行政契約如無法令所定其他官署之同意而締結，是不確定的，無效，直至

年；蔡維音，〈全民健保之法律關係剖析——對中央健保局、特約醫事機關以及被保險人之間的多角關係之分析〉，《月旦法學雜誌》，第48、49期，1999年；林明鏘，〈促進民間參與公共建設法事件法律性質之分析〉，《台灣本土法學雜誌》，第82期，2006年5月；顏玉明，〈我國促參法BOT契約法律性質初探〉，《台灣本土法學雜誌》，第82期，2006年5月，頁174。

❶⑧　司法實例請參閱，江嘉琪，〈行政契約存否之認定與公法上不當得利——評高雄高等行政法院94年訴字第599號判決——〉，《台灣本土法學雜誌》，第84期，2006年7月，頁195–199。

❶⑨　Giemulla/Jaworsky/Müller-Uri, a.a.O., Rn. 604.

	依規定方式之參與才有效。此亦適用於義務契約。
8.即使是合法之行政處分（或保證）亦可由行政官署隨時向後、單方面的加以廢止，只要不是羈束行政或干犯人民之信賴保護。	8.對合法的行政契約只有在契約基礎有重大改變或消失時才可為廢棄或改變。且由一方經提起給付之訴在法院為主張才可，而非由行政官署單方廢棄。
9.單純違法 (vernichtbare) 之行政處分可單方面的 ⑴由官署以撤銷方式加以廢棄，只要無信賴保護情形存在。同樣的亦適用於單純違法之保證 (Zusicherung)。 ⑵由當事人以訴願或行政訴訟排除。	9.單純違法之行政契約只可由官署或當事人單方面加以廢棄。在下述情形下 ⑴在喪失契約基礎時由法院之訴訟來加以廢棄。 ⑵在其他情事，則以能依民法所定條件可單方解除契約。（如德國民法第 119 條之撤銷）。 此外，單純違法行政契約之廢棄既不可由官署或也不由人民之法律之訴單方面加以廢棄。
10.無效的行政處分是不生效的，行政處分之無效限於重大、明顯瑕疵及類似情形。無效之範圍較小。	10.無效的行政契約也是不生效。但與行政處分相比，其無效之範圍較大。 ⑴所有種類之行政契約均無效，當適用民法條文，為無效之情形時。 ⑵對從屬性行政契約尚有德國行政手續法第 59 條第 2 項；德國社會法典 X 第 58 條第 2 項之無效理由。

　　另行政契約與有附款之行政處分有別，即行政契約係由行政機關與人民意思表示對立合致而成，而有附款之行政處分則為行政機關單方面所作成[20]。

　　行政契約雖有上述特質，但與民法契約仍有疊合之處，故行政程序法第 149 條規定：「行政契約，本法未規定者，準用民法相關之規定。」[21]

---

[20]　李震山，上揭書，頁 354。

[21]　所謂民法相關規定，法務部 91 年 9 月 18 日法律字第 0910035272 號書函即舉一例，謂：「按公立學校與教師間之聘任關係，應解為公法關係，故各級公立學校依教師法等相關規定與教師所簽訂之聘約或聘書，屬於行政契約之一種（本部九十年十月十七日九十法律字第〇三二四二九號函參照）。又依行政程序法第一百四十九條規定，行政契約，該法未規定者，準用民法相關

第五節　行政契約之種類

　　行政契約之種類❷，依其當事人間的關係可分為對等關係契約 (Koordinationsrechtlicher Vertrag) 與隸屬關係契約 (Subordinations-rechtlicher Vertrag)；依行政契約標的可分為義務契約 (Verpflichtungsvertrag) 與處分契約 (Verfügungsvertrag)；依行政契約之內容可分為和解契約 (Vergleichsvertrag) 與雙務契約 (Austauschsvertrag)，茲各舉例分述於次❸：

之規定。而就民法之規定而言，私法契約經解除者，溯及訂約時失其效力，亦即與自始未訂定契約同（民法第二百五十九條及最高法院二十三年上字第三九六八號判例參照）。從而，教師在聘約存續期間，如具有教師法第十四條第一項各款情事之一，經服務學校教師評審委員會決議，並報經主管教育行政機關核准後，解除聘約者，其與學校所訂定聘約即應追溯至訂約時失效。又教師如具有解聘之原因者，學校契約解除權之行使，並不因該教師已辭職而受影響。」參閱，法務部編印，《行政程序法解釋及諮詢小組會議紀錄彙編㈢》，頁 146–147。

❷ 學者將我國現行法制下之行政契約的種類分為：1.稅法上之行政契約 2.委託行使公權力之協議 3.行政主體間關於營造物或公物之協議 4.訴訟法上之保証契約 5.損失補償、損害賠償或回饋金之協議 6.公法之抵銷關係 7.公費教育之契約 8.政府採購契約 9.促進民間參與公共建設契約 10.社會保險法制上之契約 11.行政機關與其聘（僱）用人員之契約 12.教師聘任契約。詳請參閱，吳志光，行政法，新學林出版股份有限公司，2006 年 10 月，頁 252–262。

❸ Giemulla/Jaworsky/Müller-Uri, a.a.O., Rn. 605–608; 李震山，上揭書，頁 357–362；羅傳賢，《行政程序法論》，五南圖書出版公司，民國 90 年 8 月二版一刷，頁 216–220；汪宗仁，《行政程序法論》，康德文化出版社，民國 88 年 10 月，頁 229–232；林明鏘，〈行政契約〉，刊於蔡茂寅、李建良、林明鏘、周志宏合著，《行政程序法實用》，學林文化事業有限公司，2001 年 10 月，二版，頁 247–250。

一、對等關係契約與隸屬關係契約

　　對等關係契約是指締約主體間關係之對等性，故又稱為平等關係契約❷、水平契約或行政協定❷。例如依商品檢驗法第 4 條規定，檢驗之技術工作除由標準檢驗局執行外，標準檢驗局並得委託由相關機關（構）、法人或團體代為實施之契約。又如依教育基本法第 7 條第 2 項規定，政府得將公立學校委託私人辦理之契約。這些委託契約之當事人關係是對等的，故為典型的對等關係契約。此種類型的契約，究為公法或私法，即引發爭議❷。

　　隸屬關係契約是指締約主體間關係之隸屬性或不對等性，亦即行政機關與其契約對手有從屬關係 (ein Subordinationsverhältnis)。例如依行政執行法第 17 條規定，行政機關得命公法上金錢給付義務人提供相當擔保或提出擔保人，而提供擔保人得與行政機關締結與執行擔保相關之行政契約❷或依同法第 41 條規定對即時強制所受損失之補償協議。

二、義務契約與處分契約

　　義務契約，有稱為負擔契約者❷，是指行政契約之一方或雙方負有特定給付義務，而另一方相應地獲有請求他方履行給付義務之權。例如龐大代履行費用給付義務之分期付款協議❷或由人民支付一定金額以代替設

---

❷　吳庚，上揭書，頁 435。

❷　行政協定 (Verwaltungsabkommen auf der Regierungsebene) 為政府層面之協定。參閱，陳敏，上揭書，頁 563。

❷　相關司法實務論文請參閱，王毓正，〈論市立醫院委託經營契約於公、私法屬性判斷上之爭議——以高雄高等行政法院九十六年度訴字第三五九號裁定為中心〉，《月旦法學雜誌》，第 155 期，2008 年 4 月，頁 229–238；孫迺翊，〈社會福利服務契約法制初探——從我國社會福利機構「公設民營」之經驗談起〉，《月旦法學雜誌》，第 177 期，2010 年 2 月，頁 241–261。

❷　參閱陳敏，《行政法總論》，頁 578。

❷　依德文文義應譯為義務契約。李震山教授譯為負擔契約，陳敏教授譯為義務契約。參閱李震山，上揭書，頁 359；陳敏，上揭書，頁 580。

❷　Giemulla/Jaworsky/Müller-Uri, a.a.O., Rn. 606.

置停車空間之義務，而行政機關則核發建築許可❸⓪。

處分契約是指因履行法定義務、契約義務或其他原因所生義務所訂立，直接引起行政法上權利或義務變更之契約，如警察與攤販或違建戶為定期拆除攤架或違建之契約❸①或依德國聯邦建築法第 110 條所為用以替代徵收之土地所有權移轉契約❸②。

三、和解契約與雙務契約

和解契約是指行政程序法第 136 條所規定的，行政機關對於行政處分所依據之事實或法律關係，經依職權調查仍不確定者，為有效達成行政目的，並解決爭執，得與人民和解所締結以代替行政處分之行政契約❸③。例如依國家賠償法第 10 條第 2 項之賠償協議或依區域計劃法第 14 條第 2 項或都市計劃法第 29 條、第 41 條之補償協議。

雙務契約是指締約雙方當事人互負給付義務之行政契約，即行政程序法第 137 條所規定之行政機關與人民締結互負給付義務之行政契約。例如依建築法第 102 條之 1 第 1 項規定，「建築物依規定應附建防空避難設備或停車空間；其防空避難設備因特殊情形施工確有困難或停車空間在一定標準以下以及建築物位於都市計劃停車場公共設施用地一定距離範圍內者，得由起造人繳納代金，由直轄市、縣（市）主管建築機關代為集中興建」。依此規定，行政機關與建築物興建屋主所訂立之一方負繳納代金義務，另一方負集中興建防空避難設備或停車空間義務之行政契約，即為此所指之雙務契約。又依大法官釋字第 533 號解釋，中央健康保險局，與各醫事服務機構締結全民健康保險特約醫事服務機構合約，亦為雙務契約❸④。

---

❸⓪ A.a.O.; 陳敏，上揭書，頁 580。

❸① 李震山，上揭書，頁 359。

❸② 陳敏，上揭書，頁 581。

❸③ 實例請參閱，盛子龍，〈稅務訴訟上和解〉，《月旦法學教室》，第 11 期，2003 年 9 月，頁 20–21；比較法論文請參閱，黃源浩，〈法國行政和解契約之研究〉，《國立臺灣大學法學論叢》，第 45 卷第 1 期，2016 年 3 月，頁 1–82。

又為避免行政機關憑藉其優勢地位欺壓人民 (Ausnutzung vom Hoheitsrecht) 訂立使人民負擔顯不相當對待給付之雙務契約及防止行政機關利用雙務契約「出售國家高權」(Ausverkauf vom Hoheitsrecht)❸❺，行政程序法第 137 條第 1 項規定，行政機關與人民締結之行政契約，應符合下列各款之規定：

1.契約中應約定人民給付之特定用途。

2.人民之給付有助於行政機關執行其職務。

3.人民之給付與行政機關之給付應相當❸❻，並具有正當合理之關聯，亦即禁止行政機關有不當之連結 (Koppelungsverbot)。

又行政處分之作成，行政機關無裁量權時，意即在行政機關有作成行政處分義務之羈束行政處分的情形下，依行政程序法第 93 條第 1 項規定，非有法律依據，不得附加附款。基於同一理由，行政機關不為行政處分而以雙務性行政契約代替時，則依行政程序法第 137 條第 2 項規定，該代替行政處分之行政契約所約定之人民給付，以依同法第 93 條第 1 項規定得為附款者為限❸❼。

---

❸❹ 該號解釋謂：「中央健康保險局依其組織法規係國家機關，為執行其法定之職權，就辦理全民健康保險醫療服務有關事項，與各醫事服務機構締結全民健康保險特約醫事服務機構合約，約定由特約醫事服務機構提供被保險人醫療保健服務，以達促進國民健康、增進公共利益之行政目的，故此項合約具有行政契約之性質。 締約雙方如對契約內容發生爭議，屬於公法上爭訟事件。」

❸❺ Maurer, a.a.O., §14 Rn. 12 ff.; 吳庚，上揭書，頁 434、435；林明鏘，上揭文，頁 624。

❸❻ 相關論文請參閱，江嘉琪，〈雙務契約之相當性原則與契約約款無效之認定——簡評最高行政法院九八年判字第三五一號判決〉，《台灣法學雜誌》，第 137 期，2009 年 10 月，頁 183–188。

❸❼ 就此規定，法務部 91 年 7 月 10 日法律字第 0910025456 號函，明白解釋：「按行政機關基於法定職權，為達成行政目的，得以行政契約與人民約定由對造為特定用途之給付，俾有助於該行政機關執行其職務，而行政機關亦負相對之給付義務 (行政程序法第一百三十七條第一項第一款及第二款參照)。

　　另行政程序法第 137 條第 3 項又規定,行政機關與人民所締結雙務性行政契約應載明人民給付之特定用途及僅供該特定用途使用之意旨,以防止上述之行政機關假借雙務行政契約以出售國家高權。

第六節　行政契約之合法要件

　　行政契約之合法要件❸,原則上與私法契約之合法要件如當事人有權利、行為能力,標的合法、適當、可能、確定,意思表示無瑕疵等之外,行政程序法又有一些特別之規定,即:

　　1.締結行政契約之行政機關有權限以外,行政程序法第 140 條第 2 項又規定,行政處分之作成,依法規之規定應經其他行政機關之核准、同意或會同辦理者,則代替該行政處分而締結之行政契約,亦應經該行政機關之核准、同意或會同辦理,始生效力。同樣的,行政契約依約定內容履行

　　　　首揭協議書之目的係為貫徹九二一震災重建暫行條例之立法宗旨,以辦理災區重建,並安置受災戶,就其公益目的及所欲達成之行政目的判斷,並參照司法院釋字第五三三號解釋意旨,性質上應屬行政契約。惟為安置受災戶需要,於非都市土地辦理社區重建,依區域計畫之規定須申請非都市土地使用分區變更及使用地變更編定,且此類申請開發案件,應經災區非都市土地變更審議小組審議同意後,始由縣(市)政府核發許可,尚不得以行政契約代替行政處分,而逕由地政主管機關辦理非都市土地使用分區變更為鄉村區及依核定之計畫內容變更編定為適當使用地,故縣(市)政府與民間申請人簽訂之協議書需待縣(市)政府作成核准開發計畫之行政處分,始生效力。從而,此一行政契約似宜解釋為附停止條件之行政契約,亦即以縣(市)政府作成核准開發計畫之行政處分,為契約生效要件。」參閱,法務部編印,《行政程序法解釋及諮詢小組會議紀錄彙編(三)》,頁 136–137。

❸　有稱行政契約之生效要件,參閱林明鏘,〈行政契約〉,刊於蔡茂寅、李建良、林明鏘、周志宏合著,《行政程序法實用》,學林文化事業有限公司,2001 年 10 月二版,頁 251–253;另參閱羅傳賢,《行政程序法論》,頁 220–223。

將侵害第三人之權利者，應經該第三人書面之同意，始生效力。❸

2.行政契約之締結須依法定方式，即行政程序法第 139 條規定，應依書面為之❹，此點與私法契約以不要式、不以書面締結者顯有不同。又同條下段規定，法規另有其他方式之規定者，依其規定方式締結，始為合法。

3.行政契約之締結須符合法定程序，此即行政程序法第 138 條所規定的，行政契約當事人之一方為人民，依法應以甄選或其他競爭方式決定該當事人時，行政機關應事先公告應具之資格及決定之程序。決定前，並應予參與競爭者表示意見之機會。此一程序規定大致已因政府採購法之公布實施而逐漸落實。

4.行政契約之締結內容須不牴觸法律，行政契約既為行政程序法第 2 條所規定之行政程序行為，則依同法第 4 條規定，應受法律及一般法律原則❹之拘束，而行政契約之內容依同法第 5 條規定，應明確始為合法。除

---

❸ 相關論文請參閱，程明修，〈應經第三人同意始生效力之行政契約限於處分契約或第三人負擔契約？／最高行九八判一四六六〉，《台灣法學雜誌》，第 145 期，2010 年 2 月，頁 223-224；許宏達，〈擺盪在法律保留與契約自由間之行政契約合法性探討——以法定山坡地劃出之切結書為例〉，《軍法專刊》，第 61 卷第 5 期，2015 年 10 月，頁 38-57。

❹ 法務部 91 年 9 月 12 日法律字第 0910034944 號書函表示：「行政契約之締結，應以書面為之；其所稱之『書面』，不限於單一書面文件，當事人雙方以書面往返達成合意者，亦屬之」，法務部編印，《行政程序法解釋及諮詢小組會議紀錄彙編㈢》，頁 138。司法實例另參閱，蕭文生，〈行政契約書面方式之意義——評台北高等行政法院 90 年度第 3845 號判決〉，《月旦法學雜誌》，第 83 期，2002 年 4 月，頁 218-226。

❹ 司法實務上在高速公路電子收費系統案（即 ETC 案）即明白表示行政契約應遵守公益原則、平等原則。詳請參閱，臺北高等行政法院 94 年停字第 122 號裁定；台北高等行政法院 94 年訴字第 752 號判決；最高行政法院 95 年判字第 1239 號判決。相關論文請參閱，蔡維音，〈行政契約與信賴保護——台北高等行政法院九七年訴字第三四四號判決〉，《台灣法學雜誌》，第 129 期，2009 年 6 月，頁 215-217。

此之外，因行政程序法第 141 條規定，行政契約準用民法規定之結果為無效者，無效。故行政契約之締結內容如違反強制或禁止之規定，則因準用民法第 71 條規定亦因不合法而無效❷。

第七節　行政契約瑕疵之效力

　　行政契約如不符合上述合法要件，即為有瑕疵之行政契約。其瑕疵原因，依學者之分析有三類❸，即：

　　1.屬於行政機關權限欠缺，締約未依法定方式，契約內容不合法及締約違反法定程序者。

　　2.有民法第 72 條、第 73 條、第 75 條、第 86 條、第 87 條、第 170 條、第 246 條及第 88 條至第 93 條等意思表示或契約行為之瑕疵者。

　　3.代替行政處分之行政契約，若與其內容相同之行政處分為無效者。

　　至於行政契約瑕疵之效力，依行政程序法第 141 條至第 143 條之規定，乃是仿照德國聯邦行政程序法之立法例，認為行政契約有瑕疵，即為無效，其間並無得撤銷之情形❹，其無效情形之規定分別是：

　　1.行政契約準用民法規定之結果為無效者，行政契約亦無效。

　　2.行政契約違反行政程序法第 135 條但書所示不許締約或法規禁止締約之規定或違反同法第 138 條之程序規定者，行政契約無效。

　　3.代替行政處分之行政契約，有下列各款情形之一者，無效❺：

---

❷　林明鏘，上揭文，頁 253–255；羅傳賢，上揭書，頁 223–225。

❸　參引吳庚，上揭書，頁 437；林錫堯，《行政法要義》，頁 386、387。

❹　此與德國北部斯勒士威－荷爾斯坦邦 (Schleswig-Holstein)1979 年 3 月 19 日修正公布之邦行政法典，規定公法契約除有效、無效之外，另創一種性質相當於限期撤銷或撤回之所謂不生效力者不同。參引吳庚，上揭書，頁 438。

❺　實例論文請參閱，蕭文生，〈行政契約、行政契約與行政處分併用禁止、行政契約無效事由——評最高行政法院 102 年度判字第 113 號判決〉，《法令月刊》，第 66 卷第 12 期，2015 年 12 月，頁 1–22。

(1)與其內容相同之行政處分為無效者。

(2)與其內容相同之行政處分，有得撤銷之違法原因，並為締約雙方所明知者。

(3)締結之和解契約，未符合第 136 條之規定者。

(4)締結之雙務契約，未符合第 137 條之規定者。

　4.行政契約之一部無效者，全部無效。但如認為欠缺該部分，締約雙方亦將締結契約者，其他部分仍為有效。

第八節　行政契約之履行

　　行政契約與民事契約不同❹❻，故行政程序法對行政契約之履行者有一些特別之規定❹❼，即：

一、行政契約履行之指導與協助

　　行政程序法第 144 條規定，行政契約當事人之一方為人民者，行政機關得就相對人契約之履行，依書面約定之方式，為必要之指導或協助。此一條文，學者認係基於法國行政契約制度之「監督」理論，係指締約機關為了社會福祉、推行公務，有權對他造給予履約之指導或對契約內容加以解釋或調整，而他造對此可訴請賠償之意❹❽。

二、行政契約履行困難及損失補償

　　行政程序法第 145 條對行政契約締結後發生履行困難或不可預期之損失，依法國行政契約法制之「不可預期理論」❹❾，而為下列四項規定：

❹❻　在法國行政契約和私法契約的不同，集中反映在契約的履行上，特別反映在行政機關對行政契約履行的指揮權、單方面變更權、單方面解除合同權及制裁權等。參閱王名揚，《法國行政法》，頁 195–198。

❹❼　學者對此由法國引進行政契約制度，頗有質疑。詳請參閱林明鏘，上揭文，頁 645–647；汪宗仁，上揭書，頁 234–235。

❹❽　吳庚，上揭書，頁 440，註 40；林明鏘，〈行政契約〉，上揭書，頁 255–256。

❹❾　吳庚，上揭書，頁 440，註 40。

1.行政契約當事人之一方為人民者，其締約後，因締約機關所屬公法人之其他機關於契約關係外行使公權力，致相對人履行契約義務時，顯增費用或受其他不可預期之損失者，相對人得向締約機關請求補償其損失。但公權力之行使與契約之履行無直接必要之關聯者，不在此限。

2.締約機關應就前項請求，以書面並敘明理由決定之。

3.第一項補償之請求，應自相對人知有損失時起一年內為之。

4.關於補償之爭議及補償之金額，相對人有不服者得向行政法院提起給付訴訟。

第九節　行政契約之調整與終止

我國行政程序法所規定之行政契約制度，主要以德國法制為藍本，但亦摻雜法國行政契約法制「王之行為理論」❺⓪、「公益優先原則」❺①，容許行政機關在法定情形、必要範圍內片面調整行政契約❺②內容或終止行政契約❺③。而人民因行政契約片面調整與終止之損失，則由行政機關補償之。對此，行政程序法第 146 條有下列五項之規定：

1.行政契約當事人之一方為人民者，行政機關為防止或除去對公益之重大危害，得於必要範圍內調整契約內容或終止契約。

---

❺⓪　「王之行為理論」係指作為公權力主體之行政機關（即所謂王），因其行為加重締約他造因履行契約之負擔時，應補償該他造之損失；又締約機關依職權修改契約內容，亦屬「王之行為理論」的運用，王之行為在語源上與英國之國家行為 (act of state) 有相近之處。引自吳庚，上揭書，頁 440，註 40。

❺①　李震山，上揭書，頁 364。

❺②　相關實例請參閱，張文郁，〈行政契約〉，《月旦法學教室》，第 85 期，2002 年 6 月，頁 18–19。

❺③　參閱，吳志光，〈行政契約的解除與行政訴訟的類型選擇——以公立學校教師之解聘為例——〉，《台灣本土法學雜誌》，第 77 期，2005 年 12 月，頁 225–232。

2.前項之調整或終止，非補償相對人因此所受之財產上損失，不得為之。

3.第一項之調整或終止及第二項補償之決定，應以書面敘明理由為之。

4.相對人對第一項之調整難為履行者，得以書面敘明理由終止契約。

5.相對人對第二項補償金額不同意時，得向行政法院提起給付訴訟。

除行政機關可片面調整與終止行政契約外，人民在特定情形下亦可請求調整或終止行政契約，此即行政程序法第 147 條所規定之情形及相關細節❺❹：

1.行政契約締結後，因有情事重大變更❺❺，非當時所得預料，而依原約定顯失公平者，當事人之一方得請求他方適當調整契約內容；如不能調整，得終止契約。

2.前項情形，行政契約當事人之一方為人民時，行政機關為維護公益，得於補償相對人之損失後，命其繼續履行原約定之義務。此項規定即為「公益優先原則」與「王之行為理論」之表現。

3.第一項之請求調整或終止與第二項補償之決定，應以書面敘明理由為之。

4.相對人對第二項補償金額不同意時，得向行政法院提起給付訴訟。

第十節　行政契約之強制執行

行政契約之一方如有不履行行政契約內所定之義務者，他方，不管是行政機關或人民如欲實現其契約之權利，須先依行政訴訟法第 8 條第 1 項後段之規定，向行政法院提起「給付訴訟」，取得執行名義強制執行後，

---

❺❹　林明鏘，〈行政契約〉，上揭書，頁 256–258；羅傳賢，上揭書，頁 225–230。

❺❺　相關論文請參閱，張文郁，〈行政契約締結後法規變更之法適用問題〉，《台灣法學雜誌》，第 251 期，2014 年 7 月 1 日，頁 107–111。

才能獲得權益之實現❺。但為避免行政契約履行之爭訟一如民事契約爭訟之曠日費時，影響公益，行政程序法亦容許在行政契約內約定當事人自願接受強制執行之條款，其要件與法律效果，行政程序法第 148 條將之規定為下列三項：

1.行政契約約定自願接受執行時，債務人不為給付時，債權人得以該契約為強制執行之執行名義。

2.前項約定，締約之一方為中央行政機關時，應經主管院、部或同等級機關之認可；締約之一方為地方自治團體之行政機關時，應經該地方自治團體行政首長之認可；契約內容涉及委辦事項者，並應經委辦機關之認可，始生效力。

3.第一項強制執行，準用行政訴訟法有關強制執行之規定。

---

❺　林明鏘，〈行政契約〉，上揭書，頁 259–260。

第十二章　行政私法行為

第一節　行政私法行為之容許性

隨著憲政時代之來臨，民主法治之開展，國家角色、任務之增長，國家不再只是高高在上的公權力行使者，而也是食、衣、住、行生活需求的給付者，也更是生、老、病、死生存照顧的服務者。因此，行政法學除了研究警察國家之干預行政作用以外，也更關切、探討給付國家、服務國家、預防國家 (Präventionstaat)、合作國家 (Kooperativer Staat) 之給付行政、照護行政、預防行政、合作行政作用❶。這些作用，有以私法行為方式達成者，亦有以私法組織達成者，也就是國家透過學理上所謂行政私法行為❷來達成行政任務。這種不以公權力命令、禁令規制之行使方式，而是以私法組織、私法行為方式來達成行政任務，已為時代潮流，並為大法官釋字第 540 號解釋肯認。該號解釋謂：「國家為達成行政上之任務，得選擇以公法上行為或私法上行為作為實施之手段。」這種「行政行為形式選擇自由」已經成為行政法總論體系轉變、改革的重要探討內涵❸。

❶　對合作行政作用，學者有稱之為行政合作法，詳參，程明修，〈公私協力契約與行政合作法──以德國聯邦行政程序法之改革構想為中心〉，《興大法學》，第 7 期，頁 69–143。

❷　行政私法行為在德國之源起，請參閱，李震山，《行政法導論》，頁 215–216；吳庚，《行政法之理論與實用》，頁 13 之註 26；程明修，〈行政私法〉，《月旦法學教室》，第 1 期，2002 年 11 月，頁 36–39。

❸　詳請參閱，〈行政行為形式選擇自由──以公私協力行為為例〉，《月旦法學

不過，行政私法行為之類型為何？是否適用為公權力行政而設之行政程序或行政原則？又採行行政行為而發生爭執時，究應循民事訴訟抑或行政訴訟途徑解決？則有待以下各節進一步之探討。

第二節　行政私法行為之類型

行政私法行為，我國學者有稱之為私經濟行政 (Privatwirtschaftsverwaltung)，或稱國庫行政 (fiskalische Verwaltung)，指國家並非居於公權力主體地位行使其統治權，而係處於與私人相當之法律地位，並在私法支配下所為之各種行為。其類型分為四類，即：1.為達成行政上之任務所採取之私法形態的行為。2.以私法組織形態或特設機構方式所從事之營利行為。 3.私法形態之輔助行為。 4.參與純粹之交易行為。 ❹ 又有學者將行政之私法活動分為五類，即： 1.行政之一時交易行為。 2.行政之私法輔助行為。 3.行政之營利活動。 4.行政之私法上財產管理行為。 5.以私法形式執行行政任務之行為 ❺。另有學者則將行政私法行為僅分為三個類型，即 1.行政私法輔助行為。 2.行政營利行為。 3.私法形式之行政給付行為 ❻。

上述我國學者之分類多源自德國學者早期行政法著作之分類❼，2004年該學者同一書名之行政法著作，則將行政私法行為之一改稱，仍分為三

雜誌》，第 120 期，2005 年 5 月，頁 37–65。

❹ 吳庚，上揭書，頁 12–13。

❺ 陳敏，上揭書，頁 662–666。

❻ 李震山，上揭書，頁 217–219。

❼ 德國學者 Hartmut Maurer，2002 年以前將行政私法行為分為： 1.行政私法輔助行為 (Privatrechtliche Hilfsgeschäfte der Verwaltung)。 2.行政的營利行為 (Die erwerbswirtschaftliche Betätigung der Verwaltung)。 3.以私法形式執行行政任務 (Wahrnehmung von Verwaltungsaufgaben in der Form des Privatrechts)。我國學者李震山、陳敏採用之。

類，較可參考，茲依其分類加上我國學者之分類說明之❽。

一、滿足（行政）需求之行政 (Bedarfsdeckungsverwaltung)

滿足（行政）需求之行政是指行政機關以對價方式在市場上獲取履行本身行政任務所需要的物質（如辦公用具、公務車、土地、房舍）或勞務（如建築、研究構想）。也就是行政機關以買賣、租賃、承攬等等依民法規定，訂立採購契約，以滿足其履行行政任務所需求之物質或勞務。德國學者 Hartmut Maurer 指出滿足 （行政） 需求亦是一種行政任務 (die Bedarfsdeckung ist eine Verwaltungsaufgabe)，在過去有稱為國庫之輔助行為 (fiskalischen Hilfsgeschäften) 者。他認為此一傳統名詞，若只用來說明財稅局購買辦公用品或市政廳之小型修繕，還說得過去。但卻不再適用於指稱大型建設，如國立大學醫院之建設或國防部購買軍機之行為。因為，在德國，包括聯邦、各邦、鄉鎮或其他行政主體之政府採購金額每年高達 2 千 5 百億歐元，不只成為重要的經濟發展因素，而透過有目的性的政府採購，也可以貫徹經濟、產業（區域）結構或社會政策上之目的。而對於許多大型私人企業，是否獲得政府採購也涉及其能否存續。因此，對其而言，政府採購之重要性遠遠超過政府給它的豐厚補助。

因此，相對於此種採購趨勢，也對應的增加了對政府採購之公法上束縛❾。在德國學界通說認為，國民基本權利之保障與一般行政法原則不只適用於公法上行政活動與私法形式之行政給付行為，更也適用於滿足（行政）需求之行政領域，特別是在政府採購領域上。而德國學界也更偏好行政契約或兩階段關係 (ein Zwei-Stufen-Verhältnis)，即決定是否締約之公法關係與如何履行契約之私法關係的契約 (öffentlich-rechtlicher Zuschlag und Privatrechtlicher Vertrag)，來表述此滿足（行政）需求之行政❿。

---

❽　Vgl. Hartmut Maurer, Allgemeines Verwaltungsrecht, 15. Auflage, 2004, C. H. Beck München, §3 Rn. 6–11.

❾　特別是在 2001 年德國競爭限制防止法上訂有一些規範政府採購之規定 。 參閱 ， Steffen Detterbeck, Allgemeines Verwaltungsrecht, 3. Auflage, 2005, C. H. Beck München, Rn. 909.

二、行政的營利活動 (Die erwerbswirtschaftliche Betätigung der Verwaltung)

行政營利活動是指國家以企業主之身分並以營利為目的參與經濟生活活動❿，有由國家透過本身之企業者，亦有經由公司，特別是股份有限公司、全部或部分持有的這些公司參與經濟生活活動⓬。在我國如漢翔航空工業公司、臺灣中油公司、中華電信公司、中華郵政公司、臺灣糖業公司、臺灣肥料公司及臺灣銀行、中央存款保險公司、中央再保險公司等政府全部或部分持有而由財政部公股小組管控之公司等是⓭。

國家之行政營利活動產生兩個問題，第一是這些活動是否是憲法上容許的，亦即是否合憲？第二如果是合憲，則是否有限制與有那些限制⓮？依我國憲法第 144 條之規定是容許的。而在德國各邦之鄉鎮通則也以鄉鎮之經濟企業只在合於公共目的之情形也被許可成為鄉鎮行政之工具，並受國民基本權利與一般行政法原則之拘束⓯。我國也應採如是之見解。

三、以私法形式實行行政任務 (Wahrnehmung von Verwaltungsaufgaben in der Form des Privatrechts)

國家亦可以私法形式來實行直接行政任務⓰，但其容許性與可能性限

---

❿ Hartmut Maurer, a.a.O., §3 Rn. 7.

⓫ Steffen Detterbeck, Allgemeines Verwaltungsrecht, 3. Auflage, 2005, C. H. Beck, München, Rn. 903.

⓬ 國家部分持有而與民間共有一公司、企業的公私合營企業或組織型公私夥伴關係日益增多，是否適用政府採購法，學者以歐盟判決為例，有深入之探討。詳參，劉淑範，〈公私夥伴關係 (PPP) 於歐盟法制下發展之初探：兼論德國公私合營事業（組織型之公私夥伴關係）適用政府採購法之爭議〉，《台大法學論叢》，第 40 卷第 2 期，2011 年 6 月，頁 505–568。

⓭ 參閱，吳庚，上揭書，頁 12–13。

⓮ 實例請參閱，程明修，〈國家從事營利經濟活動之憲法限制〉，《月旦法學教室》，第 10 期，2003 年 8 月，頁 22–23。

⓯ Steffen Detterbeck, a.a.O., §3 Rn. 8.

⓰ 直接行政任務如水之供應 (die Wasserversorgung) 是。A.a.O., §3 Rn. 9.

於一定範圍。在全部的秩序行政與賦稅行政方面，因依賴公權力強制手段，自不得以私法形式來實行。又原則上不需強制之給付行政，在德國已大部由公法法令規範。是以在無法令的情形下，行政機關才得自由選擇經由公法的或私法的形式提供其給付。這種選擇自由包括給付設施組織形式 (die Organisationsform der Einrichtung) 以及其給付關係或使用關係之安排 (die Ausgestaltung des Leistungs-oder Benutzungsverhältnisses) 的選擇自由。

在我國，這種以私法形式來實行行政任務之樣態不一**❶**，如：

1. 對學生提供學費、生活費之助學貸款。

2. 對民眾提供住宅貸款、對青年提供創業貸款、對中小企業提供創業貸款。

3. 出售國民住宅。

4. 對廠商提供紓困貸款或提供補助。

5. 由隸屬於各級政府之自來水廠、醫院、療養院、鐵路局、公共汽車管理處等機構對大眾提供生活、醫療上之給付。

6. 使用民間拖吊業者處理違規停車，即使用行政助手**❸**完成行政任務。

四、行政的經濟活動 (Wirtschaftliche Betätigung der Verwaltung)

行政的經濟活動與上述行政營利活動不同的是，行政的經濟活動並不以營利為目的，而是或多或少有其行政上之目的，有學者稱之為「參與純粹之交易行為」並非十分妥適**❾**。這些行政的經濟活動例如：

1. 中央銀行為維持匯率而買賣外匯，參與外匯市場操作之行為。

2. 為籌措財源，減低公營事業在各類企業中之比例，在證券市場上出售政府持股之行為。

---

❶　參閱，吳庚，上揭書，頁 12；李震山，上揭書，頁 218–219。

❸　實例請參閱，張文郁，〈行政輔助人（行政助手）〉，《月旦法學教室》，第 2 期，2002 年 12 月，頁 18–19。

❾　吳庚，上揭書，頁 13。

3.為穩定物價而進口大宗物資，供應市場需要之行為。

第三節　行政私法行為應行遵守之法則

　　行政機關以私法組織、私法行為方式來達成行政任務，除了應遵守民法上私法自治原則之支配以外，是否也應受公法程序法令、公法一般原則之拘束？就此，德國通說認為，行政私法行為雖可享有較多之行動自由，但仍應遵守下列原則[20]，即：

1.行政機關應尊重國民之基本權利，特別是遵守該國基本法第三條所規定之平等原則。

2.行政機關從事行政私法行為應仍遵守組織法規範。

3.行政機關應遵守比例原則。

4.行政機關應遵守的還有給付與相對給付不當連結之禁止 (das Verbot sachwidriger Verknüpfung von Leistung und Gegenleistung)。

　　我國學者也認為：「私經濟行政（也就是本書所指之行政私法行為），在性質上仍屬行政，憲法課以行政機關尊重國民之基本權利，並平等對待一切國民之義務，不因行政機關之行為方式而有根本之改變，一旦發生私法上行為與上述憲法義務不相符合時，自應以憲法義務之遵守為優先。」[21]又該學者也明白表示：「行政機關從事私經濟活動，享有較多之行動自由。但行政機關與私人仍有不同，其從事經濟活動應受組織法規之限制，縱然在私經濟範疇，行政機關仍然不能從事與本身職權無關之事務。從而，或可獲致一項結論：公權力行政與私經濟行政同受組織法之羈束，在行為法方面，私經濟行政除受內部作業法規之規範外，顯然受較少之限制。」[22]由此可知，我國學者之見解與德國通說類同，亦即行政行為

---

[20]　Bernd Müller, Verwaltungsrecht, 2. Auflage, 1999, Springer-Verlag Berlin Heidelberg, S. 43.

[21]　吳庚，上揭書，頁 17。

仍應遵守上述尊重國民基本權利、平等原則與行政法上之一般原則❷。

　　同樣的，大法官釋字第 457 號解釋也有類似見解之表示，即：「國家應促進兩性地位之實質平等，憲法第七條暨憲法增修條文第十條第六項定有明文。國家機關為達成公行政任務，以私法形式所為之行為，並應遵循上開憲法之規定。」

　　又在司法實務上，最高行政法院也以高速公路收費系統 BOT 案甄選過程違反公益及平等原則，撤銷遠通電收的最優申請人資格❷。由此可知，在我國之行政私法行為也是要遵守行政程序法所規定的行政法上一般原則。

第四節　行政私法行為爭執之訴訟途徑

　　上述行政私法行為發生爭執時，究應循民事訴訟途徑或行政訴訟途徑❷解決，不無學理上爭議。不過，因為大法官釋字第 540 號之解釋，使

---

❷　同上註，頁 16。

❷　相關司法實務請參閱，詹鎮榮，〈論運動彩券發行機構甄選文件之法拘束力——行政爭訟相關實務見解評析〉，《月旦法學雜誌》，第 229 期，2014 年 6 月，頁 165–180。

❷　王文玲，〈ETC 判決確定的警示——行政機關別再濫用裁量權〉，《聯合報》，民國 95 年 8 月 4 日，A2 版；詹明勇，〈ETC 的教訓——主管的承諾〉，《聯合報》，民國 95 年 8 月 4 日，A15 版。參閱，最高行政法院 95 年度判字第 01239 號判決。又相關論文請參閱，江嘉琪，〈ETC 契約之公、私法性質爭議〉，《台灣本土法學雜誌》，第 81 期，2006 年 4 月，頁 112–115；劉建宏，〈ETC 案與情況判決〉，《台灣本土法學雜誌》，第 81 期，2006 年 4 月，頁 126–129。

❷　請參閱，徐瑞晃，〈促參法當事人之行政訴訟救濟途徑〉，《司法周刊》，第 1697 期，2014 年 5 月 23 日，頁 2–3；徐瑞晃，同題目，《司法周刊》，第 1698 期，2014 年 5 月 30 日，頁 3；陳佳宜，〈促參案之爭議類型與解決機制〉，《財稅研究》，第 47 卷第 3 期，2018 年 5 月，頁 39–63。

此爭議獲得解決。該號解釋謂：「國家為達成行政上之任務，得選擇以公法上行為或私法上行為作為實施之手段。其因各該行為所生爭執之審理，屬於公法性質者歸行政法院，私法性質者歸普通法院。惟立法機關亦得依職權衡酌事件之性質、既有訴訟制度之功能及公益之考量，就審判權歸屬或解決紛爭程序另為適當之設計。此種情形一經定為法律，即有拘束全國機關及人民之效力，各級審判機關自亦有遵循之義務。」

至於何者為公法性質，為公權力行政，以及何者為私法性質，為行政的私經濟活動？學者主張：「仍須按個別情況，就行政作用之內容及外觀加以推求，藉以確定行政機關主觀上究欲採取公法行為或私法行為作為手段？如有懷疑，應推定行政機關之作為係行使公權力的性質。其理由有二：一係國家機關或其他行政主體行使公權力畢竟為正規之行為方式；二係公權力行政受較多之法律羈束，相對人亦受較多之法律保障也。」❷⑥

---

❷⑥　吳庚，上揭書，頁 15。

第七篇　行政爭訟法

第一章　行政爭訟制度

第一節　概　說

行政機關違法濫權，侵害人民權益的情形，中外古今皆有。在往昔君主獨裁專制體系之下，人民只有默默忍受，很少有對抗行政不法、反制官吏濫權的法律權益。18 世紀的民權革命開展了憲政自由民主制度，人民對行政機關之違法、濫權才有了爭執、訴訟對抗之法律權利，這些權利就是人民之行政爭訟權❶。我國憲法第 16 條即明文保障人民有請願、訴願及訴訟之權。立法院也分別制定了請願法、訴願法、行政訴訟法等法律而建構了我國之行政爭訟制度❷。

我國行政爭訟制度在民國 87 年 10 月 28 日修正公布訴願法、行政訴訟法以前，被學者稱為舊制，係 19 世紀下半葉起源於德意志西南部各邦及奧地利之制度，經由日本而傳至我國❸。

相對於舊制的是民國 87 年 10 月 28 日修正公布訴願法、行政訴訟法後之新行政爭訟制度。 但此新行政爭訟制度因訴願法第 101 條第 2 項規

---

❶　本書贊同吳庚教授見解，使用行政爭訟名稱而不採用行政救濟名稱，理由詳見吳庚，《行政爭訟法論》，民國 94 年 5 月修訂三版，頁 2；另請參閱林紀東氏對行政爭訟一詞之界定，林紀東，《行政法》，頁 475。

❷　大法官釋字第 442 號解釋謂：「憲法第十六條規定人民有訴訟之權，旨在確保人民得依法定程序提起訴訟及受公平之審判。至於訴訟救濟應循之審級制度及相關程序，立法機關自得衡量訴訟性質以法律為合理之規定。」

❸　吳庚，上揭書，頁 545。

定：「本法修正條文之施行日期，由行政院以命令定之」以及行政訴訟法第 308 條第 2 項規定：「本法修正條文施行日期，由司法院以命令定之」。行政爭訟新制已因行政院、司法院之分別命令而開始實施❹。

第二節　行政爭訟新制

鑑於上述行政爭訟舊制之不符時代社會需要，自民國 59 年起，訴願法開始為局部性之修正，而行政訴訟法自民國 70 年 7 月間起，也由司法院延攬學者專家組成「司法院行政訴訟制度研究修正委員會」，共同參與行政訴訟法之研修工作❺。經過政府機構、學者專家多年研修、研擬❻之訴願法修正草案，行政訴訟法修正草案終於在民國 87 年 10 月 2 日在立法院雙雙三讀通過❼，開啟了我國行政爭訟制度之新紀元。

行政爭訟新制有何特色，除於本篇之第三章訴願及第四章行政訴訟中再詳為敘述外，茲先就其與上述行政爭訟舊制之不同，參酌學者之意見❽，歸納如次：

一、減少行政爭訟層級

舊制之行政爭訟層級由申訴、再申訴、聲明異議、訴願、再訴願以至於行政訴訟，共有四或五個層級，現僅撤銷訴訟及課予義務訴訟尚適用訴願前置主義，至給付訴訟、確認訴訟則無訴願前置程序存在，又將再訴願程序廢止，減少在行政體系內部之救濟層級，以迅速保障人民權益免於行

---

❹　訴願新制於民國 89 年 6 月 23 日由行政院令自民國 89 年 7 月 1 日施行；行政訴訟新制於民國 88 年 7 月 8 日由司法院令自民國 89 年 7 月 1 日施行。

❺　蔡志方，〈行政訴訟制度〉，翁岳生編，《行政法》，頁 1085。

❻　相關修法過程，請參閱陳清秀，《行政訴訟法》，植根法律事務所叢書㈢，民國 88 年 6 月初版，頁 1。

❼　《立法院公報》初稿，第三屆第六會期，第 11 期，民國 87 年 10 月 3 日出版。

❽　吳庚，《行政爭訟法論》，頁 11–13。

政機關之延宕侵害。

二、增加行政訴訟種類，擴大行政爭訟範圍

行政訴訟除原有之撤銷訴訟更增加確認訴訟，課以義務訴訟、一般給付訴訟等種類。除此之外，尚增加保全程序、暫時權利救濟途徑等，擴大了行政爭訟權利救濟之範圍。

三、行政訴訟採二級二審制

設最高行政法院及高等行政法院 ❾，前者為行政訴訟之法律審，後者為行政訴訟之事實審，並仿普通法院之例，最高行政法院由法官五名組成合議庭為審理，高等行政法院由三名法官組成合議庭審理，而簡易事件由法官一人獨任審理。

四、新訂暫時權利保護制度

因行政行為而受侵害，如有不服，可以提起行政訴訟，以獲得救濟。不過，行政訴訟程序冗長，直至獲得平反，常有一定期間。由於我國行政訴訟法第 116 條規定，原（行政）處分或（訴願）決定之執行，除法律另有規定外，不因提起行政訴訟而停止。因此，在行政訴訟期間，人民之權益常有可能發生在未來勝訴後不能實現或甚難實現之問題。為保障人民權益，新行政訴訟法乃充實並增訂了三種暫時權利保護制度 ❿，即：

1.行政訴訟法第 116 條規定之停止執行制度，即由行政法院依職權或依聲請，裁定原（行政）處分或（訴願）決定之執行，使人民權益不會因即時之執行，受到不當侵害。

2.行政訴訟法第七編保全程序中之假扣押制度。依該法第 293 條第 1 項規定，為保全公法上金錢給付之強制執行，得聲請假扣押。

3.行政訴訟法第 298 條規定之假處分制度。依該條第 1 項規定，公法上之權利因現狀變更，有不能實現或甚難實現之虞者，為保全強制執行，

---

❾　吳庚氏質疑立法院將行政訴訟法修正草案原擬名稱中央行政法院、地區行政法院，分別改為最高行政法院與高等行政法院之不當，甚是！參閱吳庚，《行政法之理論與實用》，民國 94 年 8 月增訂九版，頁 619。

❿　吳庚，《行政法之理論與實用》，頁 621–622。

得聲請假處分。同條第 2 項又規定，於爭執之公法上法律關係，為防止發生重大之損害或避免急迫之危險而有必要時 ， 得聲請為定暫時狀態之處分。

五、行政訴訟程序嚴格複雜化及民事訴訟化

行政爭訟新制，不論是訴願制度或行政訴訟制度，其適用之程序均嚴格化及複雜化。訴願法有甚多將行政程序法之各種手續加以採納，而行政訴訟法對程序事項則盡量採用民事訴訟法之相關規定，形成學者所謂之明顯之民事訴訟化 (Zivilprozessualisierung) 現象[11]。訴願法、行政訴訟法兩個法律之條文分別增加 3 倍到 10 倍，致使訴願或行政訴訟事件之處理比素以法律繁瑣見稱之德國還要複雜，是否有必要而為學者所質疑[12]。

廣義的行政爭訟制度包括請願、陳情、聲明異議、訴願、行政訴訟、請求國家賠償、請求國家對自己所受損失為補償等制度。其中，請願制度多在憲法學中研析[13]，陳情則在本書第六篇之第八章第八節處理陳情程序中已為研討。至於請求國家賠償，請求國家對其合法行為但造成自己所受損失為補償，擬在本書第八篇國家責任法中研析，故本篇僅對人民之聲明異議、訴願制度、行政訴訟制度等狹義的行政爭訟制度，進行研討[14]。

第三節　行政爭訟法制之修正

行政爭訟法制之一的訴願法，自民國 87 年 10 月 28 日修正公布後，除了在民國 89 年 6 月 14 日總統令修正公布第 4 條、第 9 條、第 41 條，以配合「修憲凍省」與地方制度法施行後之管轄權變動及配合行政程序法

---

[11]　吳庚，上揭書，頁 622。

[12]　同上註。

[13]　參閱林騰鷂，《中華民國憲法》，2005 年 8 月修訂四版，頁 153。

[14]　廣義行政爭訟、狹義行政爭訟之區分，請參閱涂懷瑩，《行政法原理》，頁 615 以下；林紀東，《行政法》，頁 475。

公布施行後「行政處分廢止用語」之使用以外，10 多年來均未見再修正。
不過，另一個行政爭訟法制的行政訴訟法，則分別於 96 年、98 年及 100
年由立法院加以修正。行政訴訟法制已由舊制的一級一審制、新制的二級
二審制，進一步改為三級二審制，且以往行政訴訟不收費之制度，也改為
少量定額徵收裁判費，法制變動不可謂為不大。茲將行政訴訟法歷次修正
重點分項述明於次。

第一項　民國 96 年修正之行政訴訟法

行政訴訟新制自民國 89 年 7 月 1 日開始實施，將近七年後，立法院
於民國 96 年 6 月 5 日三讀通過行政訴訟法部分條文修正案，計新增條文
10 條，修正條文 8 條，其修法重點有❶：

1.向無審判權法院起訴，改採職權移送制：為保障當事人免於承受訴
訟審判權歸屬認定及移轉的不利益，增訂行政法院對其認無受理權限之訴
訟，應依職權移送至有受理訴訟權限之法院，免除人民承受審判權錯誤之
不利益，以保障訴訟權。

2.少量定額徵收裁判費，節制濫訴：基於司法資源屬全民所有及使用
者付費原則，並防止濫行訴訟，改採按件定額酌徵裁判費。訴訟費用包含
裁判費及其他進行訴訟之必要費用，原則上由敗訴之一造負擔。裁判費採
定額徵收，起訴，按件徵收裁判費新臺幣 4 千元，適用簡易訴訟程序之事
件，徵收新臺幣 2 千元，特定之聲請事件、抗告等，徵收新臺幣 1 千元。

3.修正訴訟代理之規定：行政訴訟當事人若欲委任代理人，除可委任
律師為訴訟代理人外，在稅務、專利行政事件，會計師、專利師或依法得
為專利代理人者，經審判長許可，亦得為訴訟代理人；如當事人為公法
人、中央或地方機關、公法上之非法人團體時，其所屬專任人員辦理法
制、法務、訴願業務或與訴訟事件相關業務者，亦得為訴訟代理人。

---

❶　參引，《司法周刊》，第 1342 期，民國 96 年 6 月 14 日，第一版。另參閱，
張文郁，〈2007 年新修正之行政訴訟法簡介〉，《台灣本土法學雜誌》，第 106
期，民國 97 年 5 月，頁 311–324。

4.修正再審期間之起算規定：為免對於確定判決反覆爭執，本次增訂對於再審之訴之再審確定判決不服，復提起再審之訴時，其五年再審期間自原判決確定時起算。但再審之訴有理由者，自該再審判決確定時起算。

本次修正對行政訴訟影響較大者為 ，使行政訴訟由無償制改為有償制 ，也就是提起行政訴訟由不必繳交訴訟費用改為必須繳交定額訴訟費用，以致最高行政法院新收案件下降為 4,790 件，三所高等行政法院新收案件下降為 7,450 件，均為近兩成之明顯下降❶❻。民國 98 年 7 月，智慧財產法院成立，有關智慧財產之案件移由智慧財產法院辦理，以致三所高等行政法院新收案件降為 6,779 件。最高行政法院則降為 4,459 件。民國 99 年 5 月施行修正之行政訴訟法第 229 條，將簡易程序之金額或價額增至 40 萬元以下，致三所高等行政法院之新收案件減為 6,581 件，最高行政法院新收案件則增為 5,049 件，上訴案件反有增加之趨勢❶❼。

第二項　民國 98 年修正之行政訴訟法❶❽

立法院於民國 98 年 12 月 22 日三讀通過行政訴訟法修正案，共計修正 66 條條文。修法之目標有三，即「便利人民訴訟」、「保障人民權益」及「提升司法效能」，其重要之內容為❶❾：

---

❶❻　彭鳳至，〈台灣行政訴訟之功能與角色〉，最高行政法院編印，《新制行政訴訟實施 10 週年國際學術研討會會議實錄》，民國 99 年 10 月，頁 444。

❶❼　參閱 99 年司法院所屬各機關業務提要分析，https://www.judicial.gov.tw/juds/analyze/ana.htm

❶❽　由於立法院是在民國 98 年 12 月 22 日三讀修正通過，總統直至民國 99 年 1 月 13 日才令修正公布。

❶❾　參閱，《司法周刊》，第 1472 期，民國 98 年 12 月 25 日，第四版；本次修正之內容與評釋，另請參閱，程明修，〈2009 年行政訴訟法修正內容簡介〉，《台灣法學雜誌》，第 144 期，民國 99 年 1 月 15 日，頁 1–13；劉建宏，〈2009 年行政訴訟法修法評釋〉，《月旦法學雜誌》，第 179 期，民國 99 年 4 月，頁 202–213。

一、便利人民訴訟方面

1.在不動產訴訟，修正為除了徵收、徵用或撥用訴訟，專屬於不動產所在地之行政法院管轄外，其他和公法上權利或法律關係有關之不動產訴訟，可由不動產所在地之行政法院管轄，也可由被告公務所或住居所地之行政法院管轄（第15條）。

2.在公務員任用、俸給、退休等職務關係訴訟上，增訂可由公務員職務所在地之行政法院管轄（第15條之1）。

3.在公法上保險事件訴訟（例如：公教人員保險、勞工保險、農民健康保險、全民健康保險等），增訂可由被保險人、受益人之住居所地或被保險人工作地之行政法院管轄；如投保單位為原告時，得由其主事務所或主營業所所在地之行政法院管轄（第15條之2）。

4.增訂人民可以利用電信傳真或其他科技設備傳送訴訟文書，以因應現代通信科技之發展趨勢（第59條、第83條）。

二、保障人民權益方面

1.增訂訴訟費用如有溢收情事，行政法院應依聲請或依職權裁定返還；民事法院移送行政法院之事件，當事人原來繳納之民事訴訟費用，視為行政訴訟費用之一部分，如有溢收情形，行政法院應主動退還（第12條之5、第104條）。

2.明定對於無訴訟能力人為送達時，應向全體法定代理人送達，例如向未成年人送達應同時向其父、母送達。如有應送達處所不明時，才可向其餘之法定代理人送達，以確保無訴訟能力人之權益（第64條）。

3.增訂寄存送達自寄存之日起經10日發生送達效力，以避免當事人外出期間受有寄存送達，未及獲知寄存文件之內容，而影響其訴訟權益（第73條）。

4.明定當事人就應證事實及證言信用的事項，向審判長陳明後，可自行對證人發問，以保障當事人對於證人之發問權（第154條）。

5.在損害賠償訴訟，原告已經證明受有損害，而在客觀上不能證明損害之數額或證明顯然有重大困難時，明定法院應審酌一切情況，依所得心

證確定其數額，以符合訴訟經濟原則，並避免強人所難，失之嚴苛（第189條）。

6.在撤銷訴訟進行中，原行政處分已經執行而無回復可能或已經消滅時，因無法撤銷，為使原告有救濟的機會，增訂行政法院對此情形可以依當事人之聲請，確認行政處分違法行為（第196條）。

三、提升司法效能方面

1.針對第三人聲請閱覽訴訟卷宗，原規定由行政法院院長許可，修正為由實際負責審理之行政法院（即合議庭或獨任法官）裁定許可（第96條）。

2.針對命當事人繳納裁判費等費用，原規定由行政法院裁定，修正為由審判長為之即可（第100條）。

3.提高適用簡易程序之訴訟標的金額或價額為新臺幣40萬元以下者（第229條、第230條）。

4.增訂不得以同一事由更行提起再審之訴（第274條之1）。

5.檢討準用民事訴訟法的方式及條文（第18條、第83條、第307條之1等）。

本次修正為行政訴訟新法自民國89年7月1日施行以來，變動幅度最大的一次❷，與上次在民國96年僅有小幅度之修正有很大之不同，將於本書相關章節中再詳述。

第三項　民國100年修正之行政訴訟法

立法院於民國100年5月初修正並由總統公布修正行政訴訟法第73條、第229條及增訂第241條之1三個條文，並於民國100年11月1日

---

❷ 本次修正條文係針對行政訴訟法實施近10年的司法實務問題，加以釐清並修正甚多條文，並於2010年4月23日，以司法院院臺廳行一字第0990009844號函定自2010年5月1日起施行。相關論述可參閱，李建良，〈行政訴訟實務十年掠影（2000年－2010年）〉，《月旦法學雜誌》，第182期，2010年7月，頁19–62。

三讀通過行政訴訟法修正案，計增訂條文 17 條，刪除條文 1 條，修正條文 46 條，其修法之緣由，依司法院所提說明❷為：「現行行政訴訟自八十九年七月一日起，改採二級二審制度，成立臺北、臺中、高雄三所高等行政法院並改制原行政法院為最高行政法院。惟掌理行政訴訟第一審之法院僅有三所，對於民眾訴訟並不便利；又具有公法性質之爭議事件，例如違反道路交通管理處罰條例裁決救濟事件，過去因考量行政法院僅有一所，難以負荷此類數量龐大之公法事件，以致四十多年來均由普通法院審理。而今，行政訴訟既已改制施行十年，為解決訴訟不便之問題及使公法事件陸續回歸行政訴訟審判，司法院擬將行政訴訟改為三級二審，在各地方法院設置行政訴訟庭，除將行政訴訟簡易訴訟程序事件之第一審及相關保全證據事件、保全程序事件及強制執行事件，改由地方法院行政訴訟庭受理外； 並將現行由普通法院審理之違反道路交通管理處罰條例裁決救濟事件，改依行政訴訟程序審理。」

　　民國 100 年修正通過之行政訴訟法已於民國 100 年 11 月 23 日由總統令公布施行，其修正要點如下❷：

一、行政訴訟改採三級二審

　　明定辦理行政訴訟之地方法院行政訴訟庭，亦為行政訴訟法所稱之行政法院。行政訴訟簡易訴訟程序事件之第一審、行政訴訟強制執行事件，及交通裁決事件之第一審，均改由地方法院行政訴訟庭審理。

　　1.因應改制為三級二審，明定辦理行政訴訟之地方法院行政訴訟庭，亦為本法所稱之行政法院（修正條文第 3 條之 1）。

　　2.將原條文 「高等行政法院」 酌為文字修正或刪除 （修正條文第 4 條、第 5 條、第 6 條、第 8 條、第 42 條、第二編編名、第 199 條、第 269 條、第 294 條、第 300 條）。

---

❷　參閱，立法院第 7 屆第 7 會期第 8 次會議關係文書，院總第 829 號政府委員提案，民國 100 年 4 月 7 日印發，頁討 66。

❷　同上註，頁討 66 至討 70。

二、修正簡易訴訟程序相關規定

　　簡易訴訟程序事件以地方法院行政訴訟庭為第一審法院；高等行政法院為第二審法院，並定位為法律審，其上訴或抗告須以原裁判違背法令始得為之。簡易訴訟程序事件以經言詞辯論為原則，另為避免以高等行政法院為終審時，衍生裁判見解不一之問題，如高等行政法院認有確保裁判見解統一之必要者，應以裁定移送最高行政法院裁判。

　　1.簡易訴訟程序事件以地方法院行政訴訟庭為第一審管轄法院（修正第二編第二章章名、條文第 229 條）。

　　2.增加因訴之變更、追加或提起反訴，致訴訟標的金額或價額逾新臺幣 40 萬元者，其辯論及裁判改依通常訴訟程序之規定，地方法院行政訴訟庭並應裁定移送管轄之高等行政法院（修正條文第 230 條）。

　　3.刪除簡易訴訟程序之裁判，得不經言詞辯論之規定（修正條文第 233 條）。

　　4.簡易訴訟程序事件第一審由地方法院行政訴訟庭裁判，不服裁判者，得上訴或抗告於管轄之高等行政法院，並將上訴或抗告要件，放寬為以原裁判違背法令為理由即可。簡易訴訟程序事件採二審終結，對於第二審裁判不得上訴或抗告（修正條文第 235 條）。

　　5.為避免簡易訴訟程序事件因以高等行政法院為終審，而衍生裁判見解不統一之問題，爰規定高等行政法院認有確保裁判見解統一之必要者，應以裁定移送最高行政法院裁判之，並規定前述移送裁定，當事人不得聲明不服。設若最高行政法院認移送之訴訟事件並未涉及裁判見解統一之必要者，應以裁定發回。受發回之高等行政法院不得再將訴訟事件裁定移送最高行政法院，以免案件來回擺盪，影響當事人訴訟權益（修正條文第 235 條之 1）。

　　6.對於簡易訴訟程序裁判之上訴或抗告，理由狀內應記載之事項（修正條文第 236 條之 1）。

　　7.應適用通常訴訟程序之事件，第一審誤用簡易訴訟程序審理並為判決，其上訴審應適用何種程序裁判之規定。簡易訴訟程序上訴、抗告、再

審、重新審理，分別準用第三編至第六編規定（修正條文第 236 條之 2）。

8.因簡易訴訟程序上訴要件改為以判決違背法令為理由，故刪除簡易訴訟程序上訴應表明訴訟事件所涉及之原則性法律見解及未表明上開理由者，如何處理之規定（修正條文第 244 條及第 246 條）。

9.刪除簡易訴訟程序事件，得以言詞抗告之規定 （修正條文第 269 條）。

三、增訂第二編第三章交通裁決事件訴訟程序

交通裁決事件採二審終結，由地方法院行政訴訟庭為第一審法院，高等行政法院為第二審法院，得不經言詞辯論。此外，本次修法設立「重新審查」制度，被告機關於收受起訴狀繕本後，應重新審查，如審查結果認原裁決違法或不當，即應自行撤銷或變更原裁決並陳報法院。如不依原告請求處置者，須附具重新審查紀錄及原處分卷，提出答辯狀於法院。被告機關已完全依原告請求處置者，視為原告撤回起訴，法院應依職權退還裁判費。

1.交通裁決事件之範圍及合併提起非交通裁決事件之處置（修正條文第 237 條之 1）。

2.交通裁決事件，得由原告住所地、居所地、所在地或違規行為地之地方法院行政訴訟庭管轄（修正條文第 237 條之 2）。

3.交通裁決事件起訴，係以原處分機關為被告，逕向管轄之地方法院行政訴訟庭為之及撤銷訴訟起訴期間之限制（修正條文第 237 條之 3）。

4.交通裁決事件，被告收受起訴狀繕本後應重新審查並為一定之處置（修正條文第 237 條之 4）。

5.交通裁決事件各項裁判費之徵收標準及依第 237 條之 4 第 3 項視為撤回起訴者，法院應依職權退還裁判費（修正條文第 237 條之 5）。

6.因訴之變更、追加，致訴之全部或一部不屬於交通裁決事件範圍者，法院應改依簡易訴訟程序審理；其應改依通常訴訟程序審理者，並應裁定移送管轄之高等行政法院（修正條文第 237 條之 6）。

7.交通裁決事件之裁判，得不經言詞辯論為之（修正條文第 237 條之 7）。

8.行政法院為訴訟費用之裁判時，應確定其費用額（修正條文第 237 條之 8）。

9.交通裁決事件，除第二編第三章別有規定外，準用簡易訴訟程序之規定。其上訴，準用第 235 條、第 235 條之 1、第 236 條之 1、第 236 條之 2 第 1 項、第 2 項、第 237 條之 8 及第三編規定。抗告、再審及重新審理，分別準用第四編至第六編規定（修正條文第 237 條之 9）。

四、配合地方法院行政訴訟庭之設置，將部分與審判相關事務劃由地方法院行政訴訟庭處理

1.行政法院得向送達地之地方法院為送達之囑託　（修正條文第 63 條）。

2.保全證據之聲請，在起訴前，係向受訊問人住居地或證物所在地之地方法院行政訴訟庭為之；遇有急迫情形，於起訴後亦得向受訊問人住居地或證物所在地之地方法院行政訴訟庭為之（修正條文第 175 條）。

3.假扣押聲請，由管轄本案之行政法院或假扣押標的所在地之地方法院行政訴訟庭管轄。且明定前述管轄本案之行政法院，係指訴訟已繫屬或應繫屬之第一審法院（修正條文第 294 條）。

4.假處分聲請，遇急迫情形，得由請求標的所在地之地方法院行政訴訟庭管轄（修正條文第 300 條）。

5.行政訴訟強制執行事件由地方法院行政訴訟庭為之　（修正條文第 305 條及第 306 條）。

6.債務人異議之訴，依其執行名義係適用簡易訴訟程序或通常訴訟程序，分別由地方法院行政訴訟庭或高等行政法院受理　（修正條文第 307 條）。

五、其他修正

1.修正指定管轄由直接上級行政法院為之（修正條文第 16 條）。

2.為促進審判程序進行，關於輔佐人之許可、許可之撤銷及命到場改由審判長為之，並增設輔佐人人數不得逾二人之限制（修正條文第 55 條）。

3.配合 99 年 1 月 13 日公布修正刪除第 67 條第 3 項規定，刪除第 76

條第 2 項規定（修正條文第 76 條）。

4.交通裁決事件裁判費，第二編第三章別有規定者，從其規定（修正條文第 98 條之 7）。

5.適用通常訴訟程序之事件，以高等行政法院為第一審管轄法院（修正第二編第一章章名、條文第 104 條之 1）。

6.因增設除外規定而修正者（修正條文第 106 條、第 229 條及第 238 條）。

7.增列課予義務訴訟誤列被告機關，亦屬得命補正事項（修正條文第 107 條）。

8.行政法院認為訴之撤回有礙公益之維護者，應以裁定不予准許，以期明確（修正條文第 114 條）。

9.適用通常訴訟程序之事件，因訴之變更或一部撤回，致其訴之全部屬於簡易訴訟程序或交通裁決事件訴訟程序之範圍者，高等行政法院應以裁定移送管轄之地方法院行政訴訟庭（修正條文第 114 條之 1）。

10.修改準備書狀規定（修正條文第 120 條）。

11.配合行政法院組織法修正，高等行政法院置具有財經、稅務或會計專業之司法事務官，明定司法事務官所得參與之訴訟程序及其迴避之規定（修正條文第 21 條、第 125 條之 1 及第 175 條之 1）。

12.提高對證人及第三人之罰鍰金額（修正條文第 143 條、第 148 條及第 169 條）。

13.行政法院就其受理事件，對於適用法律確信有牴觸憲法之疑義時，得聲請司法院大法官解釋，並應以裁定停止訴訟程序（修正條文第 178 條之 1 及刪除第 252 條）。

14.當事人合意停止或視為合意停止訴訟程序，於公益之維護有礙者，法院應於兩造陳明後，於 1 個月內裁定續行訴訟，以免延滯（修正條文第 183 條及第 185 條）。

15.行政法院所為撤銷或變更原處分或決定之判決，如係指摘機關適用法律之見解有違誤時，該機關即應受判決之拘束，不得為相左或歧異之決

定或處分（修正條文第 216 條第 3 項）。

16.關於裁定原本交付期間，增加準用民事訴訟法第 228 條規定（修正條文第 217 條）。

17.增訂應適用簡易訴訟程序或交通裁決訴訟程序之事件，因高等行政法院誤用較為嚴格之通常訴訟程序所為之判決，最高行政法院不得以此為由廢棄原判決，而應適用簡易訴訟或交通裁決事件上訴審程序之規定，以免增加當事人及法院不必要之勞費（修正條文第 256 條之 1）。

18.因本次修法後行政訴訟改為三級二審制，爰修正抗告，係由直接上級行政法院裁定。且對於抗告法院之裁定，不得再為抗告（修正條文第 267 條）。

19.修正對於審級不同之行政法院就同一事件所為之判決提起再審之訴者，由專屬上級行政法院合併管轄（修正條文第 275 條）。

20.將現行法條文用語不當及有疑義者修正釐清（修正條文第 75 條、第 113 條、第 184 條、第 194 條、第 219 條、第 236 條、第 248 條及第 299 條）。

第四項　民國 101 年修正之行政訴訟法

立法院於民國 101 年 12 月 21 日增訂行政訴訟法第 130 條之 1 條文，並修正行政訴訟法第 131 條。此次修正已於民國 102 年 1 月 9 日由總統公布施行，其修正要點如下：

1.行政訴訟之當事人、代理人所在處所或所在地法院與行政法院間有聲音及影像相互傳送之科技設備者，行政法院得以遠距視訊方式進行審理。

2.配合第 130 條之 1 之增訂，明定該條關於法院權限之規定，於受命法官行準備程序時準用之。

第五項　民國 103 年行政訴訟法之修正

立法院於民國 103 年 5 月 30 日修正行政訴訟法第 49 條、第 73 條、

第 204 條、第 229 條，並增訂行政訴訟法第 2 編第 4 章收容聲請事件程序，即增訂行政訴訟法第 237 條之 10 至第 237 條之 17。此次修正於民國 103 年 6 月 18 日總統公布施行。其修正理由及要點如下 ❷：

一、修正理由

　　本次修正行政訴訟法，主要係因應釋字第 708 號及第 710 號解釋，要求應賦予受收容之外國人及大陸地區人民，對於入出國及移民署（下稱移民署）作成之暫予收容處分，有立即聲請法院迅速審查決定之救濟機會，以及逾越暫予收容期間之收容，應由法院審查決定之意旨而增訂，並同時就現行法其他部分酌予修正。

二、修正要點有八，即：

　　1.便利人民訴訟，交通裁決事件原告之訴訟代理人，不以律師為限

　　交通裁決事件之性質較為簡單輕微，裁罰金額亦較低。為避免增加人民訴訟成本，造成訴訟救濟之過度負擔，本次修法明定交通裁決事件原告委任之訴訟代理人，不以律師為限。原告為自然人時，其一定關係之親屬；原告為法人或非法人團體時，其所屬人員辦理與訴訟事件相關業務者，亦得為訴訟代理人。

　　2.收容期間區分為「暫予收容」、「續予收容」及「延長收容」三階段

　　本次行政訴訟法修法，主要係配合入出國及移民法（下稱移民法）、臺灣地區與大陸地區人民關係條例、香港澳門關係條例等修正草案規定。依新修正之行政訴訟法及目前立法院審議中之移民法修正草案等規定，未來收容期間可區分為移民署作成「暫予收容處分」（最長不得逾 15 日），以及法院裁定「續予收容」（最長不得逾 45 日）及「延長收容」（最長不得逾 60 日）三段期間。

　　3.配合前述三階段收容期間，增訂「收容聲請事件程序」專章

　　在收容聲請事件類型上，可區分為「收容異議」、「續予收容」、「延長收容」及「停止收容」四種。收容異議係受收容人或其一定關係親屬，對於暫予收容處分不服而於暫予收容期間提出。續予及延長收容則係移民署

❷　參閱，司法院行政訴訟及懲戒廳，司法院新聞稿，民國 103 年 5 月 30 日。

認有繼續收容必要，於收容期間屆滿前向法院聲請。停止收容則為受收容人或其一定關係親屬，於法院裁定續予或延長收容後，認有收容原因消滅、無收容必要或有得不予收容之情形，向法院聲請。

4.收容聲請事件以地方法院行政訴訟庭為第一審管轄法院；考量案件量、提解受收容人之勞費、時間及法院收容空間等因素，法院得以遠距方式進行審理。

5.法院准續予及延長收容之裁定，逾期宣示或送達者，視為撤銷

法院准續予收容及延長收容，均屬剝奪人身自由之裁定，應於收容期間屆滿前當庭宣示或以正本送達受收容人；逾期宣示或送達者，裁定視為撤銷。

6.收容聲請事件，不徵收裁判費；法院審理收容聲請事件，除「收容聲請事件程序」章別有規定外，準用簡易訴訟程序之規定。

7.增訂適用簡易訴訟程序之事件種類

不服移民署之行政收容事件（例如具保處分）或合併請求賠償事件涉訟，與收容聲請事件密切相關，基於調查證據便利，本次修法明定適用簡易訴訟程序。此外，行政機關所為講習及輔導教育處分，因屬輕微處分，本次修法亦明定適用簡易訴訟程序審理。

8.酌修行政訴訟法第 73 條之用語，將「郵政機關」修正為「郵務機構」；明定宣示判決期日之指定，自辯論終結時起，不得逾 2 星期，俾與民、刑事案件一致。另於行政訴訟法施行法增訂本次修法前，已繫屬法院事件之管轄法院及新舊法律適用。

第六項　民國 107 年行政訴訟法之修正

在民國 107 年，立法院分別於 5 月 22 日及 11 月 9 日通過兩次行政訴訟法之修正，並由總統分別於 6 月 13 日公布施行、11 月 28 日公布及 11 月 30 日施行。

民國 107 年 6 月 13 日公布施行之行政訴訟法第 82 條係有關公示送達之規範與生效期日。另外修正之行政訴訟法第 98 條之 6 第 1 項係有關

規費徵收項目及標準，第 2 項則規定郵電送達費及行政法院人員於法院外為訴訟行為之食、宿、交通費，不另徵收。

民國 107 年 11 月 28 日總統公布及 11 月 30 日施行之行政訴訟法之修正條文為第 204 條、第 205 條、第 207 條及第 233 條。其修正之總說明如下：

　　1.行政法院應將判決對外公開，使當事人及公眾知悉行政法院審理結果，爰明定判決不論是否經言詞辯論，均應公告之。又經言詞辯論之判決固應宣示之，惟當事人已明示於宣示期日不到場，或於宣示期日未到場者，行政法院即毋庸宣示，爰修正第 204 條第 1 項。至經言詞辯論之裁定，其宣示應與判決為相同處理，爰配合修正第 207 條第 1 項。

　　2.另判決之宣示，應本於已作成之判決原本為之，依行政訴訟法第 218 條準用民事訴訟法第 228 條第 1 項前段規定，判決原本應於判決宣示後當日交付行政法院書記官。惟隨著社會多元化，行政訴訟事件日趨複雜，且適用通常訴訟程序之行政訴訟事件採合議審判，自言詞辯論終結後，經合議庭評議及製作判決書，與獨任審判事件相比，需時較長，爰於第 204 條第 3 項、第 233 條第 2 項修正宣示期日規定，除案情繁雜或有特殊情形，致無法於法定期間內製作裁判書，宜酌定較長之宣示期日外，通常訴訟程序之宣示其日，自辯論終結時起，不得逾 3 星期，簡易訴訟程序之宣示日期，自辯論終結時起，不得逾 2 星期，以符合實際需要。而交通裁決事件訴訟程序依第 237 條之 9 第 1 項、收容聲請事件程序依第 237 條之 17 第 2 項規定，準用簡易訴訟程序之規定，併予敘明。

　　3.又為提昇法院資訊之透明度及供公眾使用之便利性，目前各行政法院均有建置網站，為因應電子 E 化趨勢，爰修正第 204 條、第 205 條，增加行政法院網站之判決公告方式，使當事人及公眾得以知悉判決主文。

第二章　聲明異議制度

　　聲明異議或復查、復核、申訴、申請審議等常為相關法律規定為訴願之前置程序。訴願法本身並無訴願須經一定前置程序之規定，只要有符合訴願法第 1 條訴願要件之行政處分時，即可於法定期間內提起訴願；但其他法律往往另有規定必先踐行前置程序者，即提訴願前，必須先履行完成前置程序後❶，如仍有不服始得提起訴願，此為訴願法第 1 條但書所指「但法律另有規定者」之情形。

　　現行法律對此類訴願前置程序規定，可列舉如次❷：

　　1.稅捐稽徵法第 35 條規定之復查程序。

　　2.關稅法第 45 條規定之復查程序。

　　3.專利法第 48 條所規定之再審查程序。

　　4.商標法第 48 條規定之商標異議或第 57 條之商標註冊評定程序。

　　5.藥事法第 99 條規定之異議程序。

　　6.貿易法第 32 條規定之異議程序。

　　7.全民健康保險法第 6 條規定之爭議審議程序。

　　8.政府採購法第 74 至 78 條以及第 84 條規定之異議與申訴制度。

　　以上這些法律之特別規定，人民應依規定先行提起復查❸、聲明異議等等救濟程序，仍有不服時始得提起訴願，未經此些先行救濟程序，不得

---

❶　此即為學者所謂之訴願先行程序。參閱李震山，〈論訴願之先行程序〉，臺灣行政法學會主編，《行政法爭議問題研究（下）》，頁 849–865。

❷　《認識訴願》，臺灣省政府訴願審議委員會編印，民國 88 年 5 月，頁 74–77。

❸　實例請參閱，黃俊杰，〈稅捐復查作為先行程序〉，《月旦法學教室》，第 23期，2004 年 10 月，頁 22–23。

逕提訴願，否則受理訴願機關不予受理。法律之所以作這些先行程序之規定，主要係針對這些類行政事件之特性，而與訴願法為不同之規定，其共同之特徵依學者之分析，為受理機關均為原處分機關、法定期間除聲明異議及復核較為縮短外，其餘均為 30 日。先行程序通常由原處分機關，依一般作業程序處理，無須按照訴願審議方式作成決定，往往較能迅速發揮救濟功能，但其缺點則為實質上使行政救濟多一等級，所幸再訴願已經廢除，否則行政法院改為二級後，行政爭訟之全程救濟更為漫長。惟應經先行程序始得提起訴願者，以對行政機關已作成之行政處分不服為限，若違背作為義務之消極的不作為，原則上固無所謂應經先行程序之問題❹。

另此類訴願之先行程序不僅名目繁多，且其救濟提起之期限亦任意訂定，例如藥事法第 99 條，規定訴願前之復核，應於處罰通知送達後 15 日內提起。

---

❹　參引吳庚，《行政爭訟法論》，頁 314。

第三章　訴願制度

第一節　概　說

第一項　訴願之意義

訴願為憲法第 16 條所使用之概念❶，依立法院制定之訴願法❷第 1
條、第 2 條規定，訴願係人民因中央或地方機關，違法或不當行政之處
分，或對人民之申請案件逾法定期限未作處理，致其權利或利益受損害
時，請求該機關或其上級機關審查該行政處分是否合法、適當，並為決定
之救濟制度。

訴願可分為廣義的訴願與狹義的訴願。廣義的訴願，除了依訴願法所
提之訴願外，尚包括依其他法律規定所提之申訴、聲明異議……等種種類
屬於訴願之先行程序。狹義的訴願則為依訴願法所提之訴願。值得注意的
是，若干法律雖非訴願法，但因將行政機關之決定視為訴願決定，是為變
形的、專業性的訴願，如政府採購法第 83 條規定：「審議判斷，視同訴願
決定。」

---

❶　早期之憲政文件則使用「陳訴」之用語，詳見蔡志方，〈我國訴願制度之過
去、現在與未來〉，《行政救濟與行政法學㈢》，頁 145。
❷　張自強、郭介恆，《訴願法釋義與實務》，自刊本，民國 90 年 12 月。

第二項　訴願之依據

一、憲　法

依憲法第 16 條「人民有請願、訴願及訴訟之權」之規定，係憲法對人民訴願權直接加以明文規定，予以保障。即學理上所謂基本人權之「制度性保障」(institutionelle Garantie) 規定❸，屬於重要的行政爭訟❹環節。

二、訴願法

訴願法第 1 條第 1 項規定「人民對於中央或地方機關之行政處分，認為違法或不當，致損害其權利或利益者，得依本法提起訴願。但法律另有規定者，從其規定。」同條第 2 項規定：「各級地方自治團體或其他公法人對上級監督機關之行政處分，認為違法或不當，致損害其權利或利益者」，亦得依訴願法提起訴願。同法第 2 條第 1 項另規定：「人民因中央或地方機關對其依法申請之案件，於法定期間內應作為而不作為，認為損害其權利或利益者，亦得提起訴願。」這些都是人民或相關團體可依其提起訴願之基本依據。

三、其他有關法律

訴願法第 1 條但書規定「但法律另有規定者，從其規定」❺。因此，行政法律有關訴願事項之特別規定者，相對於訴願法而言，具有特別法之效力。例如海關緝私條例第 48 條，稅捐稽徵法第 35 條、第 38 條，專利法第 48 條，商標法第 48 條，船舶登記法第 64 條，集會遊行法第 16 條第 1 項等規定是。

四、法規命令

除訴願法及其他法律外，尚有以法規命令補充規定訴願有關事項者。如「行政院暨所屬各級行政機關訴願審議委員會組織規程」、「行政院暨所

---

❸　蔡志方，上揭文，頁 145。

❹　史尚寬氏改稱之為行政上之訴爭，見史尚寬，《行政法論》，頁 252 以下。

❺　相關實例請閱李震山，〈集會遊行不予許可事件之救濟〉，《月旦法學教室③公法學篇》，頁 256–257。

屬各級行政機關訴願審議委員會審議規則」等，均由行政機關加以規定。

第三項　訴願之性質

訴願係行政機關或其上級行政機關重新審查原為行政處分合法與否、適當與否之程序，與民事、刑事或行政訴訟程序之由法院審理者不同，通說認為是一種行政程序[6]。

訴願雖是一種行政程序，但其與一般行政程序又有不同。主要是訴願具有爭訟性，而一般行政程序如作成行政處分，締結行政契約，擬定行政計劃，訂定法規命令等通常均無對立爭訟性質存在。而訴願之爭訟性，又有學者認其為類似法院裁判程序之一種「準司法程序」[7]。

第四項　訴願之功能

訴願之功能有區分為三種者，即人民權利之保護，行政之自我審查[8]與減輕行政法院之負擔[9]；有區分為四種者，即解決公法上爭議，保障人民權益，維持法規正確適用以及塑造行政措施之合法化[10]；另有區分為五種者，即[11]：

1. 維護人民之權益，免於受公權力之侵害。
2. 確保行政之合法行使。
3. 行政妥當性之確保。
4. 統一行政步調、作法或措施。
5. 減輕行政法院之負擔。

---

[6]　吳庚，《行政爭訟法論》，頁 295；陳清秀，《行政訴訟法》，頁 184。

[7]　陳清秀，上揭書，頁 185。

[8]　大法官釋字第 295 號解釋之理由書，即曾表明：「憲法保障人民有訴願權，其目的在使為行政處分之機關或其上級機關自行矯正其違法或不當處分，以維護人民之權益……。」

[9]　陳清秀，上揭書，頁 183、184。

[10]　吳庚，上揭書，頁 300。

[11]　蔡志方，〈訴願制度〉，翁岳生編，《行政法》，頁 947。

除此之外，避免法院訴訟程序之繁冗費時，減少司法裁判訴訟耗費而由具專門知識之行政官員而為行政裁判 (Administrative Justice)，亦為訴願制度之重要功能，也就是為什麼英國在 1870 年後日漸採用歐陸法系國家訴願制度，肯定其功能之重要原因❷，而美國自上世紀第一次世界大戰以後也實行了類似訴願之行政司法制度❸，也是證明訴願此一功能為歐陸、英美法系所認同，使訴願制度成為「各國普遍實行之制度」❹。

第二節　訴願新制特色

民國 87 年 10 月 28 日總統令修正公布之訴願法，全文共 101 條，比修正前條文僅有 28 條之訴願法，在制度上有重大興革，是為訴願新制❺，其主要特色，依此次訴願法之修正重點可分述於次❻：

一、強化行政機關自我省察功能

原訴願法規定訴願應向原處分機關之上級機關提起，但因此常發生民眾不知應向何機關提起訴願之困擾，本次修正特改採提起訴願應經由原行

---

❷　史尚寬，上揭書，頁 252。

❸　林紀東，《行政法》，頁 477。

❹　林紀東，上揭書，頁 477。

❺　對此新制，學者亦有批判並提出修法建議，詳閱李震山，〈新的訴願制度修法評議〉，發表於民國 91 年 2 月 22 日，國立中山大學管理學院、企業管理學系、公共事務管理研究所主辦之「行政法走向與個人、企業之關係」研討會；陳慈陽，〈訴願法修正後相關問題之探討〉；游瑞德，〈新訴願制度評析──以經濟案件爭訟為中心〉。兩文分別刊登於台灣行政法學會主編，《行政命令、行政處罰及行政爭訟之比較研究》，翰蘆圖書出版公司，2001 年 12 月，頁 381–403、443–459；蔡秀卿，〈修正後訴願法適用上之課題〉，刊於氏著，《現代國家與行政法》，學林文化事業有限公司，2003 年 6 月一版，頁 367–380。

❻　參引蔡志方，《行政救濟與行政法學㈢》，頁 158；陳清秀，上揭書，頁 182、183。

政處分機關層轉之程序，使民眾不致混淆訴願管轄機關外，亦可促使原行政處分機關立即發揮自我省察之功能。原行政處分機關在收到訴願書後，若認訴願為有理由時，得即時依職權加以撤銷或變更原行政處分，如認為無理由時，則逕行檢卷答辯，程序上可節省時間及調卷之麻煩，使訴願人之權利迅速獲得救濟。

二、擴大訴願主體範圍

原訴願法第 1 條僅規定「人民」為訴願主體，新法採納歷年司法實務見解，明定自然人、法人、非法人之團體或其他受行政處分之相對人及利害關係人均得提起訴願。另仿照德國與日本之立法例，對於地方自治團體及其他公法人，如利益受侵害時，可以以訴願主體地位提出訴願。此擴大訴願主體範圍，給予人民更多行政救濟機會。

三、增設訴願參加制度，維護利害關係人權益

為保障與訴願人具有利害關係者之權益，新法增設訴願參加制度，以應需要。另參酌德國立法例，對於可能因為訴願決定而受不利益之利害關係人，規定應通知其參加訴願程序，參與表示意見，以維護其正當權益。

四、增訂送達相關規定

送達之目的，旨在使應受送達人知悉所交付訴願文書之內容，以促其為必要之行為，俾免喪失重大利益，特別是提起行政訴訟期間之起算，影響訴願人之權益甚鉅，送達事項宜明確規範，以杜爭議，新法特增訂專節，以資適用。

五、加強訴願人資訊權益與參與權利

原訴願制度，對於訴願之審理方式，採書面審理為原則，例外始行言詞辯論，不利於事證之查明，為維護人民權益，有必要加強訴願相關人員之資訊權與參與權，故參考日本立法例，特別賦予訴願人等可聲請調查證據以及聲請閱覽卷宗資料，以及到達指定處所陳述意見，並行言詞辯論之機會，以充分表達意見，而濟書面審理之不足。

另對於原處分機關之答辯書，規定應抄送予訴願人，使訴願人有再提出補充理由申述的機會。

六、改進訴願審議委員會組織

訴願審議委員會負責訴願案件之審理,攸關訴願機能之發揮,對於政府威信與人民權益之影響極為鉅大,為求訴願審議之公平,避免故步因循之疑慮,並兼顧實際運作之可行性,增訂訴願審議委員會之委員須 2 分之 1 以上應由社會公正人士、學者、專家擔任。

七、增設情況決定制度,平衡公私利益

在訴願決定撤銷或變更違法、不當之行政處分,將對公益發生重大損害時,宜衡量公共利益與私權之保護,故新法參考日本立法例,增設情況決定制度,即斟酌訴願人所受損害、賠償程度、防止方法及其他一切情事後,得駁回其訴願;惟應同時宣示原行政處分之違法或不當,並指示原行政處分機關與訴願人進行協議賠償。

八、增列再審程序,保障人民權益

參照民事訴訟法有關判決再審訴訟之規定,增列訴願決定確定後,如發現錯誤,訴願人得聲請再審之救濟,以保障人民權益。

九、廢除再訴願程序,縮短行政救濟層級

為保障人民權益,配合行政訴訟全面改採二級二審制度,加上訴願程序,行政救濟實質上已有「三級三審」,因此,為避免行政救濟程序過長[17],致影響行政效能,爰以多一級行政訴訟程序取代再訴願程序[18]。

訴願舊制已在國內行政法教科書中多有研討,本書自下節起僅就訴願新制,大致依修正訴願法章節而為研析。

---

[17] 學者另以訴願之先行程序,亦生行政救濟程序過長問題,而有主張賦予人民自行選擇決定是否提起訴願或逕提行政訴訟之權。詳閱李震山,〈訴願之先行程序與人民訴願權之保障〉,《月旦法學教室③公法學篇》,頁 246–247。

[18] 參閱郭介恆,〈修正後訴願法與行政訴訟法之關係〉,台灣行政法學會主編,《行政救濟、行政處罰、地方立法》,元照出版公司,2000 年 12 月,頁 127–150。

第三節　訴願之總則規定

第一項　訴願事件

訴願事件，係指人民對行政機關之何種行政作用事件可以提起訴願，各國法制不一，有採列舉主義者，有採概括主義者[19]。我國訴願法第一章總則第一節中規定訴願事件之方式是採取概括主義。申言之，人民可以提起訴願之事件有三大類，即：

一、違法或不當行政處分損害權益事件

訴願法第 1 條第 1 項規定：「人民對於中央或地方機關之行政處分，認為違法或不當，致損害其權利或利益者，得依本法提起訴願。但法律另有規定者，從其規定。」此為訴願事件概括主義之規定。除法律另有規定者，須從其規定外（參照本篇之第一章第二節），人民僅得對行政機關違法或不當行政處分致損害其權利或利益之事件，提起訴願。至於行政機關之行政命令、行政契約締結行為，則不在得提起訴願事件之列。何者為違法或不當的行政處分，本書第六篇第四章第六節中已分別說明，在此不再贅述。而所謂權利或利益受有損害是指行政處分之相對人或有利害關係之人本身之權利或利益受有損害，若與本身權益無關者，即欠缺訴願之權利保護要件。如消費者購買仿冒商標之商品而遭受損害，依行政法院 70 年判字第 198 號判決，並非權利或利益受損害，因行政法院一向認為，商標圖樣係為維護國家社會之公益而設，一般人對之僅具反射利益，自難謂為商標法第 46 條適格之利害關係人[20]。不過，自從大法官釋字第 469 號解釋推翻最高法院 72 年臺上字第 704 號判例關於反射利益之見解後，學者認為訴願人之權利或法律上利益的概念可能因之而擴大[21]。另外，大法官

---

[19]　史尚寬，上揭書，頁 263。

[20]　吳庚，上揭書，頁 310。

釋字第 546 號解釋又對爭訟有權利保護必要，即具有爭訟之利益，列為行政爭訟之前提，謂：「提起行政爭訟，須其爭訟有權利保護必要，即具有爭訟之利益為前提，倘對於當事人被侵害之權利或法律上利益，縱經審議或審判之結果，亦無從補救，或無法回復其法律上之地位或其他利益者，即無進行爭訟而為實質審查之實益。惟所謂被侵害之權利或利益，經審議或審判結果，無從補救或無法回復者，並不包括依國家制度設計，性質上屬於重複發生之權利或法律上利益，人民因參與或分享，得反覆行使之情形。是人民申請為公職人員選舉候選人時，因主管機關認其資格與規定不合，而予以核駁，申請人不服提起行政爭訟，雖選舉已辦理完畢，但人民之被選舉權，既為憲法所保障，且性質上得反覆行使，若該項選舉制度繼續存在，則審議或審判結果對其參與另次選舉成為候選人資格之權利仍具實益者，並非無權利保護必要者可比，此類訴訟相關法院自應予以受理。」

二、違反作為義務之消極行為事件

訴願法第 2 條第 1 項規定：「人民因中央或地方機關對其依法申請之案件，於法定期間內應作為而不作為，認為損害其權利或利益者，亦得提起訴願」❷❷；同條第 2 項補充規定：「前項期間，法令未規定者，自機關受理申請之日起為二個月。」此一條文係取代舊訴願法第 2 條第 2 項將行政機關之不作為視同其行政處分之規定。在舊制，對此類擬制處分，應提起撤銷訴訟。在新訴願法配合行政訴訟新制，則依本條提起訴願之後，如遭訴願決定駁回，則應依行政訴訟法第 5 條規定提起課以義務訴訟❷❸。

三、違法或不當之自治監督處分

訴願法第 1 條第 2 項規定，各級地方自治團體或其他公法人對上級監督機關之行政處分，認為違法或不當，致損害其權利或利益者，亦得提起訴願。

---

❷❶　張自強、郭介恆，上揭書，頁 7。

❷❷　學者稱此為課以義務訴願。

❷❸　吳庚，上揭書，頁 307。

第二項　訴願人

誰能提起訴願事件❷❹，訴願法第一章第四節中規定了各種可以提起訴願之人，即：

一、自然人

訴願法第 18 條規定自然人或其他受行政處分之相對人及利害關係人❷❺得提起訴願，另在同法第 19 條規定，能獨立以法律行為負義務者，有訴願能力。而無訴願能力人依同法第 20 條第 1 項規定，應由其法定代理人代為訴願行為。同條第 3 項又規定，關於訴願之法定代理，依民法規定。又自然人包括外國自然人。依涉外民事法律適用法第 1 條第 2 項規定：「外國人依其本國法無行為能力或僅有限制行為能力，而依中華民國法律有行為能力者，就其在中華民國之法律行為，視為有行為能力」，依此規定，外國自然人亦有訴願能力，得提起訴願。

二、法　人

法人係指自然人之外，具有法律上之人格而得享受權利、負擔義務之社會組織體。法人包括外國法人，其訴願行為依訴願法第 20 條規定，應由其代表人為之。

三、地方自治團體

依地方制度法第 3 條規定，地方劃分為省、直轄市，省又分為縣、市，而縣再分為鄉、鎮、縣轄市。至於地方自治團體依該法第 14 條規定為直轄市、縣（市）、鄉（鎮、市），依訴願法第 20 條規定，應由其代表人為訴願行為❷❻。至於省已改為中央派出之機關而非地方自治團體，但依

❷❹　郭介恆，〈訴願主體〉，台灣行政法學會主編，《行政法爭議問題研究（下）》，五南圖書出版公司，2000 年 12 月，頁 489–906。

❷❺　相關實例請參閱，林三欽，〈藥品管理事件之行政爭訟——爭訟管道之判別與當事人適格〉，《台灣本土法學雜誌》，第 63 期，2004 年 10 月，頁 145–151。

❷❻　相關論文請參閱，張文郁，〈地方自治團體之訴願當事人能力〉，《月旦法學教室》，第 99 期，2011 年 1 月，頁 10–11。

大法官釋字第 467 號解釋，省尚未完全喪失公法人地位，則未劃歸國家或縣市等地方自治團體之事項屬省之權限且得為權利義務之主體者，省非不得為訴願人，但學者認實際上甚少可能❷。另外，在實務上可供查參的是大法官釋字第 553 號解釋明確表示臺北市政府因延期辦理里長改選，與內政部及行政院所發生之爭議，可循訴願及行政訴訟途徑解決。

四、非法人團體

依訴願法第 20 條規定，非法人團體應由其管理人為訴願行為。

五、共同訴願人

訴願法第 21 條第 1 項規定，2 人以上得對於同一原因事實之行政處分，共同提起訴願❷。同條第 2 項又規定，共同訴願之提起，以同一機關管轄者為限。又共同提起訴願，依訴願法第 22 條第 1 項規定，得選定其中 1 人至 3 人為代表人，選定之代表人依同條第 2 項規定，應於最初為訴願行為時，向受理訴願機關提出文書證明，另依訴願法第 23 條規定，共同提起訴願，未選定代表人者，受理訴願機關得限期通知其選定；逾期不選定者，得依職權指定之。代表人一經指定或選定，依訴願法第 24 條規定，即得代表全體訴願人為訴願行為。換言之，代表人有 2 人以上時，依訴願法第 26 條規定，仍得單獨代表全體共同訴願人為訴願行為，但撤回訴願，依訴願法第 24 條但書規定，非經全體共同訴願人之書面同意，不得為之。又代表人經選定或指定後，依訴願法第 25 條規定，仍得更換或增減之，且應以書面通知受理訴願機關，始生效力。另代表人之代表權依訴願法第 27 條規定，不因其他共同訴願人死亡、喪失行為能力或法定代理變更而消滅。

六、參加訴願人

訴願法第 28 條至第 31 條新增參加訴願制度❷，規定了參加訴願之種

---

❷　吳庚，上揭書，頁 305。

❷　相關論文請參閱，張文郁，〈共同訴願〉，《台灣法學雜誌》，第 190 期，2011年 12 月，頁 154–159。

❷　實例論文請參閱，張文郁，〈訴願參加〉，《月旦法學教室》，第 85 期，2009

類與效力，即：

㈠參加訴願之種類

　1.輔助參加——訴願法第 28 條第 1 項、第 29 條規定了輔助參加之 4 個要件：

　⑴參加訴願人須與訴願人利害關係相同。

　⑵須為訴願人利益而參加，若純為自己利益而參加，則屬共同訴願人而非參加訴願人。

　⑶須依訴願法第 29 條第 1 項規定，以法定書面方式向受理訴願機關為申請。

　⑷須經受理訴願機關允許參加。

　2.必要參加——訴願法第 28 條第 2 項及第 30 條規定了必要參加之 3 個要件：

　⑴訴願決定撤銷或變更原處分將影響第三人權益❸⓪。

　⑵第三人權益將受不利之後果，條文所稱之「足以影響第三人權益」，應指對第三人構成不利負擔之處分，至於對第三人構成有利權益之處分，自無通知第三人參加訴願，表示意見之必要❸①。

　⑶受理訴願機關應依訴願法第 30 條第 1 項規定通知應參加之人，以書面記載訴願意旨、通知參加之理由及不參加之法律效果，送達於參加人，並副知訴願人。另依同條第 2 項受理訴願機關為前項之通知前，得通知訴願人或得參加訴願之第三人以書面陳述意見。

㈡參加訴願之效力

　依訴願法第 31 條規定，訴願決定對於參加人亦有效力。經受理訴願機關通知其參加或允許其參加而未參加者，亦同。

年 11 月，頁 16–17。

❸⓪　相關實例請參閱蔡茂寅，〈訴願法上之利害關係人〉，《月旦法學教室③公法學篇》，頁 248–249。

❸①　吳庚，上揭書，頁 328；實例請閱林明鏘，〈程序保障與鄰人訴訟〉，《台灣本土法學雜誌》，第 18 期，2001 年 1 月，頁 153–160。

七、訴願代理人

訴願法第 32 條至第 40 條規定了訴願代理制度。其內容為：

㈠得委任訴願代理人

依訴願法第 32 條規定，訴願人或參加人得委任代理人進行訴願。每一訴願人或參加人委任之訴願代理人不得超過三人。

㈡訴願代理人之資格

訴願法第 33 條規定下列之人，得為訴願代理人：

1.律師。

2.依法令取得與訴願事件有關之代理人資格者。

3.具有該訴願事件之專業知識者。

4.因業務或職務關係為訴願人之代理人者。

5.與訴願人有親屬關係者。

前項第三款至第五款之訴願代理人，受理訴願機關認為不適當時，得禁止之，並以書面通知訴願人或參加人。

㈢訴願代理人之委任及解除委任手續

訴願法第 34 條、第 39 條及第 40 條分別加以規定，即：

1.訴願代理人應於最初為訴願行為時，向受理訴願機關提出委任書。

2.訴願委任之解除，應由訴願人、參加人或訴願代理人以書面通知受理訴願機關。

3.訴願委任之解除，由訴願代理人提出者，自為解除意思表示之日起 15 日內，仍應為維護訴願人或參加人權利或利益之必要行為。

㈣訴願代理人之權限

訴願法第 35 條至第 38 條規定了訴願代理人之四類權限：

1.訴願代理人就其受委任之事件，得為一切訴願行為。但撤回訴願，非受特別委任不得為之。

2.訴願代理人有二人以上者，均得單獨代理訴願人。違反前項規定而為委任者，其訴願代理人仍得單獨代理。

3.訴願代理人事實上之陳述，經到場之訴願人本人即時撤銷或更正

者，不生效力。

　4.訴願代理權不因訴願人本人死亡、破產或喪失訴願能力而消滅。法定代理有變更、機關經裁撤、改組或公司、團體經解散、變更組織者，亦同。

八、訴願之輔佐人

　訴願法第 41 條、第 42 條規定訴願之輔佐人到場義務及其陳述效力：

　1.偕同到場——訴願人、參加人或訴願代理人經受理訴願機關之許可，得於期日偕同輔佐人到場。受理訴願機關認為必要時，亦得命訴願人、參加人或訴願代理人偕同輔佐人到場。前 2 項之輔佐人，受理訴願機關認為不適當時，得撤銷其許可或禁止其續為輔佐。

　2.訴願輔佐人之陳述效力——輔佐人到場所為之陳述，訴願人、參加人或訴願代理人不即時撤銷或更正者，視為其所自為。

第三項　訴願之管轄

　訴願法第 4 條至第 13 條規定了訴願之管轄制度❸❷，其內容為：

一、層級管轄

　訴願法第 4 條以列舉方式規定了訴願之層級管轄，即：

　1.不服鄉（鎮、市）公所之行政處分者，向縣（市）政府提起訴願。

　2.不服縣（市）政府所屬各級機關之行政處分者，向縣（市）政府提起訴願。

　3.不服縣（市）政府之行政處分者，向中央主管部、會、行、處局、署提起訴願。

　4.不服直轄市政府所屬各級機關之行政處分者，向直轄市政府提起訴願。

　5.不服直轄市政府之行政處分者，向中央主管部、會、行、處、局、

---

❸❷　學者認訴願新制管轄的規定較明確、簡潔。參閱游瑞德，〈新訴願制度評析——以經濟案件爭訟為中心〉，上揭書，頁 448–449；陳淑芳，〈訴願管轄〉，《月旦法學教室》，第 98 期，2010 年 12 月，頁 10–11。

署提起訴願。

6. 不服中央各部、會、行、處、局、署所屬機關之行政處分者，向各部、會、行、處、局、署提起訴願。

7. 不服中央各部、會、行、處、局、署之行政處分者，向主管院提起訴願。

8. 不服中央各院之行政處分者，向原院提起訴願。

二、比照管轄

訴願法第 5 條規定，無法依第 4 條所述層級定其管轄時，應按其管轄等級，比照第 4 條之規定定其管轄，以便人民對第 4 條規定以外之中央或地方機關之行政處分提起訴願❸。

三、業務管轄

訴願法第 5 條第 2 項規定，訴願管轄，法律另有規定依其業務監督定之者，從其規定。

四、共為處分之管轄

訴願法第 6 條規定，對於二以上不同隸屬或不同層級之機關共為之行政處分，應向其共同之上級機關提起訴願。例如文化資產保存法在民國 105 年修正前之第 38 條規定，教育部依民國 105 年修正前同法第 20 條規定委託核准在古蹟所在地或古蹟保存區內採掘古物時，應會同內政部為之。依此，教育部與內政部共為核准採掘古物處分，即屬於不同隸屬機關之共為處分，應向行政院提起訴願。至於不同層級共為之行政處分如廣播電視法第 40 條規定：「電臺電波發射機天線周圍地區，因應國家利益需要，得由主管機關會同內政部、交通部劃定範圍，報經行政院核定後，函請當地主管建築機關，限制建築」，此一限制建築處分乃可能由中央與地方政府之兩個不同層級機關共為處分，又民用航空法第 34 條第 4 項之規

---

❸ 實例請閱林三欽，〈行政爭訟層級的判別——以建築師懲戒覆審為例——〉，《台灣本土法學雜誌》，第 34 期，2002 年 5 月，頁 117-122；林明鏘，〈教師申訴與行政規則〉，《台灣本土法學雜誌》，第 13 期，2000 年 8 月，頁 161-166。

定類同。

五、委託事件之管轄

訴願法第 7 條規定，無隸屬關係之機關辦理受託事件所為之行政處分，視為委託機關之行政處分，其訴願之管轄，比照第 4 條之規定，向原委託機關或其直接上級機關提起訴願。例如行政法院 67 年判字第 265 號判決所述之臺灣省基層公務人員特種考試由考選部委託臺灣省政府辦理試務及分發工作，錄取人員不服臺灣省政府之處分，應視同不服原委託機關考選部之處分，向考選部提起訴願。除了行政機關相互間有委託事件之外，依大法官釋字第 269 號解釋，依法設立之團體或個人亦可能受中央或地方機關委託行使公權力而依大法官釋字第 382 號及第 462 號解釋，亦有直接依法令受委託行使公權力之情形，如學校依大學法及教師法對學生實施獎懲或對教師升等作成評審決定等即為直接依法令受委託行使公權力之事件。為解決此類事件之訴願管轄，訴願法第 10 條乃規定，依法受中央或地方機關委託行使公權力之團體或個人，以其團體或個人名義所為之行政處分，其訴願之管轄，向原委託機關提起訴願，即由教師或學生向教育部提起訴願。此際，教育部為訴願管轄機關。不過，若受委託行使公權力者只負責技術作業而非正式具名為核章機關者，則依民國 91 年 4 月 4 日行政院訴願審議委員會第 1433 次會議之結論，認為人民不服檢測機構接受委託執行檢測工作所為之檢測報告，提起訴願之管轄，「應以驗證核章處分之作成機關認定行政處分機關，而依環保署檢送予工研院執行進口汽車空氣污染及噪音管制驗證核章作業所使用之章戳內容觀之，係以環保署名義所為，其效力自應直接屬於環保署。本件訴願案依訴願法第四條第七款規定，由本院（即行政院）受理。」❸❹

六、委任事件之管轄

委任與委託不同，故訴願法第 8 條另規定委任事件之訴願管轄以與同法第 7 條、第 10 條關於委託事件之管轄相區分，即：「有隸屬關係之下級

---

❸❹　參閱，行政院訴願審議委員會編印，《中央行政機關訴願作業實務》，2004 年 12 月，頁 131–132。

機關依法辦理上級機關委任事件所為之行政處分,為受委任機關之行政處分,其訴願之管轄,比照第四條之規定,向受委任機關或其直接上級機關提起訴願。」

七、委辦事件之管轄

此為新增之訴願法第 9 條所規定,即:「直轄市政府、縣(市)政府或其所屬機關及鄉(鎮、市)公所依法辦理上級政府或其所屬機關委辦事件所為之行政處分,為受委辦機關之行政處分,其訴願之管轄,比照第四條之規定,向受委辦機關之直接上級機關提起訴願❸。」民國 90 年 11 月 12 日公司法修正後,公司登記及其相關處理事項之訴願管轄,即為委辦事件訴願管轄之最好案例解說。依行政院訴願審議委員會民國 91 年 8 月 1 日第 1450 次會議結論,即表示:「關於公司法 90 年 11 月 12 日修正後,經濟部與臺北市政府、高雄市政府簽訂 91 年 1 月 4 日經商字第 09000305490 號經濟部委託辦理公司登記事項契約書,契約內容則訂明『委辦工作範圍、委辦工作執行期間、委辦業務季報……』,並以 91 年 1 月 4 日經商字第 09000305492 號公告委託臺北市政府及高雄市政府辦理 91 年度(91 年 1 月 1 日至 91 年 12 月 31 日止)轄區內實收資本額未達 1 億元之公司登記業務作業等相關事項,但不包括外國公司之認許、加工出口區及科學工業園區內公司之登記及管理等事項,究屬委託或委辦性質?業經經濟部 91 年 6 月 12 日開會研商決議係屬委辦性質。審諸訴願法第 9 條規定『直轄市政府、縣(市)政府或其所屬機關及鄉(鎮、市)公所依法辦理上級政府或其所屬機關委辦事件所為之行政處分,為受委辦機關之行政處分,其訴願之管轄,比照第 4 條之規定,向受委辦機關之直接上級機關提起訴願。』則不服經濟部委託直轄市政府辦理公司登記及相關處理事項之處分提起訴願,自應比照訴願法第 4 條第 5 款規定,由中央主管部(經濟部)受理訴願,以落實委辦機關之監督效能。擬自 91 年 8 月 1 日起,就有關不服經濟部委託臺北市政府、高雄市政府辦理公司登記及其相

---

❸　實例請閱林明鏘,〈老人生活津貼與行政救濟〉,《台灣本土法學雜誌》,第 23 期,2001 年 6 月,頁 117–122。

關處理事項之處分提起訴願案件,變更為經濟部受理訴願。」❸❻

八、承受管轄

　　訴願法第 11 條規定,原行政處分機關裁撤或改組,應以承受其業務之機關視為原行政處分機關,比照前 7 條之規定,向承受其業務之機關或其直接上級機關提起訴願。例如省政府相關機關於民國 88 年 6 月底裁撤或改組後,承受其業務之機關即被視為原行政處分機關,人民可比照訴願法第 4 條至第 10 條規定,向承受其業務機關或其直接上級機關提起訴願。又本法所指原處分機關之認定,依訴願法第 13 條之規定,乃是以實施行政處分時之名義為準。但上級機關本於法定職權所為之行政處分,交由下級機關執行者,以該上級機關為原行政處分機關。

九、管轄爭議或管轄不明之確定

　　訴願法第 12 條第 1 項規定,數機關於管轄權有爭議❸❼或因管轄不明致不能辨明有管轄權之機關者,由其共同之直接上級機關確定之。

十、管轄錯誤之改正

　　訴願法第 12 條第 2 項規定,無管轄權之機關就訴願所為決定,其上級機關應依職權或依申請撤銷之,並命移送於有管轄權之機關。

第四項　訴願期日及期間

　　訴願權為憲法第 16 條所保障的人民基本權利。然而,權利之行使在現代憲政民主國家裡,均有一定的期間限制,促使權利人在合理的期間行使其權利,而對於在一定期間內怠於行使或不願行使權利之人,使其喪失行使權利之法律效果,以維護社會秩序之安定。因此,訴願法第 14 條至

---

❸❻　上揭《中央行政機關訴願作業實務》,頁 133–134。

❸❼　相關論文請參閱,郭介恒,〈獨立機關與訴願管轄－最高行政法院二〇〇八年十二月二十六日庭長法官聯席會議決議評析〉,《月旦法學雜誌》, 第 170 期,2009 年 7 月,頁 236–274;黃錦堂,〈通訊傳播委員會行政處分之訴願管轄機關——最高行政法院九七年十二月份第三次庭長法官聯席會議決議之評論〉,《台灣法學雜誌》,第 124 期,2009 年 3 月,頁 205–211。

第 17 條乃對訴願提起之期日期間及其計算方式加以規定❸，其主要內容可分述於次：

一、不服積極行政處分之訴願提起期間

訴願法第 14 條第 1 項規定，訴願人提起訴願，應自行政處分達到或公告期滿之次日起 30 日內為之，此係針對行政機關依同法第 3 條第 1 項所為之積極行政處分或行政機關依同法第 3 條第 2 項所為一般處分而規定。此項 30 日期間應自何時起算對訴願人本人已無問題，但對行政處分之利害關係人，應自何時起算呢？訴願法第 14 條第 2 項乃規定，利害關係人提起訴願者，自知悉有行政處分時起算 30 日內依法提起訴願，但利害關係人自行政處分達到或公告期滿後，已逾 3 年者，則不得提起訴願。

又訴願是否依法提起，以何日為準，不能沒有規定，故訴願法第 14 條第 3 項規定，應以原行政處分機關或受理訴願機關收受訴願書之日為準。若訴願人誤向原行政處分機關或受理訴願機關以外之機關提起訴願者，依訴願法第 14 條第 4 項規定，以該機關收受之日，視為提起訴願之日。

二、不服消極不作為之訴願提起期間

訴願法第 2 條規定，人民因中央或地方機關對其依法申請之案件，於法定期間內應作為而不作為，認為損害其權利或利益者，可以提起訴願。此一應作為之法定期間依同條第 2 項，除法令未規定者外，為自機關受理申請之日起為 2 個月。而所謂「機關受理申請之日」之起算應以人民依法申請之案件到達主管機關之日而主管機關有事實機會可處理人民申請案件之日為準，而自此日起，行政機關在 2 個月內不作為，不處理人民申請案件，則人民在此 2 個月屆滿後可以提起訴願❸。

---

❸ 實例論文請參閱，陳淑芳，〈訴願期間之計算〉，《月旦法學教室》，第 92 期，2010 年 11 月，頁 16–17。

❸ 實務論文請參閱，林三欽，〈課予義務訴願之事實基準時〉，《月旦法學教室》，第 197 期，2019 年 3 月，頁 10–12。

三、其他法律規定之訴願提起期間

訴願之提起依上述訴願法第 14 條第 1 項規定，應自行政處分達到或公告期滿之日起 30 日內為之。

四、訴願提起期間之變更

訴願人依法可提起訴願期間，如上述自行政處分達到或公告期滿之日起 30 日內若發生天災或其他不應歸責於訴願人之事由時，則要訴願人仍要依此 30 日之訴願期間提起訴願，不免為強人所難而失法律之公正性，故訴願法對此乃規定訴願提起期間之變更情狀，即訴願法第 15 條之規定：「訴願人因天災或其他不應歸責於己之事由，致遲誤前條之訴願期間者，於其原因消滅後十日內　，　得以書面敘明理由向受理訴願機關申請回復原狀。但遲誤訴願期間已逾一年者，不得為之。申請回復原狀，應同時補行期間內應為之訴願行為。」

五、在途期間之扣除

訴願固應在上述之法定期間內提起，但訴願人如居處偏遠，不在受理訴願機關所在地住居者，訴願提起期間應如何計算？為此，訴願法第 16 條乃有扣除訴願人在途期間之準據性規定，即：「訴願人不在受理訴願機關所在地住居者，計算法定期間，應扣除其在途期間。但有訴願代理人住居受理訴願機關所在地，得為期間內應為之訴願行為者，不在此限。前項扣除在途期間辦法，由行政院定之❹。」

六、訴願提起期間適用民法之規定

為避免法規規定不明可能發生爭議及立法經濟之理由，訴願法第 17 條又規定：「期間之計算，除法律另有規定外，依民法之規定。」

---

❹　相關論文請參閱，陳清秀，〈訴願人向原處分機關遞送訴願書有無扣除在途期間之適用——評析臺北高等行政法院 92 年度訴字第 3629 號判決〉，《法令月刊》，第 65 卷第 12 期，2014 年 12 月，頁 15–22。另參閱，劉建宏，〈訴願法上法定期間之計算與在途期間之扣除——最高行政法院一〇一年度裁字第一一〇五號裁定〉，《月旦法學雜誌》，第 237 期，2015 年 2 月，頁 236–243。

第五項 訴願文書送達

訴願文書之送達如依訴願法第 89 條第 2 項所規定，訴願決定書正本之送達訴願人、參加人及原行政處分機關等是。舊訴願法對此無詳細規定，民國 87 年 10 月修正之訴願法自第 43 條至第 47 條特別規定了訴願文書送達制度，對人民權益之保障非常重要，受理訴願機關必須遵行。

第六項 訴願卷宗及其閱覽、影繕、節錄

訴願文書之保存、編卷有助於行政爭訟程序之公正進行，又其閱覽、影繕、節錄對於訴願人、參加人、利害關係人❹或訴願代理人進行行政爭訟之資訊權益影響甚鉅。舊訴願法對此類事項均未詳細規範。民國 87 年 10 月修正公布之訴願法乃在第 48 條至第 51 條增訂了訴願卷宗及其閱覽、影繕、節錄制度❷。

第四節 訴願審議委員會

第一項 訴願審議委員會之組成

訴願法第 52 條第 1 項規定，各機關辦理訴願案件，應設訴願審議委

---

❹ 得請求閱覽訴願卷宗之利害關係人，究何所指？民國 92 年 9 月 25 日行政院訴願審議委員會第 1506 次會議之結論即表示：「訴願法第 50 條規定所稱『有法律上之利害關係』，既未明文限制，應兼指法律上利害關係相反之情形。本件○○○君之閱卷申請書雖未釋明其法律上之利害關係，惟審諸本案事實應可認定○○○君係與訴願人利害關係相反之人，自得請求閱覽訴願卷宗。至訴願案卷中有無應拒絕閱覽之文書，應依訴願法第 51 條規定個別認定。」參閱，上揭《中央行政機關訴願作業實務》，頁 135。

❷ 陳小蘭，〈申請訴願決定檔案閱覽、抄錄、複製之法律適用問題〉，《月旦法學雜誌》，第 248 期，2016 年 1 月，頁 195–209。

員會❹。由此可知，訴願審議委員會為受理訴願機關之內部單位，其職責為辦理訴願案件。

訴願審議委員會委員，依訴願法第 52 條第 2 項規定，由受理訴願機關高級職員及遴聘社會公正人士、學者、專家擔任之；其中社會公正人士、學者、專家人數不得少於 2 分之 1。又依同條第 1 項規定，此些組成人員，以具有法制專長者為原則。另訴願審議委員會組織規程及審議規定，訴願法第 52 條第 3 項授權由主管院定之。

訴願審議委員會之成員若不具法制專長，或其中社會公正人士、學者或專家人數未達 2 分之 1 者，其作成之訴願決定是否合法？對此問題學者認為應分別以觀：關於法制專長部分，應視為訓示規定，如有違反不影響訴願決定之效力，因為條文既稱「為原則」，且「社會公正人士」亦未必具有法制專長，何能強求？事實上在若干受理專利、藥物、醫療等訴願事件之機關，各該專長之學者專家亦屬不可或缺，且在目前甚少可能具有法制專長❹。至於外聘委員未達法定比例，其作成之訴願決定，應視為與不遵守訴願法第 53 條多數決原則同等程度之瑕疵，構成撤銷訴願決定之原因。但以往實務上則認為委員比例為訓示規定，縱有違背亦非違法，不無可議之處❹。

至於性質較為特殊之機關，如行政院公平交易委員會，其委員「同時具有專家、學者及社會公正人士身分」且此一機關尚「具有獨立性、專業性及準司法性等」特質，其訴願會之組成未按照訴願法第 26 條（舊法）之比例外聘，而由公平會之委員兼任訴願會委員，行政法院認為「並無組

---

❹　蔡茂寅，〈訴願審議委員會之組織與程序合法性〉，《台灣本土法學雜誌》，第 2 期，1999 年 6 月，頁 103–106。

❹　各大學法律研究所碩士班現已陸續招收醫學、工程、化學等大學非法律科系畢業生就讀，將來即可能有具法制專長之專利、藥物、工程、醫療專家。

❹　引自吳庚，上揭書，頁 336。另訴願審議委員會之成員是被民意代表假借「社會公正人士」之名而介入、參與訴願審議委員會之審議，頗為深知訴願實務人士所憂慮。參閱劉鶴田，〈訴願會之組織與功能〉，東海大學法律系印，《訴願業務學術研討會成果報告》，頁 92。

織不合法之可言」（見 85 年 6 月 19 日 85 年判字第 1443 號判決）**㊻**。行政法院上述見解對不具有與公平會相同特質之機關而言，自不應有其適用**㊼**。

第二項　訴願審議委員會決議方式

訴願法第 53 條規定，訴願決定應經訴願審議委員會會議之決議，其決議以委員過半數之出席，出席委員過半數之同意行之。出席委員之同意與不同意人數相等時，究應如何處理，訴願法未明文規定，但依行政院 69 年 5 月 7 日發布施行，82 年 2 月 15 日修正發布之「行政院所屬各級行政機關訴願審議委員會審議規則」第 9 條第 2 項規定，應取決於主席。考試院於 82 年 12 月 21 日訂定發布之「考試院及所屬機關訴願審議委員會審議規則」第 12 條亦有類似規定。

第三項　訴願審議委員會記錄及其附件之製作

訴願法第 54 條第 1 項規定：「訴願審議委員會審議訴願事件，應指定人員製作審議紀錄附卷。委員於審議中所持與決議不同之意見，經其請求者，應列入紀錄。」同條第 2 項又規定：「訴願審議經言詞辯論者，應另行製作筆錄，編為前項紀錄之附件，並準用民事訴訟法第二一二條至第二一九條之規定。」對此規定，學者認為言詞辯論筆錄在行政爭訟事件中關係重大，應是主要者，而審議紀錄則是從屬者，不應將言詞辯論筆錄作為審議紀錄之附件**㊽**。

㊻　相關論文請參閱，吳秀明，〈訴願：一個公平交易法領域淘汰的制度——兼評行政院訴願台訴字第○九七○○八四七○號決定書〉，《台灣法學雜誌》，第 111 期，2008 年 9 月，頁 183–190。

㊼　吳庚，上揭書，頁 336；劉鶴田，上揭文，頁 92。

㊽　吳庚，上揭書，頁 337，註 34。

第四項　訴願審議委員會委員之迴避

訴願法第 55 條規定:「訴願審議委員會主任委員或委員對於訴願事件有利害關係者,應自行迴避,不得參與審議。」此一迴避規定,學者認為未含括承辦訴願事件之職員,並不妥適❹。其實,承辦訴願案件職員之利益迴避規定,已在「行政院暨所屬各級行政機關訴願審議委員會審議規則」第 2 條明文規定,依「行政院暨所屬各級行政機關訴願審議委員會組織規程」之規定。而「考試院及所屬機關訴願審議委員會審議規則」第 3 條更有明細規定,即:「

1.訴願會人員如與訴願人有配偶或三親等內血親、姻親關係者,或與訴願事件有利害關係者,對於訴願事件之處理,應行迴避。

2.訴願會人員與訴願事件有無利害關係,由主任委員決定之。

3.訴願會人員有第一項原因應迴避而不迴避者,應視情節輕重依法議處。」

第五節　訴願程序

第一項　訴願之提起

一、訴願之提起應具訴願書及相關附件

訴願除在上述法定期間內提起外,依訴願法第 56 條規定,應具訴願書,載明下列事項,由訴願人或代理人簽名或蓋章:

1.訴願人之姓名、出生年月日、住、居所、身分證明文件字號。如係法人或其他設有管理人或代表人之團體,其名稱、事務所或營業所及管理人或代表人之姓名、出生年月日、住、居所。

2.有訴願代理人者,其姓名、出生年月日、住、居所、身分證明文件

---

❹　吳庚,上揭書,頁 337。

字號。

3.原行政處分機關。如依訴願法第 2 條第 1 項提起訴願者，依同條第 3 項規定，則載明應為行政處分之機關。

4.訴願請求事項。

5.訴願之事實及理由。

6.收受或知悉行政處分之年、月、日。如依訴願法第 2 條第 1 項提起訴願者，依同條第 3 項規定，則為提出申請之年、月、日，並附原申請書之影本及受理申請機關收受證明。

7.受理訴願之機關。

8.證據。其為文書者，應添具繕本或影本。

9.年、月、日。

又提起訴願，除應具訴願書外，訴願法第 56 條第 2 項規定，應附原行政處分書影本。另受理訴願機關認為訴願書不合法定程式，而其情形可補正者，依訴願法第 62 條規定，應通知訴願人於 20 日內補正。

二、口頭訴願應補送訴願書

訴願法第 57 條規定：「訴願人在第十四條第一項所定期間向訴願管轄機關或原行政處分機關作不服原行政處分之表示者，視為已在法定期間內提起訴願。但應於三十日內補送訴願書。」

三、訴願之提起應經由原行政處分機關

訴願法第 58 條規定：

1.訴願人應繕具訴願書經由原行政處分機關向訴願管轄機關提起訴願。

2.原行政處分機關對於前項訴願應先行重新審查原處分是否合法妥當，其認訴願為有理由者，得自行撤銷或變更原行政處分，並陳報訴願管轄機關。

3.原行政處分機關不依訴願人之請求撤銷或變更原行政處分者，應儘速附具答辯書，並將必要之關係文件，送於訴願管轄機關。

4.原行政處分機關檢卷答辯時，應將前項答辯書抄送訴願人。

四、訴願之提起係向受理訴願機關提起者

訴願法第 59 條規定：「訴願人向受理訴願機關提起訴願者，受理訴願機關應將訴願書影本或副本送交原行政處分機關依前條第二項至第四項規定辦理。」

五、訴願之提起誤向訴願管轄機關或原行政處分以外之機關作不服原行政處分之表示者

訴願法第 61 條規定：「訴願人誤向訴願管轄機關或原行政處分機關以外之機關作不服原行政處分之表示者，視為自始向訴願管轄機關提起訴願。前項收受之機關應於十日內將該事件移送於原行政處分機關，並通知訴願人。」

六、訴願提起後之撤回

訴願法第 60 條規定：「訴願提起後，於決定書送達前，訴願人得撤回之。訴願經撤回後，不得復提起同一之訴願。」

七、訴願提起後訴願之承受

訴願法第 87 條、第 88 條分別規定了訴願提起後訴願之承受制度，即：

1.訴願人死亡者，由其繼承人或其他依法得繼受原行政處分所涉權利或利益之人，承受其訴願。

法人因合併而消滅者，由因合併而另立或合併後存續之法人，承受其訴願。

依前 2 項規定承受訴願者，應於事實發生之日起 30 日內，向受理訴願機關檢送因死亡繼受權利或合併事實之證明文件。

2.受讓原行政處分所涉權利或利益之人，得檢具受讓證明文件，向受理訴願機關申請許其承受訴願。

八、訴願提起之效力

依訴願法第 93 條、第 94 條之規定，原則上無停止原行政處分執行之效力，但受理訴願機關或原行政處分機關得依職權或依申請，停止原行政處分全部或一部之執行❺。

第二項　訴願之審議

一、訴願之書面審查

　　訴願之審議依舊訴願法第 19 條規定，就書面審查決定之，必要時，得為言詞辯論。此一原則上採書面審查，例外在必要時才採取言詞辯論之訴願審理方式，乃係採職權進行主義與職權調查主義的書面審理制度❺❶。新訴願法雖亦採書面審查訴願原則，但較舊訴願法更偏向當事人進行主義與辯論主義之言詞審理制度❺❷。訴願法第 63 條第 1 項即揭櫫訴願書面審查原則，但在同條第 2 項、第 3 項及第 65 條中明定訴願人或參加人有請求陳述意見、言詞辯論之權，顯示立法者有意偏向言詞辯論主義之訴願審查制度。另大法官釋字第 488 號解釋稱，金融主管機關作成處分前須聽取關係人意見始為憲法之所許，亦顯示司法實務對人民陳述意見權利之重視及審查行政行為偏向言詞辯論主義之趨勢。

二、訴願審議時之陳述意見

　　舊訴願法並未規定訴願人於訴願審議時有口頭陳述意見之機會或權利，但有些訴願審理機關曾建立接見訴願人制度，變相給予訴願人陳述意見之機會❺❸。新訴願法則明文規定訴願人陳述意見之機會與權利，即：

　　1.訴願人陳述意見之機會——即訴願法第 63 條第 2 項規定，受理訴願機關必要時得通知訴願人、參加人或利害關係人到達指定處所陳述意見。

　　2.訴願人陳述意見權利——即訴願法第 63 條第 3 項規定，訴願人或

---

❺❶　相關實例請參閱蔡茂寅，〈停止執行決定之競合問題〉，《月旦法學教室③公法學篇》，頁 254–255；蔡震榮，〈再論訴願停止執行〉，《月旦法學雜誌》，第 170 期，2009 年 7 月，頁 162–182。

❺❶　蔡志方，上揭文，頁 973。

❺❷　蔡志方，上揭文，頁 974。另翁岳生教授早於民國 60 年即主張應行言詞辯論以加強人民權利之保障，參閱翁岳生，《行政法與現代法治國家》，頁 379。

❺❸　陳伯村，〈日本訴願制度之研究〉，刊於《各國及大陸地區訴願制度研究》，臺灣省政府訴願審議委員會編印，民國 83 年 6 月，頁 133。

參加人請求陳述意見而有正當理由者，應予到達指定處所陳述意見之機會；此為應行規定，自可認為是訴願人之權利，不過，何者為「有正當理由」仍由受理訴願機關裁量，訴願人之陳述意見權是否會有困擾，仍要視新訴願法施行後訴願實務之情形而定。

另訴願法第 64 條規定:「訴願審議委員會主任委員得指定委員聽取訴願人、參加人或利害關係人到場之陳述。」

三、訴願審議時之言詞辯論

舊訴願法的訴願審議是採書面審理、任意言詞辯論之制度，而在實務上甚少採行言詞辯論程序❺❹。新訴願法則對言詞辯論程序甚為重視❺❺，並詳細規定其程序，即：

1.受理訴願機關依職權或訴願人申請言詞辯論權——訴願法第 65 條規定:「受理訴願機關應依訴願人、參加人之申請或於必要時，得依職權通知訴願人、參加人或其代表人、訴願代理人、輔佐人及原行政處分機關派員於指定期日到達指定處所言詞辯論。」

2.訴願審議時言詞辯論之程序——訴願法第 66 條第 1 項規定，言詞辯論之程序如下：

⑴受理訴願機關陳述事件要旨。

⑵訴願人、參加人或訴願代理人就事件為事實上及法律上之陳述。

⑶原行政處分機關就事件為事實上及法律上之陳述。

⑷訴願或原行政處分機關對他方之陳述或答辯，為再答辯。

⑸受理訴願機關對訴願人及原行政處分機關提出詢問。

另訴願法第 66 條第 2 項規定，言詞辯論未完備時，得再為辯論。

---

❺❹　訴願實務通常對於訴願事實、理由較複雜、證據力有無不易判定之情形，甚至為避免關說壓力而採言詞審理，參引蔡志方，上揭文，頁 974。

❺❺　但學者認為，新訴願法採言詞辯論應行主義，確有難予遵行之處，理由是政府機關之訴願審議委員會人力無法負荷，以及簡易案件無須言詞辯論。參閱游瑞德，〈新訴願制度評析——以經濟案件爭訟為中心〉，上揭書，頁 456–457。

四、訴願審議時之調查、檢驗或勘驗

新訴願法對訴願程序仍採職權進行與職權調查主義，如第 67 條第 1 項即規定，受理訴願機關應依職權或囑託有關機關或人員，實施調查、檢驗或勘驗，不受訴願人主張之拘束。不過，立法院在審議訴願法時又增列第 2 項規定，即受理訴願機關應依訴願人或參加人之申請，調查證據。但就其申請調查之證據中認為不必要者，不在此限。顯示出若干當事人進行主義之色彩，同條第 3 項，受理訴願機關依職權或依申請調查證據之結果，非經賦予訴願人及參加人表示意見之機會，不得採為對之不利之訴願決定之基礎。亦可看出係逐步拋開書面審查原則而為配合言詞辯論主義之程序設計。

另訴願法第 74 條第 1 項規定，受理訴願機關得依職權或依訴願人、參加人之申請，就必要之物件或處所實施勘驗。而受理訴願機關依前項規定實施勘驗時，應將日、時、處所通知訴願人、參加人及有關人員到場。

五、訴願審議時之證據、資料規定

新訴願法對訴願審議時證據、書類或證物之提出以及證據資料之調取、留置或供訴願人閱覽、抄錄或影印，均有詳細規定，顯現對公正司法、公開政府之要求，其主要內容為：

1.證據書類或證物之提出——訴願法第 68 條規定，訴願人或參加人得提出證據書類或證物。但受理訴願機關限定於一定期間內提出者，應於該期間內提出。

2.證據資料之調取、留置——訴願法第 73 條規定，受理訴願機關得依職權或依訴願人、參加人之申請，命文書或其他物件之持有人提出該物件，並得留置之。而公務員或機關掌管之文書或其他物件，受理訴願機關得調取之。在此情形，除有妨害國家機密者外，公務員或掌管文書、物件之機關不得拒絕。

3.證據資料之閱覽、抄錄或影印——訴願法第 75 條規定，原行政處分機關應將據以處分之證據資料提出於受理訴願機關。而對於此些證據資料，訴願人、參加人或訴願代理人得請求閱覽、抄錄或影印之。受理訴願

機關非有正當理由，不得拒絕。另證據資料之閱覽、抄錄或影印，受理訴願機關應指定日、時、處所。這些程序規定，頗有防制行政機關恣意、偏頗之作用。

六、訴願審議時之鑑定

訴願受理機關依職權或由訴願人提供之證據、書類、物件是否真實，有時需要透過鑑定加以辨別。因此訴願法第 69 條至第 72 條又分別規定了訴願審議時之鑑定制度，其主要內容為：

1.依職權或申請鑑定──訴願法第 69 條第 1 項規定，受理訴願機關得依職權或依訴願人、參加人之申請，囑託有關機關、學校、團體或有專門知識經驗者為鑑定。同條第 2 項又規定，受理訴願機關認無鑑定之必要，而訴願人或參加人願自行負擔鑑定費用時，得向受理訴願機關請求准予交付鑑定。受理訴願機關非有正當理由不得拒絕。至於何人為鑑定人則由受理訴願機關指定之。

2.鑑定人應具鑑定書陳述意見──訴願法第 70 條規定，鑑定人應具鑑定書陳述意見。必要時，受理訴願機關得請鑑定人到達指定處所說明。若鑑定人有數人者，依訴願法第 69 條第 4 項規定，得共同陳述意見。但意見不同者，受理訴願機關應使其分別陳述意見。

3.鑑定所需資料之利用及利用範圍、方法之限制──訴願法第 71 條第 1 項規定，鑑定所需資料在原行政處分機關或受理訴願機關者，受理訴願機關應告知鑑定人准其利用。但其利用之範圍及方法得限制之。同條第 2 項又規定，鑑定人因行鑑定得請求受理訴願機關調查證據。

4.鑑定費用之負擔──訴願法第 72 條規定，鑑定所需費用由受理訴願機關負擔，並得依鑑定人之請求預行酌給之。但依第 69 條第 2 項規定交付鑑定所得結果，據為有利於訴願人或參加人之決定或裁判時，訴願人或參加人得於訴願或行政訴訟確定後 30 日內，請求受理訴願機關償還必要之鑑定費用。

第三項　對訴願程序處置不服之救濟

訴願法第 76 條為避免訴願程序進行之干擾,致使訴願程序無法順利進行,乃規定訴願人或參加人對受理訴願機關於訴願程序進行中所為之程序上處置不服者,應併同訴願決定提起行政訴訟❺❻。

第六節　訴願決定及其效力

訴願經訴願人提起後,受理訴願機關依上述訴願審議程序審理後,應在何時作出訴願決定,應為如何決定,所為決定應如何記載,以及其決定之效力為何,訴願法乃自第 77 條至第 96 條詳為規定,茲歸納分項說明於次。

第一項　訴願決定之期限

訴願法第 85 條第 1 項規定,訴願之決定,自收受訴願書之次日起,應於 3 個月內為之;必要時,得予延長,並通知訴願人及參加人。延長以 1 次為限,最長不得逾 2 個月。該條第 2 項又規定,前項期間,於依第 57 條但書規定補送訴願書者,自補送之次日起算,未為補送者,自補送期間屆滿之次日起算;其依第 62 條規定通知補正者,自補正之次日起算;未為補正者,自補正期間屆滿之次日起算。

受理訴願機關如違反此一訴願決定期限而未為訴願決定時,其法律效果為何?新行政訴訟法第 4 條對此已明文規定,得向高等行政法院提起撤銷訴訟。

至若受理訴願機關收受訴願書後超過 3 個月及延長 2 個月後,始為決定者,即逾越訴願法定期限之決定,其法律效果為何?依行政法院 48 年

---

❺❻　類似實例請閱吳志光,〈不服行政機關程序行為之救濟〉,《法學講座》,第 2 期,2002 年 2 月,頁 91–98。

判字第 85 號判決，謂：「雖其決定遲緩，究於其效力無何影響」，換言之，此訴願決定仍有訴願法第 95 條所規定之拘束力。

第二項　訴願決定之種類

訴願之決定依程序之經濟、程序之合法以及訴願之有無理由可大致分為程序決定與實體決定，茲依訴願法之相關規定，分目說明之。

第一目　程序決定

一、合併審議及合併決定

為了程序經濟與便利，訴願法第 78 條規定，分別提起之數宗訴願係基於同一或同種類之事實上或法律上之原因者，受理訴願機關得合併審議，並得合併決定。例如為興建高速鐵路在全省各縣市沿線被徵收土地之所有權人先後提起之訴願，即可依此規定為合併審議及合併決定。

二、訴願不受理之決定

訴願程序如不合法時，即有下述訴願法第 77 條所列各款情形之一者，訴願受理機關應為不受理之決定：

1. 訴願書不合法定程式不能補正或經通知補正逾期不補正者。
2. 提起訴願逾法定期間或未於第 57 條但書所定期間內補送訴願書者。
3. 訴願人不符合第 18 條之規定者。
4. 訴願人無訴願能力而未由法定代理人代為訴願行為，經通知補正逾期不補正者。
5. 地方自治團體、法人、非法人之團體，未由代表人或管理人為訴願行為，經通知補正逾期不補正者。
6. 行政處分已不存在者。
7. 對已決定或已撤回之訴願事件重行提起訴願者。
8. 對於非行政處分或其他依法不屬訴願救濟範圍內之事項提起訴願者。

另外，訴願法第 77 條雖未將「爭訟實益」之有無，列為爭訟合法要件**❺❼**，但因司法實務早已將「爭訟實益」列為爭訟案件的程序合法要件**❺❽**。因此如無「爭訟實益」者，亦將在程序上不受理。就此，大法官釋字第 546 號解釋明白表示：「本院院字第二八一〇號解釋……旨在闡釋提起行政爭訟，須其爭訟有權利保護必要，即具有爭訟之利益為前提，倘對於當事人被侵害之權利或法律上利益，縱經審議或審判之結果，亦無從補救，或無法回復其法律上之地位或其他利益者，即無進行爭訟而為實質審查之實益。」「其訴願為無實益，應不受理，依訴願法第七條應予駁回。」不過，該號解釋又另表示：「惟所謂被侵害之權利或利益，經審議或審判結果，無從補救或無法回復者，並不包括依國家制度設計，性質上屬於重複發生之權利或法律上利益，人民因參與或分享，得反覆行使之情形。是人民申請為公職人員選舉候選人時，因主管機關認其資格與規定不合，而予以核駁，申請人不服提起行政爭訟，雖選舉已辦理完畢，但人民之被選舉權，既為憲法所保障，且性質上得反覆行使，若該項選舉制度繼續存在，則審議或審判結果對其參與另次選舉成為候選人資格之權利仍具實益者，並非無權利保護必要者可比，此類訴訟相關法院自應予以受理」是為對司法院院字第 2810 號解釋之補充解釋，在訴願之程序決定上應特別注意。

訴願雖逾法定期間，由訴願受理機關為不受理之決定時，原行政處分機關或其上級機關，如認原行政處分顯屬違法或不當者，仍得依訴願法第 80 條第 1 項、第 2 項規定，依職權加以撤銷或變更，但有下列情形之一者，不得為之：

1. 其撤銷或變更對公益有重大危害者。
2. 行政處分受益人之信賴利益顯然較行政處分撤銷或變更所欲維護

---

❺❼ 參閱，林三欽，〈試論「行政爭訟實益」之欠缺（上）——兼評大法官釋字第 546 號解釋——〉，《台灣本土法學雜誌》，第 42 期，2003 年 1 月，頁 40。

❺❽ 實例論文請參閱，劉建宏，〈訴願法：第四講——訴願合法要件〉，《月旦法學教室》，第 89 期，2010 年 3 月，頁 48–58。

之公益更值得保護者。但行政處分受益人有下列情形之一者，其信賴不值得保護：

(1)以詐欺、脅迫或賄賂方法，使原行政處分機關作成行政處分者。

(2)對重要事項提供不正確資料或為不完全陳述，致使原行政處分機關依該資料或陳述而作成行政處分者。

(3)明知原行政處分違法或因重大過失而不知者。

又訴願法第 80 條第 3 項另規定，行政處分之受益人值得保護之信賴利益，因原行政處分機關或其上級機關依第 1 項規定撤銷或變更原行政處分而受有損失者，應予補償。但其補償額度不得超過受益人因該處分存續可得之利益。

三、訴願程序之停止

訴願法第 86 條第 1 項規定，訴願之決定以他法律關係是否成立為準據，而該法律關係在訴訟或行政救濟程序進行中者，於該法律關係確定前，受理訴願機關得停止訴願程序之進行，並即通知訴願人及參加人。同條第 2 項又規定，受理訴願機關依前項規定停止訴願程序之進行者，前條所定訴願決定期間，自該法律關係確定之日起，重行起算。

第二目　實體決定

實體決定是對程序完全合法之訴願事件，就其實體依法加以審查❺❾，並視其有無理由，依訴願法相關規定分別為駁回或對原行政處分為撤銷、變更決定或命行政機關速為一定處分之決定或為學理上所謂之情況裁決決定。

一、無理由之駁回決定

訴願法第 79 條第 1 項規定，訴願經實體審查後，認為無理由者，受理訴願機關，應以決定駁回之。又同條第 2 項規定，原行政處分所憑理由

---

❺❾　特別是指訴願事件涉及地方自治團體之地方自治事務者，依訴願法第 79 條第 3 項規定，其受理訴願之上級機關僅可就原行政處分之合法性進行審查決定。

雖屬不當，但依其他理由認為正當者，受理訴願機關，應以訴願為無理由而以決定駁回之。

另對於依同法第 2 條第 1 項提起之訴願，訴願受理機關認為有理由者，但尚未命應作為之機關為一定處分之決定前，應作為之機關已為行政處分者，受理訴願機關依同法第 82 條第 2 項規定，以決定駁回訴願。

二、有理由時之決定

訴願法第 81 條至第 84 條對訴願有理由時[60]，應為及得為之決定分別加以規定，即：

1.撤銷原行政處分之決定——訴願法第 81 條第 1 項規定，訴願有理由者，受理訴願機關應以決定撤銷原行政處分之全部或一部。

2.撤銷原行政處分並逕為變更之決定——訴願法第 81 條第 1 項規定，訴願有理由者，受理訴願機關應以決定撤銷原行政處分之全部或一部，並得視事件之情節，逕為變更之決定[61]，此項變更決定依同條但書之規定，不得於訴願人表示不服之範圍內，為更不利益之變更[62]。

3.撤銷原行政處分並發回原行政處分機關另為處分之決定[63]——訴

---

[60] 參閱，李建良，〈論行政處分之違法判斷基準時——以訴願審理程序為中心〉，台灣行政法學會主編，《行政法爭議問題研究（下）》，頁 909–934；實例另參閱李建良，〈訴願程序之違法判斷基準時〉，《月旦法學教室③公法學篇》，頁 250–251。

[61] 請參閱，張文郁，〈行政法院自為判決及受理訴願機關自為決定相關問題之探討〉，《月旦裁判時報》，第 76 期，2018 年 10 月，頁 47–62。

[62] 實例請參閱，張文郁，〈訴願決定之不利變更禁止〉，《月旦法學教室》，第 6 期，2003 年 4 月，頁 24–25；盛子龍，〈訴願法制上不利益變更禁止原則適用之反思〉，《台灣法學雜誌》，第 282 期，2015 年 10 月 28 日，頁 153–174；尤重道，〈行政救濟不利益變更禁止原則之概念與適用範圍〉，《全國律師》，第 21 卷第 4 期，2017 年 4 月，頁 84–103；陳淑芳，〈訴願法上不利變更禁止原則之適用〉，《月旦法學教室》，第 193 期，2018 年 11 月，頁 6–8。

[63] 吳庚教授對此種處置方式有嚴厲批判，指出：「受理訴願機關不自為決定，訴願有理由充其量不過撤銷發回，已成為我國之例規。美其名曰：尊重主管機關之權限，殊不知因為訴願之提起，已生權限移轉 (Devolution) 之效果。

願法第 81 條第 1 項規定，訴願有理由者，受理訴願機關應以決定撤銷原行政處分之全部或一部，並得視事件之情節，發回原行政處分機關另為處分，而依同條但書規定，此另為處分，不得於訴願人表示不服之範圍內為更不利益之處分。又訴願法第 96 條規定，原行政處分經撤銷後，原行政處分機關須重為處分者，應依訴願決定意旨為之，並將處理情形以書面告知受理訴願機關。

4.命速為一定處分之決定——訴願法第 82 條第 1 項規定，對於依第 2 條第 1 項提起之訴願，即對行政機關違反作為義務所提起之訴願，受理訴願機關認為訴願有理由者，應指定相當期間，命該違反作為義務之機關，速為一定之處分。

5.情況裁決之決定——此一決定與行政訴訟法第 198 條之情況判決相當，係採行源自日本之制度，意指訴願雖有理由，但如接納訴願請求，將不利於社會公益時所為之訴願決定。訴願法第 83 條第 1 項之規定為，受理訴願機關發現原行政處分雖屬違法或不當，但其撤銷或變更於公益有重大損害，經斟酌訴願人所受損害、賠償程度、防止方法及其他一切情事，認原行政處分之撤銷或變更顯與公益相違背時，得駁回其訴願。同條第 2 項又規定，前項情形，應於決定主文中載明原行政處分違法或不當❻❹。

另訴願法第 84 條又規定，受理訴願機關為前條決定時，得斟酌訴願

純屬司法機關之行政法院尚且可不顧權力分立之基本原則自為判決，何以上級行政機關對下級機關尚斤斤於權限或所謂審級利益問題？」又在其民國 94 年 5 月三版之《行政爭訟法》一書中仍指出：「惟實際上，除近年稍見例外情形者外，受理訴願機關自為決定者，仍不多見，馴致積非成是，吾人已屢次痛陳其不當，本不欲再事辭費，但鑑於積重難返，本書擬趁新法頒行之際，根據學理及比較法上之成規，建立訴願決定何者應撤銷發回、何者應自為決定之基準。」詳見，吳庚，《行政爭訟法》，自刊本，民國 94 年 5 月三版，頁 120 之註 84；頁 348–354。

❻❹ 實例請閱蔡茂寅，〈情況判決與情況決定〉，《台灣本土法學雜誌》，2000 年 2 月，頁 100–105。

人因違法或不當處分所受損害，於決定理由中載明由原行政處分機關與訴願人進行協議。而此項協議，與國家賠償法之協議有同一效力。

第三項　訴願決定書應載明事項

訴願法第 89 條第 1 項規定，訴願決定書，應載明下列事項：

　1.訴願人姓名、出生年月日、住、居所、身分證明文件字號。如係法人或其他設有管理人或代表人之團體，其名稱、事務所或營業所，管理人或代表人之姓名、出生年月日、住、居所、身分證明文件字號。

　2.有法定代理人或訴願代理人者，其姓名、出生年月日、住、居所、身分證明文件字號。

　3.主文、事實及理由。其係不受理決定者，得不記載事實。

　4.決定機關及其首長。

　5.年、月、日。

同條第 2 項又規定，訴願決定書之正本，應於決定後 15 日內送達訴願人、參加人及原行政處分機關。

第四項　訴願決定書應附記事項

為落實貫徹教示制度，訴願法第 90 條至第 92 條特別明文規定此一制度、及其錯誤時之處理方式與法律效果，其內容為：

　1.訴願決定書之附記——訴願法第 90 條規定，訴願決定書應附記，如不服決定，得於決定書送達之次日起 2 個月內向高等行政法院提起行政訴訟。

　2.機關錯誤附記時之處理方式——訴願法第 91 條規定，對於得提起行政訴訟之訴願決定，因訴願決定機關附記錯誤，向非管轄機關提起行政訴訟，該機關應於 10 日內將行政訴訟書狀連同有關資料移送管轄行政法院，並即通知原提起行政訴訟之人。同條第 2 項又規定，有前項規定之情形，行政訴訟書狀提出於非管轄機關者，視為自始向有管轄權之行政法院提起行政訴訟。

3.期間附記錯誤之處理方式——訴願法第 92 條第 1 項規定，訴願決定機關附記提起行政訴訟期間錯誤時，應由訴願決定機關以通知更正之，並自更正通知送達之日起，計算法定期間。

4.未為附記或附記錯誤之法律效果——訴願法第 92 條第 2 項規定，訴願決定機關未依第 90 條規定為附記，或附記錯誤而未依前項規定通知更正，致原提起行政訴訟之人遲誤行政訴訟期間者，如自訴願決定書送達之日起 1 年內提起行政訴訟，視為於法定期間內提起。

第五項　訴願決定之效力

訴願法第 95 條規定，訴願之決定確定後，就其事件，有拘束各關係機關之效力❻❺；就其依第 10 條提起訴願之事件，對於受委託行使公權力之團體或個人，亦有拘束力。此即為訴願決定之拘束力。不過，訴願決定亦為行政處分之一種，則訴願決定之效力本應受行政程序法第 110 條至 134 條相關規定之規範。但學者認為訴願決定為典型之爭訟裁決性行政處分與一般非爭訟性之行政處分，其效力有較強之效力或拘束效果，故經訴願決定所作實體上審理判斷之事件，應有一事不再理原則之適用，除有再審或廢止之法定原因外，原處分機關或其上級機關（包括訴願決定機關），均不得重開程序或任意撤銷或變更❻❻。民國 93 年 7 月 1 日行政院訴願審議委員會第 1543 次會議之結論也明確表示此一見解，謂：「訴願決定機關得否主動依職權撤銷訴願決定，法無明文規範，惟考量訴願決定作成後，訴願程序已終結，訴願決定如有違誤，當事人依法得循行政訴訟或再審途徑尋求救濟，參以司法院院字第 1557 號及第 1849 號解釋，訴願之決定有拘束原處分機關及訴願決定機關之效力，訴願決定機關對其所為訴願決定，不得主動撤銷更為決定之意旨，宜認訴願決定作成並送達於訴願人收受後，訴願決定機關縱發現訴願決定有違誤，仍不得依職權撤銷訴願決

---

❻❺　相關論文請參閱，張文郁，〈論訴願及其效力〉，《月旦法學雜誌》，第 165 期，2009 年 2 月，頁 137–152。

❻❻　參閱吳庚，上揭書，頁 373。

定。」❻❼

又訴願法第 96 條另加強規定訴願決定之拘束效力,即「原行政處分經撤銷後,原行政處分機關須重為處分者,應依訴願決定意旨為之,並將處理情形以書面告知受理訴願機關」,大法官釋字第 368 號解釋亦有相同意旨。

第六項　訴願決定之再審

舊訴願法本無訴願決定之再審規範條文,新訴願法則在第 97 條規定了訴願決定之再審制度❻❽,其內容為:

1.再審申請人——訴願人、參加人或其他利害關係人均得對確定之訴願決定向原訴願決定機關,申請再審,但訴願人、參加人或其他利害關係人已依行政訴訟主張其事由或知其事由而不為主張者,則不得申請再審。

2.再審事由❻❾——依訴願法第 97 條第 1 項規定為:

⑴適用法規顯有錯誤者。

⑵決定理由與主文顯有矛盾者。

⑶決定機關之組織不合法者。

⑷依法令應迴避之委員參與決定者。

⑸參與決定之委員關於該訴願違背職務,犯刑事上之罪者。

⑹訴願之代理人,關於該訴願有刑事上應罰之行為,影響於決定者。

⑺為決定基礎之證物,係偽造或變造者。

⑻證人、鑑定人或通譯就為決定基礎之證言、鑑定為虛偽陳述者。

⑼為決定基礎之民事、刑事或行政訴訟判決或行政處分已變更者。

⑽發見未經斟酌之證物或得使用該證物者。

---

❻❼　上揭《中央行政機關訴願作業實務》,頁 156。

❻❽　實例請參閱蔡茂寅,〈訴願決定的再審可能性〉,《月旦法學教室③公法學篇》,頁 252–253。

❻❾　相關實務論文請參閱,許登科,〈論訴願再審之程序標的及訴願再審決定之救濟〉,《月旦法學雜誌》,第 92 期,2003 年 1 月,頁 110–128。

3.再審聲請期限──依訴願法第 97 條第 2 項規定，聲請再審，應於 30 日內提起，而此 30 日依同條第 3 項規定乃自訴願決定確定時起算，但再審之事由發生在後或知悉在後者，自知悉時起算。

第四章　行政訴訟制度

第一節　行政訴訟制度之變革

　　行政訴訟法為處理行政事件訴訟程序之法律❶。民國 3 年 5 月 18 日北京政府公布施行之行政訴訟條例為我國最早之行政訴訟法。民國 3 年 7 月 20 日又有行政訴訟法之公布施行。現行行政訴訟則係民國 21 年 11 月 17 日由國民政府公布，於民國 22 年 6 月 23 日正式施行❷。此法初僅 27 條，其間經歷 5 次修正，幅度不大，條文增至 34 條，而其內容過於簡略，不符合近數十年來，政治、經濟、工商、社會、文化多元發展及結構變動之需要，尤其是行政訴訟採一級一審制，集初審、終審、事實審、法律審於一審，較之民、刑事訴訟之三級三審制，對人民權益之保護，顯屬不周。又行政訴訟只能提起撤銷訴訟，而不得提起確認訴訟或其他給付訴訟，以致許多公法上爭議事件不是遁入民事訴訟途徑，否則毫無司法救濟途徑。因此，行政訴訟制度之現代化早為學者所呼籲❸。司法院乃於民國

---

❶　重要的註解書請參閱吳庚，《行政爭訟法論》，自刊，民國 94 年 5 月第三版；陳計男，《行政訴訟法釋論》，自刊，民國 89 年 1 月；陳清秀，《行政訴訟法》，植根法律事務所叢書㈢，民國 88 年 6 月；汪宗仁，《行政訴訟法論》，康德法學系列叢書⒇，康德文化出版社，民國 90 年 8 月；翁岳生主編，《行政訴訟法逐條釋義》，五南圖書出版股份有限公司，2002 年 11 月，初版一刷；林騰鷂，《行政訴訟法》，三民書局，修訂二版一刷，2005 年 10 月。

❷　參閱蔡志方，〈國民政府時代之行政訴訟制度〉，氏著，《行政救濟與行政法學》，三民書局，民國 82 年 3 月，頁 299–316。

70 年 7 月間，開始著手行政訴訟法之研修，歷時 11 年，始於民國 82 年 2 月 18 日將行政訴訟法修正草案函送立法院審議❹，開啟了我國行政訴訟制度❺重大變革之契機。

立法院司法、法制兩委員會全體委員聯席會議審查通過的行政訴訟法修正要旨，依民國 87 年 5 月 19 日行政訴訟法草案朝野協商結論，維持該審查會通過條文，而立法院院會於民國 87 年 10 月 2 日之行政訴訟法修正草案審查案二讀會、三讀會時，除對第 308 條依謝啟大委員等 18 人所提修正動議通過外，其他條文則均依上述司法、法制兩委員會全體委員聯席會議審查通過的條文通過，而確定了我國行政訴訟法重大變革之新機❻。此一行政訴訟法之修正，隨著經濟、社會環境之異變，又經立法院於民國 96 年、98 年、100 年之修正，現已變革為三級二審制度。其修正情形可參閱本篇第一章第三節有關行政訴訟法制之修正說明。

以下各節擬大致依照修正後行政訴訟法編章研討行政訴訟事件、行政訴訟之管轄、當事人、程序、裁判、救濟方法、保全程序與強制執行等制度。

---

❸ 翁岳生，〈行政訴訟制度現代化之研究〉，《臺大法學論叢》，第 4 卷第 1 期，民國 63 年 10 月，收於翁岳生，《行政法與現代法治國家》，頁 381–412；另參閱陳秀美，《改進現行行政訴訟制度之研究》，司法院印行，民國 71 年 4 月。

❹ 《立法院公報》，第 87 卷第 36 期，民國 87 年 10 月 2 日院會記錄，頁 406。

❺ 大陸地區行政訴訟法制，請參閱楊小軍，〈大陸行政訴訟制度的新發展〉，台灣行政法學會主編，《行政命令、行政處罰及行政爭訟之比較研究》，翰蘆圖書出版有限公司，2001 年 12 月，頁 319–337。

❻ 參閱黃綠星，〈修正後行政訴訟法與既有行政訴訟實務之關係〉，台灣行政法學會主編，《行政救濟、行政處罰、地方立法》，頁 151–225。

第二節　行政訴訟事件

第一項　概　說

　　行政訴訟事件，依我國現行司法體制，係由行政法院依行政訴訟法規定程序所要解決的公法上爭議事件，有別於民事訴訟、刑事訴訟事件之由普通法院依民事訴訟法、刑事訴訟法所要解決的私權爭議事件或涉嫌犯罪案件❼。

　　那些事件是屬於行政訴訟事件呢？首先就現行司法體制來看，即那些事件應由行政法院可以審判和管轄之事件，此即引申出學者所謂之行政訴訟審判權與管轄權❽。其次，就人民之觀點來看，是人民對於那些事件可以提起、請求行政法院審判之事件，此即引申出人民所可提起的行政訴訟種類。行政訴訟法在第一編總則第一章行政訴訟事件中，一一加以規定，另行政訴訟與民事、刑事訴訟之程序關係，行政訴訟法也一併在該章中加以規定，茲各分項敘述其內容如次。

---

❼　司法院大法官釋字第 448 號解釋理由書謂：「……我國關於行政訴訟與民事訴訟之審判，依現行法律之規定，係採二元訴訟制度，行政訴訟與民事訴訟分由不同性質之行政法院及普通法院審理。關於因公法關係所生之爭議，由行政法院審判，因私法關係所生之爭執，則由普通法院審判，各有所司，不容混淆。」另請參閱，林俊廷，〈從大法官解釋實務觀察行政法院及普通法院之審判權爭議〉，《司法周刊》，第 1919 期，2018 年 9 月 21 日，頁 2–3；同作者，同題目，《司法周刊》，第 1920 期，2018 年 9 月 28 日，頁 2–3；同作者，同題目，《司法周刊》，第 1921 期，2018 年 10 月 5 日，頁 3。

❽　吳庚，《行政爭訟法論》，民國 94 年 5 月第三版，頁 39 以下；林騰鷂，《行政訴訟法》，頁 53–61；翁岳生，《行政訴訟法逐條釋義》，頁 25–165；論文請參閱，陳清秀，〈行政訴訟法之先決問題——以保險業務員勞務契約性質認定為例〉，《法令月刊》，第 67 卷第 5 期，2016 年 5 月，頁 1–27。

第二項　行政訴訟審判權之範圍

第一目　行政訴訟審判權之意義

行政訴訟法第 2 條規定，「公法上之爭議，除法律別有規定外，得依本法提起行政訴訟」，此即為行政訴訟審判權之法定範圍，與行政訴訟法第 13 條至第 18 條所規定行政訴訟管轄權不同。行政訴訟審判權是指行政法院對那些爭議案件有審判權限 **❾**，行政訴訟管轄權則是指屬於行政法院審判權範圍的案件，依事物管轄、土地管轄、專屬管轄之分類標準，要由那一個行政法院來審判的權限。因此，行政訴訟審判權是行政訴訟管轄權的基礎，行政訴訟管轄權則是實現行政訴訟審判權的具體規範 **❿**。

行政訴訟審判權限之劃分，在立法例上，有由權限法庭，通過具體案件劃分普通法院和行政法院兩個法院系統的權限範圍者，如法國是 **⓫**，亦有以法律規定者，如德國行政訴訟法第 40 條第 1 項規定：「凡公法上之爭議，非屬憲法類者，均得於行政法院提起之」；或如日本行政事件訴訟法第 1 條、第 2 條所規定之抗告訴訟、當事人訴訟、民眾訴訟及機關訴訟等行政事件訴訟，除其他法律有特別規定外，依該國行政事件訴訟法所

---

❾ 相關論文請參閱，劉建宏，〈行政訴訟審判權〉，《台灣法學雜誌》，第 95 期，2007 年 6 月，頁 145–153；陳淑芳，〈行政法院之審判權〉，《月旦法學教室》，第 108 期，2011 年 10 月，頁 15–17；黃俊杰，〈行政訴訟事件審判權之範圍〉，《月旦法學教室》，第 108 期，2011 年 10 月，頁 45–60；范文清，〈國家賠償訴訟回歸行政訴訟審判權之研究〉，《興大法學》，第 18 期，2015 年 11 月，頁 51–125。

❿ 參閱林騰鷂，〈行政訴訟審判權擴大後對行政法院之衝擊〉，台灣行政法學會主編，《行政契約與新行政法》，元照出版公司，2002 年 6 月，頁 345–362；蔡志方，〈行政訴訟事件與審判權之範圍〉，台灣行政法學會主編，《行政法爭議問題研究（下）》，頁 935–962。

⓫ 臺灣省政府訴願審議委員會編印，《行政訴訟法逐條釋義》，民國 88 年 6 月，頁 3–4。

定 ⓬。我國新修正之行政訴訟法第 2 條則擴大了行政審判權之範圍，可提行政訴訟之事件，不再侷限於行政處分爭議事件而是及於一切公法爭議事件 ⓭，除非法律另有規定者外 ⓮。

第二目　公法上爭議事件 ⓯

何者為公法爭議事件而得由行政法院審判者，司法實務及學理認為除了行政處分爭議事件外，尚有下列事件 ⓰：

1. 出售公產事件。
2. 公地放領事件。
3. 耕地收回自耕之核定與調處事件。
4. 公法上給付之返還請求權事件。

⓬　《中譯德奧法日行政法院法》，司法院印行，民國 85 年 6 月，頁 11、179。大陸地區請參閱薛剛淩，〈行政訴權之探討〉，台灣行政法學會主編，《行政命令、行政處罰及行政爭訟之比較研究》，頁 363–380。

⓭　相關司法實務請參閱，陳慈陽，〈論檢舉覆函之性質與行政爭訟──評臺北高等行政法院 100 年度訴字第 341 號判決〉，《台灣法學雜誌》，第 248 期，2014 年 5 月 15 日，頁 101–108。

⓮　相關論文請參閱，林家祺〈政府採購訴訟事件行政法院與普通法院審判權之界限〉，《月旦法學雜誌》，第 133 期，2006 年 6 月，頁 91–109。

⓯　學者以公法爭議為行政訴訟之程序標的總範圍。參閱蔡志方，〈論行政訴訟之程序標的〉，台灣行政法學會主編，《行政命令、行政處罰及行政爭議之比較研究》，翰蘆圖書出版有限公司，2001 年 12 月，頁 347；林明昕，〈五花八門的訴訟類型㈠──論行政訴訟法第二條與第三條之關係〉，《月旦法學雜誌》第 81 期，2002 年 2 月，頁 24–25；林明昕，〈五花八門的訴訟類型㈡──論行政訴訟法第三條至第十一條間之關係〉，《月旦法學雜誌》 第 84 期，2002 年 5 月，頁 24–25。

⓰　詳見陳清秀，《行政訴訟法》，頁 60–70。另參閱，司法院編印，司法院行政訴訟研習會參考資料，《公法私法之區別、行政法基本原則、行政處分之意義解釋、裁判選輯》（第 1 輯）、（第 2 輯），民國 81 年 1 月及民國 84 年 6 月。

5.公法上債權讓與、概括承受事件。

6.公法上債權債務之繼承事件。

7.依契約對於他人之稅捐債務關係負擔責任義務事件。

8.公法上債權債務抵銷之爭議事件。

9.欠稅之執行事件。

10.第三人在強制執行中之權利事件。

11.公法上假扣押、假處分事件。

12.公營事業與其人員間之關係事件。

13.公立學校教師之聘任關係事件。

14.公立學校與公費學生之契約事件。

15.特許民間機構興建營運交通建設之特許合約事件。

　　由上所述可知，公法上爭訟事件除了行政處分爭議事件外，尚包括因行政契約、公地出租或放領、交通設施興建營運移轉契約（即 Build, Operation and Transfer 之契約，簡稱 BOT 契約）等之爭訟事件❶。又大法官釋字第 466 號解釋就考試院為公務人員保險給付之爭訟，究應循行政爭訟或民事訴訟途徑解決之聲請統一解釋案，明確指出，「按公務人員保險為社會保險之一種，具公法性質，關於公務人員保險給付之爭議，自應循行政爭訟程序解決」，可見公務人員保險給付之爭訟事件亦屬於公法上之爭議事件。又釋字第 695 號解釋亦指出：「行政院農業委員會林務局所屬各林區管理處對於人民依據國有林地濫墾地補辦清理作業要點申請訂立租地契約未為准許之決定，具公法性質，申請人如有不服，應依法提起行政爭訟以為救濟，其訴訟應由行政法院審判。」

---

❶　參閱，最高行政法院 95 年度判字第 01239 號判決。相關評論另請參閱，林明鏘，〈ETC 判決與公益原則〉；陳愛娥，〈促進民間參與公共建設事件中的行為形式與權力劃分〉；詹鎮榮，〈促進民間參與公共建設法之現實與理論〉。此三篇文章刊於《月旦法學雜誌》第 134 期，2006 年 7 月，頁 5–67。

第三目　非屬行政訴訟審判權範圍之公法上爭議事件

性質上屬公法爭議事件，但因法律別有規定，亦不得依行政訴訟法提起行政訴訟，此即為非屬行政訴訟審判權範圍之公法上爭議事件。在我國現行法制上學者將之歸納有下列事件，即 ⓲：

1. 憲法爭議事件。

2. 選舉罷免爭議事件。

3. 交通違規事件。

4. 違反社會秩序維護法事件。

5. 律師懲戒事件。

6. 冤獄賠償事件。

7. 國家賠償事件。

8. 公務員懲戒事件。

除此之外，少年事件處理法之為保障少年健全之自我成長、調整其成長環境並矯治其性格之少年保護、管束事件和兒童及少年福利與權益保障法之兒童及少年保護事件，在性質上屬於警察治安與社會教化之公法上爭議事件，現因少年及家事法院組織法第 2 條將之規定劃為少年及家事法院管轄之事件，故亦屬此非屬行政訴訟審判權範圍之公法上爭議事件。

另屬於人民團體之政黨，其違憲之解散事件，依憲法增修條文第 5 條第 4 項規定，係由司法院大法官組成憲法法庭審理之，故亦非屬於此所謂行政訴訟審判權範圍之公法上爭議事件。

第三項　行政訴訟之種類

行政訴訟法對行政訴訟之種類採明示主義 ⓳，依該法第 3 條規定，依

⓲　詳見吳庚，上揭書，頁 40–42。

⓳　陳清秀，上揭書，頁 108–109；彭鳳至，〈行政訴訟種類理論與適用問題之研究〉，台灣行政法學會主編，《行政命令、行政處罰及行政爭訟之比較研究》，翰蘆圖書出版有限公司，2001 年 12 月，頁 279–318；陳愛娥，〈以行政行為

第 2 條得提起之行政訴訟有撤銷訴訟、確認訴訟及給付訴訟。依此，人民可提出之行政訴訟種類較以往僅有一種撤銷訴訟的情況 ，實有很大的差異，對人民權益的維護自有助益。除此之外，訴願法第 9 條、第 10 條、第 11 條又規定維護公益訴訟、選舉罷免訴訟以及該二訴訟可以準用撤銷、確認或給付訴訟有關規定，故學者主張我國行政訴訟之類型應為例示概括主義比較合宜❷。茲再舉例析述各種行政訴訟類型於次。

第一目　撤銷訴訟

撤銷訴訟，依行政訴訟法第 4 條規定，是指人民因行政機關之違法處分，認為損害其權利或法律上之利益，經依訴願法提起訴願而不服其決定或提起訴願逾 3 個月不為決定或延長訴願決定期間逾 2 個月不為決定者，得向行政法院提起之訴訟❷ ，以求撤銷或變更違法的行政處分及訴願決定❷。其提起要件❷可析述如下：

1.須人民因中央或地方機關之違法行政處分，認為損害其權利或法律上之利益。舊法只限於人民權利受違法行政處分才可提行政訴訟，但新法規定除權利受損害外，法律上利益受損害者亦可提行政訴訟。而所謂法律上利益，有採「法律上已被保護利益」之看法者，亦有採「法律上值得保護之利益」之看法者。前者係指例如建築法令明文所保護類如巷道保留、

類型為中心的行政訴訟類型〉，《萬國法律》，第 112 期，2000 年 8 月，頁 26–35；傅玲靜，〈行政處分於撤銷訴訟中的體系思考〉，《月旦法學教室》，第 39 期，2006 年 1 月，頁 101–111。

❷ 陳清秀，上揭書，頁 109。

❷ 相關論文請參閱，張文郁，〈撤銷訴訟之被告〉，《月旦法學教室》，第 71 期，2008 年 9 月，頁 20–21。

❷ 參閱吳信華 ，〈退學處分的合法性 ， ──行政訴訟撤銷之訴的思惟步驟──〉，《中正大學法學集刊》，第 2 期，頁 131–154。

❷ 論文請參閱，關銘富，〈撤銷訴訟原告適格的認定〉，《台灣法學雜誌》，第 258 期，2014 年 10 月 15 日，頁 31–56；同作者，同題目，《台灣法學雜誌》，第 256 期，2014 年 9 月 15 日，頁 65–84。

防火巷保留之利益，後者則如房屋之景觀利益是❷。但以後者之看法為佳，即一切值得保護之法律上利益，如受損害，人民應可提起行政訴訟，至於法律以外之政治上、宗教上、文化上或感情上利益則不在值得保護之範圍❷。至所謂違法行政處分，依行政訴訟法第 4 條第 2 項尚包括逾越權限或濫用權力之行政處分。

2.須已提起訴願或提起訴願後逾 3 個月不為決定或延長訴願決定期間逾 2 個月不為決定。

3.訴願人以外之利害關係人，依第 4 條第 3 項規定，亦得提出撤銷訴訟。

第二目　請求應為行政處分之訴訟（課予義務訴訟）

行政訴訟法第 5 條規定，人民可以訴訟方式請求法院課予行政機關為其應為之行政處分，也可以訴訟方式請求法院課予行政機關應為特定內容之行政處分。前者稱反制怠為行政處分之訴，後者稱反制拒為行政處分之訴，學理上稱此兩者為課予義務訴訟。茲各分述之：

1.反制怠為行政處分之訴——行政訴訟法第 5 條第 1 項規定，人民因中央或地方機關對其依法申請之案件，於法令所定期間內應作為而不作為，認為其權利或法律上利益受損害者，經依訴願程序後，得向高等行政法院提起請求該機關應為行政處分或應為特定內容之行政處分之訴訟。例如人民請求發給水權狀而水利行政機關怠為應為之行政處分時，則可提起此訴❷。

2.反制拒為行政處分❷之訴——行政訴訟法第 5 條第 2 項規定，人民

❷　臺灣省政府訴願審議委員會編印，《行政訴訟法逐條釋義》，頁 9、10。

❷　吳庚，上揭書，頁 109；林騰鷂，《行政訴訟法》，頁 85。

❷　參閱蔡志方，〈論對抗怠於執行職務之行政訴訟，——以環保法上之相關訴訟為探討核心——〉，《本土法學雜誌》第 13 期，2000 年 8 月，頁 1–17；林騰鷂，《行政訴訟法》，頁 99；傅玲靜，〈怠惰的行政機關與訴願機關——怠為處分之課予義務訴訟之相關問題〉，《月旦法學教室》，第 62 期，2007 年 12 月，頁 24–25。

因中央或地方機關對其依法申請之案件，予以駁回❷，認為其權利或法律上利益受違法損害者，經依訴願程序後，得向行政法院提起請求該機關應為行政處分或應為特定內容之行政處分之訴訟。例如申請核發建築執照而被駁回之情形時，人民可以提起此訴。

請求應為行政處分之訴在性質上是一種特殊的給付訴訟❷，其並不只是要求撤銷變更行政處分，而是更進一步要求行政機關有所作為或應為某特定內容作為，以避免因行政機關之懈怠、拖延或恣意拒絕而損害人民之權益。此種類訴訟之引進，在經濟活動許可或社會保險、福利、退休❸ 之給付行政領域上，對人民甚有實益❸。

第三目　確認訴訟

行政訴訟法參照德日立法例，增列確認訴訟種類，於第 6 條規定了確認訴訟之種類❸，及其提起要件為：

一、確認訴訟之種類

1.確認行政處分無效之訴訟。

---

❷　相關實例評論請參閱，程明修，〈行政機關函覆拒絕人民申請或舉發案件之法律性質——評最高行政法院 91 年度裁字第 1475 號裁定〉，《月旦法學雜誌》，第 99 期，2003 年 8 月，頁 223–235。

❷　實例請參閱，吳志光，〈否准請求提供行政資訊之法律救濟途徑〉，《月旦法學教室》，第 26 期，2004 年 12 月，頁 26–27。

❷　相論文請參閱，程明修，〈課予義務訴訟與一般給付訴訟間選擇之爭議問題分析〉，《台灣法學雜誌》，第 88 期，2006 年 11 月，頁 50–70。

❸　參閱，林騰鷂，〈教師實現退休權利的行政訴訟途徑〉，司法院行政訴訟及懲戒廳編輯，《行政訴訟制度相關論文彙編》，第 4 輯，民國 94 年 12 月，頁 51–91。

❸　參閱陳敏，〈課予義務訴訟之制度功能及適用可能性——兼評新行政訴訟法及新訴願法之相關規定〉，台灣行政法學會主編，《行政救濟、行政處罰、地方立法》，頁 3–47。

❸　林騰鷂，《行政訴訟法》，頁 116–120；陳淑芳，〈確認訴訟之提起與類型〉，《月旦法學教室》，第 78 期，2009 年 4 月，頁 18–19。

2.確認公法上法律關係成立或不成立之訴訟❸❸。

3.確認已消滅之行政處分違法之訴訟。

4.確認已執行而無回復原狀可能之行政處分為違法之訴訟。

二、確認訴訟提起要件

1.確認行政處分無效之訴訟依行政訴訟法第 6 條第 1 項、第 2 項之規定，非原告有即受確認判決之法律上利益，且須已向原處分機關請求確認其無效未被允許，或經請求後於 30 日內不為確答者，否則不得提起之，故人民要提起確訟行政處分無效訴訟，依法應先經過向原處分機關請確認原行政處分無效或經請求而不獲確答之先行程序。

2.確認公法上法律關係成立或不成立之訴訟，依行政訴訟法第 6 條第 1 項規定，非原告有即受確認判決之法律上利益者，不得為之。又原告得提起撤銷訴訟者依同條第 3 項規定，亦不得提起確認公法上法律關係成立或不成立之訴訟，此即為確認訴訟之補充性❸❹。

3.確認已消滅之行政處分為違法之訴訟，此乃民國 100 年修正之行政訴訟法第 6 條第 1 項後段採行德國行政法院法第 113 條第 1 項後段規定，將撤銷訴訟變更為確認訴訟之制度，亦即撤銷訴訟，在起訴時或訴訟進行中，行政法院為判決前，被訴請撤銷之行政處分已消滅，則准許將原提起之撤銷訴訟，變更為確認已執行消滅之行政處分為違法之訴❸❺。此種德國

---

❸❸　相關論文請參閱，林三欽，〈行政法律關係確認訴訟之研究〉，《台灣法學雜誌》，第 102 期，2008 年 1 月，頁 130–157；闕銘富，〈公法上法律關係確認訴訟——另一種思考（制度）〉，《台灣法學雜誌》，第 260 期，2014 年 11 月 15 日，頁 17–46；同作者，同題目，《台灣法學雜誌》，第 262 期，2014 年 12 月 15 日，頁 13–30；陳英鈐，〈確認訴訟與行政規範審查：德國與我國制度發展的比較研究〉，《國立臺灣大學法學論叢》，第 43 卷第 4 期，2014 年 12 月，頁 1391–1468。

❸❹　相關實例論文請參閱，陳淑芳，〈確認訴訟之補充性〉，《月旦法學教室》，第 74 期，2008 年 12 月，頁 22–23；張文郁，〈確認訴訟之補充性〉，《月旦法學教室》，第 80 期，2009 年 6 月，頁 12–13。

❸❺　相關論文請參閱，程明修，〈行政訴訟類型之適用——有關雙階段理論，行

學理上所謂的「續行的確認訴訟」，乃是撤銷訴訟因行政處分消滅而變成無意義後的一種替代訴訟。此一訴訟，亦是非原告有即受確認判決之法律上利益者，不得提起之❸。

　　4.確認已執行完畢而無回復原狀可能之行政處分為違法之訴訟，對已執行完畢而無回復原狀可能之行政處分，如只提撤銷訴訟，仍無回復原狀可能。不過，此一處分，仍有可能違法並持續危害人民權益，是以行政訴訟法第 6 條第 1 項後段乃明文規定，人民可以提起確認訴訟。此一訴訟，亦是要有確認判決之法律上利益，才可提起。

　　行政訴訟法第 6 條第 4 項規定，應提起撤銷訴訟，誤為提起確認行政處分無效之訴訟，其未經訴願程序者，高等行政法院應以裁定將該事件移送於訴願管轄機關，並以行政法院收受訴狀之時，視為提起訴願。

第四目　給付訴訟

　　行政訴訟法參酌德國立法例，增列給付訴訟種類❸，於第 8 條規定給付訴訟之種類為：

一、公法上原因財產給付訴訟

　　行政訴訟法第 8 條第 1 項規定，人民與中央或地方機關間，因公法上原因發生財產上之給付，得提起此一公法上原因之財產給付訴訟❸。而此

　　　政處分是否消滅的爭議〉，《台灣本土法學雜誌》，第 81 期，2006 年 4 月，頁116–121；陳淑芳，〈行政訴訟類型之選擇〉，《月旦法學教室》，第 46 期，2006 年 8 月，頁 24–25。

❸　實例請參閱，張文郁，〈權利保護必要和續行確認訴訟〉，《月旦法學教室》，第 14 期，2003 年 12 月，頁 20–21。

❸　陳清秀，〈一般給付之訴對於行政程序及行政救濟程序之影響〉，台灣行政法學會主編，《行政救濟、行政處罰、地方立法》，頁 51–72；李建良，〈試論一般給付訴訟之適用範圍〉，《律師雜誌》第 254 期，民國 89 年 11 月，頁 29–51；林騰鷂，《行政訴訟法》，頁 137–158。

❸　實例請參閱，江嘉琪，〈溢領的勞保給付〉，《月旦法學教室》，第 26 期，2004 年 12 月，頁 22–23。

種財產上給付請求權包括：

1. 金錢給付請求權——如公務員請求給付俸給❸、考績獎金、公保給付，或人民請求社會救濟金❹，或如溢繳稅款之不當得利返還請求權❶，或基於無因管理所發生之公法上請求權以及損失補償請求權❷。

2. 公法上結果除去請求權(Folgenbeseitigungsanspruch)——如人民對於因行政處分的執行及其他違法的行政行為所直接產生的損害，在該行政處分被廢棄時，得以此訴訟請求排除上述之違法執行或行為之事實結果，而回復其原有未受干涉、侵害狀況之權利❸。如果侵害的行為而被請求排除的行為是一事實行為時，則可提起一般給付之訴加以主張❹。行政訴訟法第196條即規定：「行政處分已執行完畢，行政法院為撤銷行政處分之判決時，經原告聲請，並認為適當者，得於判決中命行政機關為回復原狀之必要處置。」

3. 國家賠償訴訟——國家行政機關之行政處分若損害人民權利，如撤銷訴訟判決不能完全除去其損害時，則依行政訴訟法第7條規定，人民可於提起撤銷訴訟之同一程序中，合併請求損害賠償或其他財產上給付。

二、公法上原因發生請求作成行政處分以外之非財產上給付訴訟

人民依行政訴訟法第8條第1項亦得提起，而此種所謂行政處分以外之非財產給付訴訟包括❹：

---

❸ 實務論文請參閱，張桐銳，〈公務人員長期溢領俸給之追繳——最高行政法院104年度判字第394號判決〉，《月旦裁判時報》，第55期，2017年1月，頁5–11。

❹ 論文請參閱，詹鎮榮，〈人民公法上不當得利返還義務之繼受——以基於行政處分受領給付之類型為中心〉，《東吳法律學報》，第26卷第3期，2015年1月，頁1–40。

❶ 實例請參閱，盛子龍，〈納稅義務人申請退還自行溢繳之稅款之行政爭訟〉，《月旦法學教室》，第16期，2004年2月，頁24–25。

❷ 陳清秀，上揭書，頁131。

❸ 詳參閱陳敏，《行政法總論》，民國93年11月四版，頁1224以下。

❹ 陳清秀，上揭書，頁132。

1.請求積極作為的給付訴訟——如請求告知公務員的姓名、請求將特定資料作廢、請求撤回妨害名譽的主張等是。

2.請求消極不作為的給付訴訟——例如食品製造商請求衛生主管機關不再透過新聞媒體警告民眾購買某種危害人體健康食品之訴訟或請求公立運動場所、幼稚園等場地不再製造不能忍受之噪音等是❹。

三、預防的不作為訴訟 (Die vorbeugende Unterlassungsklage)

此為德國學界通說及判例所承認之訴訟亦即指人民提起之請求命行政機關不得作成某種行政處分或其他職務行為之訴訟。例如對於具有處罰制裁威脅的行政處分提起此預防的不作為訴訟❹。我國行政訴訟法雖未明文規定此預防的不作為訴訟，但學者認為只要人民在實體法上享有預防的不作為請求權存在，則於其有權利保護必要❹的前提下，仍應承認得依行政訴訟法第 8 條規定提起預防的不作為訴訟❹。此一行政訴訟類型在環境保護領域上，時常發生並有爭議❺。

四、公法上契約之給付訴訟

行政訴訟法第 8 條第 1 項後段規定，因公法上契約發生之給付亦可提起給付訴訟。因此公法上契約包括公法上和解契約，公法上雙務契約如土

---

❹ 參引陳清秀，上揭書，頁 133；另參閱蔡志方，〈論行政訴訟法第 7 條、8 條之關係〉，《律師雜誌》，第 254 期，民國 89 年 11 月，頁 18–28。

❹ 吳綺雲，《德國行政給付訴訟之研究》，司法院印行，民國 84 年 6 月，頁 133–134。

❹ 陳清秀，上揭書，頁 135；林騰鷂，《行政訴訟法》，頁 147–148。

❹ 參閱，林孟楠，〈預防性不作為訴訟之權利保護必要——評最高行政法院 103 年度判字第 329 號判決〉，《法令月刊》，第 66 卷第 12 期，2015 年 12 月，頁 23–43。

❹ 陳清秀，上揭書，頁 138；另參閱吳庚，〈行政訴訟中各類訴訟之關係〉，《法令月刊》，第 49 卷第 11 期，頁 6。

❺ 詳請參閱，李建良，〈環境保護與預防性不作為訴訟——中科三期二階環評的訴訟困境與對策〉，《台灣法學雜誌》，第 247 期，2014 年 5 月 1 日，頁 53–57。

地徵收及損失補償之協議者❺❶均得提起公法上給付訴訟❺❷。大法官釋字第533號解釋即表示：「中央健康保險局依其組織法規係國家機關，為執行其法定之職權，就辦理全民健康保險醫療服務有關事項，與各醫事服務機構締結全民健康保險特約醫事服務機構合約，約定由特約醫事服務機構提供被保險人醫療保健服務，以達促進國民健康、增進公共利益之行政目的，故此項合約具有行政契約之性質。締約雙方如對契約內容發生爭議，屬於公法上爭訟事件，依中華民國八十七年十月二十八日修正公布之行政訴訟法第二條：『公法上之爭議，除法律別有規定外，得依本法提起行政訴訟。』第八條第一項：『人民與中央或地方機關間，因公法上原因發生財產上之給付或請求作成行政處分以外之其他非財產上之給付，得提起給付訴訟。因公法上契約發生之給付，亦同。』規定，應循行政訴訟途徑尋求救濟。」

第五目　維護公益訴訟

行政訴訟法第 9 條規定，人民為維護公益，就無關自己權利及法律上利益之事項，對於行政機關之違法行為，得提起行政訴訟。但以法律有特別規定者為限❺❸。而所謂法律有特別規定者如空氣污染防制法第 93 條第 1 項規定：「公私場所違反本法或依本法授權訂定之相關命令而各級主管機關疏於執行時，受害人民❺❹或公益團體得敘明疏於執行之具體內容，以書面告知各級主管機關。各級主管機關於書面告知送達之日起六十日內仍

---

❺❶　參閱，王服清，〈土地徵收補償價額之行政訴訟類型爭論〉，《台灣環境與土地法學雜誌》，第 2 卷第 5 期，2014 年 12 月，頁 1–33。

❺❷　但公法上和解契約如約定自願接受執行者，則依行政程序法第 148 條規定得逕以之為強制執行名義，而不必多餘的依此提起公法上契約之給付訴訟。另參閱，林騰鷂，《行政訴訟法》，頁 148。

❺❸　詳參閱，林騰鷂，《行政訴訟法》，頁 159–163。

❺❹　參閱，辛年豐，〈公害管制性法律公民訴訟「受害人民」判斷的細緻化發展——最高行 105 判 125 判決〉，《台灣法學雜誌》，第 305 期，2016 年 10 月 14 日，頁 155–160。

未依法執行者，受害人民或公益團體得以該主管機關為被告，對其怠於執行職務之行為，直接向行政法院提起訴訟，請求判令其執行。」**55**

又依行政訴訟法第 11 條規定，人民可依性質之不同，分別提起撤銷、確認或給付類型之維護公益訴訟**56**。

第六目　選舉罷免訴訟

行政訴訟法第 10 條規定，選舉罷免事件之爭議，除法律別有規定外，得依本法提起訴訟。選舉罷免事件之爭議如公職人員選舉罷免法所規定之選舉罷免無效、當選無效及罷免案通過或否決無效等爭議**57**。由於這些爭議事件在性質上為公法爭議事件，現行公職員選舉罷免法第 126 條都將之歸由普通法院管轄。因此，在未將之改由行政法院行使審判權時，依修正之行政訴訟法第 10 條規定，因公職人員選舉罷免法第 126 條別有規定，

---

55 相關論文請參閱，傅玲靜，〈公民訴訟、公益訴訟、民眾訴訟？──環境法上公民訴訟之性質〉，《月旦法學教室》，第 77 期，2009 年 3 月，頁 28-29；李建良，〈環境公民訴訟新典範──簡析台北高等行政法院九八年度訴字第五〇四號判決〉，《台灣法學雜誌》，第 152 期，2010 年 5 月，頁 57-68；傅玲靜，〈環境法上權利之保障與訴訟類型之適用──以公民訴訟為中心〉，《東吳公法論叢》，第 7 期，2014 年 7 月，頁 631-667；李建良，〈環境訴訟利害關係人之問題〉，《台灣法學雜誌》，第 284 期，2015 年 11 月 28 日，頁 65-71。

56 蔡志方，〈論行政訴訟法上各類訴訟之關係〉，台灣行政法學會主編，《行政救濟、行政處罰、地方立法》，頁 75-126；林明鏘，〈行政訴訟類型、順序與其合併問題〉，台灣行政法學會主編，《行政法爭議問題研究（下）》，頁 963-980；林石猛，〈新修正行政訴訟法施行後，人民如何選定有效、無漏洞之訴訟類型以確保權益〉，發表於國立中山大學管理學院、企管系、公共事務管理研究所主辦，管理科學與法律研討會，2002 年 2 月 22 日，編印手冊；司法實務另參閱，張文郁，〈淺論行政訴訟之公益訴訟──兼評最高行政法院一〇一年度判字第九八〇號判決〉，《月旦裁判時報》，第 25 期，2014 年 2 月，頁 14-37。

57 參閱，林騰鷂，《行政訴訟法》，頁 164-165。

故此類事件仍由普通法院審判。不過，行政訴訟法第 10 條又另規定，除法律別有規定外，得依本法提起行政訴訟，故司法院在行政訴訟法修正草案之說明中即曾指出選舉罷免事件之爭議，非依行政訴訟程序解決，究與該事件之本質不合，宜於地區行政法院設置後，全部歸由行政法院審判❺❽。目前可以依新法提起訴訟者，大概只是針對不服選罷法第 97 條所規定違反競選活動限制之罰鍰事項❺❾，因選罷法第 111 條規定，「本法所定罰鍰，由選舉委員會裁定；經通知後逾期不繳納者，移送法院強制執行。」❻⓿此一規定之缺失在於對選舉委員會之裁定如有不服，並未設救濟途徑，將來人民應可依新行政訴訟法提起撤銷訴訟。

又行政訴訟法第 11 條規定選舉罷免訴訟可依其性質，準用撤銷、確認或給付訴訟有關規定，亦即人民可以分別提起撤銷、確認或給付形態之選舉罷免訴訟。

第四項　民刑訴訟與行政爭訟程序之關係

行政訴訟法第 12 條第 1 項、第 2 項分別規定了民刑訴訟與行政爭訟程序之關係為：

1. 民事或刑事訴訟之裁判，以行政處分是否無效或違法為據者，應依行政爭訟程序確定。

2. 前項行政爭訟程序已經開始者，於其程序確定前，民事或刑事法院應停止其審判程序。

此條規定之立法理由為：「我國採司法二元化制度，同一基礎事實所

---

❺❽　《行政訴訟法修正草案總說明暨條文對照表》，司法院，民國 82 年 5 月，頁 64–65。

❺❾　公職人員選舉罷免法第 97 條規定已修正改列為第 110 條。

❻⓿　公職人員選舉罷免法第 111 條規定已修正改列為第 130 條，其內容亦變更為：「本法及組織犯罪防制條例第十四條第一項所定罰鍰，由選舉委員會處罰之。前項之罰鍰，候選人或政黨經通知後屆期不繳納者，選舉委員會並得於第三十二條候選人或政黨繳納之保證金或第四十三條所定應撥給候選人之競選費用補助金款項內逕予扣除。」

衍生之民、刑事訴訟及行政訴訟分由普通法院及行政法院審理，難免會有法律見解不同或對於事實之認定互相牴觸之情形發生。對於法律見解之歧異，固應聲請大法官統一解釋以資解決；對於事實認定之歧異，如非屬先決問題者，應由不同之受理法院互相尊重對方所認定之事實，此已成為常例；惟事實之認定，如屬先決問題者，則應依訴訟上有關停止審判之規定辦理，其以行政處分是否無效或違法為據者，應由認定先決事實之行政法院先為裁判後，以該確定裁判所認定之事實供為普通法院裁判時認定事實之依據❻。

第三節　行政法院

第一項　行政法院之組織

我國法院組織，相關法律規定有法院組織法、司法人員人事條例及行政法院組織法。而法院組織法中所規定者僅係最高法院、高等法院、地方法院及檢察機關等之組織，並未將行政法院納入法院組織法的規範範圍。民國 100 年 11 月 23 日修正之行政法院組織法，乃參照法院組織法體例，重新建構行政法院之組織，其重要內涵為：

一、行政法院採三級二審制

行政法院組織法第 2 條規定，行政法院分高等行政法院與最高行政法院共二級。不過，民國 100 年 11 月 23 日公布修正之行政訴訟法第 3 條之 1 規定：「辦理行政訴訟之地方法院行政訴訟庭，亦為本法所稱之行政法院。」是以，行政法院組織體系乃變革為最高行政法院、高等行政法院及地方法院行政訴訟庭等三級。最高行政法院依該法第 11 條規定設於中央政府所在地，高等行政法院則依同法第 6 條規定設於省、直轄市及特別區域。但轄區狹小或事務較簡者，得合數省、市或特別區域設一高等行政法

❻　《行政訴訟法修正草案總說明暨條文對照表》，頁 66–67。

院，其轄區遼闊或事務較繁者，得增設高等行政法院。

二、行政法院的審判原則採合議制組織

　　行政法院組織法第 3 條規定，高等行政法院之審判，以法官 3 人合議行之，最高行政法院之審判，以法官 5 人合議行之。但行政訴訟法第 229 條至第 237 條規定之簡易訴訟程序，以及第 237 條之 1 至第 239 條之 9 的交通裁決事件訴訟程序則以法官 1 人獨任行之。

三、行政法院增設助理法官與法官助理制度

　　行政法院組織法第 10 條第 6 項至第 9 項建立了助理法官與法官助理制度，即：高等行政法院必要時，每庭得置法官助理，依聘用人員聘用條例聘用專業人員，或調派各級法院或行政法院其他司法人員或借調其他機關適當人員充任之，協助該庭辦理訴訟案件程序之進行、程序重點之分析、資料之蒐集分析等事項。至於助理法官是指行政訴訟法第 10 條第 5 項所規定之地方法院法官、試署法官或候補法官，為因應高等行政法院業務之需要，調至高等行政法院辦事，每庭 1 人至 3 人，協助法官辦理訴訟案件程序、實體重點之分析、資料之蒐集分析、裁判書之草擬等事項。

四、行政法院增設司法事務官制度

　　由於行政訴訟中，財經、稅務方面之訴訟案件日益增多，因此在民國 100 年 11 月 23 日公布修正之行政法院組織法乃增訂了第 10 條之 1， 規定：「高等行政法院設司法事務官室，置司法事務官，薦任第七職等至第九職等；司法事務官在二人以上者，置主任司法事務官，薦任第九職等至簡任第十職等。前項司法事務官以具有財經、稅務或會計專業者為限。」至於行政法院之司法事務官辦理那些事務，則在同法第 10 條之 2 規定：「司法事務官辦理下列事務：一、辦理稅務事件之資料蒐集、分析及提供財稅會計等專業意見。二、依法參與訴訟程序。三、其他法律所定之事務。司法事務官辦理前項各款事件之範圍及日期，由司法院定之。」

第二項　行政法院之管轄權

第一款　概　說

行政訴訟審判權與行政訴訟管轄權之不同，已如上述，此在我國行政訴訟舊制採一級一審制，有行政訴訟審判權即有行政訴訟管轄權之情形下，行政訴訟管轄權之探討並無實益。今新修行政訴訟法改採行政訴訟三級二審制，則行政法院管轄權之詳細規範，即有必要。因行政法院已有數個多數，則行政訴訟事件歸由那一個行政法院管轄，即有必要規定。

又行政法院管轄權所涉之行政訴訟管轄權一般分為事物管轄、職務管轄、土地管轄與指定管轄等，至於民事訴訟法規定之管轄除此四種外，尚有合意管轄與專屬管轄之類別，但因行政訴訟幾皆與公益有關，不宜由當事人協議管轄，故行政訴訟法並無類似民事訴訟法合意管轄之制度❷。茲就新行政訴訟法所規定之行政法院管轄權分目說明於次。

第二款　行政法院管轄權之種類

第一目　事物管轄

行政法院依行政法院組織法第 3 條規定分高等行政法院與最高行政法院。高等行政法院管轄之事物依行政訴訟法第 13 條以下管轄規定，係對第一審行政訴訟事件有管轄權，而最高行政法院則對行政訴訟法第 238 條所規定之對不服第一審法院判決之上訴事件有管轄權。至於民國 100 年 11 月 23 日公布修正之行政訴訟法第 3 條之 1 規定亦為行政法院之地方法院行政訴訟庭，依同法第 229 條規定，管轄該條第 1 項所規定之簡易訴訟程序事件之第一審以及同法第 237 條之 1 至第 237 條之 9 所規定的交通裁決事件。

---

❷　行政訴訟不採民事訴訟之合意管轄規定，請參閱《司法院研修資料彙編》，頁 536–553。

第二目　職務管轄

職務管轄係依行政法院所擔負功能而為之分類，故又稱功能管轄，如高等行政法院依行政訴訟法規定負責事實審功能，而最高行政法院則擔任法律審功能。又高等行政法院扮演初審角色，而最高行政法院扮演上訴審法院、抗告法院等終審之角色是。

第三目　土地管轄

土地管轄是指行政訴訟事件之管轄，係以被告之所在地、住所地、事務所 、 主營業所所在地或不動產所在地為標準而區分各行政法院之管轄權。行政訴訟法第 13 條至第 15 條乃規定了各種土地管轄樣態，即：

一、對法人、機關及其他團體提行政訴訟之土地管轄

1.對於公法人之訴訟，由其公務所所在地之行政法院管轄。其以公法人之機關為被告時，由該機關所在地之行政法院管轄。

2.對於私法人或其他得為訴訟當事人之團體之訴訟，由其主事務所或主營業所所在地之行政法院管轄。

3.對於外國法人或其他得為訴訟當事人之團體之訴訟，由其在中華民國之主事務所或主營業所所在地之行政法院管轄。

二、對自然人提行政訴訟之土地管轄

1.對自然人之訴訟，由被告住所地之行政法院管轄，其住所地之行政法院不能行使職權者，由其居所地之行政法院管轄。

2.被告在中華民國現無住所或住所不明者，以其在中華民國之居所，視為其住所；無居所或居所不明者，以其在中華民國最後之住所，視為其住所；無最後住所者，以中央政府所在地，視為其最後住所地。

3.訴訟事實發生於被告居所地者，得由其居所地之行政法院管轄。

三、因不動產涉訟之土地管轄

行政訴訟法第 15 條規定，因不動產之公法上權利或法律關係涉訟者，專屬不動產所在地之行政法院管轄。

第四目　指定管轄

依上述土地管轄規定，有時因特定事由，不能或不宜由有管轄之行政法院管轄時，行政訴訟法第 16 條乃又規定指定管轄制度，即：

　　1.有下列各款情形之一者，直接行政法院應依當事人之聲請或受訴行政法院之請求，指定管轄：

　⑴有管轄權之行政法院因法律或事實不能行審判權者。

　⑵因管轄區域境界不明，致不能辨別有管轄權之行政法院者。

　⑶因特別情形由有管轄權之行政法院審判，恐影響公安或難期公平者。

　　2.同條第 2 項又規定前項聲請得向受訴行政法院或直接行政法院為之。

第五目　管轄決定時點

上述種種管轄，有以被告之所在地、住所地、事務所、主營業所所在地為標準而決定者，但此些住所地、事務所所在地，或主營業所所在地極可能發生變動，則應以何時之住所地、事務所所在地或主營業所所在地為準，如無規定，必將引起爭議，影響訴訟之安定，故行政訴訟法乃於第 17 條規定，「定行政法院之管轄以起訴時為準」，學理上將之稱為「管轄恆定原則」❻❸。

第六目　管轄準用民事訴訟法規定

為避免立法上重複及精簡法條應用起見，行政訴訟法第 18 條又規定民事訴訟法第 3 條、第 6 條、第 15 條、第 17 條、第 20 條至第 22 條、第 28 條至第 31 條之規定，於行政法院管轄權之決定時，準用之。例如對於同一訴訟事件因法律規定皆有管轄權而產生管轄競合時或有管轄錯誤之情形，則可準用民事訴訟法第 21 條或第 28 條之規定而為行政法院管轄權

❻❸　陳清秀，上揭書，頁 263。

之決定❻❹。

第三項　行政法院法官與職員之迴避

　　行政法院管轄權固可依上述規定決定某一行政法院有管轄權，但此一有管轄權行政法院內之法官如有不公正、不適宜之疑慮情形，若仍由其管轄處理，則不符合公正法院原則，故行政訴訟法第 19 條規定了行政法院法官之迴避制度，即法官之自行迴避、聲請迴避、職權迴避及許可迴避。

　　另外，行政訴訟法第 19 條、第 20 條所規定之行政法院法官自行迴避、聲請迴避、職權裁定迴避及許可迴避，依行政訴訟法第 21 條之規定亦準用於行政法院之司法事務官、書記官、通譯等人員之迴避。

第四節　行政訴訟之當事人

第一項　行政訴訟當事人之意義及範圍

　　行政訴訟之當事人是指以自己之名義向行政法院請求保護之人、其相對人以及行政訴訟有直接利害關係或受影響之人❻❺。行政訴訟法第 23 條

---

❻❹　參閱蔡志方，〈論行政訴訟準用法規之失靈〉，《萬國法律》，第 111 期，2000
　　年 6 月，頁 65–69；另參閱蔡志方，〈論行政訴訟與民事訴訟共通之制度與法
　　理〉，《月旦法學雜誌》，第 47 期，1999 年 4 月，頁 41–65。

❻❺　實例請閱林明鏘，〈程序保障與鄰人訴訟〉，《本土法學雜誌》，第 18 期，
　　2001 年 1 月，頁 153–160。另參閱，林騰鷂，《行政訴訟法》，頁 197–252；
　　林三欽，〈藥品管理事件之行政爭訟 —— 爭訟管道；判別與當事人適
　　格 ——〉，《台灣本土法學雜誌》，第 63 期，2004 年 10 月，頁 145–151；陳
　　淑芳，〈適格當事人〉，《月旦法學教室》，第 83 期，2009 年 9 月，頁 14–15；
　　陳慈陽，〈環境訴訟中之當事人適格問題——簡評高雄高等行政法院九八年
　　度訴字第四七號〉，《台灣法學雜誌》，第 147 期，2010 年 3 月，頁 233–236；
　　陳清秀，〈行政訴訟之當事人適格問題〉，《東吳公法論叢》，第 7 期，2014 年

明定行政訴訟當事人為行政訴訟之原告、被告以及依行政訴訟法第 41 條與第 42 條參加訴訟之人。其立法理由為 ❻❻：

1.當事人原則上為以自己之名義，向行政法院要求保護權利之人及其相對人，為訴訟程序之主體，其身分自須予以明確認定。

2.原告、被告為訟爭之兩造，其為當事人自無疑義。參加人則有多種，其依本法第 41 條而參加者為必要共同訴訟之獨立參加，此種參加人於本訴訟有直接利害關係，與兩造同為裁判效力之所及，在法律上必須合一確定，故應使該參加人居於當事人之地位而為訴訟行為。又依第 42 條而參加者，因該參加人之權利或法律上利益將因撤銷訴訟之裁判而直接受到影響，與本法第 44 條所規定僅輔助一造而為訴訟行為之輔助參加人不同，自應使第 42 條之參加人亦居於當事人之地位而為訴訟行為，爰設本條，以界定當事人之範圍，免滋疑義。

由此可知行政訴訟當事人之範圍包括原告、被告及獨立參加訴訟人。又被告之範圍如何，除人民外，行政訴訟法第 24 條至第 26 條乃分別明定為：

1.經訴願程序之行政訴訟，其被告為下列機關：

⑴駁回訴願時之原處分機關。

⑵撤銷或變更原處分或決定時，為最後撤銷或變更之機關。

2.人民與受委託行使公權力之團體或個人，因受託事件涉訟者，以受託之團體或個人為被告。

3.被告機關經裁撤 ❻❼ 或改組者，以承受其業務之機關為被告機關；無承受其業務之機關者，以其直接上級機關為被告機關。

---

7 月，頁 47-112；林慶郎，〈論第三人於行政契約爭訟中之原告適格——法國實務新發展對我國之啟發〉，《司法周刊》，第 1805 期，2016 年 7 月 1 日，頁 2-3；同作者，同題目，《司法周刊》，第 1804 期，2016 年 6 月 24 日，頁 2-3。

❻❻　《行政訴訟法修正草案總說明暨條文對照表》，頁 82-83。

❻❼　相關論文請參閱，黃國昌，〈為當是人之政府機關於訴訟程序中裁撤的效果〉，《月旦法學教室》，第 63 期，2008 年 1 月，頁 12-13。

至於得為當事人之訴訟參加人則不包括行政訴訟法第 44 條之輔助參加人而僅限於下列兩者：

　　1.必要共同訴訟之獨立參加人——即行政訴訟法第 41 條所規定:「訴訟標的對於第三人及當事人一造必須合一確定者，行政法院應以裁定命該第三人參加訴訟❻❽。」

　　2.利害關係人❻❾之獨立參加人——即行政訴訟法第 42 條所規定：

⑴行政法院認為撤銷訴訟之結果，第三人之權利或法律上利益將受損害者，得依職權命其獨立參加訴訟，並得因該第三人之聲請，裁定允許其參加。

⑵前項參加，準用第 39 條第 3 款之規定。參加人並得提出獨立之攻擊或防禦方法。

⑶前 2 項規定，於其他訴訟準用之。

⑷訴願人已向高等行政法院提起撤銷訴訟，利害關係人就同一事件再行起訴者，視為第 1 項之參加。

第二項　行政訴訟當事人能力

　　當事人能力係指得為行政訴訟主體之能力，亦即得提起行政訴訟或被訴之能力。為此，行政訴訟法乃於第 22 條規定得為行政訴訟主體能力之人為自然人法人、中央及地方機關❼⓪、非法人之團體。自然人及法人依法均有權利能力，自應有當事人能力，可訴請權利保護，固不待言。至於國

---

❻❽　實例論文請參閱，張文郁，〈行政訴訟之必要參加〉，《月旦法學教室》，第 82 期，2009 年 8 月，頁 24–25。

❻❾　實例論文請參閱，李惠宗，〈訴訟上的利害關係人〉，《月旦法學教室》，第 82 期，2009 年 8 月，頁 22–23。

❼⓪　同一行政主體之行政機關相互間，以及行政主體與其行政機關間，得否為原、被告而提起行政訴訟，請參閱陳敏，〈對公行政行為之行政處分及其爭訟與執行〉，國立政治大學法學院出版，《一九九八年海峽兩岸行政法學術研討會實錄》，頁 67–91；另參閱陳愛娥，〈應否及如何對公法人與行政機關開放行政救濟管道〉，《月旦法學雜誌》，第 77 期，2001 年 10 月，頁 24–36。

家為行政訴訟行為時，上述司法院行政訴訟法修正草案謂本宜由法務部部長代表國家起訴或應訴，但因我國目前尚無有關法律可資遵循，故不得不規定以主管各該業務之中央或地方機關為訴訟當事人❼。

值得注意的是大法官釋字第 527 號解釋及釋字第 553 號解釋均明認地方自治團體之權利或法律上利益如受監督地方自治團體主管機關行政處分之損害時，其行政機關均得代表地方自治團體依法提起行政訴訟。

又非法人之團體雖無權利能力，但事實上常因對外活動而有權利義務關係之發生，若不許其為訴訟主體，將使主張權利之第三人因此而受損害，團體本身亦將發生主張權利之困難，故行政訴訟法第 22 條亦明定非法人之團體有當事人能力。

第三項　行政訴訟能力

行政訴訟之當事人能力係指行政訴訟得為提起行政訴訟或被訴之能力，類屬於民事法上權利能力之範疇，至於何人確能從事行政訴訟之種種權利伸張、攻擊防禦之種種方法呢？此一能力，行政訴訟法第 27 條第 1 項規定，「能獨立以法律行為負義務者，有訴訟能力」，在概念上類屬於民事法上之行為能力。

自然人之行政訴訟能力固可依行政訴訟法第 27 條第 1 項之規定為認定，但法人、中央及地方機關、非法人之團體因非自然人，均不能自為訴訟行為，故行政訴訟法第 27 條第 2 項乃規定法人、中央及地方機關、非法人之團體，應由其代表人或管理人為訴訟行為。

除上述關於自然人、法人、中央及地方機關、非法人之團體訴訟能力之規定外，行政訴訟法第 27 條第 3 項又規定，依法令得為訴訟上行為之代理人，亦有行政訴訟能力，如民法第 555 條：「經理人，就所任之事務，視為有代理商號為原告或被告或其他一切訴訟上行為之權」之規定是。

另外國人之訴訟能力、無行為能力人或限制行為能力人由其法定代理人為訴訟行為等，因民事訴訟法有關當事人能力及訴訟能力之規定更為詳

---

❼　同上註，頁 81。

盡，故除部分性質不相容，由行政自行規定者外，行政訴訟法第 28 條乃規定準用民事訴訟法第 46 條至第 49 條、第 51 條之規定。

第四項　行政訴訟當事人之選定與指定

多數有共同利益之人之訴訟，如無團體之組織，或雖有團體而未設有代表人或管理人者，勢必由其全體一一為起訴或被訴，則將增加訴訟程序之繁雜，且使多數人受不必要之訟累，故行政訴訟法第 29 條至第 36 條乃建構了行政訴訟當事人之選定與指定制度，其內容如次：

一、行政訴訟當事人之選定與指定

1.多數有共同利益之人得由其中選定 1 人至 5 人為全體起訴或被訴。

2.訴訟標的對於多數有共同利益之人，必須合一確定而未為前項選定者，行政法院得限期命為選定，逾期未選定者，行政法院得依職權指定之。

二、行政訴訟當事人選定或指定後之更換增減

1.多數有共同利益之人於選定當事人或由行政法院依職權指定當事人後，得經全體當事人之同意更換或增減之。

2.行政法院依前條第 2 項指定之當事人，如有必要，得依職權更換或增減之。

3.依前兩項規定更換或增減者，原被選定或指定之當事人喪失其資格。

4.依行政訴訟法第 32 條規定，行政訴訟當事人之選定、指定及其更換、增減應通知他造當事人。

三、行政訴訟當事人選定或指定後若有喪失其資格者

依行政訴訟法第 31 條規定，他被選定或被指定之人得為全體為訴訟行為。

四、行政訴訟選定當事人之證明

行政訴訟法第 34 條規定，訴訟當事人之選定及其更換、增減，應以文書證之。

五、行政訴訟選定當事人之效力

1.其他當事人脫離行政訴訟──行政訴訟法第29條第3項規定，行政訴訟繫屬後經選定或指定當事人者，其他當事人脫離行政訴訟。

2.選定當事人為訴訟行為之限制──行政訴訟法第33條規定，被選定人非得全體之同意，不得為捨棄、認諾、撤回或和解。但訴訟標的對於多數有共同利益之各人非必須合一確定，經原選定人之同意，就其訴之一部為撤回或和解者，不在此限。

六、行政訴訟選定當事人資格、權限欠缺之補正

行政訴訟選定當事人之資格或權限雖有欠缺，但非不可補正者，上述司法院行政訴訟法修正草案之立法理由認宜予追認或補正之機會，以免將來再為同一訴訟行為之煩。此種情形與民事訴訟法第48條、第49條有關能力及代理權限有欠缺時，得為追認及補正之情形相同，故行政訴訟法第36條規定準用此民事訴訟法之規定。

第五項　當事人為公益社團法人或公益非法人團體

司法院行政訴訟法修正草案第35條第1項規定之立法說明中指出，因工業發達與科技進步而產生之公害和消費者保護等事件，其受害人有時為數甚多，如全體分別起訴，有違訴訟經濟原則，爰擷取德國「團體訴訟」制度之精神，允許以公益為目的之社團法人，於其章程所定目的範圍內，得就一定之法律關係，經由多數有共同利益之社員授與訴訟實施權，為各該社員之利益提起訴訟❼。但此項規定在立法院二讀審議時，經參考行政法院評事彭鳳至之意見，將「得為各該社員之利益提起訴訟」，修正為現今條文之「得為公共利益提起訴訟」，以強調其為公共利益提起訴訟，而非單純為各該社員之利益起訴之精神。例如主管機關核准設置垃圾焚化爐，因產生嚴重空氣污染，附近居民得就該公害事件，授與其所成立之環保團體，為公共利益提起行政訴訟❼。

---

❼　實例請參閱，張文郁，〈訴權〉，《月旦法學教室》，第17期，2004年3月，頁30–31。

　　非法人團體於有上項情事時，依行政訴訟法第 35 條第 2 項規定可以準用同條第 1 項公益社團法人之規定，得為公共利益提起訴訟。

　　又為確保訴訟之安定，公益社團法人及非法人團體提起訴訟所應具備訴訟實施權之授與，依行政訴訟法第 35 條第 3 項規定，應以文書證之。而此類團體訴訟之能力、資格有欠缺時，依行政訴訟法第 36 條準用民事訴訟法第 48 條、第 49 條規定，亦可嗣後加以追認或補正。

　　另以公益社團法人或非法人之團體之名義提起行政訴訟，然均係基於各該成員之授權而為，故此類團體，依行政訴訟法第 35 條第 4 項規定，原則上不得為捨棄、認諾、撤回或和解。

第六項　行政共同訴訟

第一款　行政共同訴訟之意義

　　行政共同訴訟即多數人共同之行政訴訟，乃指有 2 人以上或被告 2 人以上或原、被告均有 2 人以上之行政訴訟，係屬訴訟主體為多數人共同之行政訴訟❼❹。此一訴訟實質上為數訴之合併，為了訴訟經濟及防裁判分歧❼❺乃於有共同訴訟之利益存在條件下，使共同訴訟人，一同起訴或一同被訴。

第二款　行政共同訴訟之提起條件

　　行政訴訟法第 37 條第 1 項就行政共同訴訟之提起條件規定為：「二人以上於下列各款情形，得為共同訴訟人，一同起訴或一同被訴：

　　1.為訴訟標的之行政處分係二以上機關共同為之者。

　　2.為訴訟標的之權利、義務或法律上利益，為其所共同者。

---

❼❸　參閱陳清秀，上揭書，頁 270。

❼❹　參閱，林騰鷂，《行政訴訟法》，頁 221–222。

❼❺　同一案件若不同起訴或被訴而由二個不同之行政法院法庭審議，則有可能發生判決分歧現象。

3.為訴訟標的之權利、義務或法律上利益，於事實上或法律上有同一或同種類之原因者。」

同條第 2 項又規定，依前項第 3 款同種類之事實上或法律上原因行共同訴訟者，以被告之住居所、公務所、機關、主事務所或主營業所所在地在同一行政法院管轄區域內者為限。

第三款　行政共同訴訟之種類

一、通常共同訴訟

行政訴訟法第 37 條所規定之共同訴訟，有可提起共同訴訟，亦有可不提起共同訴訟者，稱為通常共同訴訟。此通常共同訴訟雖係合併數訴於一訴，但僅係程序上便宜經濟之計，實質上各當事人間之訴訟關係仍屬各自獨立，並不因合併而影響其訴訟行為之效力，亦非各共同訴訟人間互有代理關係。故行政訴訟法第 38 條規定，共同訴訟中，1 人之行為或他造對於共同訴訟人中 1 人之行為及關於其 1 人所生之事項，除別有規定外，其利害不及於他共同訴訟人。換言之，共同訴訟人中 1 人之訴訟行為或遲滯，及他造對於數人中 1 人之訴訟行為或遲滯，其利害均不及於其他共同訴訟人。若有特別情形，則須行政訴訟法或其他法令有規定時，才可及於其他共同訴訟人。

二、必要共同訴訟

行政訴訟法第 39 條所規定之訴訟標的對於共同訴訟之各人，必須合一確定者，即為必要共同訴訟，亦即指法院對於共同訴訟人所為之裁判內容不得歧異之訴訟。

必要共同訴訟人間之關係，行政訴訟法第 39 條乃規定為：「

1.共同訴訟人中一人之行為有利益於共同訴訟人者，其效力及於全體；不利益者，對於全體不生效力。

2.他造對於共同訴訟人中一人之行為，其效力及於全體。

3.共同訴訟人中之一人，生有訴訟當然停止或裁定停止之原因者，其當然停止或裁定停止之效力及於全體。」

第四款 行政共同訴訟人之續行訴訟權

行政訴訟法第 40 條第 1 項規定，共同訴訟人各有續行訴訟之權，此為使訴訟程序能順利進行，乃賦予共同訴訟人各有續行訴訟之權。又共同訴訟人中雖僅有 1 人續行訴訟，行政法院指定期日時，依同條第 2 項規定，應通知各共同訴訟人到場，使訴訟程序能始終合併，以符訴訟經濟原則，並防裁判之分歧。

第七項 行政訴訟參加

第一款 行政訴訟參加之意義

行政訴訟參加是指有法律上權利或利益之第三人，在行政訴訟繫屬中所為之訴訟參加。訴訟參加有由法院依職權命為參加者，亦有由有利害關係人聲請參加者；另訴訟參加又可分為獨立參加及輔助參加，而獨立參加又可分為必要共同訴訟之獨立參加與利害關係人之獨立參加。茲依行政訴訟法第 41 條至第 48 條之規定分述之[76]。

第二款 行政訴訟參加之種類

一、必要共同訴訟之獨立參加

行政訴訟法第 41 條規定，訴訟標的對於第三人及當事人一造必須合一確定者，行政法院應以裁定命該第三人參加訴訟[77]。此即為必要共同訴

---

[76] 參閱吳鶴亭，〈行政訴訟中的參加訴訟制度（上）（中）（下），兼評行政法院六十七年度判字第五七四號判決〉，民國 89 年 5 月 17 日，5 月 24 日，5 月 31 日，《司法周刊》，第 980 期二版，第 981 期二版，第 982 期三版；林騰鷂，《行政訴訟法》，頁 230 以下。

[77] 相關論文請參閱，劉建宏，〈行政法院漏未實施訴訟參加之法律救濟途徑——兼論行政訴訟法上重新審理制度〉，《月旦法學雜誌》，第 89 期，2002 年 10 月，頁 104–113。劉建宏，〈訴訟參加制度在我國行政法院實務上之適用——評最高法院 88 年度訴字第 2917 號裁定〉，《月旦法學雜誌》，第 103 期，

訟之獨立參加❼❽。由於行政訴訟攸關公益，如訴訟標的對於第三人及當事人一造必須合一確定者，有強制該第三人參加訴訟之必要，俾符合訴訟經濟之原則，並避免對於同一訴訟標的之判決結果分歧。故行政訴訟法第46 條乃規定必要共同訴訟之獨立參加準用同法第 39 條之規定。

二、利害關係第三人之獨立參加

此即為行政訴訟法第 42 條所規定之訴訟參加，其制度內涵依該條之規定為❼❾：

1.須撤銷訴訟之結果，第三人之權利或法律上利益將受損害。此一類型之參加，參加人參加之目的並非在輔助當事人之任何一造，但因其權益將受該判決之拘束，因此應使該第三人有獨立參加訴訟之機會，以確保該第三人權益。

2.行政法院得依職權命該第三人或因該第三人之聲請，裁定允許參加。

3.本項參加人得提出獨立之攻擊或防禦方法❽⓿。因獨立參加人係為自己之權利或法律上之利益而參加訴訟。

4.包括獨立參加人在內之訴訟當事人中之一人，有訴訟當然停止或裁定停止之原因者，為期訴訟進行之一致，及準用本法第 39 條第 3 款，使當然停止或裁定停止之效力及於全體。

5.撤銷訴訟以外之給付、確認訴訟，例如無效確認訴訟等，如訴訟之

2003 年 12 月，頁 221-227。劉建宏，〈必要訴訟參加〉，《月旦法學教室》，第 12 期，2003 年 10 月，頁 24-25；關銘富，〈行政訴訟之當事人、參加人〉，《台灣法學雜誌》，第 292 期，2016 年 3 月 28 日，頁 9-23。

❼❽　劉建宏，〈行政訴訟法上之必要訴訟參加——評最高行政法院 103 年 11 月份第 1 次及 104 年 10 月份庭長法官聯席會議決議〉，《月旦裁判時報》，第 52 期，2016 年 10 月，頁 5-11。

❼❾　劉鶴田，《行政訴訟法逐條釋義》，臺灣省政府訴願審議委員會編印，民國 88 年 6 月，頁 43、44。

❽⓿　實例請參閱，劉建宏，〈行政訴訟法上之訴訟參加制度〉，《月旦法學教室》，第 8 期，2003 年 6 月，頁 22-23。

結果，將損害第三人之權利或法律上之利益者，亦可準用第 42 條第 1、2 項，使該第三人參加訴訟。

6.訴願人已向行政法院提起撤銷訴訟，利害關係人就同一事件再行起訴者，為免同一行政處分有二個以上之訴訟，致生歧異，遂規定利害關係人就同一事件再行起訴者，視為獨立之參加。

三、輔助參加

行政訴訟法第 44 條規定了行政訴訟輔助參加制度。輔助參加可分為行政機關之輔助參加及利害關係人❽❶之輔助參加❽❷。

1.行政機關之輔助參加——行政訴訟法第 44 條第 1 項規定，行政法院認其他行政機關有輔助一造之必要者，得命其參加訴訟。亦即採得依職權命機關參加訴訟。另同條第 2 項規定，行政機關亦得聲請為輔助參加❽❸。規定行政機關為輔助參加之理由，乃行政訴訟被告以外之行政機關，如曾參與原處分或決定，則於行政法院判斷行政處分或決定之屬性與適法性時，能有效提供適當之知識、經驗與資料，至於行政機關輔助參加之對象限於為行政訴訟被告之行政機關，以避免行政意思之分裂❽❹。

2.利害關係人之輔助參加——行政訴訟法第 44 條第 2 項規定，有利害關係之第三人亦得聲請為輔助參加。

第三款　行政訴訟參加之程序

行政訴訟法第 43 條、第 45 條分別規定了聲請訴訟參加及命令訴訟參加之程序，即：

---

❽❶　參閱，李建良，〈解構行政訴訟之利害關係人〉，《台灣法學雜誌》，第 290 期，2015 年 2 月 28 日，頁 68–82。

❽❷　參閱劉建宏，〈我國行政訴訟法上訴訟參加制度類型之檢討——論行政訴訟法第四十四條第二項「利害關係人輔助參加」制度之妥當性〉，《月旦法學雜誌》第 84 期，2002 年 5 月，頁 136–142。

❽❸　實例論文請參閱，張文郁，〈行政機關之輔助參加〉，《月旦法學教室》，第 96 期，2010 年 10 月，頁 14–15。

❽❹　劉鶴田，上揭書，頁 45。

一、聲請訴訟參加之程序

　　行政訴訟之訴訟參加，除行政訴訟法第 44 條第 2 項規定之輔助參加外，均須經行政法院裁定，始得為之，此與民事訴訟之訴訟參加，僅以送達參加書狀即生參加效力者，並不相同，故行政訴訟法第 43 條規定，第三人依前條規定聲請參加訴訟者，應向本訴訟繫屬之行政法院提出參加書狀，表明下列各款事項：

　　1.本訴訟及當事人。

　　2.參加人之權利或法律上利益，因撤銷訴訟之結果將受如何之損害。

　　3.參加訴訟之陳述。

　　同條第 2 項規定，行政法院認前項聲請不合前條規定者，應以裁定駁回之。而對此一裁定，依同條第 3 項規定，得為抗告。又駁回參加之裁定未確定前，參加人得為訴訟行為，此因在未確定前，如不許為訴訟行為，將發生因不能及時提出攻擊防禦方法致生參加利益之故也。

二、命令訴訟參加之程序

　　為使參加人明瞭訴訟進行之程度，並為保護本訴訟之當事人，使其知悉訴訟參加之事實，乃於行政訴訟法第 45 條第 1 項規定，行政法院命參加之裁定應記載訴訟程度及命參加理由，送達於訴訟當事人。同條第 2 項又規定，行政法院為前項裁定前，應命當事人或第三人以書狀或言詞為陳述。又因訴訟參加對法院蒐集訴訟資料甚有幫助，故於同條第 3 項規定，對於命參加訴訟之裁定，不得聲明不服，以免拖延訴訟。

第四款　行政訴訟參加之效力

　　行政訴訟法第 23 條明文規定，依同法第 41 條與第 42 條參加訴訟之人亦為訴訟當事人，故行政法院判決對各該參加訴訟之人亦有效力。至於經行政法院裁定命其參加或依其聲請許其參加而未為參加者，則依行政訴訟法第 47 條規定，行政法院判決對其亦有效力，因既給予參加訴訟之機會，如仍未為參加，亦應使行政法院判決對之發生效力，以免日後再為訴訟之煩累。

第五款　行政訴訟參加準用民事訴訟法之規定

民事訴訟法第 59 條至第 61 條及第 63 條至第 67 條有關輔助參加之各項規定，性質上與行政訴訟法有關輔助參加之規定不相牴觸，故行政訴訟法第 48 條規定，得於行政訴訟法第 44 條所規定之輔助參加訴訟準用之❽❺。

第八項　行政訴訟代理人及輔佐人

行政訴訟與民、刑事訴訟一樣均為程序繁雜、專業之訴訟，故行政訴訟法新增一節規範行政訴訟代理人及輔佐人之制度，透過訴訟代理人及輔佐人之參與，以提出較明確之訴訟爭執觀點，使行政訴訟事件的進行順利，並保障訴訟當事人之權益。行政訴訟法第 49 條至第 56 條即建構了行政訴訟代理人及輔佐人之制度，以供適用。

第五節　行政訴訟程序

第一項　概　說

人民權利或利益受到公權力措施之侵害或人民與行政機關對公法上法律關係發生爭議時，固可依法請求行政法院為裁判，以保障其權益。然而，人民、行政機關與行政法院應透過如何之程序，以實現其權益，新行政訴訟法增加許多完整、詳細之規定，舉凡行政訴訟之起訴、送達、審判等程序，均較舊行政訴訟法綿密、詳細甚多，充分體現了正當程序原則之要求，也包含了許多行政程序之重要原則如處分主義、職權調查主義、職權探知主義、法官之闡明義務、言詞直接及公開審理、自由心證主義等重

---

❽❺　另參閱蔡志方，〈論撤回行政訴訟對參加之影響〉，《全國律師月刊》，2000 年 6 月，頁 46–53。

要原則❽❻。

　　為使行政法學初學者及一般人民易於認知複雜繁多的行政訴訟程序，本書擬就新行政訴訟法之相關規定，分項簡要說明行政訴訟之起訴、送達與審理程序於次。

第二項　行政訴訟之起訴程序❽❼

第一款　起訴應備具書狀

　　行政訴訟程序之開始以原告向高等行政法院提出起訴狀或聲請假扣押、假處分時為準。為求明確，行政訴訟法乃於第 57 條及第 105 條中一一列舉起訴狀及其他當事人書狀應記載事項，其中第 57 條規定為一般共同性規定，規範當事人進行行政訴訟時所應備具書狀之必要記載事項❽❽。

　　上述當事人書狀依行政訴訟法第 58 條規定，應由當事人、法定代理人、代表人、管理人或訴訟代理人於書狀內簽名或蓋章；其以指印代簽名者，應由他人代書姓名，記明其事由並簽名。又關於行政訴訟行為之聲明或陳述除依行政訴訟法規定應使用上述書狀者外，行政訴訟法第 60 條規定，得於行政法院書記官前以言詞為之，不過，在此情形下，行政法院書記官應作筆錄並使當事人於筆錄內簽名。

　　由於民事訴訟法上對當事人書狀、筆錄之規定較完整，為避免立法上之重複，行政訴訟法第 59 條、第 60 條乃規定準用民事訴訟法第 118 條至 121 條有關當事人書狀文件、表格、附屬文件、閱覽、補正等之規定。

　　除了此一當事人書狀應記載事項之一般規定外，行政訴訟法又於第

---

❽❻　詳見吳庚，《行政爭訟法論》，頁 73–81；陳清秀，《行政訴訟法》，頁 357–366；蔡志方，《行政訴訟制度》，頁 1042–1053。

❽❼　參閱，林騰鷂，《行政訴訟法》，頁 304–331。

❽❽　請參閱，李建良，〈訴訟程序與起訴要件〉，《月旦法學教室》，第 188 期，2018 年 6 月，頁 36–52；同作者，同題目，《月旦法學教室》，第 189 期，2018 年 7 月，頁 33–55；同作者，同題目，《月旦法學教室》，第 190 期，2018 年 8 月，頁 36–48。

105 條特別規定行政訴訟起訴狀應載明下列事項，並記載適用程序上有關事項、證據方法及其他準備言詞辯論之事項，其經訴願程序者，並附具決定書，向行政法院為起訴：

1.當事人──包括原、被告及其代理人或代表人。

2.起訴之聲明。

3.訴訟標的及其原因事實。

其中當事人已於本章第四節中說明可資參照，於此要析述的是關於起訴之聲明與訴訟標的等起訴內容事項。

第二款　起訴內容事項

起訴狀內容所應表明的事項，除當事人外，最主要的是訴之聲明及訴訟標的與其原因事實。

第一目　訴之聲明

行政訴訟起訴狀中訴之聲明，相當於民事訴訟中應受判決事項之聲明，亦即原告請求行政法院應為如何具體判決內容之聲明，原告亦可提出備位之預備聲明或第二位聲明，請求法院於認其第一先位之聲明為無理由時，應就其備位之第二位聲明加以裁判。

新行政訴訟法增加了訴訟種類，故訴之聲明亦與民事訴訟一般呈現多樣性，其例如下：

1.撤銷訴訟之訴之聲明如：「請求撤銷被告機關某年某月某日所為之停業處分」、「請求撤銷被告機關某年某月某日之訴願決定」。

2.課予義務訴訟之訴之聲明宜先請求撤銷原行政處分與訴願決定，再請求判命作一定作為處分，如「請求撤銷被告機關所為某年某月某日之拒發營業執照之處分暨某年某月某日之第幾號訴願決定；並請判命被告機關發給營業執照」。

3.一般給付訴訟依新行政訴訟法規定，不須經過訴願程序，故其訴之聲明與民事訴訟類似，即如：「請求判命被告機關給付原告新臺幣若干元

及自民國某年某月某日起至清償日止按多少年利率計算之利息。」

4.確認訴訟之訴之聲明，如「確認某年某月某日之喪失國籍之許可處分無效」、「確認原告與被告在某年某月某日之行政契約成立」、「確認原告與某公法上社團間會員關係之不存在」等。

第二目　訴訟標的與其原因事實

行政訴訟之訴訟標的係指行政法院之審判對象❽❾，亦即原告所請行政法院為裁判其所主張或否認之權利義務關係。關於行政以訴訟之訴訟標的，學說理論見解不一❾⓪。我國學者依德國學界及實務通說❾❶，將各種行政訴訟之訴訟標的按我國行政訴訟法第 4、5、6 及 8 條之規定界定為：

1.撤銷訴訟之訴訟標的係指原告對行政處分違法並損害其權利之主張❾❷。

2.課予義務之訴之訴訟標的係指原告對行政機關不為行政處分或為拒絕行政處分之違法並損害其權利之主張。

3.確認之訴之訴訟標的係指原告對行政處分無效或公法上法律關係存在或不存在之主張。

4.一般給付之訴之訴訟標的係指原告以特定之財產上給付或非財產上之作為或不作為已損害其權利之主張。

訴訟標的並非純粹是學說上之理論，其在行政訴訟運作上具有甚多實益功能，例如下列事項，均須以訴訟標的為判斷決定之要件、標準❾❸：

❽❾　陳清秀，上揭書，頁 328；陳清秀，〈行政訴訟之訴訟標的〉，《全國律師月刊》，2001 年 9 月，頁 11–31。

❾⓪　詳見陳清秀，上揭書，頁 328–356。

❾❶　吳庚，上揭書，頁 69–72。

❾❷　參閱陳英鈐，〈撤銷訴訟的訴權──個人權利保護與法秩序維持之爭〉，台灣行政法學會主編，《行政法爭議問題研究（下）》，頁 981–1008；另參閱侯慶辰，〈論行政訴訟中訴之利益──以撤銷訴訟為討論重點〉，《憲政時代》，第 26 卷第 4 期，民國 90 年 4 月，頁 3–24。

❾❸　吳庚，上揭書，頁 72；陳清秀，上揭書，頁 328、353。

1.原告提起行政訴訟所表示爭議內容之認定。

2.判斷原告起訴是否屬於就同一事件更行起訴。

3.判斷是否為共同訴訟之要件。

4.衡量起訴後原告可否任意變更或追加他訴。

5.訴訟繫屬中所生訴訟承當或繼受之問題。

6.被告對原告可否提起反訴。

7.行政法院確定判決其既判力所及之範圍為何。

8.法院得否命第三人參加訴訟。

基於上述，行政訴訟法第 105 條第 1 項第 3 款乃明定起訴狀應表明訴訟標的及其原因事實，亦即原告於所提行政訴訟起訴狀中就如何之法律關係及其發生之原因、權益侵害等事實緣由應加以表明。

第三款　起訴期間

行政訴訟法第 106 條第 1 項規定，撤銷訴訟、請求應為行政處分之訴訟之提起，應於訴願決定書送達後 2 個月之不變期間內為之。但訴願人以外之利害關係人知悉在後者，自知悉時起算。同條第 2 項又規定，撤銷訴訟、請求應為行政處分之訴訟，自訴願決定書送達後，已逾 3 年者，不得提起。

至於不經訴願程序即得提起之行政訴訟，其起訴期間為何？依行政訴訟法第 106 條第 3 項、第 4 項之規定，有兩種情形，即：1.不經訴願程序即得提起第 4 條或第 5 條第 2 項之訴訟者，應於行政處分達到或公告後二個月之不變期間內為之。 2.不經訴願程序即得提起第 5 條第 1 項之訴訟者，於應作為期間屆滿後，始得為之。但於期間屆滿後，已逾三年者，不得提起。

以上即為撤銷訴訟、請求應為行政處分訴訟等起訴期間之規定❾❹。而

---

❾❹　相關論文請參閱，張文郁，〈論行政訴訟之起訴期間──兼評最高行政法院九四年裁上字第四六二號裁定〉，《台灣法學雜誌》，第 99 期，2007 年 10 月，頁 17–30。

此期間之計算，則應依行政訴訟法第 84 條至第 94 條關於期日及期間之相關規定，特別是第 89 條關於在途期間之扣除或第 91 條因天災或其他不應歸責於己之事由，致遲誤不變期間者，得聲請回復原狀之規定 ❾❺。

又給付之訴與確認之訴，依學者意見並無起訴期間，尤其是終期之限制。在給付之訴，其實體請求權之有無，並不影響其訴訟權；在確認之訴，更無訴訟期間之問題 ❾❻。不過，行政法院評事彭鳳至認為，起訴期間之限制，應不僅限於撤銷訴訟，依行政訴訟法第 5 條規定，提起之課予義務之訴雖為特殊的給付訴訟，但因與撤銷訴訟相同，應先行提起訴願，故亦應如撤銷訴訟一樣 ， 應於受訴願決定書送達後 2 個月之不變期間內起訴 ❾❼。

第四款　起訴之效力

起訴後在行政訴訟法上發生那些效力，依學者之分析，通常有下列 5 種效力 ❾❽，即：

一、訴訟繫屬

向行政法院提起行政訴訟之同時，即發生訴訟事件「繫結連屬」於行政法院，直至其依法作成程序之裁定駁回或實體之准駁判決為止。

二、行政法院管轄之恆定

行政訴訟法第 17 條規定，管轄以起訴時為準，故起訴時法院有管轄權者，於訴訟繫屬中縱因法令變更或其他事故，均對行政法院之管轄權不生影響。

❾❺　參閱〈論訴願與行政訴訟在途期間之扣除〉，《萬國法律》，第 113 期，2000年 10 月，頁 53–60；蔡志方，〈論委任不在籍代理人之訴願與行政訴訟之在途期間〉，《萬國法律》，第 116 期，2001 年 4 月，頁 65–69。

❾❻　陳清秀，上揭書，頁 284、285。

❾❼　彭鳳至，〈行政訴訟法修正草案綜合評論〉，載於《行政救濟制度改革研討會成果報告》，民國 87 年 8 月 6、7 日，頁 197。

❾❽　參引吳庚，上揭書，頁 150–153；陳清秀，上揭書，頁 286–287。

三、當事人恆定

行政訴訟法第 110 條即對訴訟繫屬中,當事人恆定與訴訟繼受主義加以規定,其規範內容為:

1.訴訟繫屬中,為訴訟標的之法律關係雖移轉於第三人,於訴訟無影響。但第三人如經兩造同意,得代當事人承當訴訟。

2.前項情形,僅他造不同意者,移轉之當事人或第三人得聲請行政法院以裁定許第三人承當訴訟。

3.前項裁定得為抗告。

4.行政法院知悉訴訟標的有移轉者,應即以書面將訴訟繫屬情形通知第三人。

5.訴願決定後,為訴訟標的之法律關係移轉於第三人者,得由受移轉人提起撤銷訴訟。

四、禁止重複起訴

行政訴訟法第 115 條準用民事訴訟法第 253 條規定:「當事人不得就已起訴之事件,於訴訟繫屬中更行起訴」,亦即起訴後,人民不得向同一行政法院起訴或向其他行政法院起訴。而起訴之方式不以獨立起訴為限,反訴、參加訴訟、追加或變更訴訟等亦均不得重複為之。

五、實體法上之效果

起訴在民法之效果,為消滅時效之中斷,故公法上財產請求權之時效,在法律無明文規定時,得類推適用民法之相關規定,此際,行政訴訟之起訴,即有可能中斷公法上請求權時效之效力。

第三項　行政訴訟之送達程序

新行政訴訟法自第 61 條至第 83 條新增送達機關、應受送達人、送達方法及實施送達之日、時等事項之程序規定,此為訴訟公開、透明之重要制度,亦即透過行政法院書記官依職權將應送達於行政訴訟當事人或訴訟關係人之文書依行政訴訟法所規定方式,交付於應受送達人,或於不能交付時,使其有知悉文書內容之機會,以保障其訴訟權益之制度。行政訴訟

法上規定之送達機關、應受送達人、應送達文書及送達方法等內容，與民事訴訟法、訴願法、行政程序法大同小異，故有學者批評為法制作業之浪費及立法粗糙之表現❾❾。

第四項　行政訴訟之審理程序❿❿

第一款　概　說

行政訴訟之當事人依行政訴訟法第 105 條提出起訴狀後，行政法院即應進行各項審理程序，如訴訟要件之審查及決定，訴狀送達與卷證之送交，言詞辯論期日與就審期間之規定，言詞辯論之進行，證據之調查，訴之追加、變更、合併、撤回、捨棄、認諾、和解、停止等程序之處理。茲依行政訴訟法相關規定說明於次。

第二款　訴訟要件之審查及決定

行政訴訟法第 107 條第 1 項規定，原告之訴，有下列各款情形之一者，行政法院應以裁定駁回之。但其情形可以補正者，審判長應定期間先命補正：

1.訴訟事件不屬行政法院之權限者，但本法別有規定者，從其規定。

2.訴訟事件不屬受訴行政法院管轄而不能請求指定管轄，亦不能為移送訴訟之裁定者。

3.原告或被告無當事人能力者。

4.原告或被告未由合法之法定代理人、代表人或管理人為訴訟行為者。

5.由訴訟代理人起訴，而其代理權有欠缺者。

6.起訴逾越法定期限者。

7.當事人就已起訴之事件，於訴訟繫屬中更行起訴者。

---

❾❾　吳庚，上揭書，頁 87。

❿❿　參閱，林騰鷂，《行政訴訟法》，頁 332–373。

8.本案經終局判決後撤回其訴，復提起同一之訴者。

9.訴訟標的為確定判決或和解之效力所及者。

10.起訴不合程式或不備其他要件者。

同條第 2 項又規定，撤銷訴訟及課予義務訴訟，原告於訴狀誤列被告機關者，準用第 1 項之規定。另原告之訴，依其所訴之事實，在法律上顯無理由者，依同條第 3 項規定，行政法院得不經言詞辯論，逕以判決駁回之。

值得注意的是，行政訴訟法第 107 條雖未將「訴訟實益」之有無，列為訴訟程序合法要件之一，但因司法院大法官釋字第 546 號解釋已明白宣示「提起行政爭訟，須其爭訟有權利保護必要，即具有爭訟之利益為前提，倘對於當事人被侵害之權利或法律上利益，縱經審議或審判之結果，亦無從補救，或無法回復其法律上之地位或其他利益者，即無進行爭訟而為實質審查之實益。」則原告無「訴訟實益」之訴，將以裁定駁回之。❶⓿❶

第三款　訴狀送達被告與卷證之送交

行政訴訟法第 108 條規定，行政法院除依前條規定駁回原告之訴或移送者外，應將訴狀送達於被告。並得命被告以答辯狀陳述意見。

同條第 2 項又規定，撤銷訴訟，原處分及訴願機關經行政法院通知後，應於 10 日內將卷證送交行政法院。

第四款　言詞辯論期日及就審期間之規定

行政訴訟法第 109 條規定，審判長認已適於為言詞辯論時❶⓿❷，應速定言詞辯論期日。前項言詞辯論期日，距訴狀之送達，至少應有 10 日為就

---

❶⓿❶　相關評論請參閱，林三欽，〈試論「行政爭訟實益」之欠缺（下）——兼評大法官釋字第 546 號解釋——〉，《台灣本土法學雜誌》，第 43 期，2003 年 2 月，頁 13–22。

❶⓿❷　參閱張文郁，〈行政訴訟之言詞辯論〉，《月旦法學雜誌》，第 77 期，2001 年 10 月，頁 36–53。

審期間。但有急迫情形者，不在此限。

第五款　言詞辯論前之準備與處置

行政訴訟法第 120 條及第 121 條規定行政訴訟事件言詞辯論前之準備及行政法院所得為之處置，其內涵為：

1.原告準備言詞辯論之必要，應提出準備書狀。

2.被告因準備言詞辯論，宜於未逾就審期間 2 分之 1 以前，提出答辯狀，以利行政法院之適時審理。

3.行政訴訟法第 121 條第 1 項規定，行政法院因使辯論易於終結，認為必要時，得於言詞辯論前，為下列各款之處置：

(1)命當事人、法定代理人、代表人或管理人本人到場。

(2)命當事人提出圖案、表冊、外國文文書之譯本或其他文書、物件。

(3)行勘驗、鑑定或囑託機關、團體為調查。

(4)通知證人或鑑定人，及調取或命第三人提出文書、物件。

(5)使受命法官或受託法官調查證據。

同條第 2 項又規定，行政法院因闡明或確定訴訟關係，於言詞辯論時，得為前項第 1 款至第 3 款之處置，並得將當事人或第三人提出之文書、物件暫留置之。

第六款　言詞辯論之開始及當事人之陳述

行政訴訟法第 122 條第 1 項規定，言詞辯論，以當事人聲明起訴之事項為始。同法第 124 條則規定行政訴訟審判庭審判長之職權為開始、指揮及終結言詞辯論並宣示行政法院之裁判，而對於不服從言詞辯論之指揮者，審判長依同條第 2 項規定，得禁止其發言。

言詞辯論開始後，依行政訴訟法第 122 條第 2 項，規定當事人應就訴訟關係為事實上及法律上之陳述[103]。同條第 3 項又規定當事人不得引用文

---

[103]　相關實例論文請參閱，張文郁，〈當事人之真實、完整陳述義務〉，《月旦法學教室》，第 83 期，2009 年 9 月，頁 18–19。

件以代言詞陳述。但以舉文件之辭句為必要時，得朗讀其必要之部分。又言詞辯論進行中，審判長可依行政訴訟法第 125 條第 2 項行使其闡明權，即應注意使當事人為事實上及法律上之適當完全之辯論以及應向當事人發問或告知，令其陳述事實、聲明證據或為其他必要之聲明及陳述；其所聲明或陳述有不明瞭或不完足者，應令其敘明或補充之。又陪席法官告明審判長後，得向當事人發問或告知。

言詞辯論如須續行者，行政訴訟法第 124 條第 3 項又規定，審判長應速定其期日。

民國 100 年 11 月 23 日公布修正之行政訴訟法，增訂了第 125 條之 1，規定：「行政法院為使訴訟關係明確，必要時得命司法事務官就事實上及法律上之事項，基於專業知識對當事人為說明。行政法院因司法事務官提供而獲知之特殊專業知識，應予當事人辯論之機會，始得採為裁判之基礎。」透過此一規定發現真實並保護當事人辯論專業事證之權利。

分別提起之數宗訴訟如係基於同一或同種類之事實上或法律上原因者，如基於同一徵收土地事件或同一課稅事件者，行政訴訟法第 127 條第 1 項又規定，行政法院得命合併辯論，而同條第 2 項又規定，命合併辯論之數宗訴訟，得合併裁判之。

第七款　言詞辯論筆錄之記載、朗讀及閱覽

對於言詞辯論是否依法進行，必須有佐證，因此行政訴訟法第 128 條至 130 條又規定了言詞辯論筆錄之記載、朗讀及閱覽事項[104]。

第八款　調查事實及證據

行政訴訟法第 123 條第 1 項規定，行政法院調查證據，除別有規定外，於言詞辯論期日行之。此一規定顯現了行政訴訟直接審理主義，亦即

---

[104] 相關實例論文請參閱，林素鳳，〈卷宗閱覽之請求與救濟〉，《月旦法學教室》，第 89 期，2010 年 3 月，頁 12–13；黃俊杰，〈行政法實務講座：第一講——閱覽卷宗〉，《月旦法學教室》，第 89 期，2010 年 3 月，頁 38–47。

受理訴訟之行政法院應直接審認訴訟證據資料，以為裁判之基礎❶⓹。

又行政訴訟法第 125 條又表現了行政訴訟職權調查主義❶⓺及職權探知主義之精神，規定行政法院應依職權調查事實關係，不受當事人主張之拘束。而此事實關係如為當事人所主張、所提出者，則應依行政訴訟法第二編第一章關於證據之規定而為聲明。

行政訴訟法第二編第一章關於證據之規定，主要內容有調查主體與方式，調查證據筆錄之製作，調查證據結果之辯論，故意使調查證據滅失、隱匿或妨礙之效果，證據之種類，證據之保全以及舉證責任之分配等，茲各分述之。

第一目　調查主體與方式

依行政訴訟法第 123 條第 1 項、第 138 條、第 139 條規定，調查證據之主體與方式為：

1.行政法院自行調查。

2.行政法院使庭員一人為受命法官或囑託他行政法院指定法官調查證據。

3.行政法院囑託普通法院或其他機關、學校、團體調查證據。

第二目　調查證據筆錄之製作

行政訴訟法第 140 條第 1 項規定，受訴行政法院於言詞辯論前調查證據，或由受命法官、受託法官調查證據者，行政法院書記官應作調查證據筆錄。

同條第 2 項又規定，行政訴訟法第 128 條至第 130 條關於言詞辯論筆錄製作之規定，於調查證據筆錄之製作準用之。

---

❶⓹　參閱張文郁，〈行政救濟法中職權調查原則與舉證責任之研究〉，台灣行政法學會主編，《行政救濟、行政處罰、地方立法》，頁 227–270。

❶⓺　相關論文請參閱，張文郁，〈行政訴訟之職權調查主義〉，《台灣法學雜誌》，第 160 期，2010 年 9 月，頁 27–34。

另同條第 3 項規定受託法官調查證據筆錄，應送交受訴行政法院。

第三目　調查證據結果之辯論

調查證據之結果，影響行政訴訟之裁判，當事人應有知悉與辯論之機會，故行政訴訟法第 141 條第 1 項規定，行政法院對調查證據之結果，應告知當事人為辯論。同條第 2 項又規定，於受訴行政法院外調查證據者，當事人應於言詞辯論時陳述其調查之結果。但審判長得令庭員或行政法院書記官朗讀調查證據筆錄代之。

第四目　故意使證據滅失、隱匿或致礙難使用之效果

行政訴訟法第 135 條第 1 項規定，當事人因妨礙他造使用，故意將證據滅失、隱匿或致礙難使用者，行政法院得審酌情形認他造關於該證據之主張或依該證據應證之事實為真實。

同條第 2 項又規定前項情形，於裁判前應令當事人有辯論之機會。

第五目　證據之種類

行政訴訟上可為證據之種類與民事訴訟法所規定之證據種類略同，即有人證、鑑定、書證、勘驗等。茲依行政訴訟法相關規定概述之：

一、人　證

1.證人之作證義務及違反之處罰——行政訴訟法第 142 條規定，除法律別有規定外，不問何人，於他人之行政訴訟有為證人之義務。而依同法第 148 條規定證人不陳明拒絕之原因事實而拒絕證言，或以拒絕為不當之裁定已確定而仍拒絕證言者，行政法院得以裁定處新臺幣 3 萬元以下罰鍰。而對此一裁定得為抗告，抗告中應停止執行。

2.證人之到場義務——行政訴訟法第 143 條第 1 項規定，證人受合法之通知，無正當理由而不到場者，行政法院得以裁定處新臺幣 3 萬元以下罰鍰。同條第 2 項又規定證人已受前項裁定，經再次通知仍不到場者，得再處新臺幣 6 萬元以下罰鍰，並得拘提之。另同條第 3 項規定拘提證人，

準用刑事訴訟法關於拘提被告之規定；證人為現役軍人者，應以拘票囑託該管長官執行。處證人罰鍰之裁定，依同條第 4 項規定得為抗告，抗告中應停止執行。

3.得拒絕證言之事由——依行政訴訟法第 144 條至第 146 條規定有下列二者：

　(1)不利自己或親屬證言之拒絕——行政訴訟法第 145 條規定，證人恐因陳述致自己或下列之人受刑事訴追或蒙恥辱者，得拒絕證言：

　　(a)或四親等內之血親、三親等內之姻親或曾有此親屬關係或與證人訂有婚約者。

　　(b)證人之監護人或受監護人。

　(2)職務上應守秘密人之拒絕證言——行政訴訟法第 146 條第 1 項規定，證人有下列各款情形之一者，得拒絕證言：

　　(a)證人有第 144 條之情形者，即公務員應守職務上知悉之秘密情形者。

　　(b)證人為醫師、藥師、藥商、助產士、宗教師、律師、會計師或其他從事相類業務之人或其業務上佐理人或曾任此等職務之人，就其因業務所知悉有關他人秘密之事項受訊問者。

　　(c)關於技術上或職業上之秘密受訊問者。

同條第 2 項又規定，前項規定，於證人秘密之責任已經免除者，不適用之。

4.得拒絕證言權利之告知——行政訴訟法第 147 條規定，依第 145 條、第 146 條規定，得拒絕證言者，審判長應於訊問前或知有該項情形時告知之。

5.證人的具結義務——行政訴訟法第 149 條第 1 項規定，審判長於訊問前，應命證人各別具結。但其應否具結有疑義者，於訊問後行之。同條第 2 項又規定審判長於證人具結前，應告以具結之義務及偽證之處罰。但以未滿 16 歲或因精神障礙不解具結意義及其效果之人為證人者，依行政訴訟法第 150 條規定，不得令其具結。又同法第 151 條規定，以下列各款

之人為證人者，得不令其具結：

　　⑴證人為當事人之配偶、前配偶或四親等內之血親、三親等內之姻親或曾有此親屬關係或與當事人訂有婚約者。

　　⑵有第 145 條情形而不拒絕證言者。

　　⑶當事人之受僱人或同居人。

　　又依行政訴訟法第 152 條規定，證人就與自己或第 145 條所列之人有直接利害關係之事項受訊問者，得拒絕具結。證人如有具結義務而拒絕具結者，依行政訴訟法第 153 條規定準用同法第 148 條之處罰規定。

　　6.對證人之發問──行政訴訟法第 154 條第 1 項規定，當事人得聲請審判長對於證人為必要之發問，審判長亦得許可當事人自行對於證人發問。同條第 2 項規定審判長認為當事人聲請之發問，或經許可之自行發問有不當者，得不為發問或禁止之。另同條第 3 項規定關於發問之應否許可或禁止有異議者，行政法院應就其異議為裁定。

　　7.證人之法定日費及旅費──行政訴訟法第 155 條第 1 項規定，行政法院應發給證人法定之日費及旅費；證人亦得於訊問完畢後請求之。但被拘提或無正當理由拒絕具結或證言者，不在此限。同條第 2 項規定前項關於日費及旅費之裁定，得為抗告。另證人所需之旅費，得依其請求預行酌給之。

二、鑑　定

　　1.為鑑定人之義務──行政訴訟法第 157 條規定，從事於鑑定所需之學術、技藝或職業，或經機關委任有鑑定職務者，於他人之行政訴訟有為鑑定人之義務。

　　2.拒絕鑑定──行政訴訟法第 159 條規定，鑑定人拒絕鑑定，雖其理由不合於本法關於拒絕證言之規定，如行政法院認為正當者，亦得免除其鑑定義務。此因鑑定人與證人不同，並不限於特定人為之，故同法第 158 條又規定，鑑定人不得拘提，此皆與證人之作證義務不同。

　　3.鑑定人之法定費用之報酬請求權──行政訴訟法第 160 條規定，鑑定人於法定之日費、旅費外，得請求相當之報酬。鑑定所需費用，得依鑑

定人之請求預行酌給之。關於前 2 項請求之裁定，得為抗告。

　　4.囑託鑑定——行政訴訟法第 161 條規定，行政法院依第 138 條之規定，囑託機關、學校或團體陳述鑑定意見或審查之者，準用第 160 條及民事訴訟法第 335 條至第 337 條之規定。其鑑定書之說明，由該機關、學校或團體所指定之人為之。

　　5.準鑑定人——行政訴訟法第 162 條第 1 項規定，行政法院認有必要時，得就訴訟事件之專業法律問題徵詢從事該學術研究之人，以書面或於審判期日到場陳述其法律上意見。同條第 2 項又規定前項意見，於裁判前應告知當事人使為辯論。另第 1 項陳述意見之人，準用鑑定人之規定。但不得令其具結。

　　6.鑑定依行政訴訟法第 156 條規定，除別有規定外準用同法關於人證之規定。

三、書　證

　　1.當事人有提出義務之文書——行政訴訟法第 163 條規定，下列各款文書，當事人有提出之義務 [107]：

　　⑴該當事人於訴訟程序中曾經引用者。

　　⑵他造依法律規定，得請求交付或閱覽者。

　　⑶為他造之利益而作者。

　　⑷就與本件訴訟關係有關之事項所作者。

　　⑸商業帳簿。

　　同法第 165 條第 1 項又規定，當事人無正當理由不從提出文書之命者，行政法院得審酌情形認他造關於該文書之主張或依該文書應證之事實為真實。同條第 2 項規定前項情形，於裁判前應令當事人有辯論之機會。

　　2.第三人提出文書之義務與權利——行政訴訟法第 166 條至第 170 條規定了第三人提出文書之義務與權利，即：

　　⑴聲請命第三人提出文書——聲明書證係使用第三人所執之文書者，

---

[107]　另參閱，吳東都，〈行政訴訟之當事人協力義務〉，《月旦法學雜誌》，第 77 期，2001 年 10 月，頁 54–66。

當事人應聲請行政法院命第三人提出或定由舉證人提出之期間。民事訴訟法第 342 條第 2 項之規定，於前項聲請準用之。

文書為第三人所執之事由及第三人有提出義務之原因，應釋明之。

(2)命第三人提出文書之裁定——行政法院認應證之事實重要且舉證人之聲請正當者，應以裁定命第三人提出文書或定由舉證人提出文書之期間。

行政法院為前項裁定前，應使該第三人有陳述意見之機會。

(3)第三人提出文書義務之範圍——關於第三人提出文書之義務，準用行政訴訟法第 144 條至第 147 條及第 163 條第 2 款至第 5 款之規定。

(4)第三人不服從提出文書命令之制裁——第三人無正當理由不從提出文書之命者，依民國 100 年 11 月 23 日公布修正之行政訴訟法第 169 條規定，行政法院得以裁定處新臺幣 3 萬元以下罰鍰；於必要時，並得為強制處分。前項強制處分之執行，適用第 306 條之規定。第 1 項裁定得為抗告，抗告中應停止執定。

(5)第三人之權利——第三人得請求提出文書之費用。另行政訴訟法第 155 條關於證人日費及旅費之規定，於前項情形準用之。

3.公務或機關文書之調取、提出——行政訴訟法第 164 條第 1 項規定，公務員或機關掌管之文書，行政法院得調取之。如該機關為當事人時，並有提出之義務。同條第 2 項又規定，前項情形，除有妨害國家高度機密者外，不得拒絕。

4.文書真偽之辨別——當事人或第三人所提出文書，有真有假，故行政訴訟法第 171 條及第 172 條又規定文書真偽之辨別事項。

5.準文書之提出義務——行政訴訟法第 173 條第 1 項規定，行政訴訟法上關於文書之規定，準用於文書外之物件，有與文書相同之效用者如圖像、記號、光碟片、電腦磁片、錄音、錄影帶等。

四、勘　驗

行政法院調查證據除了上述行政訴訟法所規定之人證、鑑定、書證以

外,亦可依該法第 176 條準用民事訴訟法第 364 條至第 366 條關於勘驗之
規定,亦即於必要時進行勘驗,並以圖畫或照片附於筆錄。

第六目　證據之保全

依行政訴訟法第 176 條準用民事訴訟法第 368 條規定,證據有滅失或
礙難使用之虞,或經他造同意者,得向行政法院聲請保全。

保全證據之聲請,依行政訴訟法第 175 條第 1 項規定,在起訴後,向
受訴行政法院為之;在起訴前,向受訊問人住居地或證物所在地之地方法
院行政訴訟庭為之。如有急迫情形,則依同條第 2 項規定,於起訴後,亦
得向前項地方法院行政訴訟庭聲請保全證據。

證據保全之其他事項,則依行政訴訟法第 176 條規定準用民事訴訟法
第 371 條至第 376 條有關證據保全之規定。

民國 100 年 11 月 23 日公布修正之行政訴訟法,增訂了第 175 條之 1
規定:「行政法院於保全證據時,得命司法事務官協助調查證據。」藉此
規定,以獲得真實之證據。

第七目　舉證責任之分配

關於舉證責任之分配,行政訴訟法第 136 條規定,除本法有規定者
外,準用民事訴訟法第 277 條:「當事人主張有利於己之事實者,就其事
實有舉證之責任」之規定。由此可知,行政訴訟上舉證責任之分配,原則
上與民事訴訟相同,但行政訴訟法另有規定者除外。而所謂行政訴訟法另
有規定者,係指行政訴訟法第 133 條、第 134 條、第 135 條適用職權調查
主義原則之規定[108]。

行政訴訟上舉證責任[109],依行政訴訟法第 136 條之立法理由,「可分

---

[108]　司法實務請參閱吳東都,〈行政法院關於舉證責任判決之回顧與展望〉,臺灣
　　　行政法學會主編,《行政契約與新行政法》,元照出版公司,2002 年 6 月,頁
　　　275–317。

[109]　相關論文請參閱,蔡震榮,〈論行政訴訟法上之舉證責任〉,《法令月刊》,第

主觀舉證責任與客觀舉證責任。前者指當一方為免於敗訴，就有爭執之事實，有向法院提出證據之行為責任。後者指法院於審理最後階段，要件事實存否仍屬不明時，法院假定事實存在或不存在，所生對當事人不利益之結果責任。本法於撤銷訴訟或其他維護公益之訴訟，明定法院應依職權調查證據，故當事人並無主觀責任。然職權調查證據有其限度，仍不免有要件事實不明之情形，故仍有客觀之舉證責任。至其餘訴訟，當事人仍有提出證據之主觀責任」。

上述立法者之立法理由說明仍嫌抽象而不易為初學者所認知，茲依舉證責任之標的及各種行政訴訟舉證責任之分配，具體說明於次：

一、舉證責任之標的

舉證責任所要舉述而證明者為何？約可分為下列三者，即：

1. 事實之舉述與證明責任，此可依行政訴訟第法 136 條準用民事訴訟法第 277 條規定辦理❿。

2. 本國法規之舉述與證明責任，當事人無庸證明，釋明舉證即可⓫，因本國法規當為行政法院所知悉。

3. 習慣及外國之現行法之舉述證明責任——此可依行政訴訟法第 137 條規定處理，即「習慣及外國之現行法為行政法院所不知者，當事人有舉證之責任。但行政法院得依職權調查之」。

二、各種行政訴訟舉證責任之分配

行政訴訟舉證責任之分配，眾說紛紜⓬，但自德國學者 Reo

---

61 卷第 6 期，2010 年 6 月，頁 79–89；李建良，〈稅務行政訴訟若干舉證問題析論——以台北高等行政法院 97 年度訴字第 1792 號判決為例案〉，《台灣法學雜誌》，第 173 期，2011 年 4 月，頁 57–76。

❿ 參閱，闕銘富，〈行政訴訟上行政之「說明責任」〉，《台灣法學雜誌》，第 297 期，2016 年 6 月 14 日，頁 49–61。

⓫ 證明與釋明之分別，請參閱吳庚，上揭書，頁 173。

⓬ 相關學說，請參閱陳清秀，上揭書，頁 380–387；另參閱吳庚，〈評吳東都著「行政訴訟之舉證責任——以德國法為中心」〉，《台灣本土法學雜誌》，民國 91 年 2 月，頁 201–202。

Rosenberg 提倡實體法說後，已成為學界通說，其所倡言之舉證責任分配乃：「任何當事人之訴訟上請求，若無特定法條之適用，則不能獲致效果者，此際則應對該法條之要件已因事實之發生而實現，免主張及舉證責任」❶❶❸。依此，民事事件中舉證責任之法則，應取決於民事規定，行政事件中舉證責任之法則，則應取決於各種行政法規❶❶❹之規定。而因各行政法規各種要件而爭訟之行政訴訟，依其性質之不同，在舉證責任上也有不同之分配，即：

(一)撤銷訴訟及確認行政處分無效訴訟舉證責任之分配

　　行政訴訟除保障人民基本權益免受公權力侵害外，更有貫徹依法行政、保護公益之目的，故行政訴訟之進行，特別是撤銷訴訟及確認行政處分無效訴訟等之進行，原則上仍受職權調查主義與職權探知主義之支配。例如，行政訴訟法第 133 條規定：「行政法院於撤銷訴訟，應依職權調查證據；於其他訴訟，為維護公益者，亦同。」又如同法第 134 條規定，「前條訴訟，當事人主張之事實，雖經他造自認，行政法院仍應調查其他必要之證據。」依此二條關於職權調查主義、職權探知主義之規定，行政訴訟並不存在主觀的舉證責任，因依此二條規定之職權調查證據制度，縱令當事人未盡其證據提出義務或對他造主張事實為自認時，法院仍須為必要之調查。不過，行政訴訟仍與刑事訴訟不同，兩者雖同適用職權調查主義，但其程度仍有差別，因刑事訴訟法第 161 條規定，「檢察官就被告犯罪事實，有舉證責任」，而此一規定，在行政訴訟法上並不存在，故行政訴訟因職權調查主義之緣故雖不存在主觀的舉證責任，但與刑事訴訟不同的是，當事人仍有客觀的舉證責任，亦即對與行政裁判有重要關係事實之存在，如因證明而獲有利之當事人，仍有客觀之舉證責任。有鑒於此，在撤銷訴訟及確認行政處分無效訴之舉證責任分配上，因行政處分之不同，而有不同的區分，即❶❶❺：

❶❶❸　參引吳庚，上揭書，頁 175。

❶❶❹　吳庚，上揭書，頁 175。

❶❶❺　吳庚，上揭書，頁 180 以下。

1.負擔處分之撤銷或無效——行政機關作成負擔處分不僅須有法律依據並應符合法定程序要件,若受此處分之相對人或利害關係人對此處分為有無效或得撤銷事由而提出爭訟,則被告機關應對作成此負擔處分係有法律依據及符合法定要件之事實,負舉證責任。若被告機關之舉證事實成立,則為原告之人民就應就法定例外要件事實之存在加以證明,以否定此負擔處分之合法性。舉例而言,行政機關就課徵遺產稅處分應舉證證明處分之法律依據與符合法定要件,而受課遺產稅處分之人民如有爭執,則應舉證行政機關對遺產價值之估價未依法定標準程序或舉出有扣除額,或有為軍公教人員因執行職務死亡而得加倍計算基本免稅額之事實。

2.授益處分之撤銷或廢止——對人民而言,撤銷違法授益處分或廢止合法授益處分,其不利效果類同於對其作成負擔處分,故行政機關對合乎行政程序法第 117 條及第 123 條之撤銷或廢止之法定要件事實,負舉證責任,人民則對此合法要件事實不存在之事實負舉證責任。

3.雙重效力處分之撤銷或無效——同一行政處分對受處分之相對人係授益性質,但對第三人為負擔不利之結果,則該第三人提起撤銷行政處分或確認該處分無效訴訟時,舉證責任如何分配?德國聯邦行政法院認為兼顧相對人利益之均衡,不宜由行政機關或相對人負舉證責任,而改由該第三人負責舉證。但學者認為,撤銷訴訟涉及行政行為之合法性監督,難謂與公益無關,在此情況,有利害關係之第三人與負擔處分之相對人幾無差異,由其負責舉證,不僅與依法行政精神有違,且不符公平原則。因此,依行政訴訟法第 133 條規定精神,行政機關之舉證責任仍不應免除 ❶❶❻。

4.裁量處分之撤銷或確認無效訴訟——對裁量處分不服而提起訴訟之人民,應就構成裁量逾越或裁量濫用之要件事實,舉證證明,而被告行政機關則就其所作處分符合法規授權裁量之要件負舉證責任。

㈡給付訴訟與確認公法上法律關係成立或不成立訴訟舉證責任之分配

行政訴訟法第 133 條後段:「行政法院……於其他訴訟,為維護公益

---

❶❻ 參引吳庚,上揭書,頁 181、182。

者，亦同」，亦即如同其該條前段所規定的，行政法院為維護公益者，亦應依職權調查證據。由此規定反面以觀，則如非維護公益之行政訴訟，行政法院可不必依職權調查證據。此特別適用於維護私益而提出之給付訴訟或確認公法上法律關係成立或不成立之訴訟，故學者認為，行政訴訟中之給付訴訟與確認公法關係存在與否之訴訟，其舉證責任分配之法則基本上與民事訴訟無異，即當事人負有證據提出之主觀舉證責任，凡請求行政法院為權利保護如要求給付、確認公法關係者，必須證明其請求所依據之法定要件已經存在，始能獲得行政法院勝訴之判決。此對屬於特殊給付訴訟類型之課予義務之訴亦同，故人民若主張被告有作成行政處分義務，則應舉證證明其曾依法提出申請，而被告之行政機關應在一定期間作成行政處分義務確有違反之事實。而被告之機關則有對人民不符合應為處分法定要件或人民並未依法提出申請之事實，舉證證明。

第九款　訴之變更、追加

行政訴訟法第 111 條第 1 項規定：「訴狀送達後，原告不得將原訴變更或追加他訴。但經被告同意，或行政法院認為適當者，不在此限。」依此規定，則在行政訴訟審理程序中之案件，如無但書規定情形，則原告不得將原訴變更或追加他訴。而所謂不得將原訴變更乃是原告不得在訴訟審理程序中將原來訴訟事件中當事人、訴訟標的、訴之聲明等三項訴之要素中之任何一項加以變更之意思；而追加他訴是指在原有訴的要素中，加入新的訴之要素之謂，即加入新的當事人、新的訴訟標的或新的訴之聲明之謂。

為避免原告任意為訴之變更及追加，而妨礙被告之防禦與延宕訴訟事件之終結，行政訴訟法「幾乎完全抄襲民事訴訟法」關於訴之變更及追加規定❼，在該法第 111 條訂定有關訴之變更或追加之限制及准許要件，可資遵循。

對於行政法院以訴為非變更追加或許訴之變更追加之裁判，依行政訴

---

❼　吳庚，上揭書，頁 154。

訟法第 111 條第 5 項規定，不得聲明不服，但撤銷訴訟主張其未經訴願程序者，得隨同終局判決聲明不服。

第十款 訴之反訴

行政訴訟法之反訴制度與民事訴訟法所規定者幾乎相同。反訴係指原訴之被告對於原訴之原告，在本訴繫屬之行政法院，就與本訴標的或其防禦方法相牽連之案件，合併本訴之程序提起之訴。不過，民事訴訟之反訴制度係為平等關係之當事人而設計，故公法契約涉訟或確認訴訟，均有反訴提起之餘地，至於行政訴訟中之撤銷訴訟及課予義務訴訟因屬於非平等關係之「民告官」訴訟，不許在本訴進行中為「官告民」之反訴。行政訴訟法第 112 條第 1 項對此乃明文規定：「被告於言詞辯論終結前，得在本訴繫屬之行政法院提起反訴。但反訴為撤銷訴訟者，不得提起。」

除此之外，該條第 2 項至第 4 項又對反訴之提起設有下列規定，即：

1.原告對於反訴不得復行提起反訴。

2.反訴之請求如專屬他行政法院管轄，或與本訴之請求或其防禦方法不相牽連者，不得提起。

3.被告意圖延滯訴訟而提起反訴者，行政法院得駁回之。

第十一款 訴之撤回

行政訴訟上訴之撤回與民事訴訟上訴之撤回類似⑱，故行政訴訟法第 115 條規定可準用民事訴訟法第 263 條、264 條關於訴之撤回效力及反訴之撤回不須得原告同意之規定。至於訴之撤回依行政訴訟法第 113 條第 1 項規定，「原告於判決確定前得撤回訴之全部或一部。但於公益之維護有礙者，不在此限。又被告已為本案之言詞辯論者，應得其同意。」被告之是否同意除視其有無明示、默示之意思表示外，依同條第 4 項規定：「訴之撤回，被告於期日到場，未為同意與否之表示者，自該期日起；其未於

---

⑱　參閱陳計男，〈行政訴訟上「訴之撤回」之諸問題〉，《法令月刊》第 51 卷第 10 期，頁 216–224。

期日到場或以書狀撤回者，自前項筆錄或撤回書狀送達之日起，十日內未提出異議者，視為同意撤回。」

不過，訴之撤回如違反公益者，依行政訴訟法第 114 條規定，行政法院應以裁定不予准許。對此裁定，依同條第 2 項規定，不得抗告。民國 100 年 11 月 23 日公布修正之行政訴訟法，增訂第 114 條之 1，規定：「適用通常訴訟程序之事件，因訴之變更或一部撤回，致其訴之全部屬於簡易訴訟程序或交通裁決事件訴訟程序之範圍者，高等行政法院應裁定移送管轄之地方法院行政訴訟庭。」

第十二款　訴之和解

行政訴訟審理程序進行中，雙方當事人就為訴訟標的權利義務關係，互相讓步[119]達成協議，以終結行政訴訟程序為目的之行為，即為行政訴訟上之訴之和解[120]。行政訴訟法第 219 條第 1 項仿照民事訴訟法和解制度，規定：「當事人就訴訟標的具有處分權[121]且其和解無礙公益之維護者[122]，行政法院不問訴訟程度如何，得隨時試行和解。受命法官或受託法官，亦同。」同條第 2 項又規定，第三人經行政法院之許可，得參加和解。行政法院認為必要時，得通知第三人參加。

行政訴訟法第 220 條又規定，因試行和解，行政法院受命法官或受託

---

[119] 實例請參閱，盛子龍，〈當事人相互讓步作為行政訴訟上和解之要件〉，《月旦法學教室》，第 15 期，2004 年 1 月，頁 22–23。

[120] 參閱徐瑞晃，〈行政訴訟撤銷之訴在訴訟上之和解〉，台灣行政法學會，《行政契約與新行政法》，頁 319–343。

[121] 相關論文請參閱，盛子龍，〈當事人對訴訟標的之處分權作為行政訴訟上和解之容許性要件〉，《台灣本土法學雜誌》，第 71 期，2005 年 6 月，頁 52–81。

[122] 與維護公益有關之司法實務論文請參閱，李建良，〈行政訴訟和解的制度功能與環境保護：《中科三期二次環評撤銷訴訟案》 ——平議臺北高等行政法院 102 年度訴更一字第 40 號和解筆錄〉，《台灣法學雜誌》，第 259 期，2014 年 11 月 1 日，頁 8–17。

法官，得命當事人、法定代理人、代表人或管理人本人到場。試行和解而成立者，依同法第 221 條第 1 項規定，應作成和解筆錄，並依同條第 2 項、第 3 項規定，準用同法第 128 條至第 130 條以及民事訴訟法第 214 條、第 215 條、第 217 條至 219 條之規定作成和解筆錄。

和解成立者，其效力依行政訴訟法第 222 條規定，準用同法第 213 條、第 214 條及第 216 條之規定，亦即使和解標的之法律關係亦如同行政法院裁判，有實質的確定力，而和解筆錄亦與行政法院之判決書相當。

又行政訴訟上訴之和解❶❷❸如有無效或撤銷原因者，依行政訴訟法第 223 條規定，當事人得請求繼續審判。申言之，和解有訴訟法或實體法上無效或得撤銷原因之瑕疵者，當事人得請求就原有訴訟事件繼續進行審判。此一請求依同法第 224 條第 1 項規定，請求繼續審判，應於 30 日之不變期間內為之。同條第 2 項又規定，前項期間，自和解成立時起算。但無效或得撤銷之原因知悉在後者，自知悉時起算。又同條第 3 項規定，和解成立後經過 3 年者，不得請求繼續審判。但當事人主張代理權有欠缺者，不在此限。

當事人請求繼續審判不合法者，行政訴訟法第 225 條第 1 項規定，行政法院應以裁定駁回之。又請求繼續審判顯無理由者，同條第 2 項又規定，行政法院得不經言詞辯論，以判決駁回之。

另請求繼續審判而變更和解內容者，依行政訴訟法第 226 條規定，準用同法第 282 條規定，亦即因請求繼續審判而變更和解內容者，對第三人因信賴和解內容以善意取得之權利無影響，但顯於公益有重大妨害者，不在此限。

和解為當事人間之和解，但第三人如有參加和解成立者，依同法第 227 條第 1 項規定，得為執行名義。同條第 2 項規定當事人與第三人間之和解，有無效或得撤銷之原因者，得向原行政法院提起宣告和解無效或撤

---

❶❷❸　參閱，彭鳳至，〈「行政訴訟上和解」研討會議題討論〉，《台灣本土法學雜誌》，第 71 期，2005 年 6 月，頁 82–123；張文郁，〈行政訴訟之訴訟和解〉，《台灣法學雜誌》，第 108 期，2008 年 7 月，頁 116–134。

銷和解之訴。同條第 3 項又規定，前項情形，當事人得請求就原訴訟事件合併裁判。另同法第 228 條規定，第 224 條至第 226 條關於當事人請求繼續審判之期限規定，於當事人與第三人間之和解有無效或得撤銷之原因者，準用之。

第十三款　訴之停止

行政訴訟上訴之停止係指行政訴訟審理程序中，因法定事由之發生致該行政訴訟事件，停止進行審理之意思❶❷❹。依行政訴訟法第 177 條至第 186 條規定，訴之停止可分為裁定停止、當然停止及合意停止等三種情形❶❷❺，茲分述於次：

一、裁定停止之事由有如下列各項

1.行政訴訟法第 177 條第 1 項規定，行政訴訟之裁判須以民事法律關係是否成立為準據，而該法律關係已經訴訟繫屬尚未終結者，行政法院應以裁定停止訴訟程序。

2.行政訴訟法第 177 條第 2 項規定，除前項情形外，有民事、刑事或其他行政爭訟牽涉行政訴訟之裁判者，行政法院在該民事、刑事或其他行政爭訟終結前，得以裁定停止訴訟程序。

3.行政訴訟法第 178 條規定，行政法院就其受理訴訟之權限，如與普通法院確定裁判之見解有異時，應以裁定停止訴訟程序，並聲請司法院大法官解釋。

4.依大法官釋字第 371 號解釋，行政法院法官於審理案件時，對於應適用之法律，依其合理之確信，認有牴觸憲法之疑義者，應裁定停止訴訟，向司法院大法官聲請解釋❶❷❻。另大法官釋字第 590 號解釋對所稱「裁

❶❷❹　參閱，劉建宏，〈行政訴訟程序之停止〉，《台灣本土法學雜誌》，第 85 期，2006 年 8 月，頁 137–140。

❶❷❺　吳庚教授依民國 57 年民事訴訟法修正前所使用來自德國之名詞將之稱為中止、中斷及休止。此在學理上固易被瞭解，但對一般人仍屬不易認知，故本書認以採法條上之用詞較佳，因較易被人民理解之故也。

定停止訴訟程序」之概念範圍，認「亦包括各該（民事、刑事、行政訴訟）事件或案件之訴訟或非訟程序之裁定停止在內。」民國 100 年 11 月 23 日公布修正之行政訴訟法乃依此意旨增訂了第 178 條之 1 及刪除第 252 條規定。行政訴訟法第 178 條之 1 明定：「行政法院就其受理事件，對所適用之法律，確信有牴觸憲法之疑義時，得聲請司法院大法官解釋。前項情形，行政法院應裁定停止訴訟程序。」

二、當然停止之事由有如下列各項❼

1.行政訴訟法第 179 條第 1 項規定，本於一定資格以自己名義為他人任訴訟當事人之人，喪失其資格或死亡者，訴訟程序在有同一資格之人承受其訴訟以前當然停止。此項情形，依行政訴訟法第 180 條規定，於有訴訟代理人時不適用之。但行政法院得酌量情形裁定停止其訴訟程序。

2.行政訴訟法第 179 條第 2 項規定，依第 29 條規定，選定或指定為訴訟當事人之人全體喪失其資格者，訴訟程序在該有共同利益人全體或新選定或指定為訴訟當事人之人承受其訴訟以前當然停止。此項情形，依同法第 180 條規定，於有訴訟代理人時不適用之。但行政法院得酌量情形裁定停止其訴訟程序。

3.法人因合併而消滅者。

4.當事人喪失訴訟能力或法定代理人死亡或其代理權消滅者。

5.受託人之信託任務終了者。

6.當事人受破產宣告者。

7.法院因天災或其他事故不能執行職務者。

8.當事人因戰爭與法院隔絕者。

以上 3.至 8.項係行政訴訟法第 186 條準用民事訴訟法第 168 條至 181 條中之相關規定。

三、合意停止

合意停止之事由，行政訴訟法之規定與民事訴訟法不同。民事訴訟法

---

❿　參引吳庚，上揭書，頁 168。

❼　吳庚，上揭書，頁 168。

對訴訟程序之合意停止不加任何條件，當事人只須向法院陳明即生效力，但民國 100 年 11 月 23 日公布修正之行政訴訟法第 183 條對行政訴訟之合意停止，則略有限制，依該條第 1 項至第 4 項規定之內容可以看出：

1.當事人得以合意停止訴訟程序。但於公益之維護有礙者，不在此限。

2.前項合意，應向兩造受訴行政法院陳明。

3.行政法院認第 1 項之合意有礙公益之維護者，應於兩造陳明後，一個月內裁定續行訴訟。

4.前項裁定不得聲明不服。

不過，訴訟程序上不變期間之進行，依同條第 5 項規定，不因當事人合意停止訴訟程序之影響。

另行政訴訟法第 184 條又規定，除有前條第 3 項之裁定外，合意停止訴訟程序之當事人，自陳明合意停止時起，如於 4 個月內不續行訴訟者，視為撤回其訴；續行訴訟而再以合意停止訴訟程序者，以 1 次為限。如再次陳明合意停止訴訟程序，視為撤回其訴。

合意停止訴訟程序除依上述規定之外，行政訴訟法第 185 條又規定了擬制性之合意停止，即：當事人兩造無正當理由遲誤言詞辯論期日者，除有礙公益之維護者外，視為合意停止訴訟程序。如於 4 個月內不續行訴訟者，視為撤回其訴。但行政法院認有必要時，得依職權續行訴訟。行政法院依前項但書規定續行訴訟，兩造如無正當理由仍不到者，視為撤回其訴。行政法院認第 1 項停止訴訟程序有礙公益之維護者，除別有規定外，應自該期日起，1 個月內裁定續行訴訟。而對此項裁定，依行政訴訟法第 185 條第 4 項規定，不得聲明不服。

訴訟程序依上述當然停止或裁定停止之法律效力為何?行政訴訟法於第 182 條第 1 項明定，訴訟程序當然或裁定停止間，行政法院及當事人不得為關於本案之訴訟行為。但於言詞辯論終結後當然停止者，本於其辯論之裁判得宣示之。同條第 2 項又規定訴訟程序當然或裁定停止者，期間停止進行；自停止終竣時起，其期間更始進行。

第五項　行政訴訟裁判程序

第一款　行政訴訟裁判之意義

行政訴訟事件經過起訴程序、送達程序及審理程序後，如有法定條件，亦即有行政訴訟法第 189 條之實體判決要件❷或行政訴訟法第 188 條之形式程序裁決要件之發生時❷，行政法院加以判斷或為意思表示者，即為行政法院之裁判。

行政法院之裁判又分為判決與裁定者。判決依行政訴訟法第 188 條第一項是指原則上經過言詞辯論，由行政法院就實體上爭點依法定方式作成判決書對外宣示者而言。至於裁定依行政訴訟法第 188 條第 3 項、第 193 條，則是指原則上不必經言詞辯論，由行政法院、審判長、受命法官或受託法官，就非實體上爭點，亦即就程序事項所為之裁斷，此種裁斷不必宣示無一定格式，故批示、通知、命令等均屬裁定之一種，不限定必須以書面作成❸。

行政法院之裁判依行政訴訟法第 187 條規定，除本法應用判決者，以裁定行之。而所謂判決依行政訴訟法規定又可分為：

1.終局判決——即行政訴訟法第 190 條所規定的行政訴訟達於可為裁判之程度者，行政法院應為終局判決。

2.一部終局判決——即行政訴訟法第 191 條第 1 項所規定的訴訟標的之一部，或以一訴主張之數項標的，其一達於可為裁判之程度者，行政法院得為一部之終局判決。同條第 2 項又規定，前項規定，於命合併辯論

---

❷ 即原告提起的行政訴訟必須合法，換言之，即合乎行政訴訟法所規定的實體裁判要件時，行政法院才可以就原告的權利保護主張及要求，進行實體上裁判。詳見陳清秀，上揭書，頁 439。

❷ 相關論文請參閱，陳淑芳，〈撤銷訴訟之裁判基準時點〉，《台灣法學雜誌》，第 90 期，2007 年 1 月，頁 54–78；彭鳳至，〈行政訴訟裁判基準時點之理論與適用〉，《月旦裁判時報》，第 75 期，2018 年 9 月，頁 5–30。

❸ 吳庚，上揭書，頁 193。

之數宗訴訟，其一達於可為裁判之程度者，準用之。

3.中間判決——即行政訴訟法第 192 條所規定的，各種獨立之攻擊或防禦方法，達於可為裁判之程度者，行政法院得為中間判決；請求之原因及數額俱有爭執時，行政法院以其原因為正當者，亦同。

4.不經言詞辯論判決——即行政訴訟法第 194 條所規定之行政訴訟有關公益之維護訴訟，當事人兩造於言詞辯論期日無正當理由均不到場時，行政法院得依職權調查事實，不經言詞辯論，逕為判決。此項判決依同法第 204 條第 1 項之規定，應公告之。

5.捨棄及認諾判決——即行政訴訟法第 202 條所規定之當事人於言詞辯論時為訴訟標的之捨棄或認諾者，以該當事人具有處分權及不涉及公益者為限，行政法院得本於其捨棄或認諾為該當事人敗訴之判決。

6.一造辯論判決——即行政訴訟法第 218 條準用民事訴訟法第 385 條所規定的，「言詞辯論期日，當事人之一造不到場者，得依到場當事人之聲請，由其一造辯論而為判決；不到場之當事人，經再傳而仍不到場者，並得依職權由一造辯論而為判決」，此即為一造辯論判決。

至於裁定，行政程序法第 193 條明定，行政訴訟進行中所生程序之爭執，達到可為裁判之程度者，行政法院得先為裁定。例如對於逾時之攻擊防禦方法或關於指揮訴訟之事項，因行政訴訟法第 132 條準用民事訴訟法201 條規定，行政法院所為之裁定是。

第二款　行政訴訟裁判之內容

行政訴訟法修正後，行政訴訟之裁判亦如民事訴訟一般，在其內容上可分為形成判決、給付判決、確認判決及情況判決。茲各分述之。

第一目　形　成　判　決

形成判決在行政訴訟中最具重要性，特別是在撤銷訴訟，因其判決產生創設、變更或撤銷等型塑特定行政法法律關係之結果，並依行政訴訟法第 214 條、第 215 條、第 216 條規定對於當事第三人及各關係機關均有拘

束效力。由於撤銷訴訟之目的在於撤銷違法之行政處分或訴願決定，故行政法院認原告之訴為無理由者，依行政訴訟法第 195 條規定後段應以判決駁回之外，如認原告之訴為有理由者，則依同條第 1 項規定前段，應為原告勝訴之判決。而此原告勝訴之判決樣態有如下列：

1.單純之撤銷判決——即將被告機關違法之行政處分，如違法之行政處罰之處分加以撤銷及將違法之訴願決定加以撤銷之判決。

2.撤銷原處分及原決定後，發回被告機關重為適法處分之判決——此為學者所謂我國行政法院成立以最典型的判決方式，使我國行政訴訟法制在事實上成為典型的撤銷發回之行政審判制度，而非實質內容自為判決之行政審判制度❸。為了避免發回被告機關重分處分時，不能確實依照行政法院判決意旨而一再持續為同原處分類似之行政處分，民國 100 年 11 月 23 日公布修正之行政訴訟法第 216 條第 3 項乃明文規定：「前二項判決，如係指摘機關適用法律之見解有違誤時，該機關即應受判決之拘束，不得為相左或歧異之決定或處分。」

3.撤銷原處分及原決定後，自為決定之判決——此為新行政訴訟法改正上述行政法院判決偏向撤銷發回判決缺失所強調之重點，亦即在行政訴訟法第 197 條規定：「撤銷訴訟，其訴訟標的之行政處分涉及金錢或其他代替物之給付或確認者，行政法院得以確定不同金額之給付或以不同之確認代替之。」學者認此規定非僅基於訴訟經濟之理由，而係屬對行政審判制度結構性之一項改革❸。

第二目　給付判決

行政訴訟之給付判決係命被告對原告為一定給付行為之判決，此一定給付行為包括作為、不作為或忍受等。在行政訴訟法上所規定之給付判決如在下列 5 類訴訟之勝訴判決屬之，即：

1.在怠為處分之訴中課予處分義務之給付判決，如依行政訴訟法第 5

---

❸　吳庚，上揭書，頁 197。
❸　吳庚，上揭書，頁 197–198。

條第 1 項規定所為之判決。

　　2.在拒絕申請之訴中課予受理申請事務之給付判決，如依行政訴訟法第 5 條第 2 項規定所為之判決。

　　3.因公法上原因發生財產上給付或請求作成行政處分以外之其他非財產上之給付所提給付訴訟之判決，如行政訴訟法第 8 條第 1 項之規定是。

　　4.合併請求給付訴訟之判決，如本於行政訴訟法第 7 條及第 8 條第 2 項所為之判決。

　　5.撤銷訴訟中命為回復原狀處置之判決，如行政訴訟法第 196 條所規定的，行政處分已執行完畢，行政法院為撤銷行政處分判決，經原告聲請，並認為適當者，得於判決中命行政機關為回復原狀之必要處置。

　　至於上述訴訟中，原告敗訴者，則具有消極確認訴訟之功能，亦即確認其在給付訴訟中主張之給付請求權不存在。

　　又行政訴訟法第 5 條之課予義務之訴為特殊的給付訴訟，行政訴訟法第 200 條更明文規定其裁判方式，即：行政法院對於人民依第五條規定請求應為行政處分或應為特定內容之行政處分之訴訟，應為下列方式之裁判：

　　1.原告之訴不合法者，應以裁定駁回之。

　　2.原告之訴無理由者，應以判決駁回之。

　　3.原告之訴有理由，且案件事證明確者，應判命行政機關作成原告所申請內容之行政處分。

　　4.原告之訴雖有理由，惟案件事證尚未臻明確或涉及行政機關之行政裁量決定者，應判命行政機關遵照其判決之法律見解對於原告作成決定。

第三目　確認判決

　　行政訴訟中之確認判決如本於行政訴訟法第 6 條規定所為的確認行政處分無效判決及確認公法上法律關係成立或不成立之判決。判決確認行政處分有效及公法上法律關係成立者為積極的確認判決；判決確認行政處

分無效或公法上法律關係不存在者，為消極的確認判決。

第四目　情況判決

情況判決為日本行政訴訟法制獨有之制度，我國修正行政訴訟法在第 198 條第 1 項仿照其制度，規定了情況判決之要件，即：行政法院受理撤銷訴訟，發現原處分或決定雖屬違法，但其撤銷或變更於公益有重大損害，經斟酌原告所受損害、賠償程度、防止方法及其他一切情事，認原處分或決定之撤銷或變更顯與公益相違背時，得駁回原告之訴[133]。

情況判決依行政訴訟法第 198 條第 2 項規定，應於判決主文中諭知原處分或決定違法。

另行政訴訟法第 199 條第 1 項又規定，行政法院為情況判決時，應依原告之聲明，將其因違法處分或決定所受之損害，於判決內命被告機關賠償。又同條第 2 項規定原告未為前項聲明者，得於前條判決確定後 1 年內，向行政法院訴請賠償。

第三款　行政訴訟裁判之宣示、公告及其效力

行政訴訟之裁判須經公示始能對人民及相關機關產生效力。對此，行政訴訟法乃於第 204 條至第 208 條規定了行政訴訟裁判之宣示、公告及其效力事項，即：

一、判決之宣示、公告

行政訴訟法第 204 條規定，判決之宣示與公告制度，其內容如下列：

1.判決應公告之；經言詞辯論之判決，應宣示之，但當事人明示於宣

---

[133] 參閱蔡茂寅，〈情況判決與情況決定〉，《台灣本土法學雜誌》，第 7 期，2000 年 2 月，頁 100–105；陳淑芳，〈行政訴訟上之情況判決〉，《月旦法學教室》，第 71 期，2008 年 9 月，頁 18–19；傅玲靜，〈土地徵收與情況判決〉，《月旦法學雜誌》，第 199 期，2011 年 12 月，頁 198–209；關銘富，〈情況判決〉，《台灣法學雜誌》，第 268 期，2015 年 3 月 15 日，頁 19–37；同作者，同題目，《台灣法學雜誌》，第 266 期，2015 年 2 月 15 日，頁 19–38。

示期日不到場或於宣示期日未到場者，不在此限。

　　2.宣示判決應於辯論終結之期日或辯論終結時指定之期日為之。

　　3.前項指定之宣示期日，自辯論終結時起，不得逾 3 星期。但案情繁雜或有特殊情形者，不在此限。

　　4.公告判決，應於行政法院公告處或網站公告其主文，行政法院書記官應作記載該事由及年、月、日、時之證書附卷。

二、判決宣示、公告之效力

　　行政訴訟法第 205 條、第 206 條規定判決宣示、公告效力有如下列：

　　1.宣示判決，不問當事人是否在場，均有效力。

　　2.判決經宣示或公告後，當事人得不待送達，本於該判決為訴訟行為。

　　3.判決經宣示後，為該判決之行政法院受其羈束；其不宣示者，經公告主文後，亦同。

三、裁定之宣示、公告

　　行政訴訟法第 207 條規定，經言詞辯論之裁定，應宣示之。但當事人明示於宣示期日不到場或於宣示期日未到場者，以公告代之。依此規定反面以觀，則未經言詞辯論之裁定，則不須宣示也不必公告，此即裁定之所以與判決不同處，因裁定多屬行政訴訟程序爭議之裁斷，而非當事人實體權利義務事項之判決，為訴訟經濟、便捷起見，其所要求之形式較判決為寬。

　　至於終結行政訴訟之裁定，依行政訴訟法第 207 條第 2 項規定，則應公告之，蓋因行政訴訟之終結涉及人民訴訟權益之保障，自應與其他程序裁定不同，而有公告之必要。

四、裁定宣示、公告之效力

　　行政訴訟法第 208 條規定了學理上所謂裁定之羈束力，即裁定經宣示後，為該裁定之行政法院、審判長、受命法官或受託法官受其羈束；不宣示者，經公告或送達後受其羈束。但關於指揮訴訟或別有規定者，不在此限。

第四款　行政訴訟裁判應記載事項

行政訴訟裁判中之裁定多為行政訴訟程序爭議之裁決，並無一定之形式，亦非一定要遵守特定之格式，但行政訴訟之判決則不同，其格式及內容，行政訴訟法第 209 條第 1 項有明白之規定，即：

判決應作判決書記載下列各款事項：

1.當事人姓名、性別、年齡、身分證明文件字號、住所或居所；當事人為法人、機關或其他團體者，其名稱及所在地、事務所或營業所。

2.有法定代理人、代表人、管理人者，其姓名、住所或居所及其與法人、機關或團體之關係。

3.有訴訟代理人者，其姓名、住所或居所。

4.判決經言詞辯論者，其言詞辯論終結日期。

5.主文。

6.事實。

7.理由。

8.年、月、日。

9.行政法院。

同條第 2 項補充規定，事實項下，應記載言詞辯論時當事人之聲明及所提攻擊或防禦方法之要領。必要時，得以書狀、筆錄或其他文書作為附件。而同條第 3 項又規定理由項下，應記載關於攻擊或防禦方法之意見及法律上之意見。

除此之外，行政訴訟法第 189 條第 2 項規定，行政法院判斷當事人言詞辯論所提事實及調查證據結果事實之真偽而得心證之理由，亦應記明於判決中，以防止法官不依論理及經驗法則之自由心證。

第五款　行政訴訟裁判之送達、教示及確定

行政訴訟之裁判，特別是行政訴訟判決經宣示、公告作成判決書後，依行政訴訟法第 210 條第 1 項規定，應以正本送達於當事人，而此項送達

依同條第 2 項規定，自行政法院書記官收領判決原本時起，至遲不得逾 10 日。此項期間，學者認為與同法第 204 條第 2 項及第 3 項宣示判決之期間，均屬訓示規定，如有違背亦不影響送達之效力或當事人之訴訟行為❿，但應可構成相應人員之行政過失，否則此一規定，即無意義。

　　對於行政訴訟之判決得為上訴者，行政訴訟法第 210 條第 3 項規定，書記官應於送達當事人之正本內告知其期間及提出上訴狀之行政法院，此即為判決救濟方法之告知教示。此一告知期間如有錯誤則依行政訴訟法第 210 條第 4 項規定，告知期間較法定期間為短者，以法定期間為準；告知期間較法定期間為長者，應由行政法院書記官於判決正本送達後 20 日內，以通知更正之，並自更正通知送達之日起計算法定期間。同條第 5 項又規定，行政法院未依第 3 項規定為告知，或告知錯誤未依前項規定更正，致當事人遲誤上訴期間者，視為不應歸責於己之事由，得自判決送達之日起 1 年內，適用第 91 條之規定，聲請回復原狀。另不得上訴之判決，依同法第 211 條規定，不因告知錯誤而受影響。

　　行政訴訟之判決依行政訴訟法第 212 條規定，於上訴期間屆滿時確定，但於上訴期間內有合法之上訴者，阻其確定。此所謂之上訴期間是指同法第 241 條所規定：「提起上訴，應於高等行政法院判決送達後二十日之不變期間內為之」之規定。

　　至於不得上訴之判決，依行政訴訟法第 212 條第 2 項規定，於宣示時確定，不宣示者，於公告主文時確定。

第六款　行政訴訟裁判之效力

第一目　行政訴訟裁定之效力

　　行政訴訟中之裁定，其效力為何？學者認為裁定一經確定，即不得抗告，故裁定亦具有形式上既判力❿或形式上確定力❿。

---

❿　　吳庚，上揭書，頁 215。
❿　　吳庚，上揭書，頁 216。

又行政訴訟法第 208 條規定，裁定經宣示後，為該裁定之行政法院、審判長、受命法官或受託法官受其羈束，不宣示者，經公告或送達後受其羈束，此即為行政訴訟裁定之羈束力。但為使訴訟程序得以順利進行，同條但書規定，裁定如是關於指揮訴訟或別有規定者，不在此限，亦即不得羈束行政法院、審判長、受命法官或受託法官。此即為通說所稱之裁定不具實質上既判力（或實質上確定力）**❼**。

第二目　行政訴訟判決之效力

行政訴訟判決之效力，依行政訴訟法相關規定，可分為下列各種效力：

一、羈束力

行政訴訟法第 206 條規定，「判決經宣示後，為該判決之行政法院受其羈束；其不宣示者，經公告主文後，亦同」。此所謂之受其羈束是指行政法院之判決經宣示、公告後，縱有違法或不當，該行政法院亦不得自行廢棄或變更之。

二、形式確定力

形式確定力是指當事人於法定期間屆滿後，不得以上訴之方法，請求廢棄或變更行政訴訟判決之效力，又稱為不可爭力。行政訴訟法第 212 條第一項規定，判決於上訴期間屆滿時確定，亦即有當事人不可再事爭執之力。同條第 2 項也規定，不得上訴之判決，於判決宣示時確定，判決不宣示者，於判決主文公告時確定。

三、實質確定力

實質確定力，學理上又稱為實質既判力**❽**，係就判決內容之拘束力而

---

❻　陳敏，上揭書，頁 1511。

❼　吳庚，上揭書，頁 216；陳敏，上揭書，頁 1511；但學說上有爭議，詳見陳清秀，上揭書，頁 487–488。

❽　陳敏，上揭書，頁 1511；吳庚，上揭書，頁 216–226；陳清秀，上揭書，頁 478–516。

言，亦即行政訴訟標的之法律關係，經行政法院判決確定者，當事人對該法律關係，不得另行提起訴訟。行政訴訟法第 213 條規定：「訴訟標的於確定之終局判決中經裁判者，有確定力」，此所謂之確定力❸，即實質之確定力或實質上既判力。

實質確定力之拘束範圍，依行政訴訟法上規定，有主觀範圍，有客觀範圍，茲分述之：

（一）實質確定力之主觀範圍

實質確定力之主觀範圍是指行政法院判決之實質確定力對那些人發生效力，依行政訴訟法之規定有如下列❶：

1.當事人──此為行政訴訟法第 214 條所明定。又行政訴訟法第 216 條第 1 項規定，「撤銷或變更原處分或決定之判決，就其事件有拘束各關係機關之效力。」依此規定，則為原處分之機關及其監督機關，均為此所謂之當事人，應受判決實質確定力之拘束。

2.參加訴訟人──此因行政訴訟法第 23 條規定參加訴訟人亦為當事人，故行政訴訟判決之實質確定力，亦及於參加訴訟人。

3.當事人之繼受人──行政訴訟法第 214 條第 1 項規定，確定判決，對於訴訟繫屬後為當事人之繼受人者，亦有效力。

4.與當事人同等地位之人──行政訴訟法第 214 條第 2 項規定，「對於他人而為原告或被告者之確定判決，對於該他人亦有效力。」此即為與當事人同等地位之人，例如破產管理人，為訴訟程序之原告，則「他人」即破產人是也。又如為當事人或其繼受人占有請求之標的物者，依行政訴訟法第 214 條第 1 項規定，亦為確定判決效力所及。

5.其他第三人──行政訴訟法第 215 條規定，「撤銷或變更原處分或決定之判決，對第三人亦有效力。」

❸　相關實例論文請參閱，陳淑芳，〈行政訴訟判決之確定力與裁判〉，《月旦法學教室》，第 69 期，2008 年 7 月，頁 8–9。

❶　參閱陳清秀，上揭書，頁 498–504；關銘富，〈行政訴訟之審判對象與判決之效力〉，《台灣法學雜誌》，第 296 期，2016 年 5 月 28 日，頁 31–47。

㈡實質確定力之客觀範圍

行政訴訟實質確定力之客觀範圍僅及於訴訟標的於確定之終局判決[141]中經裁判者，此為行政訴訟法第 213 條所明定。至於訴訟標的，依行政訴訟種類之不同，分別為撤銷訴訟、課予義務訴訟、確認訴訟、給付訴訟等之訴訟標的，其內涵已於本篇第四章第五節第二項第二款第二目中分別說明可資參閱，在此不再贅述。

第六節　簡易訴訟程序

第一項　簡易訴訟程序之必要性

行政訴訟法仿照民事訴訟法體例，設簡易訴訟程序，使若干行政訴訟事件，不必適用上述完整、詳細的訴訟審理程序而依簡易的訴訟程序，即可迅速審結。不過，行政訴訟法所規定之適用簡易訴訟程序事件多以稅額、罰鍰或給付標的之金額為準，則為學者所垢病，認為行政處分違法侵害人民權益，其法律上之評價不因金額多寡而有異，而屬於私權爭執之民事訴訟事件以金額定其可否上訴已受學界垢病，另為我國行政訴訟制度仿效之德國行政法院法第 131 條原本以金額作為限制第二審上訴之標準，已於 1996 年 11 月修法後廢止，故行政訴訟簡易訴訟程序之採行並非是有全面、肯定的價值[142]。

第二項　簡易訴訟程序之適用範圍

行政訴訟法第 229 條第 1 項規定，適用簡易訴訟程序之事項，以地方法院行政訴訟庭為第一審管轄法院。同條第 2 項規定，下列各款行政訴訟

---

[141] 相關論文請參閱，吳信華，〈「確定終局裁判」的實質認定〉，《月旦法學教室》，第 103 期，2011 年 5 月，頁 8-9。

[142] 吳庚，上揭書，頁 233-234。林騰鷂，《行政訴訟法》，頁 406。

事件，除本法別有規定外，適用行政訴訟法第二編第二章地方法院行政訴訟庭簡易訴訟程序：

1.關於稅捐課徵事件涉訟，所核課之稅額在新臺幣 40 萬元以下者。

2.因不服行政機關所為新臺幣 40 萬元以下罰鍰處分而涉訟者。

3.其他關於公法上財產關係之訴訟，其標的之金額或價額在新臺幣 40 萬元以下者。

4.因不服行政機關所為告誡、警告、記點、記次、講習、輔導教育或其他相類之輕微處分⓹而涉訟者。

5.關於內政部入出國及移民署之行政收容事件涉訟，或合併請求損害賠償或其他財產上給付者。

6.依法律之規定應適用簡易訴訟程序者。

同條第 2 項又規定，前項所定數額，司法院得因情勢需要，以命令減為新臺幣 20 萬元或增至新臺幣 60 萬元。就此，司法院於民國 92 年 9 月 17 日以命令將此數額增至新臺幣 20 萬元，並自民國 93 年元旦起實施。此一金額之調整變動在司法實務上即曾發生是否適用簡易程序之爭議⓺。另行政訴訟法第 230 條規定，前條第 1 項第 1 款至第 3 款之訴，因訴之變更，致訴訟標的之金額或價額逾新臺幣 40 萬元者，其辯論及裁判改依通常訴訟程序之規定，地方法院行政訴訟庭並應裁定移送管轄之高等行政法院；追加之新訴或反訴，其訴訟標的之金額或價額逾新臺幣 40 萬元，而以原訴與之合併辯論及裁判者，亦同。

第三項　簡易訴訟程序之特別規定

行政訴訟法第 236 條規定，簡易訴訟程序，除本章別有規定外，仍適

⓹　相關論文請參閱，洪家殷，〈行政訴訟中適用簡易訴訟程序「輕微處分」概念之探討——兼論我國簡易訴訟程序之檢討〉，《臺北大學法學論叢》，第 94 期，2015 年 6 月，頁 67–106。

⓺　詳請參閱，林騰鷂，《行政訴訟法》，頁 407–408；許育典，〈簡易程序等於通常程序〉，《月旦法學教室》，第 93 期，2010 年 7 月，頁 8–9。

用行政訴訟法通常訴訟程序及準用民事訴訟法第 430 條，第 431 條及第 433 條之規定，而所謂別有規定則是指行政訴訟法第 231 條至 236 條之 2 的規定，即：

1.簡易訴訟事件之起訴及其他期日外之聲明或陳述，概得以言詞為之。以言詞起訴者，應將筆錄送達於他造。

2.簡易訴訟程序在獨任法官前行之。

3.簡易訴訟程序言詞辯論期日之通知書，應與訴狀或第 231 條第 2 項之筆錄一併送達於他造。簡易訴訟程序事件行言詞辯論終結者，指定宣示判決之期日，自辯論終結時起，不得逾 2 星期。但案情繁雜或有特殊情形者，不在此限。

4.簡易訴訟事件之判決書內之事實、理由，得不分項記載，並得僅記載其要領。

5.對於適用簡易程序之裁判不服者，除本法別有規定外，得上訴或抗告於管轄之高等行政法院。前項上訴或抗告，非以原裁判違背法令為由，不得為之。對於簡易訴訟程序之第二審裁判，不得上訴或抗告。

6.為避免簡易訴訟程序事件因以高等行政法院為終審，而衍生裁判見解不統一之問題，民國 100 年 11 月 23 日公布修正之行政訴訟法乃增訂第 235 條之 1，規定高等行政法院，受理簡易訴訟程序事件，認有確保裁判見解統一之必要者，應以裁定移送最高行政法院裁判之，並規定前述移送裁定，當事人不得聲明不服。如最高行政法院認移送之訴訟事件並未涉及裁判見解統一之必要者，應以裁定發回。受發回之高等行政法院不得再將訴訟事件裁定移送最高行政法院，以免案件來回擺盪，影響當事人訴訟權益。

7.簡易訴訟程序除本章別有規定外，仍適用通常訴訟程序之規定。

8.對於簡易訴訟程序之裁判提起上訴或抗告，應於上訴或抗告理由中表明下列事由之一，提出於原地方法院行政訴訟庭為之：

⑴原裁判所違背之法令及其具體內容。

⑵依訴訟資料可認為原裁判有違背法令之具體事實。

9.應適用通常訴訟程序之事件，第一審誤用簡易訴訟程序審理並為判決者，受理其上訴之高等行政法院應廢棄原判決，逕依通常訴訟程序為第一審判決。但當事人於第一審對於該程序誤用已表示無異議或無異議而就該訴訟有所聲明或陳述者，不在此限。前項但書之情形，高等行政法院應適用簡易訴訟上訴審程序之規定為裁判。

10.簡易訴訟程序之上訴，除第 241 條之 1 規定外，準用第三編規定。

11.簡易訴訟程序之抗告、再審及重新審理，分別準用第四編至第六編規定。

第七節　交通裁決事件訴訟程序

民國 100 年 11 月 23 日公布修正之行政訴訟法，增訂了第二編第三章之交通裁決事件訴訟程序，將過去由普通法院審理之違反道路交通管理處罰條例受到裁罰之救濟案件，改由地方法院行政訴訟庭依行政訴訟程序審理。此項交通裁決事件訴訟之程序，規定在行政訴訟法第 237 條之 1 至第 237 條之 9，其要點可分述如次：

一、行政訴訟法所稱之交通裁決事件為：

1.不服道路交通管理處罰條例第 8 條及第 37 條第 5 項之裁決，而提起之撤銷訴訟、確認訴訟。

2.合併請求返還與前款裁決相關之已繳納罰鍰或已繳送之駕駛執照、計程車駕駛人執業登記證、汽車牌照。

二、交通裁決事件之管轄，依行政訴訟法第 237 條之 2 規定，得由原告住所地、居所地、所在地或違規行為地之地方法院行政訴訟庭管轄。

三、交通裁決事件訴訟之提起，依行政訴訟法第 237 條之 3 規定，應以原處分機關為被告，逕向管轄之地方法院行政訴訟庭為之。

四、交通裁決事件中撤銷訴訟之提起，應於裁決書送達後 30 日之不變期間內為之。前項訴訟，因原處分機關未為告知或告知錯誤，致原告於

裁決書送達 30 日內誤向原處分機關遞送起訴狀者，視為已遵守起訴期間，原處分機關並應即將起訴狀移送管轄法院。

五、交通裁決事件訴訟之審理，依行政訴訟法第 237 條之 4 規定，有下列程序：

1.地方法院行政訴訟庭收受前條起訴狀後，應將起訴狀繕本送達被告。

2.被告收受起訴狀繕本後，應於 20 日內重新審查原裁決是否合法妥當，並分別為如下之處置：

⑴原告提起撤銷之訴，被告認原裁決違法或不當者，應自行撤銷或變更原裁決。但不得為更不利益之處分。

⑵原告提起確認之訴，被告認原裁決無效或違法者，應為確認。

⑶原告合併提起給付之訴，被告認原告請求有理由者，應即返還。

⑷被告重新審查後，不依原告之請求處置者，應附具答辯狀，並將重新審查之紀錄及其他必要之關係文件，一併提出於管轄之地方法院行政訴訟庭。

3.被告依前項第 1 款至第 3 款規定為處置者，應即陳報管轄之地方法院行政訴訟庭；被告於第一審終局裁判生效前已完全依原告之請求處置者，以其陳報管轄之地方法院行政訴訟庭時，視為原告撤回起訴。

六、交通裁決事件，依行政訴訟法第 237 條之 5 規定，按下列規定徵收裁判費：

1.起訴，按件徵收新臺幣 300 元。

2.上訴，按件徵收新臺幣 750 元。

3.抗告，徵收新臺幣 300 元。

4.再審之訴，按起訴法院之審級，依第 1 款、第 2 款徵收裁判費；對於確定之裁定聲請再審者，徵收新臺幣 300 元。

5.本法第 98 條之 5 各款聲請，徵收新臺幣 300 元。

依前條第 3 項規定，視為撤回起訴者，法院應依職權退還已繳之裁判費。

　　七、行政訴訟法第 237 條之 6 規定，因訴之變更、追加，致其訴之全部或一部，不屬於交通裁決事件之範圍者，地方法院行政訴訟庭應改依簡易訴訟程序審理；其應改依通常訴訟程序者，並應裁定移送管轄之高等行政法院。

　　八、交通裁決事件之裁判，得不經言詞辯論為之。

　　九、行政法院為訴訟費用之裁判時，應確定其費用額。前項情形，行政法院得命當事人提出費用計算書及釋明費用額之文書。

　　十、交通裁決事件，除本章別有規定外，準用簡易訴訟程序之規定。

　　十一、交通裁決事件之上訴，準用行政訴訟法第 235 條、第 235 條之1、第 236 條之 1、第 236 條之 2 第 1 項至第 3 項及第 237 條之 8 規定。

　　十二、交通裁決事件之抗告、再審及重新審理，分別準用行政訴訟法第四編至第六編規定。

第八節　收容聲請事件程序

第一項　收容聲請事件程序增訂原由

　　鑑於憲法第 8 條及公民與政治權利國際公約第 9 條有關人身自由保障之規定以及為因應司法院大法官釋字第 708 號及第 710 號解釋，要求應賦予受收容之外國人及大陸地區人民，對於入出國及移民署作成之暫予收容處分，有立即聲請法院迅速審查決定之救濟機會，以及逾越暫予收容期間之收容，應由法院審查決定之意旨❺，司法院乃提出行政訴訟法修正案，增訂「收容聲請事件程序」專章，明定對於外國人及陸港澳人民收容之相關司法救濟程序❻，經立法院於民國 103 年 5 月 30 日三讀通過修正

---

❺　相關論文請參閱，廖元豪，〈「外人」的人身自由與正當程序──析論大法官釋字第七〇八與七一〇號解釋〉，《月旦法學雜誌》，第 228 期，2014 年 5 月，頁 244–262。

案，並由總統於民國 103 年 6 月 18 日明令公布。

第二項　收容聲請事件程序之適用範圍

行政訴訟法第 237 條之 10 規定了收容聲請事件程序之範圍為：

一、依入出國及移民法、臺灣地區與大陸地區人民關係條例及香港澳門關係條例提起收容異議、聲請續予收容及延長收容事件之涉訟程序。

二、依本法（行政訴訟法）聲請停止收容事件之涉訟程序。

關於內政部入出國及移民署依入出國及移民法、臺灣地區與大陸地區人民關係條例及香港澳門關係條例所作行政收容事件之涉訟者，主要有三大款，即：

1.不服內政部入出國及移民署（以下簡稱入出國及移民署）關於具保、定期報告生活動態、限制住居、定期接受訪視及提供聯絡方式等收容替代處分涉訟；

2.除收容替代處分外，其他關於因入出國及移民法、臺灣地區與大陸地區人民關係條例及香港澳門關係條例之收容所生而涉訟（例如：受收容人向入出國及移民署提出作成收容替代處分之申請，因入出國及移民署應作為而不作為或駁回其申請，而提起之行政訴訟；或不服入出國及移民署以違反收容替代處分所為沒入保證金之處分等）；

3.提起前開行政訴訟，合併請求損害賠償或其他財產上給付者。

又依入出國及移民法、臺灣地區與大陸地區人民關係條例、香港澳門關係條例等之規定，收容期間可區分為三階段，即：1.移民署作成「暫予收容處分」（最長不得逾 15 日）；2.法院裁定「續予收容」（最長不得逾 45 日）；3.法院裁定「延長收容」（最長不得逾 60 日）等三段期間。因此，依據這三階段收容期間，收容聲請事件在類型上，又可區分為「收容異議」、「續予收容」、「延長收容」及「停止收容」等四種聲請條件，即：

---

❿　修正評論請參閱，李建良，〈外國人收容之法官保留與司法救濟──2014 年行政訴訟法修正評介〉，《台灣法學雜誌》，第 252 期，2014 年 7 月，頁 1–10。

一、收容異議聲請事件，係指受收容人或其一定關係親屬，對於暫予收容處分不服而於暫予收容期間提出。

二、續予收容聲請事件，係指移民署認有繼續收容必要，於收容期間屆滿前向法院聲請者。

三、延長收容聲請事件，係指移民署認有延長收容必要，於收容期間屆滿前向法院聲請者。

四、停止收容聲請事件，係指受收容人或其一定關係親屬，於法院裁定續予或延長收容後，認有收容原因消滅，無收容必要或有得不予收容之情形，向法院聲請者。

第三項　收容聲請事件程序之管轄法院

行政訴訟法第 237 條之 11 規定：「收容聲請事件，以地方法院行政訴訟庭為第一審管轄法院。」是以本節第二項所述有關之收容聲請事件，均以地方法院行政訴訟庭為第一審管轄法院。

不過，值得注意的是，收容聲請事件，雖以地方法院行政訴訟庭為第一審管轄法院，但究竟是哪一個地方的地方行政法院為管轄法院，不能沒有規範。是以行政訴訟法第 229 條第 4 項乃規定，關於行政收容事件涉訟，由受收容人受收容或曾受收容所在地之地方法院行政訴訟庭管轄，不適用行政訴訟法第 13 條之規定。亦即行政收容事件之管轄法院，不適用行政訴訟法第 13 條所規定之以原就被之訴訟原則，原告僅得向收容人受收容或曾受收容所在地之地方法院行政訴訟庭起訴，其他法院對之無管轄權。

又考量有關行政收容事件之原告，未必為受收容人，亦可能未曾受收容，故行政訴訟法第 229 條第 4 項但書乃規定：「未曾受收容者，由被告機關所在地之地方法院行政訴訟庭管轄。」

第四項　收容聲請事件之審理程序

行政訴訟法第 237 條之 12 及行政訴訟法第 237 條之 13 分別規定了

關於收容聲請事件審理程序之特別規定，而行政訴訟法第 237 條之 17 第 2 項則規定，對收容聲請事件之審理，準用簡易訴訟程序之第 236 條，再適用行政訴訟法第 107 條有關訴訟要件之審查及補正。在有關收容異議、續予收容及延長收容聲請等三類事件之審理上，行政訴訟法第 237 條之 12 第 1 項規定，行政法院應訊問受收容人，俾利受收容人能提出有利於自己的主張，並供法院審查是否具備收容事由，有無得不予收容之情形以及收容之必要性等各項具體狀況。又第 1 項後段又規定，行政法院在審理上述三類收容聲請事件時，入出國及移民署並應到場陳述，俾利收容聲請事件之審理。

又由於「收容決定係嚴重剝奪人身自由之強制措施，應審慎為之。如因具有收容事由，以致不能儘速使其出國，應考量有無比收容緩和之方法，可確保在預定期間內強制其出國（境）；亦即如有對於受收容人權益損害較少之替代方法，即不得選擇對其權益損害較大之收容，以符憲法第二十三條及行政程序法第七條所定比例原則之要求 ❼」，行政訴訟法第 237 條之 12 第 2 項，乃規定：「行政法院審理前項聲請事件時，得徵詢入出國及移民署為其他收容替代處分之可能，以供審酌收容之必要性。」換言之，「行政法院審理第一項之聲請事件，於裁定前，認有以其他處分替代收容之可能，得徵詢入出國及移民署，由該署視具體情形，並考量依入出國及移民法、臺灣地區與大陸地區人民關係條例及香港澳門關係條例等規定，辦理具保、定期報告生活動態、限制住居、定期接受訪視及提供聯絡方式等收容替代處分之可能，以供法院審酌收容之必要，保障受收容人之人身自由權益 ❽。」

在有關停止收容聲請事件之審理上，行政訴訟法第 237 條之 13 有特別的規定。依司法院所提行政訴訟法部分條文修正對照表在該條的說明二中，表示：「行政法院依入出國及移民署聲請而裁定續予收容或延長收容後，如嗣後因收容原因消滅、無收容必要或有得不予收容情形者，依入出

---

❼　參見司法院所提行政訴訟法部分條文修正對照表，第 237 條之 12 的說明 3。

❽　同上註。

國及移民法、臺灣地區與大陸地區人民關係條例及香港澳門關係條例等規定，入出國及移民署本得依職權，視其情形，分別為一定之處置（釋放或具保等）。惟若入出國及移民署未為上開處置，未保障受收容人之權益，亦應允許受收容人及得提起收容異議之人，得向行政法院聲請停止收容。」因此，行政訴訟法第 237 條之 13 第 1 項乃明文規定：「行政法院裁定續予收容或延長收容後，受收容人及得提起收容異議之人，認為收容原因消滅、無收容必要或有得不予收容情形者，得聲請法院停止收容。」

　　為審理停止收容聲請事件，行政訴訟法第 237 條之 13 第 2 項則明定，行政法院審理行政訴訟法第 237 條之 13 第 1 項所規定之事件，認為必要時，得訊問受收容人或徵詢入出國及移民署之意見，並採用行政訴訟法第 237 條之 12 第 2 項之規定，亦即得徵詢入出國及移民署為其他收容替代處分之可能，以供審酌是否可以停止收容。

　　值得特別注意的是，收容聲請事件之審理程序為特殊之審理程序，與傳統循訴願及行政訴訟救濟之審理程序不同，其重在即時司法救濟，符合提審法第 1 條但書得即時由法院審查之意旨，而增訂之行政訴訟法第 237 條之 10 以下有關收容異議相關程序，使受收容人或與其具一定親屬關係之人有立即聲請地方法院行政訴訟庭審查決定之救濟機會，亦有取代訴願及一般行政訴訟救濟之程序之作用。因此，依民國 103 年 5 月 30 日增訂之行政訴訟法第 237 條之 10 以下規定，為收容異議相關程序者，不得再依行政訴訟法提起撤銷訴訟，確認暫予收容處分違法或無效訴訟[149]。

　　又收容異議之司法救濟程序，已屬暫予收容處分之即時有效本案終局救濟，故已無再適用行政訴訟法官停止執行規定之必要[150]。這些都是審理收容聲請事件程序，應行注意之事項。

---

[149]　參閱司法院所提行政訴訟法部分條文修正對照表行政訴訟法第 237 條之 10，說明 5。

[150]　同上註。

第五項　收容聲請事件之裁定

依照行政訴訟法第 237 條之 14 第 1 項、第 2 項的規定，對於收容聲請事件之裁判有下列四種，即：

一、行政法院認收容異議、停止收容之聲請為無理由者，應以裁定駁回之。

二、行政法院認收容異議、停止收容之聲請為有理由者，應為釋放受收容人之裁定。

三、行政法院認續予收容、延長收容之聲請為無理由者，應以裁定駁回之。

四、行政法院認續予收容、延長收容之聲請為有理由者，應為續予收容或延長收容之裁定。

又依照行政訴訟法第 237 條之 15 的規定，行政法院所為續予收容或延長收容之裁定，應於收容期間屆滿前當庭宣示或以正本送達受收容人。此因行政法院所為續予收容或延長收容之裁定，均係屬剝奪人身自由之裁定，不宜僅經公告即使其生效，而必須更慎重的以當庭宣示或以正本送達受收容人之方式為之。

行政訴訟法第 237 條之 15 後段又規定，行政法院未於收容期間屆滿前為宣示或送達者，續予收容或延長收容之裁定，視為撤銷。透過此一明示規定，以確保受收容人之人身自由。

第六項　收容聲請事件裁定之救濟程序

行政訴訟法第 237 條之 16 規定，對於收容聲請事件之裁定，有兩類救濟程序，其一為抗告程序，其二為再審程序。

行政訴訟法第 237 條之 16 第 1 項規定，聲請人、受裁定人或入出國及移民署對地方法院行政訴訟庭所為收容聲請事件之裁定不服者，應以裁定送達後 5 日內抗告於管轄之高等行政法院。對於抗告法院之裁定，不得再為抗告，是以採二審終結方式，迅速確定有關人身自由之事件。

又因行政訴訟法第 237 條之 16 第 2 項規定，抗告除依同條第 1 項規定外，準用行政訴訟法第四編有關抗告程序之規定。是以，對收容聲請事件裁定之抗告，非限於以原裁定違背法令為理由，始得為之。

另收容聲請事件之裁定雖已確定，但有行政訴訟法第 273 條所規定之再審事由之情形者，行政訴訟法第 237 條之 16 第 3 項，乃明文規定，得準用行政訴訟法第五編再審程序之規定，聲請再審。

第七項　收容聲請事件之訴訟費用

收容聲請事件涉及人身自由與國家公權力之行使，不宜徵收裁判費及其他必要費用。是以，行政訴訟法第 237 條之 17 第 1 項乃規定，行政法院受理收容聲請事件，不適用行政訴訟法第一編第四章第五節有關訴訟費用之規定。

不過，該條第 1 項之但書仍規定，依行政訴訟法第 98 條之 6 第 1 項第 1 款之規定徵收者，不在此限。換言之，該款所規定之影印費、攝影費、抄錄費、翻譯費、運送費及登載公報新聞紙費，仍徵收之。筆者認為此一規定，不無斟酌餘地，特別是翻譯費，及登載公報新聞紙費，以不徵收為宜，因外勞多屬經濟弱勢族群，而語言翻譯費用本應由審判法庭支付，以符合在我國有法律效力之公民與政治權利國際公約第 14 條第 3 項（甲）款所規定之法庭有「迅速以一種被告懂得的語言詳細地告知對他所提出的指控的性質和原因」。

而登載公報新聞紙費，更不應由受收容人負擔。行政法院依政府資訊公開法有關政府資訊公開之規定，自應編列預算，自行負擔此一費用。

第八項　收容聲請事件準用簡易訴訟程序規定

行政訴訟法第 237 條之 17 第 2 項規定，收容聲請事件，除本章別有規定外，準用簡易訴訟程序之規定，亦即因準用行政訴訟法第 236 條規定，而適用行政訴訟法第二編第一章通常訴訟程序之規定。

上述所謂「本章別有規定外」，是指行政訴訟法第二編第四章收容聲

請事件程序中別有之特別規定者，如對於暫予收容處分不服者，行政訴訟法第 237 條之 10 以下規定，已賦予受收容人得依收容異議程序，立即聲請法院審查決定救濟之機會，自無適用行政訴訟法關於停止執行規定之必要。又如收容聲請事件並無成立訴訟上和解之可能。因此，行政訴訟法第二編第一章第二節有關停止執行，以及第一章第七節有關和解之規定，並不在準用之列。

第九節　上訴審程序

第一項　上訴之意義

行政訴訟法新增上訴審程序，這是數十年來僅有的，開啟了我國行政訴訟二級二審制度之契機[151]。行政訴訟法所規定之上訴與抗告、再審概念有別，即：

1.上訴是指行政訴訟當事人不服高等行政法院尚未確定之終局判決，向最高行政法院聲明不服之救濟方法，其目的在請求最高行政法院廢棄或變更高等行政法院之判決[152]。

2.抗告是指行政訴訟當事人或訴訟關係人如參加人、證人、鑑定人等，對行政法院或審判長所為之裁定不服，聲請上級審行政法院廢棄或變更之行為[153]。

3.再審是指行政訴訟當事人不服高等行政法院已確定之終局判決，向原管轄行政法院聲明不服之救濟方法，其目的在請求廢棄原判決及請求有利於己之判決。

上訴、抗告、再審均為聲明不服之法律救濟方法 (Rechtsmittel) 與聲

---

[151]　林騰鷂，《行政訴訟法》，頁 415–423。

[152]　吳庚，上揭書，頁 239。

[153]　吳庚，上揭書，頁 265。

請回復原狀或不服行政訴訟之確定終局裁判,依法向司法院聲請釋憲以求權利救濟之法律救濟途徑 (Rechtsbehelf) 亦有區別❺,前者為在同一司法途徑聲明不服方法之運用,後者則使用不同一的司法途徑以求權益之救濟。

第二項　上訴之要件

行政訴訟事件上訴提起之要件,依行政訴訟法之規定有如下列各項❺:

一、須以得上訴之裁判為對象

行政訴訟法第 238 條第 1 項規定,對於高等行政法院之終局判決,除法律別有規定外,得上訴於最高法院。於此所謂法律別有規定者,例如同法第 235 條第 1 項規定的「對於簡易程序之裁判提起上訴除本法別有規定外,得上訴或抗告於管轄之高等行政法院」是。

對終局判決不服,固可提起上訴,至若終局判決前之裁判,如就程序問題所生爭執之裁判或對當事人就各種獨立之攻擊方法或中間爭點發生爭執所為之中間判決,因通常均不得獨立上訴,但卻與終局判決相牽涉,故行政訴訟法第 239 條第 1 項規定,終局判決前之裁判,牽涉該判決者,並受最高行政法院之審判。但依行政訴訟法規定不得聲明不服或得以抗告聲明不服者,不在此限。例如依行政訴訟法第 111 條第 5 項所規定之「對於行政法院以訴為非變更追加,或許訴之變更追加之裁判,不得聲明不服」;或如行政訴訟法第 110 條第 2 項、第 3 項所規定的對行政法院允許第三人承當訴訟之裁定,得為抗告。

二、須有上訴權之人未喪失其上訴權

行政訴訟上有上訴權之人即為行政訴訟法第 23 條所規定之訴訟當事人,亦即原告、被告及依同法第 41 條、第 42 條所規定之參加訴訟之人。

行政訴訟事件經判決後是否上訴,任由有上訴權之人自行決定,但如

---

❺　吳庚,上揭書,頁 239。
❺　吳庚,上揭書,頁 239–256。

其依行政訴訟法第 240 條第 1 項規定，於高等行政法院判決宣示、公告或送達後捨棄上訴權者，則喪失上訴權。行政訴訟法第 240 條第 2 項又規定，當事人於宣示判決時，以言詞捨棄上訴權者，應記載於言詞辯論筆錄，如他造不在場，應將筆錄送達，此因上訴權之捨棄為當事人單方向行政法院表示就能發生喪失上訴權之法律行為，但為使他造知悉，應將筆錄送達。

又當事人提起上訴後，在最高法院為終局判決宣示或公告前撤回上訴者，依行政訴訟法第 262 條第 2 項規定，亦喪失其上訴權。

三、須對高等行政法院之終局判決不服

依行政訴訟法第 244 條第 1 項第 3 款規定，行政訴訟當事人提出之上訴狀應表明對於高等行政法院判決不服之程度。所謂不服之程度，如係對判決全部不服或對判決一部不服或對訴之聲明漏未裁判之不服等是。

四、須於法定期間提起上訴

行政訴訟法第 241 條規定，提起上訴，應於高等行政法院判決送達後 20 日之不變期間內為之。但宣示或公告後送達前之上訴，亦有效。而此所謂不變期間之計算，依同法第 80 條至第 94 條關於期日及期間之規定。

五、須合乎上訴程式

行政訴訟法第 244 條第 1 項規定，提起上訴，應以上訴狀表明下列各款事項，提出於原高等行政法院為之：

1. 當事人。
2. 高等行政法院判決，及對於該判決上訴之陳述。
3. 對於高等行政法院判決不服之程度，及應如何廢棄或變更之聲明。
4. 上訴理由。

同條第 2 項規定，前項上訴狀內並應添具關於上訴理由之必要證據。

上訴狀未表明上訴理由者，依行政訴訟法第 245 條第 1 項規定，上訴人應於提起上訴後 20 日內提出理由書於原高等行政法院，未提出者，毋庸命其補正，由原高等行政法院以裁定駁回之。又同條第 2 項規定，判決宣示或公告後送達前提起上訴者，前項期間應自判決送達時起算。

六、須以原判決違背法令為理由

　　從行政訴訟法第 254 條第 1 項之規定：「除別有規定外，最高行政法院應以高等行政法院判決確定之事實為判決基礎。」可以得知，最高行政法院，原則上屬於法律審而非事實審 ❶。因此，對於高等行政法院判決之上訴，依同法第 242 條規定，非以其違背法令為理由，不得為之。否則，最高行政法院也難以著手審理。而所謂判決違背法令，依行政訴訟法第 243 條第 1 項、第 2 項規定係指：

　　1. 判決不適用法規——即判決不適用法律、緊急命令、法規命令、行政規則或大法官解釋判例、或公認有規範效力之一般法律原則，如行政程序法第 4 條至第 10 條所規定之明確原則、平等原則、比例原則、信賴保護原則、誠實信用原則、公益原則等是 ❶。

　　2. 判決適用法規不當——依德國學者 Redeker/von Oertzen 之分析 ❶，有如對法規之解釋錯誤 (Interpretationsfehler)，對法規之涵攝錯誤 (Subsumtionsfehler)，違反經驗法則或論理法則 (Erfahrungssätze oder Denkgesetze)，或有認定事實與卷宗所載內容相反之法律錯誤以及行政法院怠於行使規範審查權限等。

　　3. 判決當然違背法令——即行政訴訟法第 243 條第 2 項所規定有下列各款情形之一者：

　　⑴判決法院之組織不合法者。

　　⑵依法律或裁判應迴避之法官參與裁判者。

　　⑶行政法院於權限之有無辨別不當或違背專屬管轄之規定者。

　　⑷當事人於訴訟未經合法代理或代表者。

　　⑸違背言詞辯論公開之規定者。

---

❶　相關論文請參閱，陳清秀，〈行政訴訟事實審與法律審之界限——以德國財稅法之學說實務見解為中心〉，《法令月刊》，第 66 卷第 5 期，2015 年 5 月，頁 1–37。

❶　吳庚，上揭書，頁 247。

❶　參引吳庚，上揭書，頁 248–251。

⑹判決不備理由或理由矛盾者。

第三項　上訴之審理

第一款　原高等行政法院之處置

提起上訴，依行政訴訟法第 244 條規定，應以上訴狀提出於原高等行政法院。而依同法第 246 條第 1 項規定，原高等行政法院認為上訴不合法而其情形不能補正者，應以裁定駁回之。

上訴不合法而其情形可以補正者，依同條第 2 項，原高等行政法院應定期間命其補正；如不於期間內補正，原高等行政法院應以裁定駁回之。

另行政訴訟法第 247 條規定，上訴未經依前條規定駁回者，高等行政法院應速將上訴狀送達被上訴人。而被上訴人得於上訴狀或第 245 條第 1 項理由書送達後 15 日內，提出答辯狀於原高等行政法院。另高等行政法院送交訴訟卷宗於最高行政法院，應於收到答辯狀或前項期間已滿，及各當事人之上訴期間已滿後為之。而前項應送交之卷宗，如為高等行政法院所需者，應自備繕本、影本或節本。

第二款　最高行政法院之審理

第一目　上訴合法性審查

最高行政法院收到原高等行政法院送交之訴訟卷宗後，應先就上訴合法與否加以審查，如認上訴不合法者，依行政訴訟法第 249 條第 1 項規定，應以裁定駁回之。但其情形可以補正者，審判長應定期間先命補正。不過，上訴不合法之情形，已經原高等行政法院命其補正而未補正者，得不行行政訴訟法第 249 條第 1 項規定但書之程序。

最高行政法院進行上訴之審理後但尚未判決前，則被上訴人依行政訴訟法第 248 條第 1 項規定，得提出答辯狀及其追加書狀於最高行政法院。上訴人亦得提出上訴理由追加事件。同條第 2 項又規定，最高行政法院認

為有必要時為限，得將前項書狀送達於他造。

又最高行政法院就其受理事件，對所適用之法律，確信有牴觸憲法之疑義時，依行政訴訟法第 252 條規定得以裁定停止訴訟程序，聲請大法官解釋❸。此一條文因民國 100 年 11 月 23 日公布修正之行政訴訟法增訂了第 178 條之 1，將聲請釋憲之權利擴及全部行政法院，故刪除此一僅限最高行政法院聲請釋憲之規定。

第二目　上訴審理之方式與範圍

最高行政法院對上訴案件之審理方式採書面審理主義，例外採言論辯論主義。行政訴訟法第 253 條第 1 項對此明文規定，最高行政法院之判決不經言詞辯論為之。但有下列情形之一者，得依職權或依聲請行言詞辯論：

　　1.法律關係複雜或法律見解紛歧，有以言詞辯明之必要者。

　　2.涉及專門知識或特殊經驗法則，有以言詞說明之必要者。

　　3.涉及公益或影響當事人權利義務重大，有行言詞辯論之必要者。

又最高行政法院審理上訴案件，調查事實時，依行政訴訟法第 251 條第 1 項規定，應於上訴聲明之範圍內調查之，而此上訴聲明依同法第 250 條規定，不得變更或擴張之。又同條第 2 項規定，最高行政法院調查高等行政法院判決有無違背法令，不受上訴理由之拘束。

最高行政法院審理上訴案件，如行言詞辯論，則依行政訴訟法第 253 條第 2 項規定，言詞辯論應於上訴聲明之範圍內為之。此即學理上所謂禁止提出新訴訟資料原則，為各類訴訟程序法律審之共同特徵❹。

不過，行政訴訟法第 254 條第 2 項另規定例外情形，即最高行政法院仍應斟酌審理下列事實資料：

　　1.以違背訴訟程序之規定為上訴理由時，所舉違背之事實，即如上訴

---

❸　　參閱劉鑫楨，〈新修正行政訴訟法第二五二條規定之虛擬式探討〉，《法律評論》，第 66 卷，第 1～3 期合刊，頁 32–36。

❹　　吳庚，上揭書，頁 258–259。

人指摘依法應迴避之法官參與審判之事實。

　　2.以違背法令確定事實或遺漏事實為上訴理由時，所舉之該事實。

　　此外，最高行政法院行言詞辯論所得闡明或補充訴訟關係之資料，依行政訴訟法第 254 條第 3 項規定，最高行政法院亦得斟酌之。

第三目　上訴案件之裁判

　　上訴案件經依法審理後，最高行政法院應作成各種裁判，其種類為：

一、裁定駁回上訴

　　如依行政訴訟法第 249 條之規定，上訴不合法者，最高行政法院應以裁定駁回之。但其情形可以補正者，審判長應定期間先命補正。

二、判決駁回上訴

　　如依行政訴訟法第 255 條第 1 項規定，最高行政法院認上訴為無理由者，應為駁回之判決。同條第 2 項另規定原判決依其理由雖屬不當，而依其他理由認為正當者，應以上訴為無理由。

三、廢棄原判決

　　如依行政訴訟法第 256 條第 1 項規定，最高行政法院認上訴為有理由者，就該部分應廢棄原判決。同條第 2 項另規定，因違背訴訟程序之規定廢棄原判決者，其違背之訴訟程序部分，視為亦經廢棄。民國 100 年 11 月 23 日公布修正之行政訴訟法，增訂了第 256 條之 1，規定：「應適用簡易訴訟程序及交通裁決訴訟程序之事件，最高行政法院不得以高等行政法院行通常訴訟程序而廢棄原判決。前項情形，應適用簡易訴訟或交通裁決訴訟上訴審程序之規定。」不過，廢棄原判決並非毫無限制，行政訴訟法第 257 條、第 258 條又規定下列限制及應處理情形，即：

　　1.最高行政法院不得以高等行政法院無管轄權而廢棄原判決。但違背專屬管轄之規定者，不在此限。

　　2.因高等行政法院無管轄權而廢棄原判決者，應以判決將該事件移送於管轄行政法院。

　　3.除第 243 條第 2 項第 1 款至第 5 款之情形外，高等行政法院判決違

背法令而不影響裁判之結果者，不得廢棄原判決。

此外，最高行政法院廢棄原判決時，應自為判決或判決發回或發交高等行政法院審理。對此，行政訴訟法第 259 條至 261 條分別有規定，即：

1.最高行政法院自為判決——經廢棄原判決而有下列各款情形之一者，最高行政法院應就該事件自為判決[161]：

(1)因其於確定之事實或依法得斟酌之事實，不適用法規或適用不當廢棄原判決，而事件已可依該事實為裁判者。

(2)因事件不屬行政法院之權限，而廢棄原判決者。

(3)依第 253 條第 1 項行言詞辯論者。

2.最高行政法院判決發回或發交高等行政法院審理，其情形有如下述：

(1)除別有規定外，經廢棄原判決者，最高行政法院應將該事件發回原高等行政法院或發交其他高等行政法院。

(2)前項發回或發交判決，就高等行政法院應調查之事項，應詳予指示。

(3)受發回或發交之高等行政法院，應以最高行政法院所為廢棄理由之法律上判斷為其判決基礎。

(4)為發回或發交之判決者，最高行政法院應速將判決正本附入卷宗，送交受發回或發交之高等行政法院。

第四項　上訴之終結

上訴事件除因最高行政法院之審理、裁判而終結者外，上訴之當事人依行政訴訟法第 262 條第 1 項規定，亦得於最高行政法院終局判決宣示或公告前將上訴撤回而終結上訴事件。

上訴之撤回依同條第 3 項規定，應以書狀為之。但在言詞辯論時，得以言詞為之。同條第 4 項又規定，於言詞辯論時所為上訴之撤回，應記載於言詞辯論筆錄，如他造不在場，應將筆錄送達。

---

[161] 相關論文請參閱，張文郁，〈行政法院自為判決及受理訴願機關自為決定相關問題之探討〉，《月旦裁判時報》，第 76 期，2018 年 10 月，頁 47-62。

上訴撤回之效果依行政訴訟法第 262 條第 2 項規定，為當事人喪失其上訴權。

第十節　抗告程序

第一項　抗告之意義

抗告與判決不同已如上述。抗告係指對於未確定之行政法院裁定，聲明不服之方法，其目的與上訴相同，在求裁判之正確，以保障當事人之權益，故對於行政法院之裁定，除別有規定不許抗告者外，原則上得為抗告，使當事人得有權益救濟之機會❶❻❷。

第二項　抗告之事項

行政訴訟法第 264 條規定，對於裁定得為抗告，但別有不許抗告之規定者，不在此限。所有別有不許抗告之規定者，如行政訴訟法第 265 條、第 266 條之規定是。不過，依此二條規定，原則上不許抗告，但仍有例外情形，即：

1.訴訟程序進行中所為之裁定，除別有規定外，不得抗告。

2.受命法官或受託法官之裁定，不得抗告。但其裁定如係受訴行政法院所為而依法得為抗告者，得向受訴行政法院提出異議。

3.前項異議，準用對於行政法院同種裁定抗告之規定。

4.受訴行政法院就異議所為之裁定，得依本編之規定抗告。

5.繫屬於最高行政法院之事件，受命法官、受託法官所為之裁定，得向受訴行政法院提出異議。其不得上訴最高行政法院之事件，高等行政法院受命法官、受託法官所為之裁定，亦同。

---

❶❻❷　林騰鷂，《行政訴訟法》，頁 424–430。

第三項　抗告之程序

提起抗告，依行政訴訟法第 268 條、第 269 條之規定應符合下列程序：

1.應於法定期間內提起——即提起抗告，應於裁定送達後 10 日之不變期間內為之。但送達前之抗告亦有效力。

2.應以抗告狀向為裁定之原行政法院或原審判長所屬行政法院提出。關於訴訟救助提起抗告，及由證人、鑑定人或執有證物之第三人提起抗告者，得以言詞為之。

3.應為抗告而誤為異議者，依行政程序法第 271 條規定，視為已提起抗告；應提出異議而誤為抗告者，視為已提出異議。此即為學理上之擬制抗告或異議，用以保護未諳法律之當事人。

第四項　抗告之裁定

行政訴訟法第 267 條第 1 項規定，抗告，由直接上級行政法院裁定。同條第 2 項又規定，對於抗告法院之裁定，不得再為抗告。

第五項　抗告之捨棄與撤回

依行政訴訟法第 270 條規定，抗告之捨棄與撤回準用關於捨棄上訴權及撤回上訴之規定，此因兩者所應適用之法則相同，故行政訴訟法明定可以準用。

第十一節　再審程序

第一項　再審之意義與目的

行政訴訟法規定之再審制度，除一、二條文外，幾乎與民事訴訟法規

定之再審制度相同，引起學者對立法策略、立法技巧之質疑❶。所謂行政
訴訟之再審是指對確定之行政訴訟終局判決或裁定聲明不服之非常救濟
方法與上所述之上訴、裁定等一般救濟方法略有不同，其目的有二，即：

1.廢棄判決程序有重大瑕疵之終局確定判決，代以新判決。學理上稱
此為確定判決無效之訴 (Nichtigkeitsklage)❶。

2.當判決所依基本事實發生變化致判決正確性難以維持時，廢棄該判
決代以新判決，以回復訴訟當事人之應有訴訟權益，學理上稱此為復原之
訴 (Restitutionsklage)❶。

第二項　再審事由

因行政訴訟確定判決或因此確定判決有瑕疵而受不利益之訴訟當事
人，依行政訴訟法第 273 條第 1 項規定，有下列各款情形之一者，得以再
審之訴對於確定終局判決聲明不服。但當事人已依上訴主張其事由或知其
事由而不為主張者，不在此限：

1.適用法規顯有錯誤者。

2.判決理由與主文顯有矛盾者。

3.判決法院之組織不合法者。

4.依法律或裁判應迴避之法官參與裁判者。

5.當事人於訴訟未經合法代理或代表者。

6.當事人知他造之住居所，指為所在不明而與涉訟者。但他造已承認
其訴訟程序者，不在此限。

7.參與裁判之法官關於該訴訟違背職務，犯刑事上之罪者。

8.當事人之代理人、代表人、管理人或他造或其代理人、代表人、管
理人關於該訴訟有刑事上應罰之行為，影響於判決者。

---

❶　吳庚教授指出，德國行政法院法只設一個條文，使行政訴訟之再審適用民事
　　訴訟法之有關規定，簡單明瞭。參閱吳庚，上揭書，頁 257。

❶　吳庚，上揭書，頁 267。

❶　吳庚，上揭書，頁 267；陳清秀，上揭書，頁 543。

9.為判決基礎之證物係偽造或變造者。

10.證人、鑑定人或通譯就為判決基礎之證言、鑑定或通譯為虛偽陳述者。

11.為判決基礎之民事或刑事判決及其他裁判或行政處分，依其後之確定裁判或行政處分已變更者。

12.當事人發見就同一訴訟標的在前已有確定判決或和解或得使用該判決或和解者。

13.當事人發見未經斟酌之證物或得使用該證物者。但以如經斟酌可受較有利益之裁判者為限。

14.原判決就足以影響於判決之重要證物漏未斟酌者。

除上述 14 項列舉事由外，行政訴訟法第 273 條第 2 項又將大法官釋字第 177 號及第 185 號解釋意旨明文化，規定，確定終局判決所適用之法律或命令，經司法院大法官依當事人之聲請解釋為牴觸憲法者，其聲請人亦得提起再審之訴**❶⑥⑥**。

又同條第 3 項另規定，第 1 項第 7 款至第 10 款情形，以宣告有罪之判決已確定，或其刑事訴訟不能開始或續行非因證據不足者為限，得提起再審之訴。

再審之訴原須確定之終局判決本身有再審之事由時始得依行政訴訟法第 273 條之規定提起，若確定終局判決本身雖無再審事由，但據為判決基礎之其他裁判有再審事由時，則該判決亦有瑕疵，故行政訴訟法第 274 條乃規定，為判決基礎之裁判，如有前條所定之情形者，得據以對於該判決提起再審之訴。

第三項　再審之管轄

行政訴訟法第 275 條對再審之管轄，設有下列之規定：

1.再審之訴專屬為判決之原行政法院管轄。

2.對於審級不同之行政法院就同一事件所為之判決提起再審之訴者，

---

❶⑥⑥　相關司法實務請參閱，林騰鷂，《行政訴訟法》，頁 432–434。

專屬上級行政法院合併管轄之。

　　3.對於最高行政法院之判決，本於第 273 條第 1 項第 9 款至第 14 款事由聲明不服者，雖有前 2 項之情形，仍專屬原高等行政法院管轄。

第四項　再審提起之期間

　　行政訴訟法第 276 條對提起再審之期間，設有下列規定：

　　1.再審之訴應於 30 日之不變期間內提起。

　　2.前項期間自判決確定時起算。但再審之理由知悉在後者，自知悉時起算。

　　3.依第 273 條第 2 項提起再審之訴者，第 1 項期間自解釋公布當日起算。

　　4.再審之訴自判決確定時起，如已逾 5 年者，不得提起。但以第 273 條第 1 項第 5 款、第 6 款或第 12 款情形為再審之理由者，不在此限。

第五項　再審之訴的提起程序

　　行政訴訟法第 277 條第 1 項規定了提起再審之訴所應遵循的程序，即再審之訴，應以訴狀表明下列各款事項，並添具確定終局判決繕本，提出於管轄行政法院為之：

　　1.當事人。

　　2.聲明不服之判決及提起再審之訴之陳述。

　　3.應於如何程度廢棄原判決及就本案如何判決之聲明。

　　4.再審理由及關於再審理由並遵守不變期間之證據。

　　同條第 2 項另規定，再審訴狀內，宜記載準備本案言詞辯論之事項。

第六項　再審之審理

　　再審之訴依行政訴訟法第 281 條規定，即除再審程序編別有規定外，其訴訟程序準用關於各該審級訴訟程序之規定。申言之，再審程序應依下列步驟為審理❿：

1.再審訴訟合法性 (Zulässigkeit) 的審查，例如當事人已依上訴主張其再審事由或知其事由不主張者，依行政訴訟法第 273 條第 1 項規定，其所提再審訴訟即無合法性，或再審之訴是否在法定期間提起等亦涉及再審訴訟之合法性。對此類事由之審查即為再審訴訟合法性之審查。

2.再審訴訟有無理由 (Begründeheit) 的審查，例如對再審訴訟所提再審事由是否確實等之審查。

3.就本案案件重新審理及裁判，即在確認再審之訴合法且有理由時，就本案之訴訟程序續行、再開。因其類似上訴故行政訴訟法第 279 條規定，本案之辯論及裁判，以聲明不服之部分為限。

第七項　再審之裁判

再審之裁判依行政訴訟法第 278 條、第 280 條之規定有如下列：

一、再審之訴不合法，以裁定駁回

即行政訴訟法第 278 條第 1 項所規定的，再審之訴不合法者，行政法院應以裁定駁回之。所謂再審之訴不合法者，如提起再審之訴未依同法第 276 條之法定期間或未依同法第 277 條之法定程式等。

二、再審之訴無理由之判決

1.再審之訴顯無理由之判決——此即行政訴訟法第 278 條第 2 項所規定的，再審之訴顯無再審理由者，得不經言詞辯論，以判決駁回之。

2.雖有再審理由但不影響裁判結果之判決——此即行政訴訟法第 280 條所規定之再審之訴雖有再審理由，行政法院如認原判決為正當者，應以判決駁回之。

三、再審之訴有理由之判決

再審之訴合法且有理由，則依學者之看法❻，行政法院得以中間判決廢棄原確定判決，除去其確定力並追溯成立訴訟繫屬，前訴訟程序回復到

---

❻　陳清秀，上揭書，頁 548。

❻　陳清秀，上揭書，頁 549；參引 Eyermann, *Verwaltungsgerichtsordnung*, 10. Auflage, 1998,§153 Rn. 17 f.

未判決前之狀態，而先前的程序上行為，在未涉及有再審瑕疵情形下，均仍屬有效，行政法院並應就該事件重新審理及裁判，而當事人也得依法提出新的陳述主張及新的聲請或請求。行政法院重新裁判後之結果如仍與原裁判相同，則可維持原裁判結果，如重新裁判結果與原確定判決不同，則如先前未作成廢棄原確定判決之中間判決時，應於再審終局判決中在判決主文中明示廢棄原確定判決❶❻❾。

第八項　再審判決之效力

原確定判決經再審法院廢棄，另為變更判決時，除影響當事人間之法律關係外，亦可能影響第三人之權利。為此，行政訴訟法第 282 條乃規定，再審之訴之判決，對第三人因信賴確定終局判決以善意取得之權利無影響。但顯於公益有重大妨害者，不在此限。

第九項　確定裁定之再審

行政訴訟法第 283 條規定，裁定已經確定，而有第 273 條之再審事由情形者，得準用再審程序編之規定，聲請再審，學者稱之為準再審❶❼❶。

第十二節　重新審理程序

第一項　重新審理之意義

重新審理為我國行政訴訟新增設之制度，源自於日本的第三人再審之訴制度❶❼❶，類似於法國之第三人抗告制度❶❼❷。依行政訴訟法第 284 條第 1

---

❶❻❾　陳清秀，上揭書，頁 549。林騰鷂，《行政訴訟法》，頁 439。

❶❼❶　吳庚，上揭書，頁 273。

❶❼❶　陳清秀，上揭書，頁 551。

❶❼❷　蔡志方，〈行政訴訟制度〉，翁岳生編，《行政法》，頁 1077。

項之規定，是指因撤銷或變更原處分或決定之判決，而權利受損害之第三人，如非可歸責於己之事由，未參加訴訟，致不能提出足以影響判決結果之攻擊或防禦方法者，得對於確定終局判決聲請重新審理。❸

　　建構行政訴訟重新審理程序制度，主要在於尋求公允救濟。因行政法院撤銷或變更原處分或決定之判決，不僅對於當事人生效，並且依行政訴訟法第 215 條規定，對第三人亦有效力。當事人對行政法院撤銷或變更原處分或決定之確定終局判決可以提起再審之訴，以求救濟，但有利害關係之第三人，如由非可歸責於己事由，未參加訴訟，致不能提出足以影響判決結果之攻擊或防禦方法者，如未給予對於確定判決聲明不服之救濟方法，則有失公允。因此，司法院在草擬行政訴訟法修正草案時，即仿照日本行政事件法第 34 條規定，將利害關係第三人提起之重新審理程序列為再審之訴的一種。不過，因為學者認為再審之訴係原判決之當事人始得提起，現權利受損害之第三人既未參加「前審」，如何有「再審」之可言，因此將之改為重新審理❸。此即為我國行政訴訟法建構重新審理程序制度之緣由。

第二項　重新審理之聲請

　　行政訴訟法第 284 至第 286 條、第 289 條規定了重新審理之聲請人、聲請事由、聲請期間、聲請之管轄、聲請程序及聲請撤回事項，即：

　　1.聲請人及聲請事由為行政訴訟法第 284 條第 1 項規定情形已如上引。

　　2.聲請期間──依行政訴訟法第 284 條第 2 項規定，聲請重新審理應

---

❸　相關論文請參閱，劉建宏，〈行政法院漏未實施訴訟參加之法律救濟途徑──兼論行政訴訟上重新審理制度〉，《月旦法學雜誌》，第 89 期，2002 年 10 月，頁 104–113；陳淑芳，〈行政訴訟之重新審理〉，《月旦法學教室》，第 64 期，2008 年 2 月，頁 18–19。

❸　《司法院研修資料彙編㈤》，頁 301，草案初稿第 266 條，頁 360，主席翁岳生及委員楊建華之發言；另參閱賴恒盈，〈「行政訴訟重新審理制度」之檢討〉，《萬國法律》，89 年 8 月。

於知悉確定判決之日起 30 日之不變期間內為之。但自判決確定之日起已逾 1 年者，不得聲請。

3.聲請之管轄──依行政訴訟法第 285 條規定，重新審理之聲請準用第 275 條第 1 項、第 2 項管轄之規定。此因聲請重新審理係第三人對於確定判決聲明不服之方法，與再審之訴之目的相同，故有關再審之訴管轄法院之規定，自可準用以節繁文。

4.聲請之程序──行政訴訟法第 286 條第 1 項規定，聲請重新審理，應以聲請狀表明下列各款事項，提出於管轄行政法院為之：

⑴聲請人及原訴訟之兩造當事人。

⑵聲請重新審理之事件，及聲請重新審理之陳述。

⑶就本案應為如何判決之聲明。

⑷聲請理由及關於聲請理由並遵守不變期間之證據。

同條第 2 項另規定，聲請狀內，宜記載準備本案言詞辯論之事項。

5.聲請之撤回──行政訴訟法第 289 條第 1 項、第 3 項規定，聲請人於行政法院對其聲請是否合法為裁定確定前，得以書狀或言詞撤回其聲請，而若撤回聲請者，依同條第 2 項規定，聲請人喪失其重新審理聲請權。

第三項　重新審理聲請之裁判

行政訴訟法第 287 條、第 288 條及第 290 條分別規定了重新審理聲請之裁判事項，即：

1.聲請不合法之駁回──即行政訴訟法第 287 條所規定的聲請重新審理不合法者，行政法院應以裁定駁回之。

2.聲請合法之處置──即行政訴訟法第 288 條所規定的行政法院認為第 284 條第 1 項之聲請有理由者，應以裁定命為重新審理；認為無理由者，應以裁定駁回之。

3.回復原訴訟程序，更為審判──即行政訴訟法第 290 條第 1 項所規定的，開始重新審理之裁定確定後，應即回復原訴訟程序，依其審級更為

審判。同條第 2 項又規定，聲請人於回復原訴訟程序後，當然參加訴訟。

第四項　重新審理聲請之效力

行政訴訟法第 291 條規定，聲請重新審理無停止原確定判決執行之效力。但行政法院認有必要時，得命停止執行。又重新審理判決之效力，對第三人因信賴確定終局判決以善意取得之權利無影響，但顯於公益有重大妨害者，不在此限，此因行政訴訟法第 292 條準用同法第 282 條規定之故也。

第十三節　保全程序

第一項　保全程序之意義

保全程序原係民事訴訟法上為使債權人訴訟獲勝結果得以確實實現之暫時性權益保護制度。因民事私權爭訟，債權人必須取得勝訴確定判決後，以之為執行名義，始能獲得公權力採取強制執行措施之保障。不過，因民事訴訟耗時頗久，提起訴訟所欲獲得之私權保障，每因債務人之財產發生變動，或訴訟請求標的之現狀發生變更，致有不能實現、不能強制執行或甚難實現、甚難執行之虞。故民事訴訟法乃設有假扣押及假處分兩種保全程序，使債權人在未獲得勝訴確定判決前，申請法院為暫時之扣押與處分以保全金錢請求、得易為金錢請求之請求或金錢請求以外之請求的強制執行。

行政訴訟法修正以前，僅有一種撤銷訴訟，而無給付訴訟之判決，故未設有強制執行或保全強制執行訴訟標的之必要。民國 87 年行政訴訟法修正後，訴訟種類增加許多，乃有採取與民事訴訟制度相似之保全程序必要，故行政訴訟法第 293 條至第 303 條規定了類似於民事訴訟保全程序之行政訴訟保全程序制度，而構成學者所謂行政訴訟上之暫時權利保護之重

要環節⑰。

　　行政訴訟法所規定之保全程序包括假扣押程序，假處分程序，同為行政訴訟上之暫時權利保護程序，而與另外一種暫時權利保護措施，即行政訴訟法第 116 條至 119 條所規定之行政處分的停止執行⑯並不相同，亦即假處分相對於行政處分的停止執行⑰，具有補充性，如果人民權利的侵害是因行政處分的執行所引起，則應聲請停止執行⑱，而非聲請假處分⑲。行政訴訟法第 299 條對此乃明文規定：「關於行政機關之行政處分，不得為前條之假處分」。

---

⑰　參閱林明鏘，《人民權利之暫時保護——以行政訴訟程序為中心》，臺灣大學法律研究所碩士論文，民國 76 年；陳英鈐，〈撤銷訴訟與行政處分之停止執行——人民權利保護的櫥窗〉，台灣行政法學會主編，《行政法爭議問題研究（下）》，頁 1009–1031；蔡進良，〈論行政救濟上人民權利之暫時保護——新修正訴願法與行政訴訟法之檢討〉，《月旦法學雜誌》，第 47 期，1999 年 4 月，頁 65–82；林騰鷂，《行政訴訟法》，頁 445–466；林昱梅，〈暫時性權利保護之有效性〉，《月旦法學教室》，第 91 期，2011 年 5 月，頁 14–15；林昱梅，〈行政法院對暫時權利保護之審查權——兼評中科三期停止執行與停止開發相關裁定〉，《法令月刊》，第 61 卷第 10 期，2010 年 10 月，頁 37–55；葛克昌，〈暫時權利保護與稅法〉，《月旦法學教室》，第 101 期，2011 年 3 月，頁 63–74。

⑯　相關實例請參閱，陳英鈐，〈原行政處分之合法性〉，《台灣本土法學雜誌》，第 45 期，2003 年 4 月，頁 111–118。

⑰　參閱林明昕，〈論行政訴訟法上之「執行（不）停止原則」〉，《月旦法學雜誌》，第 77 期，2001 年 10 月，頁 66–79。

⑱　例如在 ETC 案（即民間參與高速公路電子收費系統建置及營運契約）中，參與競標之「宇通公司」即依行政訴訟法第 116 條向臺北高等行政法院聲請停止執行交通部臺灣區國道高速公路局公告「遠通聯盟」為該 ETC 案最優申請人之決定。參閱，林明昕，〈論 ETC 案中之行政爭訟問題——以暫時權利保護為中心——〉，《台灣本土法學雜誌》，第 82 期，2006 年 5 月，頁 226 以下。

⑲　陳清秀，上揭書，頁 557。

第二項　假扣押

行政訴訟法第 293 條至 297 條規定了行政訴訟上之假扣押制度，其內涵主要有如下述：

一、聲請假扣押之要件

依行政訴訟法第 293 條第 1 項、第 2 項以及同法第 297 條準用民事訴訟法第 523 條之規定，聲請假扣押之要件為：

1.為保全公法上金錢給付之強制執行，特別是基於行政契約所生給付義務之強制執行。而公法上金錢給付未到履行期者之強制執行，依行政訴訟法第 293 條第 2 項規定，亦得聲請。

2.公法上金錢給付之債務人須有日後不能強制執行或甚難執行之虞。例如人民與政府訂立高速鐵路建設、經營、移轉所有權之行政契約後，財務發生變動致有日後不能強制執行或甚難執行之虞者。

二、聲請假扣押之管轄法院

行政訴訟法第 294 條規定假扣押聲請之管轄法院如下：

1.假扣押之聲請，由管轄本案之行政法院或假扣押標的所在地之地方法院行政訴訟庭管轄，而所謂管轄本案之行政法院，依行政訴訟法第 294 條第 2 項之規定，為訴訟已繫屬或應繫屬之第一審法院。

2.假扣押之聲請，由假扣押標的所在地之行政法院或假扣押標的所在地之地方法院行政訴訟庭管轄。行政訴訟法第 294 條第 3 項又補充規定，假扣押之標的如係債權，以債務人住所或擔保之標的所在地，為假扣押標的所在地。此時，假扣押之聲請，由債務人住所或擔保之標的所在地之行政法院或假扣押標的所在地之地方法院行政訴訟庭管轄[180]。

三、假扣押之裁定

高等行政法院受理假扣押之聲請後，應調查假扣押聲請是否符合上述法定聲請要件，以及是否符合民事訴訟法第 525 條、第 526 條等有關假扣

[180]　論文請參閱，盧世寧，〈探討關稅假扣押之管轄〉，《稅務旬刊》，第 2247 期，2014 年 2 月 28 日，頁 11–14。

押聲請書面程式、假扣押請求及假扣押釋明或以提供擔保代替釋明之規定（因行政訴訟法第 297 條準用民事訴訟法這些規定之關係）而為下列處置：

1.假扣押聲請不合程式又不能補正者，行政法院應以聲請不合法裁定駁回。

2.若假扣押之聲請係不得為假扣押者，或欠缺假扣押之特別要件，則雖經債權人提出擔保，行政法院均得以聲請為無理由，以裁定駁回。

3.若假扣押之聲請為有理由，行政法院應為准許假扣押之裁定並應分別情形，依法院之裁量，命債權人提供擔保後為假扣押之裁定，或單純准予假扣押而無須債權人提供擔保。此些假扣押裁定並應為債務人提供所定金額之擔保後，得免為或撤銷假扣押之記載。

四、假扣押裁定之撤銷及損害賠償

假扣押裁定如有下列原因則有可能被撤銷，即：

1.債權人逾期未起訴者——行政訴訟法第 295 條規定，假扣押裁定後，尚未提起給付之訴者，應於裁定送達後 10 日內提起；逾期未起訴者，行政法院應依聲請撤銷假扣押裁定。

2.假扣押裁定自始不當者——行政訴訟法第 296 條規定假扣押裁定自始不當者，可被撤銷。所謂自始不當是指假扣押裁定後經債務人抗告，而為抗告審理之最高行政法院認為不應為假扣押裁定而撤銷假扣押裁定之情形是。

3.假扣押之原因消滅或其他命假扣押之情事變更者，債務人為撤銷假扣押裁定之聲請經行政法院許可者，此為行政訴訟法第 297 條準用民事訴訟法第 530 條第 1 項規定可能之結果。

4.債務人陳明可供法院所定之擔保或將請求之標的物提存，聲請撤銷假扣押裁定而為法院許可者，此為行政訴訟法第 297 條準用民事訴訟法第 530 條第 2 項規定可能之結果。

假扣押如有上述原因而被撤銷者，依行政訴訟法第 296 條第 1 項規定，債權人應賠償債務人因假扣押或供擔保所受之損害。

同條第 2 項另規定，假扣押所保全之本案請求已起訴者，前項賠償，行政法院於言詞辯論終結前，應依債務人之聲明，於本案判決內命債權人為賠償；債務人未聲明者，應告以得為聲明。

第三項　假處分

行政訴訟法第 298 條至第 303 條規定了行政訴訟上之假處分制度，其內涵主要有如下述：

一、聲請假處分之要件

行政訴訟法第 298 條第 1 項、第 2 項分別規定了兩類假處分之聲請要件，即：

1.公法上之權利因現狀變更，有不能實現或甚難實現之虞者，為保全強制執行，得聲請假處分。學者認為此處所指之公法上權利係指公法上金錢給付以外之公法上權利[181]，至若公法上金錢給付則可依上述聲請假扣押方式為保全。依此規定聲請之處分，相當於德國法制上之保全處分 (Sicherungsanordnung)[182]。

2.於爭執之公法上法律關係，為防止發生重大之損害或避免急迫之危險而有必要時，得聲請為定暫時狀態之處分。此即為德國法制上之規制處分 (Regelungsanordnung)[183]。

二、假處分之管轄法院

行政訴訟法第 300 條規定，假處分之聲請，由管轄本案之行政法院管轄。但有急迫情形時，得由請求標的所在地之地方法院行政訴訟庭管轄。

三、假處分之程序及裁定

行政訴訟法第 302 條規定，除別有規定外關於假扣押之規定，於假處

---

[181] 如繼續僱用請求權是。相關論文請參閱，林佳和，〈勞動事件法保全程序——繼續僱用請求權〉，《月旦法學雜誌》，第 293 期，2019 年 10 月，頁 140–164。

[182] 吳庚，上揭書，頁 282、283。

[183] 吳庚，上揭書，頁 282、284–285。

分準用之，是以假處分聲請之書面程式及裁定等均不準用假扣押之相關規定。而此所謂別有規定者是指行政訴訟法第 298 條第 3 項、第 4 項以及第 301 條之規定，即：

1.行政法院依行政訴訟法第 298 條第 2 項規定為定暫時狀態之處分，得命聲請人先為一定之給付。

2.行政訴訟法第 298 條第 4 項之規定，即行政法院為假處分裁定前，得訊問當事人、關係人或為其他必要之調查。

3.行政訴訟法第 301 條規定，關於假處分之請求及原因，非有特別情事，不得命供擔保以代釋明。此一規定，學者認為是假處分與假扣押之最大區別所在 [184]。

四、假處分之限制

民國 100 年 11 月 23 日公布修正之行政訴訟法第 299 條規定，得依同法第 116 條請求停止原處分或決定之執行者，不得聲請為同法第 298 條規定之假處分 [185]。修正前之第 299 條原規定，對於行政機關之行政處分不得聲請行政法院為假處分，因對於行政處分已另有類似假處分之救濟途徑規定，即得依行政訴訟法第 116 條至 119 條之規定，為行政處分之停止執行 [186] 而使當事人獲得暫時權利保護 [187]。修正後之第 299 條，乃明文限制得

---

[184] 吳庚，上揭書，頁 285。

[185] 相關實例論文請參閱，陳英鈐，〈停止執行與假處分的選擇〉，《月旦法學教室》，第 108 期，2011 年 10 月，頁 12–14。

[186] 相關實務請參閱，張嘉真、姜威宇，〈行政處分停止執行之要件——闡述最高行政法院 99 年度裁字第 2041 號裁定意旨〉，《萬國法律》，第 195 期，2014 年 6 月，頁 58–65；另參閱，李惠宗，〈行政處分停止執行制度的商榷——從訴訟權的有效保障檢討訴訟不停止執行的立法適當性〉，《台灣法學雜誌》，第 246 期，2014 年 4 月 15 日，頁 76–113；程明修，〈行政執行停止的原則與例外——司法權的核心散逸？民粹凌駕專業？〉，《台灣法學雜誌》，第 243 期，2014 年 3 月 1 日，頁 94–105；李建良，〈論行政強制執行之權利救濟體系與保障內涵——以行為、不行為或容忍義務之執行為探討重心〉，《中研院法學期刊》，第 14 期，2014 年 3 月，頁 1–105；陳清秀，〈行政執

依第 116 條請求原處分或決定之執行者，不得聲請為前條之假處分。

第十四節　強制執行

第一項　概　說

行政訴訟法修正後除了撤銷判決之外，尚增有給付判決、確認判決、課予義務判決，故行政訴訟法在第 304 條至第 307 條中規定了行政訴訟裁判之強制執行制度 ❿。

第二項　撤銷判決之執行

行政訴訟法第 304 條規定，撤銷判決確定者，關係機關應即為實現判決內容之必要處置。此一規定已免除了舊法第 32 條所規定的由行政法院報請司法院轉有關機關執行之繁瑣層轉之手續，較能即時直接的實現判決內容。

第三項　給付裁判之執行

行政訴訟法第 305 條規定了行政訴訟裁判，特別是給付裁判之執行事項。其中得為給付裁判執行名義者如下列各項：

1.給付判決——行政訴訟法第 305 條第 1 項規定，行政訴訟之裁判命債務人為一定之給付，經裁判確定後，債務人不為給付者，債權人得以之

行程序之救濟〉，《法令月刊》，第 65 卷第 3 期，2014 年 3 月，頁 30–62；陳慈陽，〈行政停止執行〉，《台灣法學雜誌》，第 263 期，2015 年 1 月 1 日，頁 153–156。

❿ 吳庚，上揭書，頁 286。

❿ 參閱李建良，〈論行政訴訟強制執行之基本體系〉，《臺北大學法學論叢》 第 49 期，民國 90 年 12 月，頁 61–122。林騰鷂，《行政訴訟法》，頁 467–474。

為執行名義，聲請地方法院行政訴訟庭強制執行。

2.依行政訴訟法成立之和解——行政訴訟法第 305 條第 4 項規定，依本法第 219 條規定以次成立之和解，得為執行名義。

3.依行政訴訟法所為之裁定得為強制執行者——如依行政訴訟法第 293 條至第 303 條規定所為之假扣押或假處分裁定是。

4.行政法院依行政訴訟法科處罰鍰之裁定——如依行政訴訟法第 143 條第 1 項、第 2 項對證人受合法通知，無正當理由而不到場者科處罰鍰之裁定。

給付判決之執行，依行政訴訟法第 305 條第 1 項規定，由債權人向地方法院行政訴訟庭提出聲請。地方法院行政訴訟庭收受此聲請後應先作形式審查，不合規定者應命補正或駁回。合乎法定要件者，則依同條第 2 項規定，地方法院行政訴訟庭應先定相當期間通知債務人履行；逾期不履行者，強制執行。同條第 3 項又規定，債務人為中央或地方機關或其他公法人者，並應通知其上級機關督促其如期履行。

第四項　強制執行機關

民國 100 年 11 月 23 日公布修正之行政訴訟法第 306 條第 1 項改變了行政訴訟裁判之強制執行機關，不再像以前，在高等行政法院自設執行處，而是規定囑託代為執行，即規定：「地方法院行政訴訟庭為辦理行政訴訟強制執行事務，得囑託民事執行處或行政機關代為執行。」

第五項　強制執行程序

行政訴訟法第 306 條第 2 項規定，執行程序，除本法別有規定外，應視執行機關為法院或行政機關而分別準用強制執行法或行政執行法之規定。

第六項　強制執行事件爭執之救濟途徑

對強制執行事件如有爭執，有何救濟途徑[189]？依行政訴訟法規定，有

如下列情形，即：

　　1.行政訴訟法第 306 條第 3 項規定，債務人對同條第 1 項囑託代為執行之執行名義得為異議並由高等行政法院裁定之。

　　2.依行政訴訟法第 307 條之規定及立法說明，債務人對於執行名義所示之實體請求權有所爭執，得提起異議之訴，並依其執行名義係適用簡易程序或通常訴訟程序，分別由地方法院行政訴訟庭或高等行政法院受理。

　　3.依行政訴訟法第 307 條後段規定及其立法說明，除債務人異議之訴外，其餘有關強制執行之訴訟，包括第三人異議之訴、參與分配之訴、分配表異議之訴、關於外國船舶優先權之訴及債權人對第三人之聲明認為不實之訴，均係就執行標的物或執行債權之歸屬等之爭執，性質上純屬私權之爭執，由普通法院受理。

第十五節　行政訴訟之費用

第一項　行政訴訟費用之意義與種類

　　行政訴訟費用，就廣義而言，係指行政訴訟之裁判費、裁判費以外其他進行訴訟之必要費用以及當事人實際上所支出之一切進行訴訟之費用。就狹義而言，乃指行政訴訟之裁判費及裁判費以外其他進行訴訟之必要費用。依民國 96 年 6 月 5 日立法院三讀通過修正之行政訴訟法第 98 條第 1 項規定，係採狹義見解。該項明白規定：「訴訟費用指裁判費及其他進行訴訟之必要費用。」

　　裁判費係指國家為司法裁判行為所需之費用。民國 96 年 6 月 5 日修正前之行政訴訟法第 98 條第 1 項規定：「行政訴訟不徵收裁判費。」是採行政訴訟無償主義。此因行政訴訟與民事訴訟在性質上有重大不同。學者

---

❿　參閱李建良，〈行政訴訟強制執行之救濟體系──以司法執行程序為中心〉，《東吳法律學報》，第 13 卷第 2 期，2002 年 2 月，頁 31–60。

指出，行政訴訟與民事訴訟性質不同，民事訴訟係人民間純粹爭取私人權益之訴訟，而行政訴訟不僅維護個人權益，且須達到維護法治尊嚴之效果，訴訟固為人民對政府機關起訴，惟實際係維護法治之手段；況基於國家利益而言，起訴指摘政府機關之行政處分或措施違法，亦足以促進政府行政之改革，應予鼓勵，若予以收取裁判費，似與行政訴訟之理想與精神相悖⑲⓪。

行政訴訟應否徵收裁判費，有採肯定說者，有採否定說者。採肯定說者如司法院即就事理、法理及實務運作結果分析，主要理由為⑲①：

一、從防止濫訴而言

不徵收裁判費在實務上導致許多濫訴，甚至有對同一事件重複聲請再審達 270 餘次之情事。司法資源有限，過多的濫訴造成審判資源分散，結果阻礙權利確實受到侵害，真正需要行政法院保護者案件之審理。目前，民事訴訟以徵收「裁判費」防止濫訴，刑事訴訟以「誣告罪」防止濫訴，獨行政訴訟無防止濫訴之措施，故應酌收「裁判費」，讓真正權利受到侵害之人民，可儘速受到應有之救濟。

二、從公平原則而言

訴訟事件的公私法性質，有時很難斷定，歸民事法院審判者，就徵收裁判費，歸行政法院審判者，則不徵收裁判費。從而，法官對審判權歸屬之見解，亦影響是否徵收裁判費，實有失公平。且有些公法上訴訟事件，依現行相關法律劃歸普通法院審理者，例如國家賠償事件，應依民事訴訟法之規定繳納裁判費，兩相比較，行政訴訟不付費，並不公平。

---

⑲⓪　林清祥，上揭書，頁 359。

⑲①　《司法周刊》，第 1122 期，民國 92 年 2 月 26 日，第一版。另在司法院行政訴訟制度研究修正委員會各區座談會中採肯定說者有下列單位代表：臺灣省會計師公會、臺中縣政府、高雄縣政府環保局、高雄律師公會、高雄市會計師公會、臺北縣政府、花蓮縣政府。司法院印行，《司法院行政訴訟制度研究修正資料彙編》，頁 14、42、80、82、93、127、143 等。

三、就使用者付費原則而言

行政訴訟之運作，係使用全國納稅義務人繳稅供給之國家機器即司法機關為審判，如採取無償制，則少數人要求審判所發生之成本，全數歸由全國人民分擔，顯非公平。且現今國民生活水準提高，多有能力負擔裁判費，自應由使用者付費，以落實資源有效分配。

四、就國際趨勢而言

行政訴訟採有償制是國際立法趨勢。德國、日本、奧地利、韓國及大陸等立法例，無論民事訴訟或行政訴訟均徵收裁判費與進行訴訟之必要費用。我國行政訴訟制度，與德國及日本之法制相近，獨我國行政訴訟不徵收裁判費，有違法制潮流。尤其，我國加入 WTO 等國際組織，外國人民亦有於我國進行行政訴訟之必要，行政訴訟採取有償制，與國際法制趨勢相符，利於我國社會之國際化。

五、就督促依法行政而言

裁判費由敗訴之人負擔。從而，人民提起行政訴訟，如行政機關敗訴，即應負擔訴訟費用之不利益，可藉此督促其慎重行政行為，並切實踐行行政程序法，以保障人民之權益。

六、就行政訴訟強制執行費用徵收之明確化而言

因現行行政訴訟法之規定並不明確，行政訴訟之強制執行是否徵收執行費，曾引起疑義，自有予以法制化之必要。

採否定說者[192]則認為：

1.行政訴訟為解決公權力之爭執，若徵收費用，無異禁止。

2.行政訴訟程序，政府機關就各方面資源均優於人民，如可由國庫負

---

[192] 林清祥，上揭書，頁 358。另在司法院行政訴訟制度研究修正委員會各區座談會中採否定說者，有下列單位代表：臺灣省政府、彰化律師公會、南投縣環保局、高雄市政府、行政院公平交易委員會、財政部臺北市國稅局、臺北市政府法規會、宜蘭縣政府工務局、臺北律師公會、臺灣省會計師公會、臺北市會計師公會。請參閱《司法院行政訴訟制度研究修正資料彙編》，頁 9、13、38、79、114、117、142、143、153、156、183。

擔訴訟費用，無資力之人民，將處不利地位，無從與之抗衡 ❿ 。

3.行政訴訟為特殊之救濟程序，屬於服務性之行政，不生不公平使用司法資源之情形。

4.人民不服行政處分，循行政爭訟程序救濟，若敗訴予以駁回，乃民主法治國家應有之現象，不宜以徵收訴訟費用予以阻止。

5.今日德、日等國已非行政國家，而為司法國家，故與英美等司法單元化國家同，均徵收行政訴訟費用，我國未達此境，於鼓勵人民循法律途徑糾正行政誤失之時，不宜徵收訴訟費用。

6.行政爭訟涉專門化，需專家及專門技術協助，若採有償主義，人民無法負擔。

7.行政訴訟應有「美而廉」之特點，採有償主義，失其良法美意等理由，力主行政訴訟採無償主義。

8.公法上給付訴訟金額可能極大，不應比照民事訴訟之收費標準，以免妨礙公共利益。

司法院斟酌各方意見後，認為行政訴訟徵收裁判費確有必要，並制定「行政訴訟費用法草案」，於民國 91 年 8 月 28 日函送立法院審議 ❿ 。此一草案並未受到認真的審議，又因立法院改選，法案換屆不延續之影響而使草案有如胎死腹中。不過，在民國 96 年 6 月 5 日立法院三讀通過修正行政訴訟法後，行政訴訟徵收裁判費制度已經確立 ❿ 。茲就行政訴訟法規

---

❿ 參閱《中國時報》社論：〈行政訴訟不應收費〉，民國 96 年 6 月 9 日，A2 版。

❿ 司法院印行，《司法院行政訴訟制度研究修正資料彙編》，民國 91 年 12 月，頁 1529、1663–1672。

❿ 民國 96 年 6 月 5 日修正前之行政訴訟不徵收裁判費，但其後則應收裁判費，那在過渡期間發生之種種訴訟行為，究應如何徵收裁判費，最高行政法院 96 年 12 月份庭長法官聯席會議於民國 96 年 8 月 15 日作出下列各則決議：

　1.第 8 則：修正行政訴訟法施行後，於施行前已繫屬而尚未終結之行政訴訟事件，應否徵收裁判費，以為訴訟行為（如起訴、上訴、抗告、再審）時之法律規定為準。

定之費用徵收制度分述於次。

第二項　行政訴訟費用之負擔

行政訴訟裁判費及其他進行訴訟必要費用之負擔，行政訴訟法第 98 條第 1 項明文規定由敗訴之當事人負擔。但為行政訴訟法第 198 條之情況判決時，則由被告之行政機關負擔。又因行政訴訟法準用民事訴訟法相關規定之關係，尚有其他第三人負擔行政訴訟費用之情形，茲分述之。

一、當事人負擔訴訟費用

訴訟費用，依行政訴訟法第 98 條第 1 項規定由敗訴之當事人負擔[196]。但訴訟有時並非全敗而有一部勝訴、一部敗訴之情形，此時訴訟費用，依行政訴訟法第 104 條準用民事訴訟法第 79 條規定，由法院酌量情形，命兩造以比例分擔或命一造負擔，或命兩造各自負擔其支出之費用。

又雖為勝訴之當事人，但行政訴訟法規定在下列情形下，仍應負擔訴訟費用者：

1. 情況判決時之訴訟費用負擔——行政訴訟法第 98 條第 1 項規定，行政訴訟費用由敗訴之當事人負擔。但為第 198 條之情況判決時，由被告負擔。是以在情況判決駁回原告之訴者，因是諭知原處分或決定違法，實

---

2. 第 9 則：修正行政訴訟法施行前已繫屬之事件，經本院發回更審，於更審程序不補徵第一審裁判費。惟對更審判決不服，於施行後復提起上訴者，應依修正後之規定徵收上訴裁判費。

3. 第 10 則：2 人以上依行政訴訟法第 37 條第 1 項第 2 款或第 3 款規定，共同提起行政訴訟，本於裁判費應按件徵收之原則，應徵收 1 件裁判費；於受敗訴判決後，其中部分原告上訴，應向該聲明上訴之人，徵收 1 件上訴裁判費。如一部勝訴，一部敗訴，兩造均上訴，應各徵收 1 件裁判費。

4. 第 11 則：修正行政訴訟法施行後，債權人向行政法院聲請強制執行，仍應徵收執行費；至行政法院人員於法院外為執行行為之食、宿、交通費，不另徵收。

[196] 司法實務，請參閱高雄高等行政法院 91 年度訴字第 783 號裁定，《台灣本土法學雜誌》，第 44 期，2003 年 3 月，頁 178–179。

際上係被告機關敗訴之判決，故明定由勝訴之被告負擔。

　　2.被告對原告主張逕行認諾，並證明無庸起訴時之訴訟費用負擔——依行政訴訟法第 104 條準用民事訴訟法第 80 條規定，被告對於原告關於訴訟標的之主張逕行認諾，並能證明其無庸起訴者，訴訟費用由勝訴之原告負擔。

　　3.因不當伸張或防禦所生訴訟費用負擔——依行政訴訟法第 104 條準用民事訴訟法第 81 條規定，勝訴人之行為，非為伸張或防禦權利所必要者或敗訴人之行為，按當時之訴訟程度，為伸張或防衛權利所必要者，法院得酌量情形，命勝訴之當事人負擔其全部或一部訴訟費用。

　　4.因不於適當時期提出攻擊或防禦方法，或遲誤期日或期間或其他應歸責於己之事由致訴訟延滯所生訴訟費用負擔——依行政訴訟法第 104 條準用民事訴訟法第 82 條規定，當事人不於適當時期，提出攻擊或防禦方法，或遲誤期日或期間，或因其他應歸責於己之事由而致訴訟延滯者，雖該當事人勝訴，其因延滯而生之費用，法院得命其負擔全部或一部。

　　又行政訴訟非因裁判而終結者，其訴訟費用如何負擔？依行政訴訟法第 104 條準用民事訴訟法第 83 條之規定，計有下列數種情形，即：

　　1.原告撤回其訴者，訴訟費用由原告負擔，其於第一審言詞辯論終結前撤回者，得於撤回後 3 個月內聲請退還該審級所繳裁判費 2 分之 1。

　　2.當事人撤回上訴或抗告者，訴訟費用由提起上訴或抗告之當事人負擔。至於費用之聲請退還，則準用上述規定。

　　3.當事人為和解者，其和解費用及訴訟費用，依行政訴訟法第 104 條準用民事訴訟法第 84 條規定，由當事人各自負擔之。但別有約定者，不在此限。而和解成立者，當事人得於成立之日起 3 個月內聲請退還其於該審級所繳裁判費 2 分之 1。

　　另當事人有數人時，如共同訴訟之由數人一同起訴或一同被訴，或因訴之追加、繼受訴訟致當事人有數人時，則共同訴訟人間應如何分擔其所應擔負之訴訟費用？依行政訴訟法第 104 條準用民事訴訟法第 85 條規定，按其人數，平均分擔訴訟費用。但：

　　1.共同訴訟人於訴訟之利害關係顯有差異者，法院得酌量其利害關係之比例，命各別負擔。

　　2.共同訴訟人因連帶或不可分之債敗訴者，應連帶負擔訴訟費用。

　　3.共同訴訟人中有專為自己之利益而為訴訟行為者，因此所生之費用，應由該當事人負擔。

二、參加人負擔訴訟費用

　　行政訴訟法第 23 條規定，依該法第 41 條與第 42 條參加訴訟之人，亦為當事人。故依同法第 98 條第 1 項規定，對敗訴時之訴訟費用，亦應負擔。不過，為了公允起見，行政訴訟法第 99 條第 1 項乃規定，因可歸責於參加人之事由❶97致生無益之費用❶98者，行政法院得命該參加人負擔全部或一部之訴訟費用。

　　另依行政訴訟法第 44 條規定參加訴訟者，為輔助參加，專在保護自己利益，與依同法第 41 或 42 條規定所為之參加，略有不同。因此，輔助參加訴訟所生之費用，原則上應由輔助參加訴訟之人自行負擔。但為保護輔助參加人之利益，行政訴訟法第 99 條第 2 項但書又有例外情形規定：

　　1.他造當事人依行政訴訟法第 98 條第 1 項規定，應負擔之訴訟費用，仍由該當事人負擔。

　　2.他造當事人依行政訴訟法第 99 條第 2 項準用民事訴訟法第 79 至 84 條規定應負擔之訴訟費用，仍由該當事人負擔。

三、第三人負擔訴訟費用

　　行政訴訟費用通常由當事人或參加人負擔。但在例外情況下，亦有由第三人負擔者。如依行政訴訟法第 104 條準用民事訴訟法第 89 條第 1 項規定，法院書記官、執達員、法定代理人或訴訟代理人，因故意或重大過

---

❶97　如參加人不於適當時期提出攻擊或防禦方法、遲誤期日、期間、或就其主張事項，未提出準備書狀，以致期日之延展等。林清祥，上揭書，頁 361。

❶98　乃指非一般訴訟程序所應負擔之訴訟費用，如因參加人之故意、過失誤載訴訟案號，致行政法院書記官送達錯誤，或因而展延期日，致生之訴訟費用者。同上註，頁 361。

失，致生無益之訴訟費用者，法院得依聲請或依職權以裁定命該官員或代理人負擔。

又如依行政訴訟法第 28 條準用民事訴訟法第 49 條及行政訴訟法第 104 條準用民事訴訟法第 75 條第 1 項規定，暫為訴訟行為之人不補正其欠缺者 ⑲，因其訴訟行為所生之費用，行政法院得依職權以裁定命暫為訴訟行為之人負擔之。

第三項　行政訴訟費用之數額

民國 96 年 6 月 5 日立法院三讀通過修正行政訴訟法第 98 條並增訂第 98 條之 1、第 98 條之 2、第 98 條之 3、第 98 條之 4、第 98 條之 5 及第 98 條之 6 的規定；民國 100 年 11 月 23 日公布修正之行政訴訟法，又增訂了第 98 條之 7 的規定，分別具體的對相關行政訴訟費用加以明白規定，即：

一、起訴之裁判費

行政訴訟法第 98 條第 2 項規定：「起訴，按件徵收裁判費新臺幣四千元。適用簡易訴訟程序之事件，徵收裁判費新臺幣二千元。」但以一訴主張數項標的，或為訴之變更、追加或提起反訴者，依行政訴訟法第 98 條之 1 規定，不另徵收裁判費。

二、上訴之裁判費

行政訴訟法第 98 條之 2 規定：「上訴，依第九十八條第二項規定，加徵裁判費二分之一。發回或發交更審再行上訴，或依第二百五十七條第二項為移送，經判決後再行上訴者，免徵裁判費。」

三、再審之訴之裁判費

行政訴訟法第 98 條之 3 規定：「再審之訴，按起訴法院之審級，依第九十八條第二項及前條第一項規定徵收裁判費。對於確定之裁定聲請再審者，徵收裁判費新臺幣一千元。」

---

⑲　陳計男，上揭書，頁 316。

四、抗告之裁判費

行政訴訟法第 98 條之 4 規定：「抗告，徵收裁判費新臺幣一千元。」

五、聲請之裁判費

行政訴訟法第 98 條之 5 規定：「聲請或聲明，不徵收裁判費。但下列聲請，徵收裁判費新臺幣一千元：一、聲請參加訴訟或駁回參加。二、聲請回復原狀。三、聲請停止執行或撤銷停止執行之裁定。四、起訴前聲請證據保全。五、聲請重新審理。六、聲請假扣押、假處分或撤銷假扣押、假處分之裁定。」

六、其他費用

行政訴訟法第 98 條之 6 規定：「下列費用之徵收，除法律另有規定外，其項目及標準由司法院定之：一、影印費、攝影費、抄錄費、翻譯費、運送費、公告法院網站費及登載公報新聞紙費。二、證人及通譯之日費、旅費。三、鑑定人之日費、旅費、報酬及鑑定所需費用。四、其他進行訴訟及強制執行之必要費用。郵電送達費及行政法院人員於法院外為訴訟行為之食、宿、交通費，不另徵收。」

七、交通裁決事件之裁判費

民國 100 年 11 月 23 日公布修正之行政訴訟法，增訂了第 98 條之 7，規定：「交通裁決事件之裁判費，第二編第三章別有規定者，從其規定。」所謂第二編第三章別有規定者，主要係指行政訴訟法第 237 條之 5 的規定，金額多在 1 千元以下。

第四項　行政訴訟費用之裁判

行政訴訟有經判決而終結者，亦有未經判決而終結者。因此，關於行政訴訟費用之裁判，行政訴訟法有不同之規定。茲分述如次。

一、行政訴訟經判決而終結之費用裁判

1.行政法院為終局判決時之費用裁判

依行政訴訟法第 104 條準用民事訴訟法第 87 條第 1 項規定，行政法院為終局判決時，應依職權為訴訟費用之裁判⑳。行政法院如疏忽未為裁

判時，當事人依行政訴訟法第 218 條準用民事訴訟法第 233 條第 1、2 項規定，聲請行政法院以判決補充之。在依行政訴訟法第 191 條為一部終局判決時，行政法院原則上應就關於該部分之訴訟費用為裁判，亦可考量具體情形於他部判決時，一併裁判之，但應於判決理由中說明之。若為行政訴訟法第 192 條所規定之中間判決，因其並不生終局訴訟之效力，故不得為訴訟費用之裁判。

2. 最高行政法院變更高等行政法院之判決或廢棄高等行政法院之判決，而就該事件為裁判或變更下級法院之判決者；受發回或發交之高等行政法院為終局判決者，均應為訴訟總費用之裁判

依行政訴訟法第 104 條準用民事訴訟法第 87 條第 2 項規定，最高行政法院如認上訴無理由而以判決駁回上訴時，因其維持高等行政法院之判決包括其關於行政法院部分，故最高行政法院只須就上訴審訴訟費用之負擔為判決即可。但在認上訴為有理由之情形，則可分二種情形，為訴訟費用之裁判，即：

(1)認上訴為有理由而廢棄高等行政法院之判決，並依行政訴訟法第 259 條就該事件自為判決；或依行政訴訟法第 256 條為單純廢棄高等行政法院之判決或高等行政法院之判決有訴外裁判而遭廢棄，則其所為訴訟費用之裁判亦因廢棄而不存在，最高行政法院自應就下級審及上級審之訴訟總費用，併為裁判。最高行政法院若僅廢棄高等行政法院之一部判決，而僅就廢棄部分自為判決者，可就高等行政法院判決中關於訴訟費用部分全部廢棄，另為訴訟總費用之裁判，亦可僅就廢棄部分之訴訟費用予以廢棄，再就廢棄部分之下級審訴訟費用及上級審訴訟費用為裁判。

(2)最高行政法院廢棄高等行政法院判決，而依行政訴訟法第 260 條第 1 項將事件發回原高等行政法院或發交其他高等行政法院者，原高等行政法院所為關於訴訟費用之裁判因一併被廢棄而不存在，故依行政訴訟法第 104 條準用民事訴訟法第 87 條第 2 項規定，應由受發回或發交之高等行

---

⑳ 判決主文通常為：「訴願決定、審議審定及原處分均撤銷。訴訟費用由被告負擔。」

政法院為終局判決時，就訴訟總費用為裁判。

又最高行政法院以高等行政法院無專屬管轄權而廢棄高等行政法院之判決，依行政訴訟法第 257 條規定，以判決將事件移送於管轄行政法院，受移送之高等行政法院為終局判決時，自應為訴訟總費用之裁判。

當事人就訴訟費用之裁判，依行政訴訟法第 104 條準用民事訴訟法第 88 條規定，非對於本案裁判有上訴時，不得聲明不服。因當事人對於本案判決既無不服而不上訴，則關於訴訟費用之裁判，自無許其單獨聲明不服之必要，以免妨礙訴訟之終結。

二、行政訴訟不經裁判而終結之費用裁判

行政訴訟不經裁判而終結者，如依行政訴訟法第 113 條、184 條、185 條為訴之撤回，或依同法第 262 條為上訴之撤回，或依同法第 270 條為抗告之撤回，及依同法第 222 條為和解者，行政法院雖不必為本案訴訟之裁判，但當事人依行政訴訟法第 104 條準用民事訴訟法第 90 條第 1 項規定，得聲請行政法院以裁定為訴訟費用之裁判。此聲請依同條第 2 項規定，應於訴訟終結後 20 日之不變期間內為之。

三、行政訴訟費用之負擔與裁判於法院以裁定終結

本案或與本案無涉之爭點者，依行政訴訟法第 104 條準用民事訴訟法第 95 條規定，準用民事訴訟法第 78 條至第 95 條之 1 有關訴訟費用之負擔規定。

第五項　行政訴訟費用額之確定

依行政訴訟法第 104 條準用民事訴訟法第 91 至 94 條之規定，即在規範確定行政訴訟費用額之聲請要件、程序及方法，茲分述之。

一、聲請確定訴訟費用額之要件

依行政訴訟法第 104 條準用民事訴訟法第 91 條第 1 項規定，行政法院未於訴訟費用之裁判確定其費用額者，受訴高等行政法院於該裁判有執行力後，應依聲請以裁定確定之。

二、聲請確定訴訟費用額之程序

依行政訴訟法第 104 條準用民事訴訟法第 91 條第 2 項規定，聲請確定訴訟費用額者，應提出費用計算書、交付他造之計算書繕本及釋明費用額之證書。

另依行政訴訟法第 104 條準用民事訴訟法第 92 條第 1 項規定，當事人分擔訴訟費用者，行政法院應於裁判前命他造於一定期間內，提出費用計算書、交付聲請人之計算書繕本或影本及釋明費用額之證書。

若他造遲誤上述行政法院所定之期間者，行政法院依準用之民事訴訟法第 92 條第 2 項規定，得僅就聲請人一造之費用裁判之，但他造嗣後仍得聲請確定其訴訟費用額。

三、法院確定訴訟費用額之方法

依行政訴訟法第 104 條準用民事訴訟法第 93 條之規定，當事人分擔訴訟費用者，行政法院為確定費用額之裁判時，除準用民事訴訟法第 92 條第 2 項規定為裁判外，應視為各當事人應負擔之費用，已就相當之額抵銷，而確定其一造應賠償他造之差額。

又行政法院為確定訴訟費用額，依行政訴訟法第 104 條準用民事訴訟法第 94 條規定，得命書記官計算訴訟費用額。

四、其他法院將訴訟移至行政法院之訴訟費用的確定

民國 99 年 1 月 13 日公布修正之行政訴訟法，參考民事訴訟法第 31 條之 3 之規定，增訂第 12 條之 5，規定：「其他法院將訴訟移送至行政法院者，依本法定其訴訟費用之徵收。移送前所生之訴訟費用視為行政法院訴訟費用之一部分。應行徵收之訴訟費用，其他法院未加徵收、徵收不足額或溢收者，行政法院應補行徵收或退還溢收部分。」

第六項　行政訴訟費用之擔保

民國 96 年 6 月 5 日立法院三讀通過修正之行政訴訟法第 104 條增訂準用民事訴訟法第 96 條至第 106 條之規定，即準用民事訴訟法第一編總則第三章第四節有關訴訟費用之擔保的所有規定。是以，行政訴訟費用之

擔保亦可如民事訴訟費用之擔保一樣準照處理。

第七項　行政訴訟費用之救助

一、訴訟救助之意義

　　行政訴訟依行政訴訟法第 98 條第 1 項規定，徵收裁判費及其他進行訴訟之必要費用。行政訴訟法第 100 條第 1 項規定裁判費除法律別有規定外，當事人應預納之。其未預納者，行政法院應定期命當事人繳納，逾期未納者，行政法院應駁回其訴、上訴、抗告、再審或其他聲請。又行政訴訟法第 100 條第 2 項規定，進行訴訟之必要費用，行政法院得定期命當事人繳納。逾期未納者，由國庫墊付，並於判決確定後，依職權裁定，向應負擔訴訟費用之人徵收之。此一裁定得為執行名義。不過，當事人之資力不一，有能支付訴訟費用者，亦有不能支付者，行政訴訟法乃訂有訴訟救助制度，以保人民權益。

　　依行政訴訟法第 101 條規定，當事人無資力支出訴訟費用者，行政法院應依聲請，以裁定准予訴訟救助。但若顯無勝訴之望者，則依同條但書規定，不予訴訟救助。

　　又聲請訴訟救助者，並不限於本國人。依行政訴訟法第 104 條準用民事訴訟法第 108 條規定，對於外國人准予訴訟救助，以依條約、協定或其本國法令或慣例，中華民國人在其國得受訴訟救助者為限。

二、聲請訴訟救助之程序

　　聲請訴訟救助，依行政訴訟法第 102 條第 1 項規定，應向受訴行政法院為之，亦即向訴訟繫屬之高等行政法院或最高行政法院為之。

　　聲請訴訟救助時，依行政訴訟法第 102 條第 2 項規定，聲請人就無資力支出訴訟費用之事由，應釋明之。如不能釋明，依同條第 3 項規定，得由受訴行政法院管轄區域內有資力之人出具保證書代之[201]。又此一保證書內，依同條第 4 項規定，應載明具保證書人於聲請訴訟救助人員負擔訴訟

---

[201]　有資力之人是否必要限制在「受訴行政法院管轄區域內」，不無疑問。在國家能確保徵收行政訴訟費用之情況下，似無必要作此限制。

費用時，代繳暫免之費用。

另外，民國 96 年 6 月 5 日立法院三讀通過修正之行政訴訟法第 104 條規定增加準用民事訴訟法第 109 條之 1 的規定，即：「駁回訴訟救助聲請之裁定確定前，第一審法院不得以原告未繳納裁判費為由駁回其訴。」

三、訴訟救助之效力

行政訴訟法第 103 條規定，准予訴訟救助者，暫行免付訴訟費用。蓋以訴訟救助制度之目的，在於使無資力之經濟弱勢者，得以進行訴訟而獲得國家司法保護，但亦不宜鼓勵濫訴、浪費司法資源。故僅許暫行免付訴訟費用。若經嚴謹司法審查而仍敗訴者，則仍應支付必要之訴訟費用。

又依行政訴訟法第 104 條準用民事訴訟法第 111 條規定，准予訴訟救助，於假扣押、假處分、上訴及抗告，亦有效力。換言之，一經行政法院准予訴訟救助後，則進行與訴訟相關之假扣押、假處分、上訴及抗告程序之訴訟費用，亦得暫行免付。又學者認訴訟救助之效力不及於再審之訴、追加或變更之訴❷，是條文上之當然解釋。但在實際上，是否容許無資力之人針對再審之訴、追加或變更之訴另行申請訴訟救助，不無斟酌餘地。

四、訴訟救助之失效

依行政訴訟法第 104 條準用民事訴訟法第 112 條及 113 條規定，乃在規範訴訟救助之效力，在特定情況下，歸於消滅，以符合社會公平理念，此即：

1.因受救助人死亡之失效

訴訟救助之目的，在使無資力之當事人得以暫行免付必要訴訟費用而得以進行訴訟。若當事人死亡，則無訴訟救助之必要，故行政訴訟法第 104 條準用民事訴訟法第 112 條明白規定，准予訴訟救助之效力，因受救助人死亡而消滅。

2.因撤銷訴訟救助裁定之失效

依行政訴訟法第 104 條準用民事訴訟法第 113 條第 1 項規定，行政法院於有下列二種情形時，應以裁定撤銷訴訟救助，並命其補交暫免之費

---

❷　陳計男，上揭書，頁 326。

用，即：

⑴當事人能支出訴訟費用而受訴訟救助者。

⑵當事人受訴訟救助之後，因情事變更，如中樂透彩、獲有遺贈等，而有資力支出費用者。

撤銷訴訟救助之裁定，因民事訴訟法第 113 條第 2 項於民國 92 年 2 月 7 日修正時，已明定由訴訟卷宗所在之法院為之。故在行政訴訟上，亦應由訴訟卷宗所在之高等行政法院或最高行政法院為之。

五、訴訟救助裁判確定後有關訴訟費用之徵收

民國 99 年 1 月 13 日修正行政訴訟法時，於行政訴訟法第 104 條增列準用民事訴訟法第 114 條第 1 項及第 115 條之規定，是以，「經准予訴訟救助者，於終局判決確定或訴訟不經裁判而終結後，第一審受訴法院應依職權以裁定確定訴訟費用額，向應負擔訴訟費用之當事人徵收之；其因訴訟救助暫免而應由受救助人負擔之訴訟費用，並得向具保證書人為強制執行。」而對此有關訴訟費用之裁定，亦均得為抗告。

第八項　行政訴訟費用溢收之返還

民國 99 年 1 月 13 日公布修正之行政訴訟法第 104 條增訂準用民事訴訟法第 77 條之 26 規定，亦即行政訴訟費用如有溢收情事者，行政法院應依聲請並得依職權以裁定返還之。當事人為聲請時，至遲應於裁判確定或事件終結後 3 個月內為之。

第八篇

國家責任法

第一章 概 論

第一節 國家責任之意義

　　行政法學上所研究的國家責任限於國家行使公權力行為所造成人民損害或損失所應負擔之損害賠償與損失彌補義務問題❶。至於國家非行使公權力，與人民立於同一地位所從事私經濟活動，如有損及人民權益者，則為民法上責任理論研究之範疇❷，不在本篇研究之範圍。

　　然而，國家行使公權力行為，有因行政、立法、司法、考試、監察等機關行使公權力職權而使人民受害或損失之情形。在行政法學對行政之觀點採取實質意涵而非形式意義之情況下，行政、立法、司法、監察、考試等機關均有可能侵害人民、造成人民損失之情事。現行法律如戒嚴時期人民受損權利回復條例❸、國家賠償法亦明白承認行政、考試、司法機關侵

---

❶　相關論文請參閱，鍾秉正，〈國家責任「轉變」：從賠償到補償——簡評釋字第六七○號解釋〉，《台灣法學雜誌》，第 152 期，2010 年 5 月，頁 207–209。

❷　國家責任概念，請參閱廖義男，《國家賠償法》，頁 15；另參閱翁岳生，〈西德一九八一年國家賠償法之研究〉，刊於《法治國家之行政法與司法》，月旦法學出版社股份有限公司，1995 年 1 月一版三刷，頁 107–156。

❸　大法官釋字第 567 號解釋謂：「戒嚴時期人民受損權利回復條例第六條第一項第四款規定，人民於戒嚴時期因犯內亂、外患、懲治叛亂條例或檢肅匪諜條例之罪，於有罪判決或交付感化教育、感訓處分，執行完畢後，未依法釋放者，得聲請所屬地方法院準用冤獄賠償法相關規定，請求國家賠償，係指於有罪判決或感化教育、感訓處分裁判執行完畢後，任意繼續延長執行，或

害人民所應負之賠償責任或回復原狀義務,而監察機關依監察法行政調查權之行為亦極有可能侵及人民權益,自應有國家賠償責任之存在,至於立法機關立法行為之損害賠償責任,外國雖有若干事例❹,學者認係非一般之行政損害賠償❺,但本書認為仍應含括在廣義之國家責任理念中。特別是在立法委員可以兼任公私營事業負責人、利益迴避原則不能貫徹之不良法制架構下,極可能透過違憲、非法的議事行為,損及人民權益,在罷免不容易之情形下,擴張國家賠償法之賠償範圍或有其必要,再者,立法委員亦屬於國家賠償法第 2 條第 1 項所稱依法令從事於公務之人員,自亦可能產生公務員侵害人民權益之行為而有國家責任之存在。不過,學界對此看法不一,有肯定說者、否定說者。大法官釋字第 401 號解釋則明確指出:國代及立委所為之言論及表決對外不負法律責任。據此,立法委員所為之表決行為,自無國家賠償責任問題,顯採否定說之見解❻。

第二節　國家責任理論

行政法學上國家責任理論❼由 18 世紀之國家無責任論演變至 20 世

其他非依法裁判所為限制人身自由之處罰,未予釋放,得請求國家賠償之情形而言。」

❹ 如美國對於第二次世界大戰中強制集中監管日裔美人之違憲立法行為,德國 1976 年及 1978 年國家責任法研究草案之相關規定等。詳參閱陳新民,《行政法學總論》,頁 429 以下;翁岳生,〈西德一九八一年國家賠償法之研究〉,《法治國家之行政法與司法》,頁 119 以下。

❺ 陳敏,《行政法總論》,民國 93 年 11 月四版,頁 1104,註 1。

❻ 參閱張正編著,《行政法體系重點整理 (下)》,保成出版事業有限公司,民國 89 年 12 月修訂三版,頁 702–703;另參閱黃謙恩,〈國會立法「不作為」的國家賠償責任與強制執行關係——強制執行法爭議問題研究〉,《全國律師月刊》,第 2 卷第 4 期,民國 87 年 4 月,頁 43–51;李惠宗,《行政法要義》,2005 年 10 月二版四刷,頁 703–704。

紀初之國家代位責任論以至於第二次大戰以後之國家自己責任論,反映出憲政法治論國家之思潮變化,茲分項說明之。

第一項 國家無責任論

18、19 世紀立憲國家建立初始,認為國家基於統治權之作用所為行為,係為公益而為,在絕對主權思想的影響下,不發生國家對人民之損害賠償問題。又認公務員與國家是處於處理事務之授權關係,而公務員受國家授權者,僅限於合法行為,如有違法行為則不在國家授權之內,而係公務員個人行為,如對人民發生損害,自應由公務員依過失責任原則,因國家對於受任之公務員違反授權行為,無故意、過失問題,不須負賠償責任。這也反映出英諺「國家不能為非」(The King can do no wrong) 之思想內涵。

第二項 國家代位責任論

國家無責任論否定國家公權力行為加賦人民損害不必負責之思想在 19 世紀末已漸被摒棄❽,主要原因有二,其中之一是公務員行使公權力,不法侵害人民時,由公務員負損害賠償責任,常因公務員資力不足而使人民獲得賠償的機會趨於渺茫,無法貫徹當時保障人民權益的憲政思潮,故有必要使有充分資力之國家,對公務員執行職務之不法行為代公務員負起責任。其次另一個原因是公務員執行職務時難免疏忽致生損害,若要公務員自負責任則公務員為求自保,難免遇事退縮,不願盡力執行公務而使自己承擔不利之經濟後果,致造成行政效率、機能之不彰。因此,為減輕公務員之責任負擔,有必要由國家代替公務員,直接對受害人民負責賠償,而僅在公務員有故意或重大過失情形下,由國家向為加害行為之公務員求償。此種國家代位責任論成為第一次世界大戰後外國立法例及我國憲法第 24 條國家賠償責任之重要理論依據❾。

---

❼ 相關論文請參閱,鍾秉正,〈從國家責任理論看「水土保持義務〉,《月旦法學雜誌》,第 127 期,2005 年 12 月,頁 64–83。

❽ 廖義男,上揭書,頁 9。

第三項　國家自己責任論

20 世紀之兩次世界大戰，經濟金融危機，人群快速流動，核能生化科技發展，造成高度風險之社會。國家為保護人民身、心、經濟生活安全之公益活動或提供之公共生活設施，稍有不慎也極易引起危險❿與鉅大數額之損害。因此，國家責任理論又有了新的發展，認為損害之發生如果是執行公務之結果，縱使公務員並無故意或過失，國家亦應負損害賠償責任。此種思想，即為國家危險責任論或國家無過失責任論之基礎。認為國家公務活動係有助於公益，但因其活動所帶來之風險應由構成國家成員之人民大眾公平分擔之，亦即由國家透過稅捐資金以分擔國家社會生活之必要風險，此即為國家自己責任論之基點。德國 1981 年之國家責任法第一條即明文規定，公務員對被害人不負賠償責任，國家之賠償不以行為人有過失為要件。同法第 2 條第 1 項後段又規定，對技術性設施所致之損害，國家不能主張縱然已盡必要注意仍不免違反義務，而免除賠償責任⓫。此一國家自己責任論乃日漸成為國家損害賠償責任及其他責任之理論基礎。

第三節　國家責任之種類

基於上述肯定國家責任之理論如國家代位責任論、國家自己責任論，各國乃於 20 世紀後陸續制定頒行國家責任法制如德意志帝國於 1910 年制定「帝國責任法」(Gesetz über die Haftung des Reichs für seine Beamten)，日本於 1947 年公布國家賠償法，美國於 1946 年制定「聯邦侵權行為請求權法」(Federal Tort Claims Act)，英國於 1947 年制定「國王訴追法」(The

---

❾　劉春堂，《國家賠償法》，三民書局，民國 73 年 9 月再版，頁 8。

❿　參閱林三欽，〈公法上危險責任（無過失責任）〉，台灣行政法學會主編，《行政法爭議問題研究（下）》，頁 1223–1240。

⓫　參閱陳敏，上揭書，頁 1107。

Crown Proceeding Act)，拋棄了傳統上「主權免責」、「國王不能為非」之國家無責任理論❷，而建構了憲政法治國家之責任體系。

　　國家責任依其執行公務行為是違法或合法樣態可分為國家損害賠償責任❸、國家損失補償責任及公法上結果責任，亦有類推適用民法法理而成立之公法上不當得利返還責任，公法上無因管理責任、公法上契約責任、公法上結果除去責任等。茲將我國學者之圖表改示如下，可資參考，即❹：

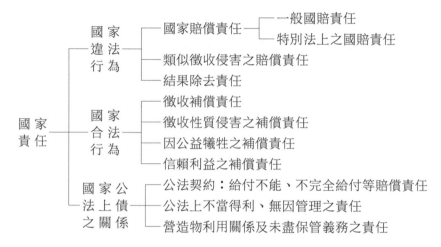

　　為了便於與我國現行國家賠償、國家補償法制❺及大法官相關解釋對應，以求瞭解國家責任種類，本書擬自下章起分別說明國家賠償責任、國家補償責任及國家其他責任。

❷　葉百修，〈國家賠償法〉，翁岳生編，《行政法》，頁 1103–1105。

❸　參閱翁岳生，〈行政法與國家賠償法〉，刊於《法治國家之行政法與司法》，月旦出版社股份有限公司出版，1995 年 11 月一版三刷，頁 157–215；林美惠，〈國家責任試析──以國家的損害賠償責任為主〉，《憲政時代》，民國 86 年 10 月，頁 67–94；葉俊榮，〈國家責任的溢流：國家賠償法施行現況的檢討〉，《中國比較法學會學報》，第 16 輯，民國 84 年 8 月，頁 25–79。

❹　吳庚，《行政法之理論與實用》，民國 94 年 8 月增訂九版，頁 731。論文請參閱，林依仁，〈論國家責任之體系構成與競合問題〉，《台灣法學雜誌》，第 342 期，2018 年 4 月 28 日，頁 125–152。

❺　參閱黃錦堂，〈國家補償法體系建構初探〉，台灣行政法學會主編，《行政法爭議問題研究（下）》，頁 1187–1221。

第二章 國家賠償責任

第一節 國家賠償責任之法律依據

憲法第 24 條規定：「凡公務員違法侵害人民之自由或權利者❶，除依法律受懲戒外，應負刑事及民事責任。被害人民就其所受損害，並得依法律向國家請求賠償。」此即為國家賠償責任之憲法根據。依此，政府分別零散的制定了二二八事件處理及賠償條例、核子損害賠償法、鐵路法等特別法，規定了國家在各該特別事件中違法之損害賠償責任。民國 69 年 7 月公布，翌年 7 月 1 日施行之國家賠償法乃成為國家損害賠償責任之一般法，在該法第 5 條、第 6 條明示國家損害賠償責任以國家賠償法與民法為基準，但其他法律有特別規定者，則成為國家賠償法與民法之特別法，而適用其規定❷。

國家賠償責任之原因、主體、程序、期限、範圍、方法，國家賠償法有明細規定，茲各分節說明之。

---

❶ 請參閱，廖義男，〈從人權保障之發展趨勢談國家賠償法〉，《法令月刊》，第 65 卷第 2 期，2014 年 2 月，頁 54–79。

❷ 參閱黃錦堂，〈國家賠償法，若干疑義問題初探〉，台灣行政法學會主編，《行政法爭議問題研究（下）》，頁 1159–1186；林欽三，〈冤獄賠償、國家賠償與特別犧牲──簡評釋字第六七〇號解釋〉，《月旦法學雜誌》，第 184 期，2010 年 9 月，頁 124–140；呂理翔，〈國家賠償制度的演進及待解決的實務爭議〉，《台灣法學雜誌》，第 323 期，2017 年 7 月 14 日，頁 128–131；賴恆盈，〈國家賠償制度下如何具體落實制度面及後續衍生問題〉，《台灣法學雜誌》，第 323 期，2017 年 7 月 14 日，頁 132–137。

第二節　國家賠償責任之原因

第一項　概　說

依國家賠償法第 2、3、4、及 13 條之規定，國家賠償責任之原因 ❸ 有下列四類，即：

 1.因一般公務員違法行為之國家賠償責任。

 2.因公共設施瑕疵之國家賠償責任。

 3.因受委託行使公權力團體職員違法行為之國家賠償責任。

 4.因有審判或追訴權職務公務員犯有判決確定罪行行為之國家賠償
  責任。

此一分類中，第一、三、四類可總括為公務員違法行為之國家賠償責任而與第二類之公共設施瑕疵之國家賠償責任相分立各別說明於次。

第二項　公務員違法行為之國家賠償責任

國家賠償法第 2 條第 2 項規定：「公務員於執行職務行使公權力時，因故意或過失不法侵害人民自由或權利者，國家應負損害賠償責任。公務員怠於執行職務，致人民自由或權利遭受損害者亦同。」此即為公務員以積極行為執行職務與公務員以消極行為怠於執行職務所生國家損害賠償責任之規定。茲各分述其成立要件如次。

第一目　公務員以積極行為執行職務所生國賠責任

公務員以積極行為執行職務所生國賠責任之成立要件如下列：

---

❸ 論文請參閱，楊智傑，〈國家賠償之構成要件及審級制度修正方向〉，《台灣法學雜誌》，第 322 期，2017 年 6 月 28 日，頁 67–78。

一、須為公務員之積極行為❹

所謂公務員，國家賠償法採最廣義公務員之規定，依該法第 2 條第 1 項規定是指依法令從事於公務之人員。之所以採最廣義公務員之定義，乃是使人民較容易獲得賠償機會。另國家賠償法第 4 條又有「視同公務員」之規定，即：「受委託行使公權力之團體，其執行職務之人於行使公權力時，視同委託機關之公務員。受委託行使公權力之個人，於執行職務行使公權力時亦同。」又公務員之助手，如依契約關係找來之「行政助手」的故意、過失行為，亦生國家賠償責任❺。

除此之外，司法人員之行為國家賠償法第 13 條所規定的有審判或追訴職務之公務員，因執行職務侵害人民自由或權利，就其參與審判或追訴案件犯職務上之罪，經判決有罪確定者，亦適用國家賠償法第 2 條第 2 項有關公務員因積極行為所生國家賠償責任之規定❻。

又公務員不限於行政院所屬之公務員，考試院、監察院、司法院、立法院❼、總統府所屬公務人員行為只要合於第 2 條第 1 項、第 2 項之規定，均有發生國家賠償責任之可能。

又所謂公務員之積極行為是指執行職務的積極作為。例如，不予換發頻道衛星廣播電視專業執照❽，擅用民地開闢道路，施設排水溝毀損農田，駕駛警備車撞死人民等是❾。

---

❹　實例請參閱李建良，〈過當的「管教」措施（上）（下）──國家賠償責任與公務員賠償責任〉，《月旦法學教室③公法學篇》，頁 264–267；李仁淼，〈教師對學生之體罰與國家賠償責任〉，《台灣法學雜誌》，第 149 期，2010 年 4 月，頁 73–83。

❺　相關實例請參閱，程明修，〈「根據私法契約羅致之私人」之國家賠償責任〉，《台灣本土法學雜誌》，第 50 期，2003 年 9 月，頁 152–156。

❻　審檢人員之國家賠償責任，請參閱李惠宗，《行政法要義》，頁 702。

❼　對於立法機關制定法律、頒布規章或發布命令等行使公權力的行為，可否請求國家賠償，德國法制、司法實務與學者看法不一，請參閱吳庚，《行政法之理論與實用》，頁 741，註 24。

❽　參閱，林三欽，〈由國家賠償的角度檢視「龍祥電影台換照案」〉，《台灣本土法學雜誌》，第 80 期，2006 年 3 月，頁 228–234。

二、須為執行職務之行為

　　公務員之積極行為須為執行職務之行為❿。是否為執行職務，學說上有主觀說與客觀說之判斷標準 。 主觀說是以公務員之主觀意願為判斷標準；客觀說則不論公務員之主觀意願為何，而是從一般社會客觀上觀點，以判斷公務員之行為是否為執行職務。由於公務員之主觀意願深藏內心，故以採客觀說為宜。

　　又職務行為亦有廣狹之分。廣義之職務行為包括直接履行職務或與其有關連之行為以外，履行職務之機會、時間或處所有關之行為在內。狹義之職務行為，則限於公務員直接履行其職務或與履行其職務有直接或內在關聯性之行為。德國學理上傾向狹義說，但判例有採廣義說之趨勢⓫。民國 88 年 6、7 月間軍史館發生守衛士兵殺害參觀女學生而產生之國家賠償事件，即為採廣義說之例證。

三、須公務員之行為不法

　　所謂公務員之行為不法⓬是指下列各種情事之一者：

　　1.違反法律、法規命令、行政規則、大法官解釋、行政解釋、行政法院判例或上級長官合法之職務命令。

　　2.濫用裁量權限、逾越法定裁量範圍等違反行政程序法第 10 條規定之情形。

---

❾　參閱臺灣省政府法規委員會印行，《國家賠償實務（上）》，民國 84 年 6 月，頁 15、57、73 等。

❿　參閱鄭敦宇，〈論廢棄物越境轉移之國家賠償責任〉，《法律評論》，民國 88 年 12 月，頁 34–41；洪榮彬、陳麗玲，〈試析腸病毒防疫措施失當的國家賠償責任〉，《新竹律師會刊》，民國 87 年 7 月，頁 10–11；范姜真媺，〈預防接種侵害事故之國家責任〉，《法政學報》，第 3 期，民國 84 年 1 月，頁 1–14。

⓫　吳庚，上揭書，頁 742。

⓬　相關實例請參閱，林明鏘，〈警察臨檢與國家責任〉，《台灣本土法學雜誌》，第 48 期，2003 年 7 月，頁 109–117；劉昌元，〈論國家賠償法上之違法性──以公權力行使致第三人受害之違法性為中心〉，《中央警察大學法學論集》，第 34 期，2018 年 4 月，頁 1–81。

　　3.行政機關對不確定法律概念之解釋及適用，顯然已超出「判斷餘地」所能容許之限度者，亦為違法**⑬**。

　　4.法律之解釋及適用雖無錯誤，而認定事實違背經驗法則或論理法則者，亦視為違法**⑭**。

四、須公務員有故意或過失

　　所謂故意及過失即如刑法第 13 條、第 14 條所規定的包括學理上之直接故意、間接故意、有認識之過失與無認識之過失。另因國家賠償法第 5 條規定適用民法第 184 條第 2 項規定之「違反保護他人之法律，致生損害於他人者，負賠償責任。但能證明其行為無過失者，不在此限。」，故國家必須舉證明其無過失，才能免責。

五、須侵害人民之自由或權利

　　所謂人民包括自然人、法人、公務員、學生等因身分基礎關係受害，如公務員免職處分或學生退學處分，因已可提起訴願、行政訴訟，故亦有請求賠償之可能。又地方自治團體因國家機關行使公權力違法損害其權利時，學理上認為亦可請求國家賠償**⑮**。至於所謂自由及權利則是指憲法或法律所保障之各項自由及權利，如自由權、平等權、生存權、工作權、財產權**⑯**、經濟上、社會上、教育上、司法上之受益權等是。

六、須不法行為與損害結果有相當因果關係

　　所謂不法行為與損害結果有相當因果關係是指有此公務員不法行為，通常即會發生此人民損害結果之意。至若無此公務員不法行為，必不生此人民損害結果，或雖有此不法行為，但通常不生此損害結果者，則為無因果關係。相當因果關係在民、刑法學上論述說明甚多，可資參照。

---

⑬　吳庚，上揭書，頁 743。

⑭　吳庚，上揭書，頁 743。

⑮　吳庚，上揭書，頁 744。

⑯　參閱，楊文城，〈國家賠償──以土地法第 68 條第 1 項為中心〉，《現代地政》，第 349 期，頁 35–39。另參閱，范文清，〈地籍重測後土地面積縮減之國家賠償責任〉，《月旦法學雜誌》，第 255 期，2016 年 8 月，頁 108–132。

第二目　公務員以消極行為怠於執行職務所生國賠責任❶

　　國家賠償法第 2 條第 2 項後段即規定公務員怠於執行職務,致人民自由或權利遭受損害者,國家亦應負損害賠償責任。

　　此種公務員消極不作為之責任,即所謂公務員怠於執行職務之國賠責任,司法實務之見解前後並不一致。前者如最高法院 72 年臺上字第 704 號判例稱:「國家賠償法第二條第二項後段所謂公務員怠於執行職務,係指公務員對於被害人有應執行之職務而怠於執行者而言。換言之,被害人對於公務員為特定職務行為,有公法上請求權存在,經請求其執行而怠於執行,致自由或權利遭受損害者,始得依上開規定,請求國家負損害賠償責任。若公務員對於職務之執行,雖可使一般人民享有反射利益,人民對於公務員仍不得請求為該職務之行為者,縱公務員怠於執行該職務,人民尚無公法上請求權可資行使,以資保護其利益,自不得依上開規定請求國家賠償損害。」此判例所認人民對公務員執行職務之行為有公法上請求權,經請求公務員執行而公務員怠於執行時,始有國賠責任之看法。後者如民國 87 年 11 月 20 日大法官所作釋字第 469 號解釋而該號解釋又修正了最高法院 72 年臺上字第 704 號判例所堅持的人民對公務員執行職務之行為有公法上請求權,始可請求國賠之見解。

　　由此號解釋意旨可以歸納出公務員怠於執行職務之國賠責任要件為:
　　1.法律規定之內容目的係為保護人民生命、身體及財產等法益❶,而

---

❶　參閱林三欽,〈公務員怠於執行職務與國家賠償〉,台灣行政法學會主編,《行政法爭議問題研究(下)》,頁 1109–1131;林騰鷂,〈行政不可懈怠〉,《聯合晚報》,聯合論壇,民國 91 年 4 月 30 日,第二版;蔡志方,〈論對抗怠於執行職務之行政訴訟——以環保法上之相關訴訟為探討核心〉,《台灣本土法學雜誌》,第 13 期,2000 年 8 月,頁 1–17。

❶　參閱洪家殷,〈忽略水土保持之國家賠償責任〉,《月旦法學雜誌》,第 19 期,民國 85 年 12 月,頁 46–48;蔡宗珍,〈公務員怠於執行職務之國家賠償責任理論結構之探討——評大法官會議第四六九號解釋〉,《台灣本土法學雜誌》,第 1 期,民國 88 年 4 月,頁 51–63;蔡秀卿,〈行政規制權限不行使之國家賠償責任,司法院釋字第四六九號解釋之意義與課題〉,《月旦法學雜誌》,

非僅屬授予國家機關推行公共事務之權限。

2.法律對主管機關應執行職務行使之事項規定明確。

3.該主管機關公務員依此所述法律規定對可得特定之人所負作為義務已無不作為之裁量餘地。

4.該主管機關公務員猶因故意或過失怠於執行職務。

5.因該主管機關公務員之怠於執行職務而致特定人之自由或權利遭受損害。

至於何者係法律規定之內容目的係為保護人民生命、身體及財產等法益，則該號解釋理由書在第二段中又加以闡明，即：「至前開法律規範保障目的之探求，應就具體個案而定，如法律明確規定特定人得享有權利，或對符合法定條件而可得特定之人，授予向行政主體或國家機關為一定作為之請求權者，其規範目的在於保障個人權益，固無疑義；如法律雖係為公共利益或一般國民福祉而設之規定，但就法律之整體結構、適用對象、所欲產生之規範效果及社會發展因素等綜合判斷，可得知亦有保障特定人之意旨時，則個人主張其權益因公務員怠於執行職務而受損害者，即應許其依法請求救濟。」

公務員怠於執行職務所生國賠責任之最有名爭議案例為民國 84 年初在臺中市衛爾康餐廳大火之國賠事件。當時，行政與司法機關仍然本著最高法院 72 年臺上字第 704 號判例意旨，執意不賠。不過，學者在一場研討會中[19]，舉出 1970 年代以後日本司法實務判決已排除「反射利益理論」，及「行政裁量主義」而認為警察、消防、藥物事件對國民的生命、身體、健康有急迫危險情形存在時，執行公權力的公務員有預知可能性，且有控制危險事故發生的能力，則行政裁量權萎縮到零，亦即沒有裁量餘

民國 88 年 2 月，頁 122–128。

[19] 林騰鷂（主持人），〈衛爾康事件法律責任研討會記錄〉，《私立東海大學法學研究》，東海大學法律學系出版，民國 84 年 9 月 15 日，頁 403–431；另參閱李惠宗，〈論行政不作為之國家賠償責任——台中地方法院八十六年度國字第三號（衛爾康事件）判決與大法官釋字第四六九號解釋評釋〉，《台灣本土法學雜誌》，民國 89 年 6 月，頁 35–60。

地，必須去執行法定所定義務，若怠於執行此職務，則有國家賠償責任之存在❷。德國司法實務亦同此趨向❷。故我國司法院大法官釋字第 469 號也是符合這一重視公安、人民生命、身心健康事件，國家賠償責任從寬認定給予之趨勢。

第三項　公有公共設施瑕疵之國家賠償責任❷

國家賠償法第 3 條第 1 項規定「公有公共設施因設置或管理有欠缺，致人民生命、身體或財產受損害者，國家應負損害賠償責任。」此即為公有公共設施瑕疵之國家賠償責任，其成立要件，有如下列：

一、須為公有公共設施

公共設施即指供公共目的使用之物件或設備，如都市計劃法第 42 條、第 47 條所規定之道路、公園、綠地、廣場、兒童遊樂場❷、民用航空站、停車場、河道、港埠用地、屠宰場、垃圾處理場、殯儀館、火葬場、污水處理廠、煤氣廠等公共設施是。實務上成立國家賠償協議之公共設施尚有如路燈燈柱、橋樑護欄、涵管、禮堂、牌樓、市場門窗、堤防、吊橋等❷。又所謂公有係指國家、其他公法人或公有事業機關❷、公有營業機

---

❷　林騰鷂，同上註，頁 408–412。另參閱，蔡秀卿，〈行政規制權限不行使之國家賠償責任──司法院釋字第四六九號解釋之意義與課題〉，刊於氏著，《現代國家與行政法》，學林文化事業有限公司，2003 年 6 月一版，頁 435–449。

❷　同上註，頁 418。

❷　請參閱李惠宗，〈公有公共設施設置管理與國家賠償〉，台灣行政法學會主編，《行政法爭議問題研究（下）》，頁 1133–1158。

❷　參閱鄧學仁，〈森林遊樂區內所生旅遊事故之賠償責任──以民事賠償責任與國家賠償責任為中心〉，《中央警察大學法學論集》，第 6 期，民國 90 年 8 月，頁 221–239。

❷　臺灣省政府法規委員會印行，《國家賠償實務（上）（下）》，頁 358、375、402、416、425、428、477、681 等。騎樓亦為公有公共設施，政府有管理責任。相關論文請參閱，王服清，〈論私人騎樓平整通行管理義務與賠償責任〉，《興大法學》，第 21 期，2017 年 5 月，頁 39–94。

❷　例如學校設施是。參閱林春長，〈校園設施事故之國家賠償責任〉，《教師天

關所有、管領之公共設施在內。學者有認為私法人組織之公營事業所有之設施，如臺灣電力之輸電設施屬於非公有公共設施，其損害賠償應適用民法之規定❷並非十分妥當。因私法人組織之公營事業，仍屬公有，且在會計預算作業上必須依照會計法與預算法之規定辦理，亦即盈餘仍屬國家所有。依「利之所在，損之所歸」法理，國家自不應以設立私法人組織之面目形態而逃避應負之公共設施瑕疵責任。故行政院 72 年 10 月 15 日臺 72 法字第 18564 號函釋：「按公營之公用事業，如為公司組織者，因僅其股份為公用財產，該公營事業所使用之財產，則屬於私法人組織之公司所有，而非國（公）有之公用財產，此等財產如因設置或管理欠缺致發生損害事件時，雖其為公共設施，惟以非屬公有，故無國家賠償法之適用，被害人僅得依民法第一九一條規定請求損害賠償」之見解，即有過於狹隘之嫌。有鑒於此，最高法院於民國 95 年 9 月 15 日公告一新判例，即加以改正，謂：「凡供公共使用或公務使用之設施，事實上處於國家或地方自治團體管理狀態者，均有國家賠償法第 3 條之適用，並不以國家或地方自治團體所有為限，以符國家賠償法之立法本旨。」換言之，公管供公共使用或公務使用之設施，不問其係公有或私有，如因設置或管理有欠缺，致人民生命、身體或財產受損害者，國家應負損害賠償責任❷。實務上最引人注目的是中油公司埋設管線氣爆造成高雄市的重大損害❷。

二、須設置或管理有欠缺

　　所謂設置有欠缺是指公有公共設施在建造、施設過程中之瑕疵，如建設學校禮堂、堤防、水壩、捷運系統等之瑕疵。而所謂管理有欠缺乃是指公有公共設施建造、施設完成後，未定時看管、保養、修復合乎公共使用

地》，第 112 期，民國 90 年 6 月，頁 84–87。

❷　吳庚，上揭書，頁七四九；廖義男，《國家賠償法》，頁 71。

❷　參閱，最高法院 94 年臺上字第 2327 號判例，刊於《司法周刊》，第 1305 期，民國 95 年 9 月 21 日，第一版。

❷　相關論文請參閱，廖義男，〈高雄氣爆之國家賠償責任與管線埋設相關之法規範及其主管機關之權責〉，《月旦法學雜誌》，第 234 期，，2014 年 11 月，頁 139–149。

要求致生危險情事者，即為有欠缺，如橋樑年久失修致人民傷亡，即曾造成國家賠償責任事件❷。學者多以公有公共設施之設置、管理有欠缺，可不問管領之機關或公務員有無過失或是否已盡善良管理之責，均應賠償，而有無過失責任原則之適用❸。

三、須人民之生命、身體或財產遭受損害

國家賠償法第 3 條之公有公共設施瑕疵所損害者，限於生命、身體或財產法益，比國家賠償法第 2 條規定之公務員違法侵權行為之廣泛包括自由或權利法益者，有所不同。不過學者認為國家賠償法第 3 條之規定係屬例示規定而非列舉規定，故健康受損或身體自由受限亦得依國家賠償法規定請求賠償❸。

四、須公有公共設施之瑕疵與損害發生之間有相當因果關係

例如狹小之路面中有坑洞，主管機關未做警示標誌，附近亦無路燈照明設備，在法定 50 公里之車速，將來不及煞車或閃避之情形，如甲夜間開車，時速在 50 公里內卻掉進該坑洞而受損傷，即為公有公共設施之瑕疵與損害發生有相當因果關係。又如水壩因未善加維護生有裂痕，颱風挾大量雨水過境使裂痕擴大，終致水壩崩塌，使人民生命財產受損者，亦屬此所謂之有相當因果關係❸。

第三節　國家賠償請求權人

請求國家賠償之人原則上為因上節所述原因，致權利或利益受損害之

---

❷　如高屏大橋在民國 89 年 8 月 27 日斷裂造成十多輛汽、機車墜落橋底，民眾受傷，導致下半身殘廢，請求國賠，法官判賠賴姓女子一千萬餘元。參閱《中國時報》，民國 91 年 7 月 10 日，第八版。

❸　吳庚，上揭書，頁 749；廖義男，上揭書，頁 13 及註 17 述及國家賠償法第 3 條之立法沿革。

❸　廖義男，上揭書，頁 80。

❸　廖義男，上揭書，頁 81。

人，即：

　　1.自然人。

　　2.法人，但專屬於自然人之法益如生命、身體、健康等則非法人所得請求保護之法益。

　　3.外國人，國家賠償法第 15 條規定，本法於外國人為被害人時，以依條約或其本國法令或慣例，中華民國人得在該國與該國人享受同等權利者為限，適用之。

　　除上述被害人之外，因國家賠償法第 5 條規定，國家損害賠償，除依本法規定外，適用民法規定，故如被害人死亡者，為被害人支出殯葬費之人、被害人對之負有法定扶養義務之人以及被害人之父母、子女、配偶亦得行使國家賠償請求權❸❸。

第四節　國家賠償義務機關

　　國家賠償法第 9 條各項分別規定了國家賠償義務機關有如下列：

　　1.依第 2 條第 2 項請求損害賠償者，以該公務員所屬機關為賠償義務機關。

　　2.依第 3 條第 1 項請求損害賠償者，以該公共設施之設置或管理機關為賠償義務機關。

　　3.前 2 項賠償義務機關經裁撤或改組者，以承受其業務之機關為賠償義務機關。無承受其業務之機關者，以其上級機關為賠償義務機關。

　　4.不能依前 3 項確定賠償義務機關，或於賠償義務機關有爭議時，得請求其上級機關確定之。其上級機關自被請求之日起逾 20 日不為確定者，得逕以該上級機關為賠償義務機關。

　　此外，國家賠償法第 14 條規定，本法於其他公法人準用之，故其他

---

❸❸　請參閱，陳石、趙璇，〈論國家對受害人親屬的精神損害賠償——以《國家賠償法》為視角〉，《一國兩制研究》，第 21 期，2014 年 7 月，頁 168–174。

公法人如直轄市、縣（市）、鄉（鎮、市）等公法人亦為賠償義務機關。

第五節　國家賠償請求程序

國家賠償法第 10 條至第 12 條規定了國家賠償請求之程序有如下列：

一、行政程序

即國家賠償法第 10 條第 1 項所規定的，依本法請求損害賠償時，應先以書面向賠償義務機關請求之。同條第 2 項又規定賠償義務機關對於前項請求，應即與請求權人協議。協議成立時，應作成協議書，該項協議書得為執行名義。

二、訴訟程序

依國家賠償法第 11 條第 1 項規定，以訴訟請求國家賠償之程序係採雙軌擇一制，亦即在民事訴訟程序與行政訴訟程序之中任擇一種程序請求國家賠償❸❹。即：「賠償義務機關拒絕賠償，或自提出請求之日起逾三十日不開始協議，或自開始協議之日起逾六十日協議不成立時，請求權人得提起損害賠償之訴。但已依行政訴訟法規定，附帶請求損害賠償者，就同一原因事實，不得更行起訴。」此一規定，我國學者迭有批評❸❺，日本則已將國家賠償訴訟回歸行政訴訟審判權❸❻。

---

❸❹　對民事訴訟、行政訴訟程序雙軌擇一之規範，學者之評論請參閱，程明修，〈行政法侵權損害賠償訴訟的多元結構及體系矛盾〉，《台灣本土法學雜誌》，第 36 期，2002 年 7 月，頁 45 以下；吳志光，〈以行政處分違法或無效為先決問題之國家賠償訴訟〉，《台灣本土法學雜誌》，第 87 期，2006 年 10 月，頁 160–167；廖義男，〈夏蟲語冰錄（二十七）——國家賠償訴訟何去何從〉，《法令月刊》，第 61 卷第 4 期，2010 年 4 月，頁 143–147。

❸❺　見上註。

❸❻　請參閱，程明修，〈國家賠償訴訟回歸行政訴訟審判權之分析——日本法制之借鑑〉，《東吳公法論叢》，第 7 期，2014 年 7 月，頁 515–530；賴恆盈，〈國家賠償訴訟回歸行政訴訟審判權之日本法制經驗——技術性問題〉，《東

上述請求國家賠償之行政程序與訴訟程序有連帶關係,亦即循訴訟程序請求國賠者,應先以書面向賠償義務機關請求,此稱為協議先行主義。賠償義務機關對所提協議請求,應即與請求權人協議。協議之結果依國家賠償法第 10 條、第 11 條規定可能有四種情形,即:

1.協議成立作成協議書,而此協議書得為執行名義。

2.賠償義務機關於協議中拒絕賠償。

3.自協議請求之日起逾 30 日而賠償義務機關仍不開始協議。

4.自協議開始之日起逾 60 日協議不成立。

在 2.、3.、4.三種情形,請求權人即得提起民事損害賠償之訴。而依國家賠償法第 11 條第 2 項規定,依本法請求損害賠償時,法院得依聲請為假處分,命賠償義務機關暫先支付醫療費或喪葬費。

第六節　國家賠償請求時效

國家賠償法第 8 條第 1 項規定了國家賠償請求權之時效期間,即賠償請求權,自請求權人知有損害時起因 2 年不行使而消滅,自損害發生時起,逾 5 年者,亦同。

第七節　國家賠償之方法及範圍

國家賠償法第 7 條第 1 項規定,國家負損害賠償責任者,應以金錢為之,但以回復原狀為適當者,得依請求,回復損害發生前原狀。此種以金錢賠償為原則,回復原狀為例外之賠償方法與民法侵權行為之損害賠償以

吳公法論叢》,第 7 期,2014 年 7 月,頁 531–562;程明修,〈行政訴訟程序中審理國家賠償事件之容許性——以日本法之觀察為中心〉,《興大法學》,第 15 期,2014 年 5 月,頁 1–25。

回復原狀為原則之賠償方法，恰好相反。

又國家賠償之範圍因國家賠償法並未規定，故依其第 5 條所規定，適用民法有關侵權行為損害賠償範圍之規定 **❸❼**，包括所受損害及所失利益。又損害賠償並不限於財產上損害，非財產上之損害，亦得請求賠償相當之金額。如名譽受侵害者，亦得請求為回復名譽之適當處分。

第八節　國家之求償權

國家或其他公法人對受害人支付國家賠償金後，對公務員或其他應負責任之團體或個人，依國家賠償法第 2 條第 3 項、第 3 條第 2 項、第 4 條第 2 項之規定，有求償權，亦即：

1.公務員執行職務行使公權力，有故意或重大過失損及人民時，賠償義務機關對之有求償權。

2.公有公共設施瑕疵損害人民時，如損害原因有應負責任之人時，賠償義務機關對之有求償權。

3.受委託行使公權力之團體，其執行職務之人於行使公權力時，有故意或重大過失損及人民時 ，賠償義務機關對受委託之團體或個人有求償權 **❸❽**。

---

❸❼　是以損害賠償之酌減亦適用民法規定。相關論文請參閱，王澤鑑，〈損害賠償法上的酌減條款〉，《法令月刊》，第 67 卷第 6 期，2016 年 6 月，頁 1–13。

❸❽　參閱李建良，〈因執行違規車輛拖吊及保管所生損害之國家賠償責任——兼論委託私人行使公權力之態樣與國家賠償責任〉，《中興法學》，第 39 期，民國 84 年 7 月，頁 85–133。

第三章　國家補償責任

第一節　國家補償責任之原因

國家補償責任一般是指國家合法行使公權力之職務行為損害人民權益或肇致人民重大犧牲者，基於法律規定❶，對受害人民所應負之補償義務❷。然亦有國家未有任何行為，只因社會生活互動摩擦所產生人民損害，基於法律規定，及慰撫、照顧受害人之理念所承擔之補償義務，其種類不一，依現行法律體系約有下列數種補償責任原因：

一、因公益徵收❸之補償責任

如依土地法第 236 條，都市計劃法第 49 條，產業創新條例第 42 條、自來水法第 53 條、第 54 條，電業法第 38 條、第 41 條，文化資產保存法第 41 條、第 54 條，大眾捷運法第 19 條等對土地徵收所為之補償❹。又

---

❶　相關實例批判請參閱，李震山，〈行政損失補償法定原則——無法律即無補償嗎？〉《台灣本土法學雜誌》，第 71 期，2005 年 6 月，頁 143–148。

❷　論文請參閱，闕銘富，〈國家補償體系之意義〉，《台灣法學雜誌》，第 303 期，2016 年 9 月 14 日，頁 93–108。

❸　社會一般習稱「公用徵收」，但陳敏教授主張正名為「公益徵收」，應屬正確，故沿用之。參閱陳敏，《行政法總論》，頁 1158。

❹　實例請參閱李建良，〈土地徵收與損失補償〉，《月旦法學教室③公法學篇》，頁 260–261；張文郁，〈徵收及特別犧牲之補償〉，《台灣本土法學雜誌》，第 53 期，2003 年 12 月，頁 169–175；翁曉玲，〈徵收補償與財產權保障〉，《月旦法學教室》，第 18 期，2004 年 4 月，頁 22–23。

如依全民防衛動員準備法第 33 條對土地以外財產權，如糧食、藥品、建材、電力、船舶、車馬等徵收所為之補償。這些都是國家為了公益、合法行為但導致人民財產損害之補償責任。

二、因災疫之補償責任

如植物防疫檢疫法第 12、13 條對疑患特定疫病蟲害之植物或植物產品限期清除或銷毀所生補償責任；又如動物傳染病防治條例第 40 條有關動物撲殺之補償責任等均是國家疫政機關合法行為造成人民財產損失之補償責任。

三、因軍事勤務致人民傷亡之損害補償責任

如國軍軍事勤務致人民傷亡損害補償條例第 2 條規定：「民國三十八年政府遷臺後至民國七十年六月三十日止，臺灣地區人民，因國軍軍事勤務致傷亡或財物損害者，得依本條例規定申請金錢補償。」

四、因慰撫受犯罪損害人民之補償責任

如犯罪被害人保護法第 4 條規定，因犯罪行為被害而死亡者之遺屬或受重傷者，得申請犯罪被害補償金。這是一種國家毫無直接侵害行為，但因未能善盡維護治安職責，故由國家給予被害人及其家屬適當之補償，以符社會國充分照顧人民之精神❺。

五、因法令廢止之補償責任

如戰士授田憑據處理條例第一條規定，反共抗俄戰士授田條例及其施行細則廢止後，為收回戰士授田憑據，特制定本條例。而依該條例第二條規定，領有戰士授田憑據人員，應依本條例規定，申請登記發給補償金，經核發補償金後，收回戰士授田憑據，不再授田。即為因法令廢止所生之補償責任。

六、因公益而特別犧牲之補償責任❻

損失補償之原因除上所述六類法定原因者，大法官自民國 83 年起作

---

❺ 如德國亦定有「暴力犯罪被害人補償責任」(Gesetz über die Entschädigung für Opfer von Gewalttaten)。參閱李建良，〈損失補償〉，翁岳生編，《行政法（下冊）》，2000 年第二版，頁 1443。

了一些解釋，將德國學理上損失補償原因 ❼ 中之特別犧牲列為獨立之補償原因，即：

1. ── **釋字第 336 號解釋理由書** ──

　　都市計畫既係預計 25 年內之發展情形而為訂定，依都市計畫法第 26 條規定，每 5 年至少應通盤檢討一次。其中公共設施保留地，經通盤檢討，如認無變更之必要，主管機關本應儘速取得之，以免長期處於保留狀態。若不為取得（不限於徵收一途），則土地所有權人既無法及時獲得對價，另謀其他發展，又限於都市計畫之整體性而不能撤銷使用之管制，致減損土地之利用價值。其所加於土地所有權人之不利益將隨時間之延長而遞增。雖同法第 49 條至第 50 條之 1 等條文設有加成補償，許為臨時建築使用及免稅等補救規定，然非分就保留時間之久暫等情況，對權利受有個別損害，而形成特別犧牲 (Sonderopfer) 者，予以不同程度之補償 ❽。

2. ── **釋字第 425 號解釋理由書** ──

　　土地徵收，係國家因公共事業之需要，對人民受憲法保障之財產權，經由法定程序予以剝奪之謂。規定此項徵收及其程序之法律必須符合必要性原則，並應於相當期間內給予合理之補償。被徵收土地之所有權人於補償費發給或經合法提存前雖仍保有該土地之所有權，惟土地徵收對被徵收土地之所有權人而言，係為公共利益所受特別犧牲，是補償費之發給不宜

---

❻　實例請參閱李建良，〈特別犧牲與損失補償〉，《月旦法學教室③公法學篇》，頁 262–263；張文郁，〈徵收及特別犧牲之補償〉，《台灣本土法學雜誌》，第 53 期，2003 年 12 月，頁 169–175。

❼　這些原因包括：徵收、類似徵收之侵害、徵收性質之侵害、因公益而特別犧牲等四類。詳見吳庚，《行政法之理論與實用》，頁 734；陳敏，上揭書，頁 1156 以下。

❽　實例請參閱，陳立夫，〈公共設施保留地之使用限制與損失補償〉，《月旦法學教室》，第 7 期，2003 年 5 月，頁 34–35；林明鏘，〈指定公共開放空間與人民財產權之特別犧牲──評臺北高等行政法院 105 年度訴字第 573 號與最高行政法院 107 年度判字第 643 號判決〉，《月旦裁判時報》，第 88 期，2019 年 10 月，頁 5–16。

遷延過久。

3. ──釋字第 400 號解釋理由書──

　　憲法第 15 條關於人民財產權應予保障之規定，旨在確保個人依財產之存續狀態行使其自由使用、收益及處分之權能，並免於遭受公權力或第三人之侵害，俾能實現個人自由、發展人格及維護尊嚴。如因公用或其他公益目的之必要，國家機關雖得依法徵收人民之財產，但應給予相當之補償，方符憲法保障財產權之意旨。既成道路符合一定要件而成立公用地役關係者，其所有權人對土地既已無從自由使用收益，形成因公益而特別犧牲其財產上之利益，國家自應依法律之規定辦理徵收給予補償，各級政府如因經費困難，不能對上述道路全面徵收補償，有關機關亦應訂定期限籌措財源逐年辦理或以他法補償。若在某一道路範圍內之私有土地均辦理徵收，僅因既成道路有公用地役關係而以命令規定繼續使用，毋庸同時徵收補償，顯與平等原則相違。

4. ──釋字第 440 號解釋理由書──

　　人民之財產權應予保障，憲法第 15 條設有明文。國家機關依法行使公權力致人民之財產遭受損失，若逾其社會責任所應忍受之範圍，形成個人之特別犧牲者，國家應予合理補償。主管機關對於既成道路或都市計畫道路用地，在依法徵收或價購以前埋設地下設施物妨礙土地權利人對其權利之行使，致生損失，形成其個人特別之犧牲，自應享有受相當補償之權利。

5. ──釋字第 516 號解釋理由書──

　　國家因公用或其他公益目的之必要，雖得依法徵收人民之財產，但應給予合理之補償。此項補償乃因財產之徵收，對被徵收財產之所有人而言，係為公共利益所受之特別犧牲，國家自應予以補償，以填補其財產權被剝奪或其權能受限制之損失。故補償不僅需相當，更應儘速發給，方符憲法第 15 條規定，人民財產權應予保障之意旨。

6. ──釋字第 579 號解釋理由書──

　　國家因公用或其他公益目的之必要，得依法徵收人民之財產，對被徵

收財產之權利人而言，係為公共利益所受之特別犧牲，國家應給予合理之補償，且補償與損失必須相當。國家依法徵收土地時，對該土地之所有權人及該土地之其他財產權人均應予以合理補償，惟其補償方式，立法機關有一定之自由形成空間。

耕地承租人之租賃權係憲法上保障之財產權，於耕地因徵收而消滅時，亦應予補償。

七、因行政處分之撤銷或廢止之補償責任

行政程序法第 120 條第 1 項規定，授予利益之違法行政處分經撤銷後，如受益人無同法第 119 條所列信賴不值得保護之情形，其因信賴該處分致遭受財產上之損失者，為撤銷之機關應給予合理之補償。此即為因行政處分之撤銷之補償責任。至於因行政處分之廢止之補償責任依據，則規定在行政程序法第 126 條第 1 項，該項規定行政機關依行政程序法第 123 條第 4 款、第 5 款廢止授予利益之合法行政處分者，對受益人因信賴該處分致遭受財產上之損失，應給予合理之補償。除了行政程序法以外，若干法律另特別規定了行政處分撤銷或廢止之補償責任。如水利法第 19 條第 2 項規定：「……水權之停止、撤銷或限制，致使原用水人受有重大損害時，由主管機關按損害情形核定補償，責由公共給水機構負擔之。」又如依漁業法第 29 條第 1 項及第 3 項之規定，行政機關於有該條所定情形，得變更或撤銷其漁業權之核准，或停止其漁業權之行使，人民因此致受損害者，應由目的事業主管機關或由請求變更、撤銷、停止者，協調予以相當之補償❾。對此，學者曾以實例指出，臺塑在宜蘭利澤工業區之土地，因當地環保人士抗爭而無法動工，經濟部工業局乃依法予以收回，並給予數億元之補償❿。

八、因排除危害而為即時強制之補償責任

如行政機關為阻止犯罪，防範危害之發生或避免急迫危險，每有即時採取強制措施之必要，且無待事前作成行政處分及踐行法定程序。此即為

❾　李建良，〈損失補償〉，翁岳生編，《行政法（下）》，2000 年二版，頁 1507。

❿　蔡志方，《行政法三十六講》，1997 年再版，頁 276。

行政機關之即時強制，由於即時強制措施之採取，多係基於情況之急迫及公益上之事由，故被執行相對人所受之損失，法律每規定，予以相當之補償。現行法律之相關規定如下：

1.行政執行法第 41 條第 1 項、第 2 項之規定，人民因行政執行機關依法實施即時強制，致其生命、身體或財產遭受特別損失時，得請求補償。此項損失補償應以金錢為之，並以補償實際所受之特別損失為限。

2.依水土保持法第 26 條之規定，為保護公共安全，實施緊急水土保持之處理與維護，主管機關得就地徵用搶修所需之物料、人工、土地，並得拆除障礙物。所徵用之物料、人工、土地及拆毀之物，主管機關應於事後酌給相當之補償。

3.依水利法第 76 條規定，防汛緊急時，主管機關為緊急處置，得就地徵用關於搶護必須之物料、人工、土地，並得拆毀妨礙水流之障礙物。所徵用之物料、人工、土地及拆毀之物，主管機關應於事後酌給相當之補償。

4.依消防法第 19 條之規定，消防人員對火災處所及其周邊，非使用或損壞其土地、建築物、車輛及其他物品或限制其使用，不能達搶救之目的時，得使用、損壞或限制其使用。直轄市、縣（市）政府對上述土地或建築物之使用、損壞或限制使用所致之損失，得視實際情況酌予補償。

九、因迅速救災徵用民間物品所生之補償責任

如總統於民國 88 年 9 月 25 日依憲法增修條文第 2 條第 3 項發布之緊急命令第 7 點第 1 項規定：「中央政府為迅速執行救災、安置及重建工作，得徵用水權，並得向民間徵用空地、空屋、救災器具及車、船、航空器，不受相關法令之限制。」此項規定雖無損失補償之規定，但行政院於同年 10 月 21 日訂定 「中華民國八十八年九月二十五日緊急命令執行要點」，其中第 11 點及第 12 點即對徵用程序及補償標準有所規定。其後，立法院於民國 89 年 1 月 15 日三讀通過「九二一震災重建暫行條例」，於第四章第三節將「徵用民間財產及水權程序」予以法制化，同時明定其補償標準（第 65 條至第 67 條），以兼顧災後重建工作之進行與人民財產權

之保護。學者認為，災後重建乃是一項長期性之工作，主管機關於徵用民間財產或水權時，除非遇有緊急狀態，否則應先以行政處分課予人民提供相關物料或土地之義務，而於人民不履行此等義務時，始以強制手段促其履行，就此而言，此類徵用措施已非「即時強制」措施，而屬一般之行政強制執行，且可歸類為前述「財產權之公益利用」**⓫**。

十、因正當使用合法藥物所生藥害之補償責任

民國 89 年 5 月 31 日公布施行之藥害救濟法第 4 條規定：「因正當使用合法藥物所生藥害，得依本法規定請求救濟。」是以，正當使用合法藥物所生藥害，即可請求第 4 條第 2 項規定之死亡給付、障礙給付，及嚴重疾病給付之補償。不過，因同法第 13 條第 9 款，有關常見且可預期之藥物不良反應，不得申請藥害救濟之規定引發爭議。大法官在釋字第 767 號解釋表示，該款規定「未違反法律明確性原則及比例原則，與憲法保障人民生存權、健康權及憲法增修條文第 10 條第 8 項國家應重視醫療保健社會福利工作之意旨，尚無牴觸**⓬**。」

第二節　國家補償責任之成立要件

國家補償責任之學理，眾說紛紜，有值得保護理論 (Schutzwürdigkeitstheorie)、期待（忍受）可能理論 (Zumutbarkeitstheorie)、本質減損理論 (Substanzminderungstheorie)、私利用性理論 (Privatnützigkeitstheorie)、目的相左理論 (Zweckfremdungstheorie)、重大性理論 (Schweretheorie)、個別行為說 (Einzelaktstheorie)、特別犧牲說 (Sonderopftheorie) 等**⓭**。學者為簡明起見，乃將國家補償責任之成立要件

⓫　參引李建良，如註**❻**，頁 1506–1507。

⓬　相關論文請參閱，單鴻昇，〈藥害救濟制度作為社會補償機制下之立法形成空間——釋字第 767 號解釋評析〉，《月旦法學雜誌》，第 293 期，2019 年 10 月，頁 179–188。

歸納整理為共同成立要件及特別成立要件❹：

一、共同成立要件

1. 須屬於行使公權力之行為。

2. 須對人民財產或其他權利之侵害。

3. 侵害須達嚴重程度或已構成特別犧牲。

4. 須相對人或利害關係人有值得保護之利益。

5. 須基於公益之必要性。

6. 須為合法行為。

7. 須有法規依據。

二、特別成立要件

除了上述之共同成立要件之外，由於我國並無如國家賠償法之一般性國家補償法❺，國家補償制度是建構在各個時期階段分別立法之特別法律，已如上述。故國家補償責任之特別成立要件，尚須遵循這些法律所規定之特殊要件，如在公益徵收方面，依其徵收方式如通常徵收、保留徵收、區段徵收、一併徵收等；依其徵收內容有為不動產徵收，有為動產徵收等；依其徵收目的，有為經濟目的，有為文教目的，有為國防目的等❻，情形不一，自應依各該法律所定之特別成立要件，履行國家補償責任。

---

❸ 詳見李建良，〈損失補償〉，翁岳生編，《行政法》，頁 1208 以下；吳庚，上揭書，頁 733、734，註 17。

❹ 參引吳庚，上揭書，頁 736–739。

❺ 體系建構可參閱黃錦堂，〈國家補償法體系建構初探〉，台灣行政法學會主編，《行政法爭議問題研究（下）》，頁 1187–1121；另參閱林騰鷂，〈國家補償責任之研究〉，《東海大學法學研究》，第 15 期，民國 89 年 11 月，頁 99–118。

❻ 陳敏，上揭書，頁 1158 以下。

第三節　國家補償責任之請求時效、程序與範圍

　　國家補償責任之請求時效、程序與範圍大致上與國家賠償責任相同。不過，各別法律尚有特殊規定❼，即如戒嚴時期人民受損權利回復條例第6條，戒嚴時期不當叛亂暨匪諜審判案件補償條例第2條之規定，補償請求之時效均為兩年，但二二八事件處理及補償條例第2條第2項對補償請求權之時效，原亦規定二年，即：「受難者應於本條例施行之日起二年內，依本條例規定申請給付補償金」，而同條第3項卻又規定「前項期限屆滿後，若仍有受難者因故未及申請補償金，得再延長二年」❽，此種在法定二年時效期間經過後，事後又以立法方式追加兩年時效之規定，甚為奇特，是否有違憲法上平等對待原則，即國家對其他戒嚴時期受難人民在有二二八事件處理及補償條例第2條第3項情事時，是否也可以比照延長兩年時效，不無研議餘地。值得注意的是，此一二二八事件處理及補償條例自民國84年4月7日施行至民國96年，一再延期施行共十餘年，並未廢止。相反的，卻在民國96年3月21日更改名稱為「二二八事件處理及賠償條例」，繼續施行，顯現出政治力對法制過當之干涉與破壞，實難達成該條例第1條「撫平歷史傷痛，促進族群融和」之立法目的。

---

❼　另參閱林騰鷂，〈國家補償責任之研究〉，《東海法學研究》，第15期，頁117–118。

❽　此為民國84年原訂定二年時效經過後，於民國86年10月4日修正第2條條文時所增加者。

第四章 國家其他責任

第一節 概 說

現代國家執行職務、行使公權力之行為樣態甚多,除因違法行為損害人民應負國家賠償責任,因合法行為損害人民應負國家補償責任之外,尚有類推民法法理之契約、侵權行為❶等債之發生原因依法規定成立公法契約給付不能、不完全給付之賠償及補償責任;公法上不當得利返還責任;公法上無因管理之責任、公法上行為結果除去責任或未盡保管義務之賠償責任等❷,茲各分述於次。

第二節 公法契約給付不能、不完全給付之賠償及補償責任

行政程序法公布施行後,國家因公法契約給付不能、不完全給付之賠

---

❶ 相關論文請參閱,程明修,〈論行政機關對人民之公法上(侵權)損害賠償請求權——以最高行政法院九七年判字第○○三○二號判決為開端〉,《台灣法學雜誌》,第 121 期,2009 年 2 月,頁 195–202。

❷ 吳庚,《行政法之理論與實用》,頁 730–732;另參閱林三欽,〈公法上危險責任(無過失責任)〉,台灣行政法學會主編,《行政法爭議問題研究(下)》,頁 1223–1240。

償及補償責任，人民即可依該法第 145 至 148 條之相關規定請求。

第三節　公法上不當得利返還責任

　　公法上不當得利返還責任有三類，其中一類，學者原認為公法上不當得利返還請求權通常係行政主體向人民為請求，例如相對人溢領稅捐稽徵機關退還之款項，稽徵機關即可向行政法院提起給付訴訟，請求人民返還❸。又如犯罪被害人保護法第 13 條所規定者亦屬此類型之公法上不當得利返還責任❹。第二類是屬於本章所指之國家其他責任，亦即大法官釋字第 478 號解釋認為，財政部中華民國 73 年 12 月 27 日臺財稅第 65634號函……，有違憲法租稅法律主義之意旨，因此國家稽徵機關依上述法規徵收之土地增值稅，即符合民法不當得利中所規定「雖有法律上原因，但其後已不存在者」之要件，人民即有將國家已徵收之土地增值稅，依不當得利法理，請求返還。此之謂國家公法上不當得利之返還責任。另外，大法官釋字第 515 號解釋亦提供一公法上不當得利返還責任之適例。該號解釋謂：「興辦工業人承購工業區土地或廠房後，工業主管機關依上開條例第三十八條之規定強制買回，若係由於非可歸責於興辦工業人之事由者，其自始既未成為特別公課徵收對象共同利益群體之成員，亦不具有繳納規費之利用關係，則課徵工業區開發管理基金之前提要件及目的均已消失，其課徵供作基金款項之法律上原因遂不復存在，成為公法上之不當得利。

---

❸　吳庚，上揭書，頁 730，註 11；另參閱，劉建宏，〈行政主體向人民請求返還公法上不當得利之法律途徑〉，《台灣本土法學雜誌》，第 64 期，2004 年11 月，頁 37–55。

❹　該條規定：「受領之犯罪被害補償金有下列情形之一者，應予返還：一、有第十一條所定應減除之情形或復受損害賠償者，於其所受或得受之金額內返還之。二、經查明其係不得申請犯罪被害補償金者，全部返還之。三、以虛偽或其他不正當方法受領犯罪被害補償金者，全部返還之，並加計自受領之日起計算之利息。」

依上開細則之規定，該管機關僅須以原價買回，對已按一定比例課徵作為基金之款項，不予返還，即與憲法保障人民權利之意旨有違」。

第三類是大法官釋字第 550 號解釋所顯示的行政主體間行使公法上不當得利返還請求權，即中央健康保險局❺向臺北市政府請求返還積欠之健保費❻。

第四節　公法上無因管理責任

公法上之無因管理 (öffentlich-rechtliche Geschäftsführung ohne Auftrag)，可能發生於行政主體相互之間或行政主體與人民之間，後者又有二種可能：私人並無法律上原因而為官署管理事務，取得對行政主體償還請求權；或行政主體因無因管理而對私人取得償還請求權。行政法受依法行政原則支配，而無因管理乃「未受委任，並無義務，而為他人管理事務」（參照民法第 172 條），兩者在概念上是否相容？並非毫無爭議，蓋「未受委任，並無義務」乃無權限之行為，似與依法行政之原則不符，若出於法律授權或其他機關之委託，則已不屬無因管理矣。惟基於公益之維護或因急迫情況之需要，無因管理具有其合法性，仍不容否認。例如依照有關法規開鑿排水設施之責任屬於該管鄉鎮，但土地所有權人先行自付費用，完成從其私有土地至公共廢水溝之排水設施，行政法院認為土地所有權人得依公法上無因管理之法理，向該管鄉鎮請求償還費用❼。

---

❺　中央健康保險局現已改名為衛生福利部中央健康保險署。

❻　劉建宏，〈行政主體間行使公法上返還請求權之法律途徑——中央健康保險局得否以行政處分命台北市政府給付健保費之補助款？——〉，《台灣本土法學雜誌》，第 84 期，2006 年 7 月，頁 1–12。

❼　引自吳庚，上揭書，頁 727，註 10；另請參閱陳敏，《行政法總論》，頁 1003以下。

第五節　公法上行為結果除去責任

　　公法上行為結果除去責任早在第二次世界大戰後見之於德國行政法院之判決，當時因東普魯士地區被劃割為蘇聯、波蘭領土，該地區人民被驅至西德地區造成房屋缺乏情事，主管機關乃將區內房屋配住落難人民，但該些人民於配住期限屆滿後，不願遷出，房屋所有人乃向主管機關請求命現住人離去，此即為德國司法實務所創建之公法上行為結果除去責任理論 ❽ 。 基於此一責任 ， 人民相對的擁有公法上結果除去請求權 (Der Folgenbeseitigungsanspruch)❾。此一請求權與損害賠償請求權不同，後者以金錢賠償或回復原狀為方法，通常須循民事訴訟救濟，而結果除去請求權須向行政法院提出一般給付訴訟或於撤銷訴訟中附帶請求為實現途徑 ❿。另學者將結果除去請求權之成立要件歸納如下：1.須原因行為（包括行政處分或事實行為）違法，2.直接損害相對人之利益，3.在法律上及事實上均有除去之可能，亦即有回復到未執行前狀態之可能，4.損害之發生被害人應負主要過失者，不得主張此項請求權，5.向行政法院起訴⓫。依此，我國二二八事件處理及賠償條例第 6 條規定：「受難者及受難者家屬名譽受損者，得申請回復之」以及戒嚴時期人民受損權利回復條例第 3 條所規定之考試資格、公職人員資格、專門職業及技術人員資格等之回復請求權即屬於此之公法上行為結果除去請求權⓬。

---

❽　Maurer, *Allgemeines Verwaltungsrecht*, 8. Auflage, §29 Rn. 3.

❾　實例論文請參閱，熊依翎，〈從大埔區段徵收案論公法上結果除去請求權／最高行 104 判 209 判決〉，《台灣法學雜誌》，第 281 期，2015 年 10 月 14 日，頁 137–144。

❿　引自吳庚，上揭書，頁 726，註 9；另參閱林三欽，〈行政法上權利救濟管道的選擇——「第一次權利保護」與「第二次權利保護」之區別〉，《台灣本土法學雜誌》，第 26 期，2001 年 9 月，頁 117–124。

⓫　吳庚，上揭書，頁 727。

第六節　未盡保管、保護義務之賠償責任

　　未盡保管義務之賠償責任，學者所舉之例，如「行政機關沒入之物品，因受敗訴判決而須發還，卻因未盡保管義務或應變賣而未予變賣，致物品滅失或喪失效用之情形，或如拖吊違規車輛所造成對車輛之損害是」❸。此種責任如依海關緝私條例第 19 條至第 21 條對扣押物查封後之保管、處置等如有不當，即可能發生。又如依藥事法第 77 條規定，衛生主管機關對涉嫌偽藥、劣藥、禁藥或不良醫療器材之先行就地封存處理如有不當，亦可能發生此種未盡保管義務之賠償責任。

　　至於人民登山、涉行、遭遇自然災害，國家未善盡保護、救災責任者，似也應負起國家責任。只是如是人民已經勸戒而執意為之，則國家責任可以減輕或完全豁免❹。

---

❷　另參閱李建良，〈無效行政處分與公法上結果除去請求權〉，《月旦法學教室③公法學篇》，頁 184–185；程明修，〈公法上之結果除去請求權〉，《月旦法學教室》，第 54 期，2007 年 3 月，頁 26–27；程明修，〈國家責任體系之漏洞：結果除去請求權——最高行政法院九八年度判字第三三四號判決——〉，《台灣法學雜誌》，第 136 期，2009 年，頁 187–192。

❸　吳庚，上揭書，頁 732。

❹　實務論文請參閱，吳秦雯，〈登山災難、國家責任與救災行政〉，《月旦法學教室》，第 188 期，2018 年 6 月，頁 59–64。

參考書目

（以下按作者姓氏筆劃順序）

一、總　論

史尚寬，《行政法論》，民國 67 年 9 月版。

吳志光，《行政法》，新學林出版公司，民國 95 年 10 月一版。

吳庚，《行政法之理論與實用》，自刊本，民國 88 年 6 月增訂五版。

吳庚，《憲法的解釋與適用》，自刊本，民國 93 年 6 月三版。

李惠宗、李建良、林三欽、林合民、陳春生、陳愛娥、黃啟禎等合著，《行政法入門》，月旦出版公司，民國 87 年。

李惠宗，《行政法要義》，五南圖書出版公司，民國 89 年 11 月。

李惠宗，《教育行政法要義》，元照出版公司，民國 93 年 9 月初版。

李震山，《行政法導論》，三民書局，民國 86 年。

林紀東，《行政法》，三民書局，民國 79 年。

林紀東，《行政法各論》，大中國圖書公司，民國 50 年初版。

林紀東，《行政法新論》，三民書局，民國 78 年。

林重魁，《現代國家行政法新論》，自刊本，民國 87 年 7 月。

林錫堯，《行政法要義》，法務通訊雜誌社，民國 80 年。

林錫堯，《行政罰法》，元照出版公司，民國 94 年 8 月初版。

林騰鷂，《行政訴訟法》，三民書局，民國 94 年 10 月修訂二版。

施啟揚，《民法總則》，自刊本，民國 94 年 6 月六版。

翁岳生編，《行政法》，翰蘆圖書出版公司，民國 87 年。

涂懷瑩，《行政法原理》，五南圖書出版公司，民國 78 年。

張家洋，《行政法》，三民書局，民國 80 年。

陳荔彤，《海洋法論》，元照出版公司，民國 91 年 7 月初版。

陳敏，《行政法總論》，自刊本，民國 87 年 5 月。

陳新民，《行政法學總論》，自刊本，民國 89 年 8 月修訂七版。

陳慈陽，《環境法總論》，元照出版公司，民國 92 年 1 月三版。

黃俊杰，《行政法》，三民書局，民國 94 年 9 月。

黃異，《行政法總論》，三民書局，民國 85 年 1 月增訂初版。

董保城，《法治與權利救濟》，元照出版公司，民國 95 年 4 月初版。

管歐，《中國行政法總論》，自刊本，民國 78 年。

管歐，《行政法精義》，五南圖書出版公司，民國 82 年。

廖福特，《國際人權法》，元照出版公司，民國 94 年 4 月初版。

廖福特，《歐洲人權法》，學林文化事業公司，民國 92 年 5 月一版。

劉宗德，《行政法基本原理》，學林文化事業公司，民國 87 年 8 月一版。

蔡志方，《行政法三十六講》，自刊本，民國 84 年。

蔡憲榮，《警察職權行使法概論》，元照出版公司，民國 93 年 12 月初版。

羅豪才（主編）、湛中原（副主編），《行政法學》，北京大學出版社，民國 85 年 12 月一版。

二、論文集

《一九九八年海峽兩岸行政法學研討會實錄》，政治大學法學院主辦、出版，民國 88 年 4 月。

《法治與現代行政法學——法治斌教授紀念論文集》，元照出版公司，民國 93 年 5 月初版。

《現代國家與憲法——李鴻禧教授六秩華誕祝賀論文集》，月旦出版公司，民國 86 年。

《當代公法理論——翁岳生教授六秩誕辰祝壽論文集》，月旦出版公司，民國 82 年。

《當代公法新論（上）——翁岳生教授七秩誕辰祝壽論文集》，元照出版公司，民國 91 年 7 月。

《新世紀經濟法制之建構與挑戰——廖義男教授六秩誕辰祝壽論文集》，元照出版公司，民國 91 年 9 月初版。

朱武獻，《公法專題研究㈠》，輔大法學叢書編委會，民國 75 年。

林子儀，《權力分立與憲政發展》，月旦出版公司，民國 82 年。

林紀東，《行政法論文集》，民國 62 年。

法治斌，《人權保障與釋憲法制，憲法專論㈠》，月旦出版公司，民國 82 年。

法治斌，《人權保障與司法審查，憲法專論㈡》，月旦出版公司，民國 83 年。

城仲模，《行政法之基礎理論》，三民書局，民國 80 年。

城仲模，《行政法之一般法律原則㈠》，三民書局，民國 83 年。

城仲模，《行政法之一般法律原則㈡》，三民書局，民國 86 年。

城仲模，《行政法裁判百選》，月旦出版公司，民國 85 年。

翁岳生，《行政法與現代法治國家》，臺大法學叢書，月旦出版公司，民國 78 年。

翁岳生，《法治國家之行政法與司法》，月旦出版公司，民國 83 年。

翁岳生主編，《行政訴訟法逐條釋義》，五南圖書出版公司，民國 91 年 11 月，初版。

陳荔彤，《海洋法論》，元照出版公司，民國 91 年 7 月初版。

許宗力，《法與國家權力》，臺大法學叢書，月旦出版公司，民國 81 年。

葛克昌，《國家學與國家法》，月旦出版公司，民國 84 年。

臺灣行政法學會主編，《行政法人與組織再造、聽證制度評析》，元照出版公司，民國 94 年 1 月初版。

臺灣行政法學會主編，《損失補償、行政程序法》，元照出版公司，民國 94 年 7 月初版。

蔡秀卿，《現代國家與行政法》，學林文化事業公司，民國 92 年 6 月一版。

蔡震榮，《行政法理論與基本人權之保障》，三峰出版社，民國 83 年。

賴恆盧，《行政法關係論之研究——行政法學方法論評析》，元照出版公司，民國 92 年 1 月初版。

三、專　論

《中譯德奧日行政法院法》，司法院印行，民國 85 年 6 月。

《司法院行政訴訟研習會參考資料，公法私法之區別、行政法基本原則、行政處分之意義解釋、裁判選輯》，第 1 輯，司法院編印，民國 81 年 1 月。

《司法院行政訴訟研習會參考資料，公法私法之區別、行政法基本原則、行政處分之意義解釋、裁判選輯》，第 2 輯，司法院編印，民國 84 年 6 月。

《行政計劃的理論與實務》，研考會編印，民國 82 年初版二刷。

《行政救濟制度改革研討會成果報告》，民國 87 年 8 月 6、7 日。

《行政程序法之研究》，行政院經建會，民國 79 年。

《行政程序法裁判要旨彙編》，法務部編印，民國 93 年 7 月。

《行政訴訟法修正草案總說明暨條文對照表》，司法院，民國 82 年 5 月。

《行政訴訟法逐條釋義》，臺灣省政府訴願審議委員會編印，民國 88 年 6 月。

《各國及大陸地區訴願制度研究》，臺灣省政府訴願審議委員會編印，民國 83 年 6 月。

《國家賠償實務（上）（下）》，臺灣省政府法規委員會印行，民國 84 年 6 月。

《訴願業務學術研討會成果報告》，東海大學法律系印。

《認識訴願》，臺灣省政府訴願審議委員會編印，民國 88 年 6 月。

王名揚，《法國行政法》，北京，中國政法大學出版社，民國 86 年 5 月二刷。

王廷懋，《我國公務員懲戒問題之研究》，公務員懲戒委員會，民國 86 年 6 月。

古登美，《行政救濟制度》，文馨出版社，民國 66 年。

吳庚，《行政法院裁判權之比較研究》，臺灣大學碩士論文，民國 55 年。

吳庚（研究主持人），《公務員基準法之研究》，行政院研究發展考核委員會編印，民國 79 年 4 月。

吳庚，《行政爭訟法論》，民國 88 年 5 月修訂版。

吳綺雲，《德國行政給付訴訟之研究》，司法院印行，民國 84 年 6 月。

李庭熙，《論附第三人效力之行政處分》，臺灣大學碩士論文，民國 79 年 6 月。

李惠宗，《行政罰法之理論與案例》，自刊本，民國 94 年 6 月初版一刷。

李震山，《警察任務法論》，登文書局，民國 82 年三版。

汪宗仁，《行政程序法論》，康德文化出版社，民國 90 年。

汪宗仁，《行政訴訟法論》，康德文化出版社，民國 90 年。

林明鏘，《人民權利之暫時保護——以行政訴訟程序為中心》，臺灣大學法研所碩士論文，民國 76 年。

林明鏘，《公務人員法研究㈠》，臺灣大學法學叢書，民國 94 年 2 月。

林素鳳，《論行政法學上的公物制度》，中興大學法研所碩士論文，民國 76 年 6 月。

林樹埔，《論都市計劃與人民權益之保障》，臺灣大學法研所碩士論文，民國 69 年。

林騰鷂，《中華民國憲法》，三民書局，民國 86 年 9 月。

林騰鷂，《中華民國憲法》，國立空中大學，民國 94 年 12 月初版。

林騰鷂，《經社法制與國家現代化》，東海大學企業講座出版，民國 75 年。

邱聰智，《公害法原理》，輔大法學叢書編委會，民國 76 年 5 月增訂再版。

M. P. 賽夫著，周偉譯，《德國行政法》，五南圖書出版公司，民國 80 年 2 月初版一刷。

翁岳生主編，《行政訴訟法逐條釋義》，五南圖書出版公司，民國 91 年 11 月初版。

高思大，《行政計劃與行政訴訟》，司法院印行，民國 82 年。

高思大，《從行政法觀點論行政計劃》，輔仁大學法研所碩士論文，民國 75 年。

郭明政，《社會安全制度與社會法》，國立政治大學法學院勞動法與社會法研究中心，民國 86 年 11 月初版。

陳秀美，《行政訴訟上有關行政處分之研究》，司法周刊社，民國 78 年。

陳秀美，《改進現行行政訴訟制度之研究》，司法院印行，民國 71 年 4 月。

陳計男，《行政訴訟法釋論》，自印，民國 89 年。

陳春生，《行政法之學理與體系㈠——行政行為形式論》，三民書局，民國 85 年。

陳春生，《核能利用與法之規制》，月旦出版公司，民國 84 年。

陳清秀，《行政訴訟法》，植根法律事務所叢書㈢，民國 88 年 6 月初版。

陳新民，《憲法基本權利之基本理論（上）（下）》，自刊本，民國 79 年。

陳新民，《公法學箚記》，民國 84 年 1 月修訂二版。

陳新民，《中華民國憲法釋論》，自刊本，民國 86 年 9 月。

陳傳宗，《論暫時性行政處分與行政法上承諾》，臺灣大學法研所碩士論文，民國 79 年 6 月。

陳慈陽，《行政法總論——基本原理、行政程序及行政行為》，翰蘆圖書出版有限公司，民國 94 年 10 月二版。

張劍寒（研究主持人），《行政制裁制度》，行政院研考會，民國 68 年。

黃守高，《現代行政罰之比較研究》，中國學術著作獎委員會，民國 59 年。

黃守高，《現代行政法之社會任務》，法務通訊雜誌社，民國 77 年。

黃錦堂，《行政組織法論》，翰蘆圖書出版公司，民國 94 年 5 月初版。

彭鳳至，《情事變更原則之研究》，五南圖書出版公司，民國 75 年 1 月初版。

湯德宗，《公務員之權利保障與身分保障》，臺灣大學碩士論文，民國 70 年 6 月。

湯德宗，《行政程序法論》，元照出版公司，民國 89 年。

葉俊榮、許宗力等，《政府資訊公開制度之研究》，行政院研考會，民國 85 年 8 月。

董保城、湛中樂，《國家責任法——兼論大陸地區行政補償與行政賠償》，元照出版公司，民國 94 年 6 月初版。

詹啟章，《從行政法學觀點論日本行政計畫制度》，中興大學法研所碩士論文，民國
　　74 年。

廖義男，《公共建設與行政法理》，自刊本，民國 83 年。

廖義男，《國家賠償法》，自刊本，民國 82 年增訂版。

廖義男（研究主持人），《行政不法行為制裁規定之研究》，行政院經建會，民國 79
　　年 5 月。

熊愛卿，《論行政計劃制度之手續與人民參與》，輔仁大學法研所碩士論文，民國 79
　　年。

臺灣行政法學會主編，《公務員法與地方制度法》，元照出版公司，民國 92 年 1 月初
　　版。

臺灣行政法學會主編，《行政程序法之檢討、傳播行政之爭訟》，元照出版公司，民
　　國 92 年 7 月初版。

劉春堂，《國家賠償法》，三民書局，民國 73 年 9 月再版。

蔡志方，《行政救濟法論》，月旦出版公司，民國 84 年。

蔡志方，《行政救濟與行政法學㈠㈡》，三民書局，民國 82 年。

蔡志方，《行政救濟與行政法學㈢》，學林文化事業公司，民國 87 年 12 月。

蔡志方，《行政罰法釋義與運用解說》，三民書局，民國 95 年 11 初版。

賴恆盧，《行政法關係論之研究──行政法學方法論評析》，元照出版公司，民國 92
　　年 1 月初版。

羅傳賢，《行政程序法基礎理論》，五南圖書出版公司，民國 90 年。

羅傳賢，《美國行政程序法論》，五南圖書出版公司，民國 74 年。

四、德文部分

Achterberg, Norbert, *Allgemeines Verwaltungsrecht*, 1982.

Brühl, Raimund, *Verwaltungsrecht für die Fallbearbeitung*, 3. Aufl., 1991.

Bull, Hans Peter, *Allgemeines Verwaltungsrecht*, 3. Aufl., 1991.

Detterbeck, Steffen, *Allgemeines Verwaltungsrecht mit Verwaltungsprozessrecht*, 3.
　　Aufl., 2005.

Emmert, Frank, *Europarecht*, 1996.

Erichsen, Hans-Uwe (Hrsg.), *Allgemeines Verwaltungsrecht*, 10. Aufl., 1995.

Erichsen/Martens (Hrsg.), *Allgemeines Verwaltungsrecht*, 10. Aufl., 1995.

Eyermann, *Verwaltungsgerichtsordnung*, 10. Aufl., 1998.

Faber, Heiko, *Verwaltungsrecht*, 3. Aufl., 1992.

Forsthoff, Ernst, *Lehrbuch des Verwaltungsrechts*, Band I, 10. Aufl., 1973.

Giemulla/Jaworsky/Müller-Uri, *Verwaltungsrecht*, 1991.

Kramer, Urs, *Allgemeines Verwaltungsrecht und Verwaltungsprozessrecht mit Staatshaftungrecht*, 2010.

Maurer, Hartmut, *Allgemeines Verwaltungsrecht*, 10. Aufl., 1995.

Ramsauer, Ulrich, *Verwaltungsverfahrensgesetz*, 11., vollständig überarbeitete Aufl., 2010.

Richter/Schuppert, *Casebook Verwaltungsrecht*, 1991.

Schmalz/Hofmann, *Allgemeines Verwaltungsrecht Teil 1*, 1988.

Stelkens, Paul, *Verwaltungsverfahen*, 1991.

Stober, Rolf, *Wirtschaftsverwaltungsrecht*, 10. Aufl., 1996.

W. Hoffmann-Riem/E. Schmidt-ABmann (Hg.), Effizienz als Herausforderung an das Verwaltungsrecht, 1998.

Wolff/Bachof/Stober, *Verwaltungsrecht Band 1*, 11. Aufl., 2000.

Wolff/Bachof/Stober, *Verwaltungsrecht Band 2*, 6. Aufl., 2000.

索 引

7 劃

■ 行政法與現代法治國家　翁岳生／著

隨著社會發展與人權意識提高，行政法學的發展盛況空前。作者欲借他山之石，將新觀念注入我國行政法學，期待能有助於法治之加強，促進國家之現代化。本書係作者負笈返國 10 年內重要著作的論文集，第一版距本版發行將近 40 年。三民書局保留著原來的內容而重新編排出版，作為我國行政法現代化過程的見證。

■ 行政法導論　李震山／著

本書內容除尊重以行政處分為中心之既有研究成果外，並強烈呼應以人權保障為重心，重視正當行政程序的現代行政法學思緒。本書較重視體系、架構及思考合邏輯的鋪陳，不鼓勵訓詁或背誦式的學習，從而表達想法或說理的方法傾向開放性，而非一定要追求或複製權威的見解，期有助於提高讀者研習、思辨行政法之視野與效果。

國家圖書館出版品預行編目資料

行政法總論／林騰鷂著.——修訂四版一刷.——臺北
市：三民，2020
　　面；　公分

　ISBN 978–957–14–6753–5 （平裝）
　1.行政法

588.1　　　　　　　　　　　　　　108019748

行政法總論

作　　　者	林騰鷂
發 行 人	劉振強
出 版 者	三民書局股份有限公司
地　　　址	臺北市復興北路 386 號 (復北門市)
	臺北市重慶南路一段 61 號 (重南門市)
電　　　話	(02)25006600
網　　　址	三民網路書店 https://www.sanmin.com.tw
出版日期	初版一刷 1999 年 11 月
	修訂四版一刷 2020 年 2 月
書籍編號	S584810
I S B N	978-957-14-6753-5